AF524926

Friedemann Hinsche

Objektive für das Fujifilm X-System

BILDNER

Verlag: BILDNER Verlag GmbH
Bahnhofstraße 8
94032 Passau
https://bildnerverlag.de/
info@bildner-verlag.de

ISBN: 978-3-8328-0532-6

Produktmanagement: Lothar Schlömer

Coverfoto: © Friedemann Hinsche

Druck: FINIDR s.r.o., Lípová 1965, 73701 Český Těšín, Tschechische Republik

Herausgeber: Christian Bildner

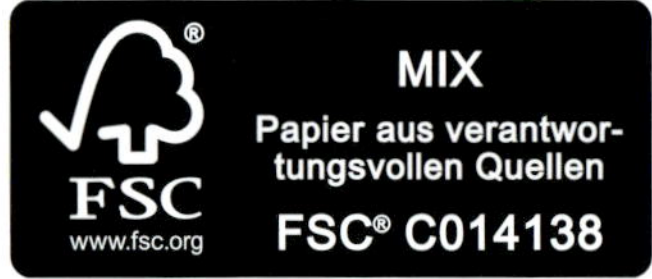

Danke

Es gibt ein paar Menschen, die mir bei der Entstehung des Buchs besonders unterstützt haben. Die möchte ich hier kurz erwähnen und ihnen danken. Durch Informationen, Rat und Leihgeräte unterstützten mich:

- Marco Zaffarano, FUJIFILM Europe GmbH
- Julia Wissing, FUJIFILM Europe GmbH
- Torben Hondong, FUJIFILM Europe GmbH
- Martin Grahl, Novoflex Präzisionstechnik GmbH
- Tatjana Schürholz, Carl Zeiss AG
- Melina Gellers, Rollei GmbH
- Harald Bauer, Sigma GmbH
- Jonas Henning, OPC Meyer Optik Görlitz

Wichtige Hinweise

Die Informationen in diesen Unterlagen werden ohne Rücksicht auf einen eventuellen Patentschutz veröffentlicht. Warennamen werden ohne Gewährleistung der freien Verwendbarkeit benutzt. Bei der Zusammenstellung von Texten und Abbildungen wurde mit größter Sorgfalt vorgegangen. Trotzdem können Fehler nicht vollständig ausgeschlossen werden. Verlag, Herausgeber und Autoren können für fehlerhafte Angaben und deren Folgen weder eine juristische Verantwortung noch irgendeine Haftung übernehmen. Für Verbesserungsvorschläge und Hinweise auf Fehler sind Verlag und Herausgeber dankbar.

Fast alle Hard- und Softwarebezeichnungen und Markennamen der jeweiligen Firmen, die in diesem Buch erwähnt werden, können auch ohne besondere Kennzeichnung warenzeichen-, marken- oder patentrechtlichem Schutz unterliegen.

Inhaltsverzeichnis

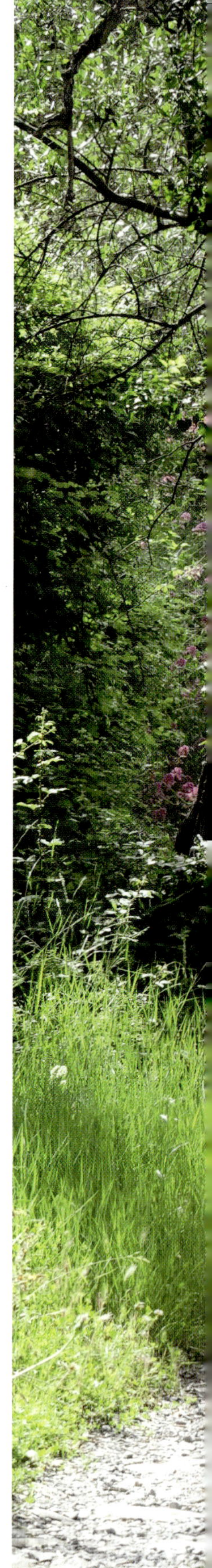

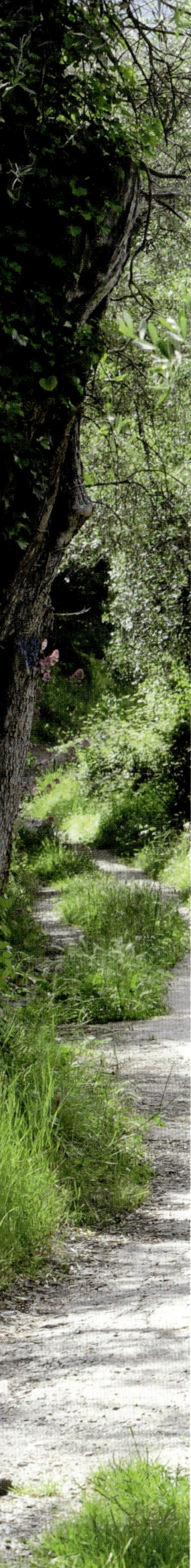

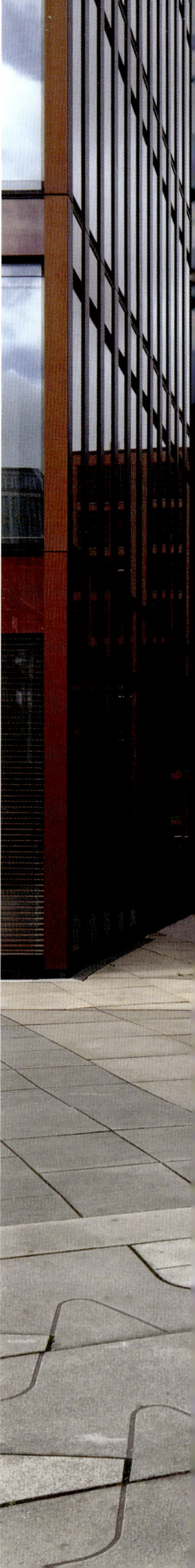

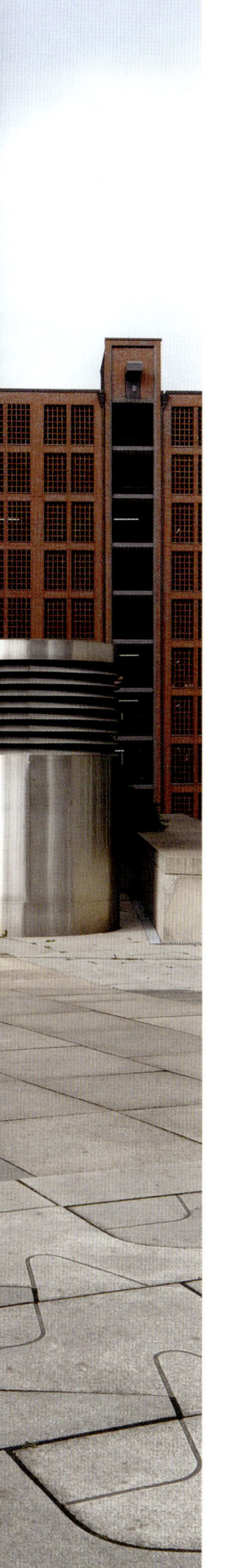

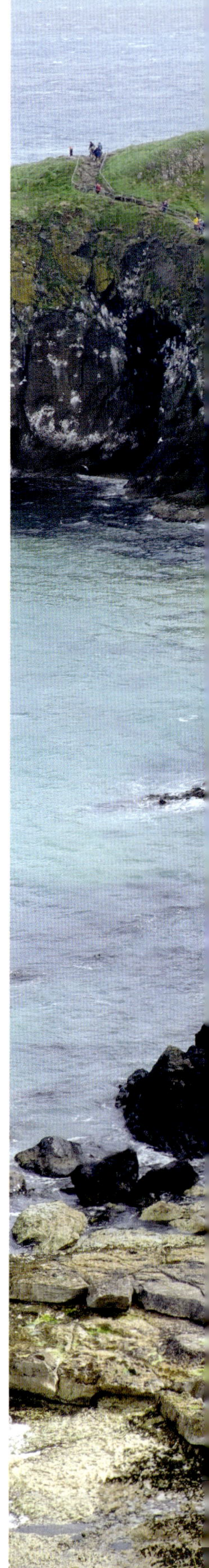

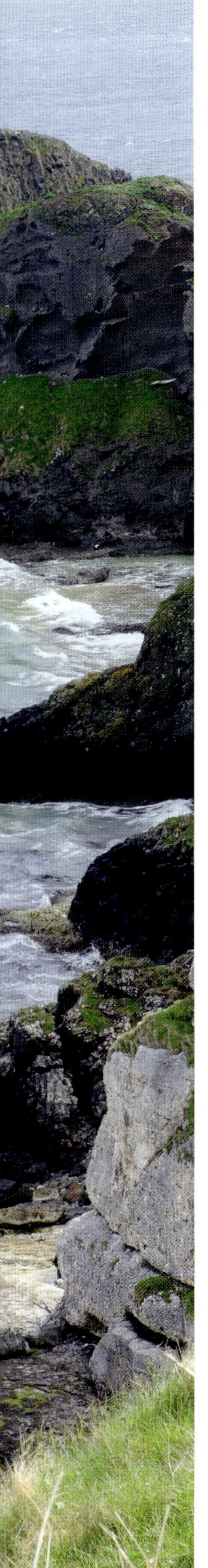

Einleitung

Die japanische Firma FUJIFILM ist erst 2011 mit der FUJIFILM X100 in den hart umkämpften Markt für Digitalkameras eingestiegen. Doch von Anfang an hatten Kameras der FUJIFILM X-Serie eine große Fangemeinde. Einerseits sorgten bahnbrechende Technologien für Begeisterung bei den Fotografen, beispielsweise die X-Transsensortechnologie mit einer Pixelstruktur, die an der ungleichmäßigen Anordnung der Körnung analoger Fotofilme angelehnt ist. Oder die einzigartigen JPEG-Filmsimulationen, in die jahrzehntelange Erfahrungen mit der analogen Filmtechnologie mit eingeflossen sind.

Andererseits steckte FUJIFILM die moderne Fototechnik in wunderschöne, hochwertig verarbeitete Gehäuse mit edler Haptik und klassischen Bedienelementen. Die Gehäuse von FUJIFILM wirken mit ihrem Retro-Look auf den ersten Blick wie Fotokameras aus der analogen Ära. Sie sind wunderschön und dennoch unauffällig.

Aber auch die beste Kamera kann ihre Vorzüge erst dann voll ausschöpfen, wenn ein leistungsfähiges und auf das Kamerasystem abgestimmtes Objektiv verwendet wird. Hier hat nicht nur FUJIFILM ein großes Portfolio an herausragenden Objektiven. Auch andere Hersteller wie Carl Zeiss oder Viltrox bieten passende Objektive für den FUJIFILM X-Anschluss an. Dazu kommt noch eine Vielzahl von Altobjektiven anderer Kamerahersteller, die mittels Adapter an FUJIFILM X-Kameras verwendet werden können.

Aber welches Objektiv soll man für welches Motiv verwenden? Was sind die Besonderheiten und die Unterschiede? Dieses Buch gibt Ihnen eine Übersicht. In den ersten zwei Kapiteln lernen Sie – kurz und knapp – ein paar theoretische Grundlagen kennen. Im Vordergrund stehen jedoch die praktischen Anwendungen und Praxistipps, die von Objektivworkshops im letzten Kapitel abgerundet werden. Das Buch soll Ihnen die vielen Möglichkeiten aufzeigen, wie Sie durch die gezielte Wahl des passenden Objektivs den Spaß am Fotografieren noch steigern können.

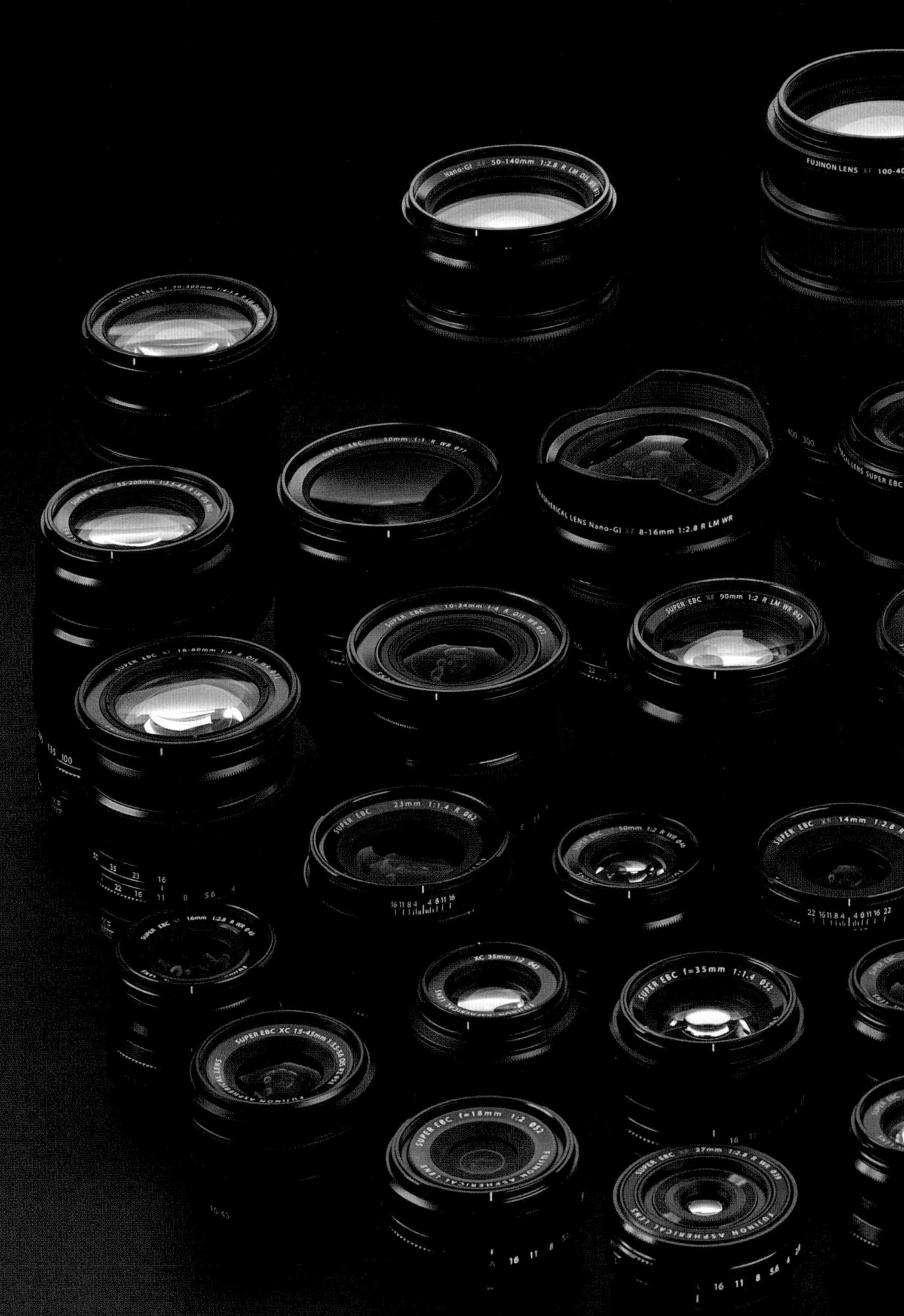

Nano-GI XF 50-140mm 1:2.8 R LM OIS
FUJINON LENS XF
Nano-GI XF 8-16mm 1:2.8 R LM WR
SUPER EBC XF 90mm 1:2 R LM WR 062
SUPER EBC 23mm 1:1.4 R 062
SUPER EBC f=35mm 1:1.4 052
SUPER EBC f=18mm 1:2 052
FUJINON ASPHERICAL LENS

1 | FUJINON X-Objektive

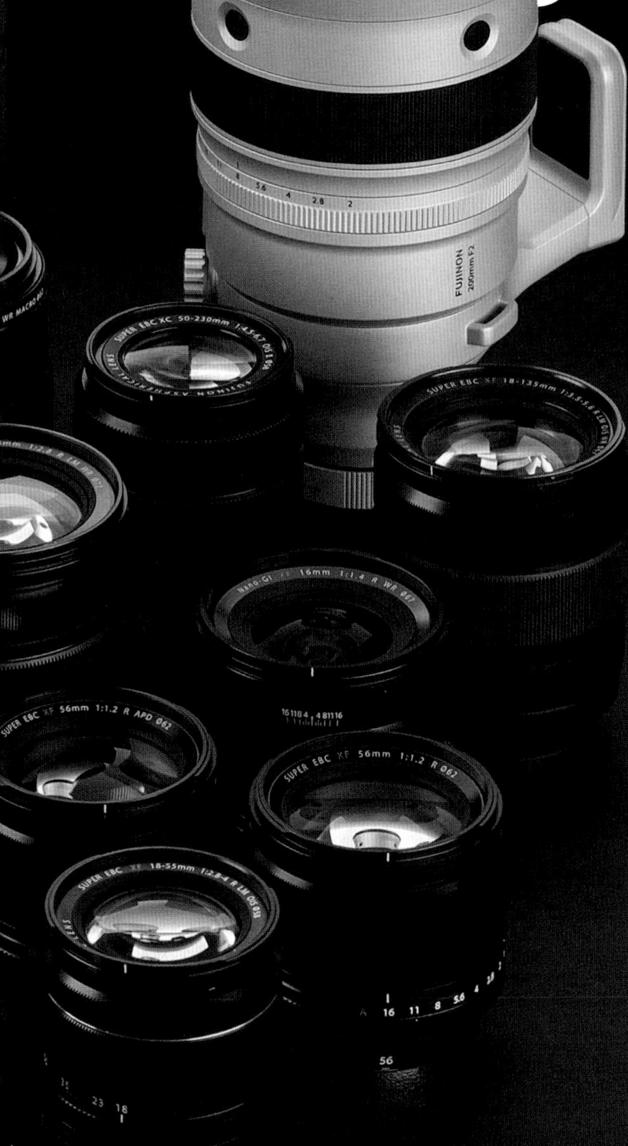

Was ist ein gutes Objektiv?

Ob ein Objektiv gut oder schlecht ist, entscheidet sich letztlich für mich weder an aufwendig erhobenen technischen Daten, noch an gängigen Testergebnissen oder am Preis. Sie – der Anwender und Fotograf – entscheiden, ob ein Objektiv gut ist für die ihm gestellte Aufgabe oder nicht. Da nicht jeder Fotograf die gleichen Motive aufnimmt und ganz unterschiedliche Erwartungen und Ansprüche hat, gibt es viele verschiedene Objektive mit unterschiedlichen Eigenschaften. Vom Universalzoomobjektiv bis zu Spezialobjektiven für Porträts oder Makroaufnahmen – für jedes Motiv bieten FUJIFILM und andere Hersteller Objektive an.

Fazit: Ein gutes Objektiv ist für mich ein Objektiv, das den Erwartungen des Fotografierenden entspricht.

Für viele Fotografierenden ist das Objektivprogramm von FUJIFILM ein Grund, sich für das FUJIFILM X-System zu entscheiden. FUJIFILM nennt seine Objektive FUJINON.

Alle FUJINON-Objektive sind hervorragend verarbeitet und besitzen herausragende optische Eigenschaften.

Gleich ob Sie Zoomobjektive verwenden, denen bereits in vielen Tests »Festbrennweiten-Qualität« attestiert wurde, oder ob Sie sich für »echte« Festbrennweiten entscheiden, FUJINON-Objektive setzen Maßstäbe in puncto Bildqualität.

Schon bei Offenblende erreichen viele FUJINON-Objektive Bestwerte in Schärfe und Brillanz. Nicht umsonst sind viele professionelle Fotografen von einem Vollformatkamerasystem auf das FUJIFILM X-System gewechselt.

1.1 Was die Objektive von FUJIFILM auszeichnet

Die ersten FUJINON-Objektive für die FUJIFILM X-Serie kamen im Jahr 2012 auf den Markt. Damit ist es ein relativ junges System. Das ist aber kein Nachteil – im Gegenteil.

Andere Objektivhersteller haben in der Anfangszeit der Digitalfotografie ihre alten Objektivkonstruktionen, die noch für die analogen Fotokameras konstruiert und darauf abgestimmt waren, mit ein paar kleinen Änderungen und Updates auf digitale Kameras angepasst.

Dagegen wurden sämtliche Objektive für das FUJIFILM X-System von Anfang an komplett neu gerechnet und speziell auf die digitale APS-C-Sensor-Technologie von FUJIFILM abgestimmt. FUJIFILM hat seine ganze Ingenieurskunst eingesetzt, um das Optimum an optischer und mechanischer Qualität in die neue Objektivserie einfließen zu lassen.

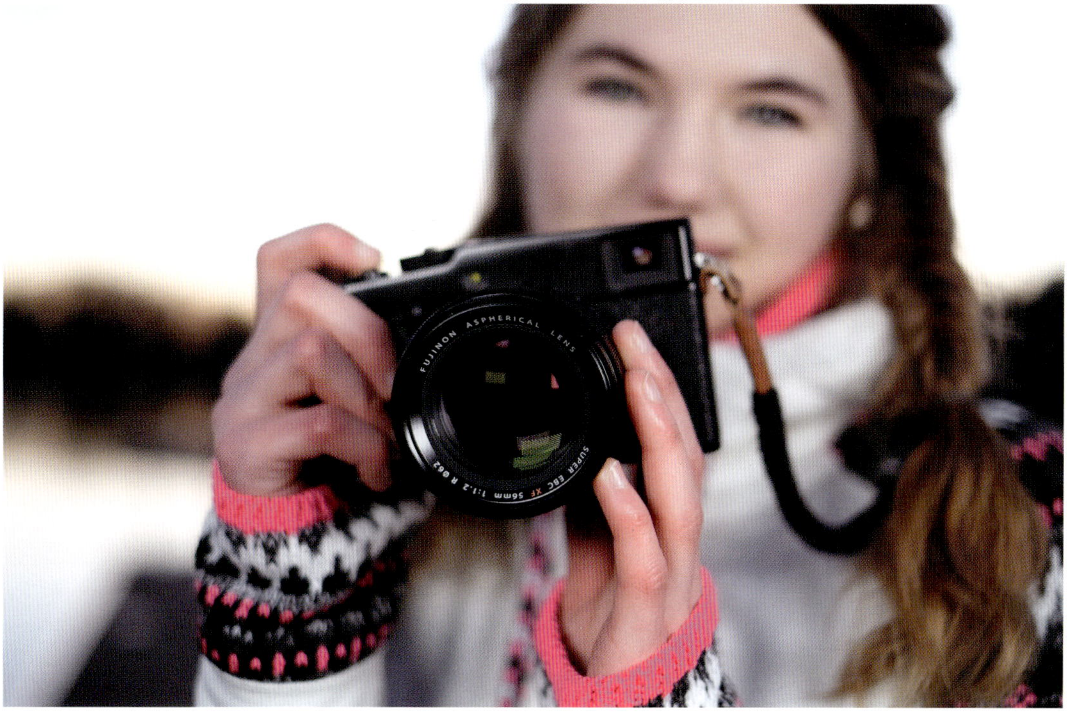

Heutzutage bieten viele Hersteller Vollformat und Kleinbildkameras an, entwickeln aber überwiegend Objektive für das Vollformat, die nicht unmittelbar für den kleineren APS-C-Sensor gerechnet sind. Dadurch werden sie zumeist groß, schwer und teuer.

Das neu entwickelten FUJIFILM X-Objektivbajonett mit 2,5 mm Stärke ist besonders robust und funktioniert auch nach tausendfachen Objektivwechseln noch zuverlässig wie am ersten Tag.

Das FUJIFILM X-Bajonett besitzt mit 44 mm einen recht großen Durchmesser. Das ermöglicht den Einsatz größerer Linsen an der Objektivrückseite. Gleichzeitig konnten durch die optischen Neuberechnungen kleinere Frontlinsen verwendet werden. Dadurch sind die Objektive trotz hoher Lichtstärke insgesamt kleiner und kompakter. Zusätzlich wurde deren optische Qualität erhöht.

Durch das geringe Auflagemaß von nur 17,7 mm sitzt die Hinterlinse des angesetzten Objektivs sehr dicht am Sensor. Das – sowie der große Durchmesser der Hinterlinse – bewirkt das geradlinige Auftreffen des Lichts auf den Kamerasensor.

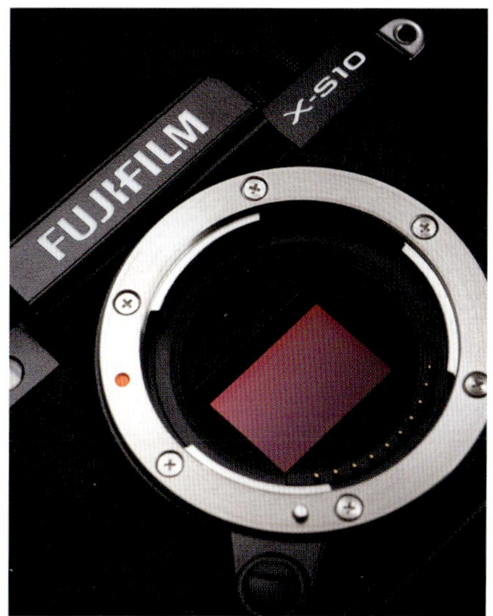

▲ *Das robuste X-Bajonett an FUJIFILM-Kameras.*

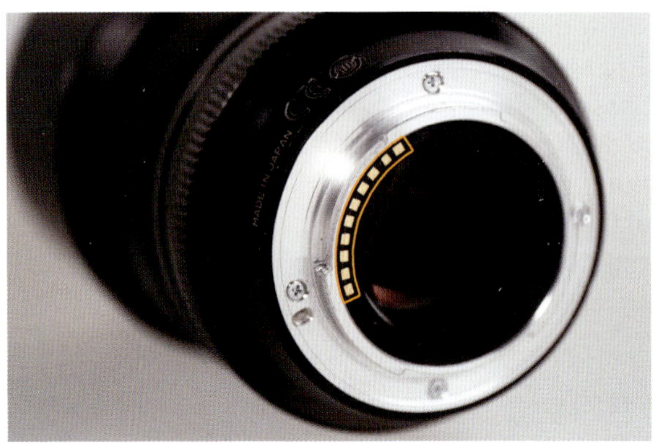

▲ *Zehn Kontakte sorgen für die Kommunikation zwischen Objektiv und Kamera.*

Dadurch wird die Auflösung bis zu den Bildrändern verbessert. Für ältere Spiegelreflexkameras ist solch eine Konstruktion gar nicht möglich, da der Spiegel zwischen Objektiv und Sensor viel Platz benötigt. Zehn elektronische Kontakte ermöglichen die ständige Kommunikation zwischen Objektiv und Kameragehäuse. Das sorgt nicht nur für einen präzisen und schnellen Autofokus sowie für die elektronische Blendensteuerung, sondern unter anderem auch für eine kameraseitige Optimierung der optischen Eigenschaften des verwendeten FUJINON-Objektivs durch den **L**ens **M**odulation **O**ptimizer (LMO).

1.2 FUJINON-Objektivtypen

Es gibt drei Objektivserien für das FUJIFILM X-System: die sehr hochwertige XF-Objektivserie, die XC-Serie mit einem besonders guten Preis-Leistungs-Verhältnis und speziell zum Filmen die Cine-Objektivserie.

XF-Serie

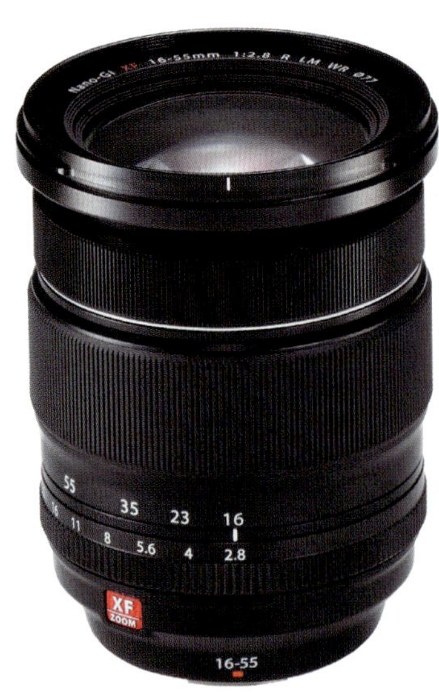

▲ *Kennzeichen der hochwertigen XF-Objektive – sie besitzen einen Blendenring.*

Die Premiumlinie der FUJINON-Objektive ist die XF-Serie. X steht dabei für X-Mount und F für Fine. Die XF-Serie beinhaltet sowohl Festbrennweiten als auch Zoomobjektive.

Alle Objektive der XF-Serie besitzen einen Blendenring. Besonders Anwender:innen, die bereits analog fotografiert haben, sind von diesem Detail begeistert. Denn – so meine Meinung und die vieler Fotografen*innen – der Blendenring gehört auch genau da hin und nicht an ein Rädchen am Kameragehäuse.

Dass die Blende nicht mehr mechanisch, sondern elektronisch gesteuert wird, stört nicht, denn der Unterschied fällt überhaupt nicht auf. Der Blendenring rastet sauber in 1/3 Blendenabstufungen ein.

Zusätzlich zu den manuell einzustellenden Blenden gibt es eine A-Stellung. Befindet sich der Blendenring auf der Stellung *A* (**A**perture), so wird die Blendeneinstellung automatisch reguliert – je nach gewähltem Belichtungsprogramm und gemessener Umgebungshelligkeit. Bei einigen Objektiven der XF-Reihe befindet sich anstelle der A-Einstellung am Blendenring ein separater Schalter am Objektiv, mit dem sich zwischen manueller Blendeneinstellung und Automatikblende auswählen lässt.

Die optische Konstruktion der XF-Objektivreihe ist sehr aufwendig, um trotz kompakter Abmessungen die bestmögliche Bildqualität liefern zu können. Auch die Objektivfassungen sind robust und hochwertig mit sehr ansprechender Haptik. Diese sind vorwiegend aus Metall gefertigt. Bei einigen größeren Objektiven besteht die Fassung aus Gründen der Gewichtsoptimierung aus widerstandsfähigem Kunststoff.

Alle XF-Objektive besitzen einen Autofokus. Über einen griffigen Fokussierring kann die Schärfe aber auch manuell eingestellt werden.

Wo es dem FUJIFILM-Ingenieursteam sinnvoll erschien, wurde ein optischer Bildstabilisator (OIS) ins Objektiv integriert. Das betrifft vorwiegend Zoom- und Telebrennweiten.

XC-Serie

Die preiswerte Linie der FUJINON-Objektive ist die XC-Serie. X steht dabei für **X**-Mount und C für **C**ompact. Die XC-Serie beinhaltet Zoomobjektive und bisher eine Festbrennweite. XC-Objektive besitzen ein besonders gutes Preis-/Leistungsverhältnis. Dafür müssen Sie ein paar Abstriche bei der Materialauswahl und der Haptik der Fassung in Kauf nehmen. Nicht nur die Objektivfassungen sind aus Kunststoff gefertigt, sondern auch das Objektivbajonett. Die Verarbeitungsqualität ist aber auch bei der XC-Reihe über jeden Zweifel erhaben und jeder Fotograf wird an FUJINON XC-Objektiven lange Freude haben.

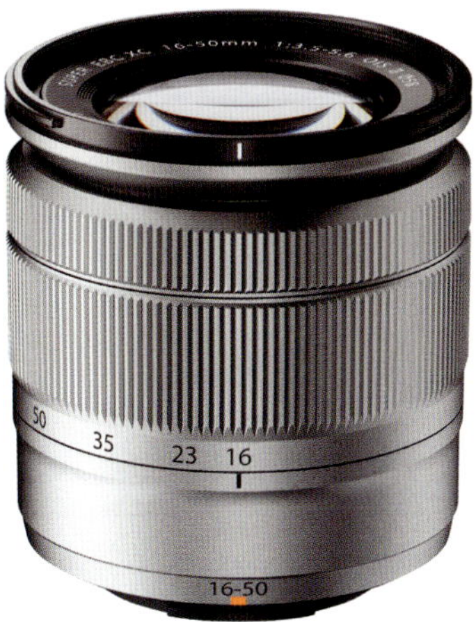

▲ *XC-Objektive sind auch in silberner Farbe erhältlich.*

Die optische Konstruktion von XC-Objektiven ist nicht ganz so aufwendig wie die der XF-Serie. Dennoch können XC-Objektive mit sehr guter Bildqualität punkten.

Einen Blendenring besitzen die Objektive der XC-Reihe nicht. Die Steuerung der Blendenöffnung erfolgt ausschließlich über die Wahlräder am Kameragehäuse. Alternativ lässt sich die Blende aber auch bei der XC-Serie automatisch steuern, wenn die automatische Blendensteuerung eingestellt ist.

Alle Objektive der XC-Reihe sind mit Autofokus ausgestattet, können aber auf Wunsch auch manuell fokussiert werden. Dazu besitzen sie einen Fokussierring, der sich angenehm bedienen lässt. Einige Objektive der XC-Serie sind sowohl in Schwarz als auch in Silber erhältlich. Da es FUJIFILM X-Kameragehäuse auch wahlweise in Schwarz oder Silber gibt, kann das Objektiv so farblich auf das Gehäuse abgestimmt werden.

Cine-Serie

Kameras der FUJIFILM X-Serie sind bei Videofilmern äußerst beliebt. Liefern sie doch exzellente Filmqualität und professionelle Videofunktionen in kompakten Kameragehäusen. FUJINON-Zoomobjektive der XC- und XF-Reihe sind für fotografische Aufgaben aufwendig konstruierten worden. Dabei leisten sie hervorragende Arbeit. Beim Filmen mit nicht darauf spezialisierten Linsen kann es aber zu nachteiligen Effekten kommen:

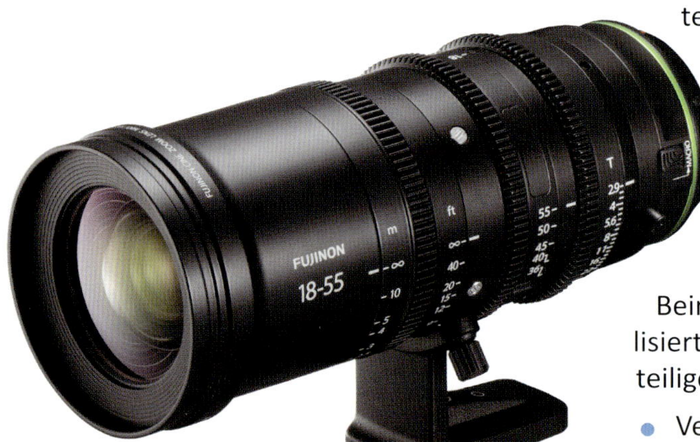

▲ *FUJINON-Cine-Objektive für das professionelle Filmen.*

- Verschiebung der Bildschärfe während des Zoomens.
- Änderung des Blickwinkels während der Fokussierung.
- Verschiebung der optischen Achse beim Zoomen.
- die Bedienbarkeit ist auf fotografische Aufgaben ausgerichtet und zum Filmen nicht optimal geeignet.

Um auch anspruchsvoll und professionell mit FUJIFILM X-Kameras filmen zu können, bietet FUJIFILM zwei Cine-Objektive an. Diese lichtstarken FUJINON-Zoomobjektive sind speziell an filmische Aufgaben angepasst und optimiert – sowohl bei den technischen und optischen Eigenschaften als auch bei der Handhabung. Die oben aufgezählten Effekte sind bei Cine-Objektiven beseitigt. Die Verarbeitung und die optische Konstruktion sind auf höchstem Niveau und erfüllen die Ansprüche professioneller Videofilmer.

1.3 Der Objektiv-»Code«

FUJINON-Objektive sowie Objektive anderer Hersteller sind an der Frontseite mit einigen Kürzeln beschriftet. Für Fotografieeinsteiger*innen sind die ganzen Zahlen und Abkürzungen sicher erst einmal verwirrend. Was bedeuten diese Angaben? Alle Linsenoberflächen der Objektive werden mehrfach beschichtet. Dies wird Oberflächenvergütung genannt.

Nano-GI ist eine besondere *Vergütungsart* ❶, die Streulicht und Reflexe im Innern des Objektivs verhindern soll. *XF* ist die *Objektivserie* ❷, *X* steht für die FUJIFILM *X*-Serie und *F* für *F*ine – also die hochwertige Premiumobjektivlinie. Die preisgünstigere Objektivlinie wird als XC bezeichnet, C bedeutet Compact.

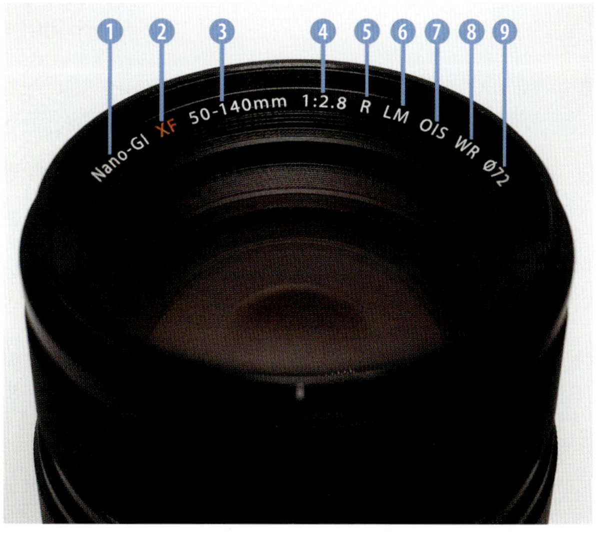

▲ *Die Bedeutung der Objektivaufschriften.*

50-140 mm gibt den *Brennweitenbereich* ❸ des Objektivs an. Es handelt sich also um ein Telezoomobjektiv mit einer variablen Brennweite von 50 mm bis 140 mm. Daneben steht die *Lichtstärke* ❹. Das ist die größte Blendenöffnung des Objektivs – bei diesem Telezoom 1:2.8 über den gesamten Brennweitenbereich.

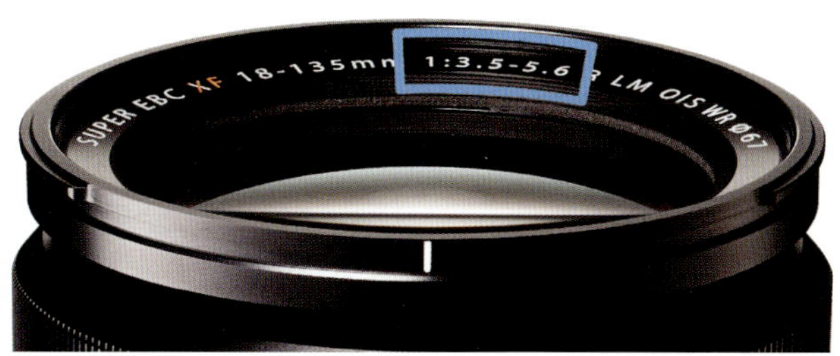

▲ *Variable Anfangsblende eines Zoomobjektivs*

Variiert die Anfangsblende über einen Zoombereich stehen dort zwei Zahlen z. B. 1:3.5-5.6. Der erste Blendenwert steht für die geringste Brennweite und der zweite für die höchste. *R* bedeutet, dass dieses Objektiv einen *Blendenring* ❺ besitzt. Jedes Objektiv der XF-Serie ist mit einem Blendenring ausgestattet. Die Bezeichnung *LM* bedeutet, dass dieses Objektiv mit einem *Linearmotor für den Autofokus* ❻ ausgestattet ist. Dieser arbeitet besonders präzise, schnell und leise. Bei Cine- & Broadcastobjektiven gibt es auch andere Antriebsarten. Zusätzlich besitzt das Objektiv einen *optischen Bildstabilisator* ❼ (OIS = **O**ptical **I**mage **S**tabilization). Dieser hält das Objektiv auch ohne Stativ sehr ruhig und ermöglicht deutlich längere Belichtungszeiten als ohne Bildstabilisator.

Das Telezoom ist außerdem *wetterfest* ❽ (*WR* = **W**eather **R**esistent). Sie können damit auch bei schlechtem Wetter fotografieren – sofern Ihr Kameragehäuse ebenfalls wetterfest ist.

Rechts daneben befindet sich die Angabe über das *Filtergewinde* ❾ des Objektivs, in diesem Fall passen Filter und Zubehör mit 72 mm Durchmesser auf das Objektiv. Weitere Objektiv-Codes finden Sie in der kleinen Tabelle:

(Super) EBC	Electron Beam Coating (Elektronenstrahlvergütung) ist eine besondere Art der Linsenvergütung, die sich durch höhere Präzision, bessere Bearbeitung und extrem hohe Lichtdurchlässigkeit auszeichnet.
MKX	Bezeichnung der Cine-Objektive
APD	Der Apodisationsfilter glättet die Konturen des Bokehs und sorgt für einen besonders weichen Übergang in die Unschärfe. Der Filter schluckt bei Offenblende bis etwa 1:5.6 etwas Licht, sodass die Offenblende effektiv etwas geringer ausfällt.
XC	Die X Compact Objektivserie, die bereits vorgestellt wurde.
T	Wird auf Cine-Objektiven verwendet. Er beschreibt den T-Wert, das ist die tatsächliche Lichtstärke eines Objektivs basierend auf dem Blendenwert F und der Transmissionsrate. Je kleiner der Wert, desto mehr Licht lässt das Objektiv durch. Im Unterschied dazu ist der Blendenwert F ein theoretischer Wert. Deshalb kann es bei unterschiedlichen Objektiven, aber gleichen Blendeneinstellungen zu einer unterschiedlichen Bildhelligkeit kommen.
TC	Keine Bezeichnung für Objektive, sondern für **T**ele **C**onverter. Sie verlängern die Brennweite des Objektivs um den jeweiligen Faktor (1.4 und 2.0), schlucken aber auch Licht. Die maximale Offenblende wird um gut eine bzw. zwei Blendenstufen reduziert.

1.4 Die Bauteile des Objektivs

An vielen Objektiven befinden sich unterschiedliche Ringe und verschiedene Schalter. Hier erfahren Sie, was es damit auf sich hat. Zwar sind alle FUJINON-Objektive mit einem Autofokus ausgestattet. Mit dem *manuellen Fokusring* ❶ lässt sich die Schärfe aber auch manuell einstellen. Die Brennweite wird mit dem *Zoomring* ❷ festgelegt.

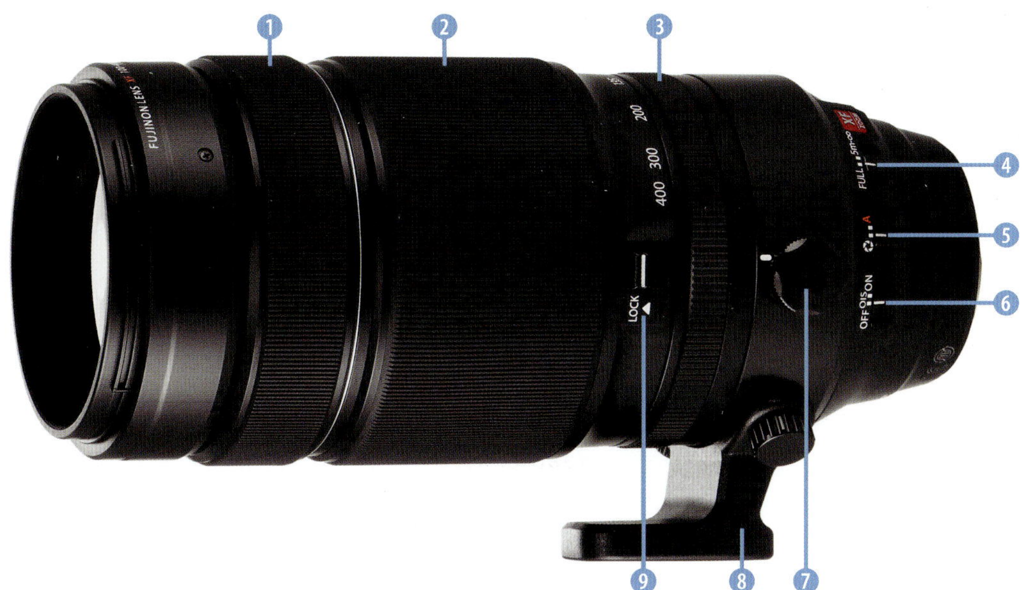

▲ *Die Bezeichnungen der Objektiv-Bedienelemente. Hier gezeigt am Telezoom XF 100-400 mm F/4.5-5.6 R LM OIS WR.*

Mit dem *Blendenring* ❸ kann die Blende in den Belichtungsmodi M und A manuell eingestellt werden. Bei Objektiven der XC-Serie wird die Blende an der Kamera manuell eingestellt. Bei diesem Telezoom kann der Fokussierbereich mit dem *Fokussierbegrenzer* ❹ auf z. B. 5 m bis ∞ begrenzt werden. Das ist besonders bei Tele- und Makroobjektiven sinnvoll, damit der Autofokusmotor nicht den kompletten Entfernungsbereich durchlaufen muss. Wenn sich ein Objekt beispielsweise in acht Meter Entfernung befindet, muss der Autofokus nur den begrenzten Bereich von 5 m bis ∞ abfahren, was ein schnelleres Fokussieren bewirkt. Mit dem *Schalter für die Blendensteuerung* ❺ lässt sich zwischen manueller Blendensteuerung und Automatik wählen.

Der *optische Bildstabilisator OIS* ❻ lässt sich ausschalten. Das ist empfehlenswert, wenn ein Stativ verwendet wird. Durch das Lösen der *Feststellschraube für die Stativschelle* ❼ kann das Objektiv innerhalb der *Stativschelle* ❽ gedreht werden. Die Stativschelle sorgt für ein ausbalanciertes Gewicht, wenn das Objektiv mit einer Kamera auf einem Stativ verwendet wird. Das bringt mehr Stabilität, denn Stativ und Kamera werden weniger belastet. Mit der *Locktaste* ❾ kann der Zoomring auf der Ausgangsposition verriegelt werden. Das verhindert versehentliches Ausfahren des Teleobjektivs beim Transport.

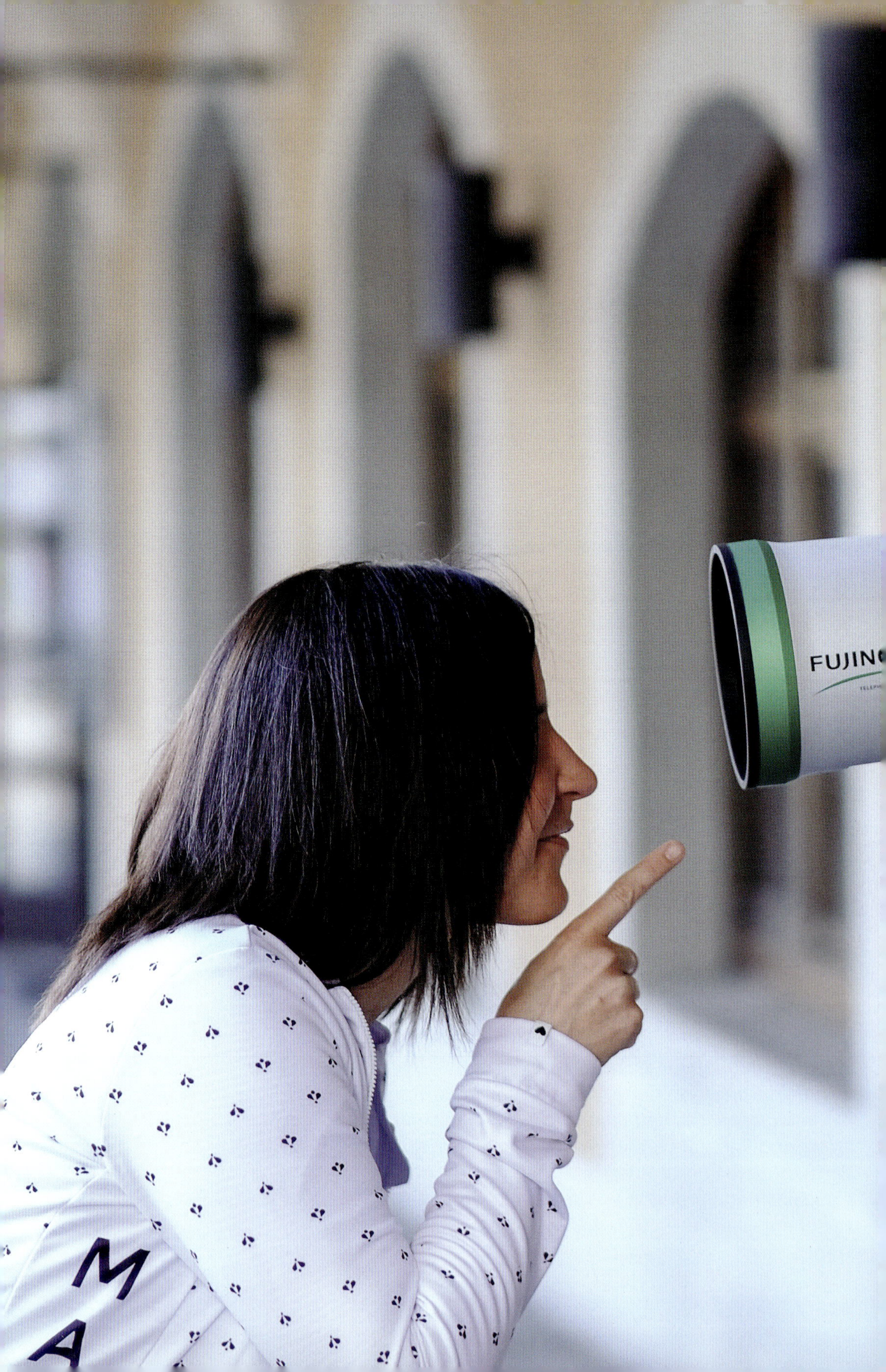

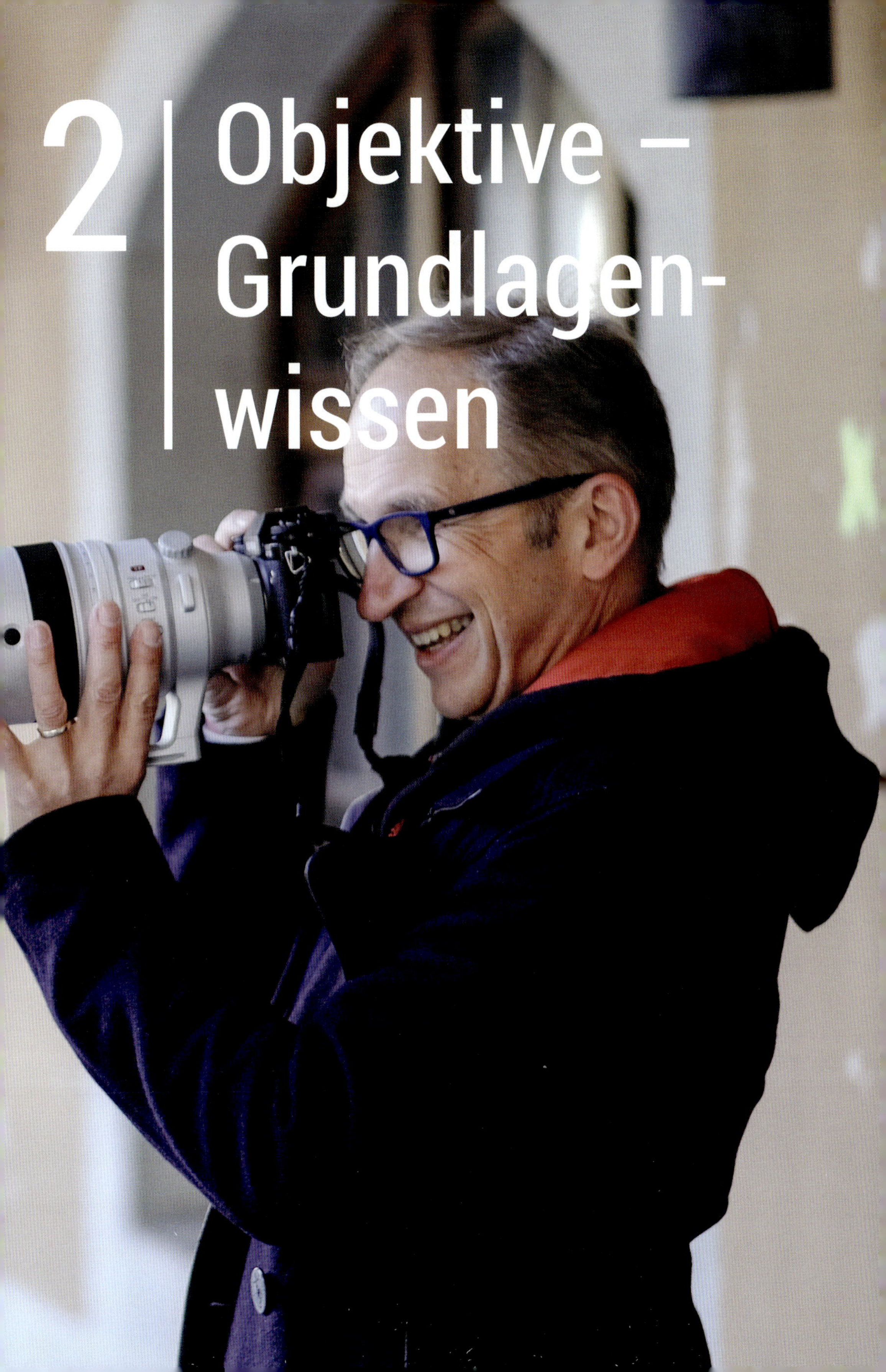

2 Objektive – Grundlagenwissen

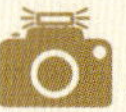

Was ist Licht?

Licht ist eine Form von Energie (elektromagnetische Strahlung) und breitet sich im Vakuum mit ≈ 299.297 km/s aus (Lichtgeschwindigkeit). Darüber, woraus Licht besteht, gibt es für die Funktionsweise von Objektiven im wesentlichen zwei Erklärungsmodelle:

1. Strahlenoptik – Licht besteht aus »linearen Strahlen«.
2. Wellenmodell – Dieses Modell betont den Wellencharakter des Lichts.

Viele optische Effekte, wie die Beugung oder die Brechung, lassen sich mit diesen Modellen gut erklären. Es gibt darüber hinaus noch Phänomene, die darauf basieren, dass Licht aus Teilchen (Photonen) besteht (in der Quantenphysik). Das ist z. B. für Kamerasensoren von Bedeutung, für Objektive und deren Funktion kann dieser »Welle-Teilchen-Dualismus« aber vernachlässigt werden. In diesem Buch möchte ich nicht weiter in die Quantenphysik abtauchen. Ich werde das Licht vereinfacht als Welle bzw. als Lichtstrahl darstellen.

Um zu verstehen, wie ein Objektiv funktioniert und warum es so aufwendig ist, ein gutes Objektiv zu konstruieren und zu produzieren, sind ein paar theoretische Kenntnisse hilfreich – angefangen von den Eigenschaften des Lichts über optische Abbildungsfehler bis zu den Komponenten des Objektivs.

Die digitale Fotografie ist nicht nur ein elektronisches Medium. In erster Linie ist es ein optisches. Objektive sind hochkomplexe optische Systeme mit einer Vielzahl an Linsen und Linsengruppen. Moderne Objektive lassen sich nur noch mithilfe von sehr leistungsfähigen Computern und Rechenprogrammen konstruieren und verbessern. Um die grundlegenden optischen Eigenschaften möglichst unkompliziert darzustellen, werde ich Objektive bei geometrischen Abbildungen vereinfacht als Einzellinse darstellen.

2.1 Licht und seine Eigenschaften

Das für das menschliche Auge sichtbare Licht ist eine elektromagnetische Strahlung mit Wellenlängen von ca. 390 bis 780 nm.

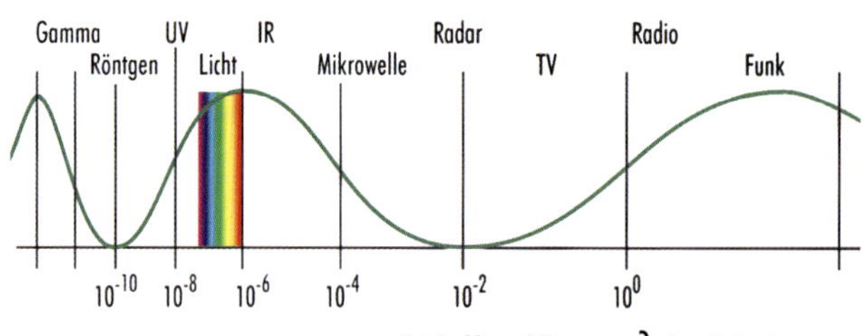

▶ *Das Spektrum des sichtbaren Lichts im gesamten Spektrum elektromagnetischer Wellen.*

Die Brechung des Lichts

Unter Lichtbrechung versteht man die Richtungsänderung eines Lichtstrahls beim Übergang zweier Medien mit unterschiedlichem Brechungsindex. Wenn ein Lichtstrahl von der Luft in ein transparentes Medium mit abweichender optischer Dichte, beispielsweise eine Glasscheibe, eintritt, so wird er an der Grenzfläche zum Glas gebrochen. Das bedeutet, der Lichtstrahl ändert seine Richtung an der Grenzfläche vom Lot aus betrachtet. Ist der Brechungsindex des zweiten Mediums höher, wird der Strahl zum Lot hin gelenkt, ist er kleiner, wird er vom Lot weg abgelenkt. Tritt der Lichtstrahl aus dem Medium wieder aus, so verläuft er parallel zum Eintrittsstrahl, aber seitlich versetzt.

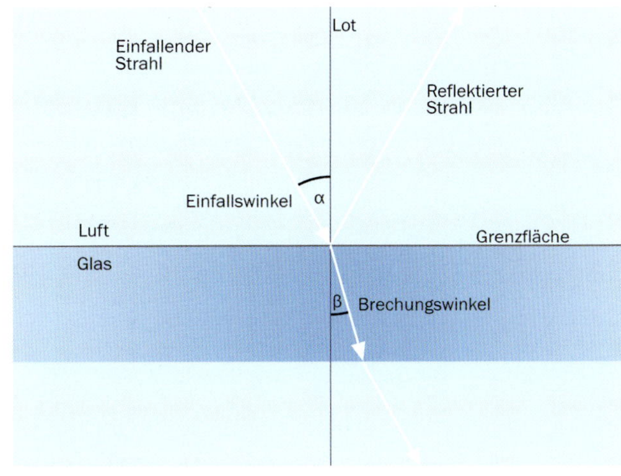

▲ *Die Brechung im Beispiel*

Je stärker der optische Unterschied zwischen zwei Medien ist, desto stärker wird das Licht an der Grenzfläche gebrochen. Für die Stärke der Lichtbrechung gibt es eine Kennzahl: der Brechungsindex oder auch die Brechzahl n. Der Brechungsindex n ist eine Materialkonstante. Einige Beispiele für einen Brechungsindex transparenter Medien:

- Vakuum: n = 1
- Luft: n = 1,0003
- Wasser: n = 1,333
- Glas: n = 1,45 bis 2,14 (je nach Sorte)
- Flintglas: n = 1,613
- Kronglas: n = 1,510
- Bleikristall: n = bis 1,92

Der Brechungsindex ist auch von der Wellenlänge des Lichts abhängig und ändert sich z. B. je nach Lichtfarbe. So wird beispielsweise blaues Licht stärker gebrochen als rotes. Mit einem Glasprisma lässt sich dieser Effekt sehr gut sichtbar machen. Schickt man weißes Licht in ein Glasprisma, so wird das Licht durch die verschieden starke Brechung in sein Farbspektrum aufgefächert.

In der Fotografie kommt der Brechung eine besondere Bedeutung zu. Durch den Einsatz von Linsenkombinationen mit verschiedenen Brechungsindizes können Abbildungsfehler beseitigt und Abbildungseigenschaften gezielt verändert werden.

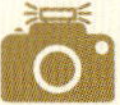

Lichtgeschwindigkeit im Medium

Mit dem Brechungsindex *n* lässt sich die Lichtgeschwindigkeit in einem optischen Medium berechnen. Dazu wird die Lichtgeschwindigkeit im Vakuum durch die Brechzahl des Mediums geteilt.

Beispiel:

Lichtgeschwindigkeit im Vakuum : Brechzahl von Wasser

Lichtgeschwindigkeit im Wasser = 299.792 km/Sek. ÷ 1,333 = 224.900 km/Sek.

Licht breitet sich also mit 224.900 km/Sek. im Wasser aus.

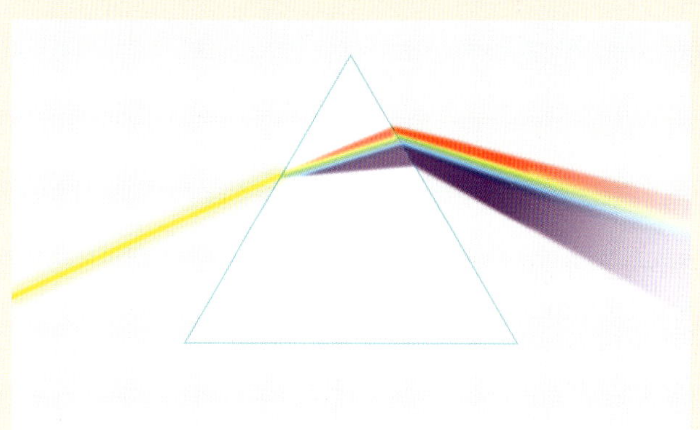

◄ *Dispersion – weißes Licht wird in sein Farbspektrum aufgefächert, schickt man es durch ein Glasprisma.*

Reflexion

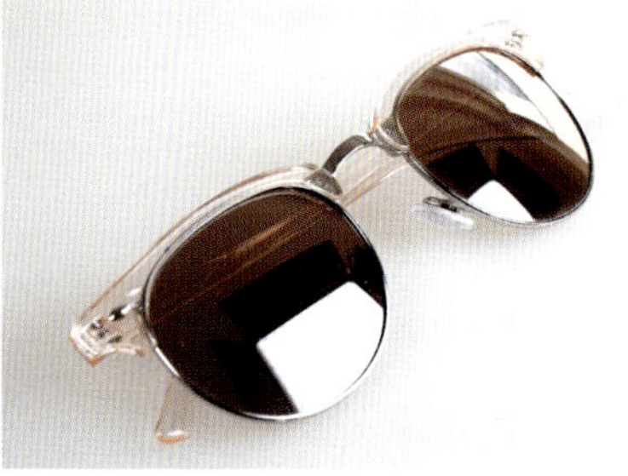

▲ *Ein Teil des Lichts wird auch von durchlässigen Medien reflektiert.*

Wenn ein Lichtstrahl von der Luft in einen Glaskörper eintritt, so wird er an der Grenzfläche zum Glas gebrochen. Ein Teil des Lichtes wird aber auch reflektiert. Ein Objekt, das nicht selbstleuchtend ist, wird überhaupt erst dadurch sichtbar, dass Licht von seiner Oberfläche reflektiert wird. Wie viel Licht reflektiert wird, hängt von Material und Oberfläche ab. Weiße Oberflächen reflektieren das komplette Farbspektrum. Wird das gesamte eintreffende Licht reflektiert, so spricht man von einem Spiegel. Das trifft auf glatte und polierte Oberflächen zu. Wenn hingegen z. B. (Silikat-)Glas den sichtbaren Bereich des Lichtes praktisch ungehindert passieren lässt, so hat es für unsere Augen keine Farbe (z. B. Fenster).

In Objektiven sind Reflexionen störend, denn das Licht soll möglichst ohne Verluste durch das Objektiv auf den Sensor treffen. Deshalb werden durch spezielle Oberflächenvergütungen die Reflexionen auf den Linsenoberflächen so gut wie möglich reduziert. Auch eine Aufspaltung des Lichts in Farbbereiche muss weitestgehend vermieden werden.

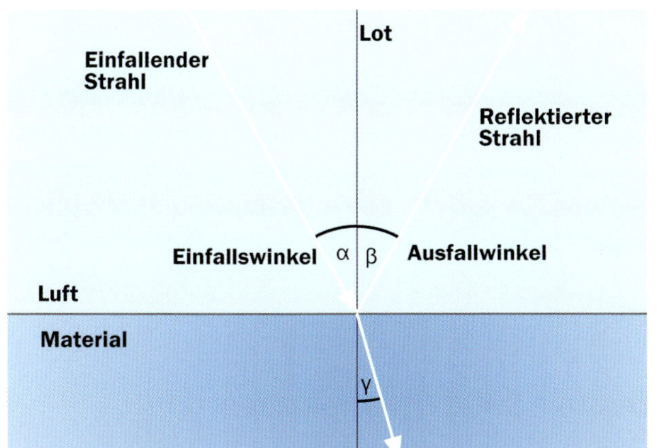

◄ *Das Reflexionsgesetz besagt, dass der Einfallswinkel gleich dem Ausfalls- bzw. Reflexionswinkel ist. Ist die Oberfläche rau, so findet eine diffuse Reflexion statt. Diffuse Reflexionen werden auch als Streuung bezeichnet.*

Absorption

Trifft Licht auf eine schwarze, intransparente Oberfläche, so wird der größte Teil des auftreffenden Lichts aufgenommen, es wird absorbiert. Die Energie geht nicht verloren, sie wird in Wärme umgewandelt. Dunkle Gegenstände heizen sich in der Sonne z. B. deutlich stärker auf als helle. In der Fotografie werden gezielt absorbierende Flächen eingesetzt, um störende Reflexionen zu vermeiden. Beispielsweise werden für die Innenflächen der Objektivfassungen mattschwarze Oberflächen verwendet.

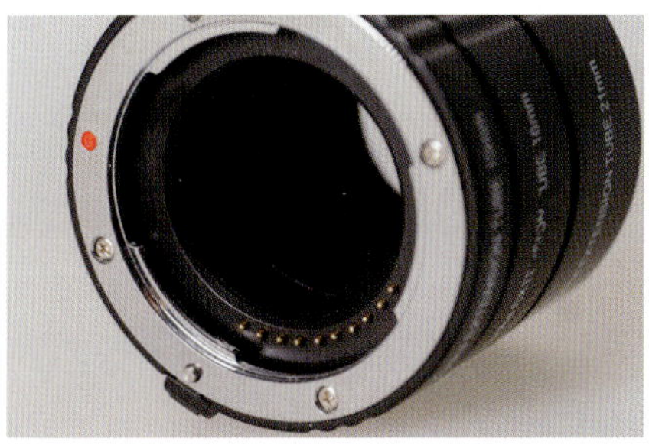

▲ *Das Licht wird absorbiert oder »geschluckt« – im Bild der Makrozwischenringsatz von innen mit schwarzem Samt ausgekleidet.*

Interferenz

Wenn sich Wellen überlagern, so können sie sich verstärken oder auslöschen. Bei der Überlagerung von Wellen spricht man von Interferenz. In der Fotografie treffen wir beispielsweise beim Moiré-Effekt auf Interferenzen. Dabei überlagern sich gleichmäßige Strukturen des Kamerasensors mit Mustern, wie die auf Textilien, was zu einem Bildfehler führt.

Die X-Trans-Sensormatrix ist durch ihre größere und komplexere Farbanordnung außerordentlich unempfindlich gegen Moiré. Es sind jedoch nicht alle X-Serie-Kameras mit dem X-Trans-Design ausgerüstet. So enthalten zum Beispiel die klassische X100 oder die X-T100 Bayer-Sensoren.

Ein Polarisationsfilter kann mithilfe von Interferenzen Spiegelungen verringern bzw. fast auslöschen.

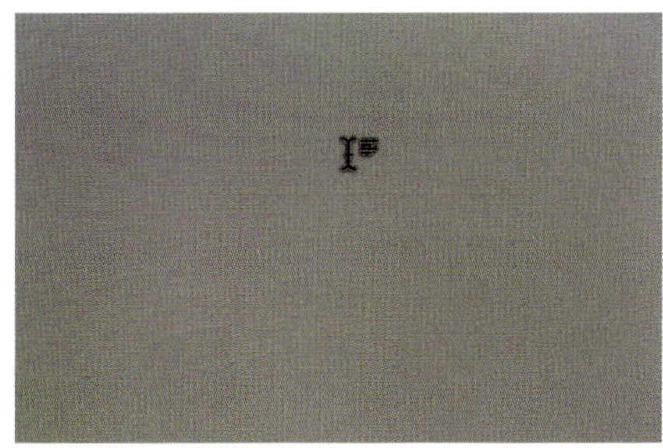

▲ *Ein bekannter Effekt von Wellenüberlagerungen ist der Moiré-Effekt. Er tritt besonders bei Kameras mit Bayersensoren auf, die keinen Tiefpassfilter vor dem Sensor verwenden. FUJIFILM-Kameras brauchen aufgrund der abweichenden Pixelstruktur des Sensors keinen Tiefpassfilter.*

2.2 Abbildungsfehler

Bevor die einzelnen Abbildungsfehler von Objektiven vorgestellt werden, soll noch eine Besonderheit der automatischen Bildkorrektur besprochen werden. In jedem FUJIFILM-Objektiv wird werksseitig ein Korrekturprofil integriert. Die Daten dafür befinden sich in der internen Geräte-Software – der Firmware.

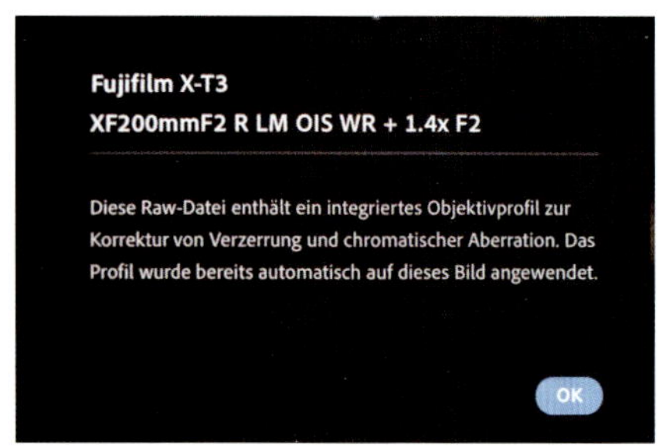

▲ *Hinweis von Adobe – erscheint bei jedem Foto das mit einem FUJINON-Objektiv fotografiert worden ist, wenn der Infobutton unter* ***Optik*** *angeklickt wird.*

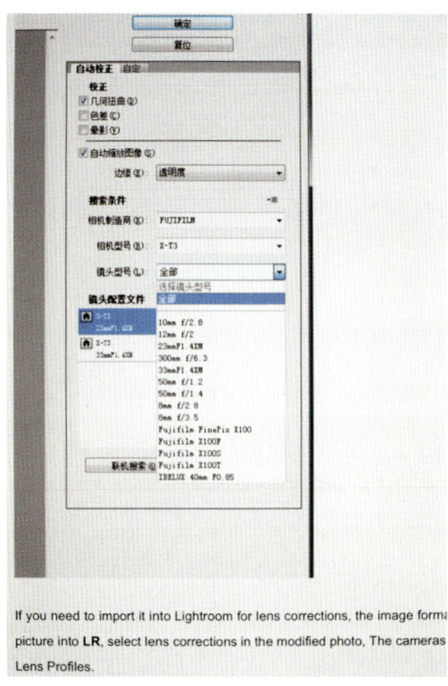

▲ *Viltrox stellt auf seiner Website Objektiv-Korrekturprofile zum Download zur Verfügung.*

Digitale Objektivkorrekturen

Nicht alle Abbildungsfehler können auf optischem Wege optimal korrigiert werden. Abbildungsfehler, die optisch nicht optimal korrigiert werden können, werden auf elektronischem Wege korrigiert. Das betrifft vorwiegend:

- **Verzeichnung:** Bei den meisten FUJIFILM Festbrennweiten-Objektiven wurde die Verzeichnung, also die gebogene Darstellung von geraden Linien, vollständig optisch korrigiert. Alle Zoomobjektive und einige wenige Festbrennweiten-Objektive wie das XF 35 mm F/2, das XF 27 mm F/2,8 und das XF 16 mm F/2,8 erfordern zusätzlich eine elektronische Korrektur.
- **Vignettierung:** Besonders bei sehr lichtstarken Objektiven ist es nicht möglich, die Abschattung in den Bildecken (Vignettierung) vollständig optisch zu korrigieren.
- **Chromatische Aberration:** Durch die Verwendung von apochromatischen Linsen werden die Farbsäume sehr gut korrigiert. Den Rest erledigt die elektronische Korrektur.

Die Korrekturanweisungen werden in jede RAW-Datei als Metadaten eingefügt. Sobald eine RAW-Datei vom RAW-Konverter geöffnet wird, werden die Objektiv-Korrekturen auf das Bild angewendet. Die Korrekturen können nicht deaktiviert werden. Weder in den Kameraeinstellungen noch im RAW-Konverter oder Bildbearbeitungsprogramm. Das betrifft jedenfalls gängige Programme wie beispielsweise Adobe Lightroom, Adobe Camera RAW und Silkypix.

Es gibt allerdings auch RAW-Konverter, die es ermöglichen die Metadaten-Korrekturen auf Wunsch auszuschalten. Das bekannteste Programm ist hier Capture One.

Einfachere RAW-Konverter wie Photo Ninja greifen überhaupt nicht auf die Metadaten für Objektivkorrekturen zu. Hier muss manuell korrigiert werden.

Bei FUJIFILM XF-Objektiven sind die Objektivkorrekturen gezielt auf die Objektiv-Eigenschaften angepasst. Das bedeutet einen großen Programmieraufwand. Deshalb sind die speziellen Anpassungen bei der günstigen XC-Serie nicht vorhanden.

Alle Objektive der XC-Serie sind zwar auch mit einem Korrekturprofil ausgestattet. Jedoch ist das nicht individuell an jeden einzelnen Objektivtyp angepasst. Es wird ein passendes, universelles Korrekturprofil verwendet.

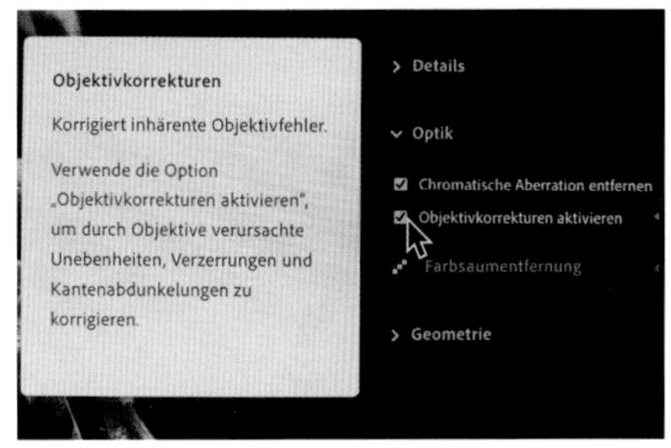

▲ *Die von Adobe hinterlegten Objektiv-Korrekturprofile lassen sich auch wieder deaktivieren*

Bei Objektiven anderer Hersteller für das FUJIFILM X-System werden keine angepassten Korrekturprofile in der Firmware hinterlegt. Hier muss manuell korrigiert werden oder mit angepassten Software-Profilen, wenn Korrektur-Bedarf besteht.

Viltrox stellt beispielsweise auf *www.viltrox.com* im Download-Center angepasste Objektiv-Korrekturprofile für alle Viltrox-Objketive mit FUJIFILM X-Anschluss bereit, die mit den Adobe Programmen Lightroom, Photoshop und Camera Raw verwendet werden können. Allerdings ist die Anwendung etwas mühselig und die Beschreibung nur in chinesisch und englisch vorhanden.

Aber auch Adobe selbst fügt ständig eigene Objektiv-Korrekturprofile in seine RAW-Konverter hinzu. In der Liste, die im Adobe Hilfe-Center aufgerufen werden kann, befinden sich alle wichtigen AF-Objektive mit FUJIFILM X-Anschluss von Samyang, Sigma, Viltrox und Zeiss.

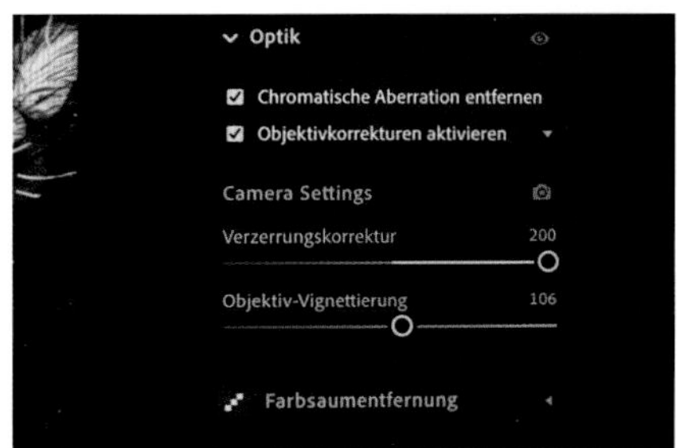

▲ *Bei aktivierter Objektivkorrektur können Sie die Korrekturstärke selbst verändern.*

Der Objektivtyp wird automatisch erkannt und nun können Sie bei aktivierter Objektivkorrektur die Stärke der Korrektur für Verzeichnung und Vignettierung mittels Schieberegler selbst vornehmen. Sollte ein Objektiv noch nicht in der Korrekturliste sein,

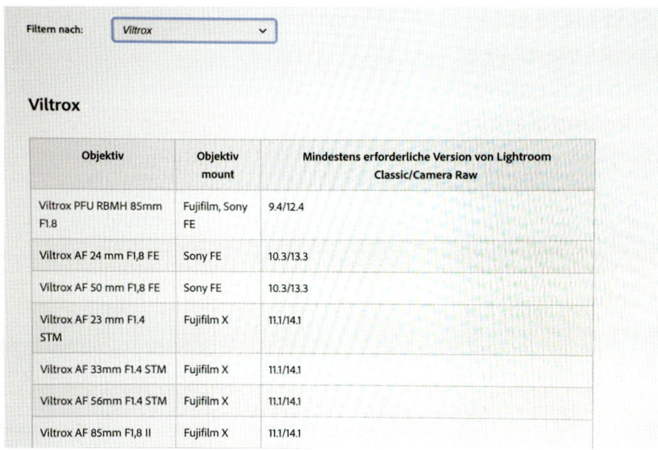

Filtern nach: Viltrox

Viltrox

Objektiv	Objektiv mount	Mindestens erforderliche Version von Lightroom Classic/Camera Raw
Viltrox PFU RBMH 85mm F1.8	Fujifilm, Sony FE	9.4/12.4
Viltrox AF 24 mm F1,8 FE	Sony FE	10.3/13.3
Viltrox AF 50 mm F1,8 FE	Sony FE	10.3/13.3
Viltrox AF 23 mm F1.4 STM	Fujifilm X	11.1/14.1
Viltrox AF 33mm F1.4 STM	Fujifilm X	11.1/14.1
Viltrox AF 56mm F1.4 STM	Fujifilm X	11.1/14.1
Viltrox AF 85mm F1,8 II	Fujifilm X	11.1/14.1

▲ *Auf der Adobehilfeseite sind alle unterstützten Objektive aufgelistet.*

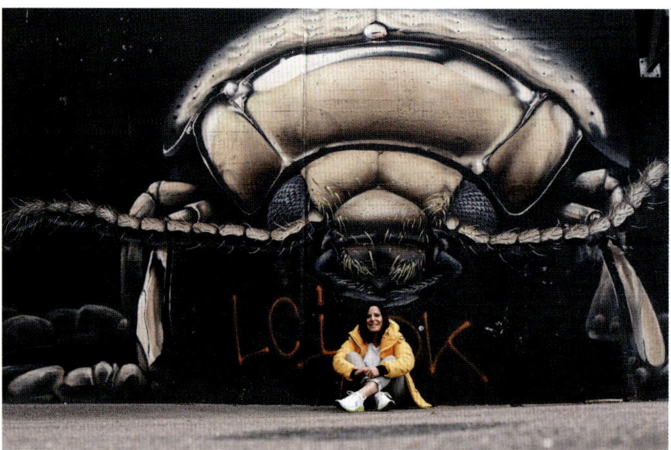

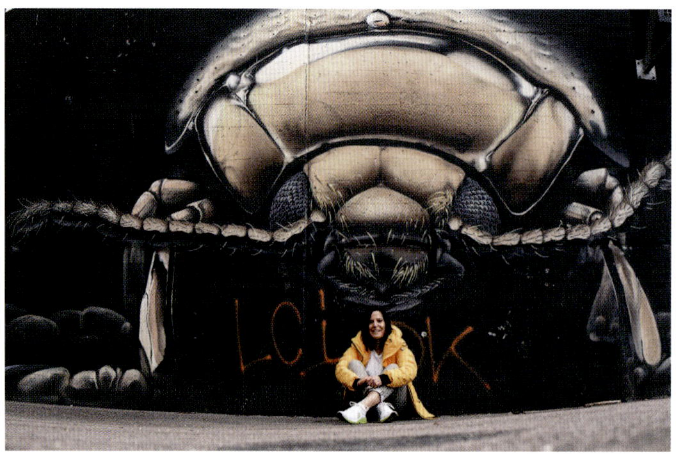

▲ *Objektivkorrektur angewendet (oben) und deaktiviert (unten).*

so lassen sich eigene benutzerdefinierte Korrekturprofile mit der Adobesoftware erstellen. Silkypix hat sich dagegen in der neuesten Version von den integrierten Objektiv-Korrekturprofilen wieder verabschiedet.

Die hier vorgestellten Abbildungsfehler treten also – je nach Objektiv und Bearbeitungssoftware – bei Ihnen evtl. gar nicht auf. Das ist aus meiner Sicht, für Sie natürlich ein klarer Vorteil.

Automatische Korrektur von Abbildungsfehlern

Die Aufgabe eines Objektivs ist es, einen Gegenstandspunkt möglichst scharf als Bildpunkt abzubilden. Auch der Abbildungsmaßstab sollte über das ganze Bildfeld konstant sein. Am einfachsten wäre es, wenn ein Objektiv nur eine Linse hätte. Dann wäre es klein, leicht und preisgünstig.

Brillen bestehen aus nur zwei Einzellinsen und Lupen meist aus einer. Brillen und Lupen sind bereits einelementige Objektive. Auch das erste Fotoobjektiv von 1839 besaß nur eine Linse.

Gegen ein Objektiv mit nur einer Linse spricht jedoch eine unvollkommene Abbildungsleistung. Jede Linse besitzt sichtbare Abbildungsfehler. Ein zufriedenstellendes Bildergebnis ist damit nicht möglich.

Die Abbildungsfehler eines Objektivs werden so gut es geht korrigiert – und das mittlerweile mit erheblichem Aufwand. Um den Korrekturzustand eines Objektivs beurteilen zu können, sind Kenntnisse über die gängigen Abbildungsfehler von Einzellinsen bzw. Linsensystemen notwendig. Hier eine Übersicht der wichtigsten Abbildungsfehler, die auftreten und die es bei der Objektivkonstruktion zu korrigieren gilt. Zwei Arten von Abbildungsfehlern werden dabei unterschieden:

- *Chromatische Abbildungsfehler* – sind Fehler, die dadurch entstehen, dass weißes Licht bei der Brechung in sein Farbspektrum aufgefächert und jede Wellenlänge unterschiedlich stark gebrochen wird (Dispersion).
- *Monochromatische Abbildungsfehler* sind alle Fehler, die unabhängig von der Wellenlänge auftreten.

Farblängs- und Farbquerfehler

Bei der Brechung wird Licht in sein Farbspektrum aufgespalten. Der Brechungsindex ist für jede Wellenlänge ein anderer. Blaues Licht beispielsweise ist kurzwelliger und wird stärker gebrochen als rotes, langwelliges Licht. Das führt dazu, dass jede Wellenlänge eine eigene Bildweite auf der optischen Achse besitzt (Farblängsfehler, auch Farbortsfehler), was wir dann auf der Abbildung als Farbsäume sehen.

Chromatische Aberration tritt nicht nur auf der optischen Achse auf, sondern auch bei schief auf die Linse einfallenden Strahlenbündeln (Farbquerfehler). Besonders bei großen Bildwinkeln wird der Farbquerfehler sichtbar und reduziert die Bildqualität. Wie stark die chromatische Aberration auftritt, hängt von der Linsenform und von der Glassorte sowie vom Brechungsindex der Linse ab.

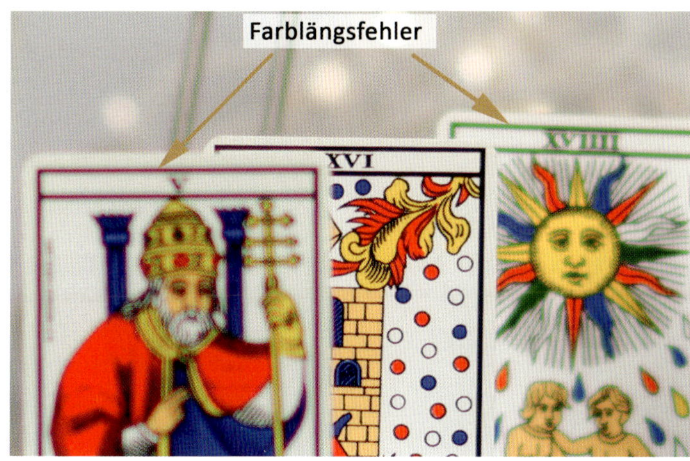

▲ *Farblängsfehler lassen sich durch leichtes Abblenden meistens vermeiden.*

Sphärische Aberration (Öffnungsfehler)

Verursacht durch die sphärische (kugelförmige) Form der Linse treffen die Strahlen in verschiedenen Einfallshöhen auf die Linsenoberfläche. Achsferne Randstrahlen werden aufgrund des anderen Winkels am Linsenrand stärker gebrochen als achsennahe Strahlen. Deshalb schneiden sie die optische Achse an unterschiedlichen Stellen. Die Brennweite in der Linsenmitte ist dadurch etwas größer als die an den Randbereichen der Linse. Je nach Linsenzone entstehen unterschiedlich große Abbildungen.

Objektive mit sphärischer Aberration erzeugen ein eher weiches Bild mit scharfen, aber kontrastarmen Details, zu denen nur die achsnahen Strahlen beitragen. Die achsfernen Strahlen erzeugen Lichthöfe an Hell-Dunkel-Übergängen. Dieser Fehler wird bei geöffneter Blende am sichtbarsten und wird mit zunehmender Abblendung verringert, da bei geschlossener Blende nur die achsnahen Strahlen abgebildet werden.

Koma

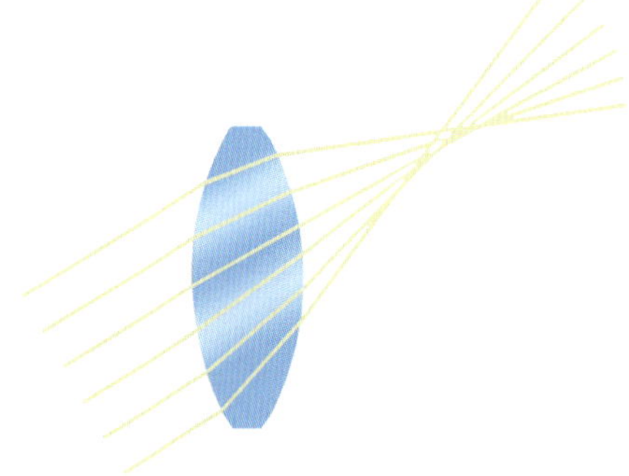

Fallen Strahlenbündel schräg auf eine Linse, so entsteht – anders als ein symmetrisches Zerstreuungsscheibchen wie bei der sphärischen Aberration – eine unsymmetrische, oval verzerrte Strahlenfigur. Diese wird aufgrund ihres Aussehens als Koma (auch Asymmetriefehler) bezeichnet. Auch Koma tritt besonders bei großen Öffnungen auf. Trotz Korrektur kann Koma bei sehr lichtstarken Objektiven und geöffneter Blende noch auftreten. Ein Abblenden verringert auch diesen Fehler.

Astigmatismus

Wenn außerhalb der optischen Achse ein Strahlenbündel von einem Gegenstandspunkt auf die Linsenoberfläche trifft, so werden diese Strahlen in der senkrechten Ebene anders gebrochen als in der waagerechten.

Grund: Die Strahlen der senkrechten Schnittebene besitzen eine stärkere sphärische Aberration als die der waagerechten Ebene. Die Abbildungen haben in den Hauptschnitten unterschiedliche Schnittweiten (die Bezeichnung Astigmatismus kommt aus dem Griechischen und bedeutet Punktlosigkeit).

Astigmatismus kann durch Abblenden verringert, aber nicht beseitigt werden. Korrigiert wird Astigmatismus durch den Einsatz mehrerer Linsen mit verschiedenen Formen und Brechungsindizes.

Bildfeldwölbung

Die Abbildung eines planen Gegenstands ist nicht plan. Die Bildfläche weicht von der Ebene ab und wird am Rand unschärfer als in der Bildmitte, erscheint also gewölbt.

Behelfen kann man sich in solchen Fällen durch stärkeres Abblenden und einer Fokussierung zwischen Bildmitte und Bildrand.

▲ *Die Bildfeldwölbung sorgt für unscharfe Bildränder beim Abbilden von planen Motiven.*

Verzeichnung

Wird ein Gegenstand nicht über das ganze Bildfeld gleich, sondern an den Bildrändern verzogen wiedergegeben, so wird dies als Verzeichnung (auch Distorsion) bezeichnet. Verursacht wird die Verzeichnung durch die sphärische Aberration zusammen mit der Blendenanordnung. Das führt zu verschiedenen Abbildungsmaßstäben über das gesamte Bildfeld.

Es wird zwischen kissenförmigen und tonnenförmigen Verzeichnungen unterschieden. Weitwinkelobjektive neigen zu tonnenförmiger Verzeichnung, Teleobjektive zu kissenförmiger.

Bei Zoomobjektiven tritt die Verzeichnung meist deutlich stärker auf als bei Festbrennweiten. Je nach Brennweitenbereich kann ein Zoomobjektiv auch sowohl kissen- wie tonnenförmige Verzeichnungen aufweisen.

Extreme Beispiele für Verzeichnungen sind sogenannte Fish-Eye-Objektive, z. B. das Meike MK 6,5 mm F/2,0 oder das Laowa 4 mm F/2,8.

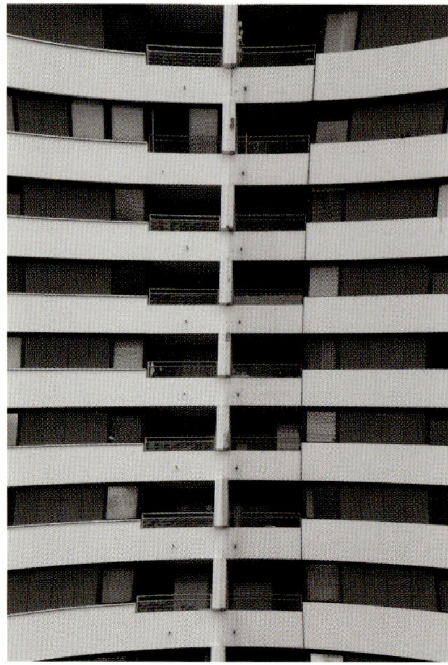
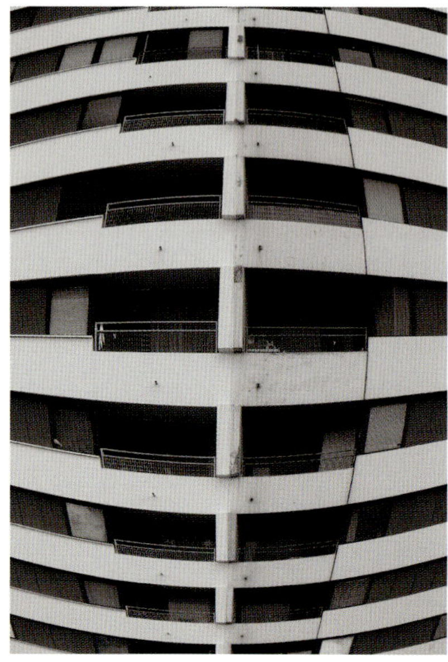

▶ *Bei der Verzeichnung werden die Bildränder etwas verbogen dargestellt.* ***Links:*** *kissenförmige Verzeichnung* ***Rechts:*** *tonnenförmige Verzeichnung.*

Vignettierung

Vignettierung bedeutet, dass die Bildhelligkeit zum Rand der Abbildung hin abnimmt. Die Lichtstärke eines Objektivs ist ein geometrisches Öffnungsverhältnis aus Brennweite und Öffnung, sagt aber nichts darüber aus, wie viel Licht tatsächlich auf dem Sensor landet. Denn das hängt davon ab, in welchem Winkel ein Lichtbündel auf das Objektiv trifft.

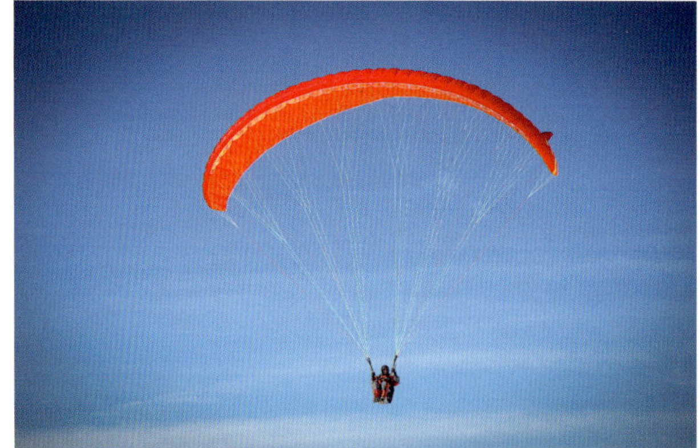

▲ *Vignettierungen sind Abschattungen der Bildränder.*

Verstärkt wird die Vignettierung durch die Objektivfassung, denn schräg einfallende Strahlenbündel werden durch Teile der Fassung nochmals beschnitten.

Vignettierung tritt auch bei modernen Objektiven und Offenblende noch regelmäßig auf. Sie kann aber vergleichsweise leicht bereits in der Kamera bzw. in der Bildbearbeitung korrigiert werden.

Korrektur von Abbildungsfehlern

Seit es Objektive gibt, wird versucht, die Abbildungsfehler so gut wie möglich in den Griff zu bekommen.

Dafür ist ein sehr großer Aufwand nötig. So besteht ein modernes Objektiv wie das FUJINON XF 50-140 mm F/2,8 R LM OIS WR aus über 20 einzelnen Linsen.

Eine völlige Beseitigung aller Abbildungsfehler ist letztlich trotz des erheblichen Aufwands nicht möglich. Der konstruktive Aufwand und die Kosten wären enorm und würden in keiner sinnvollen Relation zum Nutzen stehen. Solch ein optimal korrigiertes Objektiv wäre groß, schwer sowie extrem teuer und würde sicher keine Käufer finden. Die Objektive auf dem Markt stellen daher immer einen gewissen Kompromiss zwischen Aufwand und Nutzen dar. Moderne Objektive sind aber so gut korrigiert, dass wir in den allermeisten Fällen mit dem Bildergebnis sehr zufrieden sind und uns die geringen Reste der Abbildungsfehler gar nicht auffallen. Die kamerainterne Korrektur beseitigt viele kleine Fehler automatisch und auch etliche der im Nachgang eingesetzten Bildbearbeitungssoftware kann bereits beim Import automatisch Objektivkorrekturen ausführen.

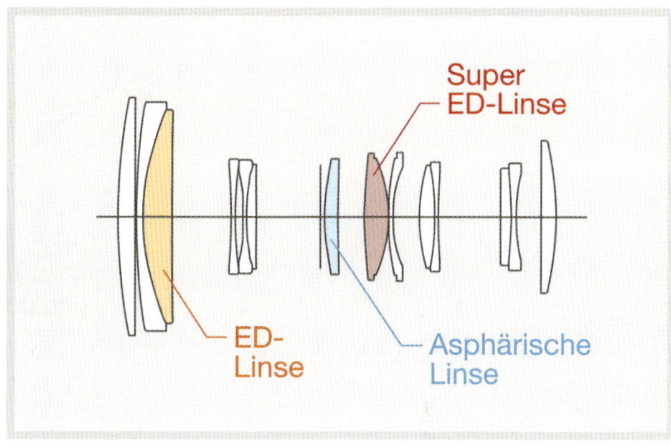

▲ *Linsenaufbau FUJINON XF 50-140 mm F/2,8 R LM OIS WR*

Es gibt natürlich einige Technikfreaks, die ihre Fotos in der 400 % Ansicht begutachten, sogenannte »Pixelpeeper«. Solche Perfektionisten sind selten zufrieden mit ihren Bildergebnissen. Aber wie bereits erwähnt: Ein gutes Objektiv ist eines, das die Ansprüche des Anwenders erfüllt.

Im Folgenden einige Maßnahmen mit denen Abbildungsfehler wirkungsvoll reduziert und korrigiert werden.

Linsenkombinationen

Linsen gibt es in verschiedenen Formen. Es werden hauptsächlich Sammellinsen und Streuungslinsen unterschieden. Diese haben verschiedene Formen. Konkavlinsen sammeln das Licht und Konvexlinsen zerstreuen es. Werden Linsen mit verschiedenen Formen aus verschiedenen Materialien mit unterschiedlichem Brechungsindex kombiniert, so können damit Abbildungsfehler reduziert werden.

▶ *Sammellinsen (konvex) bündeln das Licht.*

▶ *Zerstreuungslinsen (konkav) zerstreuen das Licht.*

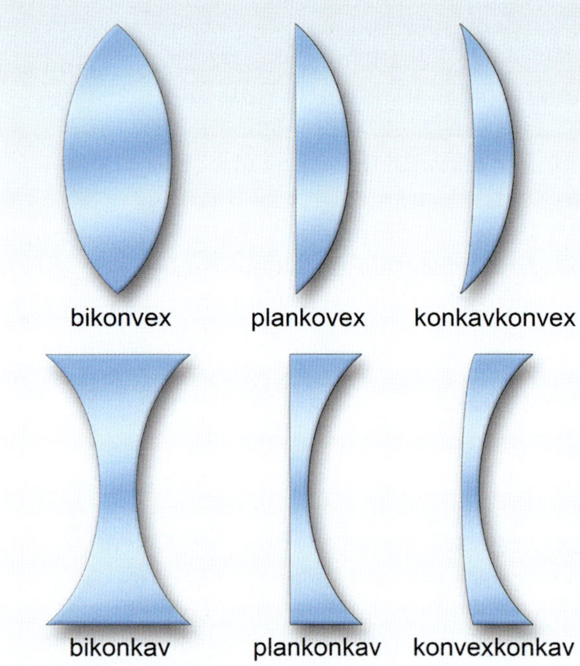

Achromat

Werden schwach streuende Linsen (z. B. Kronglas) mit stark streuenden (z B. Flintglas) mit unterschiedlichen mittleren Brechungsindizes kombiniert, so lässt sich die chromatische Aberration deutlich verringern. Die Brennpunkte zweier Wellenlängen sind dann praktisch identisch. Das zweilinsige Objektiv ist das am einfachsten farbkorrigierte und nennt sich Achromat. Heute finden wir Achromate beispielsweise als Nah- und Makrolinsen im Zubehörbereich.

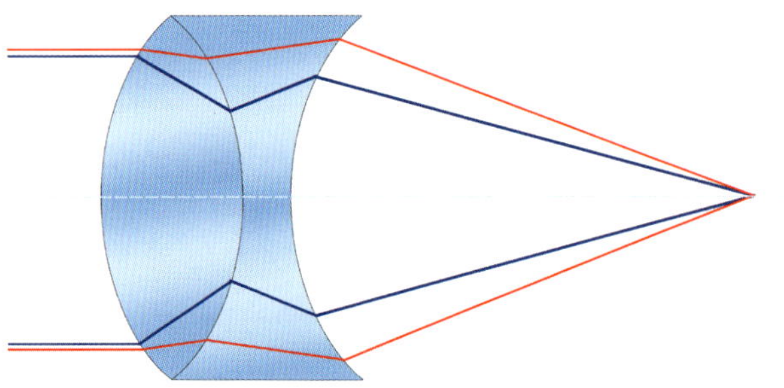

▲ *Apochromat, bestehend aus Sammel- und Zerstreuungslinse aus verschiedenen Glassorten.*

Apochromat

Aus mindestens drei Linsen bestehen Apochromate. Diese ermöglichen gleiche Brennweiten für mindestens drei wichtige Wellenlängen (RGB). Im sichtbaren Spektrum sind alle Wellenlängen des Lichts so gut korrigiert, dass nur noch geringfügige

Farbverschiebungen auftreten, die aber so gut wie nicht sichtbar sind.

Auch monochromatische Abbildungsfehler wie Astigmatismus können durch den Einsatz mehrerer Linsen mit verschiedenen Formen und Brechungsindizes sehr gut korrigiert werden.

Symmetrische Anordnung von Linsengruppen und Blende

Durch eine symmetrische Anordnung der Linsengruppen und einer zentral angeordneten Blende in der Mitte können Abbildungsfehler wie Koma und Astigmatismus deutlich verringert werden. Koma tritt bei modernen Linsen kaum noch auf.

Bauweise von Objektivkomponenten

Durch eine geschickte Konstruktion der Objektivfassung kann beispielsweise die Vignettierung reduziert werden.

Eine mattschwarze Lackierung der Innenfassung sowie aller Glaskanten verringert zudem Reflexionen innerhalb des Objektivs.

Auch größere Durchmesser von Vorder- und Hinterlinsen verringern Vignettierungen.

Asphärische Linsen

Asphärische Linsen sind solche, deren brechende Oberfläche von der Kugelform abweicht. Meist ist sie am Linsenrand abgeflacht. Der Produktionsaufwand von asphärischen Linsen ist höher und teurer als der von normalen Linsen.

Mehrere sphärische Linsen können durch eine asphärische Linse ersetzt werden. Besonders Verzeichnungen und die chromatische Aberration können damit korrigiert werden.

Außerdem kann die Baulänge von Objektiven durch den Einsatz von asphärischen Linsen verkürzt und das Objektivgewicht reduziert werden. In einigen FUJINON-Objektiven werden ein oder mehrere asphärische Linsen verwendet.

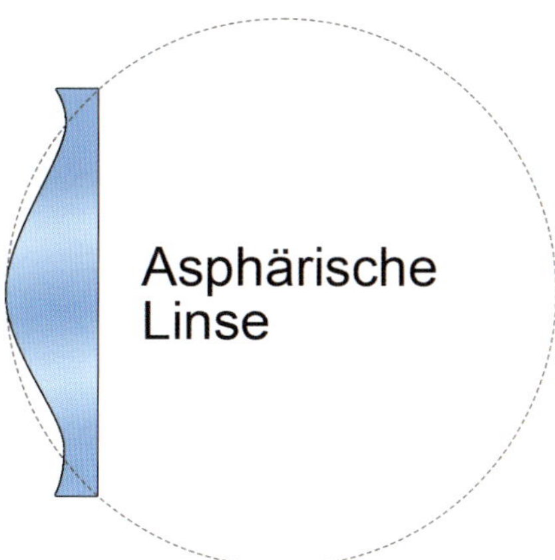

▲ *Eine asphärische Linse ist eine Linse mit mindestens einer von der Kugel- oder planen Form abweichenden brechenden Oberfläche.*

ED- und Super ED-Linsen

Bei der Brechung von weißem Licht wird dieses zum Teil in sein Farbspektrum aufgefächert (Dispersion). Das kann bei Objektiven zu Farbsäumen an den Kanten im Bild führen.

ED-Linsen kompensieren diesen Farbfehler und liefern Bilder mit besserem Kontrast und glänzender Auflösung.

Die Objektiv-Hersteller setzen für diese Art der Objektive unterschiedliche Abkürzungen ein, z. B. ED (**E**xtra Low **D**ispersion), SLD (**S**pecial **L**ow **D**ispersion), ELD (**E**xtraordinary **L**ow **D**ispersion).

Super-ED-Linsen

Auch Super-ED-Linsen befinden sich in einigen FUJINON-Objektiven. Diese Linsen haben noch geringere Dispersion als ED-Linsen und sorgen für eine besonders effektive Farbkorrektur.

Objektive, die die chromatische Aberration unterdrücken sollen, besitzen Linsen mit stark abweichender Dispersionen (oder Teildispersion).

Das sind Objektive deren Brechungsindex über die Wellenlänge des Lichts drastisch von dem der klassischen Linsen abweicht. So können z. B. kurze Wellenlängen nur gering gebrochen werden, die anderen hingegen normal oder auch einen sehr geringen Brechungsindex aufweisen. In einigen FUJINON-Objektiven werden ED Linsen verwendet. Auch Super ED Linsen befinden sich in einigen FUJINON-Objektiven.

Abblenden

Viele Abbildungsfehler kommen verstärkt bei offener Blendenöffnung zum Tragen und das auch nur bei lichtstarken Objektiven. Wenn es aus bildgestalterischen Gründen nicht unbedingt notwendig ist, mit offener Blende zu fotografieren, verbessert ein leichtes Abblenden die Abbildungsqualität in vielen Fällen.

Das Qualitätsoptimum eines Objektivs wird in der Regel erreicht, wenn Sie 2 bis 3 Blendenstufen abblenden.

Verwenden Sie beispielsweise ein Objektiv mit einer Lichtstärke von 1:2.8, so erreichen Sie häufig das optische Qualitätsoptimum dieses Objektivs bei Blenden von 1:5.6 bis 1:8. Diese Überlegung sollte aber immer zweitrangig sein. Oberste Priorität hat immer die Bildgestaltung und welche Schärfentiefe für Ihre Aufnahme erforderlich ist. Denn mit modernen Objektiven für das FUJIFILM X-System sind selbst mit offener Blende bei lichtstarken Objektiven ganz hervorragende Abbildungsleistungen möglich. Ich fotografiere sehr oft mit offener Blende und bin noch nie von der optischen Qualität meiner Aufnahmen enttäuscht gewesen.

Vergütung

Bei der Vergütung handelt es sich um Beschichtungen der Linsenoberflächen. Diese reduzieren in starkem Maße die Reflexion von Licht auf der Oberfläche. Auch können je nach Art der Vergütung bestimmte Wellenlängen des Lichts gesperrt werden. Beispielsweise wird mit der Vergütung auch UV-Strahlung, die sich als bläulicher Farbstich auf den Aufnahmen auswirken kann, gesperrt.

Alle Objektive für das FUJIFILM X-System sind mit einer Mehrschichtvergütung (**M**ulti**c**oating, MC) auf allen Linsenoberflächen versehen. Das sorgt generell für eine höhere Lichtdurchlässigkeit, bessere Schärfe und höhere Farbbrillanz. Wenn Sie seitlich auf die Frontlinse eines Objektivs schauen, so sehen Sie die Mehrschichtvergütung grünlich-violett schimmern.

▲ *Mehrschichtvergütete Objektive erkennen Sie am violetten, grün-bläulichen Schimmern, wenn Sie die Frontlinse gegen das Licht halten.*

Objektivqualität

Bei der Objektivqualität hat sich viel getan in den letzten Jahren und Jahrzehnten. Noch vor ca. 30 Jahren gab es lichtstarke Objektive, die nur abgeblendet verwendet werden konnten, da die Abbildungsleistung bei Offenblende nicht zufriedenstellend war. Kontrastarme und unscharfe Fotos mit Farbsäumen waren damals keine Seltenheit. FUJINON-Objektive und auch solche anderer Hersteller wie Zeiss, Sigma oder Viltrox sind um Welten besser als die meisten der damaligen Objektivkonstruktionen. Aufwendige Berechnungen mit modernsten Computern und Rechenprogrammen sowie moderne Fertigungsmethoden haben zu immer besseren Möglichkeiten geführt, Objektive zu korrigieren und die optische Qualität zu optimieren. Dazu kommen noch Annehmlichkeiten wie Bildstabilisatoren und schnelle und präzise Autofokussysteme, die es uns Fotografierenden ermöglichen, blitzschnell auf Motive zu reagieren.

2.3 Wichtige Grundbegriffe

Um ein Objektiv zu »verstehen««, ist es hilfreich, sich einen Überblick über die wichtigsten physikalischen Parameter eines Objektivs zu verschaffen.

Brennweite

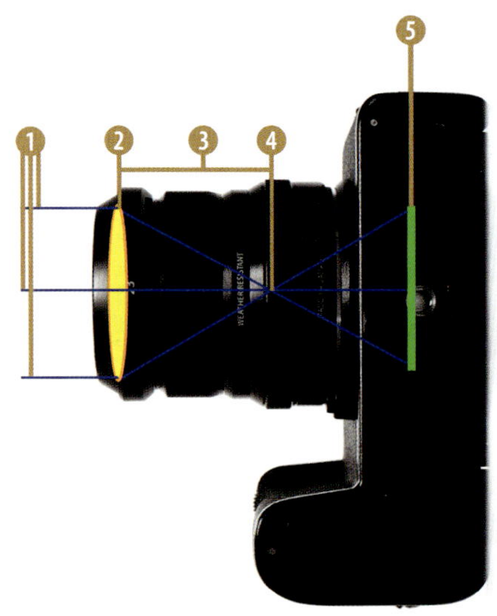

▲ *Brennweite und Brennpunkt*

Die *Brennweite* ❸ ist eine wichtige Kenngröße des Objektivs und beschreibt den Abstand zwischen der *Objektivlinse* ❷ und ihrem *Brennpunkt* ❹. Die *Lichtstrahlen* ❶ werden von den Objektivlinsen gebrochen und der Punkt, in dem sich die Strahlen auf dem Weg zum *Sensor* ❺ kreuzen, ist der *Brennpunkt*.

Die Objektivbrennweite wird in Millimetern angegeben und steht auf jedem Objektiv.

Abhängig von der Brennweite ist die Größe des Bildwinkels, also welcher Bildausschnitt aufgenommen wird. Für ein Normalobjektiv gilt ein Bildwinkel um die 45 Grad; ein kleinerer Bildwinkel steht für ein Teleobjektiv, ein größerer für ein Weitwinkelobjektiv.

Zoom

Die Erfindung der Zoomobjektive sehe ich als eine der größten Innovationen der letzten Jahrzehnte im Objektivbau. Im Gegensatz zu Festbrennweitenobjektiven, die nur eine Brennweite haben, lässt sich bei Zoomobjektiven die Brennweite – und damit der Bildwinkel – stufenlos in einem bestimmten

Bereich einstellen. Mit einem Zoomobjektiv können Sie schnell und flexibel auf verschiedene Motivsituationen reagieren.

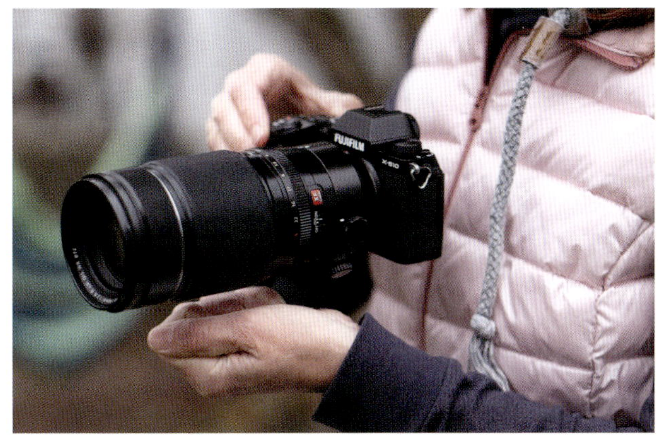

▲ *Mit einem Zoomobjektiv können Sie schnell und flexibel auf verschiedene Motivsituationen reagieren.*

Durch Drehen am Zoomring lässt sich genau der gewünschte Bildwinkel festlegen, ohne dass dabei der Standort geändert werden muss. Das ist sehr praktisch, denn Sie haben mit einem Zoomobjektiv mehrere Brennweiten in einem Objektiv vereint und ersparen sich dadurch den Objektivwechsel sowie die Mitnahme mehrerer Festbrennweitenobjektive. Zoomobjektive sind besonders praktisch auf Reisen, wenn der Platz für das Gepäck begrenzt ist. Auch für Motive, auf die Sie schnell reagieren müssen, eignen sich Zoomobjektive sehr gut, beispielsweise für Reportagen.

Zoomobjektive haben aber nicht nur Vorteile. In einigen Punkten sind sie den Festbrennweiten-Objektiven unterlegen. So sind Festbrennweiten in der Regel lichtstärker als Zoomobjektive. Die lichtstärksten Zoomobjektive besitzen eine Lichtstärke von 1:2.8. Festbrennweitenobjektive dagegen sind bis zu einer Lichtstärke von 1:1.0 erhältlich. Das sind gleich drei ganze Blendenstufen mehr. Auch die opti-

▼ *Zoomobjektive sind sehr praktisch auf Reisen. Damit haben Sie mehrere Brennweiten vom Weitwinkel bis zum Tele in einem Objektiv, ohne dieses unterwegs wechseln zu müssen.*

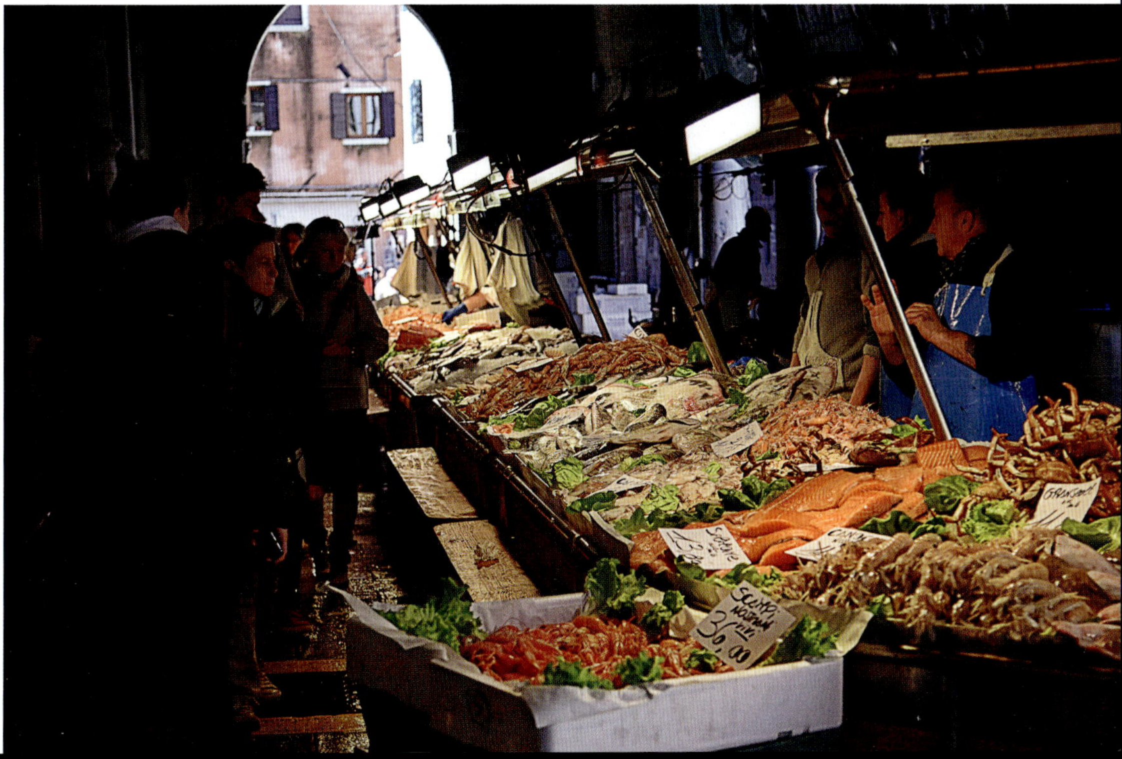

sche Qualität ist von Festbrennweiten etwas besser als von Zooms. Das liegt daran, dass Objektive immer nur optimal auf eine Brennweite korrigiert werden können.

Ob Sie lieber mit Zoomobjektiven oder mit Festbrennweiten fotografieren, hängt in erster Linie von Ihren persönlichen Ansprüchen ab. Ist es Ihnen wichtig, schnell und flexibel auf alle Motive reagieren zu können? Möchten Sie möglichst wenige Objektive mitnehmen und wechseln? Dann sind Zoomobjektive für Sie richtig.

Oder legen Sie Wert auf eine sehr hohe Lichtstärke, um Ihre Bilder mit einer möglichst geringen Schärfentiefe gestalten zu können? Möchten Sie die bestmögliche optische Qualität, die Sie erhalten können? Stört es Sie nicht, für einen anderen Bildwinkel das Objektiv wechseln zu müssen? Dann sollten Sie besser zu Objektiven mit Festbrennweiten greifen.

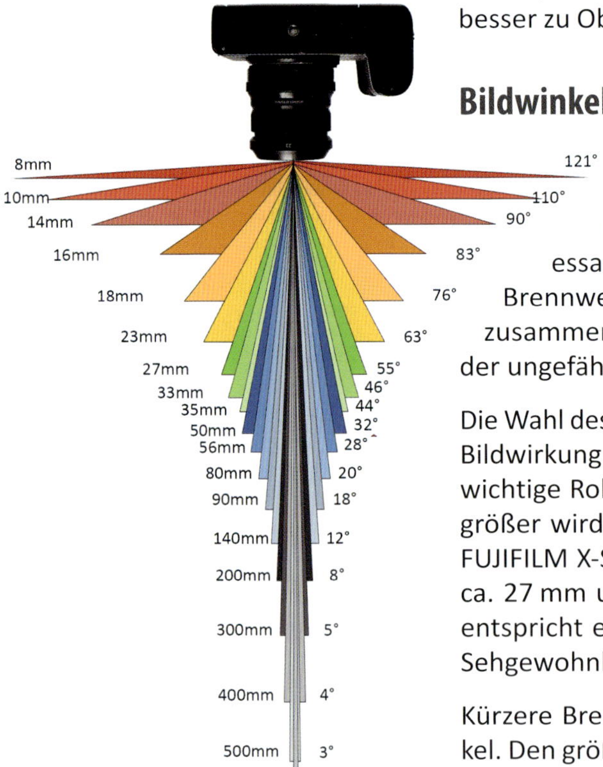

Bildwinkel

Auf jedem Objektiv wird die Brennweite angegeben. Dabei wäre die Angabe des Bildwinkels weitaus interessanter für die Bildgestaltung. Da aber die Brennweite des Objektivs mit dem Bildwinkel zusammenhängt, lässt sich aus der Brennweite der ungefähre Bildwinkel ableiten.

Die Wahl des Bildwinkels beeinflusst maßgeblich die Bildwirkung und spielt für die Bildgestaltung eine wichtige Rolle. Je kürzer die Brennweite ist, desto größer wird der Bildwinkel und umgekehrt. Beim FUJIFILM X-System beträgt die Normalbrennweite ca. 27 mm und hat einen Bildwinkel von 55°. Das entspricht etwa von der Bildwirkung her unseren Sehgewohnheiten.

Kürzere Brennweiten sorgen für größere Bildwinkel. Den größten Bildwinkel liefert zur Zeit das FUJINON 8-16 mm F/2,8 R LM WR mit einem Bildwinkel von 121° bei 8 mm Brennweite. Das FUJINON 100-400 mm F/4,5-5,6 R LM OIS WR besitzt den kleinsten Bildwinkel von 4,1°. Mit verwendetem zweifachem Telekonverter sind es sogar nur 2°.

▲ *Die Brennweite und der Bildwinkel sind miteinander verbunden. Lange Brennweite = enger Bildwinkel.*

Brennweitenvergleich ohne Standortwechsel

Bilder sagen mehr als tausend Worte. Schauen Sie sich die Vergleichsfotos an. Die Kamera habe ich auf ein Stativ gestellt, ausgerichtet und dann ein und dasselbe Motiv ohne Standortwechsel mit verschiedenen Brennweiten fotografiert. Alle Bilder wurden mit Blende F/2,8 aufgenommen.

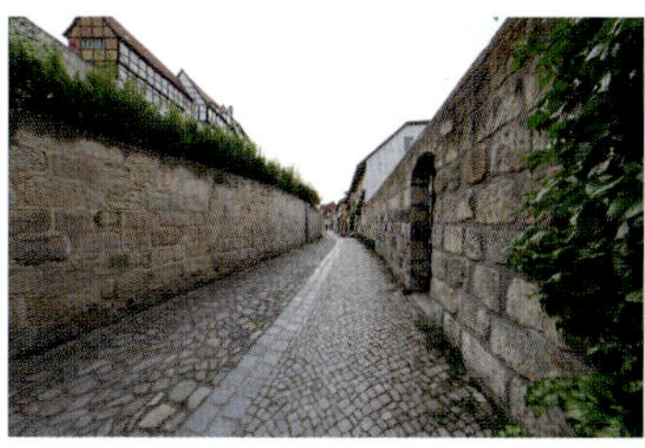

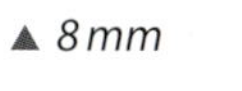

▲ *8 mm*

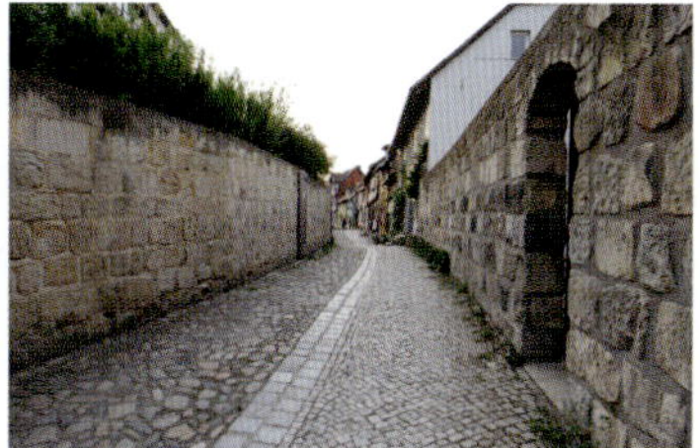

▲ *16 mm*

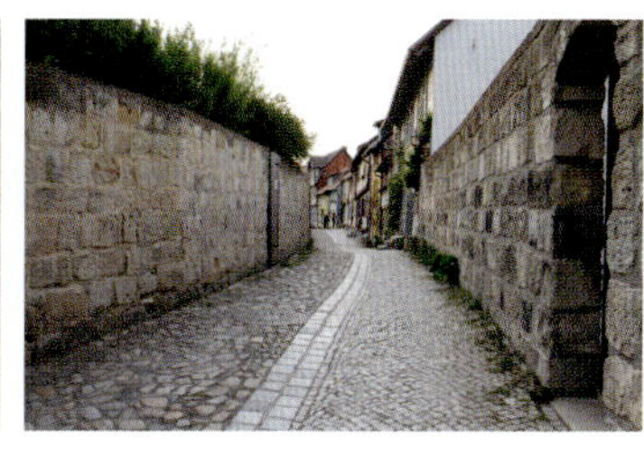

▲ *23 mm*

▲ *35 mm*

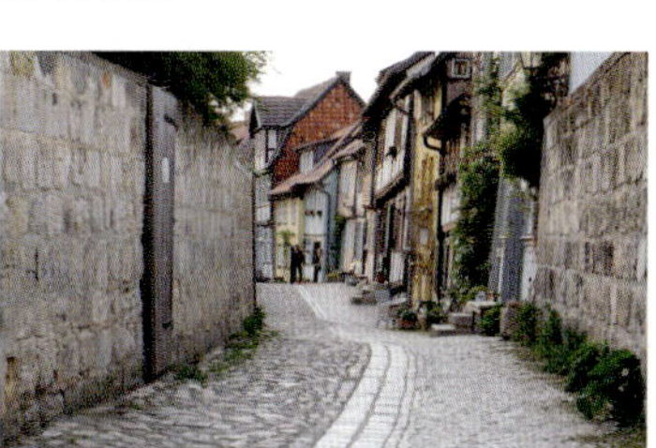

▲ *55 mm*

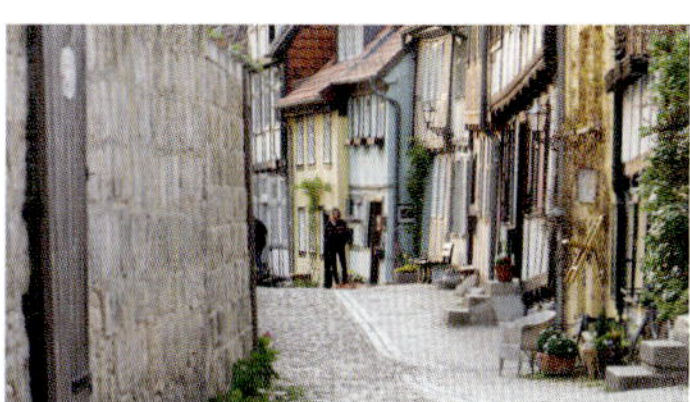

▲ *100 mm*

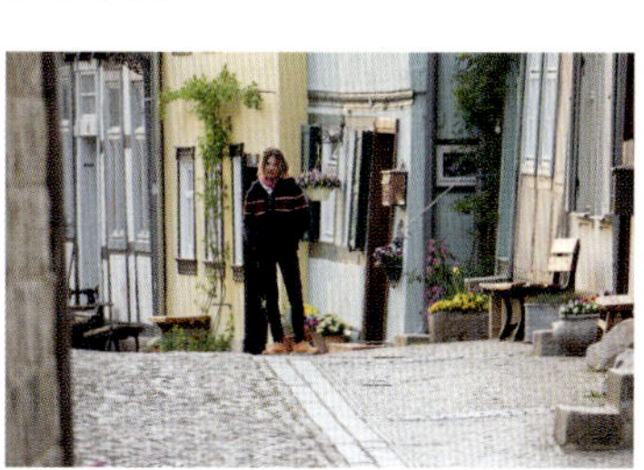

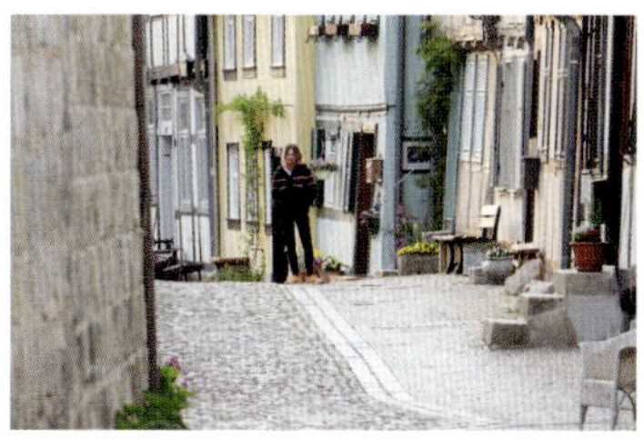

▲ *200 mm*

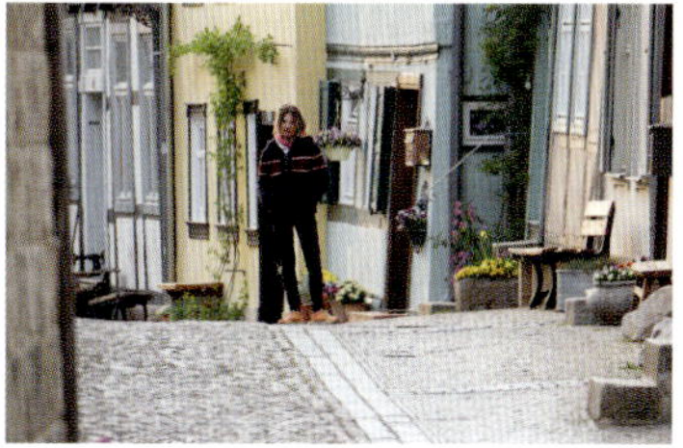

▲ *300 mm*

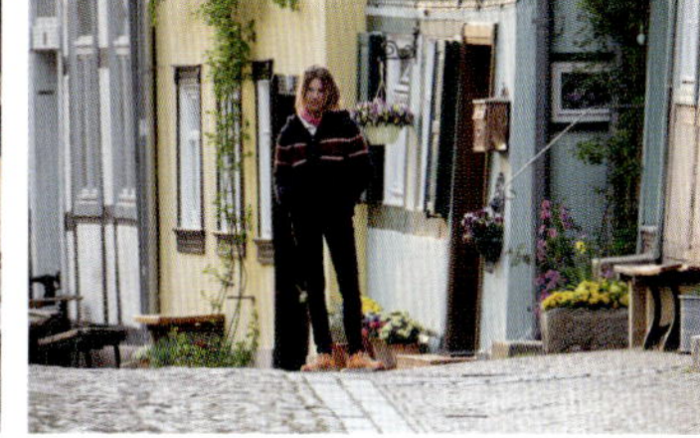

▲ *400 mm*

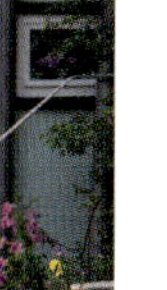

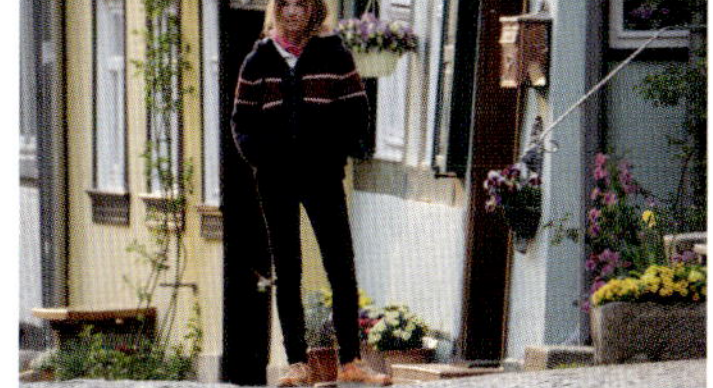

▲ *560 mm*
(400 mm + 1,4x Telekonverter)

Brennweitenvergleich mit Standortwechsel

Bei der nächsten Bildserie sehen Sie die gleichen Brennweiten. Dieses Mal habe ich den Kamerastandpunkt immer so weit geändert, dass das Hauptmotiv etwa gleich groß im Bild erscheint. Es ändern sich die Proportionen und die Wirkung des Hintergrunds. Alle Fotos habe ich wieder mit Blende F/2,8 aufgenommen.

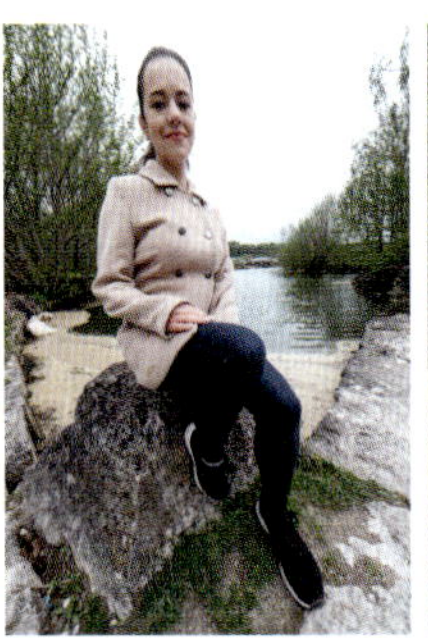

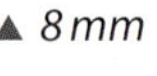

▲ *8mm*

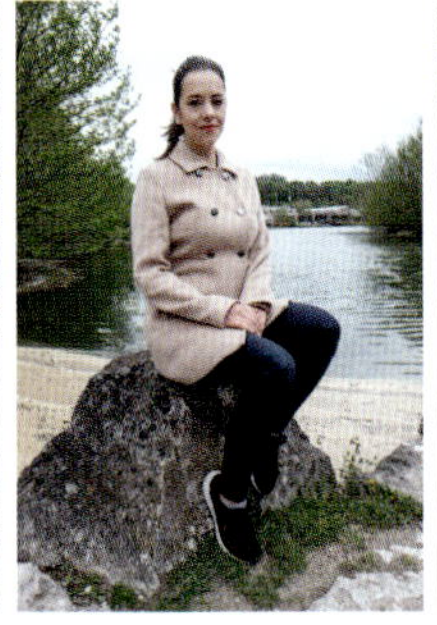

▲ *16mm*

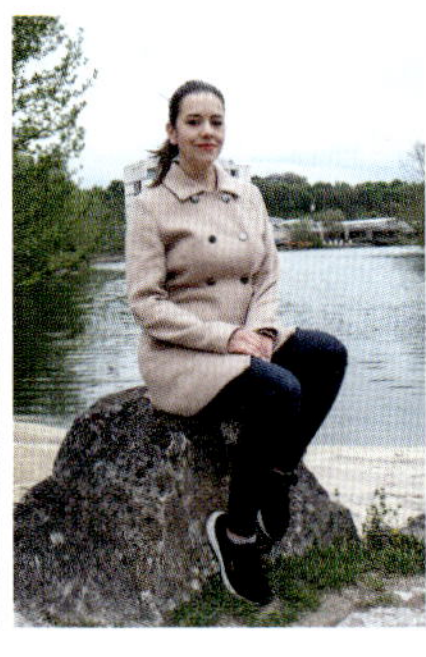

▲ *23mm*

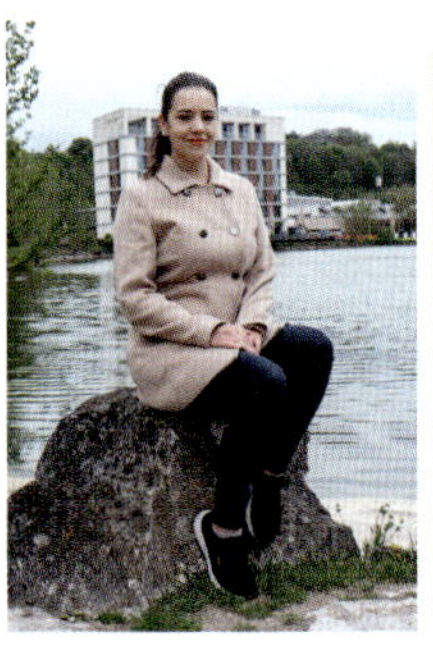

▲ *35mm*

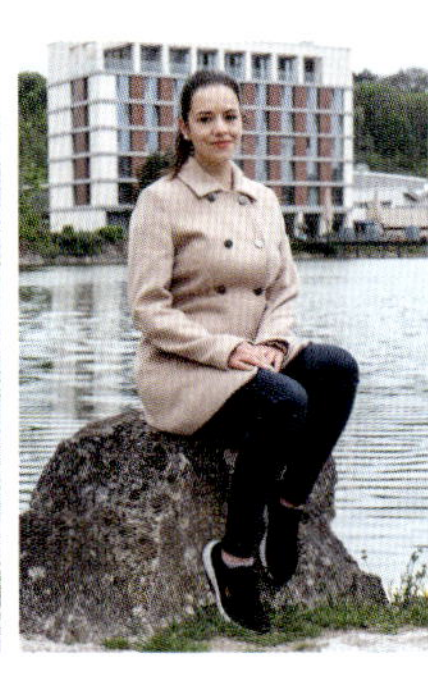

▲ *55mm*

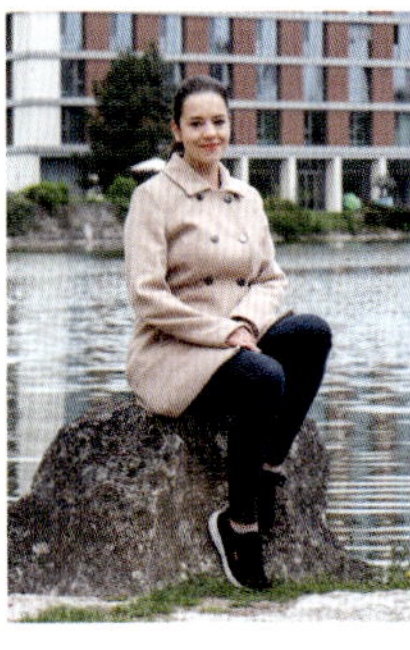

▲ *100mm*

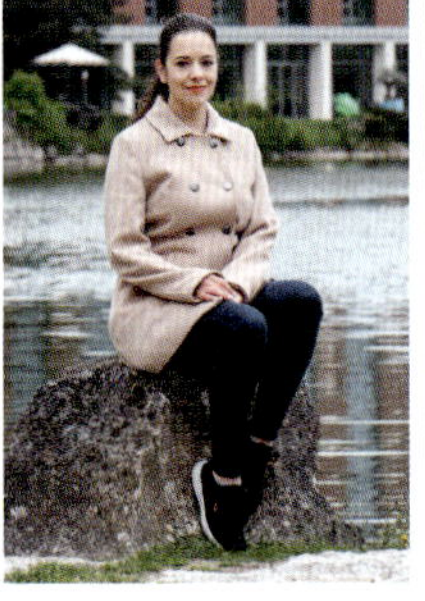

▲ *200mm*

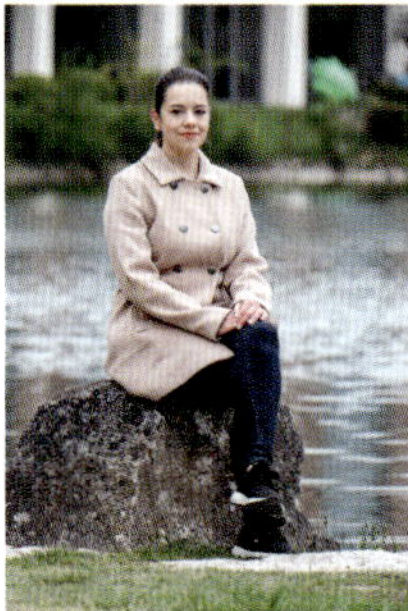

▲ *300mm*

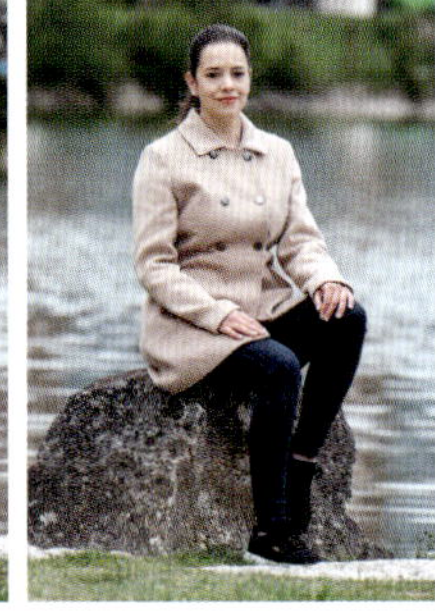

▲ *400mm*

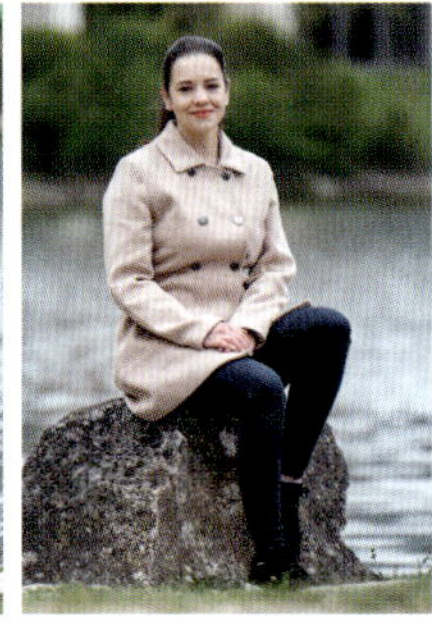

▲ *560mm (400mm + 1,4x Telekonverter)*

Bildkreis

Sensor

▲ *Der Bildkreis, den das Objektiv ausleuchtet, muss mindestens so groß sein wie der Sensor.*

Bildkreis

Objektive projizieren ein kreisrundes Bild auf die Sensorebene. Der Bildsensor sitzt in der Mitte des Bildkreises und nimmt das Foto auf.

Objektive werden so konstruiert, dass der Bildkreis mindestens so groß ist, dass der Sensor vollständig abgedeckt wird. Deshalb werden Objektive immer für eine bestimmte Sensorgröße konstruiert. Alle Kameras der FUJIFILM X-Serie sind mit einem APS-C-Sensor mit einer Größe von 23,6 x 15,8 mm ausgestattet. Das entspricht einer Sensordiagonalen von 28,4 mm. Der Bildkreis von Objektiven für das

FUJIFILM X-System muss also mindestens einen Durchmesser von 28,4 mm haben. FUJINON XF- und XC-Objektive sind auf genau diese Sensorgröße abgestimmt.

Cropfaktor

Das gängige Aufnahmeformat zu analogen Zeiten war das Kleinbildformat (KB) mit einer Bildgröße von 24 x 36 mm, damals noch auf Negativ- und Diafilmen. Für die digitale Fotografie wurde das Filmmaterial durch einen Sensor ersetzt. Kameras mit dieser Sensorgröße werden Vollformatkameras genannt – das volle Kleinbildformat. Um Kameras sowie Objektive kleiner und preiswerter bauen zu können, mussten auch die Bildsensoren kleiner gestaltet werden. Hier setzten sich vor allem der Micro-Four-Third-(MFT)-Sensor von Olympus und Panasonic sowie der APS-C-Sensor, den auch das FUJIFILM X-System verwendet, durch.

Der Cropfaktor gibt an, um welchen Faktor die Bilddiagonale des Kamerasensors kleiner ist als ein Sensor im Kleinbild- bzw. Vollformat. Der Cropfaktor von FUJIFILM-Kameras der X-Serie beträgt 1,5. Er liegt dabei zwischen dem kleineren Micro-Four-Third-Sensor mit Cropfaktor 2 und dem Vollformat mit Cropfaktor 1. Wofür ist das wichtig zu wissen? In erster Linie, um den Bildwinkel ins Verhältnis zu setzen. Möchten Sie z. B. die gleiche Bildwirkung erhalten wie bei einem Foto einer Vollformatkamera mit einem Objektiv mit 85 mm Brennweite, so erreichen Sie den gleichen Bildwinkel mit einem Objektiv mit 56 mm Brennweite an einer FUJIFILM-Kamera (56 mm x 1,5 = 84 mm). Es gibt Fotografierende, die behaupten, der Look von Vollformatkameras wäre unverwechselbar. Das stimmt meiner Ansicht nach nicht so ohne weiteres. Sie erreichen mit einer FUJIFILM X-Kamera genau die gleiche Bildwirkung wie mit einer Vollformatkamera, indem Sie:

- die Brennweite vom Vollformat um den Faktor 1,5 verringern. Also beispielsweise wenn Sie die gleiche Bildwirkung wie 50 mm Brennweite an einer Vollformatkamera haben möchten, verwenden Sie an Ihrer FUJIFILM-Kamera ein Objektiv mit 33 mm (50 mm : 1,5 = 33 mm).

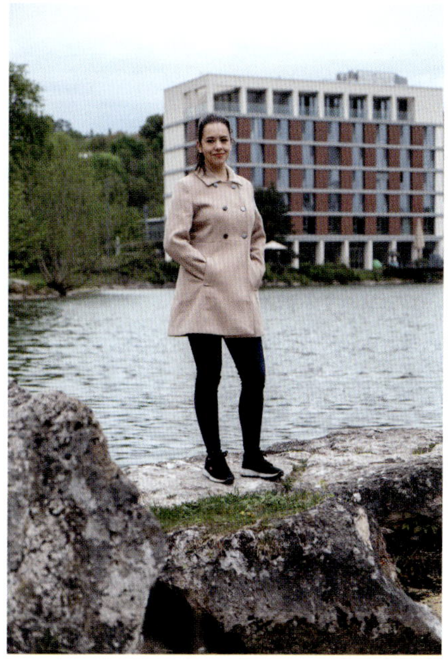

▲ *Foto mit Objektivbrennweite 85 mm an einer Kamera mit Vollformatsensor.*

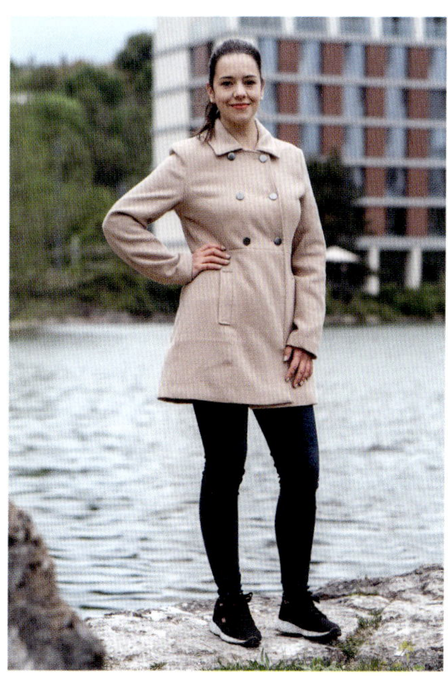

▲ *Foto mit Objektivbrennweite 85 mm an einer FUJIFILM X-Kamera mit APS-C-Sensor.*

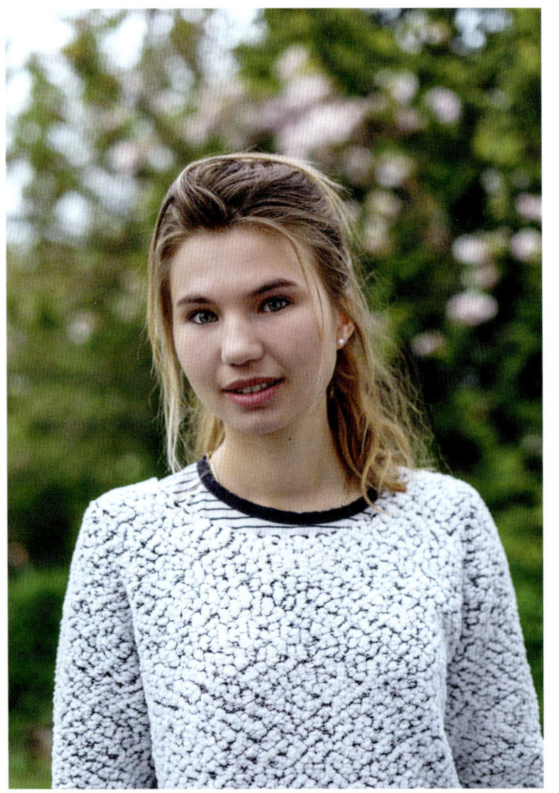

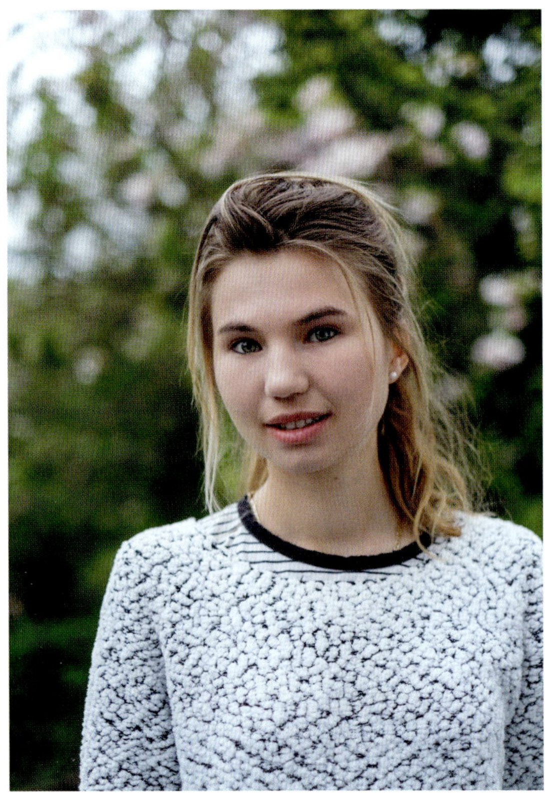

Oben: FUJIFILM mit 35 mm F/1,4
Unten; Sony Vollformat mit 50 mm F/2

◀ *Das Foto oben wurde mit einer FUJIFILM X-Kamera aufgenommen mit FUJINON XF 35 mm F/1,4 R bei offener Blende und das untere mit einer aktuellen Vollformatkamera von Sony und einem Sony-Objektiv – damit gleiche Verhältnisse hergestellt sind mit 50 mm bei Blende F/2. Sehen Sie nennenswerte Unterschiede im Bildlook?*

- die Lichtstärke auch um den Faktor 1,5 vergrößern. Das entspricht etwa einer Blendenstufe. Um die Bildwirkung, den Look vom Vollformat mit Blende 1:2 zu erreichen, müssen Sie also zu einem Objektiv mit einer Lichtstärke von 1:1.4 greifen. Eigentlich 1:1.33 (2:1.5 = 1.33), aber der Unterschied von Lichtstärke 1:1.33 zu 1:1.4 ist im Bildergebnis nicht sichtbar.

Natürlich hat diese Methode in Extremsituationen ihre Grenzen. Aber in der Praxis spielen die Unterschiede meiner Ansicht nach keine Rolle. Ein Vorteil von kleineren Sensorgrößen ist, dass sowohl das Kameragehäuse als auch die Objektive kleiner, leichter und preisgünstiger ausfallen als beim Vollformat. Dass ein APS-C-Sensor mitunter ebenso viele Bildpixel besitzt wie ein größerer Vollformatsensor, stellt die Objektivkonstrukteure vor besondere Herausforderungen. Denn das Objektiv muss die gleiche hohe Auflösung liefern – nur auf einer kleineren Fläche. Dass diese Aufgabe gelungen ist, beweist die Bildqualität der Fujifilm-Geräte. Schauen Sie sich die Vergleichsfotos zwischen Vollformat und APS-C an. Gleiches Motiv, gleiche Einstellungen – sehen Sie Unterschiede?

2.4 Objektivaufbau

Ein Objektiv ist mehr als nur ein paar Linsen in einer Fassung. Moderne Objektive für FUJIFILM X-Kameras sind optische Hightechpräzisionsgeräte. Die elektronischen Komponenten wie Blende, Bildstabilisator und Autofokusmotor kommunizieren mit der Kamera. FUJINON-Objektive besitzen deshalb eine eigene CPU und Steuersoftware (Firmware), für die es regelmäßig ein Update gibt.

Blende

Die Blende sitzt im Objektiv und regelt durch die Änderung des Öffnungsdurchmessers die Lichtmenge, die auf den Sensor trifft. Die Blende besteht aus mehreren Lamellen, die eine möglichst kreisrunde Öffnung ergeben und je nach eingestellter Blende mal mehr oder weniger Licht durch das Objektiv auf den Sensor lassen. Aber die Blende kann mehr als nur die Lichtmenge zu regulieren. Ein Objektiv hat beispielsweise eine Öffnung von 25 mm und eine Brennweite von 50 mm. Das ergibt ein Verhältnis von 1:2. Vereinfacht wird auch nur von Blende 2 gesprochen oder F/2 (englisch für f-stop = Blendenstufe).

Wie wirkt sich die Blendeneinstellung aus?

Aber die Blende kann mehr als nur die Lichtmenge zu regulieren.

Der Lichtwert EV (Exposure Value)

Das Licht kann gemessen und als Lichtwert (EV) angegeben werden. Da Sie mit diesem Wert nicht viel anfangen können, rechnet die Kamera den Lichtwert gleich in die fotografisch wichtigen Parameter Blende, Belichtungszeit und ISO-Wert um. Verdoppelt sich die Lichtmenge für die Belichtung, so erhöht sich der Lichtwert um 1 EV. Halbiert sich die Lichtmenge, so reduziert sich der Lichtwert um 1 EV. Wichtig sind also vor allem die Differenzen von Lichtwerten bzw. Lichtwertstufen. Die Änderung der Lichtmenge um eine EV-Stufe entspricht dabei der Änderung von einer Blendenstufe bzw. der Verdoppelung bzw. Halbierung der Belichtungszeit oder der Verdoppelung bzw. Halbierung des ISO-Wertes. Hier wird der Zusammenhang deutlich: Durch die bewusste Wahl der Blende kann z. B. die Ausdehnung des Schärfebereichs gesteuert werden – die

Schärfentiefe. Für viele Motive ist die Schärfentiefe das wichtigste Gestaltungsmittel. Besonders Porträtfotografen wünschen sich eine geringe Schärfentiefe mit unscharfem Hintergrund, der nicht vom Hauptmotiv ablenkt. Landschafts- und Naturfotografierende dagegen hätten gerne einen möglichst ausgedehnten Schärfebereich, damit vom Nahbereich bis zum Horizont alles scharf abgebildet wird.

Blende	F/1,4	F/2	F/2,8	F/4	F/5,6	F/8	F/11	F/16	f 22
ISO 100	**1/30 Sek.**	1/15 Sek.	1/8 Sek.	1/4 Sek.	1/2 Sek.	1 Sek.	2 Sek.	4 Sek.	8 Sek.
ISO 200	1/60 Sek.	**1/30 Sek.**	1/15 Sek.	1/8 Sek.	1/4 Sek.	1/2 Sek.	1 Sek.	2 Sek.	4 Sek.
ISO 400	1/125 Sek.	1/60 Sek.	**1/30 Sek.**	1/15 Sek.	1/8 Sek.	1/4 Sek.	1/2 Sek.	1 Sek.	2 Sek.
ISO 800	1/250 Sek.	1/125 Sek.	1/60 Sek.	**1/30 Sek.**	1/15 Sek.	1/8 Sek.	1/4 Sek.	1/2 Sek.	1 Sek.
ISO 1.600	1/500 Sek.	1/250 Sek.	1/125 Sek.	1/60 Sek.	**1/30 Sek.**	1/15 Sek.	1/8 Sek.	1/4 Sek.	1/2 Sek.
ISO 3.200	1/1.000 Sek.	1/500 Sek.	1/250 Sek.	1/125 Sek.	1/60 Sek.	**1/30 Sek.**	1/15 Sek.	1/8 Sek.	1/4 Sek.
ISO 6.400	1/2.000 Sek.	1/1.000 Sek.	1/500 Sek.	1/250 Sek.	1/125 Sek.	1/60 Sek.	**1/30 Sek.**	1/15 Sek.	1/8 Sek.
ISO 12.800	1/4.000 Sek.	1/2.000 Sek.	1/1.000 Sek.	1/500 Sek.	1/250 Sek.	1/125 Sek.	1/60 Sek.	**1/30 Sek.**	1/15 Sek.
ISO 25.600	1/8.000 Sek.	1/4.000 Sek.	1/2.000 Sek.	1/1.000 Sek.	1/500 Sek.	1/250 Sek.	1/125 Sek.	1/60 Sek.	**1/30 Sek.**

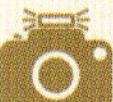

Die Blende – die Pupille der Kamera

Objektive sind ähnlich aufgebaut wie unsere Augen. Die Hornhaut 3 hat eine starke Brechkraft und entspricht dem Linsensystem im Objektiv. Die Linse 2 sorgt durch Verformung für eine scharfe Abbildung, genau wie ein Autofokus im Objektiv. Der Glaskörper 6 füllt den Raum zwischen Linse und Netzhaut. Die Iris 1 entspricht dabei der Blende. Sie reguliert die einfallende Lichtmenge durch die Größe der Öffnung.

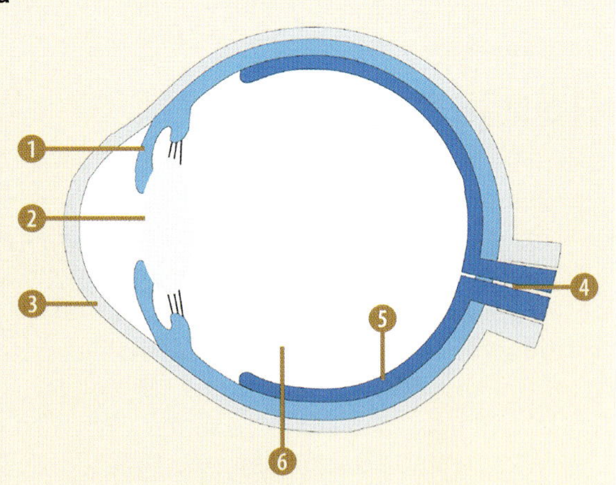

Bei wenig Licht wird die Iris weiter geöffnet, damit mehr Licht auf die Netzhaut 5 gelangt. Die Netzhaut entspricht dem Aufnahmesensor in unserer Kamera und der Sehnerv 4 leitet die Daten zum Gehirn weiter. Wenn die Sonne scheint, ziehen sich unsere Pupillen zusammen und die Iris reduziert ihren Durchmesser, damit die Lichtmenge nicht zu groß wird. Genauso funktioniert die Blende im Objektiv. Bei heller Umgebung wird abgeblendet, also die Blendenöffnung reduziert. Bei wenig Licht wird die Blende weiter geöffnet. Mit der Blende wird aber auch die Schärfentiefe geändert. Eine weit geöffnete Blende reduziert diese. Je mehr die Blende geschlossen wird, desto größer wird die Schärfentiefe. Etwas gewöhnungsbedürftig sind die Blendenzahlen: große Blendenöffnung = kleine Zahl, kleine Blendenöffnung = große Zahl. Aber wie kommen die Blendenwerte zustande? Der Blendenwert ist eine Verhältniszahl aus Öffnungsdurchmesser und Brennweite des Objektivs.

Schärfentiefe

Bei weit geöffneter Blende entsteht vor und hinter dem scharfen Motiv ein Unschärfebereich. Die Hintergrundunschärfe wird Bokeh genannt, siehe dazu ab Seite 49.

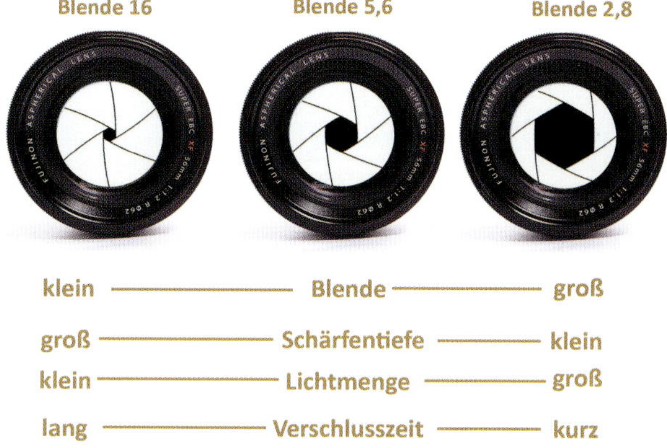

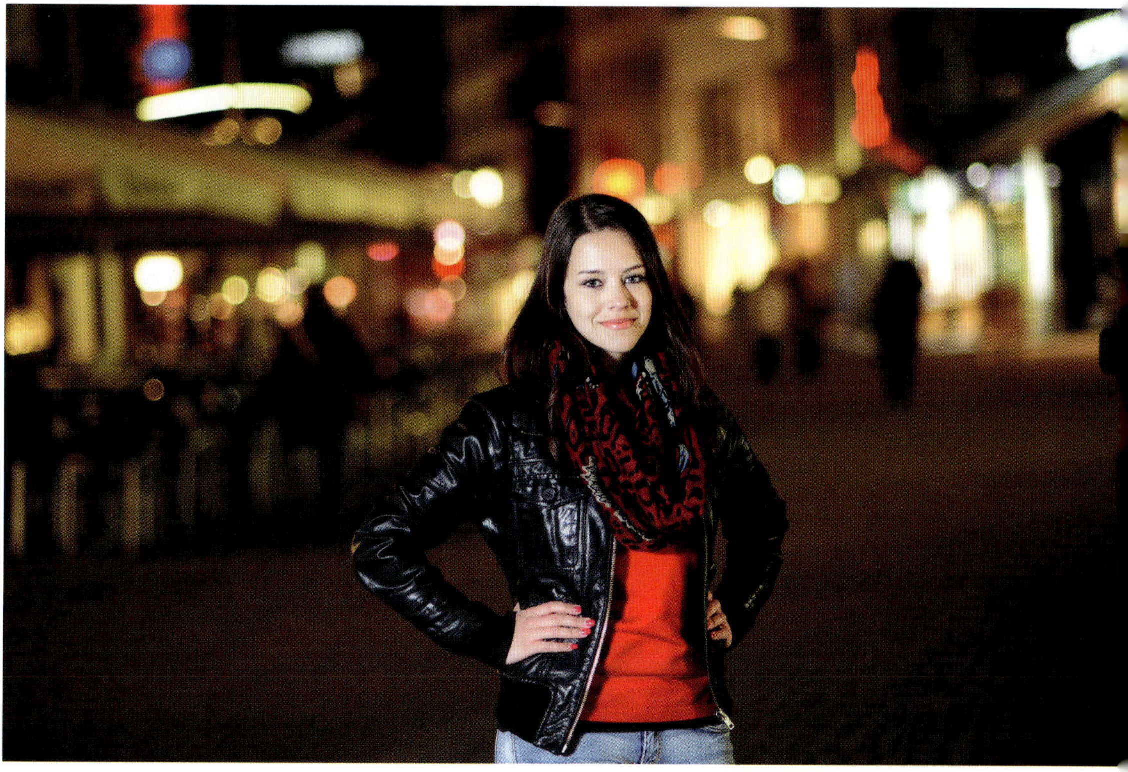

ISO 800 I 1/100 Sek. I F/1,4 I FUJIFILM X-Pro3 mit Viltrox 56 mm F/1,4 I Blitz Profoto A1X

▲ *Mit einer weit geöffneten Blende – hier 1:1.4 – wird eine geringe Schärfentiefe erzeugt. Der Hintergrund erscheint unscharf – ideal für Porträts.*

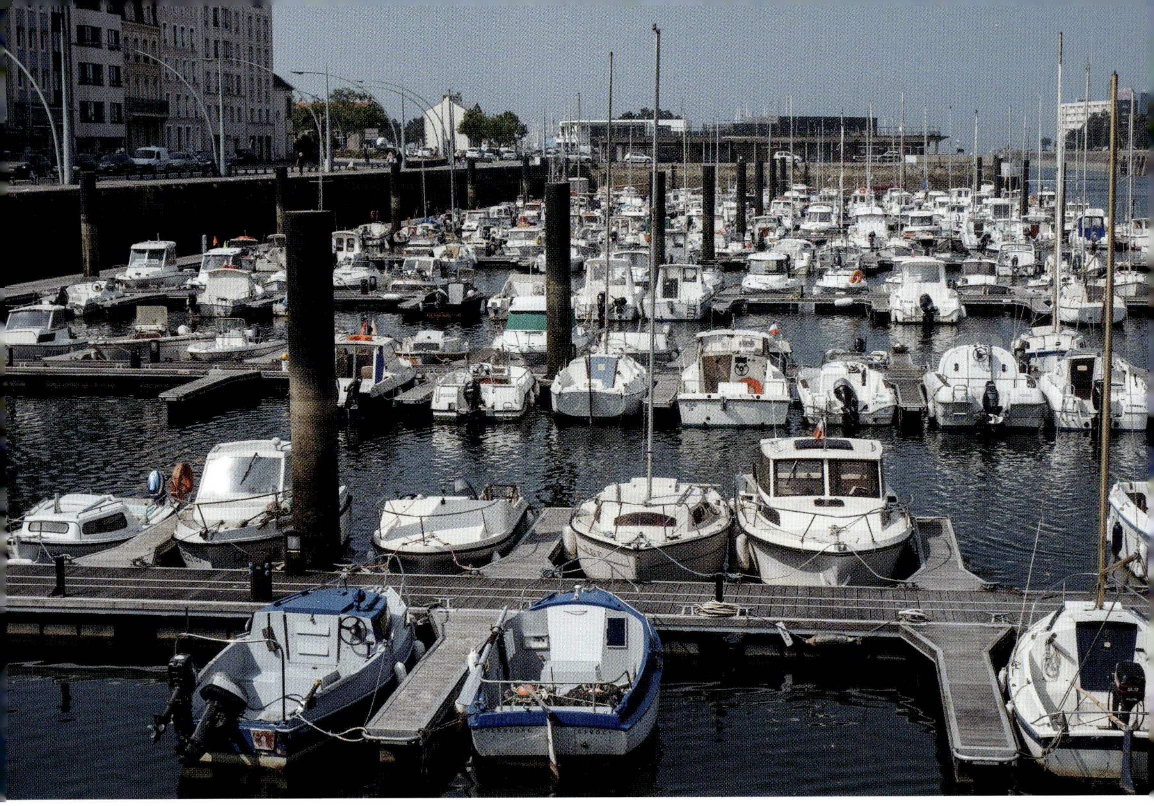

ISO 200 I 1/320 Sek. I F/11 I FUJIFILM X-T2 mit FUJINON XF 35 mm F/1,4 R

▲ *Ist eine größere Schärfentiefe gewünscht, wählen Sie eine kleine Blende und/oder eine kürzere Brennweite.*

Blendenreihe

Diese Bildreihe verdeutlicht, wie sich die Schärfentiefe nur durch die Änderung der Blendenöffnung ändert bei gleichem Abstand und gleicher Brennweite von 50 mm.

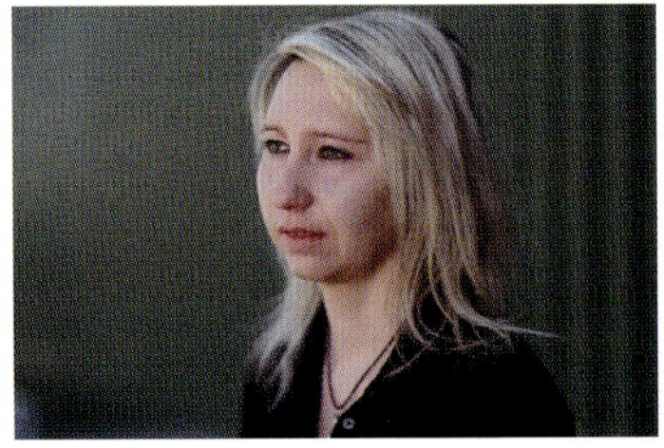

▲ *Blende 1,0*

Die Schärfentiefe lässt sich mit einer Formel berechnen. Das ist aber bei FUJIFILM-Kameras nicht mehr notwendig, denn wenn Sie den Auslöser Ihrer Kamera halb gedrückt halten, wird das Bildergebnis bereits vor der Aufnahme simuliert – inklusive der Schärfentiefe. Das ist einer der vielen Vortei-

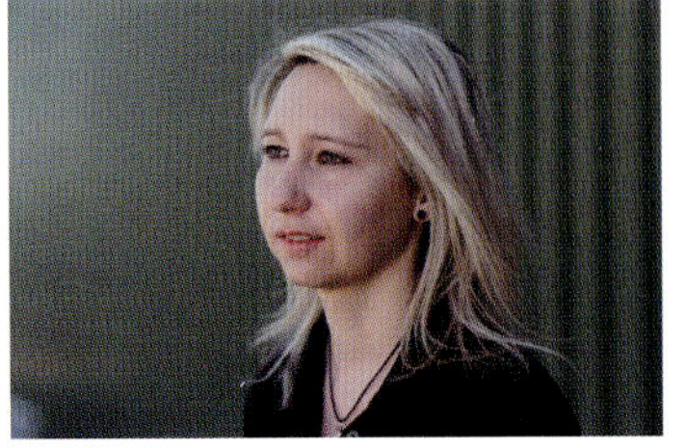

▲ *Blende 2,0*

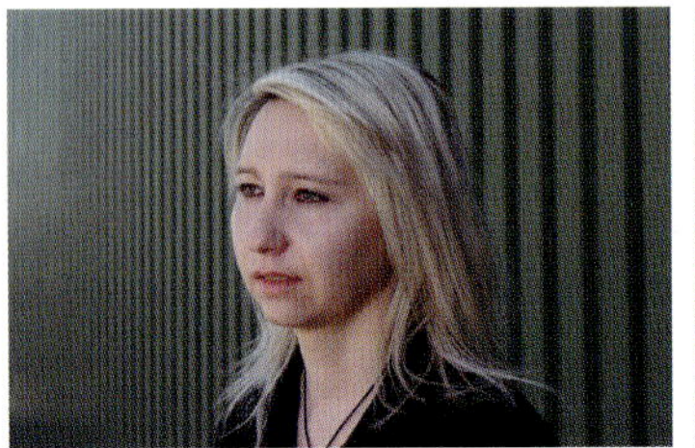

▲ *Blende 8,0*

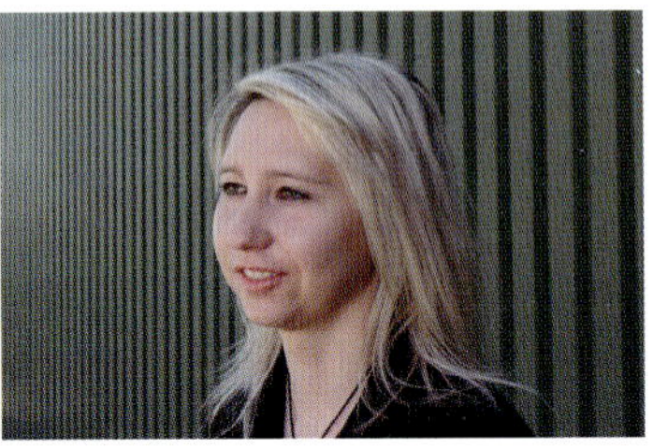

▲ *Blende 16*

le von spiegellosen Systemkameras. Spiegelreflexkameras haben dafür eine Abblendtaste, die allerdings das Sucherbild während der Betätigung deutlich abdunkelt.

Für die Ausdehnung des Schärfebereichs ist aber nicht nur die Blendenöffnung verantwortlich.

Die Wahl der Objektivbrennweite und der Abstand zum Motiv haben ebenfalls großen Einfluss auf die Schärfentiefe. Die Auswirkungen auf die Schärfentiefe im Überblick:

	geringere Schärfentiefe	größere Schärfentiefe
großer Aufnahmesensor	✓	
kleiner Aufnahmesensor		✓
hohe Lichtstärke/ große Blendenöffnung	✓	
geringe Lichtstärke/ große Blendenöffnung		✓
lange Objektivbrennweite	✓	
kurze Objektivbrennweite		✓
kleiner Abstand zum Motiv	✓	
großer Abstand zum Motiv		✓

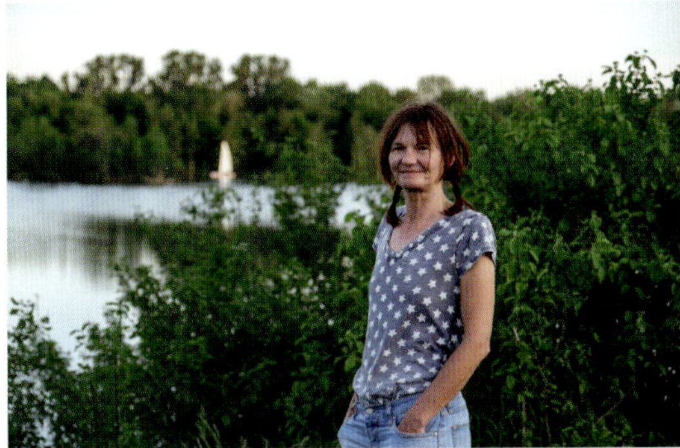

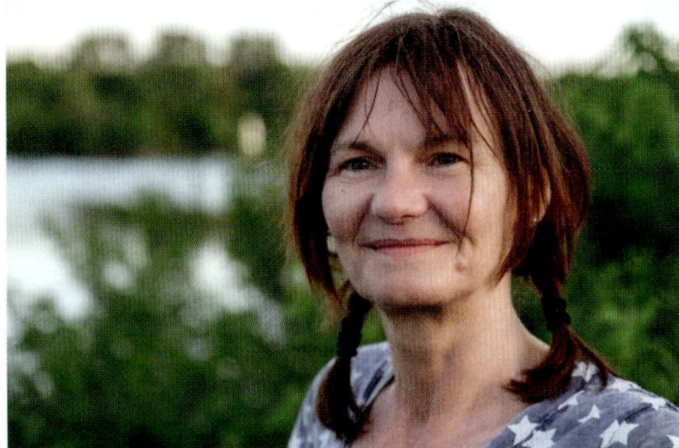

▲ *Die Brennweite hat Einfluss auf den Schärfebereich. Links 16 mm, rechts 55 mm, beide Blende F/2,8.*

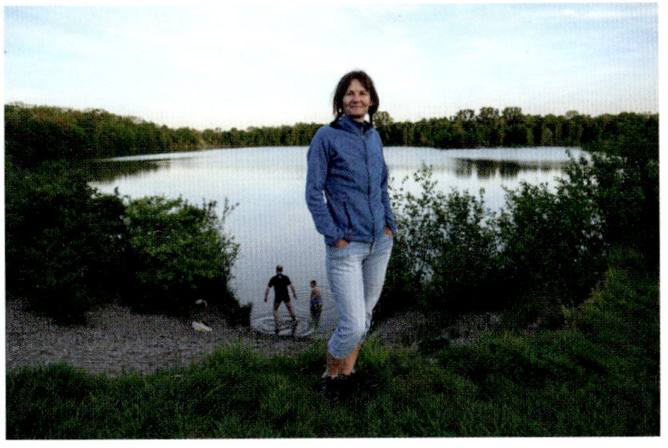

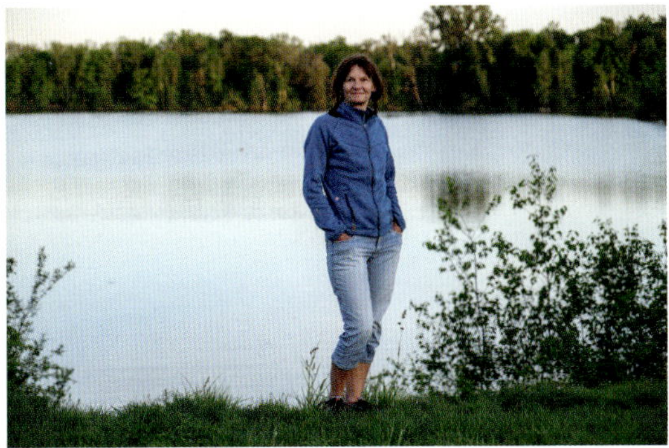

▲ *Auch der Abstand hat Einfluss auf den Schärfebereich. Beide Fotos Blende F/2,8 und Brennweite 55 mm.*

Bokeh

Bei weit geöffneter Blende entsteht vor und hinter dem scharfen Motiv ein Unschärfebereich. Dieser wird Bokeh genannt – der Name kommt aus

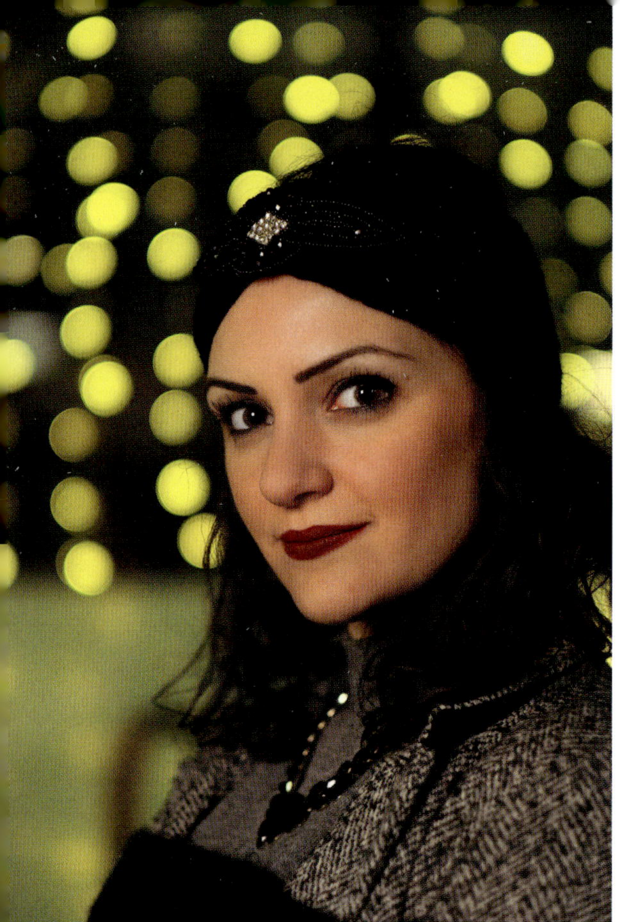

ISO 4.000 I 1/200 Sek. I F/1,2 I FUJIFILM X-T2 mit FUJINON XF 56 mm F/1,2 R APD

▲ *Porträt mit Bokeh-Bubbles.*

dem Japanischen und heißt so viel wie verwischt, unscharf oder zerstreut. Voraussetzung für ein Bokeh ist die Verwendung einer geringen Schärfentiefe. Aber was macht ein schönes Bokeh noch aus?

Ein schönes Bokeh ist nicht nur ein einfach unscharfer Hintergrund, die Unschärfe sollte auch ästhetisch sein. Die Schärfe sollte sanft und gleichmäßig in Unschärfe übergehen und eine weiche, homogene Unschärfe entfalten. Nervöse Doppelbilder oder Überlagerungen sollen nicht auftreten.

Sehr gerne werden von Fotografierenden auch Spitzlichter im Vorder- oder Hintergrund eingesetzt, die in der Unschärfe zu sogenannten großen Zerstreuungskreisen, auch Bubbles oder Zerstreuungskreise genannt.

Die Form und Beschaffenheit dieser Bubbles hängt von der Objektivkonstruktion, Lichtstärke, Brennweite und vor allem von der Form der Blende ab. Sind die Blendenlamellen abgerundet oder eher eckig? Je nach Blendenbeschaffenheit sind die Bokeh-Bubbles beispielsweise sechseckig oder kreisrund.

Ein schönes Bokeh hat große, runde und gleichmäßige Bubbles, ohne Ringe (Zwiebelringe). Es hat deutliche aber weiche Kanten ohne Farbränder. Wenn dann noch die farbliche Komposition miteinander harmoniert, ist das Bokeh perfekt.

In FUJINON-Objektiven werden ausschließlich Blenden mit sieben oder neun Blendenlamellen verwendet. Diese sind abgerundet, um im Bokeh runde, angenehm und natürlich wirkende Zerstreuungskreise zu erzeugen.

Wenn Sie sich einmal ältere Objektive anschauen, die keine abgerundeten Blendenlamellen verwenden, sehen Sie die klassische polygone Blendenform. Das führt dann auch zu unrunden Bokeh-Bubbles. Das sieht unnatürlich und nicht so schön aus wie runde Unschärfekreise im Bokeh.

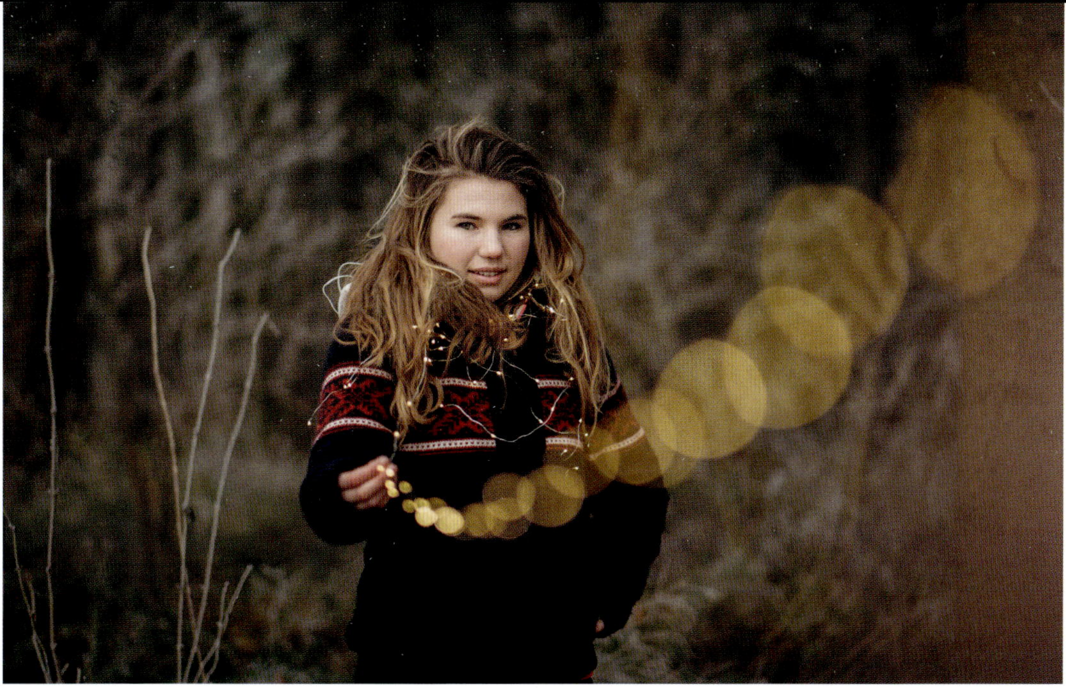

ISO 160 I 1/500 Sek. I F/1,2 I FUJIFILM X-Pro3 mit FUJINON XF 56 mm F/1,2 R I LED-Lichterkette

▲ *Porträt mit Bokeh.*

Über das Bokeh wird viel diskutiert. Es existieren ganze Bücher über das Thema. Im Internet gibt es Hitlisten und Foren, in denen diskutiert wird, welches Objektiv das schönste Bokeh erzeugt. Ganz vorne mit dabei: die FUJINON-Objektive XF 56 mm F/1,2 R und das FUJINON XF 50 mm F/1,0 R WR.

Das Bokeh ist wieder ein gutes Beispiel dafür, dass ein Objektiv sehr gute Testergebnisse und exzellente MTF-Kurven haben kann. Über den Charakter des Objektivs – und dazu gehört auch die Ästhetik des Bokehs – sagt das wenig aus. Auch wenn ich mich wiederhole: Lassen Sie sich nicht zu sehr von Testergebnissen beeinflussen, sondern probieren Sie die Objektive selbst aus. Viel entscheidender ist der subjektive Eindruck der Fotos. Sie werden überrascht sein, was für schöne und besondere Aufnahmen mit Objektiven entstehen können, die bei jedem Test durchfallen würden.

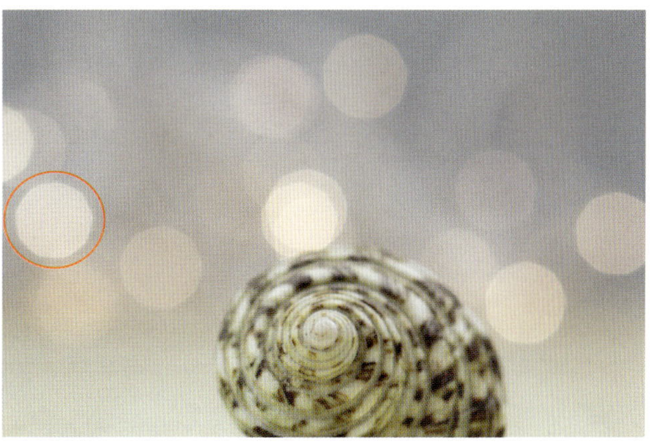

▲ *Ein typisches neuneckiges Spitzlicht.*

Bokeh-Bubbles erzeugen

Bokeh-Bubbles sind Lichtpunkte, die als Zerstreuungskreise außerhalb der Schärfeebene abgebildet werden. Wie erzeugen Sie diese Bubbles?

- Ideal geeignet sind lichtstarke Objektive – je lichtstärker, desto besser. Richtig gut funktioniert es mit Porträtobjektiven wie beispielsweise dem FUJINON XF 56 mm F/1,2 R.
- Längere Brennweiten sind besser als kurze. Ein FUJINON XF 50-140 mm F/2,8 R LM OIS WR eignet sich auch sehr gut für ein tolles Bokeh. Allerdings benötigen Sie durch die Telebrennweite viel Distanz zum Motiv und zum Hintergrund, beispielsweise eine abendlich beleuchtete Fußgängerzone in einer Stadt.
- Der Abstand zum Hauptmotiv sollte so gering wie möglich sein – umso größer werden die Bubbles. Also sollten Sie keinen Platz unnötig an die Bildränder verschenken.
- Für zu Hause eignet sich zum Erzeugen von Bokeh-Bubbles eine Lichterkette. Wer es bunt mag, verwendet eine mehrfarbige LED-Lichterkette.
- Auch im Vordergrund lassen sich Bokeh-Bubbles erzeugen. Halten Sie dazu einfach die Lichterkette vors Objektiv. Variieren Sie den Abstand der Lichterkette zum Objektiv, um die Größe der Bubbles zu bestimmen.
- Die Form der Bubbles wird von der Blendenform bestimmt. Die abgerundeten Blendenlamellen der FUJINON-Objektive sorgen für angenehm und natürlich wirkende Bokeh-Bubbles. Wer es kitschig mag, bastelt sich eine Schablone mit ausgestanztem Herz und hält sie vors Objektiv. Dann entstehen Bubbles in Herzform.

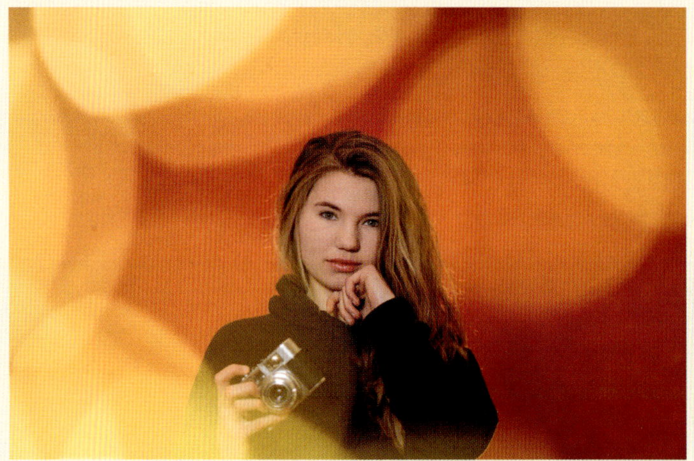

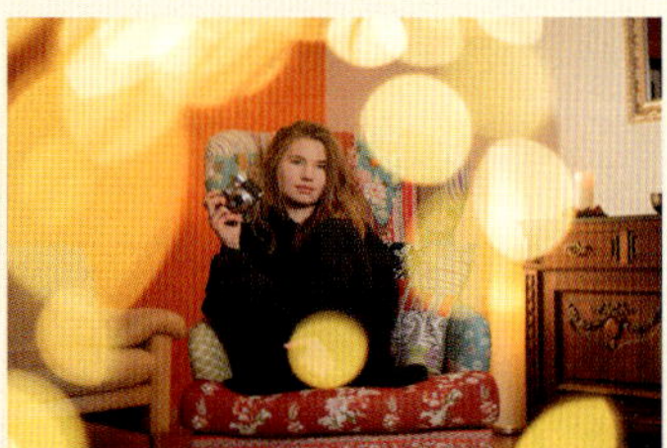

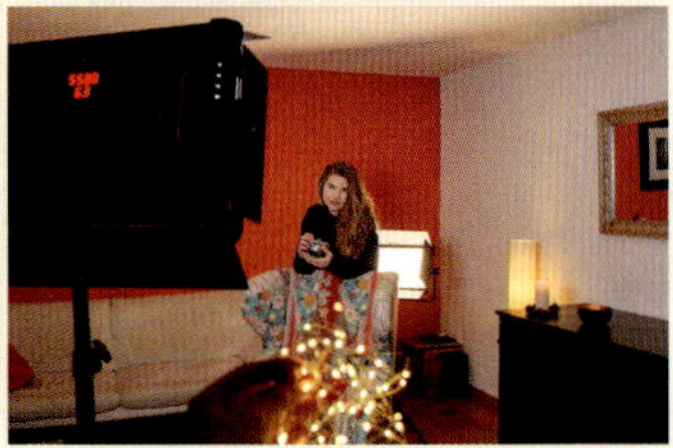

Zerstreuungskreise

Alle Bildpunkte des Motivs werden auf einer Aufnahme auch wieder als scharfe Punkte abgebildet, wenn sie exakt in der Schärfeebene liegen. Punkte außerhalb der Schärfeebene werden nicht mehr als Punkte, sondern als mehr oder weniger große Scheibchen abgebildet, als Zerstreuungs- oder auch Unschärfekreise. Je weiter die Entfernung vom eingestellten Fokuspunkt abweicht, desto größer werden die Unschärfekreise.

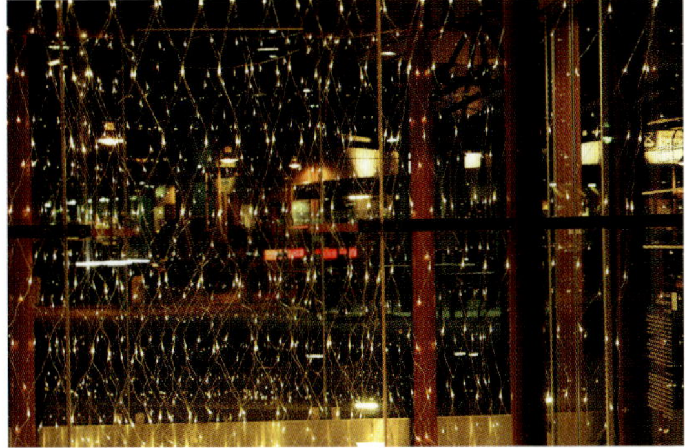

▲ *Auf die Lichterkette scharf gestellt sind keine Zerstreuungskreise sichtbar.*

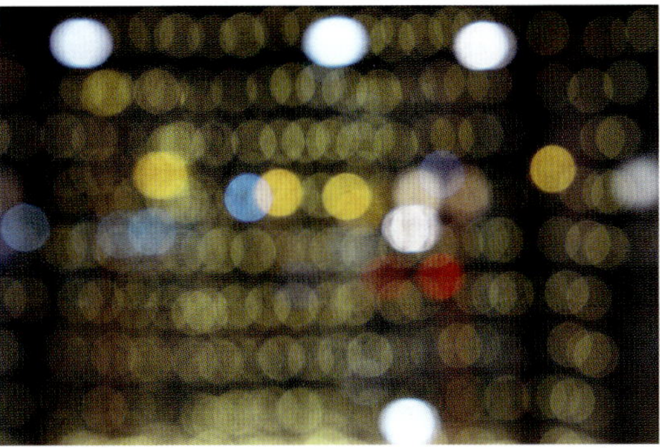

▲ *Zerstreuungskreise werden erst sichtbar, wenn die Lichtpunkte außerhalb der Schärfeebene liegen.*

ISO 800 I 1/125 Sek. I F/1,2 I FUJIFILM X-Pro3 mit FUJINON XF 56 mm F/1,2 R

Da unsere Augen nur eine begrenzte Auflösung haben, werden nicht nur exakt scharfe Bildpunkte, sondern auch Zerstreuungskreise bis zu einem bestimmten Durchmesser als scharfe Punkte wahrgenommen. Bis zu welcher Größe dies geschieht, hängt von der Sensorgröße ab. Bei APS-C-Sensoren von Kameras der FUJIFILM X-Serie werden Zerstreuungskreise bis zu einer Größe von 0,018 mm als scharfe Punkte im Bild erkannt. Lichtpunkte, die sich weiter entfernt von der Fokusebene befinden, werden dann zunehmend als unscharf wahrgenommen. Besonders mit längeren Brennweiten und offener Blende werden sie als Bokeh mit besonders großen Unschärfekreisen sichtbar.

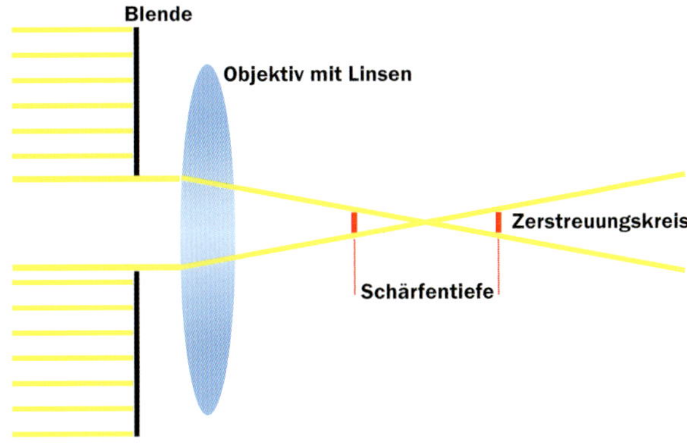

▲ *Prinzip des Zerstreuungskreises. Wird die Blende weiter geschlossen erhöht sich die Schärfentiefe, wird sie geöffnet sinkt sie.*

Hyperfokale Distanz

Die hyperfokale Distanz ist der Entfernungspunkt, auf den Sie scharf stellen müssen, um die für die eingestellte Blende größtmögliche Schärfentiefe bis hin zum Horizont zu erhalten. Nun werden Sie sich vielleicht fragen, ob die Schärfentiefe denn einfach so geändert werden kann. Ist die Schärfentiefe nicht – je nach Brennweite und eingestellter Blende – immer gleich? Das ist richtig. Aber die Schärfentiefe dehnt sich bei Fernaufnahmen – ganz grob vereinfacht – zu 2/3 nach hinten aus und zu 1/3 nach vor-

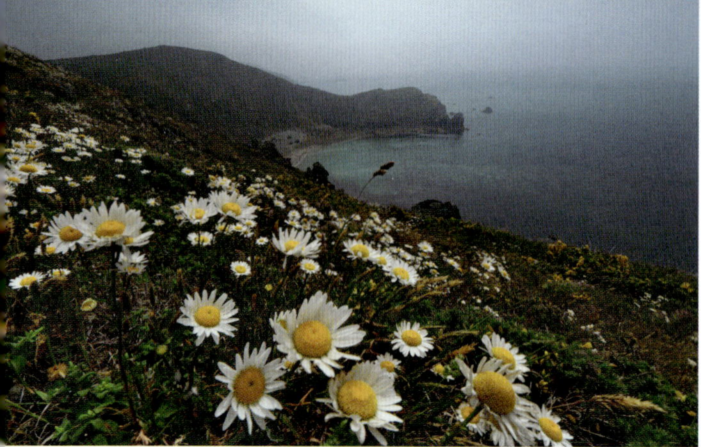

ISO 200 I 1/500 Sek. I F/16 I FUJIFILM X-T2 mit FUJINON XF 10-24 mm F/4 R OIS

▲ *Ein Motiv, bei dem die Einstellung der hyperfokalen Distanz Sinn ergeben würde.*

ne. Wenn Sie also auf einen Punkt im unendlichen Entfernungsbereich scharf stellen, so »verschenken« Sie Schärfentiefe.

Wofür ist die hyperfokale Distanz nützlich? Vor allem in der Landschaftsfotografie wird mit dieser Distanz gearbeitet. Wenn Sie ein Foto aufnehmen wollen, indem Objekte im Vordergrund auftreten und genauso scharf werden sollen wie der Hintergrund sollten Sie auf die hyperfokale Distanz fokussieren. Dann wird alles was näher ist als die halbe hyperfokale Distanz – gemessen ab dem Fokuspunkt – bis ins Unendliche gleich scharf. Die Hyperfokaldistanz ist in der Praxis nur wichtig, wenn Sie die höchstmögliche akzeptable Schärfentiefe vom Vordergrund bis in den Unendlich-Bereich abgebildet haben möchten. Viele Fotografierende fokussieren bei Landschaftsaufnahmen intuitiv z. B. auf die Berge im Hintergrund (auf Unendlich) und verschenken so Schärfebereiche im Vordergrund.

Die hyperfokale Distanz eignet sich nicht für Motivbestandteile, die wirklich sehr nah an der Kamera liegen. Einige Meter müssen es meist schon sein. Auch wenn Sie z. B. nur weit entfernte Berge scharf stellen wollen oder den Sternenhimmel, ist die hyperfokale Distanz nicht notwendig. Das Motiv ist so weit entfernt, dass ihr Einsatz nicht benötigt wird. Für viele Motivsituationen spielt die hyperfokale Distanz keine Rolle. Falls Sie sie berechnen wollen: Im Internet finden Sie Formeln oder auch vorgefertigte Rechner, in die Sie nur Ihre Werte eintragen müssen. Suchen Sie nach Hyperfocal oder DoF (**D**epth **o**f **F**ield). Im Kamerasucher bzw. Display lässt sich die Schärfentiefe vorab beurteilen.

Aspherical Lens

ED Lens

▲ *Das Schnittbild des FUJINON 50 mm F/1,0 R WR zeigt, welcher Aufwand für eine optimale Korrektur betrieben wurde.*

Lichtstärke

Eine wichtige Kennzahl für Objektive ist die Lichtstärke. Diese gibt die größtmögliche Blendenöffnung eines Objektivs an. Das lichtstärkste FUJINON-Objektiv ist das XF 50 mm F/1,0 R WR. Dieses hat eine Lichtstärke von 1:1.0, was bedeutet, dass die größtmögliche Objektivöffnung genauso groß ist wie die Brennweite des Objektivs – also 50 mm.

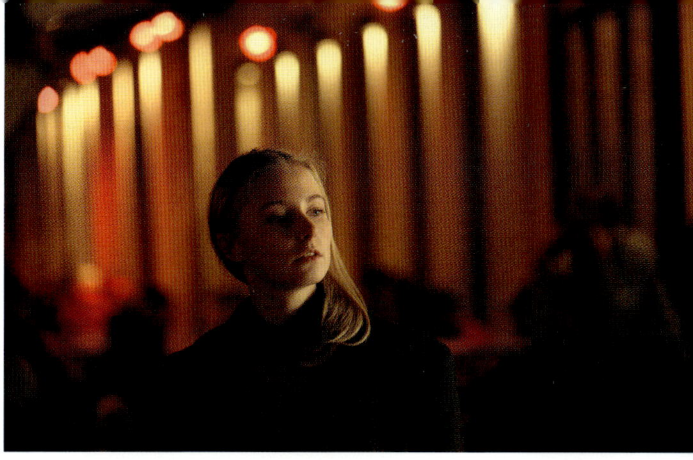

ISO 1.600 I 1/125 Sek. I F/2,8 I FUJIFILM X-T3 mit FUJINON XF 50-140 mm F/2,8 R LM OIS WR

▲ *Auch bei wenig Umgebungslicht lassen sich mit lichtstarken Objektiven noch Aufnahmen aus der Hand machen.*

Je lichtstärker ein Objektiv ist, desto aufwendiger ist die Konstruktion. Die Abbildungsfehler sind bei lichtstarken Objektiven besonders schwer zu korrigieren. In der Regel sind Festbrennweitenobjektive lichtstärker als Zoomobjektive. Die größte Lichtstärke von FUJINON-Zoomobjektiven beträgt 1:2.8. Die Lichtstärke bei Objektiven ist also ein Leistungsparameter, vergleichbar mit der PS-Zahl bei Autos.

Manche Fotografen schwören auf hohe Lichtstärke, denn es lässt sich damit auch abgeblendet gut fotografieren. In vielen Situationen ist eine hohe Lichtstärke aber nicht spielentscheidend. Die Vorteile von lichtstarken Objektiven sind:

- **Licht:** Es ist weniger Umgebungslicht erforderlich, um korrekt belichtete Aufnahmen zu machen. Besonders in der Dämmerung oder in Innenräumen mit wenig Beleuchtung sind noch Bilder aus

▼ *Mit lichtstarken Objektiven entsteht ein schönes Bokeh.*

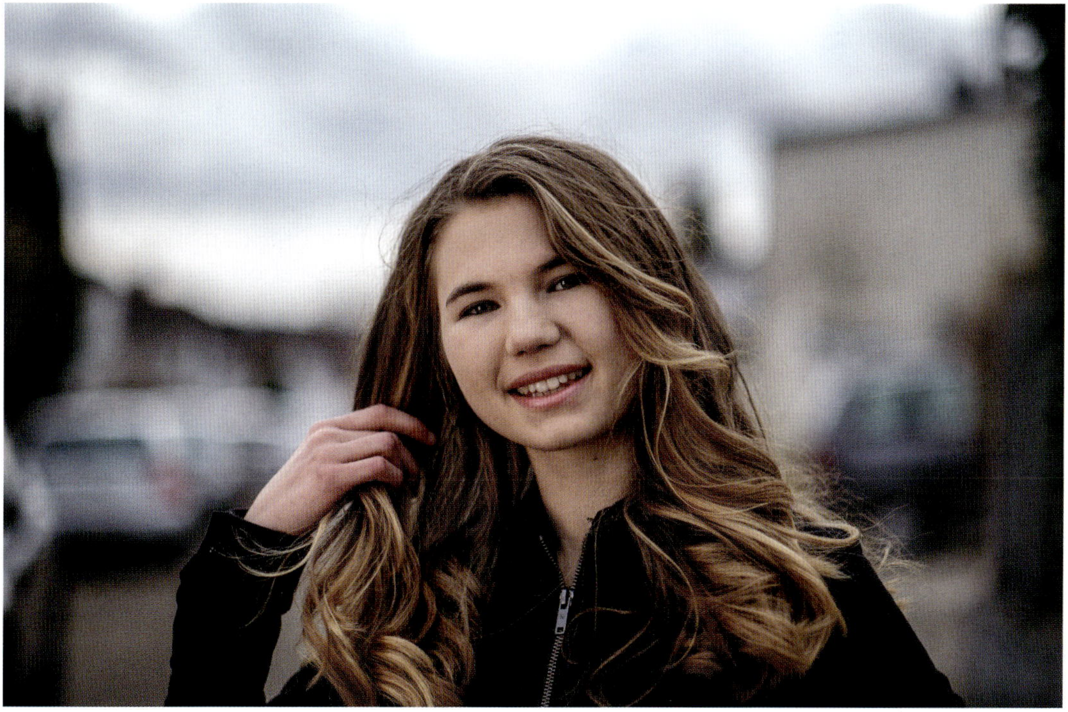

ISO 160 I 1/4.000 Sek. I F/1,2 I FUJIFILM X-T3 mit FUJINON XF 56 mm F/1,2 R

der Hand möglich, wo Objektive mit einer geringeren Lichtstärke nur mit einem deutlich höheren ISO-Wert verwendet werden können.

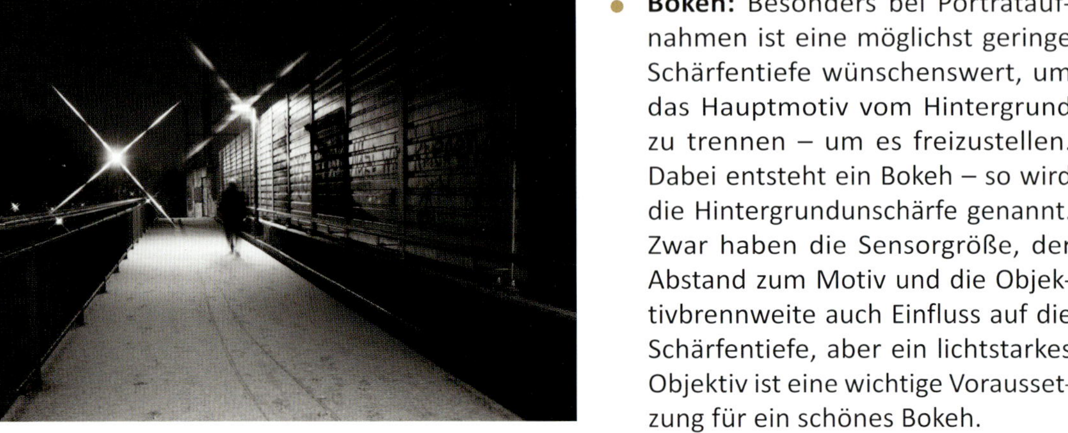

ISO 800 I 1 Sek. I F/5,6 I FUJIFILM X-T2 mit FUJINON XF 23 mm F/1,4 R I Stativ

▲ *Auch bei wenig Umgebungslicht sitzt der Autofokus perfekt.*

- **Bokeh:** Besonders bei Porträtaufnahmen ist eine möglichst geringe Schärfentiefe wünschenswert, um das Hauptmotiv vom Hintergrund zu trennen – um es freizustellen. Dabei entsteht ein Bokeh – so wird die Hintergrundunschärfe genannt. Zwar haben die Sensorgröße, der Abstand zum Motiv und die Objektivbrennweite auch Einfluss auf die Schärfentiefe, aber ein lichtstarkes Objektiv ist eine wichtige Voraussetzung für ein schönes Bokeh.
- **Autofokus:** Das Autofokussystem der FUJIFILM-Kameras benötigt für eine präzise und schnelle Scharfstellung ausreichend Licht. Lichtstarke Objektive lassen deutlich mehr Licht auf den Sensor. Steigt etwa die Lichtstärke von 2,8 auf 2,0, so trifft in etwa die doppelte Lichtmenge auf den Sensor. Besonders bei wenig Umgebungslicht macht sich die höhere Lichtstärke positiv durch einen schnellen und treffsicheren Autofokus bemerkbar. Lichtstarke Objektive haben aber nicht nur Vorteile. Hier die Nachteile:

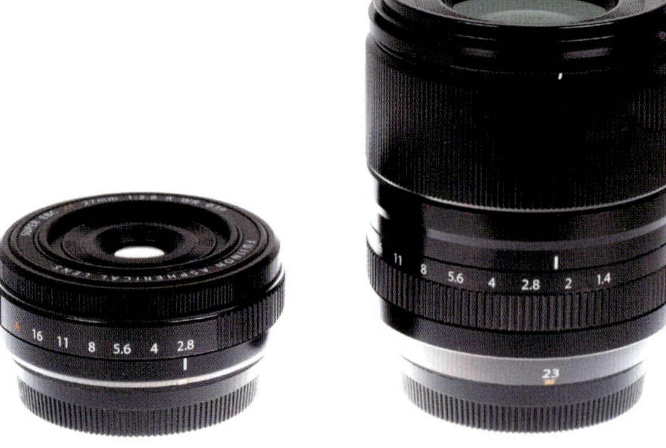

FUJINON 27 mm F/2,8 R und 23 mm F/1,4 R LM WR

▲ *Eine geringere Lichtstärke macht sich bei Preis, Größe und Gewicht bemerkbar.*

- **Preis:** Der hohe Konstruktions- und Produktionsaufwand hat seinen Preis. Lichtstarke Objektive – egal ob Zooms oder Festbrennweiten – haben einen höheren Preis als lichtschwächere. Das liegt zum einen an den größeren Linsen. Zum anderen besitzen lichtstarke Objektive in der Regel noch mehr Linsen, denn besonders bei diesen Objektiven ist der Korrekturaufwand besonders hoch und für viele Abbildungsfehler sind zusätzliche Korrekturlinsen erforderlich.

- **Größe**: Nicht nur die Frontlinse fällt bei lichtstarken Objektiven größer aus. Das komplette optische System hat einen größeren Durchmesser, inklusive Objektivfassung.
- **Gewicht**: Durch die größeren und zusätzlichen Linsen zur Korrektur der Abbildungsfehler wiegt ein lichtstarkes Objektiv natürlich auch mehr als ein lichtschwächeres Modell.
- **Qualität**: Trotz aufwendiger Korrekturmaßnahmen können Abbildungsfehler auch bei modernen Objektiven nicht zu 100 % korrigiert werden. Je nach Lichteinfall und Motiv können Reste von Abbildungsfehlern auftreten. Diese werden in der Regel bei lichtstarken Objektiven bei offener Blende sichtbar. Meist hilft aber ein leichtes Schließen der Blende, um optimale Ergebnisse zu erhalten.

In den letzten Jahren hat sich sehr viel getan bei der Qualität von lichtstarken Objektiven. Dank leistungsfähiger Computer, ausgeklügelter Software und optimierter Fertigungsschritte sind moderne Objektive heute leistungsstärker als je zuvor.

ISO 160 I 1/125 Sek. I F/9, FUJIFILM X-Pro3 mit FUJINON XF 18-55 mm F/2,8-4 R LM OIS

▲ *Im Fotostudio sind nicht immer Objektive mit hoher Lichtstärke erforderlich.*

Objektive mit hoher Lichtstärke eignen sich – je nach Brennweite – u. a. für Porträts, Reportagen sowie Hochzeits- und Eventfotografie. Für die Aufnahme von Architektur, Landschaft und Natur oder auf Reisen sind jedoch meist keine lichtstarken Objektive erforderlich.

Bevor Sie sich also für ein Objektiv entscheiden, sollten Sie sich überlegen, für welche Motive Sie es nutzen möchten. Natürlich können Sie ein Objektiv mit einer hohen Lichtstärke auch beispielsweise für Landschaftsaufnahmen verwenden. In vielen Fällen bringt das aber kaum Vorteile. Einige Nachteile, wie z. B. das höhere Gewicht fallen allerdings immer an.

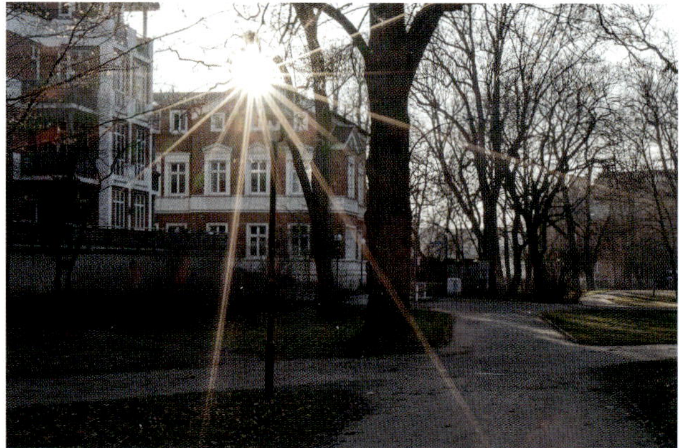

ISO 500 I 1/60 Sek. F/16, FUJIFILM X-T3 mit FUJINON XF 33 mm F/1,4 R LM WR

▲ *Blendenstern mit 18 Strahlen (Blende mit 9 Lamellen)*

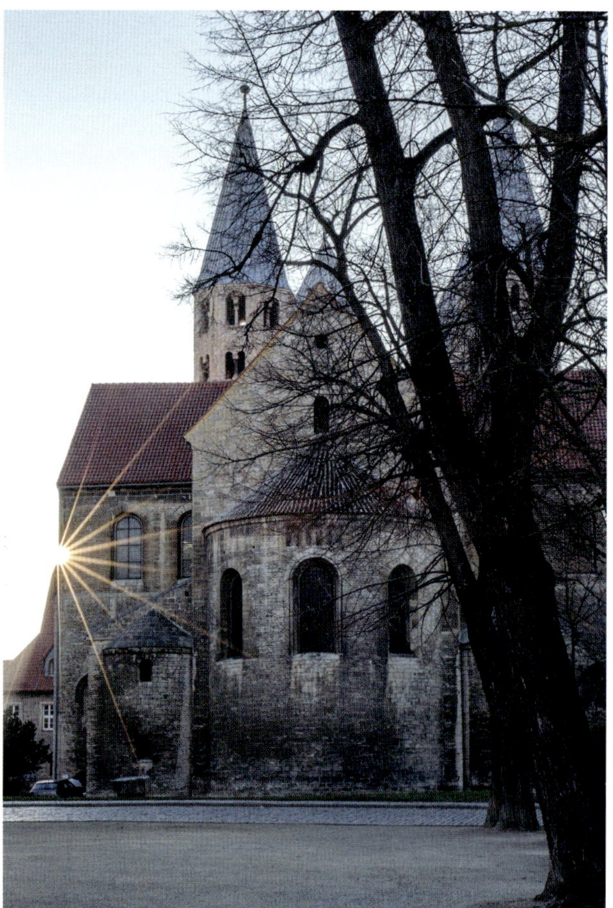

ISO 500 I 1/50 Sek. I F/16, FUJIFILM X-T3 mit FUJINON XF 33 mm F/1,4 R LM WR

▲ *Blendenstern mit an der Kante gebrochener Sonne.*

Blendensterne

Sehr beliebt sind Blendensterne. Diese entstehen, wenn eine punktförmige Lichtquelle mit kleiner Blendenöffnung fotografiert wird. Besonders Laternen bei Nacht oder Situationen, in denen die Sonne frontal eingefangen wird, wirken sehr attraktiv auf Fotos.

Verursacht wird dieser Effekt durch das einfallende Licht, das sich an den Kanten der Blendenlamellen bricht und so direkt auf den Sensor geworfen wird. Dadurch, dass die Blende nicht exakt rund, sondern polygonförmig ist, entsteht die Lichtbrechung. Je mehr die Blende geschlossen wird, desto stärker treten Blendensterne auf. Jedes Objektiv ist anders, aber je nach Modell treten etwa ab Blende 8 bereits Blendensterne auf. Nicht immer sieht aber der Blendenstern mit komplett geschlossener Blende am besten aus. Hier empfehle ich, ein wenig zu experimentieren, mit welcher Blendeneinstellung und welchem Objektiv der schönste Blendenstern entsteht.

Wie viele Strahlen ein Blendenstern hat, hängt von der Anzahl der Blendenlamellen ab:

- **Gerade Anzahl** an **Blendenlamellen:** Die Anzahl der Strahlen entspricht der Anzahl der Blendenlamellen.
- **Ungerade Anzahl** an **Blendenlamellen:** Die Anzahl der Strahlen ist doppelt so hoch wie die Anzahl der Blendenlamellen.

Da in den technischen Daten der Objektive die Anzahl der Lamellen angegeben wird, wissen Sie bereits im Voraus, mit wie vielen Strahlen Sie bei Ihrem Blendenstern rechnen können. Alle FUJINON-Objektive und auch die meisten Objektive anderer Hersteller für das FUJIFILM X-System besitzen entweder sieben oder neun Blendenlamellen. Sie können also entweder Blendensterne mit 14 oder mit 18 Strahlen erzeugen.

Bei komplett geschlossener Blende tritt noch ein unschöner Nebeneffekt auf. Schmutz, Staub, Kratzer etc. sind als Flecken und Farbmuster auf dem Foto zu sehen. Absolute Sauberkeit der Frontlinse ist deshalb notwendig. Einen Filter sollten Sie möglichst vorher vom Objektiv entfernen, da dieser bei Gegenlicht und geschlossener Blende zusätzliche unerwünschte Effekte verursachen kann, besonders wenn es kein sehr hochwertiger Filter ist. Außerdem kann es sein, dass bei komplett geschlossener Blende bereits die Beugungsunschärfe sichtbar wird.

Bildgestalterisch kann es von Vorteil sein, wenn sich die Sonne an einer Kante bricht, beispielsweise an

Beugungsunschärfe und die förderliche Blende

Je weiter die Blende geschlossen wird, desto größer wird die Schärfentiefe. Vor allem bei Landschaftsaufnahmen ist eine große Schärfentiefe interessant. Aber ab einem bestimmten Punkt tritt Beugungsunschärfe auf. Das Bild wird etwas flau und unscharf. Der Grund ist, dass an den Kanten der geschlossenen Blendenlamellen das Licht gebrochen wird. Das führt zu Wellenüberlagerungen (Interferenzen). Deshalb sollten Sie sehr weit geschlossene Blenden von ≥ 16 vermeiden. Besonders stark tritt der Effekt im Nah- und Makrobereich auf: (s. dazu Tabelle Seite 60):

- Schärfentiefe in mm bei verschiedenen Blendenwerten, B = Beugungsunschärfe.
- Die förderliche Blende, auch optimale Blende genannt, ist ein Kompromiss aus Schärfentiefe und Beugungsunschärfe. Sie lässt sich für jedes Objektiv berechnen. Meist liegt sie zwischen 1:8 und 1:11. Es reicht aber in der Regel, wenn Sie darauf achten, geschlossene Blenden ≥ 16 zu vermeiden.
- Für den Makrobereich eignet sich die Focus-Bracketing-Funktion hervorragend, um mit förderlicher Blende eine große Schärfentiefe zu erhalten.

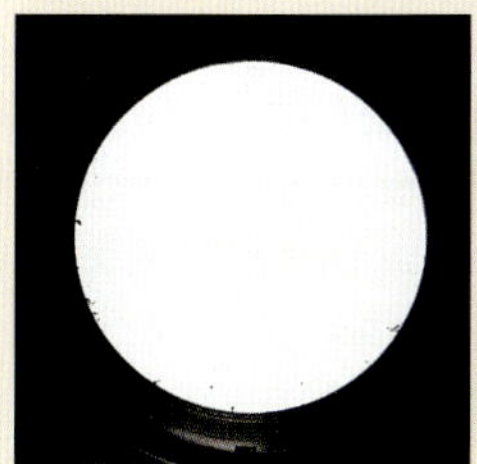
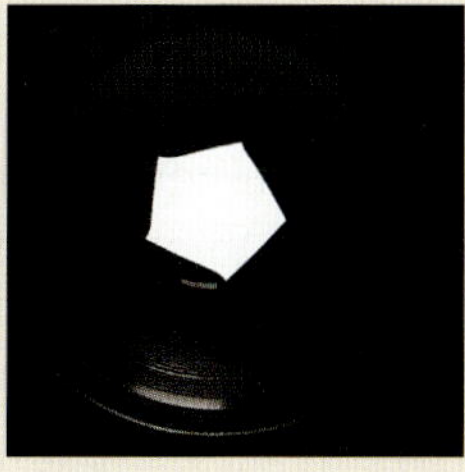
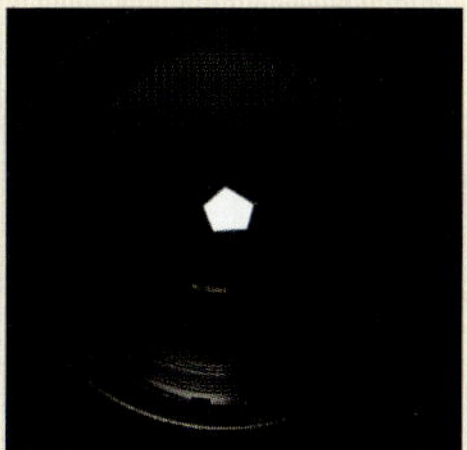

▲ ***Links:** Offene Blende 8, **Mitte:** förderliche Blende, **rechts:** Blende zu.*

einem Hausdach. Die Sonne scheint dann nicht mit voller Helligkeit ins Objektiv. Die Kante nimmt etwas davon weg. Am besten gelingt das bei tiefstehender Sonne, also morgens oder abends.

Abbildungs-maßstab	1:2.8	1:4	1:5.6	1:8	1:11	1:16	1:22	1:32
1:4	2,12	3,00	4,11	5,65	7,36	8,87	5,35	B
1:3	1,27	1,78	2,46	3,39	4,27	4,93	B	B
1:2	0,63	0,89	1,21	1,65	2,05	1,97	B	B
1:1	0,21	0,29	0,40	0,50	0,51	B	B	B
2:1	0,08	0,10	0,13	0,12	B	B	B	B

▲ *Schärfentiefe und Abbildungsmaßstab, B = Beugungsunschärfe*

Die Angst vor Beugungsunschärfe ist bei modernen Objektiven für das FUJIFILM X-System unbegründet. Die Unschärfe ist dank hervorragender optischer Korrekturen auf ein Minimum reduziert worden. Zusätzlich rechnen FUJIFILM-Kameras dank modernster Prozessoren die restliche Beugungsunschärfe in der internen Bildverarbeitung elektronisch heraus. Sollten Sie dennoch Beugungsunschärfe wahrnehmen, so hilft meist eine leichte nachträgliche Nachschärfung.

Auf keinen Fall sollten Sie aufgrund der Beugung auf geschlossene Blenden verzichten. Wenn die Bildgestaltung ein Schließen der Blende erforderlich macht, dann schließen Sie die Blende auf den gewünschten Wert.

Vergütung

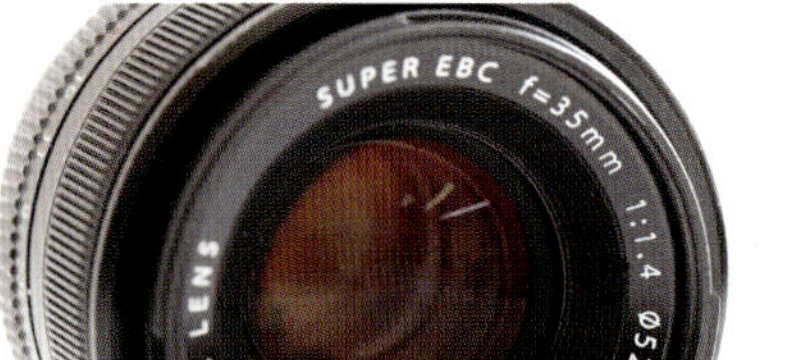

▲ *Die Vergütung schimmert farbig.*

Praktisch jedes moderne Objektiv besitzt eine Mehrschichtvergütung (**M**ulti**c**oating, MC). Das bedeutet, dass alle Linsenoberflächen mehrfach beschichtet sind. Das geschieht durch Bedampfen. Wenn Sie das Objektiv schräg gegen das Licht halten, sehen Sie die Vergütung als violett, grünliche Reflexion.

Sie sorgt für einen bestmöglichen Durchlass des Lichtes, ohne einen Teil des Lichtes von der Linsenoberfläche zu reflektieren. Die Lichtdurchlässigkeit mit Vergütung liegt bei fast 100 %. Ohne Vergütung würden ca. 4 % des Lichtes durch Reflexion an der Frontlinse verloren gehen. Wie viel Licht insgesamt auf dem Weg bis zum Sensor verloren gehen würde, wenn modernen Objektivkonstruktionen teilweise mehr als 20 Linsen einsetzen, können Sie sich leicht vorstellen. Auch wenn die Reflexionen im Inneren des Objektivs meist geringer ausfallen. Eine einfache (einschichtige) Vergütung wirkt aber nur auf einen eingeschränkten Wellenlängenbereich und sind deshalb unzureichend. Deshalb müssen mehrere Schichten unterschiedlicher Dicke und unterschiedlichem Brechungsindex eingesetzt werden.

Transmission im Vergleich

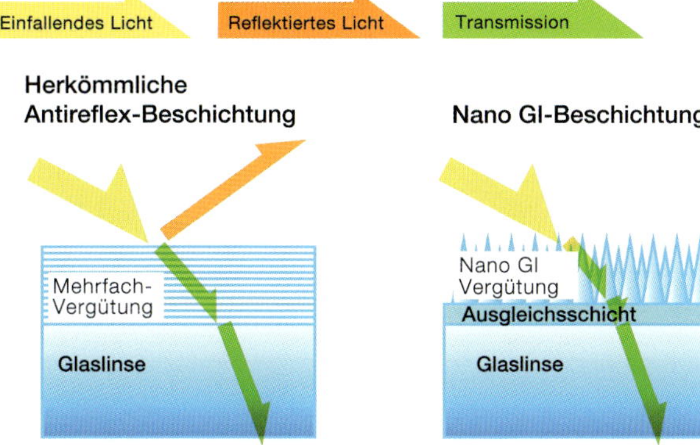

▲ *Die Funktionsweise der FUJIFILM-Nano-GI-Vergütung im Vergleich zur herkömmlichen Vergütung.*

Diese Mehrschichtvergütung erzielt dann eine sichere Verringerung der Reflexion über einen großen Wellenlängenbereich. Eine gute Mehrschichtvergütung ist also enorm wichtig für die Bildqualität und den Erhalt der effektiven Lichtstärke. Einige FUJINON-Objektive der XF-Serie besitzen eine Nano-GI-Vergütung. Diese wurde nochmals verbessert und minimiert aufgrund einer mit Nanopartikeln aufgerauten Vergütungsschicht Reflexionen auf der Linsenoberfläche.

Blendenflecken, Streulicht und Geisterbilder

Phänomene wie Blendenflecken, Streulicht und Geisterbilder haben ihre Ursache ebenfalls in Reflexionen an den Linsensystemen.

▼ *Provozierte Blendenflecken mit einem Superweitwinkelobjektiv.*

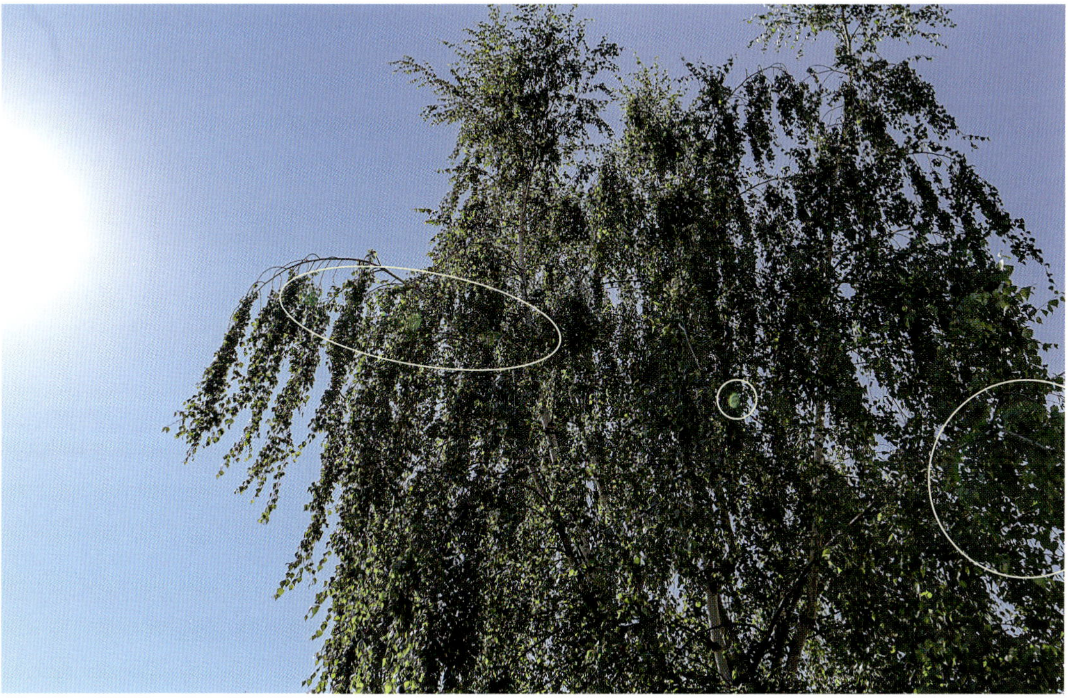

Blendenflecken sind häufig farbige, mehr oder weniger kreisförmige Flecken die wie an einer Schur ausgerichtet im Bild auftauchen. Sie tauchen vor allem auf, wenn einzelne Lichtquellen sehr viel heller sind als die Umgebung. Also z. B. bei Gegenlichtaufnahmen, wenn die Sonne mit im Bild ist oder in nächtlichen Szenen mit hellen Lichtern.

Streulicht tritt fast zwangsläufig in einem Mehrlinsensystem auf. Es ist ein nicht gerichtetes Licht im Objektiv, anders als die zwei anderen Phänomene, vermindert aber den Kontrast des Fotos (Dynamikumfang) und trägt zu einem allgemeinen Lichtverlust bei.

Geisterbilder sind ebenfalls Reflexionen von Lichtquellen. Manchmal ist nicht nur das Objektiv, sondern auch der Sensor, vor allem ein IR-Sperrfilter daran beteiligt. Dieser hat eine spiegelglatte Oberfläche und wirft unter Umständen das Bild des Objektivs teilweise zurück in das Linsensystem.

Unter ungünstigen Bedingungen wird dieses zweite Bild dann erneut auf den Sensor zurückgeworfen und erzeugt ein Geisterbild. Verstärkt werden kann dieser Effekt, wenn ein planer Filter vor das Objektiv angebracht wird. Deshalb ist es wichtig, auch bei Filtern die eingesetzt werden auf eine sehr gute Vergütung zu achten und keine Billigprodukte an hochwertige Objektive zu schrauben. Es ist ebenfalls ratsam keine unnötigen Filter, wie z. B. UV-Filter, ständig auf dem Objektiv zu belassen.

Autofokus – Motor und Messung

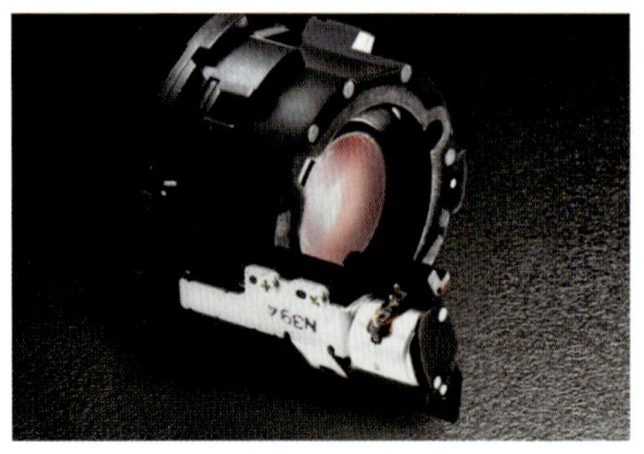

▲ *Der Aufbau eines Autofokusschrittmotors.*

Jedes FUJINON-Objektiv ist mit einem Motor für den Autofokus ausgestattet. Dieser sorgt für eine schnelle und präzise Fokussierung.

Viele FUJINON-Objektive besitzen einen Schrittmotor. Der führt bei jedem Impuls eine gleichbleibende kurze Bewegung aus, wodurch eine hochgradige Kontrollierbarkeit erreicht wird. Ein Schrittmotor arbeitet sehr leise, da keine Getriebezahnräder verwendet werden. Außerdem kann ein Schrittmotor platzsparend ins Objektiv integriert werden.

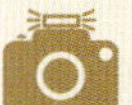

Autofokuslinearmotor

Der Linearmotor von FUJIFILM erzeugt keine rotierende, sondern eine lineare Bewegung – daher auch die Bezeichnung Linearmotor. Dabei werden bis zu vier Antriebselemente an der zu bewegenden Linsengruppe befestigt und durch ein Magnetfeld geführt. Fließt Strom durch die Spule, wird das Linsenelement durch die Lorentzkraft entsprechend im Magnetfeld bewegt.

Durch das Fehlen von Gewinde und Getriebe sind praktisch alle Geräuschquellen eliminiert. Darüber hinaus zeichnen sich Linearmotoren durch ein sehr gutes Ansprechverhalten und gute Regelbarkeit von Kraft und Position aus. Sie verbrauchen auch weniger Strom als herkömmliche AF-Motoren. Es gibt aber auch Nachteile: Der Verstellweg ist durch die Länge des Magneten begrenzt, und die Positionsregelung muss permanent aktiv sein, um die Linsengruppe in der gewünschten Position zu halten. Objektive mit Linearmotoren sind sehr gut für Videoaufnahmen geeignet, da sie keine Geräusche beim Fokussieren verursachen.

Einige FUJINON-Objektive besitzen einen Linearmotor, zu erkennen an dem Kürzel *LM* in der Objektivbezeichnung. Der ist noch schneller, noch präziser und dabei kaum mehr hörbar. Besonders beim unauffälligen Fotografieren, beispielsweise in der Kirche, ist das geräuschlose Fokussieren von großem Nutzen. Aber auch die verbesserte Geschwindigkeit kann bei schnell bewegten Motiven wie bei Sport- und Tieraufnahmen ein entscheidender Vorteil sein. Die meisten Kameras der FUJIFILM X-Serie besitzen ein ***Hybrid Autofokus System***. Dieses kombiniert zwei Autofokusmethoden miteinander und verwendet je nach Motiv die besser geeignete AF-Variante. Das Hybrid-AF-System ist eine Fusion aus Kontrast- und Phasenmessung.

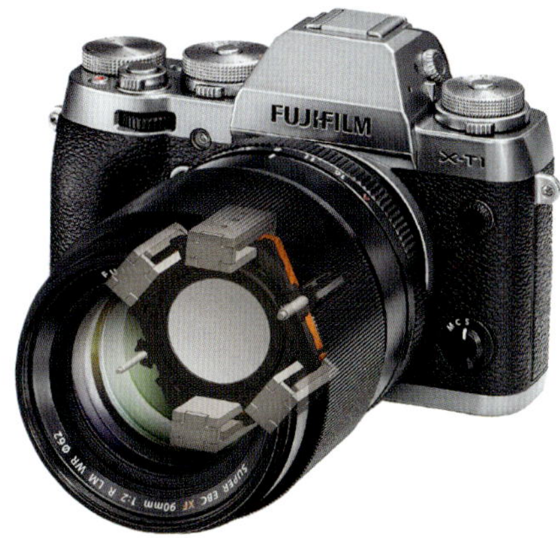

▲ *Der Aufbau des AF-Linearmotors (LM). Im Bild das FUJINON XF 90 mm F/2 R LM WR mit Quad-Linearmotor und vier Magneten in der Fokussiereinheit.*

Bei der ***Phasenmessung*** werden Kontrastmuster auf zwei nebeneinanderliegenden Messfeldern, die sich auf dem Sensor befinden, miteinander verglichen. Die versetzten Kanten werden dann vom AF-System in Deckung gebracht.

Diese AF-Messmethode arbeitet sehr schnell und funktioniert optimal für Serienaufnahmen mit schnell bewegten Motiven.

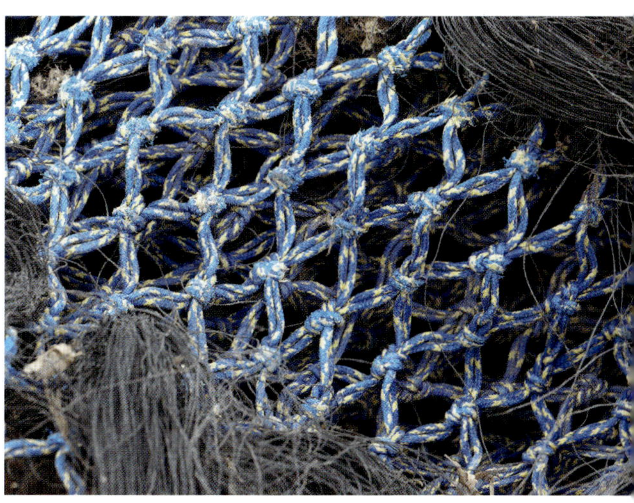

ISO 160 I 1/800 Sek. F/5,6, FUJIFILM X-S10 mit FUJINON XF 50-140 mm F/2,8 R LM OIS WR bei 77 mm

▶ *Mit solch einem Motiv hat der Autofokus leichtes Spiel. Hier sind genügend Kontraste vorhanden.*

ISO 160 I 1/2.000 Sek. F/5,6, FUJIFILM X-S10 mit FUJINON XF 50-140 mm F/2,8 R LM OIS WR bei 135 mm

▲ *Bei so einem Motiv kann der Autofokus Probleme aufgrund fehlender Kontraste bekommen. In so einem Fall verwenden Sie besser die manuelle Scharfstellung.*

Zusätzlich ist die *Kontrastmessung* aktiv. Hier werden Kontrastkanten im Motiv auf der Sensorebene beurteilt und die Linsen im Objektiv verschoben, bis der Kontrast am stärksten ist – womit auch die Schärfe korrekt eingestellt ist.

Fehlt der Kontrast im Motiv, so kann die Schärfe vom Autofokus nicht eingestellt werden. Das passiert, wenn das AF-Messfeld auf eine glatte, strukturlose Fläche oder in den wolkenlosen Himmel gehalten wird.

Deshalb sollten Sie beim Fokussieren immer dafür sorgen, dass das Autofokusmessfeld bzw. die -messfelder auf einen Motivbereich mit Struktur zeigen. Alternativ bzw. zusätzlich können Sie den AF-Messbereich vergrößern. Damit erhöht sich die Wahrscheinlichkeit, dass Strukturen für die AF-Messung vom AF-Sensor erfasst werden.

Die Messfelder sind gleichmäßig über den ganzen Bildsensor verteilt. Nur die äußersten Bildränder besitzen keine Messpunkte.

Für beide Methoden der Autofokusmessung benötigt der Sensor neben einem guten Kontrast ausreichend viel Licht.

Je heller das Motiv beleuchtet ist, desto besser für die Autofokusmessung. Hier sind lichtstarke Objektive klar im Vorteil, da sie mehr Licht auf den Sensor lassen.

Da Objektive zum Rand hin etwas Licht verlieren, macht sich das bei lichtschwachen Objektiven negativ bemerkbar, wenn Autofokusmessfelder weit am Rand verwendet werden. Weniger Licht bedeutet, dass die AF-Messung nicht so effektiv funktioniert, als wenn mehr Licht vorhanden ist.

Übrigens wird auch der manuelle Fokussierring über den AF-Stellmotor geregelt. Auch wenn sich der Fokussierring mechanisch anfühlt – er gibt dem Fokussiermotor nur die entsprechenden Impulse, die dann vom Stellmotor umgesetzt werden.

Innenfokussierung

Bis auf ein paar Ausnahmen wie das XF 35 besitzen alle aktuellen FUJINON -Objektive und auch die AF-Objektive anderer Hersteller für das FUJIFILM X-System eine Innenfokussierung. Das bedeutet, dass

- das Objektiv seine Baulänge während des Fokussierens nicht verändert. Stattdessen wird ein Linsenglied im Objektivinneren verschoben. Dadurch wird weniger Masse bewegt. Die Fokussierung wird schneller und geräuschärmer. Es wird so auch kein Staub ins Innere des Objektivtubus gezogen.
- sich bei Objektiven mit Innenfokussierung die Brennweite im Nahbereich ein wenig verkürzt.

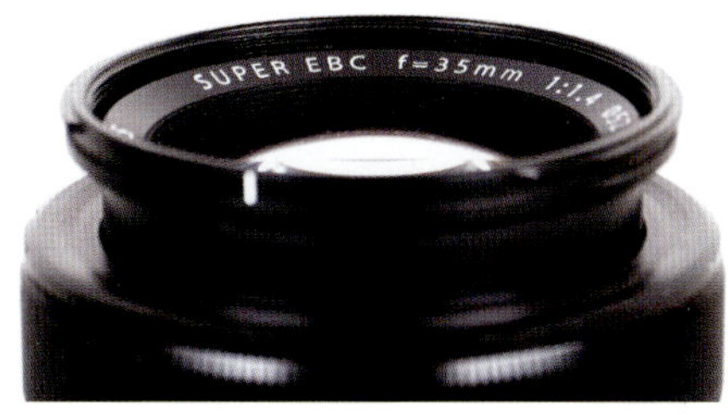

▲ *Das FUJINON 35 mm F/1,4 R hat noch keine Innenfokussierung. Im Nahbereich ändert sich die Baulänge des Objektivs.*

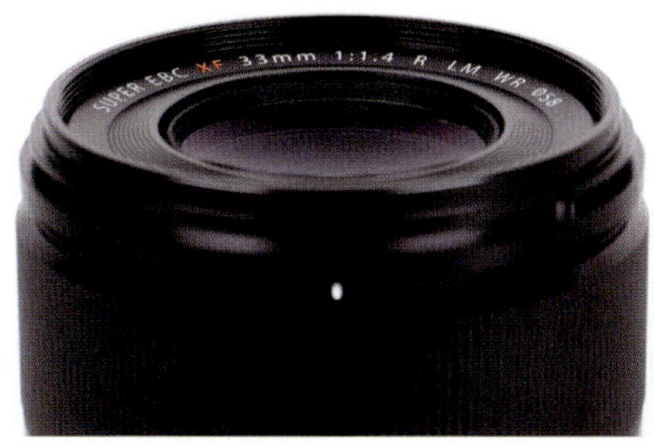

▲ *Das FUJINON 33 mm F/1,4 R LM WR besitzt eine Innenfokussierung. Die Baulänge des Objektivs bleibt immer gleich.*

Nicht nur für die Innenfokussierung werden eine oder mehrere Linsen innerhalb des Objektivs verschoben, sondern auch bei Nahaufnahmen. Objektive werden in der Regel auf den Unendlichbereich optimal korrigiert.

Im Nahbereich lässt die optische Qualität dann geringfügig nach. Um Objektive auch im Nahbereich qualitativ anzugleichen, wird eine Linsengruppe innerhalb des Objektivs verschoben (Floating Elements).

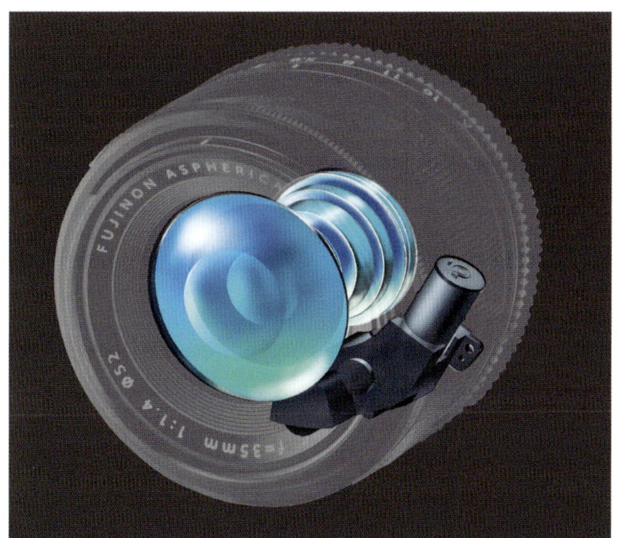

◀ *Bei vielen FUJINON XF-Objektiven mit Festbrennweite werden alle Linsengruppen beim Fokussieren gleichzeitig bewegt (All-Lens-Group-Fokussierung). Da sich die relativen Abstände der Linsen untereinander beim Fokussieren nicht verändern, bleibt die optische Qualität über den gesamten Fokussierbereich konstant. Bei vielen Objektiven der XF-Serie sorgt ein kernloser High-Torque-Motor für eine besonders schnelle Autofokusleistung.*

Bildstabilisierung OIS

Haben Sie schon einmal ein Foto verwackelt? Das kann schnell passieren, wenn bei schlechten Lichtverhältnissen die Belichtungszeit zu lang wird. Dann führen kleinste Bewegungen oder leichtes Zittern der Kamera zu verwischten und unscharfen Bildern. Abhilfe schafft ein Stativ. Das hält die Kamera präzise und ruhig an einer Stelle und verhindert verwackelte Fotos.

Aber ganz sicher können oder möchten Sie nicht ständig ein Stativ mitnehmen. Manchmal ist die Verwendung auch nicht gestattet, beispielsweise in vielen Kirchen und Museen. Die ständige Mitnahme ist auch nicht nötig, denn etliche FUJINON-Objektive besitzen einen eingebauten Bildstabilisator. Er ist in das Objektiv integriert und verhindert durch beweglich gelagerte Linsengruppen das Verwackeln der Aufnahmen.

Bei ***OIS-Systemen*** in FUJINON-Objektiven kommen hochpräzise Gyrosensoren mit Quarz-Oszillatoren für fortschrittliche Signalerkennung zum Einsatz. Die ***Drift***-Technologie von FUJIFILM trennt die Verwacklungsanteile von normalen Kamerabewegungen und ermöglicht eine verlässliche Korrektur von niedrigfrequenten Schwingungen bei langen Belichtungszeiten.

FUJINON-Objektive mit integriertem Bildstabilisator erkennen Sie an der Bezeichnung OIS (Optical Image Stabilizator). Der OIS-Bildsensor gleicht Verwacklungen von bis zu 6 EV aus. Das ist eine ganze Menge und bedeutet umgerechnet, dass Sie eine sechsfach so lange Belichtungszeit verwenden können, ohne zu verwackeln.

Wenn Sie beispielsweise mit 1/30 Sek. gerade noch verwacklungsfreie Bilder aus der Hand fotografieren können, so sind es mit Bildstablisator nun zwei Sekunden aus der freien Hand (= sechsfach längere Belichtungszeit als 1/30 Sek.).

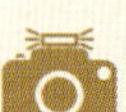

IBIS und OIS

Einige aktuelle FUJINON-Kameras sind ebenfalls mit einem Bildstabilisator ausgestattet. Diese IBIS-Bildstabilisierung wird durch einen beweglich gelagerten Sensor erreicht. Auch hier sind bis zu sechsfach längere Belichtungszeiten möglich. Das ist besonders ein Vorteil bei der Verwendung von lichtstarken Festbrennweiten, die in der Regel nicht mit einem eigenen OIS-Bildstabilisator ausgestattet sind. Wenn Sie eine Kamera mit eingebautem Bildstabilisator verwenden und ein Objektiv mit Stabilisator, so addieren sich jedoch die Stabilisierungen nicht. So schafft beispielsweise die FUJINON X-T4 mit dem eingebauten IBIS-Bildstabilisator eine Stabilisierung von bis zu 6,5 EV. Verwenden Sie ein FUJINON-Objektiv mit integriertem OIS-Bildstabilisator, etwa das FUJINON 50-140 F/2,8 R LM OIS WR, so bringt der OIS keine zusätzlichen Vorteile. Bei eingeschaltetem OIS kann sich die Stabilisierung sogar auf 6 EV reduzieren.

ISO 800 I 1/4 Sek. I F/8, FUJIFILM X-T2 mit FUJINON XF 18-55 mm F/2,8-4 R LM OIS bei 55 mm

▶ *Dank OIS Bildstabilisator lassen sich auch scharfe Aufnahmen bei schlechten Lichtverhältnissen ohne Stativ machen.*

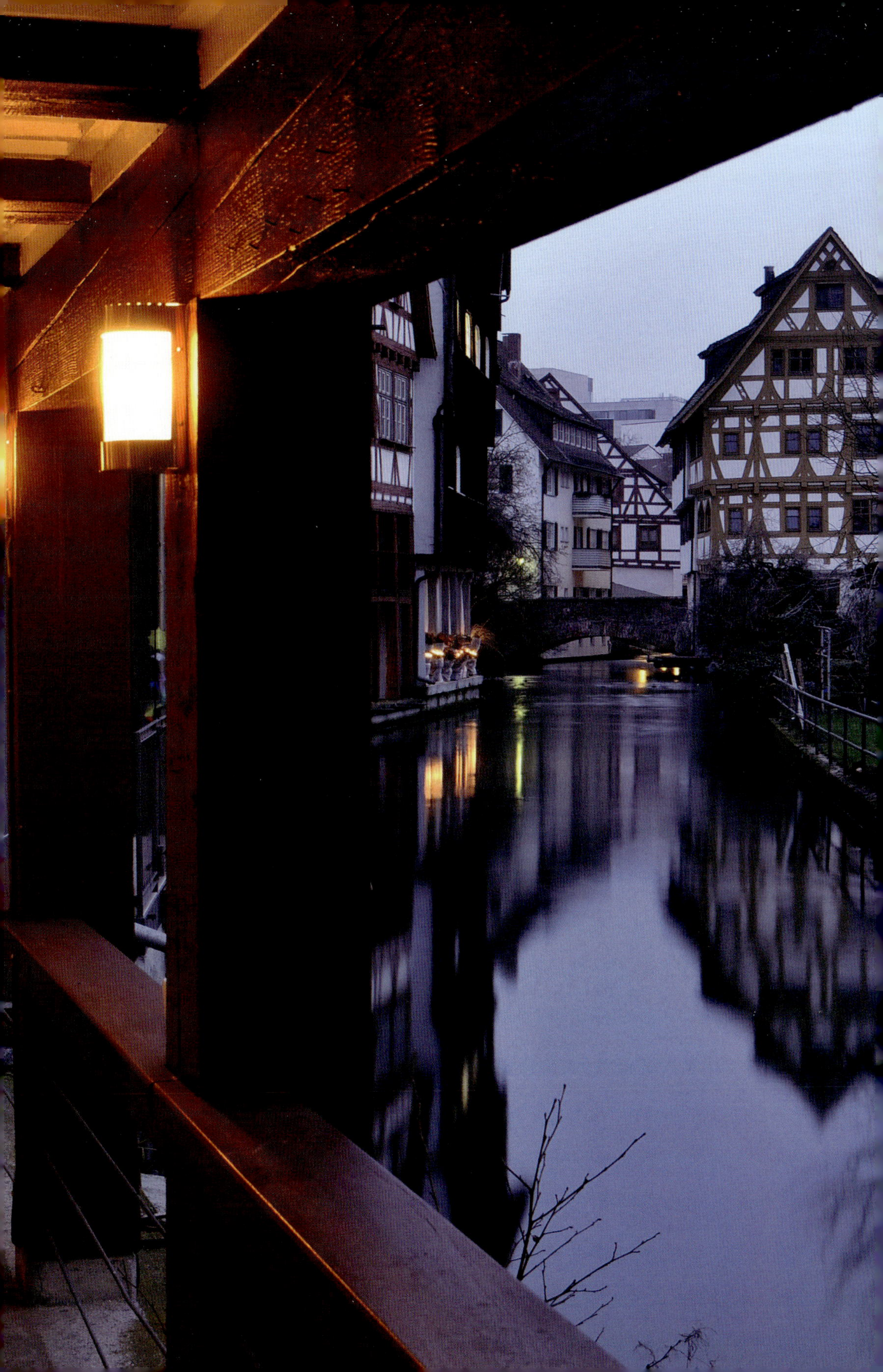

Je nach angesetztem Objektiv sind verschieden starke Stabilisierungen möglich. Als Beispiel sei die FUJIFILM X-T4 genannt.

Die Kombination von Bildstabilisator OIS im Objektiv und IBIS-Bildstabilisator in der Kamera bringt keine weiteren Vorteile. Die Stabilisierung mit Objektiven ohne OIS ist meist sogar etwas effektiver.

FUJIFILM X-T4 + Objektiv	+ EV	FUJIFILM X-T4 + Objektiv	+ EV
XF 14 mm F/2,8 R	6,5	XF 60 mm F/2,4 R Macro	6,5
X F 16 mm F/1,4 R WR	6,5	XF 80 mm F/2,8 R LM OIS WR Macro	5
XF 16 mm F/2,8 R WR	6,5	XF 90 mm F/2 R LM WR	6
XF 18 mm F/2 R	6,5	XF 200 mm F/2 R LM OIS WR	5,5
XF 23 mm F/1,4 R LM WR	6,5	XF 8-16 mm F/2,8 R LM WR	6,5
XF 23 mm F/2 R WR	6,5	XF 10-24 mm F/4 R OIS WR	6,5
XF 27 mm F/2,8 R WR	6,5	XC 15-45 mm F/3,5-5,6 OIS PZ	6
XF 33 mm F/1,4 R LM WR		XC 16-50 mm F/3,5-5,6 OIS II	6,5
XF 35 mm F/1,4 R	6,5	XF 16-80 mm F/4 R OIS WR	6
XF 35 mm F/2 R WR	6,5	XF 18-55 mm F/2,8-4 R LM OIS	6,5
XC 35 mm F/2	6,5	XF 18-135 mm F/3,5-5,6 R LM OIS WR	5,5
XF 50 mm F/1 R WR	6,5	XF 50-140 mm F/2,8 R LM OIS WR	6
XF 50 mm F/2 R WR	6,5	XC 50-230 mm F/4,5-6,7 OIS II	5,5
XF 56 mm F/1,2 R	6,5	XF 55-200 mm F/3,6-4,8 R LM OIS	5,5
XF 56 mm F/1,2 R APD	6,5	XF 100-400 mm F/4,5-5,6 R LM OIS WR	5,5

Metallgehäuse

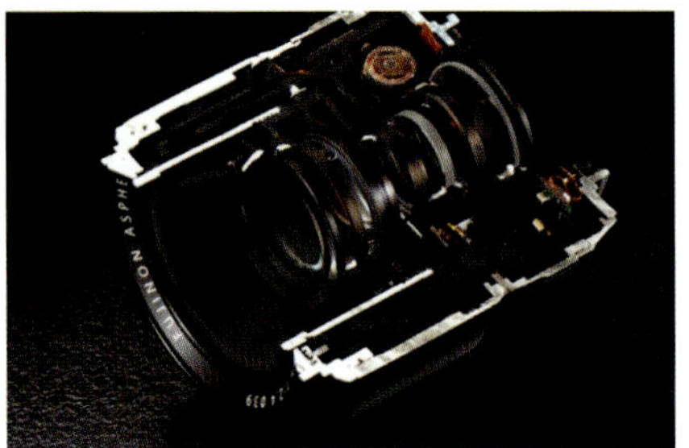

▲ *Das FUJINON 33 mm F/1,4 R LM WR besitzt eine Innenfokussierung. Die Baulänge des Objektivs bleibt immer gleich.*

Bei der XF-Serie sind die äußeren Gehäuseteile und der Tubus größtenteils aus hochwertigem Aluminium gefertigt. Das sorgt für Stabilität trotz geringen Gewichts. Die Einstellringe werden einzeln aus Metallblöcken gefertigt. Präzision wird dabei großgeschrieben.

Wetterfestigkeit

Einige Premiumobjektive der XF-Serie sind mit einem Wetter- und Staubschutz ausgestattet. Sie sind zu erkennen an dem Kürzel *WR* in der Bezeichnung. Dazu wurde der Objektivtubus an mehreren

Stellen abgedichtet. Temperaturunterschiede zwischen den äußeren und inneren Bauteilen werden aufgrund der speziellen Bauweise absorbiert. So werden negative Auswirkungen auf die Linsen minimiert. Alle Bauteile, inklusive Elektronik, sind so ausgelegt, dass sie auch bei Umgebungstemperaturen von bis unter -10° C noch zuverlässig funktionieren.

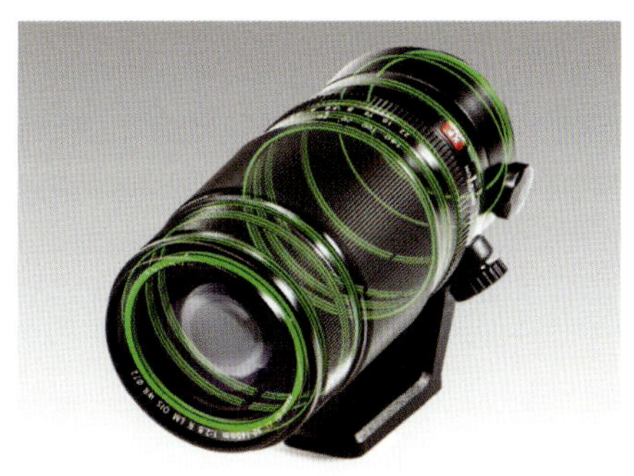

▲ *XF-Objektive mit dem Kürzel WR sind nicht nur gegen Feuchtigkeit und Staub abgedichtet, sondern funktionieren auch zuverlässig bei niedrigen Außentemperaturen.*

Objektivelektronik und Firmware-Update

Nicht nur die Kamera, auch AF-Objektive für das FUJIFILM-System sind kleine Computer. Zur Steuerung der Objektivelektronik ist jedes Objektiv mit einer internen Software ausgestattet – der Objektiv-Firmware. Jedes Objektiv besitzt zehn elektronische Kontakte. Über diese kommuniziert die Kamera mit dem angesetzten Objektiv (Blende, Belichtung, Brennweite, Entfernung, etc.).

Alle Abbildungsfehler, die nicht durch optische Korrekturen beseitigt werden konnten, sind in der Objektiv-Firmware als Objektivprofil mit elektronischer Korrekturanweisung hinterlegt.

Diese Profile führen im Zusammenspiel mit der Kameraelektronik zu einer Optimierung der Bildqualität, die speziell auf den verwendeten Objektivtyp abgestimmt ist.

Das Ergebnis sind Aufnahmen mit verbesserter Auflösung und Schärfe bis in die Bildecken und einem optimalen Signal-/Rauschverhältnis.

Um die Objektive immer auf den neuesten Stand zu bringen, veröffentlicht FUJIFILM Verbesserungen und Neuerungen in Form von Firmware-Updates, wenn das für entsprechende Objektive erforderlich ist. FUJIFILM ermöglicht es den Fotografierenden, selbst Firmware-Updates auf Kamera und Objektive zu installieren.

Um zu sehen, ob Firmware-Updates für Ihre Objektive vorhanden sind, öffnen Sie im Internet folgende Seite:

https://fujifilm-x.com/de-de/support/download/firmware/lenses/

PRODUKTE SUPPORT NEWS EVENTS FUJIFILMSchool AKTIONEN HÄNDLERSUCHE X-Photographers X Stories

Zoom

Model Name	Version	Last Updated	Description
XF8-16mmF2.8 R LM WR	Ver.1.01	13.02.2020	• Fix of minor bugs
XF10-24mmF4 R OIS	Ver.1.13	10.06.2020	• Fix of minor bug
XF16-55mmF2.8 R LM WR	Ver.1.12	06.10.2016	• Improvement of tracking function of parallax correction in the OVF
XF16-80mmF4 R OIS WR	Ver.1.05	30.06.2020	• Improvement of OIS function
XF18-55mmF2.8-4 R LM OIS	Ver.3.23	10.06.2020	• Fix of minor bugs
XF18-135mmF3.5-5.6 R LM OIS WR	Ver.1.12	10.06.2020	• Fix of minor bugs
XF50-140mmF2.8 R LM OIS WR	Ver.1.31	23.04.2020	• Fix of minor bugs
XF55-200mmF3.5-4.8 R LM OIS	Ver.1.21	23.04.2020	• Fix of minor bugs
XF100-400mmF4.5-5.6 R LM OIS WR	Ver.1.21	23.04.2020	• Fix of minor bugs
XC15-45mmF3.5-5.6 OIS PZ	Ver.1.03	10.06.2020	• Fix of minor bugs
XC16-50mmF3.5-5.6 OIS	Ver.1.12	20.02.2014	• Improvement of OIS function
XC16-50mmF3.5-5.6 OIS II	Ver.1.13	17.02.2021	• The phenomenon is fixed that the firmware cannot be upgraded with some cameras
XC50-230mmF4.5-6.7 OIS II	Ver.1.11	10.06.2020	• Fix of minor bugs

▲ *Aus der Objektivübersicht lassen sich einzelne Objektive auswählen, um das Firmware-Update herunterzuladen.*

PRODUKTE SUPPORT NEWS EVENTS FUJIFILMSchool AKTIONEN HÄNDLERSUCHE X-Photographers X Stories

Download

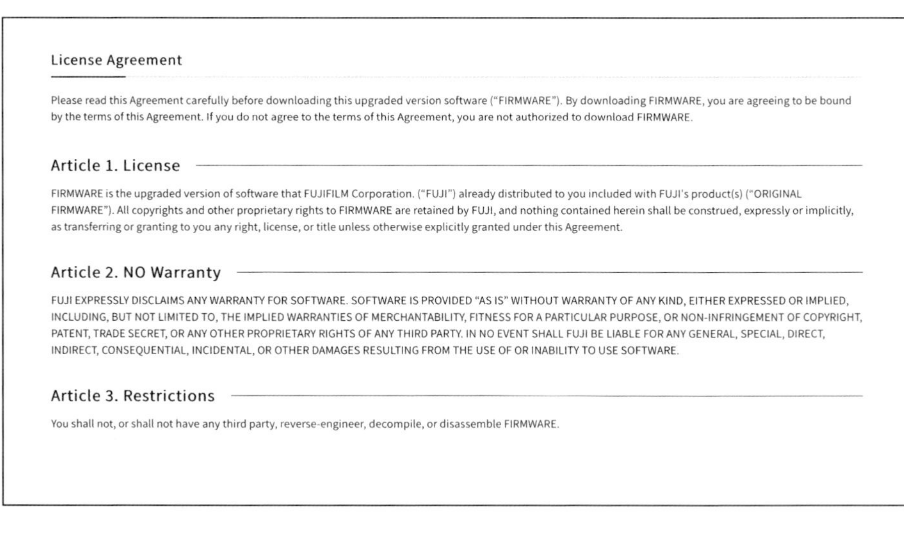

License Agreement

Please read this Agreement carefully before downloading this upgraded version software ("FIRMWARE"). By downloading FIRMWARE, you are agreeing to be bound by the terms of this Agreement. If you do not agree to the terms of this Agreement, you are not authorized to download FIRMWARE.

Article 1. License

FIRMWARE is the upgraded version of software that FUJIFILM Corporation. ("FUJI") already distributed to you included with FUJI's product(s) ("ORIGINAL FIRMWARE"). All copyrights and other proprietary rights to FIRMWARE are retained by FUJI, and nothing contained herein shall be construed, expressly or implicitly, as transferring or granting to you any right, license, or title unless otherwise explicitly granted under this Agreement.

Article 2. NO Warranty

FUJI EXPRESSLY DISCLAIMS ANY WARRANTY FOR SOFTWARE. SOFTWARE IS PROVIDED "AS IS" WITHOUT WARRANTY OF ANY KIND, EITHER EXPRESSED OR IMPLIED, INCLUDING, BUT NOT LIMITED TO, THE IMPLIED WARRANTIES OF MERCHANTABILITY, FITNESS FOR A PARTICULAR PURPOSE, OR NON-INFRINGEMENT OF COPYRIGHT, PATENT, TRADE SECRET, OR ANY OTHER PROPRIETARY RIGHTS OF ANY THIRD PARTY. IN NO EVENT SHALL FUJI BE LIABLE FOR ANY GENERAL, SPECIAL, DIRECT, INDIRECT, CONSEQUENTIAL, INCIDENTAL, OR OTHER DAMAGES RESULTING FROM THE USE OF OR INABILITY TO USE SOFTWARE.

Article 3. Restrictions

You shall not, or shall not have any third party, reverse-engineer, decompile, or disassemble FIRMWARE.

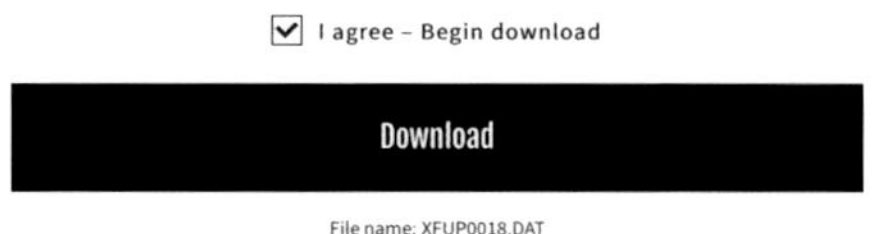

▲ *Nachdem Sie die Lizenzvereinbarungen von FUJIFILM bestätigt haben, können Sie das Firmware-Update kostenlos herunterzuladen.*

Hier können Sie sich informieren, ob es ein Firmware-Update für Ihr Objektiv gibt, welche Version es ist und was das Update beinhaltet. Zwar sind die Informationen nur auf Englisch vorhanden, aber trotzdem einfach und verständlich geschrieben.

Manchmal werden Fehler behoben, Korrekturen verbessert oder die Geschwindigkeit des Autofokus optimiert. Bei einem ausgewählten Objektiv können Sie auch in die Historie der Updates schauen und sehen, was im Detail bei welcher Update-Version verbessert wurde.

Falls Ihr Objektiv nicht bereits die aktuelle Firmware-Version beinhaltet, können Sie diese von der FUJIFILM-Website kostenlos herunterladen.

Firmwareupdate durchführen

Am besten laden Sie die Update-Datei direkt auf eine leere SD-Speicherkarte. Leer heißt, auf der Speicherkarte dürfen sich weder Dateien noch irgendwelche Ordner befinden, auch kein leerer Ordner.

- Die Speicherkarte mit dem heruntergeladenen Firmware-Update (.dat-Datei) stecken Sie in Ihre FUJIFILM-Kamera mit dem angesetzten Objektiv, auf das Sie das Update aufspielen möchten – bei Doppelslot-Kameras ins Kartenfach 1.
- Drücken Sie die *DISP/BACK*-Taste und schalten Sie die Kamera gleichzeitig mit dem Hauptschalter ein.
- Nun erscheinen die Versionsnummern von Kamera-Firmware und von der Firmware des angesetzten Objektivs.
- Gibt es auf der FUJIFILM-X.com-Website eine neuere Version? Dann ist es evtl. sinnvoll, diese zu installieren. Generell empfehle ich, sowohl Ihre Kamera(s) als auch Ihre Objektive immer mit dem neuesten Firmware-Update aktuell zu halten. Allerdings ist ein Firmwareupdate immer mit einem gewissen Risiko behaftet. Anwender, die sich unsicher fühlen sollten ein Firmwareupdate lieber vom Service durchführen lassen.

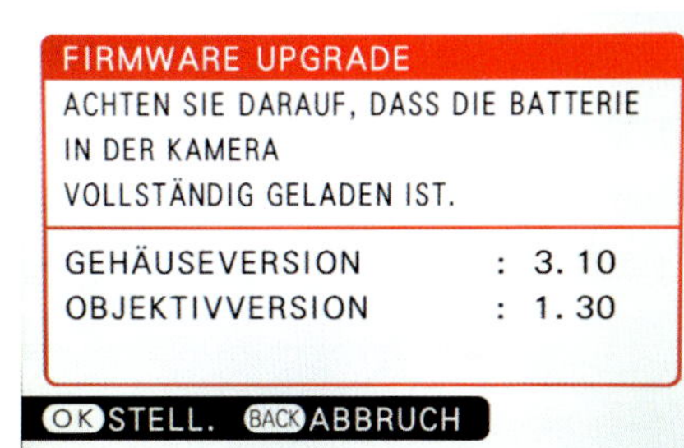

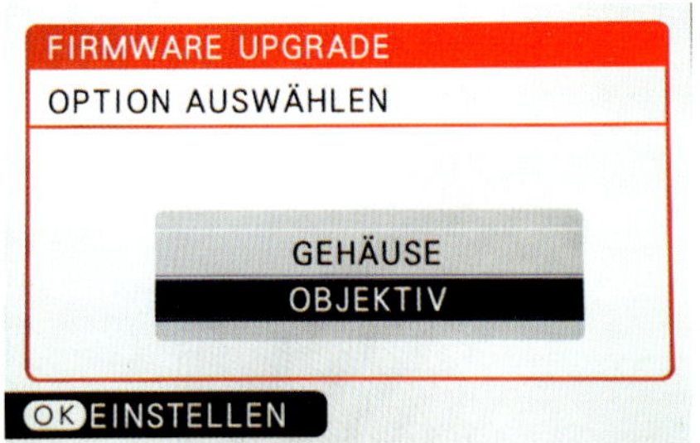

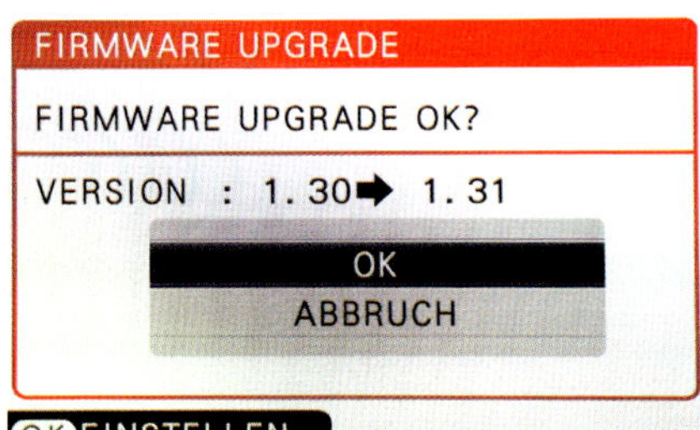

Bevor Sie das Firmware -Update installieren, sollten Sie überprüfen, ob der Kameraakku voll geladen ist. Denn sollte während des Aktualisierungsvorgangs der Strom ausgehen, kann das zu Problemen führen, bei denen im schlimmsten Fall nur noch der Service weiterhelfen kann.

- Drücken Sie die *OK* Taste Ihrer Kamera.
- Markieren Sie mittels Joysticks oder Abwärts-Taste *OBJEKTIV*.
- Drücken Sie die *OK* Taste.
- Bestätigen Sie nochmals mit *OK*.
- Die Aktualisierung läuft. Das dauert etwa 30 Sekunden.
- Über das erfolgreich abgeschlossene Update informiert anschließend eine entsprechende Meldung auf dem Kameradisplay.
- Schalten Sie die Kamera aus.
- Indem Sie Ihre Kamera bei gedrückter *DISP/BACK*-Taste einschalten können Sie kontrollieren, ob das Objektiv nun die aktuelle Firmware-Version enthält.
- Bitte formatieren Sie die Speicherkarte, bevor Sie sie zum Fotografieren weiterverwenden.

Falls Sie noch nie ein Firmware-Update auf Ihre Kamera geladen haben – das funktioniert genauso einfach. Update auf eine leere SD-Karte herunterladen, in die Kamera stecken und installieren.

Zusätzlich bietet die FUJIFILM-App *Cam Remote* für viele FUJIFILM-Kameras die Möglichkeit, das Firmware-Update für die Kamera direkt online über das Smartphone zu installieren.

Details hierzu finden Sie in der Bedienungsanleitung Ihrer Kamera bzw. in einem entsprechenden Kamerabuch des BILDNER Verlages.

Auch Fremdhersteller von Objektiven für das FUJIFILM X-System verwenden die elektronische Bildoptimierung durch in der Firmware hinterlegte Objektivprofile mit Korrekturanweisungen. Für die

Objektive anderer Hersteller können Sie selbst recht einfach ein Firmware-Update installieren:

Firmware-Update für Zeiss-Touit-Objektive

Zeiss stellt für seine Touit-Objektive kostenlose Firmware-Updates zur Verfügung.

Diese lassen sich von der Zeiss-Website herunterladen:

https://www.zeiss.de/consumer-products/service/

Die Installation funktioniert genauso wie bei FUJINON-Objektiven.

Firmware-Update für Sigma-Objektive

Auch Sigma stellt für seine AF-Objektive kostenlose Firmware-Updates zur Verfügung.

Diese lassen sich von der Sigma-Website herunterladen:

https://www.sigma-foto.de/service/soft-und-firmware/

Die Installation funktioniert genauso wie bei FUJINON-Objektiven.

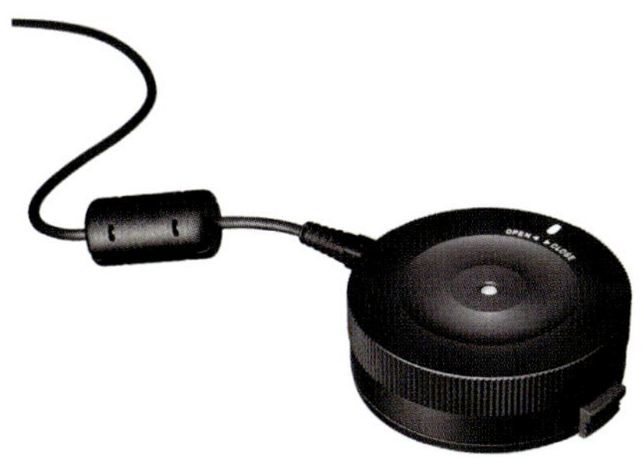

▲ *Sigma Objektiv-Dock mit USB-Kabel.*

Firmware-Update für Viltrox-Objektive

Ebenso lassen sich für Viltrox-Objektive Firmware-Updates installieren. Diese können Sie kostenlos aus dem Internet herunterladen:

https://downloads.rollei.com/

Die Datei anschließend entpacken. Die Datei müssen Sie anschließend entpacken. Dann verbinden Sie das Objektiv mittels eines USB-C-Kabels mit dem Computer. Das Objektiv erscheint als Laufwerk.

Legen Sie die entpackte Firmware-Datei in den Objektivordner. Nach wenigen Sekunden ist das Firmware-Update erfolgt und das Objektiv kann vom Computer getrennt und wieder verwendet werden.

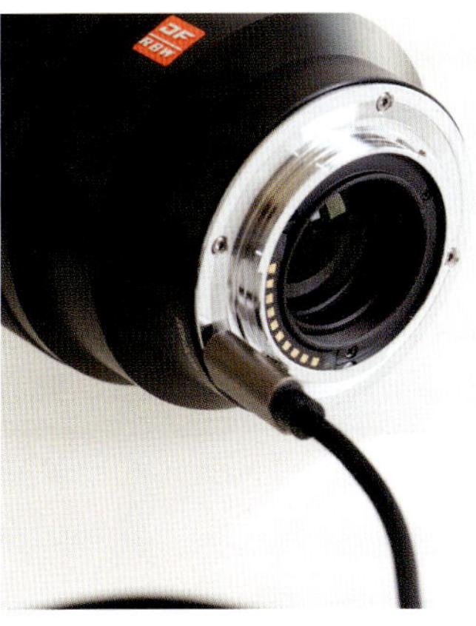

▲ *Bei Viltrox-Objektiven wird das Objektiv direkt mit einem PC verbunden.*

2.5 Schärfe und Auflösung

Ein Foto wirkt scharf, wenn es eine hohe Auflösung hat, also Details exakt voneinander unterschieden werden können. Wenn es einen hohen Kontrast und eine hohe Kantenschärfe besitzt. Ein Foto mit diesen Eigenschaften wird vom Betrachter als scharf wahrgenommen.

Auflösung

Die Auflösung beschreibt, aus wie vielen Bildpunkten sich ein Foto zusammensetzt, und damit, ob und wie sich feine Details im Bild unterscheiden. Aktuelle FUJIFILM-Modelle besitzen Sensoren mit einer Auflösung von 26,1 Mio. Bildpunkten (Pixel). Das heißt, jedes Foto setzt sich aus 26,1 Mio. Bildpunkten zusammen. Aber ganz so einfach ist es nicht. Denn das Objektiv muss diese Auflösung auch leisten. Als im Jahr 2012 die ersten FUJINON-Objektive auf den Markt kamen, waren diese auf die Sensoren der ersten FUJIFILM-Kameras wie der X-Pro1 und X-T1 abgestimmt. Diese besaßen die X-Trans-Sensoren der ersten Generation mit 16,3 Mio. Pixel.

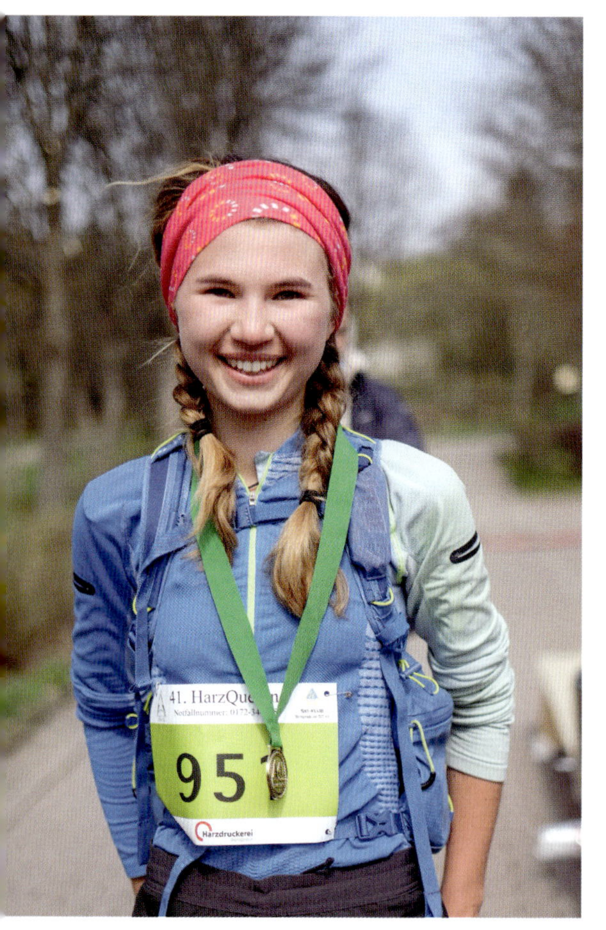

ISO 160 I 1/3.000 Sek. I F/1,4, FUJIFILM X-S10 mit FUJINON XF 35 mm F/1,4 R

▲ *Eines der allerersten FUJINON-Objektive. Es ist auch heute noch ein tolles Objektiv mit Charakter.*

Die aktuellen FUJIFILM X-Modelle sind mit X-Trans-Sensoren der vierten Generation ausgestattet und lösen bis zu 26,1 Mio. Pixel auf. Um die Bildqualität voll auszureizen, die aktuelle FUJIFILM-Kamerasensoren zu bieten haben, sind Objektive notwendig, die optisch für die hohe Pixelzahl ausgelegt sind. Spezielle Glassorten, die Verwendung von ED-Linsen und verbesserte Mehrschichtvergütungen auf den Linsenoberflächen sind nur einige Maßnahmen, mit denen die optische Qualität der neuesten FUJINON-Objektive weiter optimiert wurde.

Die Auflösung eines Objektivs kann gemessen werden. Die Messergebnisse werden in einem MTF-Diagramm dargestellt. Nur sollten wir vor lauter theoretischen Argumenten nicht vergessen, dass der visuelle Bildeindruck am wichtigsten ist und weniger die Messergebnisse. Jedes Objektiv hat seinen eigenen Charakter. Beispielsweise verwende ich immer noch sehr gerne das FUJINON 35 mm F/1,4 R. Das ist eines der ersten Objektive, das FUJIFILM für die X-Serie auf den Markt gebracht hat. Nach Messwerten ist das aktuelle FUJINON 33 mm F/1,4 R LM WR dem 35er deutlich überlegen. Vom Charakter her gefällt mir das »alte« 35 mm trotzdem besser. Ich verwende es vorwiegend für Porträts mit offener Blende. Wer Architektur aufnimmt oder fotografische Reproduktionen anfertigt, für den mag aber die verbesserte Auflösung und Schärfeleistung des aktuellen 33 mm Objektivs wichtiger sein. Ein pauschales »Besser« gibt es bei Objektiven nicht. Das hängt vom Anwendungszweck, Ansprüchen und vom eigenen Geschmack ab.

Außerdem möchte ich nochmal erwähnen, dass unsere Augen umgerechnet eine Auflösung von nur ca. sechs bis acht Mio. Pixel haben.

Kontrast

Neben der Auflösung ist auch der Kontrast für den Schärfeeindruck verantwortlich. Kontrast beschreibt den Helligkeitsunterschied zwischen Bildelementen. Ein hoher Kontrast, also ein großer Unterschied zwischen hell und dunkel, wirkt schärfer.

Eine optimale Korrektur der Abbildungsfehler, eine gute Mehrschichtvergütung aller Linsenoberflächen und die Vermeidung von Streulicht sind u. a. für die Kontrastleistung eines Objektivs verantwortlich.

Kantenkontrast

Der Kantenkontrast bestimmt wie schnell und sauber sich der Helligkeitsunterschied im Bild darstellt. Je abrupter und direkter der Kontrast an einem Übergang wechselt, desto schärfer der Bildeindruck.

Auflösung und Bildgröße

Aktuelle FUJIFILM-Kameras erstellen Fotos mit einer Auflösung von 26 Mio. Pixeln. Das hat mit der Bildgröße nur indirekt etwas zu tun. Die Bildgröße ist das, was man anschließend daraus macht.

Mit Bildgröße ist im Kameramenü die Auflösung und das Seitenverhältnis von JPEG-Bildern gemeint. Wenn Sie ausschließlich für Internetauftritte, für soziale Medien oder, um die Fotos schnell über das

Smartphone zu versenden, fotografieren, so spricht nichts dagegen, die Bildgröße auf S (**S**mall, 6 Mio. Pixel) oder M (**M**edium, 13 Mio. Pixel) zu stellen.

Wenn Sie jedoch noch nicht wissen, was Sie mit den Fotos vorhaben, so wählen Sie die volle Auflösung L (**L**arge, 26,1 Mio. Pixel). Denn reduzieren können Sie die Auflösung immer noch. Nur umgekehrt geht das nicht. Oder fotografieren Sie im RAW-Format, dann haben Sie immer die volle Auflösung des Sensors.

Nun nochmal zur Bildgröße: Auch wenn Sie einmal etwas Anderes gelesen oder gehört haben, mit der Auflösung von 26 Mio. Bildpunkten können Sie normale Poster in fast jeder Größe realisieren.

Es ist zwar richtig, dass eine Druckauflösung von 300dpi (**d**ots **p**er **i**nch) zu empfehlen ist. Mit 300 dpi Druckauflösung ist ein Ausdruck von nur maximal 53 x 35 cm umsetzbar.

Lassen Sie uns aber auch den Betrachtungsabstand berücksichtigen, dann sieht es schon wieder anders aus.

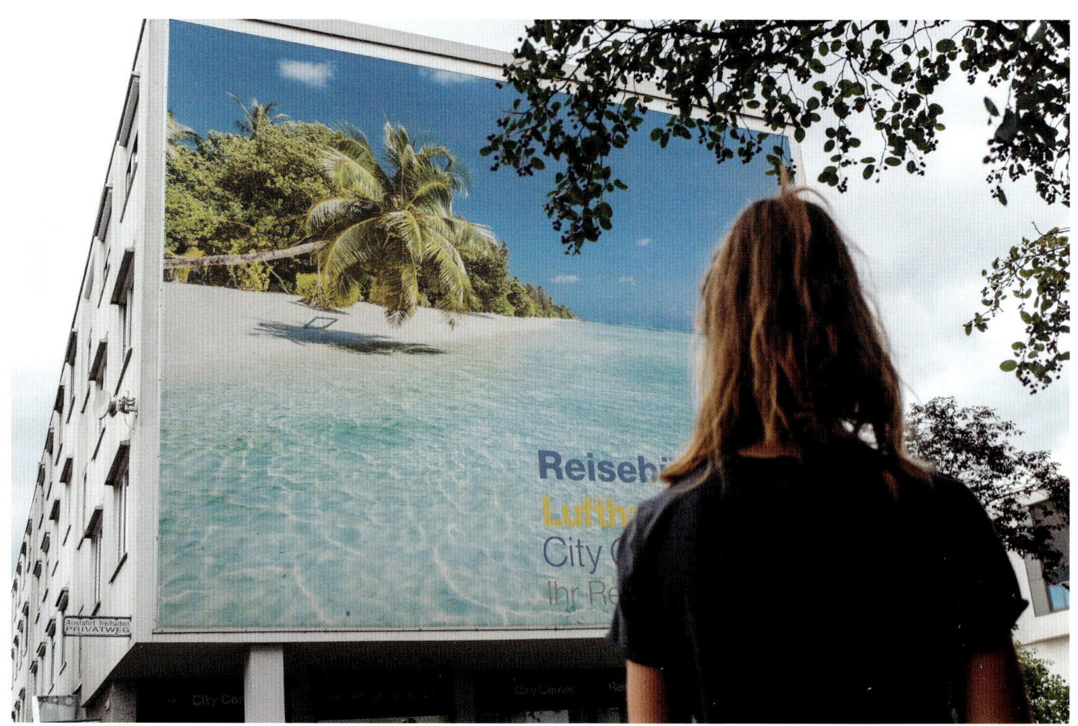

▲ *Bei großen Bildausdrucken ist ein größerer Betrachtungsabstand nötig.*

Bis zu einem 20 x 30 cm Ausdruck liegt der Betrachtungsabstand bei ca. 30 cm. Je größer der Ausdruck, desto weiter entfernen wir uns zum Betrachten. Das verhält sich so wie beim Fernsehgerät. Niemand setzt sich 30 cm vor den TV-Monitor mit 48 Zoll.

Bei einem DIN-A2-Ausdruck liegt der normale Betrachtungsabstand bei ca. einem Meter. Für diesen reicht eine Druckauflösung von 90 dpi damit wir das Bild in guter Qualität sehen. Bei einem DIN-A0-Plakat (120 x 80 cm) steigt der Betrachtungsabstand auf drei Meter und die erforderliche Druckauflösung reduziert sich auf etwa 30-60 dpi.

Dabei müssen wir die Druckauflösung gar nicht so weit reduzieren. Mit der Auflösung aktueller FUJIFILM-Kameras von 26,1 Mio. Pixel lässt sich sogar ein DIN-A0-Plakat mit einer Druckauflösung von 132 dpi realisieren.

In der Tabelle sehen Sie den Zusammenhang zwischen Auflösung, erforderlicher Druckauflösung und Bildgröße, die wir mit unserer Fotoauflösung zur Verfügung haben:

Format	Größe in cm	Betrachtungsabstand	Min. erforderliche Druckauflösung dpi	Druckauflösung dpi mit 26 Mio. Pixel realisierbar
Postkarte	10 x 15	30 cm	300	1057
DIN A4	20 x 30	30 cm	300	528
DIN A3	30 x 40	50 cm	175	352
DIN A2	40 x 60	1 m	90	264
DIN A1	80 x 60	2 m	45	176
DIN A0	120 x 80	3 m	30	132
Großflächenplakat	356 x 252	5 m	20	42

Zu dem Thema fällt mir ein Erlebnis ein. Ich bekam den Auftrag, für ein Sportevent ein Werbefoto zu machen. Es ging um Flyer, Internetwerbung und Schaukasten. Ich verwendete meine FUJIFILM X-T3 und das FUJINON 50-140 mm F/2,8 R LM OIS WR. Ich staunte nicht schlecht, als ich mein Foto als ca. sieben Meter großen Ausdruck erblickte (Bild siehe Seite 78 oben).

Aber durch den erhöhten Betrachtungsabstand wirkte es trotz riesiger Abmessungen sehr gut. Hätte ich vorher gewusst, in welcher Größe das Bild ausgedruckt wird – ich hätte mich nicht getraut, mit der X-T3 und APS-C-Sensor zu fotografieren, und hätte zur FUJIFILM GFX-Mittelformatkamera mit 100 MP gegriffen. Aber man lernt nie aus.

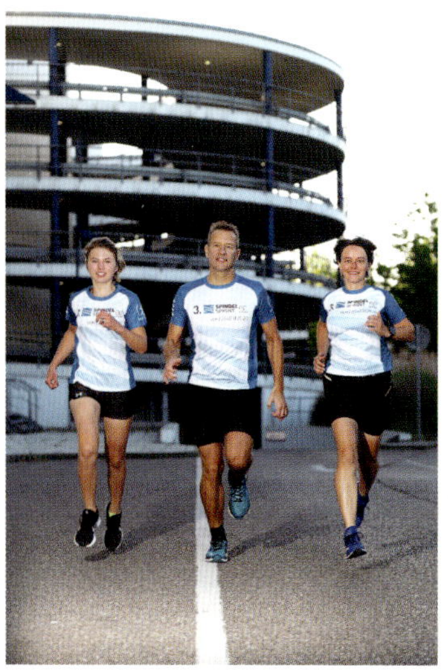

ISO 160 | 1/250 Sek. | F/2,8 | 70 mm

▲ *Originale Bilddatei, FUJIFILM X-T3 mit FUJINON 50-140 mm F/2,8 R LM OIS WR, Blitz Profoto A1X*

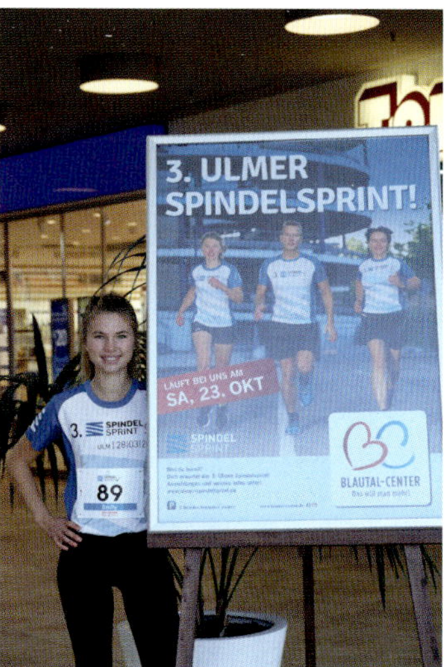

ISO 160 | 1/250 Sek. | F/2,8 | 70 mm

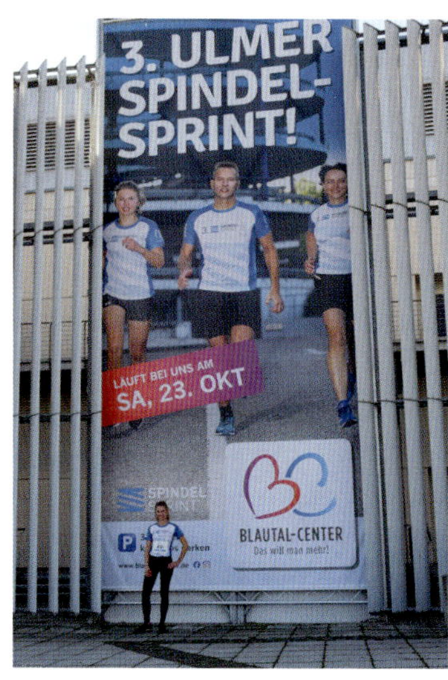

ISO 200 | 1/200 Sek. | F/5,6 | 24 mm

▲ *Größenvergleich und Betrachtungsabstand eines Ausdrucks.*

Abbildungsmaßstab

Der Abbildungsmaßstab gibt an, in welchem Maßstab das fotografierte Motiv auf dem Sensor wiedergegeben wird. Zur Erinnerung: Der Sensor der FUJIFILM X-Kameras hat eine Größe von 23,6 x 15,8 mm.

Wenn Sie beispielsweise ein 20 m breites Gebäude fotografieren und es wird auf dem Sensor 20 mm breit abgebildet, so ist der Abbildungsmaßstab 1:1.000 (20.000 mm : 1.000 = 20 mm).

Interessant wird es im Nahbereich. Wenn Sie etwa eine Münze aufnehmen, die einen 15 mm Durchmesser besitzt, so erhalten Sie einen Abbildungsmaßstab von 1:1, wenn die Münze in gleicher Größe als Abbildung auf dem Sensor landet, also 15 mm groß. Wenn Sie einen 7,5 mm großen Gegenstand 15 mm groß auf dem Sensor abbilden, so entspricht das einem Abbildungsmaßstab von 2:1 – die Abbildung ist also doppelt so groß wie das Original.

Solche Maßstäbe werden in der Makrofotografie verwendet. Das ist sogar in einer DIN-Norm geregelt. Demnach ist alles innerhalb von Abbildungsmaßstäben zwischen 1:10 und 10:1 zu Nah- und Makrofotografie zu zählen. Abbildungsmaßstäbe, die weiter als 10:1 in den Makrobereich gehen, gehören zur Mikrofotografie. Solche Abbildungsmaßstäbe können nur noch mit adaptierten Mikroskopen erreicht werden. Abbildungsmaßstäbe kleiner als 1:10 gehören zu den Fernaufnahmen.

Für das FUJIFILM X-System sind Makroobjektive erhältlich, die Abbildungsmaßstäbe von 1:2 (FUJINON XF 60 mm F/2,4 R Macro) bis 1:1 (FUJINON XF 80 mm F/2,8 R LM OIS WR und Carl Zeiss Touit 50 mm F/2,8 M) ermöglichen. Mit entsprechendem Zubehör wie Balgengerät, Zwischenringen oder Vorsatzachromat sind sogar noch kleinere Abbildungsmaßstäbe möglich.

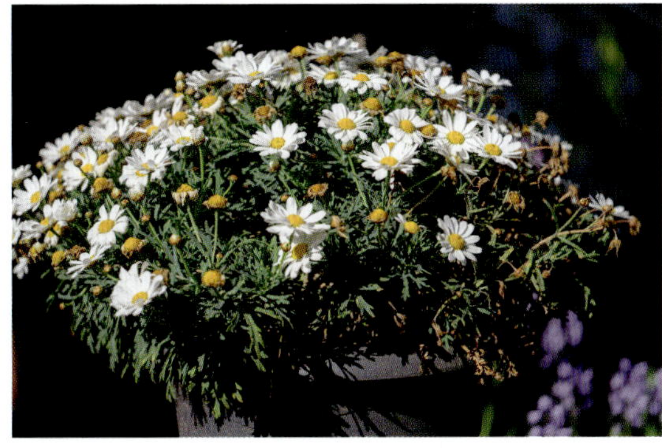

▲ *Abbildungsmaßstab ca. 1:40.*

Für den Abbildungsmaßstab im Nahbereich gelten noch ein paar Besonderheiten:

- Je kleiner der Abbildungsmaßstab wird, desto geringer wird die Schärfentiefe. Makroobjektive werden deshalb oft stark abgeblendet, denn sonst wird die Schärfentiefe extrem gering. Doch selbst mit geschlossener Blende wird im Makrobereich oft nicht die gewünschte Schärfentiefe erreicht.
- Viele FUJIFILM-Kameras sind aus diesem Grund mit einer Focus-Bracketing-Funktion (auch Focus Stacking) ausgestattet. Dabei erstellt die Kamera mehrere Aufnahmen mit verschiedenen Entfernungseinstellungen. Mit entsprechender Bildbearbeitungssoftware lassen sich die Fotos einer Serie dann übereinanderlegen (stacken) und ergeben dann ein Foto mit besonders großer Schärfentiefe, die mit einer einzelnen Aufnahme gar nicht möglich wäre.
- Bitte schauen Sie sich in der folgenden Tabelle auf Seite 80 an, wie die Schärfentiefe im Nah- und Makrobereich schrumpft. Einen Pilz im Nahbereich beispielsweise bekommen Sie ohne Focus Bracketing nicht von vorne bis hinten scharf. Mehr zu Focus Bracketing in Kapitel 16.15 *»Fokus-Bracketing«*.

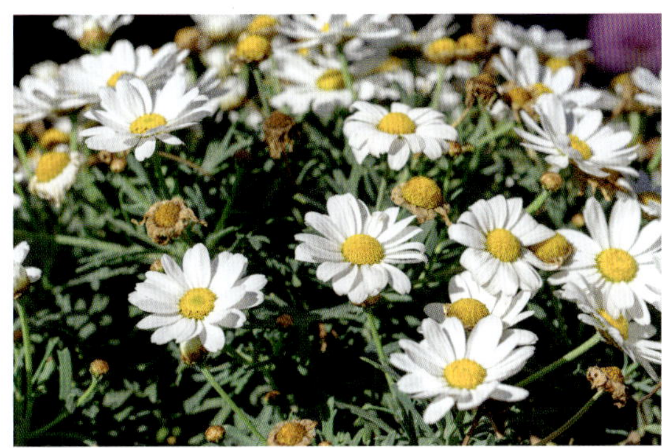

▲ *Abbildungsmaßstab ca. 1:20.*

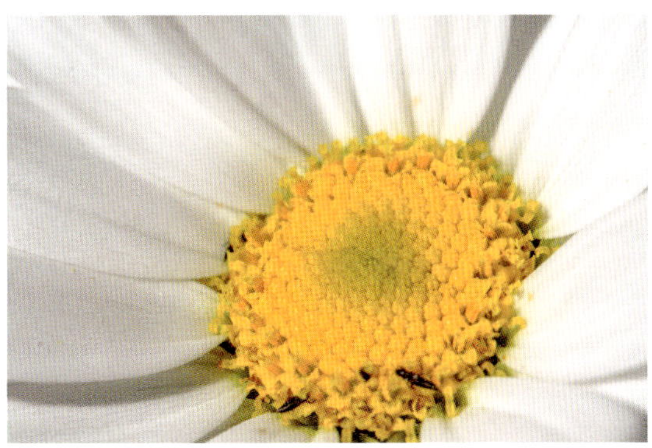

▲ *Abbildungsmaßstab 1:1.*

Abbildungs-maßstab	Schärfentiefe in mm bei eingestellter Blende				
	1:2.8	1:4	1:5.6	1:8	1:11
1:10	11,6	16,5	22,9	31,8	41,8
1:5	3,17	4,4	6,24	8,66	11
1:4	2,12	3	4,11	5,65	7,36
1:3	1,27	1,78	2,46	3,39	4,27
1:2	0,63	0,89	1,21	1,65	2,05
1:1	0,21	0,29	0,4	0,5	0,51
1,5:1	0,11	0,16	0,21	0,25	0,15
2:1	0,08	0,1	0,13	0,12	B
5:1	0,02	0,02	B	B	B

▲ *Schärfentiefe und Abbildungsmaßstab, B = Beugungsunschärfe*

- Als grobe Faustformel gilt eine Ausdehnung der Schärfentiefe 2/3 hinter der fokussierten Ebene und 1/3 davor. Im Nah- und Makrobereich verschiebt sich die Verteilung des Schärfebereichs auf 50 % vor und 50 % hinter der Fokusebene.
- Im Nahbereich geht Licht verloren. Das fängt bereits mit dem Abbildungsmaßstab 1:10 an. Hier muss die Belichtungszeit um den Faktor 1,2 verlängert werden. Beim Abbildungsmaßstab 1:1 muss die Belichtungszeit schon um den Faktor 4 verlängert werden, was der vierfachen Lichtmenge oder einem Wert von 2 EV bzw. 2 Blendenstufen entspricht. Da FUJIFILM-Kameras die Lichtmenge messen, die auf den Sensor trifft, wird der Belichtungszeitverlängerungsfaktor automatisch berücksichtigt. Trotzdem ist es hilfreich dies zu wissen, um für genügend Licht und/oder für ein geeignetes Stativ zu sorgen.

MTF-Kurven

Auflösung und Kontrast von Objektiven lassen sich messen und werden in einer Modulationstransferfunktion dargestellt – kurz MTF-Kurve. Dazu wird eine Testtafel mit feinen Linien, die längs und quer, mittig und am Rand angeordnet sind, abfotografiert und ausgewertet.

Die MTF stellt den Zusammenhang zwischen der Feinheit der Strukturen (in lp/mm) und deren wiedergegebenem Kontrast dar.

Häufig wird dafür ein Siemensstern verwendet. Dieser ist ein Testverfahren, um die optische Qualität von optischen und fotografischen Geräten zu beurteilen. Er besitzt einen Kreis mit schwarzen und weißen Sektoren mit zur Mitte hin feiner werdenden Strukturen.

Der Siemensstern wurde bereits in den 1930er-Jahren entwickelt. Heute gibt es modifizierte und erweiterte Varianten, um Schärfe, Auflösung und Kontrast von der Bildmitte bis hin zu den -rändern detailliert beurteilen zu können. Die Ergebnisse werden dann in einer MTF-Kurve dargestellt.

FUJIFILM zeigt in seinen Objektivspezifikationen zwei MTF-Kurven – eine mit 15 Linienpaaren/mm und eine mit 45 Linienpaaren/mm.

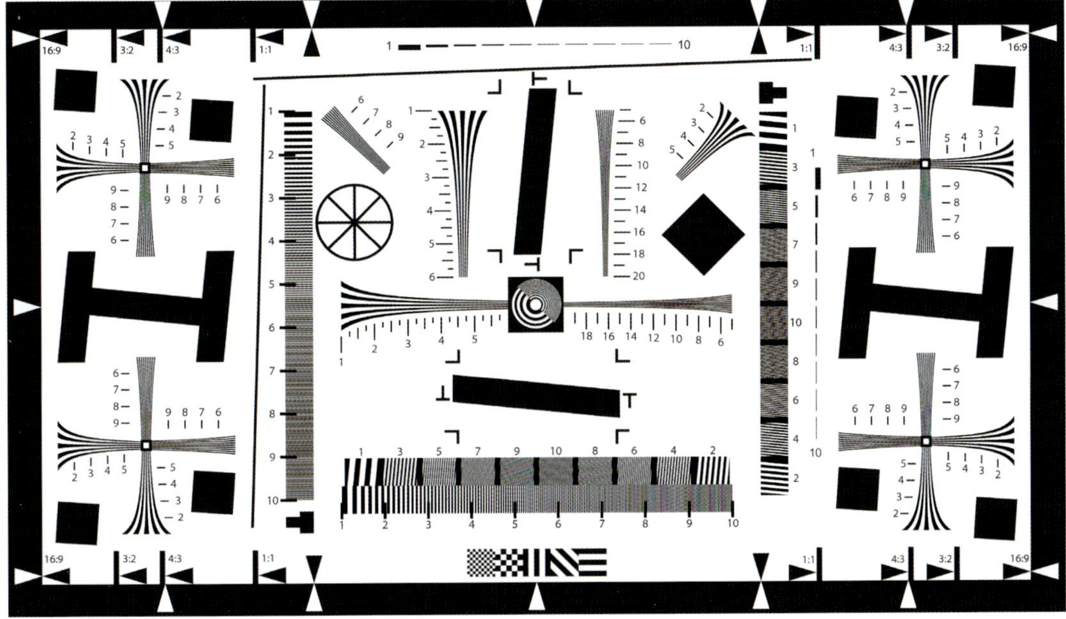

▲ *Testchart zum Prüfen der optischen Qualität von Objektiven.*

45 Linienpaare entsprechen einer sehr hohen Auflösung. Unsere Augen haben eine Grenzauflösung von 6 lp/mm. Feinere Strukturen können wir nicht wahrnehmen. Umgerechnet auf ein vergrößertes Bild mit der Berücksichtigung des üblichen Abbildungsabstands bedeutet das ca. 42 lp/mm.

Daher sind die Messungen mit 45 lp/mm schon ein anspruchsvoller und sinnvoller Wert.

Allerdings ist es nicht sinnvoll, sich nur auf Messergebnisse zu konzentrieren. Für mich persönlich haben die MTF-Kurven in Fotozeitschriften kaum eine Bedeutung. Ganz pauschal behaupte ich, dass es kein schlechtes FUJINON-Objektiv gibt.

Sicher liegt das auch an meiner Art zu fotografieren und an meinen bevorzugten Motiven. Ich fotografiere am liebsten Porträts und Reportagen. Für Fotografierenden, die Reproduktionen anfertigen, haben MTF-Kurven sicher eine größere Bedeutung.

Auflösung/Kontrast

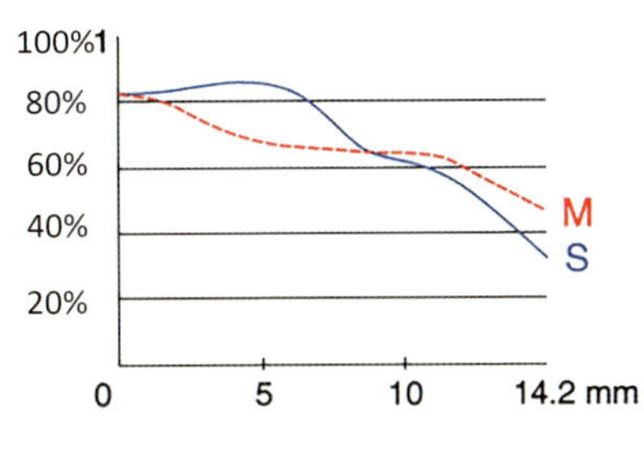

Sensorbreite in mm

0 = Bildmitte / 14,2 mm = Bildrand

▲ *MTF-Kurve von FUJIFILM*
Y-Achse = Auflösung in %, 1 = 100 %
X-Achse = Breite in mm ab Sensor-Mitte
M = meridional (senkrecht zur Bilddiagonale verlaufende Linien)
S = sagittal (parallel zur Bilddiagonale verlaufende Linien)

Dazu möchte ich noch ein Erlebnis erzählen. Im Jahr 2009 kaufte ich mir ein Buch aus den USA. Darin zeigten die besten amerikanischen Hochzeitsfotografierenden ihre Fotos und verrieten dem Leser auch gleich, mit welchem Equipment diese entstanden sind. Die häufigsten Kameramodelle waren Canon EOS 300D und Nikon D70. Jede moderne einfache Einsteiger-SLR- oder Systemkamera stellt diese Kameras heute locker in den Schatten. Aber diese Fotografierenden machten hervorragende Aufnahmen mit diesen Modellen, die nicht mehr als 6 Mio. Pixel hatten, und verdienten damit viel Geld.

Was ich damit sagen will: Grundsätzlich hat die Bildqualität aktueller Kameras aus dem FUJIFILM X-System nicht zuletzt dank der hervorragenden FUJINON XF- und XC-Objektive ein Niveau erreicht, von dem Profifotografierenden vor ca. zehn Jahren nur träumen konnten. Deshalb bin ich persönlich der Meinung, wir sollten uns weniger auf das »Pixelzählen« konzentrieren, sondern stattdessen unsere Blicke für attraktive Bildgestaltung schärfen, öfter fotografieren und uns kreativ weiterentwickeln.

Bitte denken Sie an die vielen großartigen Meisterwerke berühmter Fotografierenden der letzten Jahrzehnte wie Annie Leibovitz, Peter Lindbergh, Henri Cartier-Bresson, Herb Ritts oder Helmut Newton, um nur ein paar Beispiele zu nennen. Was macht den Reiz dieser zeitlosen Fotografien aus? War es die Fototechnik? Oder hatten die verwendeten Objektive besonders gute MTF-Kurven? Nein, es sind die Motive, die Bildgestaltung und der richtige Moment des Auslösens.

Der Charakter eines Objektivs

Jedes Objektiv hat seine Eigenheiten, seine Besonderheiten. Wie verhält es sich im Gegenlicht? Welches Bokeh erzeugt das Objektiv bei offener Blende? Bildet es eher weich oder kontrastreich ab? Welche Bildästhetik erzeugt das Objektiv? All das macht den Charakter eines Objektivs aus. Der Charakter ist eine subjektive Eigenschaft, die sich nicht messen lässt. Wenn Sie keine Möglichkeit haben ein Objektiv auszuprobieren, so finden Sie beispielsweise bei zu jedem Objektiv viele Beispielfotos im Internet von zahlreichen Hobby- und Profifotografierenden, die Ihnen einen Eindruck vermitteln können.

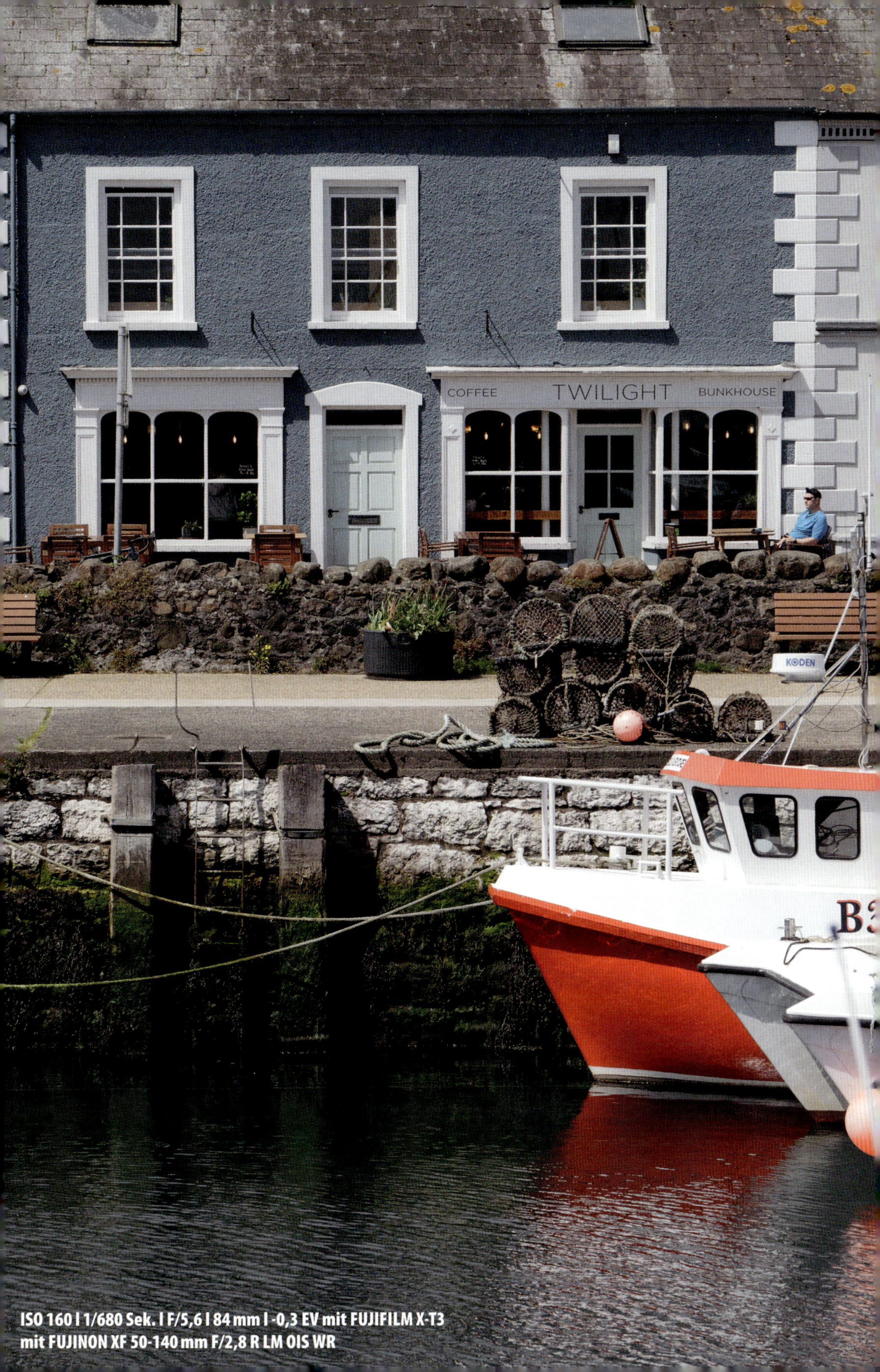

ISO 160 | 1/680 Sek. | F/5,6 | 84 mm | -0,3 EV mit FUJIFILM X-T3
mit FUJINON XF 50-140 mm F/2,8 R LM OIS WR

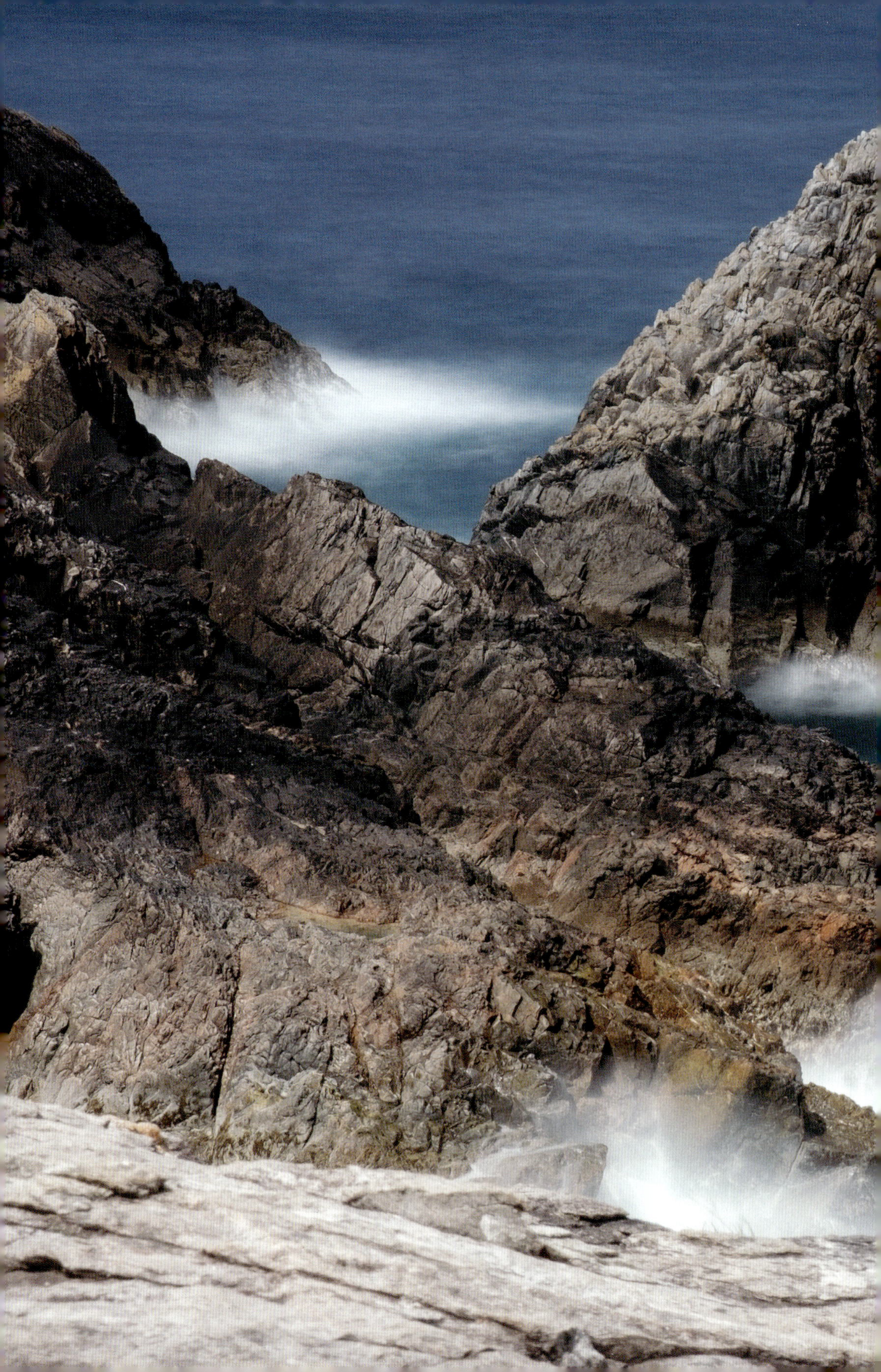

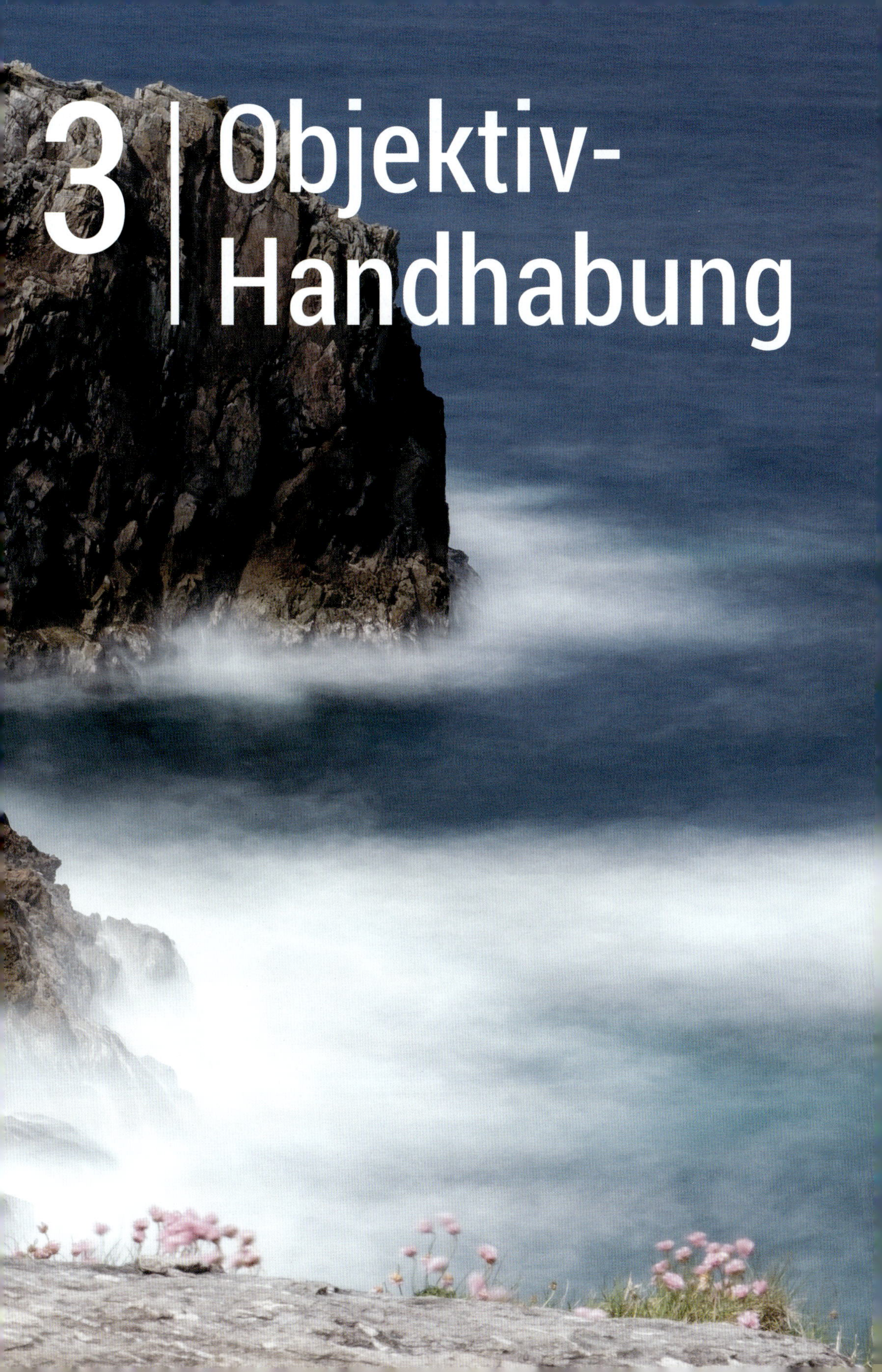

3 | Objektiv-Handhabung

Um die optimale Bildqualität Ihrer Objektive abrufen zu können, sind ein paar Informationen zur Handhabung hilfreich. Auch in die Objektivpflege sollten Sie etwas Zeit investieren damit Sie noch lange Freude an Ihren Objektiven haben.

3.1 Objektiv wechseln

Beim Ansetzen von Objektiven an das FUJIFILM X-Bajonett ist es wichtig, das Objektiv möglichst gerade (plan) auf das Bajonett ③ zu setzen. Die Markierung des Objektivs ④ muss mit der roten Markierung des Kamerabajonetts ② zur Deckung gebracht werden. Wenn das Objektiv sauber auf dem Bajonett aufliegt, drehen Sie das Objektiv im Uhrzeigersinn, bis die Entriegelungstaste der Kamera hörbar einrastet. Zum Entfernen des Objektivs drücken Sie die Objektiventriegelungstaste der Kamera gedrückt ① und drehen zeitgleich das Objektiv gegen den Uhrzeigersinn, bis es einfach abzuziehen ist.

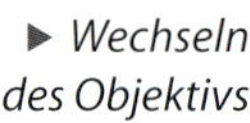

▶ *Wechseln des Objektivs*

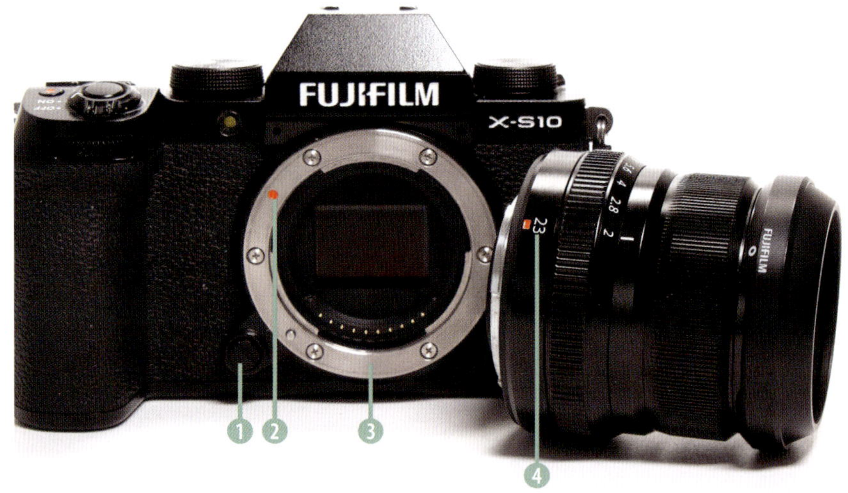

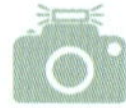

Warum Sie die Kamera vor dem Objektivwechsel ausschalten sollten

Einige FUJINON-Objektive besitzen einen beweglichen Innentubus. Er wird schützend ins Objektiv gefahren, sobald Sie die Kamera ausschalten. Wenn Sie das Objektiv wechseln, ohne vorher die Kamera auszuschalten, so wird das Objektiv nicht in den Transportmodus versetzt und ist nicht mehr so gut geschützt. Bei eingeschalteter Kamera zieht die statische Aufladung des Kamerasensors Staub an. Dieser kann sich auf der Sensoroberfläche ansammeln. Bitte halten Sie beim Objektivwechsel die Kamera mit dem Sensor nach unten, damit von oben nichts in das Kameragehäuse fallen kann.

Um den Kamerasensor und die Objektivrückseite vor Staub, Feuchtigkeit und mechanischer Beanspruchung zu schützen, sollten Sie umgehend den Objektivrückdeckel auf das Objektiv setzen und auf das Kamerabajonett entweder ein anderes Objektiv oder den Gehäusedeckel.

3.2 Die Kamera halten

Vielleicht fragen Sie sich, ob es notwendig ist, einen Abschnitt darüber zu schreiben, wie die Kamera richtig gehalten wird. Damit meine ich nicht Freiland- oder Bodenhaltung, sondern wie halte ich die Kamera zum Fotografieren optimal in der Hand. Gerne beobachte ich andere Fotografierende beim Aufnehmen. Dabei fiel mir auf, dass viele Fotografierende ihre Kamera nicht bestmöglich halten.

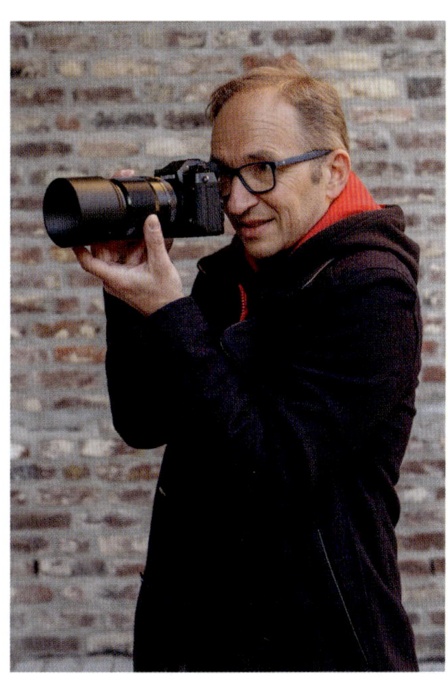

▲ *Wenn Sie die Ellenbogen eng am Körper abstützen bringt das zusätzliche Stabilisierung.*

Sicherer Halt ist immer wichtig. Eine zu lange Belichtungszeit und Unschärfe durch leichtes Verwackeln ist einer der häufigsten Abbildungsfehler überhaupt. Vor allem sollten Sie sich wohlfühlen beim Halten der Kamera und nicht verkrampfen. Mit der richtigen Kamerahaltung sind dann längere Belichtungszeiten aus der Hand und ohne Stativ möglich. Außerdem wird das Sucherbild bzw. das Livebild im Display stabilisiert und wackelt nicht ständig herum.

Besonders wichtig ist die einwandfreie Kamerahaltung bei der Verwendung von längeren Brennweiten. Denn je länger die Brennweite wird, desto kleiner fällt der Bildwinkel aus. Bei kleinen Bildwin-

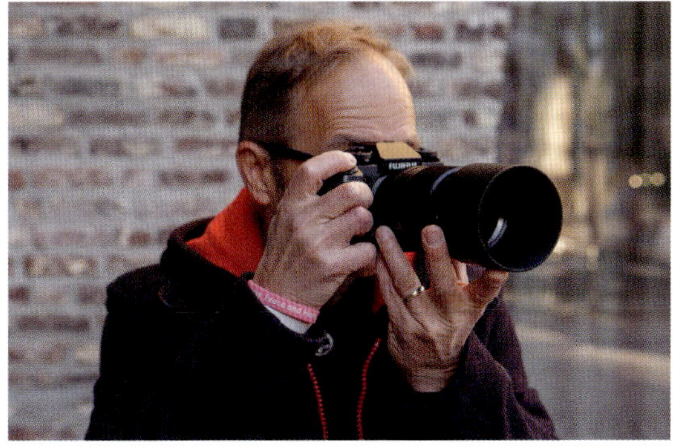

▲ *Mit der Hand wird das Objektiv vorne abgestützt. Das bringt mehr Stabilität und ermöglicht kürzere Belichtungszeiten.*

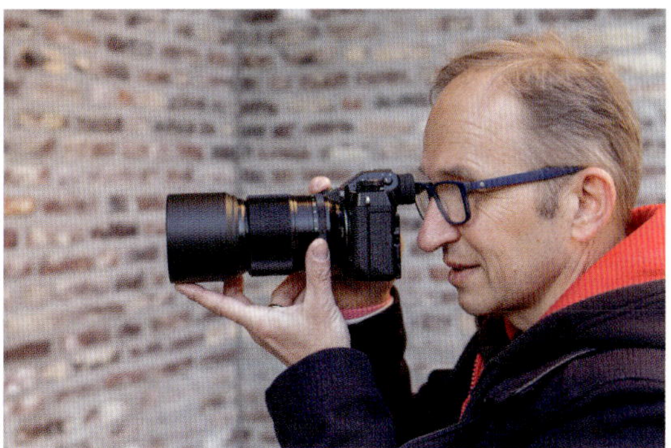

▲ *Gleichzeitig lässt sich der Blendenring mit Daumen und Ringfinger bedienen.*

keln macht sich schon die kleinste Bewegung wie Zittern bemerkbar und wirkt wie ein Schwenken des Bildfeldes. Außerdem sind höhere Brennweiten oft länger und schwerer. Beim Nachverfolgen von sich schnell bewegenden Tieren, Sportler:innen oder von Fahrzeugen ist die richtige Kamerahaltung sehr vorteilhaft und erleichtert beispielsweise auch Fotos mit dem Schwenkeffekt.

Ein kleiner Trick für noch mehr Stabilität und damit für noch kürzere Belichtungszeiten aus der Hand: Drücken Sie die Ellenbogen eng an Ihren Körper. Das wirkt nochmal stützend. Beim Auslösen kurz die Luft anhalten und schon sind längere Belichtungszeiten möglich, als mit der normalen Kamerahaltung.

3.3 Den Autofokus richtig verwenden

Objektive für FUJIFILM-Kameras liefern Fotos mit hervorragender Schärfe. Damit diese auch auf dem gewünschten Bereich im Bild landet – und das möglichst präzise und schnell – sollten Sie mit der Handhabung des Autofokus vertraut sein. Hier ein paar grundsätzliche Hinweise zur Verwendung der Fokussierung.

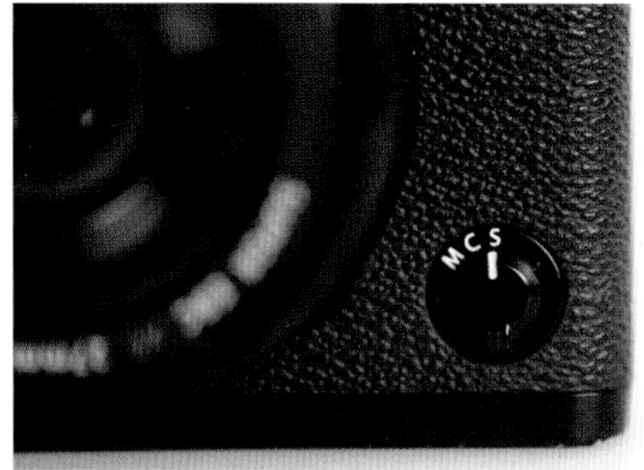

▲ *Der Fokusmodus lässt sich schnell und einfach am Fokusmodusschalter auswählen. Aber Achtung: Hin und wieder kann es passieren, dass sich der Modusschalter unbeabsichtigt in eine andere Position stellt. Bitte prüfen Sie vor dem Fotografieren, ob der gewünschte Fokusmodus gewählt ist. Bei Modellen der X-A-, X-T- und X-S-Serie wird der Fokusmodus im Menü gewählt.*

Mit der Fokussierung legen Sie fest, auf welchen Bereich im Bild die Schärfe gelegt wird. Die Schärfe lässt sich manuell einstellen (MF). In vielen Standardsituationen funktioniert die automatische Scharfeinstellung, der **A**uto**f**okus (AF), jedoch schneller und präziser. Um diesen zu aktivieren, drücken Sie den Auslöser halb herunter.

Sobald die Schärfe eingestellt (fokussiert) und gespeichert ist, wird das durch einen grünen Punkt im Sucher/Display angezeigt. Zusätzlich ertönt ein kurzer Piepton, der sich auch ausschalten lässt. Das bzw. die aktiven AF-Messfelder erhalten einen grünen Rahmen.

Wenn der Autofokus keine korrekte Schärfe einstellen kann, so ist das AF-Messfeld rot umrandet und es erscheint, je nach Kameramodell, das Symbol !AF rot im Display und Sucher. Wenn das Motiv die

Nahgrenze des Objektivs unterschreitet, kann der Autofokus keine Schärfe einstellen. Vergrößern Sie in dem Fall den Abstand zum Motiv, bis der Autofokus richtig arbeitet. Auch sehr homogene und strukturlose Flächen können den AF verwirren. Dann setzen Sie den Fokuspunkt manuell und/oder greifen auf den manuellen Fokus zurück (MF).

Mit der richtigen Autofokuseinstellung ist es wie mit der Belichtung und anderen Kameraeinstellungen – viele Wege führen nach Rom. Nicht immer gibt es ein Richtig oder Falsch – oft gibt es ein sowohl als auch. Das Wichtigste ist, dass Sie zu den gewünschten Bildergebnissen kommen. Probieren Sie mehrere Wege aus und entscheiden Sie selbst, mit welcher Vorgehensweise Sie persönlich schnell und effektiv zum Ziel kommen.

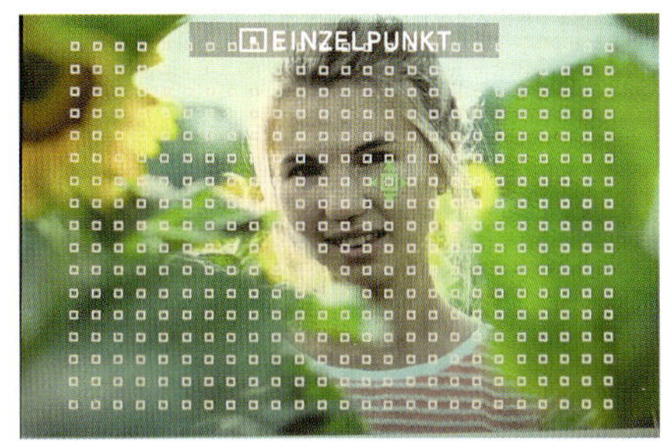

▲ *Positionieren Sie den Einzelpunkt auf feine Details im Motiv, beispielsweise auf ein Auge.*

3.4 Die Fokusposition wählen

Im Kameramenüpunkt AF-Modus legen Sie fest, über welchen Bereich sich das oder die Messfelder bewegen.

Wählen Sie zwischen nur einem Messfeld oder mehreren AF-Messfeldern. Die Messfelder nutzen fast das komplette Bildfeld als Fokussierbereich.

Zusätzlich gibt es an aktuellen Kameramodellen der X-Serie für bewegte Objekte den AF-Modus *WEITERVERFOLGUNG*.

Die Einstellung einer AF-Zone bietet nur begrenzte Kontrolle über die AF-Positionierung. Sie können zwar den Zonenbereich im kompletten Bild selbst festlegen und verschieben. Innerhalb der gewählten Zone entscheidet die Kamera jedoch automatisch, welcher AF-Messpunkt wo positioniert wird. Interessant ist diese Einstellung aber für Flächen mit wenig Strukturen. Hier ist die Chance auf schnelle Fokussierung größer als bei nur einem Messpunkt.

Echte Kontrolle über die Fokussierung bietet Ihnen nur die Einstellung Einzelpunkt. Denn hier entscheiden Sie selbst, auf welchen Punkt im Bild das AF-Messfeld positioniert wird.

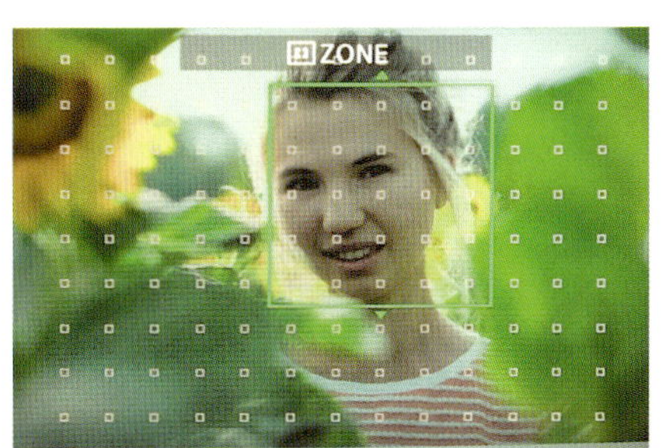

▲ *Innerhalb der gewählten Zone werden verschiedene AF-Messpunkte aktiviert.*

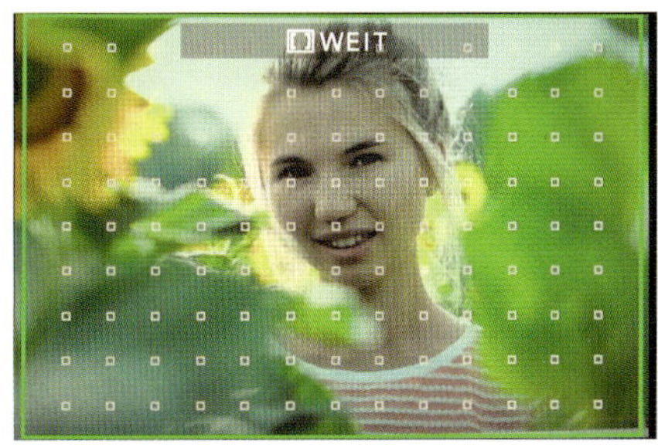

▲ *Innerhalb des gesamten Bildfelds können alle AF-Messfelder aktiviert werden.*

3.5 Allroundtalent Einzel-AF

Wenn Sie nicht in erster Linie Sport- oder Tierfotograf sind, werden die meisten Motive, die Sie ablichten, statisch sein. Dazu gehören beispielsweise Reisefotos, Landschafts-, Architektur, Porträtaufnahmen, Nah- und Makrobereich.

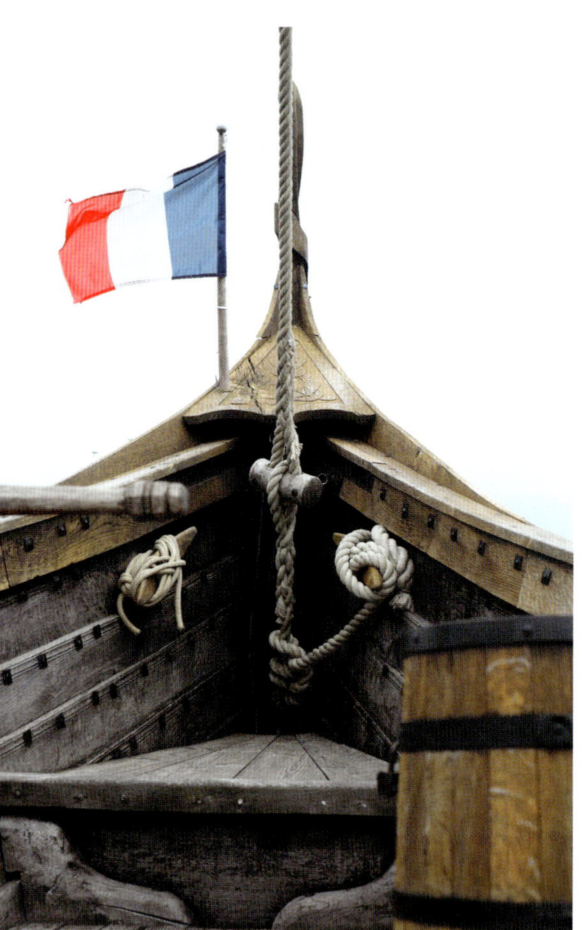

ISO 200 I 1/500 Sek. I F/5,6 I FUJIFILM X-T2 mit FUJINON XF 50-140 mm F/2,8 R LM OIS WR bei 62 mm

▲ *Für statische Motive ist der Fokusmodus AF-S bestens geeignet.*

Passend dazu gibt es den der Fokusmodus *AF-S.* Das ist der Einzel-AF mit Schärfepriorität. Diese Einstellung eignet sich für alle statischen Objekte.

Die eingestellte Entfernung wird gespeichert, solange der Auslöser halb gedrückt gehalten wird.

Autofokus speichern

Wenn sich das AF-Messfeld etwa in der Bildmitte befindet, können Sie auf das gewünschte Motiv fokussieren, beispielsweise auf eine Person. Eine gängige Methode ist das Schwenken mit gespeicherter Fokussierung. Die Schärfe bleibt auf dem Motiv gespeichert solange der Auslöser halb gedrückt ist. Mit gespeicherter Fokussierung lässt sich nun der Bildausschnitt ändern, indem Sie die Kamera schwenken. Die fokussierte Person lässt sich am Bildrand positionieren. Ist der gewünschte Bildausschnitt gewählt muss der Auslöser für das Foto nur noch ganz durchgedrückt werden. Bei Verwendung von offener Blende lichtstarker Objektive oder generell, wenn eine geringe Schärfentiefe genutzt wird, eignet sich die Schwenkmethode nicht so gut. Denn durch das Schwenken kann sich die Entfernung zum Objekt geringfügig verändern, was bereits zu Schärfeverlust führen kann.

Präziser als die AF-Lock-Methode ist das direkte Anfokussieren. Wählen Sie dazu als erstes den gewünschten Bildausschnitt, beispielsweise mit der Person am Bildrand. Setzen Sie dann den AF-Messbereich bzw. -Messpunkt auf die Person. Fokussieren und fotografieren Sie.

AF-S und Einzelpunkt

Viele Fotografierende arbeiten gerne mit einer Kombination aus Fokusmodus AF-S mit dem einzelnen AF-Messfeld – dem Einzelpunkt. Gezielt können Sie auf Details im Bild fokussieren, beispielsweise auf das Auge einer Person. Die AF-Messfeldgröße lässt sich verändern. Verwenden Sie die kleinste Größe, um gezielt auf kleine Details (z. B. die Augen) zu fokussieren. Wenn das AF-Messfeld zu groß gewählt wird, kann es beispielsweise passieren, dass Sie auf ein Auge fokussieren möchten, aber die Nasenspitze vom Messfeld erfasst wird.

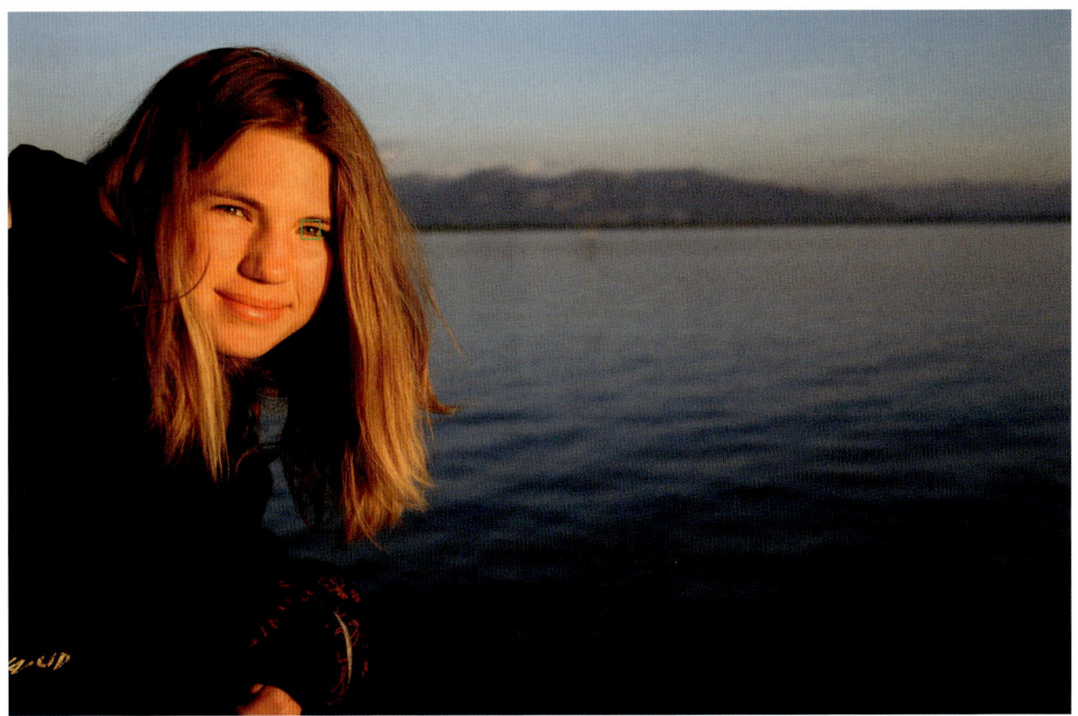

ISO 200 I 1/125 Sek. I F/2 I FUJIFILM X-T2 mit FUJINON XF 23 mm F/2 R WR

▲ *Wählen Sie ein kleines AF-Messfeld und setzen Sie es gezielt auf die gewünschte Schärfeebene – beim Porträt sind es die Augen.*

3.6 Bewegte Motive im Fokus

Für alle bewegten Motive eignet sich der Fokusmodus *AF-C* – der kontinuierliche Autofokus. Beobachten Sie Ihr Motiv durch den Sucher bzw. im Display, während der Auslöser halb durchgedrückt wird. So fokussiert das AF-System permanent nach. Entfernungsänderungen im Motiv werden sofort erfasst und vom AF-System korrigiert. Bei korrekt eingestellter Schärfe erscheint der grüne Punkt im Dis-

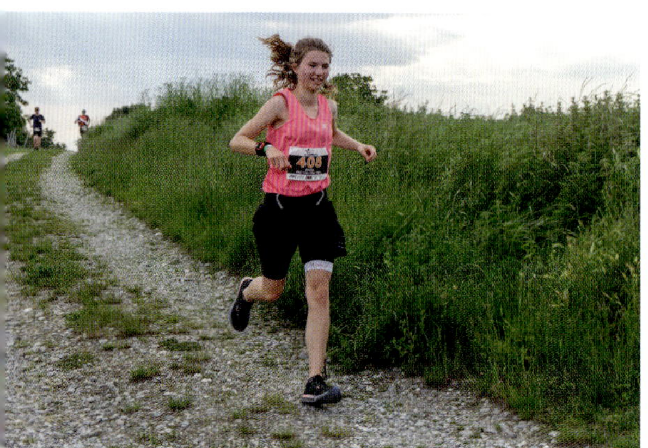

ISO 640 I 1/1.000 Sek. I F/3,6 I FUJIFILM X-S10 mit FUJINON XF 18-55 mm F/2,8-4 R LM OIS bei 32 mm

▲ *Für bewegte Motive ist der Fokusmodus AF-C die beste Wahl.*

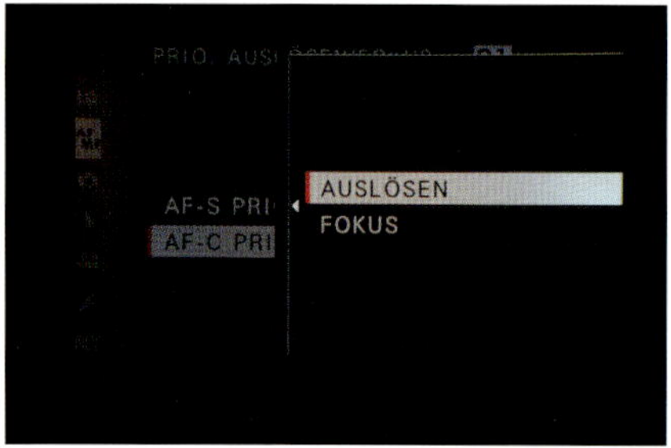

▲ *Empfohlen im AF-C-Modus: Auslösepriorität.*

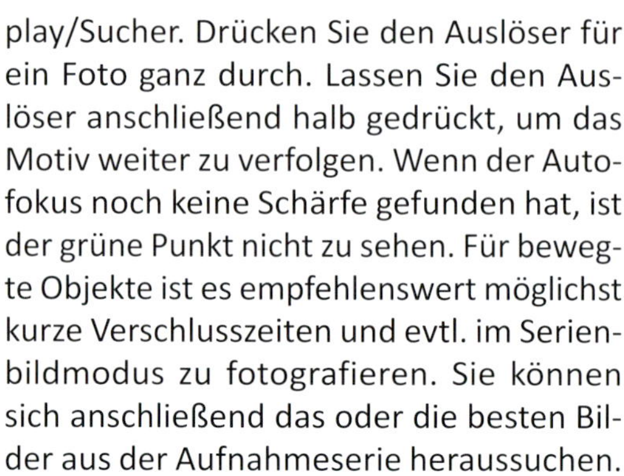

play/Sucher. Drücken Sie den Auslöser für ein Foto ganz durch. Lassen Sie den Auslöser anschließend halb gedrückt, um das Motiv weiter zu verfolgen. Wenn der Autofokus noch keine Schärfe gefunden hat, ist der grüne Punkt nicht zu sehen. Für bewegte Objekte ist es empfehlenswert möglichst kurze Verschlusszeiten und evtl. im Serienbildmodus zu fotografieren. Sie können sich anschließend das oder die besten Bilder aus der Aufnahmeserie heraussuchen.

Schärfe- oder Fokuspriorität?

Wenn Sie im AF-C-Modus den Auslöser für eine Aufnahme ganz durchdrücken, während das AF-System noch mit dem Fokussieren beschäftigt ist, macht die Kamera trotzdem eine Aufnahme. Sicher möchten Sie keine unscharfen Bilder fotografieren. Deshalb empfehle ich die AF-Priorität von Auslösen (Standardeinstellung) auf Fokus umzustellen. Das AF-System wird weiterhin auf Bewegungen und Entfernungsänderungen des Motivs reagieren und nachfokussieren. Wenn Sie den Auslöser ganz durchdrücken, wird aber mit der Einstellung Fokuspriorität erst eine Aufnahme gemacht, wenn die Schärfe korrekt eingestellt ist. Wenn Sie allerdings schnelle Serienaufnahmen erstellen, kann es sinnvoll sein, wieder die Auslösepriorität einzustellen, um ein Blockieren der Serienaufnahme zu verhindern.

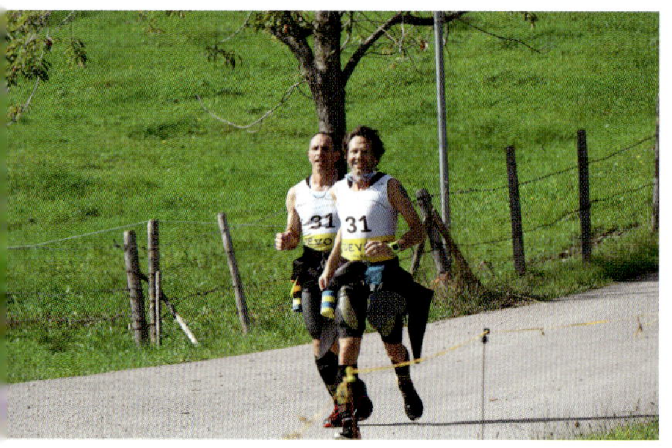

ISO 400 I 1/640 Sek. I F/8 I FUJIFILM X-T2 mit FUJINON XF 100-400 mm F/4,5-5,6 R LM OIS WR bei 262 mm

▲ *AF-Einstellung: AF-C und Zone. 1/1.000 Sek., F/5,6, ISO 800, Brennweite 140 mm*

Verfolgung bewegter Motive

Um konstant bewegte Motive wie beispielsweise einen Läufer, der sich auf die Kamera zubewegt, zu verfolgen, sollte die Messfeldgröße nicht zu klein gewählt werden, da – je nach Entfernung – das bewegte Objekt schnell aus dem Fokusbereich rutschen kann. Neuere FUJIFILM-Kameramodelle besitzen zur automatischen Verfolgung von bewegten Objekten die Einstellung *WEIT/VERFOLGUNG*. Hier handelt es sich um eine echte 3D-Verfolgung, denn es wird nicht nur die Entfernungsänderung von bzw. zur Kamera erfasst, sondern es werden auch Objekte automatisch erfasst, die sich durch das Bildfeld bewegen.

AF-C benutzerdefiniert

Es gibt verschiedene Arten von Bewegungen – konstant wie ein Flugzeug, beschleunigend und bremsend wie ein Rennwagen, emporschnellend wie ein Skifahrer und mehr. Besonders ungünstig ist es, wenn ein Hindernis zwischen bewegtem Motiv und Fotografierende auftaucht. In der Regel soll der Fokus auf dem Motiv bleiben, auch wenn sich das Hindernis kurzzeitig in den Vordergrund schiebt und evtl. sogar das Motiv temporär verdeckt. Für jede Art von Bewegung gibt es bei FUJIFILM X-Kameras ab der 2. Generation (X-T2, X-Pro2 etc.) unter dem Menüpunkt *AF-C Benutzerdefinierte Einstellung* fünf vordefinierte Einstellungen, die zum jeweiligen Motiv passen, sowie eine Einstellung zum selbst Konfigurieren. Hier ein paar Anwendungsbeispiele dazu:

Einstellung 1 Mehrzweck – ist universell für viele Bewegungsmuster geeignet. Beispielsweise ist sie für Läufer oder Tiere, die sich auf Sie zu bewegen, eine gute Wahl. Der AF reagiert nur träge auf Hindernisse – ohne sie zu ignorieren. Für alle Motive, die Sie keiner anderen Einstellung 2 bis 5 zuordnen können.

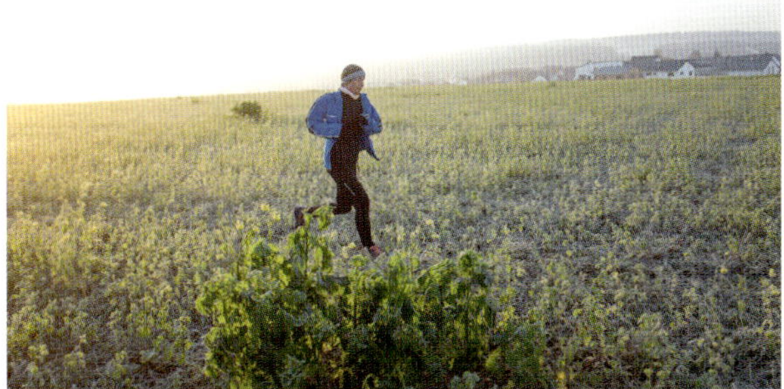

ISO 200 I 1/250 Sek. I F/2 I FUJIFILM X-T2 mit FUJINON XF 23 mm F/2 R WR

▲ *Die benutzerdefinierte Einstellung 1 eignet sich für konstante Geschwindigkeiten, möglichst ohne Hindernisse.*

Einstellung 2 Hindernisse ignorierend – zur Nachverfolgung von Motiven mit gleichmäßiger Geschwindigkeit. Hindernisse wie Bäume oder Sträucher, die im Bild auftauchen, werden weitestgehend ignoriert.

Einstellung 3 für beschleunigendes/sich verlangsamendes Motiv –typische Motive sind beim Motorsport zu finden

Einstellung 4 für plötzlich erscheinende Motive – beispielsweise beim Skispringen, Motocross oder für Greifvögel.

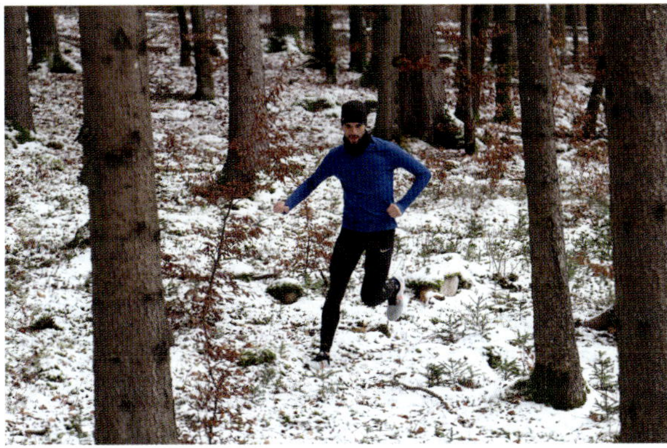

ISO 1.000 I 1/400 Sek. I F/2,8 I FUJIFILM X-T3 mit FUJINON XF 50-140 mm F/2,8 R LM OIS WR bei 91 mm

▲ *Benutzerdefinierte Einstellung 2 eignet sich für gleichmäßig bewegte Motive bei denen Hindernisse auftauchen können.*

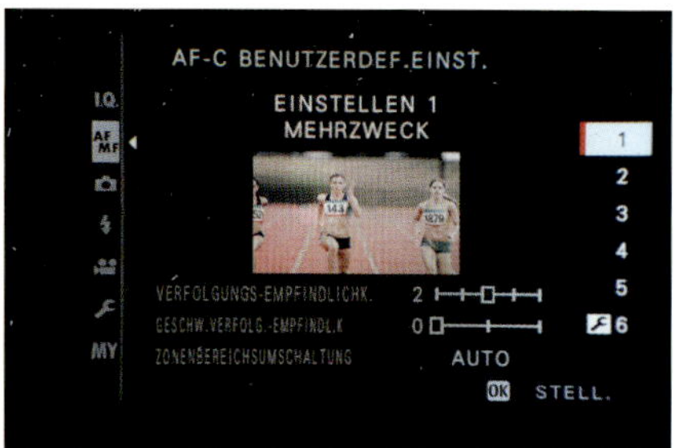

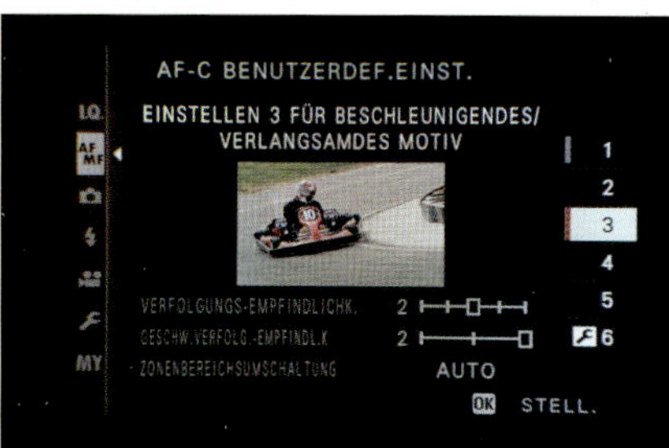

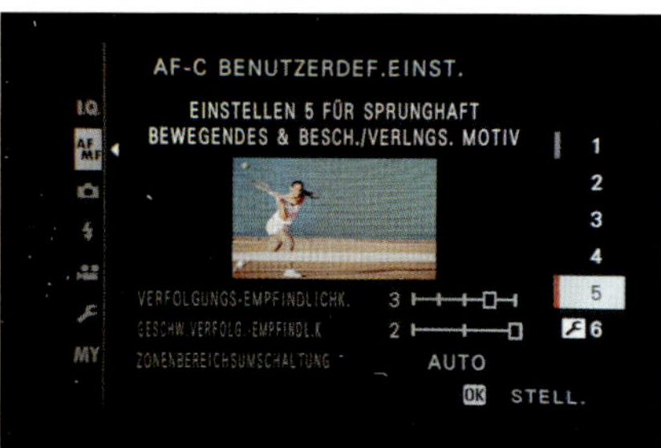

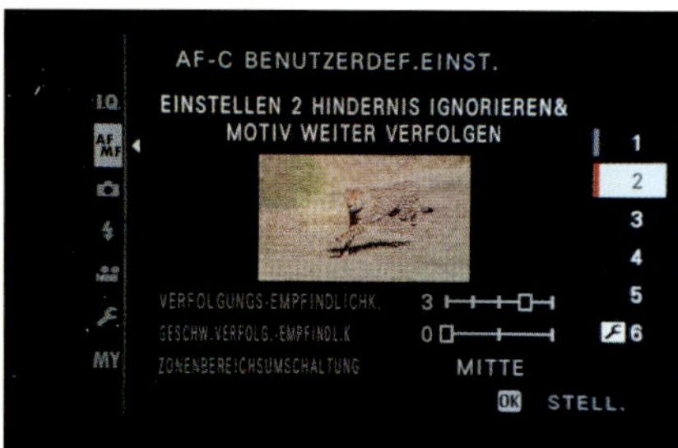

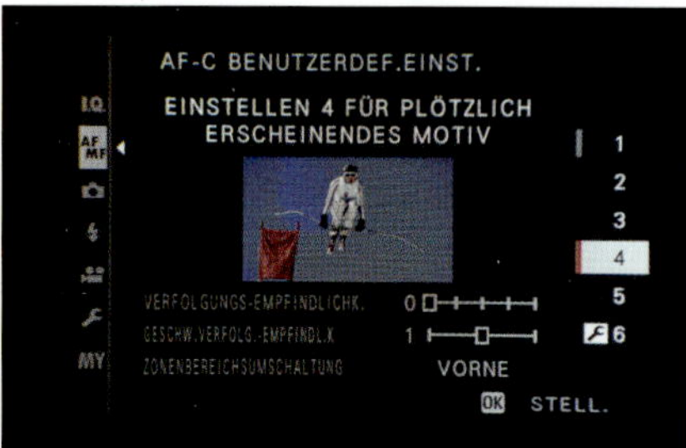

▲ *Die AF-Einstellmöglichkeiten für bewegte Motive*

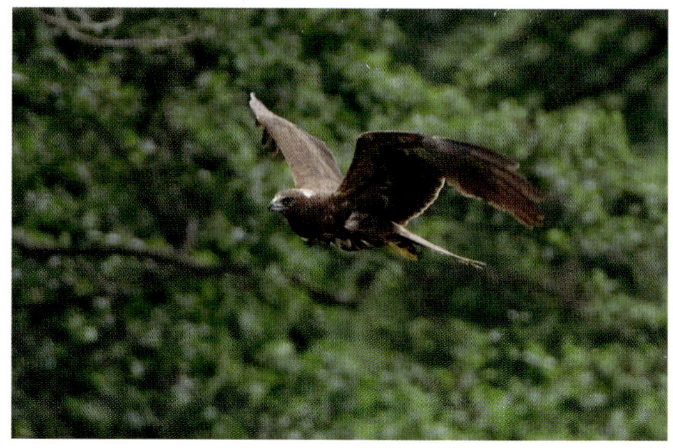

ISO 1.250 I 1/1.500 Sek. I F/5,6 I FUJIFILM X-Pro2 mit FUJINON XF 100-400 mm F/4,5-5,6 R LM OIS WR bei 290 mm

▲ *Benutzerdefinierte Einstellung 4 reagiert auf plötzlich erscheinende Motive.*

Die *Einstellung 5* für sich sprunghaft bewegende, beschleunigende und abrupt verlangsamende Motive – wie beispielsweise Tennisspieler, ein Akrobat oder Billardkugel.

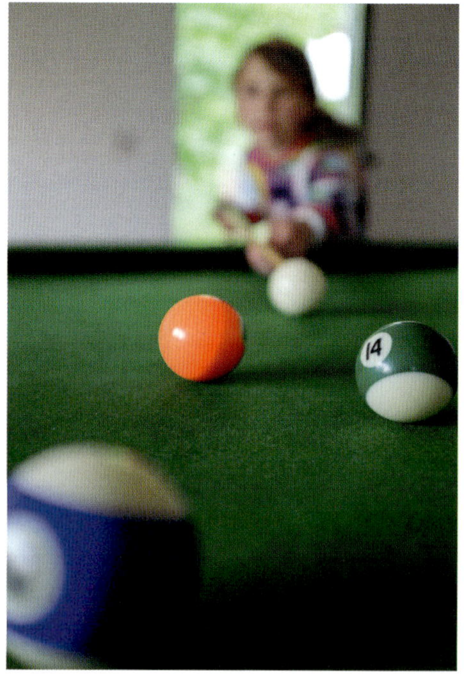

ISO 5.000 I 1/250 Sek. I F/2 I FUJIFILM X-T2 mit FUJINON XF 23 mm F/2 R WR

▲ *Benutzerdefinierte Einstellung 5 reagiert auf abrupte Bewegungsänderungen.*

Mitzieheffekt

Einen besonderen Effekt lässt sich mit Mitziehern erzielen. Der Mitzieheffekt eignet sich für bewegte Objekte wie Autos, aber auch Tiere oder Läufer. Dabei versuchen Sie, die Kamera möglichst konstant im gleichen Tempo wie das bewegte Objekt mitzuziehen. Wenn das Objekt im gewünschten Winkel vor Ihnen ist, lösen Sie aus. Durch den Mitzieheffekt erscheint der Hintergrund verwischt, was sehr nach dynamischer Bewegung aussieht. Die Belichtungszeit stellen Sie etwas länger ein als bei bewegten Motiven üblich. Faustformel: Vom Tempo in km/h des bewegten Objekts wird der Kehrwert als Belichtungszeit genommen. Beispiel: Ein Auto fährt mit 60 km/h. Dann stellen Sie den Kehrwert von 60 ein, also 1/60 Sek. Belichtungszeit.

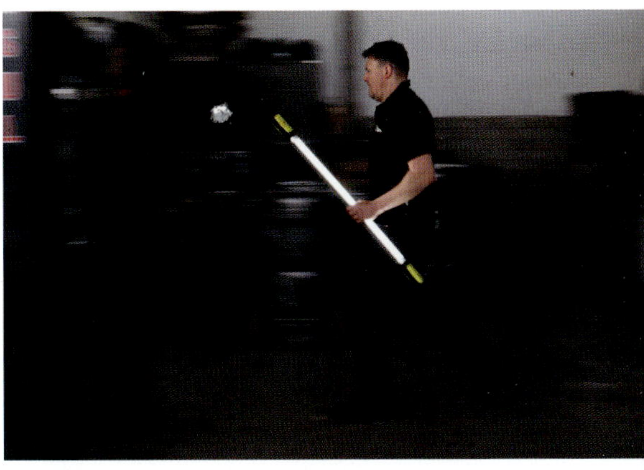

ISO 160 I 1/15 Sek. I F/13 I FUJIFILM X-S10 mit Zeiss Touit 32 mm F/1,8

▲ *Der Mitzieheffekt sieht auch bei niedrigen Geschwindigkeiten nach dynamischer Bewegung aus. AF-C, Weit/Verfolgung.*

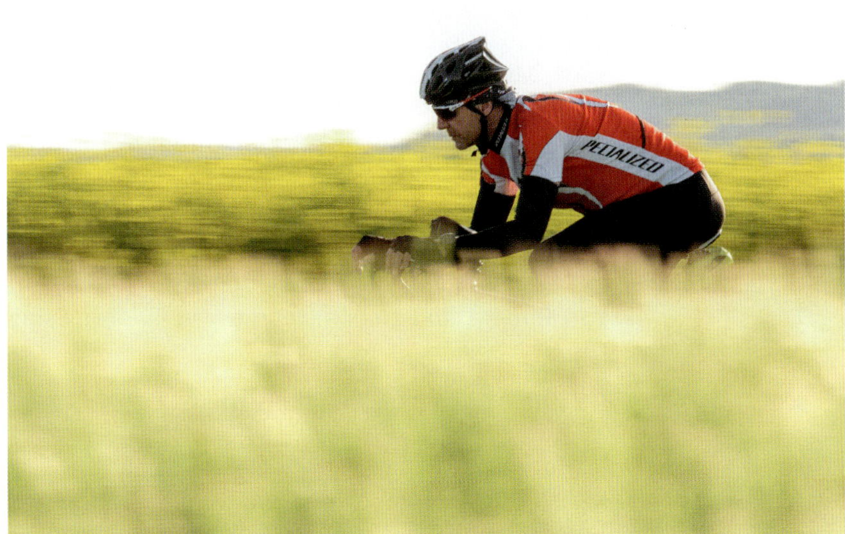

ISO 160 I 1/30 Sek. I F/14 I FUJIFILM X-T3 mit FUJINON XF 200 mm F/2 R LM OIS WR

◄ *Mit schweren Teleobjektiven ist es nicht so einfach zu handhaben. Hier empfehle ich zur Entlastung und zum ruhigeren Halten ein Einbeinstativ.*

3.7 Gesichter scharf stellen

Bei einem Porträt ist es wichtig, dass die Augen scharf sind. Ob Nase oder Ohren scharf oder unscharf abgebildet werden, kann als künstlerische Freiheit gewertet werden. Genau auf die Augen zu fokussieren ist nicht immer leicht. Mit dem kleinen

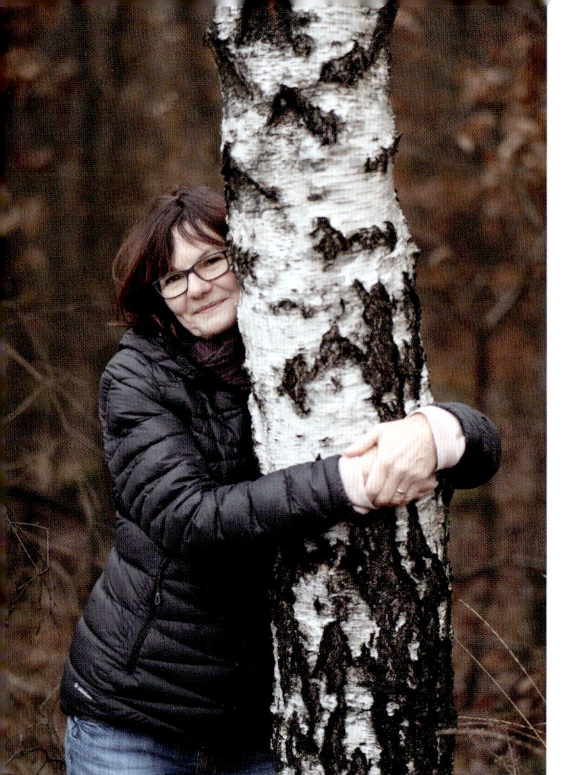

ISO 160 I 1/125 Sek. I F/2,8 I FUJIFILM X-Pro3 mit FUJINON XF 56 mm I F/1,2 R

◀ *Für unbewegte Porträts ist der Fokusmodus AF-S in Kombination mit dem Einzelpunkt die richtige Wahl.*

Einzelpunkt gelingt das am besten. Denn wenn das Messfeld zu groß gewählt wird, kann es die Nase oder Augenbraue erfassen. Bei geringen Abständen und mit lichtstarken Objektiven reicht das schon aus, um die Augen nicht richtig scharf abzubilden.

AF-S oder AF-C – welcher Fokusmodus eignet sich besser, um Gesichter und Porträts scharfzustellen? Bei möglichst unbewegten Personen ist *AF-S* die bessere Wahl. Sobald sich die Person bewegt, kann es aber dazu kommen, dass sich zwischen Fokussierung und Aufnahme die Entfernung verändert hat und die Schärfe nicht mehr genau passt. Besonders bei der Verwendung von lichtstarken Objektiven ist die Schärfentiefe nur sehr gering. Bereits eine kleine Bewegung der Fotografierenden kann dafür sorgen, dass die fokussierte Ebene nicht mehr scharf wird. Meist ist deshalb der AF-C die bessere Wahl, weil jede Entfernungsänderung sofort nachfokussiert wird. Mit ein wenig Übung erhalten Sie aber auch mit der Einstellung AF-S sehr gute Ergebnisse. Ich persönlich verwende ausschließlich AF-S für Porträts. Wichtig ist es, möglichst schnell nach dem Fokussiervorgang auszulösen, damit sich die Distanz von Kamera zur Person nicht mehr verändern kann.

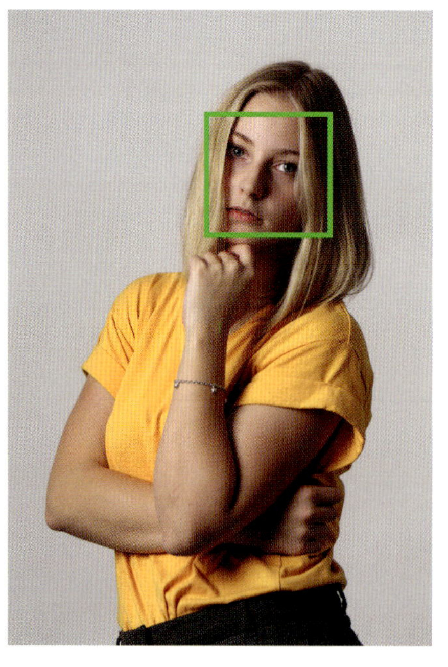

ISO 200 I 1/125 Sek. I F/8 I FUJIFILM X-T2 mit FUJINON XF 18-55 mm F/2,8-4 R LM OIS bei 55 mm

▲ *Die automatische Gesichtserkennung detektiert Gesichter im Bild und setzt darauf den Fokus.*

Automatische Gesichts- und Augenerkennung

FUJIFILM X-Kameras ab der zweiten Generation sind mit einer automatischen Gesichts- und Augenerkennung ausgestattet. Diese erkennt automatisch Gesichter bzw. Augen im Motiv. Das AF-Messfeld ist bei dieser Funktion mit der Belichtungsmessung gekoppelt. Der automatische Weißabgleich wird die Hauttöne optimieren. Die Auswahl der Belichtungsmessmethoden steht bei der Gesichts-/Augenerkennung nicht zur Verfügung. Im *AF/MF*-Menüpunkt *GES./AUGEN-ERKENN.-EINST. → GESICHTSERKENNUNG EIN* stehen vier Einstelloptionen zur Auswahl:

AUGE AUS – ein oder mehrere Gesichter werden vom AF-Messfeld erfasst und scharf gestellt. Das erkannte Hauptgesicht befindet sich am weitesten in der Bildmitte und wird von einem grünen Fokussierfeld umrahmt. Weitere erkannte Gesichter werden mit grauen Fokusrahmen markiert. Wählen Sie diese Einstellung bei Ganzkörperaufnahmen, Gruppenfotos oder Gesichtern, die nicht viel Platz im Bildfeld einnehmen. Es wird verhindert, dass die Schärfe auf dem Hintergrund oder auf anderen Gegenständen gemessen wird.

Auge Auto – die verfeinerte Version der Gesichtserkennung. Augen werden vom AF-Messfeld erfasst und scharf gestellt. Dabei entscheidet die Kamera, auf welches Auge scharf gestellt wird. Sie entscheidet sich dabei für das am weitesten vorne liegende Auge. Um das ausgewählte Auge erscheint ein grüner Fokusrahmen. Verwenden Sie diese Einstellung für Porträts. Das Gesicht sollte nicht zu klein im Bild sein.

Priorität Auge rechts – die Kamera wählt bei mehreren erkannten Augen immer das rechte.

Priorität Auge links – die Kamera wählt bei mehreren erkannten Augen immer das linke.

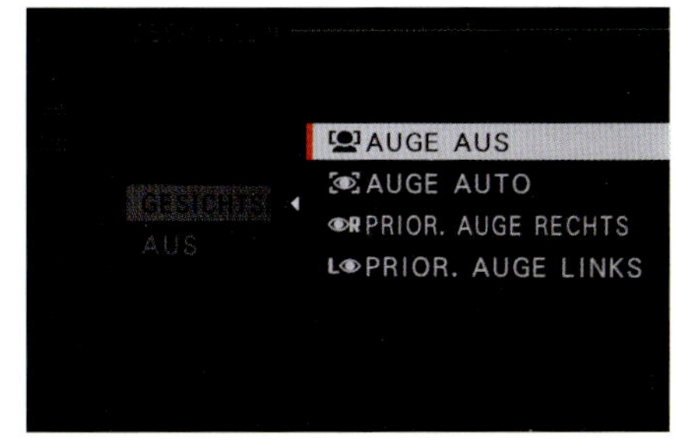

▲ *Bei aktivierter Gesichtserkennung, aber ausgeschalteter Augenerkennung, wird verhindert, dass das AF-Messfeld auf dem Hintergrund landet.*

▼ *Die automatische Augenerkennung fokussiert in der Einstellung AUTO immer auf das vordere Auge, falls die Augen unterschiedliche Abstände zur Kamera haben.*

ISO 160 I 1/900 Sek. I F/1,8 I FUJIFILM X-T3 mit Zeiss Touit 32 mm F/1,8

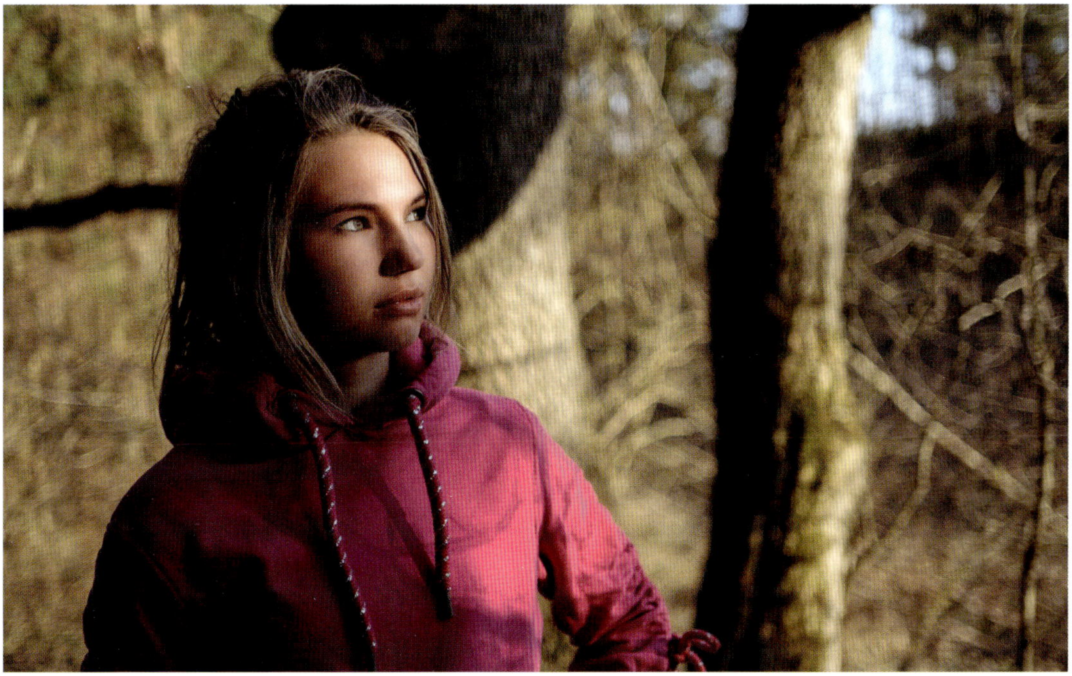

Im Laufe der mittlerweile vier FUJIFILM-Kameragenerationen wurde die Augen-/Gesichtserkennung ständig weiterentwickelt. Bei den aktuellen FUJIFILM-Modellen funktioniert sie sehr schnell und präzise und ist eine sehr große Erleichterung für Fotografierende, die ohne Zeitverzögerung Motive mit Menschen, wie beispielsweise Porträts, Events und Reportagen, fotografieren.

3.8 Manuell fokussieren

In manchen Situationen kann es vorteilhaft sein, manuell zu fokussieren – entweder bei glatten und einfarbigen Flächen, weil der Autofokus dort an die Grenzen kommt, oder wenn die Lichtverhältnisse so schlecht sind, dass die Motivkontraste nicht für den Autofokus ausreichen. Oder weil Sie Zeit haben und manuell die hyperfokale Distanz einstellen möchten, beispielsweise bei Landschaftsaufnahmen. Auch im Nah- und Makrobereich ist es aufgrund einer sehr geringen Schärfentiefe oft vorteilhaft, manuell auf gewünschte Bereiche scharfzustellen.

ISO 200 I 1/250 Sek. I F/11 I FUJIFILM X-T2 mit FUJINON XF 18-55 mm F/2,8-4 R LM OIS bei 24 mm

▲ *Bei solch einem Motiv könnte der Autofokus Schwierigkeiten haben, da das Hauptmotiv im Nebel kaum Kontrast aufweist. Da ist ggf. die Verwendung der manuellen Fokussierung die bessere Wahl.*

AF + MF

Manchmal gibt es Motive, bei denen es sehr schwer ist, den AF-Messpunkt auf ein versteckt liegendes Detail zu legen. Für den Fall lässt sich der Autofokus mit der manuellen Fokussierung kombinieren.

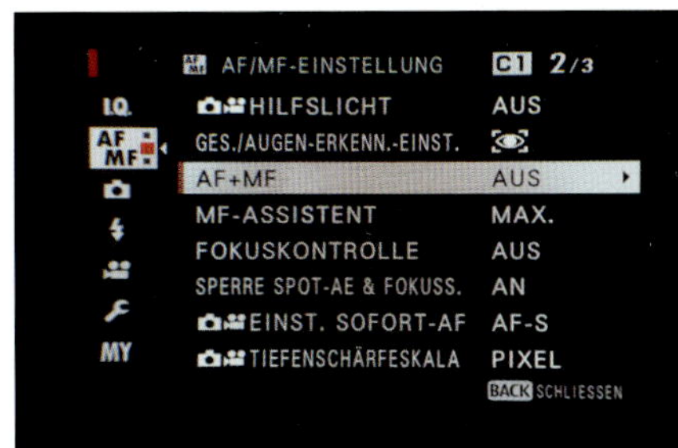

▲ *Schalten Sie den Menüpunkt AF+MF auf AN, um manuell in den Autofokus korrigierend eingreifen zu können.*

Dazu muss der Menüpunkt *AF+MF* im Menü *AF/MF-Einstellung* auf *AN* gestellt werden. Diese Funktion steht bei FUJIFILM-Kameras seit der zweiten Generation zur Verfügung.

Wenn der Autofokus nicht das gewünschte Ergebnis liefert, können Sie nun durch Drehen am Fokussierring die Fokuseinstellung manuell korrigieren und auslösen, sobald die Schärfe auf dem gewünschten Bereich liegt. Die Kamera stellt dann auf manuelle Fokussierung um und der MF-Assistent wird aktiviert.

Für die Funktion *AF*+*MF* muss der Fokusmodus *AF-S* eingestellt sein.

Es ist eine große Hilfe, beim manuellen Fokussieren einen MF-Assistenten zu nutzen.

Manueller Fokus

Schalten Sie den Fokusmodus auf *MF*, um generell manuell zu fokussieren. Drehen Sie am Entfernungsring des Objektivs, bis die gewünschte Schärfe erreicht ist.

Im Sucher/Display wird nun die Entfernungsskala eingeblendet. Der weiße Punkt zeigt Ihnen auf der Skala, in welchem Entfernungsbereich Sie sich mit der Einstellung gerade befinden. Der blaue Balken visualisiert die Schärfentiefe, also in welchem Entfernungsbereich scharf abgebildet wird. Die Schärfentiefe ändert sich durch die Änderung von Brennweite, Entfernung und Blende.

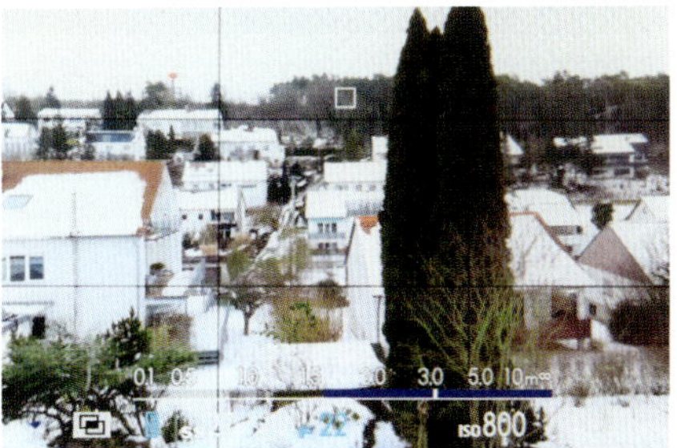

▲ *Der blaue Balken zeigt den Schärfentiefebereich bei manueller Entfernungseinstellung an.*

Beurteilen Sie die Schärfe und lösen Sie aus, wenn die gewünschte Schärfe eingestellt ist.

Um die Schärfe besser beurteilen zu können und als Einstellhilfe, ist es empfehlenswert, die Sucherlupe und den MF-Assistenten zu nutzen.

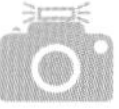

Programmierbarer MF-Einstellring

Auch wenn Objektive für das FUJIFILM-System einen Blendenring und einen Ring für die manuelle Fokussierung besitzen, arbeiten sie rein elektronisch, obwohl sie sich mechanisch anfühlen. Durch die Bewegung der Ringe werden Impulse ausgelöst und elektronisch umgesetzt – als Steuerung der Blendenöffnung oder um den Motor für die Entfernungseinstellung zu bewegen.

Das bringt Vorteile mit sich. Der Ring für die manuelle Entfernungseinstellung lässt sich bei neueren FUJIFILM-Kameramodellen programmieren:

Drehrichtung: Sie können die Drehrichtung des Schärfenrings bestimmen, im Uhrzeigersinn oder gegen diesen. Welche Variante Sie wählen, ist Geschmackssache oder vielleicht auch Gewohnheit, denn in der Drehrichtung gab es keine Norm. Serienmäßig ist bei FUJIFILM-Kameras im Uhrzeigersinn eingestellt.

Drehgeschwindigkeit: Eine interessante Funktion ist, dass die Reaktion auf die Drehung des Schärfenrings gewählt werden kann. Bei der linearen Option wird die Fokussierung genauso eingestellt wie die Einstellgeschwindigkeit des Ringes. Der Einstellweg ist immer gleich. Bei der nicht linearen Option dagegen können Sie beispielsweise den Einstellweg beschleunigen, indem Sie schnell am Fokussierring drehen. Sie brauchen dann nicht noch einmal nachzufassen und sind schneller. Mit einer halben schnellen Drehung am Ring fokussieren Sie beispielsweise vom Nahbereich bis auf Unendlich.

Drehen Sie dagegen sehr langsam am Fokussierring, so verfeinert sich der Einstellbereich, was besonders im Makrobereich sehr interessant ist. Denn vor allem hier, wo die Schärfentiefe sehr gering ist, muss sehr fein und genau eingestellt werden. Dafür eignet sich die nicht lineare Fokussierung sehr gut. Nach meiner persönlichen Meinung eignet sich diese Einstellung generell besser als die lineare. Sie ist auch serienmäßig eingestellt.

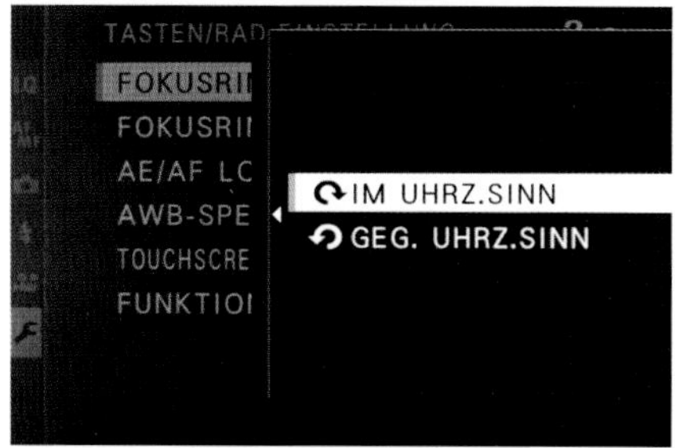

▲ *Einstellung über Kameramenü EINRICHTUNG/TASTEN-RAD EINSTELLUNG/FOKUSRING*

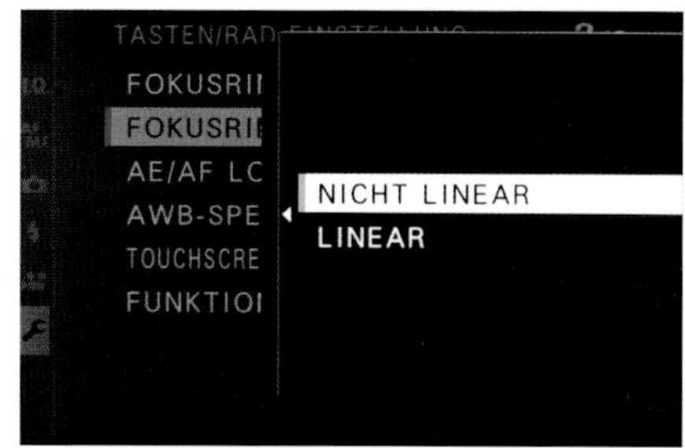

▲ *Einstellung über Kameramenü EINRICHTUNG/TASTEN-RAD EINSTELLUNG/FOKUSRINGBETRIEB*

MF-Assistent

Verwenden Sie die Sucherlupe. Das erleichtert die präzise manuelle Fokussierung.

Zusätzlich sollten Sie die Funktion *MF-ASSISTENT* nutzen. Aus meiner Erfahrung empfehle ich Ihnen die Einstellung *FOUS PEAKING → ROT (HOCH)* zu verwenden. Alle Bereiche, die scharf gestellt sind, erscheinen dann im Bild rot schraffiert.

Falls viel Rot im Motiv ist, können Sie die Focus-Peaking-Farbe auch auf Weiß, Gelb oder Blau umstellen. Am effektivsten ist Focus Peaking bei einer schwarz-weißen Filmsimulation wie Acros. Falls Sie im RAW-Format fotografieren, könnten Sie die SW-Filmsimulation als Einstellhilfe nutzen.

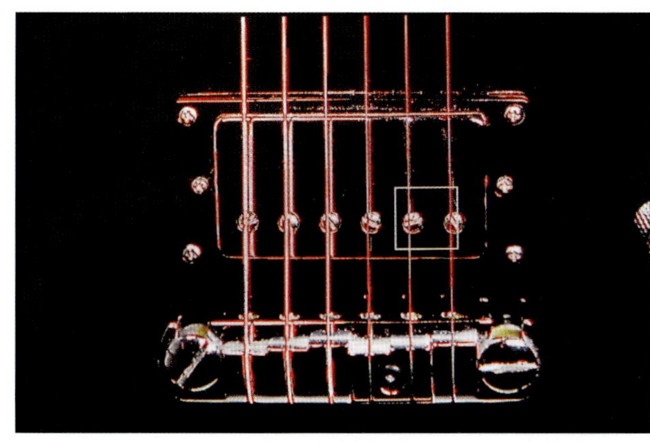

▲ *Fokus Peaking rot (hoch) – Konturen, die in der Schärfeebene liegen, erscheinen rot markiert.*

Für die manuelle Fokussierung feiner Details verhilft die Kombination aus Sucherlupe/Bildausschnitt und Focus Peaking zu schneller und präziser Einstellung der Schärfe.

Alternativ bietet der MF-Assistent noch ein digitales Schnittbild. Linien erscheinen unterbrochen und versetzt, wenn das Bild unscharf ist.

Das Digitalmicroprisma funktioniert ähnlich, jedoch werden gerade Linien in kleineren Teilen versetzt dargestellt, wenn das Bild nicht scharf ist.

3.9 Handhabung des Bildstabilisators

Im Kapitel 2.4 wurde die Wirkungsweise des OIS-Bildstabilisators erläutert. Was gibt es bei der Handhabung zu beachten?

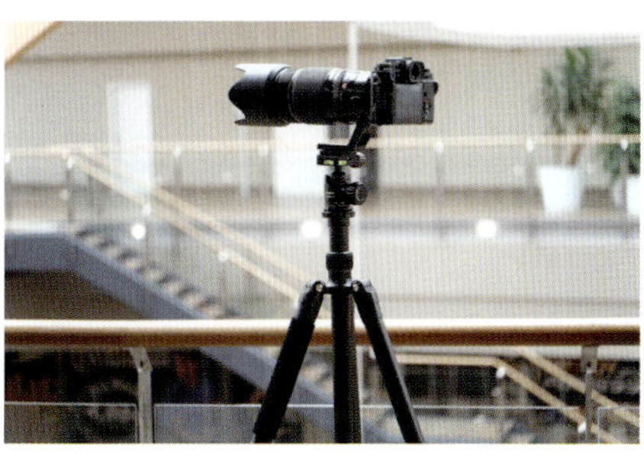

▲ *Schalten Sie den OIS aus, wenn Sie Ihre Kamera auf einem Stativ verwenden.*

Bei der Verwendung von stabilen Stativen sollte der Bildstabilisator ausgeschaltet werden. Dadurch wird die Laufzeit des Kameraakkus verlängert. Außerdem ist bei der Verwendung eines Stativs keine zusätzliche Stabilisierung mehr notwendig, es ist wirkungsvoller als jeder Bildstabilisator. In Ausnahmefällen kann der Bildstabilisator des Objektivs zu Unschärfe führen, wenn er trotz der Verwendung eines Stativs aktiviert wird.

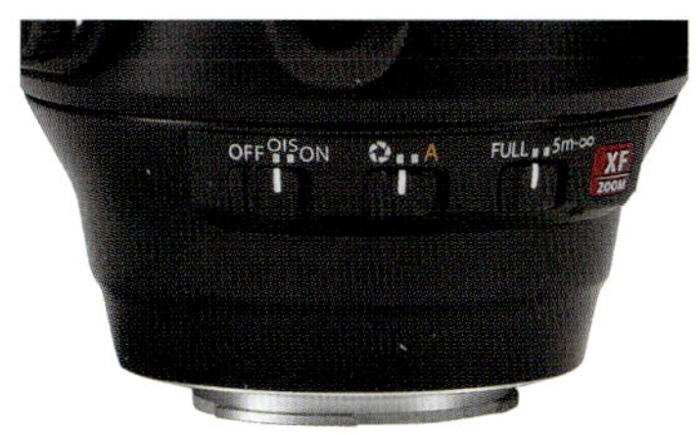

Bei der Verwendung von sehr kurzen Belichtungszeiten ist ebenfalls kein Bildstabilisator notwendig. In Ausnahmefällen kann der OIS sogar eine leichte Unschärfe im Bild verursachen, da er etwas Zeit benötigt.

Deshalb empfehle ich, den Bildstabilisator nicht dauerhaft, sondern nur bei Bedarf einzuschalten. Es sei denn, Sie arbeiten nie oder selten mit einem Stativ.

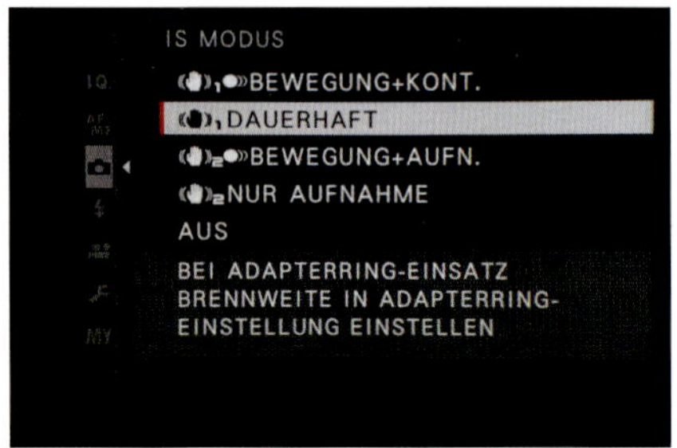

▲ *Die Einstellmöglichkeiten des Bildstabilisators.*

Zum Ausschalten des Bildstabilisators befindet sich an jedem Objektiv der XF-Serie, das mit einem OIS ausgestattet ist, ein entsprechender Schalter. Schieben Sie ihn auf OFF, so ist der Bildstabilisator ausgeschaltet. Eine Ausnahme ist das FUJINON XF 16-80 mm F/4 OIS WR. Dieses erkennt automatisch die Motivsituation und schaltet den OIS je nach Bedarf automatisch ein und aus.

Bei Objektiven der XC-Serie muss der OIS im Kameramenü aktiviert oder deaktiviert werden *AUFNAHME-EINSTELLUNG → IS MODUS*.

Es gibt für den OIS zwei Einstellmöglichkeiten:

DAUERHAFT – der Bildstabilisator ist dauerhaft aktiv, auch wenn Sie nur durch den Sucher schauen und keine Aufnahme machen. Nachteil: höherer Stromverbrauch – der Akku ist schneller leer.

NUR AUFNAHME – der Bildstabilisator wird erst aktiviert, wenn der Auslöser halb durchgedrückt wird.

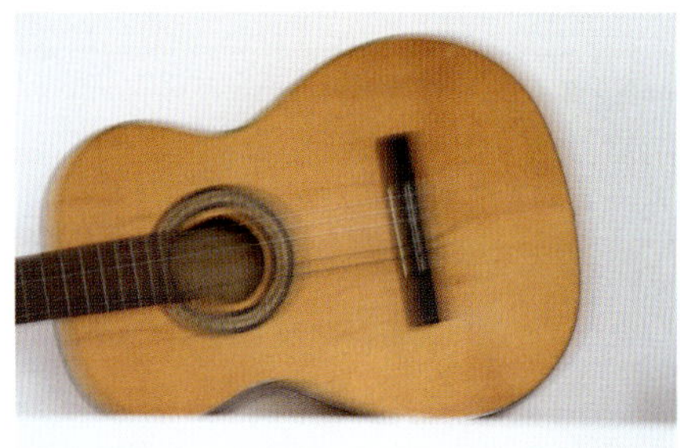

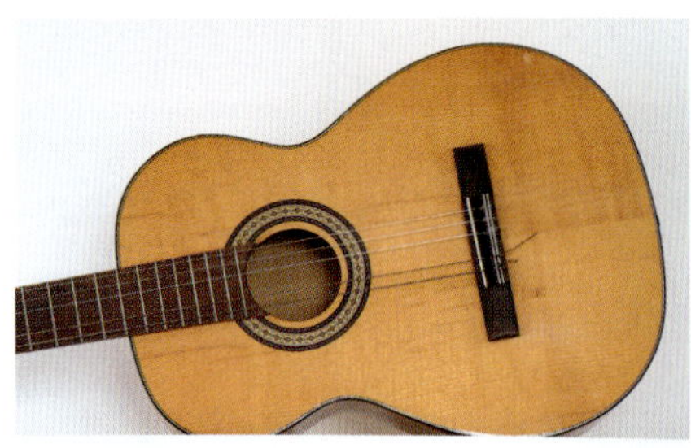

▲ *Foto mit Bildstabilisator AUS (oben) und mit eingeschaltetem Stabilisator (unten) bei gleicher Belichtungszeit.).*

Einige Kameramodelle bieten noch zwei zusätzliche Einstellmöglichkeiten. Diese funktionieren aber nur, wenn die ISO-Automatik in Verbindung mit der Zeit-Zeitautomatik oder der Programmautomatik (Blende und Belichtungszeit automatisch):

BEWEGUNG+KONT. – der Bildstabilisator ist dauerhaft aktiv. Zusätzlich wählt die Kamera automatisch kürzere Belichtungszeiten, wenn Bewegungen im Motiv erkannt werden, um Bewegungsunschärfe zu vermeiden.

BEWEGUNG+AUFN. – der Bildstabilisator wird erst aktiviert, wenn der Auslöser gedrückt wird. Im AF-Modus AF-C wird der Bildstabilisator bereits aktiv, wenn Sie den Auslöser zum Fokussieren halb herunterdrücken. Zusätzlich wählt die Kamera automatisch kürzere Belichtungszeiten, wenn Bewegungen im Motiv erkannt werden, um Bewegungsunschärfe zu vermeiden.

3.10 Handhabung der Blende

Drehen Sie – ja nach Kameramodell – das Belichtungszeitenwahlrad bzw. das Moduswahlrad Ihrer FUJIFILM-Kamera auf die Stellung A, so ist das Belichtungsprogramm Zeitautomatik eingestellt. Sie wählen dabei manuell den gewünschten Blendenwert aus.

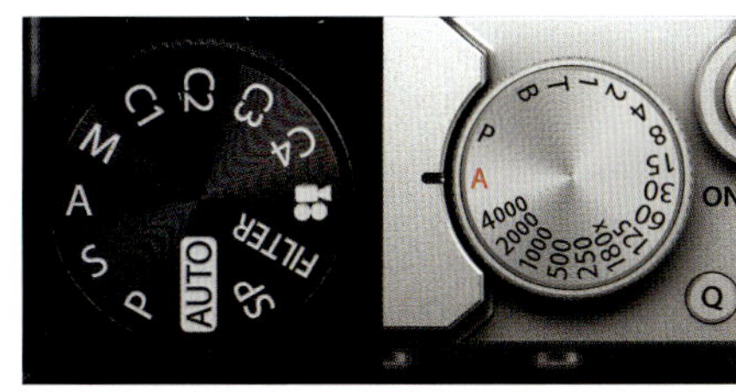

▲ *Mit der Stellung auf A am Programmwahl- bzw. Belichtungszeitenrad wird die Zeitautomatik eingestellt. Je nach manuell eingestellter Blende wird – je nach Lichtverhältnissen – automatisch die passende Belichtungszeit eingestellt.*

Die passende Belichtungszeit wird automatisch geregelt – natürlich abhängig von der Umgebungshelligkeit und unter Berücksichtigung des eingestellten ISO-Werts, den Sie aber auf Wunsch auch der Automatik überlassen können.

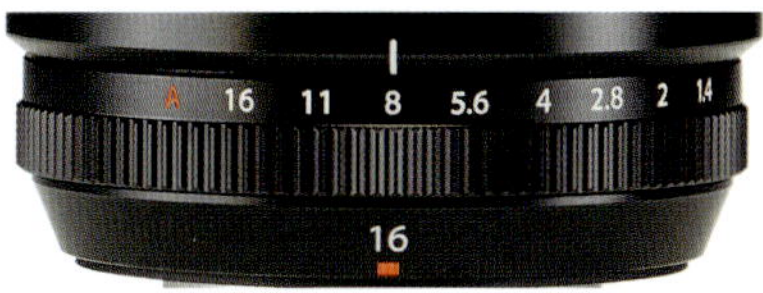

▲ *Bei XF-Objektiven wird die Blende manuell am Blendenring gewählt. Wird der Blendenring auf A gestellt, so wird die Blende automatisch vorgegeben.*

Für die manuelle Einstellung der Blende gibt es zwei Möglichkeiten: Verwenden Sie ein FUJINON XF-Objektiv oder ein Objektiv anderer Hersteller mit Blendeneinstellring am Objektiv? Dann stellen Sie am Blendenring die gewünschte Blende ein. Einige XF-Objektive besitzen einen separaten Schalter, mit dem Sie die Blendensteuerung auf A oder manuell umschalten können.

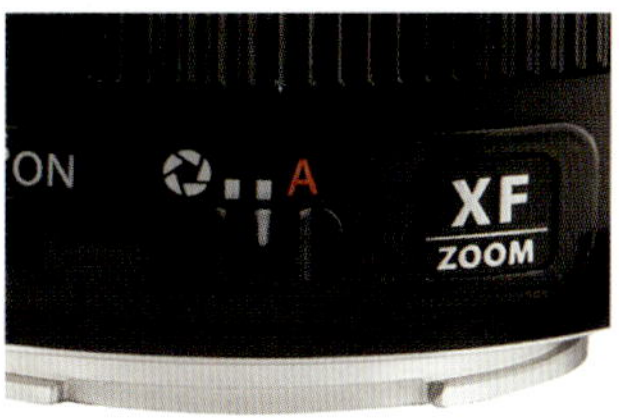

▲ *Bei einigen Objektivtypen gibt es einen Schalter, um zwischen manueller Blendenwahl und Blendenautomatik zu wechseln.*

Bei Objektiven der XC-Serie und Objektiven anderer Hersteller ohne Blendenring wählen Sie die Blendeneinstellung mittels entsprechendem Einstellrad am Kameragehäuse. Falls Sie eine automatische Blendensteuerung wünschen, drehen Sie den Blendenring an XF-Objektiven auf die Stellung A bzw. bei Objektiven mit Schalter für den Blendenmodus den Schalter auf A. Die Blendensteuerung wird nun automatisch übernommen. Allerdings haben Sie dabei keinen Einfluss mehr auf die Steuerung der Schärfentiefe.

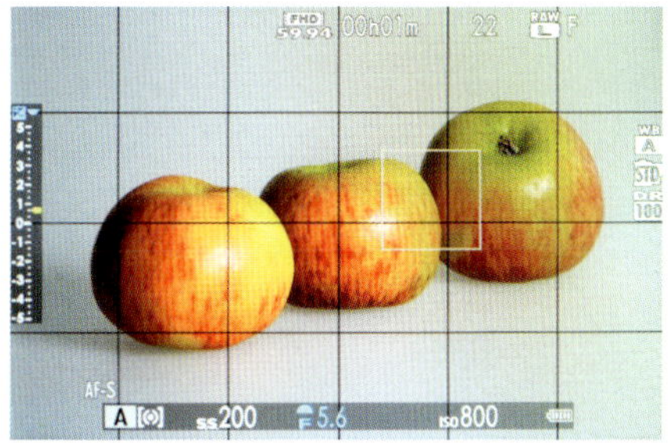

▲ *Blaue Blendenanzeige im Sucher/Display heißt: Die Blende ist manuell eingestellt.*

Objektive ohne Blendenring werden am Kameragehäuse auf Automatikblende eingestellt, je nach Kameramodell entweder durch den Schalter *AUTO* an der Gehäuseoberseite oder durch Drehen des entsprechenden Wahlrads für die Blendeneinstellung bis zur Blendenautomatik. Die Anzeige der eingestellten Blende erscheint bei manueller Wahl in Blau, bei automatischer Blendeneinstellung in Weiß. Bei Verwendung einer Kameraautomatik können Sie mit der Belichtungskorrektur über das entsprechende Einstellrad die Belichtung manuell korrigieren, bis sie Ihren Wünschen entspricht.

3.11 Objektivpflege

Objektive sind sehr empfindliche optisch-mechanische Präzisionsgeräte. Um sie möglichst lange nutzen zu können, sollten Sie Ihnen etwas Pflege gönnen:

- Nutzen Sie die Schutzdeckel, wenn Sie das Objektiv nicht verwenden. Wenn Sie das Objektiv von der Kamera trennen, so verwenden Sie den Rückdeckel, um Staub am und im Objektiv zu vermeiden. Dieser lässt sich dennoch auf Dauer nicht ganz verhindern, denn Objektive sind nicht luftdicht abgeschlossen. Allerdings hat der Staub im Objektiv normalerweise keine Auswirkungen auf das Bildergebnis.

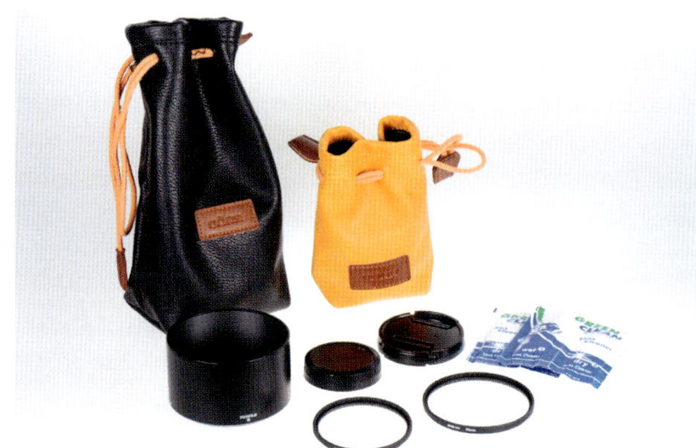

▶ *Mit ein wenig Pflege und dem richtigen Zubehör haben Sie lange Freude an Ihren Objektiven.*

- Lagern Sie Ihre Objektive unbedingt trocken. Objektive, die längere Zeit bei höherer Luftfeuchtigkeit oder gar mit übersehenem Spritzwasser gelagert werden, können Glaspilze entwickeln. Die Linsen werden dann trübe und das Objektiv wird unbrauchbar.
- Ein UV-Schutzfilter ist farbneutral, kann immer auf dem Objektiv bleiben und schützt die Frontlinse des Objektivs vor Schmutz, Feuchtigkeit, Kratzern und anderen mechanischen Beanspruchungen. Es gibt auch Klarfilter die ausschließlich dem Schutz dienen. Dabei sollte auf höchste Qualität des Filters geachtet werden, ansonsten verringert sich die optische Qualität des Objektivs. Sollte der Filter einmal zerkratzt oder beschädigt sein, so ist es deutlich einfacher

und billiger, einen neuen Filter zu kaufen als eine Reparatur des Objektivs durchzuführen.

- Staub, Fingerabdrücke, Wasserflecken und sonstige Verunreinigungen auf den Linsenoberflächen entfernen Sie am besten mit speziellen Optiktüchern. Effektiv und sanft reinigen Sie die Objektivlinsen mit einer Kombination aus Feucht- und Trockentuch.
- (Heftige) Erschütterungen sind Gift für Ihre Objektive. Vermeiden Sie diese. Zu leicht kann es zu einer Dejustierung der empfindlichen und hochpräzisen Mechanik kommen.
- Halten Sie Ihre Objektive immer vollständig trocken. Zur Aufbewahrung und zum Transport empfiehlt sich eine gepolsterte Foto- oder Objektivtasche sowie ein Fotokoffer.
- Die Verwendung der Gegenlichtblende verringert nicht nur Lichtreflexionen durch seitlich einfallendes Streulicht, sondern ist ein zusätzlicher Schutz gegen Stoß, Schlag und bei Regen.

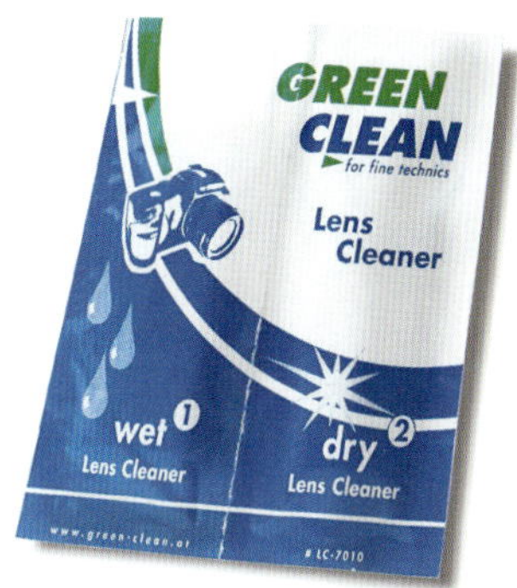

▲ *Mit dem Lens Cleaner entfernen Sie schonend auch eingetrocknete Fingerabdrücke von der Objektivlinse.*

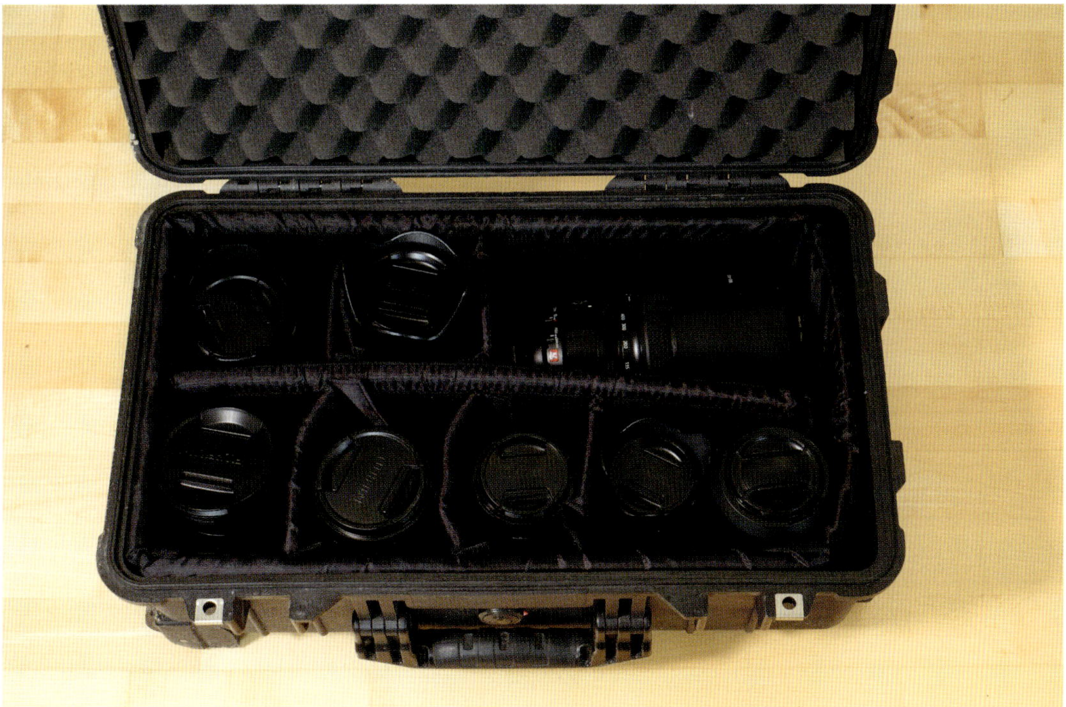

▲ *In einem stabilen Fotokoffer sind die Objektive geschützt und können sicher transportiert werden.*

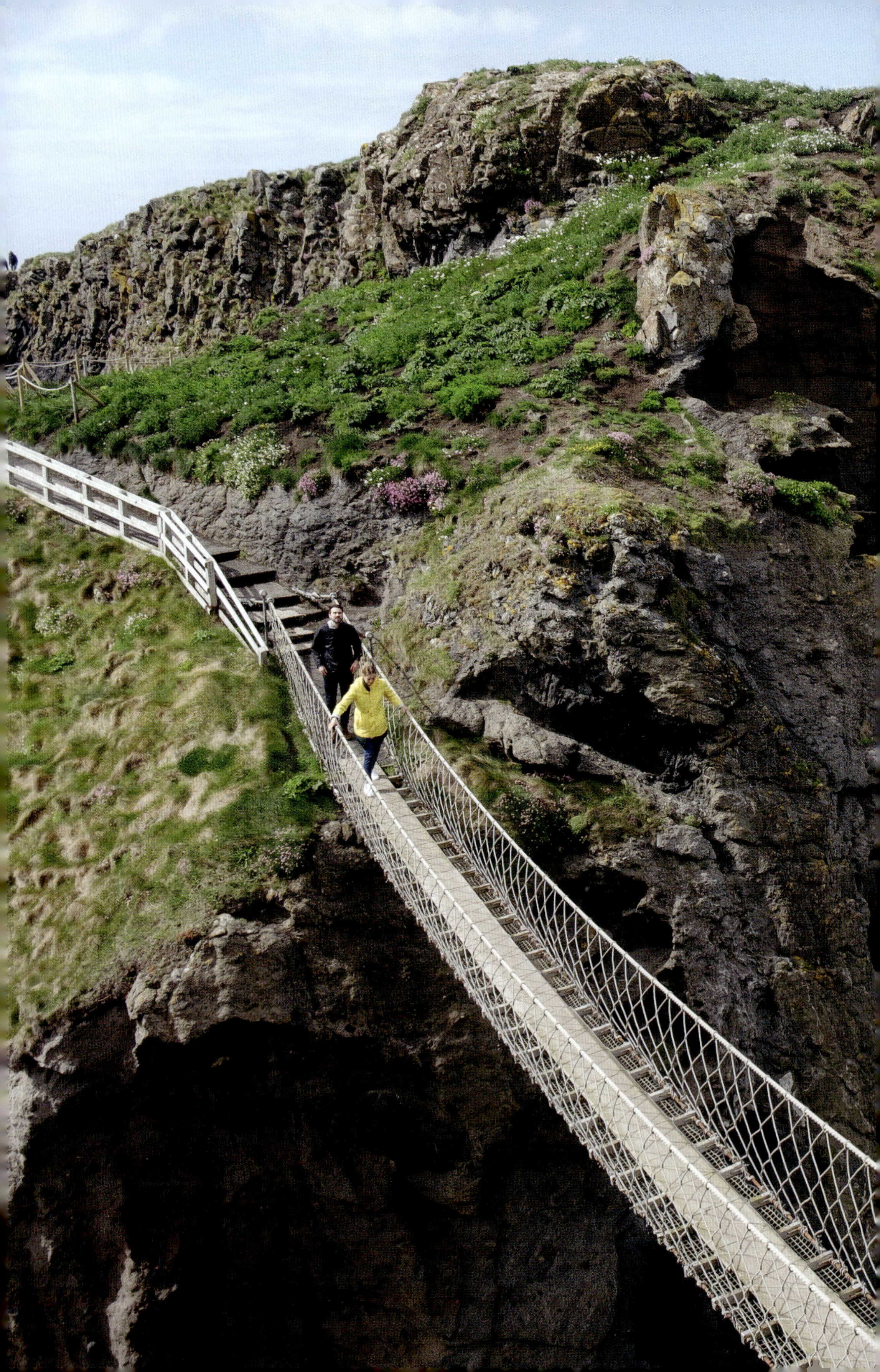

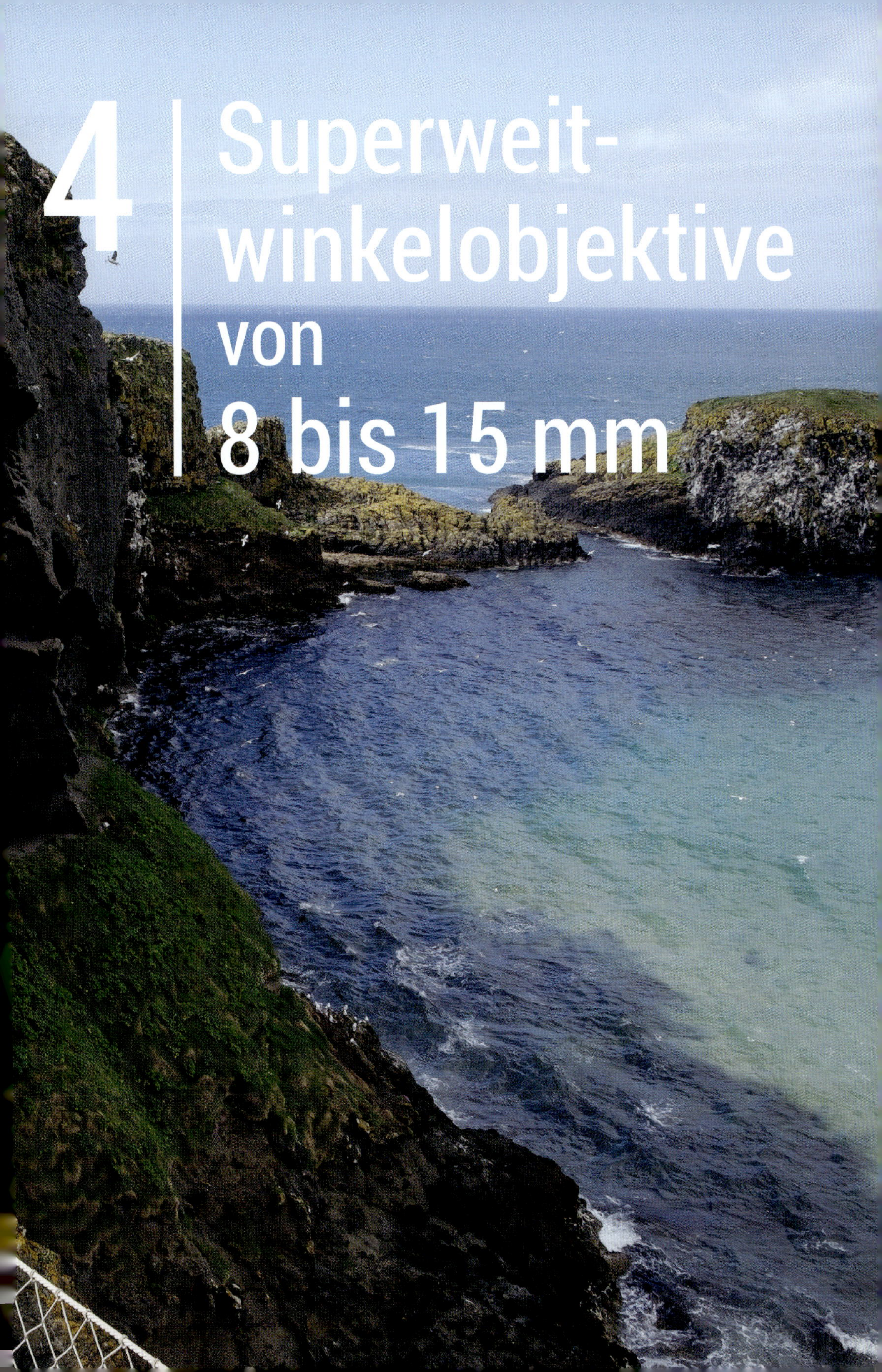

4 Superweitwinkelobjektive von 8 bis 15 mm

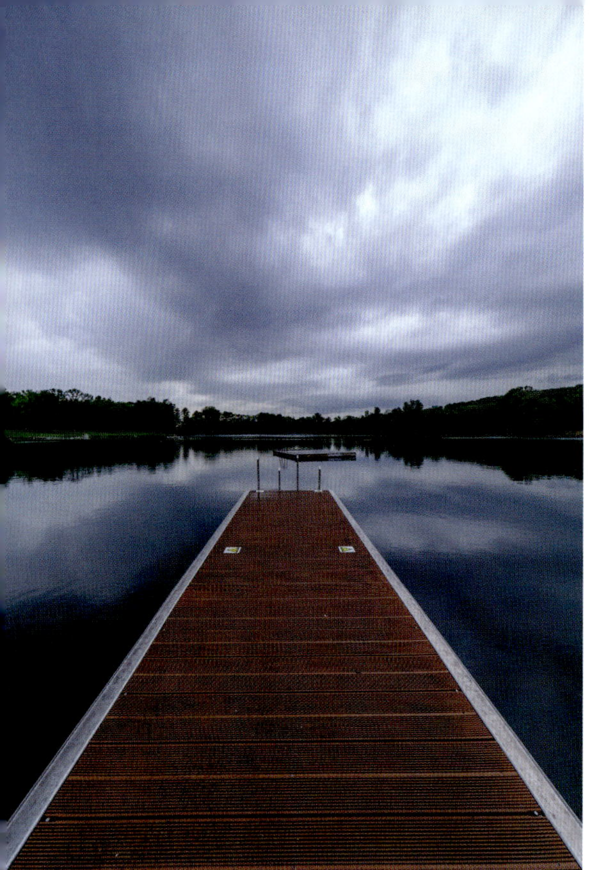

ISO 800 I F/5,6 I 1/70 Sek. I FUJIFILM X-S10 mit FUJINON 8-16 mm F/2,8 R LM WR bei 8 mm

▲ *Eine kurze Brennweite vermittelt Weite*

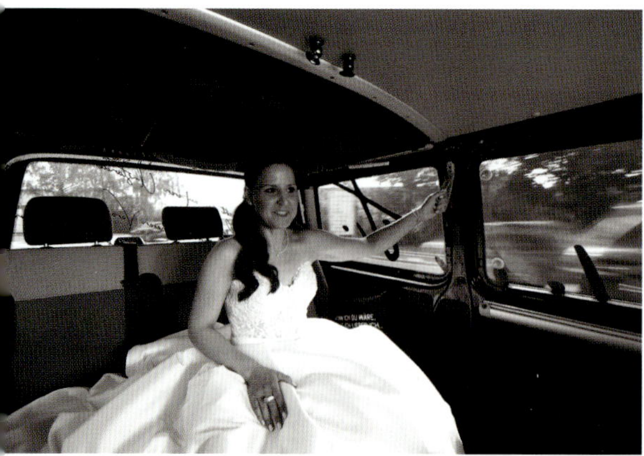

ISO 400 I F/4 I 1/30 Sek. I FUJIFILM X-T3 FUJINON 10-24 mm F/4 R OIS bei 10 mm

Atemberaubende Landschaftsaufnahmen oder Architektur- und Reportagefotos mit ungewöhnlicher Bildwirkung sind oft mit Superweitwinkelobjektiven entstanden. Diese zeichnen sich durch sehr große Bildwinkel von 121°-90° aus.

Für die Hersteller ist es sehr schwer, ein Superweitwinkelobjektiv zu konstruieren, das möglichst wenig verzeichnet, eine möglichst geringe Verzeichnung aufweist und bis in die Bildecken scharf zeichnet.

FUJIFILM ist das mit seinen Objektiven sehr gut gelungen. Welcher Aufwand dahinter steckt, das können Sie unter anderem an der optischen Konstruktion erkennen. Aber auch andere Objektivhersteller bieten interessante Alternativen in dem Bereich an.

4.1 Geeignete Motive für Superweitwinkelobjektive

So reizvoll ein gutes Foto mit Superweitwinkelobjektiv auch ist, es kommen nicht sehr viele Motive in Frage, die für Fotos mit Superweitwinkel geeignet sind. Für Porträtfotos sind sie – mit ganz wenigen Ausnahmen (siehe Bild unten links) – nicht zu empfehlen. Die bei Porträts gerne als Stilmittel eingesetzte selektive Schärfe mit einem schönen Bokeh ist mit Superweitwinkelobjektiven kaum möglich.

Eine weitere Eigenschaft dieser Objektiven: In den Randbereichen wird alles auseinandergezogen. Personen werden dadurch unvorteilhaft dargestellt und wirken fülliger und unproportional. Ihre Partnerin mit einem Superweitwinkel zu fotografieren, ist also keine gute Idee.

Typische Motive für den Einsatz von Superweitwinkelobjektiven sind:

Landschaften

Landschaftsfotos mit Superweitwinkelobjektiv können Weite vermitteln. Um die Weite einer Landschaft wirklich sichtbar zu machen ist es sehr sinnvoll im Bild eine Tiefenstaffelung mit Vorder-, Mittel- und Hintergrund anzulegen.

Architektur und Innenarchitektur

Um große Gebäude abzubilden, sind häufig Super-Weitwinkel nötig. In Städten und dicht bebauten Gegenden fehlt der Platz, um die andernfalls nötige Distanz zum Motiv herzustellen. Außerdem kann es aus bildgestalterischen Gründen sinnvoll sein, für Architekturfotos zum Superweitwinkel zu greifen.

Auch in großen Räumen gibt es manchmal keine andere Möglichkeit, als eine Superweitwinkelbrennweite zu verwenden. Auch hier lässt sich der sonst notwendige größere Abstand meist nicht umsetzen. Nur so lassen sich Räume komplett überblicken.

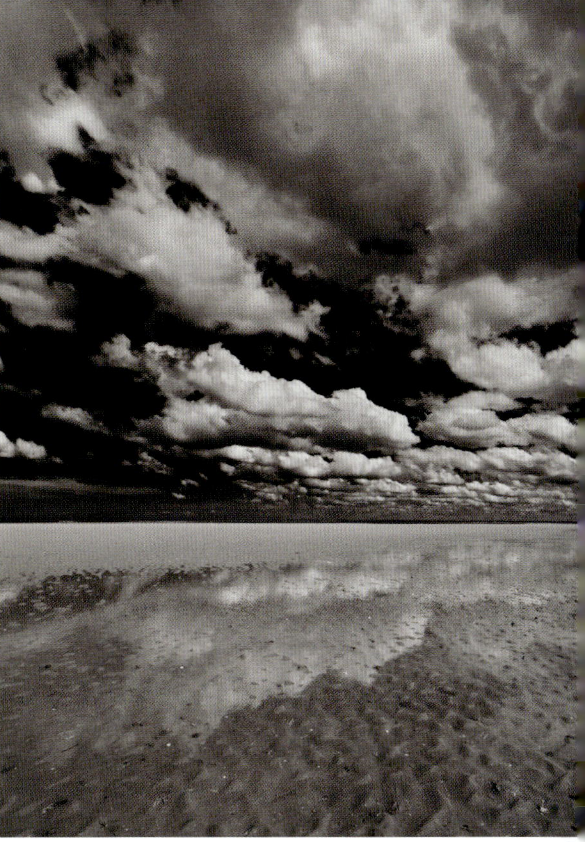

ISO 200 I F/16 I 1/420 Sek. I FUJIFILM X-T2 mit FUJINON 10-24 mm F/4 R OIS bei 10 mm

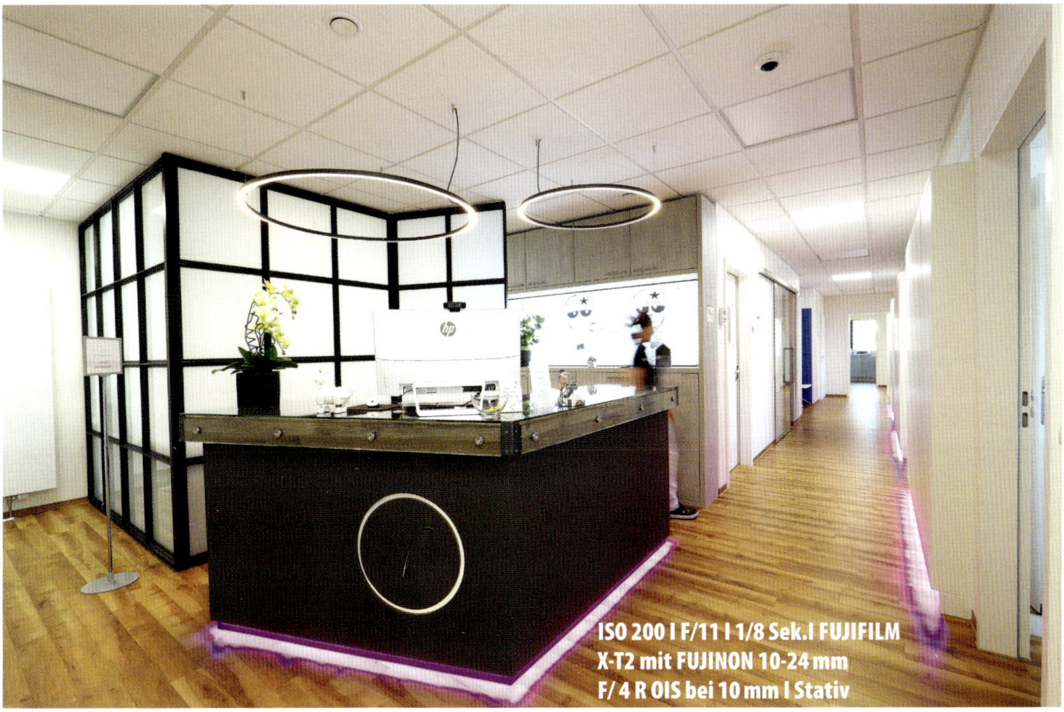

ISO 200 I F/11 I 1/8 Sek.I FUJIFILM X-T2 mit FUJINON 10-24 mm F/ 4 R OIS bei 10 mm I Stativ

Reportage

Für Reportagen eignet sich ein Superweitwinkelobjektiv, um eine Bildserie durch ein paar gezielte Fotos mit außergewöhnlicher Perspektive aufzulockern. Manchmal ist es aber auch hier die Not, in sehr engen Räumen möglichst viel auf das Foto zu bekommen.

ISO 1.600 I F/4 I 1/60 Sek. I FUJIFILM X-T2 mit FUJINON 10-24 mm F/4 R OIS bei 10 mm

▶ *Reportage in engem Raum – wenn möglichst viel mit auf das Bild soll.*

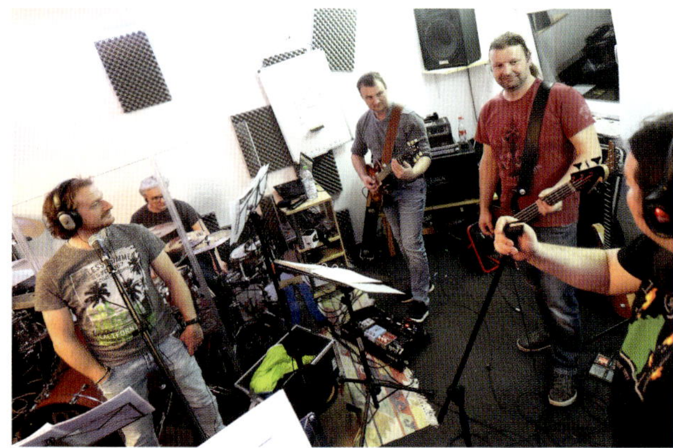

4.2 Bildwirkung und -gestaltung

Superweitwinkelobjektive weichen relativ stark von unseren normalen Sehgewohnheiten ab. Wie der Name schon sagt, diese Objektive haben einen sehr großen Bildwinkel. Es kommt mehr auf das Bild, als wir mit unseren Augen auf einmal erfassen können.

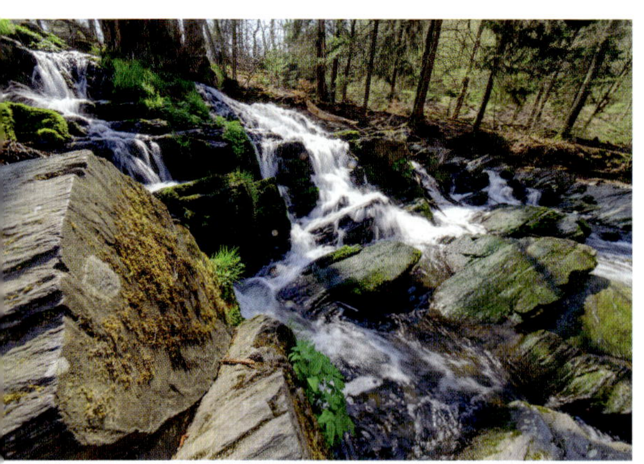

ISO 160 I F/14 I 1/17 Sek. I FUJIFILM X-S10 mit FUJINON 8-16 mm F/2,8 R WLM WR bei 8 mm

▲ *Der Vordergrund wird stärker betont.*

Das macht auch den Reiz dieser Objektive aus. Fotos mit Superweitwinkelobjektiven wirken anders, irgendwie besonders. Der Vordergrund wird stark betont und im Hintergrund wird alles Entfernte sehr klein abgebildet. Physikalisch ist aufgrund der kurzen Brennweite die Schärfentiefe sehr groß. Selbst bei mittleren Blendenwerten von 8 oder 11 bekommen Sie mit einer Superweitwinkelbrennweite eine riesige Schärfenausdehnung. Von wenigen Zentimetern bis zum Unendlichbereich wird alles scharf abgebildet. Nicht nur der große Bildwinkel, auch die ausgedehnte Schärfentiefe entspricht nicht unseren Sehgewohnheiten. Richtig angewendet können damit Aufnahmen entstehen, die zumindest nicht gewöhnlich sind. In der Architekturfotografie treten neben Verzeichnungen vor allem stürzende Linien auf. So wie die natürliche menschliche Sicht, unterliegen die Kamera/Objektivkombinationen den Gesetzen der Zentralperspektive. Das bedeutet, dass parallele Linien im Motiv nur dann im Bild ebenso parallel verlaufen, wenn diese Linien im Motiv in einer Ebene liegen, die wiederum parallel zur Sensorebene liegt. Bei großen und nahen Objekten ist es aber in der Regel nicht möglich, sie so zur Gänze abzubilden. Wird die Kamera z. B. aus Platzgründen vor einem Gebäude nach oben geschwenkt, entstehen stürzende Linien, das Motiv erscheint, als würde es nach hinten kippen.

Stürzende Linien sind Verzerrungen. Sie entstehen durch den Entfernungsunterschied. Dinge, die weiter weg sind, werden kleiner abgebildet. Wenn Sie ein Haus mit einem Superweitwinkelobjektiv fotografieren und die Kamera etwas nach oben kippen, ist der obere Teil des Hauses weiter weg von der Kamera und wird dadurch verkleinert dargestellt.

Verzeichnungen dagegen sind Linien im Bild, die verursacht durch eine nicht oder schlecht korrigierte Optik, nicht gerade, sondern gebogen dargestellt werden.

Landschaft

Viele Landschaftsfotografen sind zuerst einmal enttäuscht von ihren Fotos mit Superweitwinkel. Schnell wirken diese platt, überladen oder langweilig. Das kann aber relativ leicht vermieden werden.

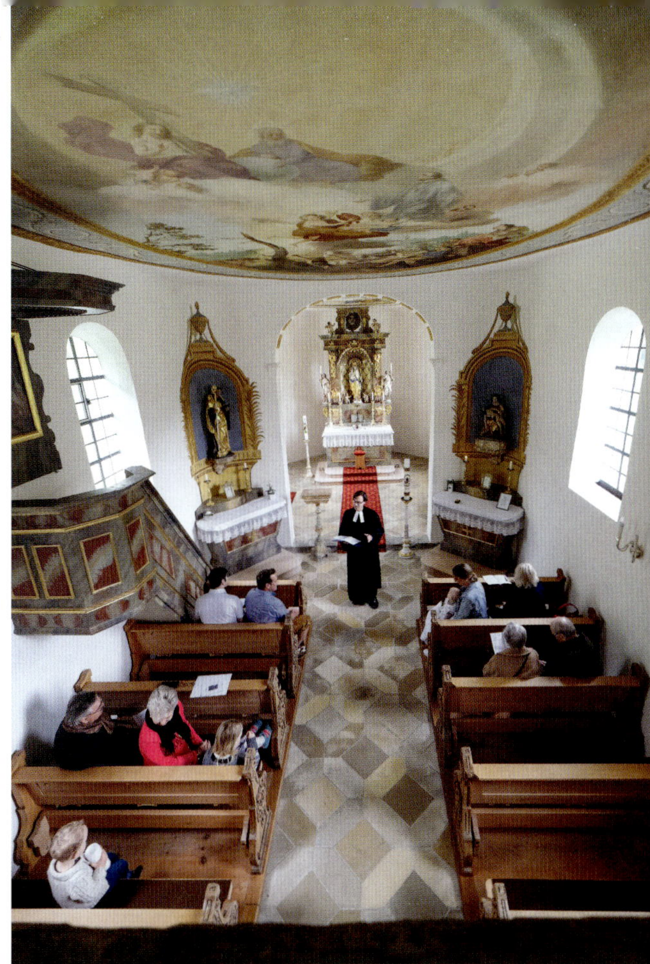

ISO 2.000 I F/4 I 1/60 Sek. I FUJIFILM X-S10 mit FUJINON 10-24 mm F/4 R OIS bei 10 mm

▲ *Die bemalte Kirchendecke kommt gut zur Geltung.*

Gegenlichtblende verwenden

Grundsätzlich und für alle Motive gilt: Benutzen Sie eine Gegenlichtblende. Superweitwinkelobjektive sind besonders anfällig für seitlich einfallendes Streulicht.

Das macht sich unschön durch Lichtflecken, auch Lens Flares genannt, bemerkbar. Auch der Bildkontrast kann stark vermindert werden.

Außerdem bietet die Gegenlichtblende Schutz vor Nieselregen und schützt die Frontlinse ein wenig vor Stoß und Schlag.

Das FUJINON 8-16 mm F/2,8 R LM WR besitzt eine integrierte Gegenlichtblende. Bei allen anderen Objektiven befindet sich eine Gegenlichtblende im Lieferumfang.

Weniger ist mehr: Aus meiner persönlichen Sicht, ist einer der häufigsten Gründe, warum Landschaftsaufnahmen nicht so gut wirken: Es ist zu viel darauf abgebildet und vieles wird nur sehr klein abgebildet.

Der Betrachter findet keine Führung im Bild, kann sich nicht orientieren und sucht auf dem ganzen Bild herum. Das zu vermeiden ist gar nicht so einfach mit einem Superweitwinkelobjektiv. Schließlich kommt durch den großen Bildwinkel besonders viel mit auf das Bild. Deshalb eignen sich auch nicht allzu viele Motive für die Fotografie mit Superweitwinkeln.

Setzen Sie ein solches Objektiv bewusst und gezielt ein. Wenn Sie sich beim Blick durch den Sucher unsicher sind, packen Sie das Objektiv wieder weg und nehmen sie ein anderes.

Mehr Tiefe erzeugen: Wenn sich das Motiv im Unendlichbereich befindet, so wirkt das Foto oft platt. Der Betrachter ist enttäuscht, dass das Motiv nicht den großen Raum widerspiegelt, den man vor Ort sah.

Fotos mit Superweitwinkel leben von der Tiefenwirkung. Und diese erzeugen Sie, indem Sie einen Vordergrund, eine Mitte und einen Hintergrund im Bild haben. Der Blick des Betrachters sollte vom Vor-

▼ *Der Vordergrund wird stark betont.*

ISO 160 I F/16 I 5 Sek. I FUJIFILM X-S10 mit FUJINON 10-24 mm F/4 R OIS bei 10 mm I mit Graufilter und Stativ

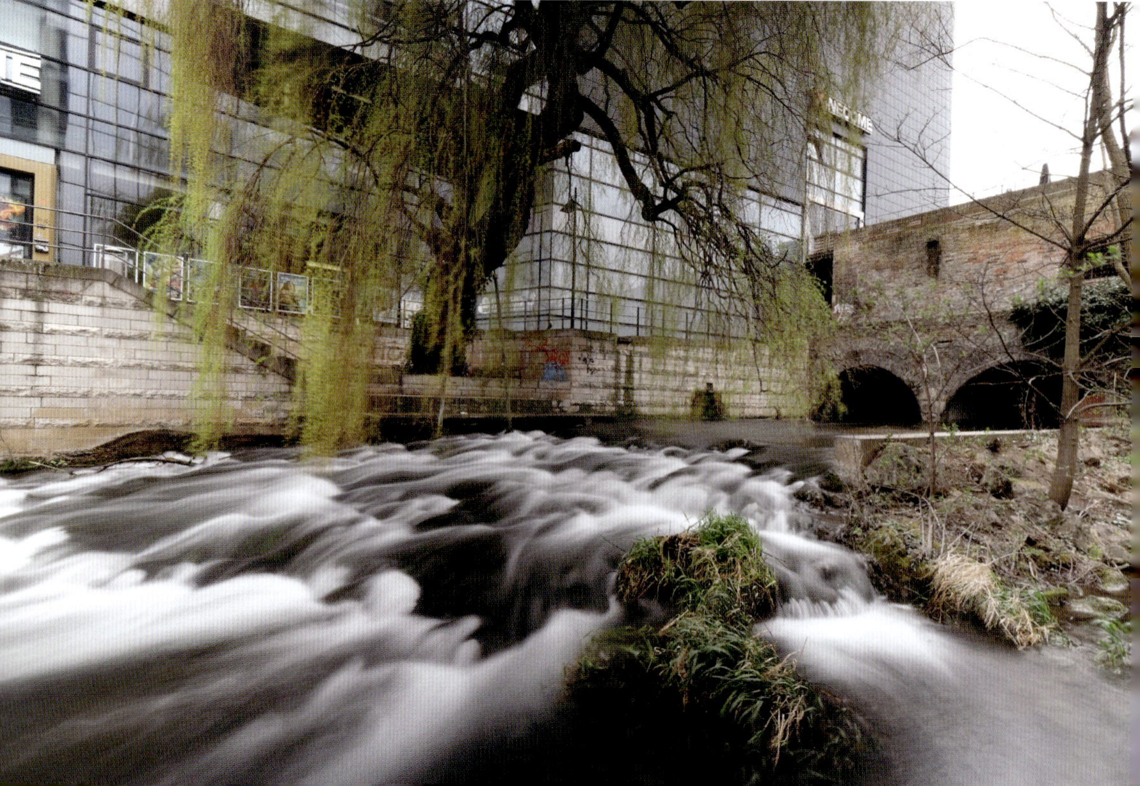

dergrund über die Mitte zum Hintergrund geführt werden. Der Vordergrund wird im Superweitwinkel stark beton und überdimensioniert. Deshalb sollte das Motiv im Vordergrund interessant genug sein. Der Hintergrund wirkt stark verkleinert.

Kleinere Dinge oder Objekte, die weit entfernt sind, werden dadurch kaum noch wahrgenommen. Interessanter ist es, wenn sich im Hintergrund sehr große Objekte befinden wie beispielsweise ein großer See, ein Berg, hohe Bäume oder Gebäude etc. Für den Vordergrund eignen sich Blumen, Pilze, ein Fluss ...

Architektur und Innenaufnahmen

Stürzende Linien vermeiden: Im Gegensatz zu Landschaftsaufnahmen sind Architekturaufnahmen geometrisch. Deshalb muss die Kamera sehr gut ausgerichtet werden. Wenn Sie ein Gebäude mit Superweitwinkel fotografieren möchten, so verwenden Sie eine Leiter oder versuchen Sie, von einem höheren Standpunkt aus zu fotografieren, damit Sie möglichst gerade und parallel auf das Motiv zielen. So vermeiden Sie Verzerrungen und stürzende Linien im Bild. Wenn ein erhöhter Standpunkt nicht möglich ist, bleibt noch die Korrektur im Bildbearbeitungsprogramm.

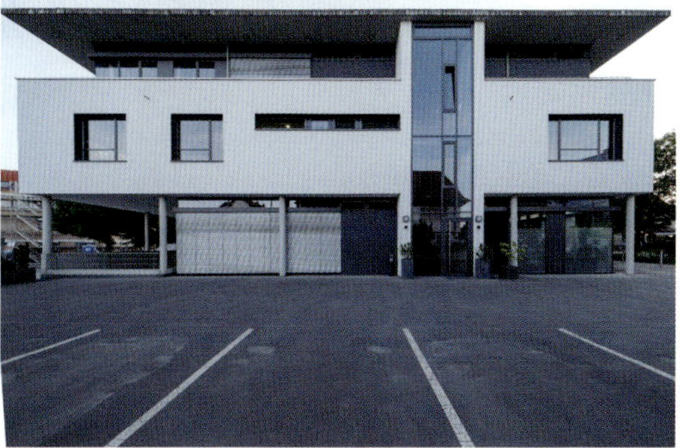

ISO 800 I F/4 I 1/125 Sek. I FUJIFILM X-ST3 mit FUJINON 8-16 mm F/2,8 R LM WR bei 8 mm

▲ *Gerade ausgerichtet – keine stürzenden Linien*

RAW-Konverter wie Adobe Lightroom oder Silkypix bieten gute Werkzeuge, um stürzende Linien zu korrigieren. Allerdings sollten Sie das Motiv nicht zu dicht an den Bildrand setzen, da durch die Korrektur Randbereiche beschnitten werden.

Stativ verwenden: Die Kamera so auszurichten, dass keine stürzenden Linien auftreten, ist gar nicht so einfach. Manchmal reicht eine kleine Bewegung mit der Hand und schon ist das Bild schief.

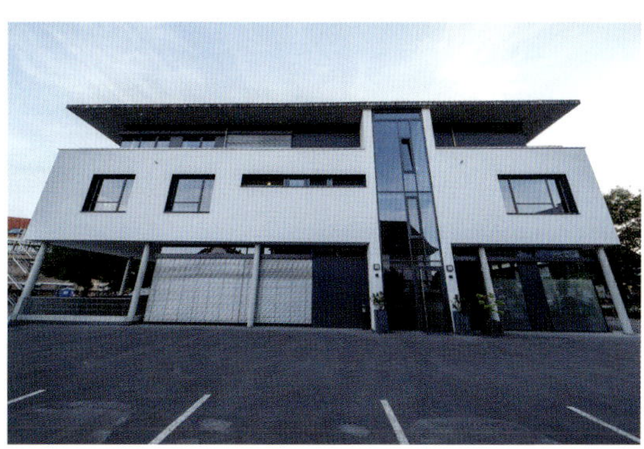

ISO 800 I F/4 I 1/125 Sek. I FUJIFILM X-ST3 mit FUJINON 8-16 mm F/2,8 LM WR bei 8 mm

▲ *Wird die Kamera nur ein wenig nach oben gekippt, so entstehen stürzende Linien.*

Eine sehr große Hilfe ist die Verwendung eines Stativs. Sie können ganz in Ruhe die Kamera ausrichten und das Bild durch den Sucher oder auf dem Display beurteilen.

ISO 160 I F/11 I 1/2 Sek. I FUJIFILM X-T3 mit FUJINON 10-24 mm F/4 R OIS bei 10 mm I Stativ

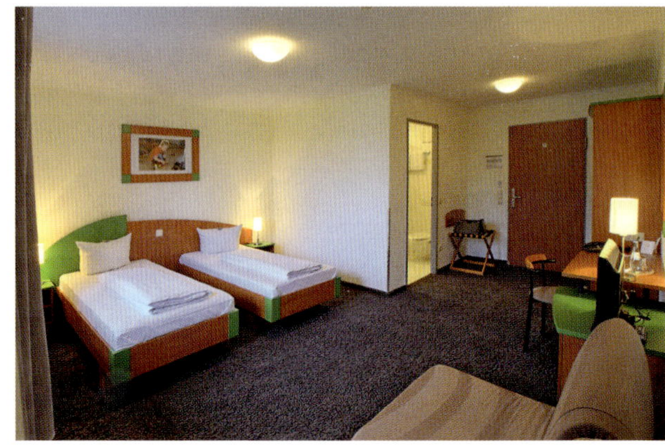

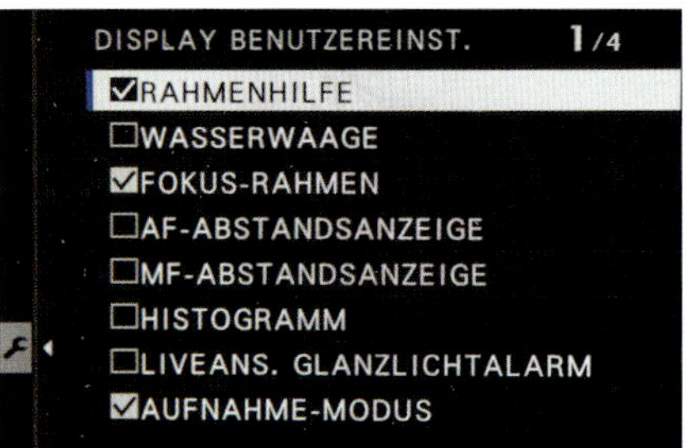

▲ *Aktivieren Sie die Rahmenhilfe.*

Rahmenhilfe einschalten: Eine zusätzliche Hilfe sind die Gitterlinien, die sich in jeder FUJIFILM-Kamera als Rahmenhilfe einblenden lassen. Unter *EINRICHTUNG → DISPLAY EINSTELLUNG* können Sie unter RAHMENHILFE zwischen einem Gitterraster mit neun oder 24 Feldern oder einem HD-Raster wählen.

Für Architektur- und Innenaufnahmen ist am besten das Raster 24 zum Ausrichten geeignet. Unter *DISPLAY BENUTZEREINSTELL.* können Sie dann die Rahmenhilfe ein- oder ausblenden.

Stürzende Linien bewusst einsetzen: Oder nutzen Sie stürzende Linien ganz bewusst. Dazu stellen Sie sich dicht vor ein hohes Gebäude, kippen Ihre Kamera nach oben und machen ein Foto. Es entsteht eine künstlerische Verfälschung der Proportionen. Das kann beeindruckend wirken und betont die Größe des Gebäudes.

ISO 800 I f 5,6 I 1/40 Sek. I FUJIFILM X-T2 mit FUJINON 10-24 mm F/4 R OIS bei 10 mm

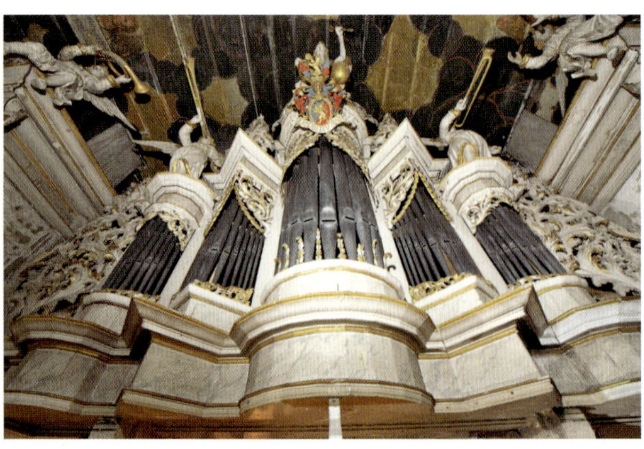

Symmetrien verwenden: Besonders bei Architekturaufnahmen wirkt eine symmetrische Bildgestaltung sehr schön. Dadurch kommen große Bauwerke wie Kirchen, Gänge und Häuser sehr gut zur Geltung. Auch in der Natur gibt es symmetrische Motive wie beispielsweise eine symmetrisch spiegelnde Wasseroberfläche.

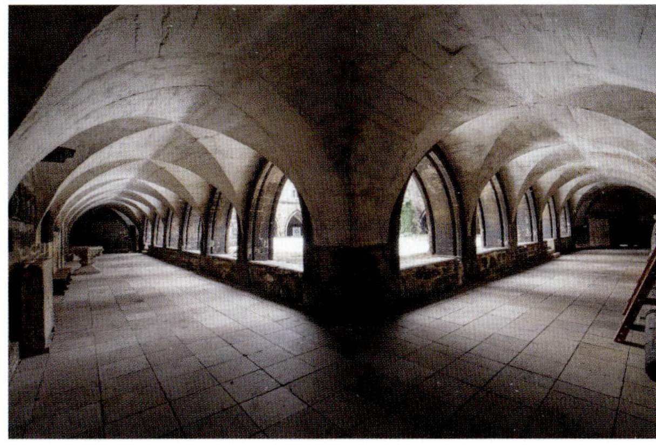

ISO 160 | f 11 | 1/15 Sek. | FUJIFILM X-S10 mit FUJINON 10-24 mm F/4 R OIS bei 10 mm

Personen in die Mitte platzieren: Personen mit dem Superweitwinkel fotografieren? Da zucken viele Fotografen zusammen. Zurecht, denn eigentlich ist es ein No-Go, Personen mit einem Superweitwinkel abzubilden. Denn niemand möchte sich gerne verzerrt und mit unvorteilhaften Proportionen auf einem Foto wiederfinden. Wenn aber der Abstand stimmt, also groß genug ist, kann es durchaus gut wirken, wenn eine Person im Kontext mit der weiten Umgebung gezeigt wird (siehe Foto). Beachten Sie aber, dass sich die Person möglichst in der Bildmitte befinden sollte und dass Sie nicht zu nah an die Person herangehen. Wählen Sie eine Perspektive, die nicht verzerrt – also etwa auf die Personenmitte zielen.

▼ *Große Flächen bringen Ruhe ins Bild. Personen sollten in die Mitte des Bildes platziert werden.*

ISO 200 | F/8 | 1/250 Sek. | FUJIFILM X-T2 mit FUJINON 10-24 mm F/4 R OIS bei 10 mm

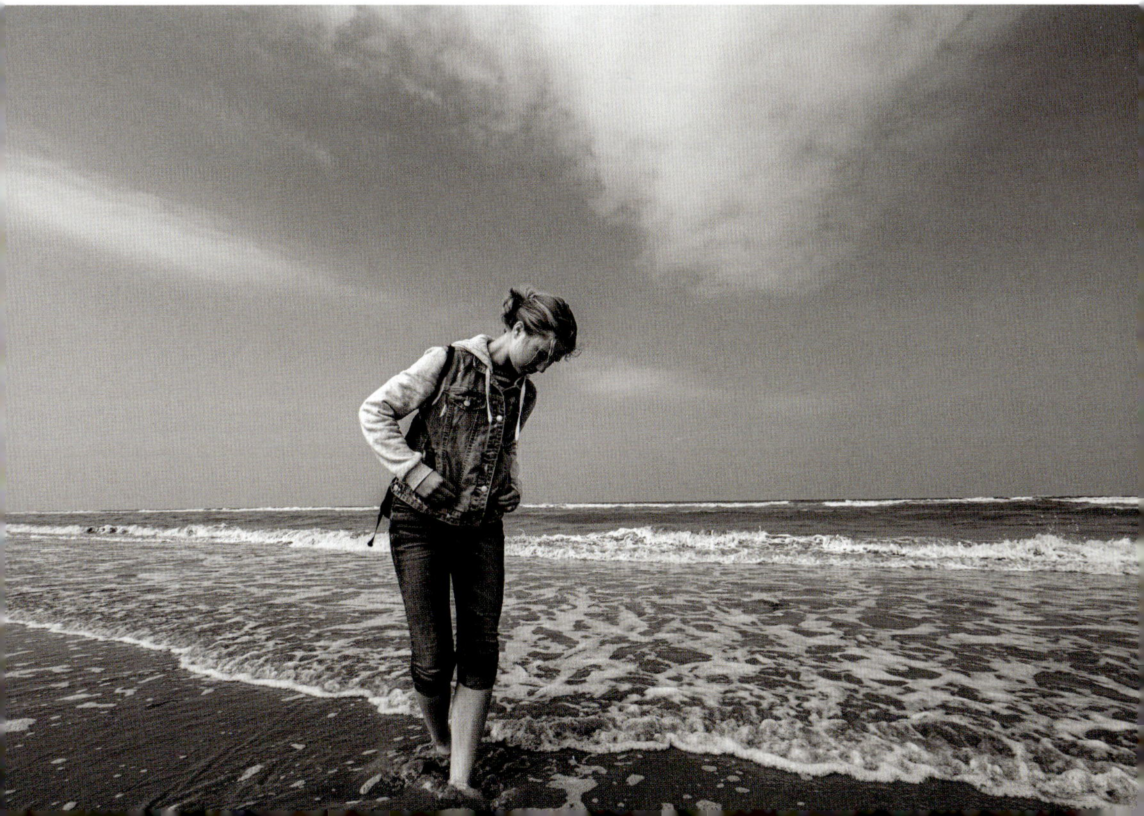

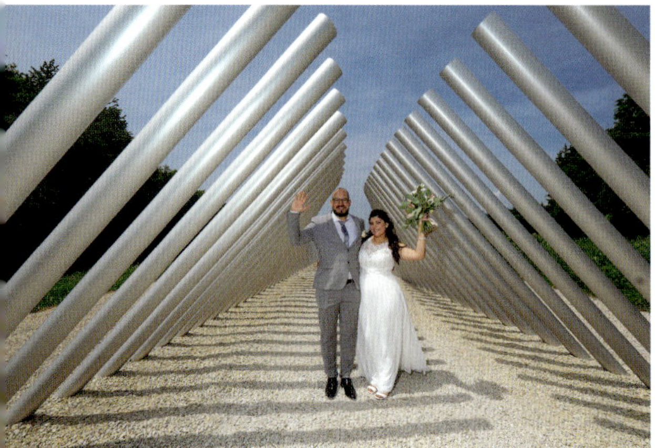

ISO 160 I F/11 I 1/15 Sek. I FUJIFILM X-S10 mit FUJINON 10-24 mm F/4 R OIS bei 10 mm

◄ *Symmetrischer Bildaufbau.*

Personenaufnahmen bewusst verzerren: Wenn Sie einen Menschen aus höherem Standpunkt fotografieren, dann wirkt er schnell klein und hilflos. Wählen Sie einen tiefen Standpunkt, so erscheint die Person groß, mächtig und überdimensioniert.

Der große Bildwinkel eines Superweitwinkels verstärkt diesen Effekt noch. Natürlich können Sie solche Perspektiven mit tiefem oder erhöhtem Standpunkt einsetzen. Oder Sie gehen ganz nah heran an die Person.

Manche Fotografierenden finden das auch lustig. Dann sollte die verzerrte Darstellung aber bewusst übertrieben erfolgen, um damit etwas im Bild auszudrücken.

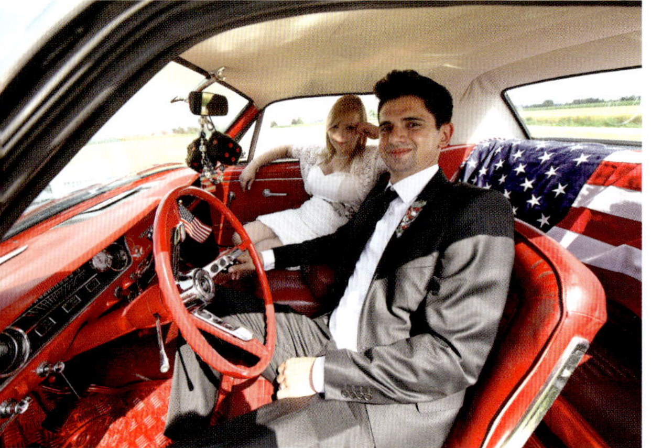

ISO 400 I F/8 I 1/320 Sek. I FUJIFILM X-T2 FUJINON 10-24 mm F/4 R OIS bei 10 mm

▲ *Reportagen können durch Fotos mit ungewöhnlichem Blickwinkel abgerundet werden.*

Reportage

Die Perspektive ändern: Durch eine andere Perspektive können besondere Bilder entstehen. Runden Sie Ihre Reportagen ab und zu mit einem passenden Foto mit großem Bildwinkel ab. Übung macht den Meister.

Vielleicht müssen Sie am Anfang noch etwas ausprobieren. Im Laufe der Zeit schärft sich der Blick aber für passende Motive.

Der tiefe Kamerastandpunkt sorgt für eine interessante Linienführung. Durch den großen Bildwinkel ist das Gemälde an der Kirchendecke (siehe Bild auf der nächsten Seite) zu sehen. Das vermittelt einen guten räumlichen Eindruck. Die angeschnittenen Bänke im Vordergrund sorgen für Tiefe.

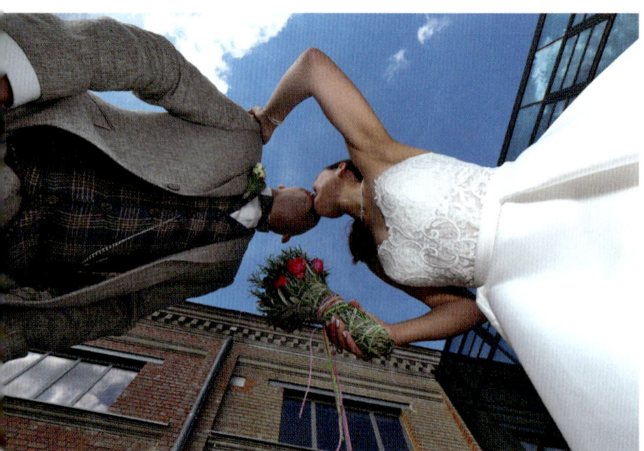

ISO 160 I F/9 I 1/250 Sek. I FUJIFILM X-T3 FUJINON 10-24 mm F/4 R OIS bei 10 mm

▲ *Ungewöhnliche Perspektive mit kurzer Brennweite.*

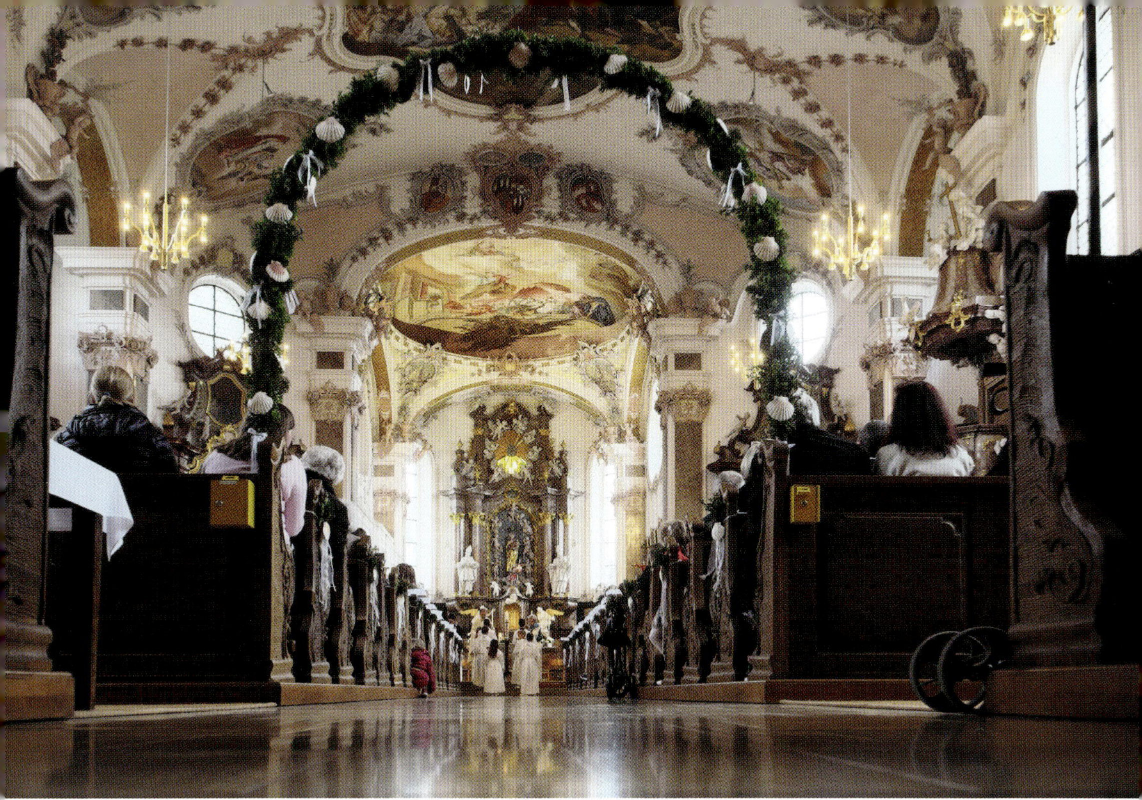

ISO 800 | F/4 | 1/60 Sek. | FUJIFILM X-Pro1 mit FUJINON 10-24 mm F/4 R OIS bei 12 mm

4.3 Superweitwinkelobjektive mit Festbrennweite

Die Auswahl an Festbrennweiten im Superweitwinkelbereich ist übersichtlich. Vermutlich liegt es schlicht daran, dass das Einsatzgebiet dieser Objektive beschränkt ist. Der Vorteil einer hohen Lichtstärke ist bei solch kurzen Brennweiten zumeist nicht so wichtig wie z. B. bei Porträtobjektiven, denn die meisten Motive, für die ein Superweitwinkelobjektiv in Frage kommt, verlangt vor allem nach einer sehr großen Schärfentiefe. Viele Architektur- und Landschaftsfotografen verwenden außerdem ein Stativ, die Belichtungszeit spielt dann keine Rolle und auch die Notwendigkeit für eine große Blendenöffnung bei schlechten Lichtverhältnissen fällt damit weitgehend weg. Ausnahmen sind die Fotografie von Sternen oder der Milchstraße. In diesen Fällen ist eine Superweitwinkelbrennweite gepaart mit einer möglichst hohen Lichtstärke vorteilhaft. Auch für Reportagen bei schwierigen Lichtverhältnissen ist eine hohe Lichtstärke empfehlenswert.

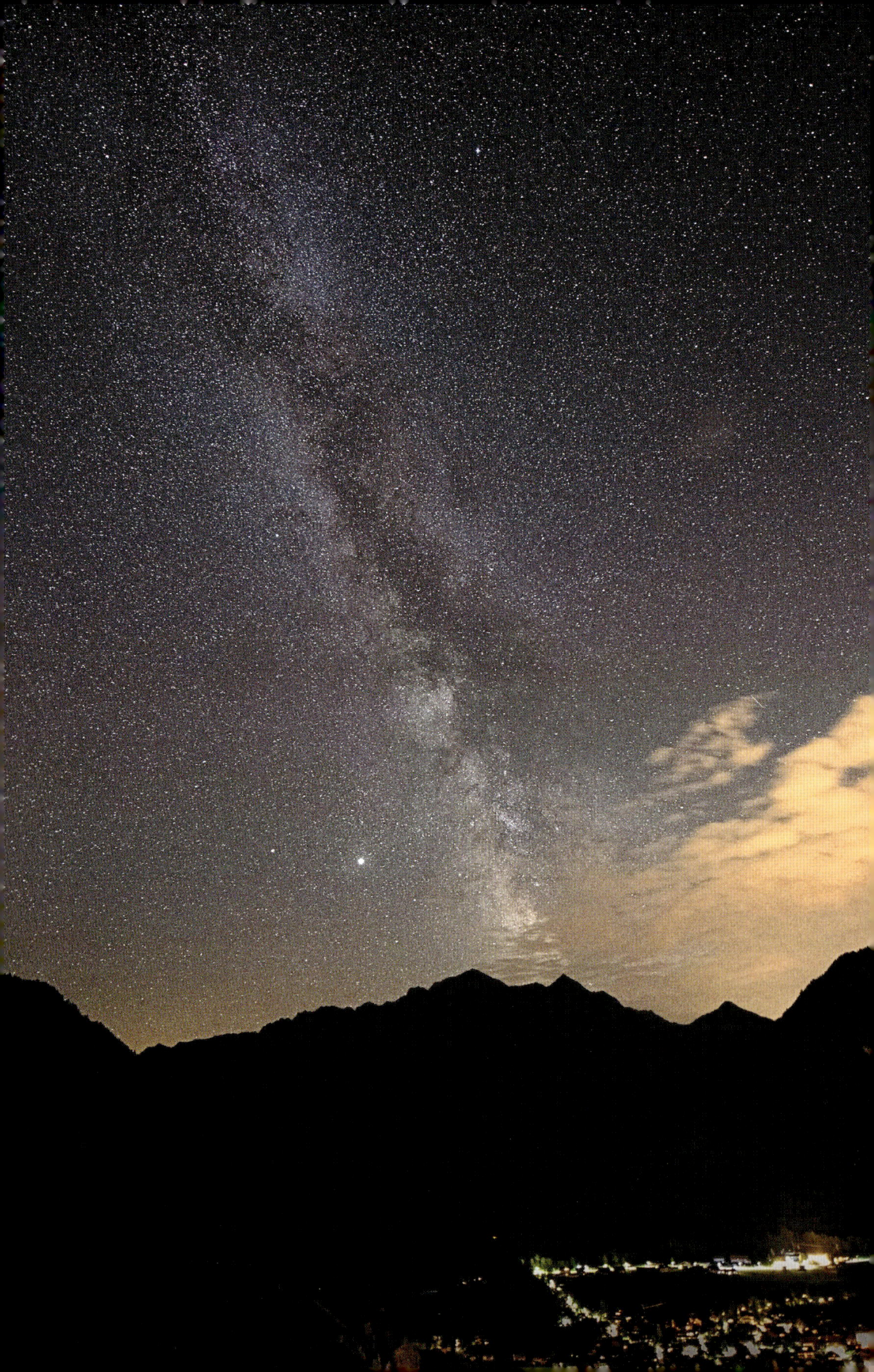

ISO 2.000 I f2 I 20 Sek. I FUJIFILM X-T3 mit Samyang 12 mm F/2

◄ *Für Fotos der Milchstraße sind eine kurze Brennweite und eine hohe Lichtstärke erforderlich.*

Samyang AF 12 mm F/2

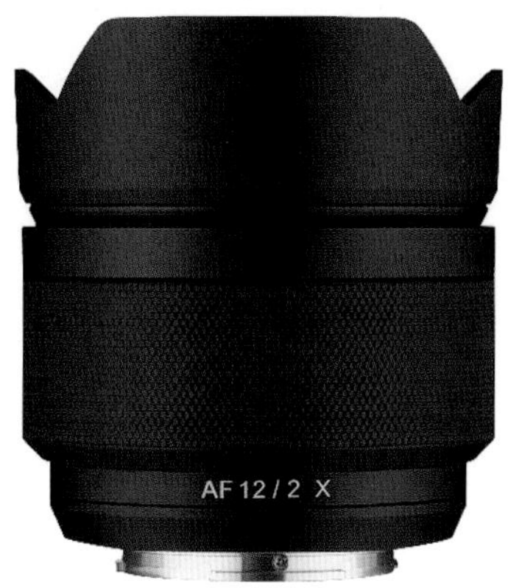

Das Samyang wird in Südkorea gefertigt. Es ist eine moderne Konstruktion und hat eine sehr kompakte, aber einfache Objektivfassung ohne Blendenring.

Die Blendeneinstellung erfolgt also – wie auch bei der FUJIFILM XC-Serie – über das Einstellrad am Kameragehäuse. Das Samyang ist gegen Staub und Spritzwasser abgedichtet.

An der optischen Leistung gibt es nichts auszusetzen. Es ist mit einer Lichtstärke von F 1:2.0 das lichtstärkste Superweitwinkelobjektiv, das für das FUJIFILM X-System zu haben ist.

Damit wird es besonders für Fotografen interessant, die sich mit der Astro- und Milchstraßenfotografie befassen. Mehr dazu im Kapitel 16 Fotoworkshop.

Auch für Reportagen und auf Reisen kann es gut verwendet werden, um mal Fotos aus anderer Perspektive einzustreuen. Auch eine Version dieses Objektivs mit manueller Fokussierung ist für das FUJIFILM X-System erhältlich.

Zeiss Touit 12 mm F/2,8

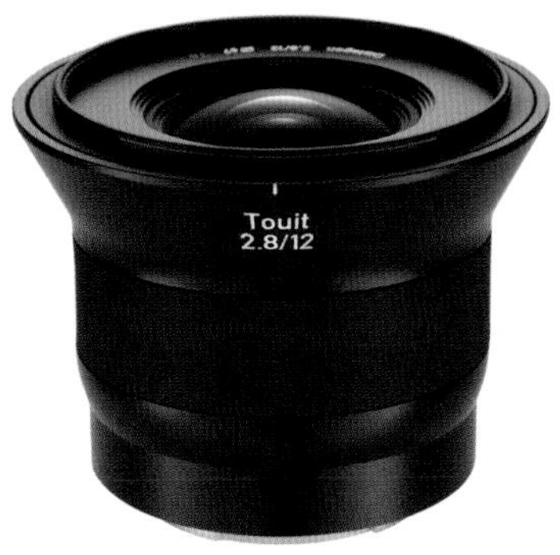

Dieses Objektiv ist kompakt und besonders leicht. Es besitzt eine angenehme Haptik und lässt sich gut bedienen. Das Design wirkt modern und minimalistisch.

Wie von Zeiss gewohnt sorgt die Optik nach dem Distagon-Optik-Konzept für Fotos in hervorragender Bildqualität.

Für die Fassung wurden hochwertige Materialien verwendet. Obwohl es schon seit 2013 auf dem Markt, ist, bleibt es nach wie vor ein sehr gutes Objektiv.

Das Zeiss 12 mm Objektiv eignet sich ideal für Reportagen und Landschaftsaufnahmen mit besonders großem Bildwinkel.

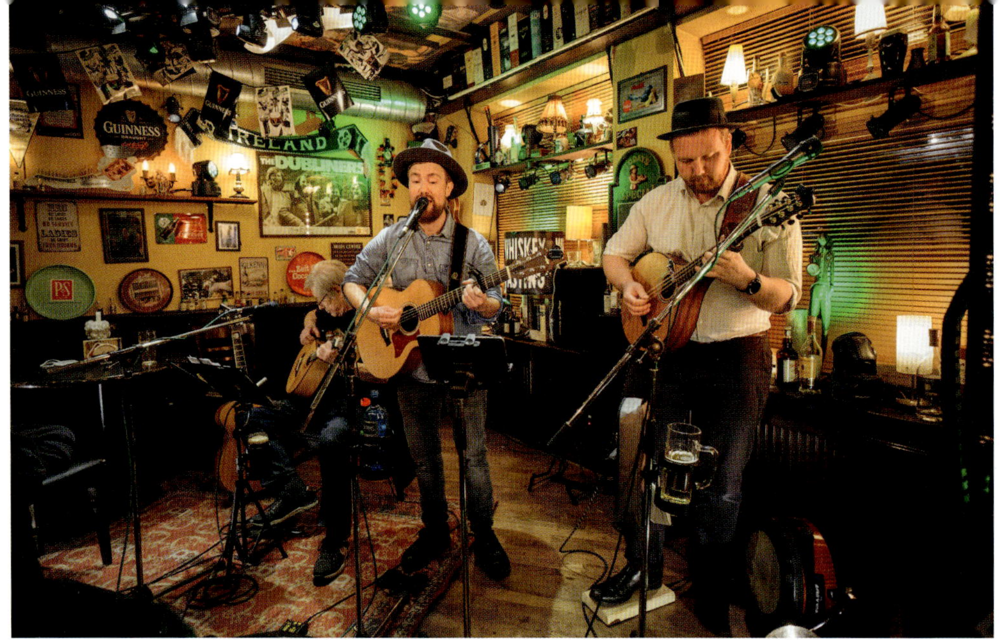

ISO 2.000 I F/2,8 I 1/1.100 Sek. I FUJIFILM X-S10 mit Zeiss Touit 12 mm F/2,8

Aufgrund des niedrigen Gewichts und der kompakten Bauform lässt es sich auch gut auf Reisen mitnehmen.

▶ *Der optische Aufbau Zeiss Touit 12 mm F/12*

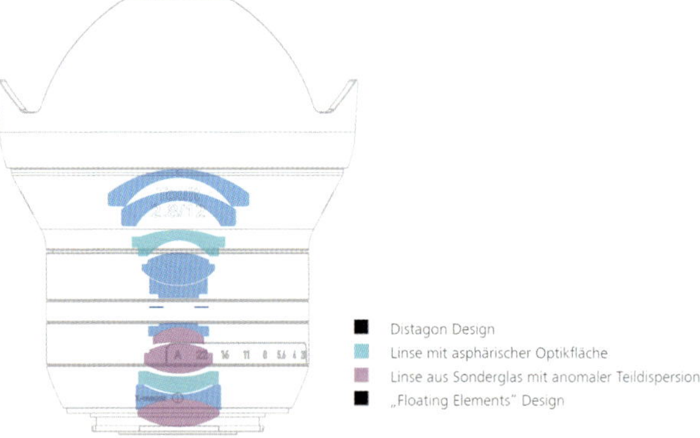

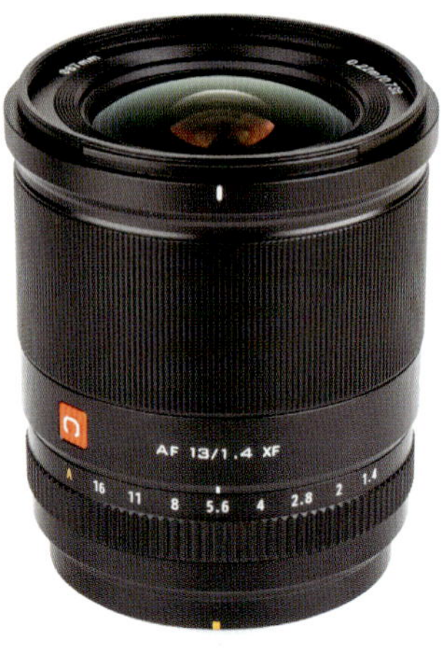

Viltrox FX 13 mm F/1,4

Ein super lichtstarkes Superweitwinkelobjektiv von Viltrox ist seit Mitte 2022 zu haben. Es besitzt eine aufwendige optische Konstruktion mit 14 Linsen in elf Gruppen. Das sorgt für eine sehr gute Abbildungsleistung ohne störende Verzeichnungen. Das Objektivgehäuse besteht vorwiegend aus Metall und ist sehr gut verarbeitet. Der Blendenring rastet allerdings nicht stufenweise ein, sondern lässt sich stufenlos drehen. Auch ist das Viltrox-Objektiv im Vergleich relativ schwer. Es wiegt etwa das Doppelte.

Über dieses Objektiv werden sich in erster Linie Astro- und Milchstraßenfotografen freuen. Auch für Reportagen bei wenig Licht kann das Objektiv interessant sein. Für Aufnahmen von Architektur und Landschaft dagegen ist so eine hohe Lichtstärke nicht erforderlich.

FUJINON XF 14 mm F/2,8 R

Das FUJINON 14 mm ist bereits seit 2012 erhältlich und war damit eines der ersten Objektive von FUJIFILM. Trotzdem ist es immer noch ein hervorragendes und sehr hochwertiges Objektiv. Es hat eine Besonderheit: Der Fokussierring lässt sich nach unten ziehen. Dann ist der Autofokus ausgeschaltet und zum Vorschein kommt eine in die Fassung gravierte Entfernungsskala. Wird der Fokussierring nach vorne gezogen, so ist der Autofokus aktiviert und der Ring lässt sich nicht mehr manuell drehen.

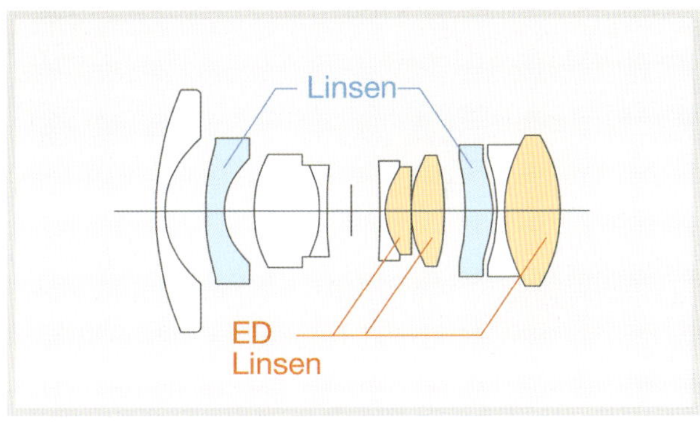

▲ *Der optische Aufbau FUJINON 14 mm F/2,8 R*

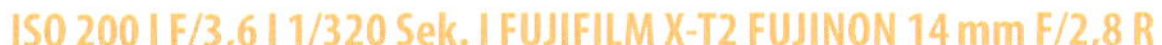

ISO 200 I F/3,6 I 1/320 Sek. I FUJIFILM X-T2 FUJINON 14 mm F/2,8 R

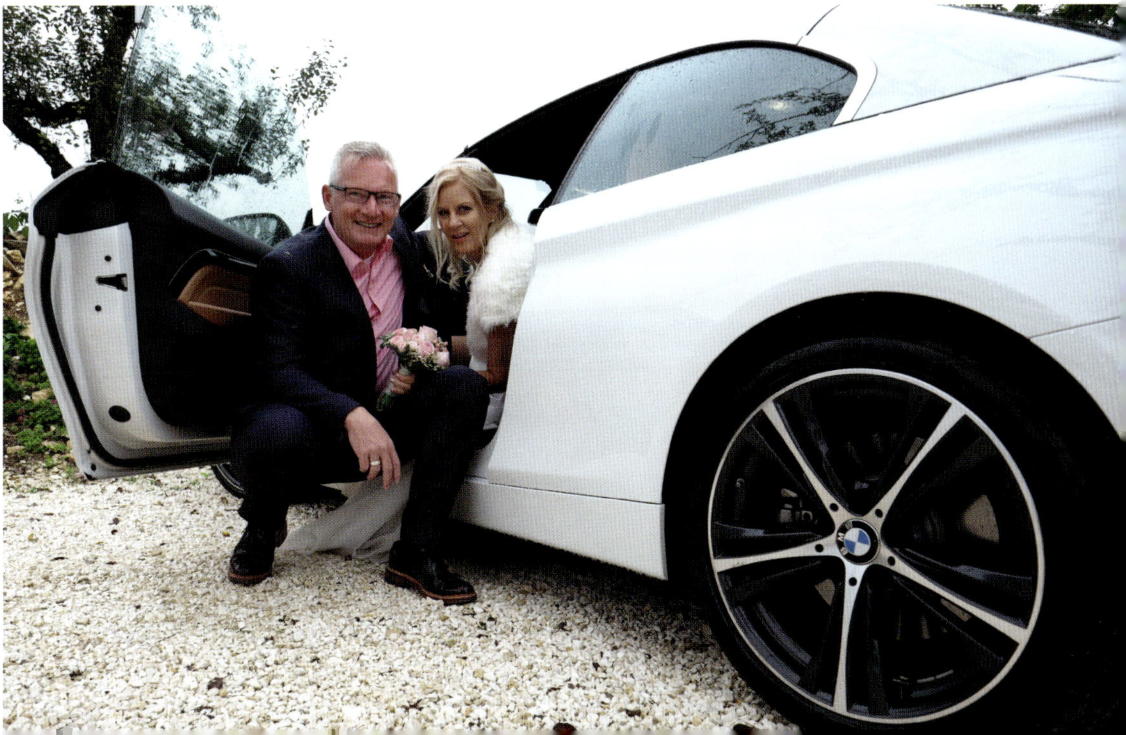

Diese Funktion ist sehr praktisch, denn das Umschalten zwischen AF und MF funktioniert sehr schnell. Allerdings ist es mir auch schon passiert, dass ich den Ring versehentlich auf MF-Betrieb geschoben hatte und einige Zeit brauchte, bis ich den Fehler bemerkt habe. Das FUJINON 14 mm Objektiv eignet sich besonders für die Landschafts-, Reise- und Reportagefotografie. Auch einige Fotografierenden setzen auf die FUJINON 14 mm Optik.

	Samyang AF 12 mm F/2,8	Zeiss Touit 12 mm F/2,8	Viltrox XF 13 mm F/1,4	FUJINON XF 14 mm F/2,8 R
Brennweite ∅	12 mm (≅ 18 mm KB)	12 mm (≅ 18 mm KB)	13 mm (≅ 20 mm KB)	14 mm (≅ 21 mm KB)
Optische Konstruktion	12 Linsen in 10 Gruppen (inkl. asphärische ED-Linsen)	11 Linsen in 8 Gruppen (davon 2 asphärische Linsen und 3 ED-Linsen)	14 Linsen in 11 Gruppen (davon 2 asphärische und 4 ED-Linsen)	10 Linsen in 7 Gruppen (davon 2 asphärische Linsen und 3 ED-Linsen)
Bildwinkel	Ca. 100°	99°	94°	90,8°
Größte Blendenöffnung (Lichtstärke)	1:2.0	1:2.0	1:1.4	1:2.8
Kleinste Blendenöffnung	1:22	1:22	1:16	1:22
Anzahl Blendenlamellen	7	9	9	7
Blendeneinstellung	1/2 Blenden (EV)-Stufen über Kamera	1/3 Blenden (EV)-Stufen am Blendenring	Stufenlos am Blendenring	In 1/3 Blenden (EV)-Stufen am Blendenring
Naheinstellgrenze	20 cm	18 cm	22 cm	18 cm
Filtergewinde	62 mm	67 mm	67 mm	58 mm
Abmessungen	∅ 70 mm, Länge 59 mm	∅ 70 mm, Länge 59 mm	∅ 74 mm, Länge 90 mm	∅ 65 mm, Länge 58,4 mm
Gewicht	213 g	270 g	420 g	235 g

4.4 Superweitwinkelzoomobjektive

Für die typischen Motive, für die ein Superweitwinkelobjektiv verwendet wird, ist ein variabler Bildwinkel von großem Vorteil. Kein Motiv ist gleich. Mal ist ein größerer Winkel geeigneter, bei einem anderen Motiv wären ein paar Grad weniger Bildwinkel besser. Schnell und flexibel auf alle Motivsituationen im Superweitwinkelbereich reagieren können Sie mit einem Zoomobjektiv. Hier hat FUJIFILM zwei Modelle im Programm.

FUJINON 8-16 mm F/2,8 R LM WR

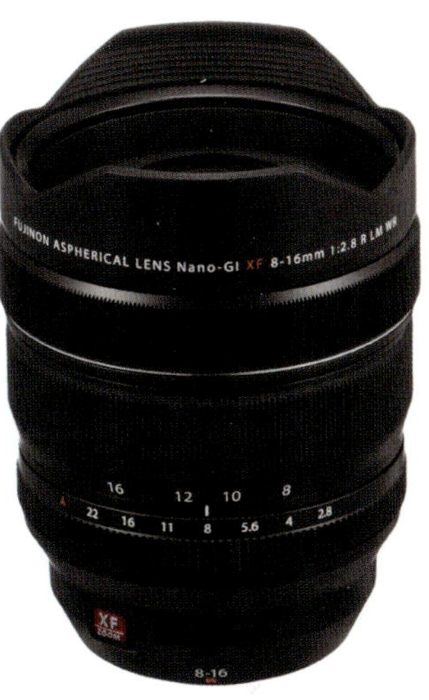

Mit diesem Objektiv, das seit Ende 2018 erhältlich ist, erhalten Sie die kürzeste Brennweite und den größten Bildwinkel, der mit einem AF-Objektiv für die FUJIFILM X-Serie zu haben ist. 121° Bildwinkel sind eine Menge.

Nicht für jedes Motiv wird so ein großer Bildwinkel gebraucht. Mit diesem Zoom können Sie die Brennweite stufenlos von 8 bis 16 mm variieren. Schnell und flexibel können Sie mit dem Zoomring den Bildwinkel auf Ihr Motiv anpassen. Für Architekturfotos ist dieses Objektiv hervorragend geeignet, denn die Optik liefert perfekt scharfe Fotos ohne störende Verzeichnungen. Dafür war ein sehr großer konstruktiver Aufwand notwendig, was Sie im Schnittbild der Optik gut sehen können.

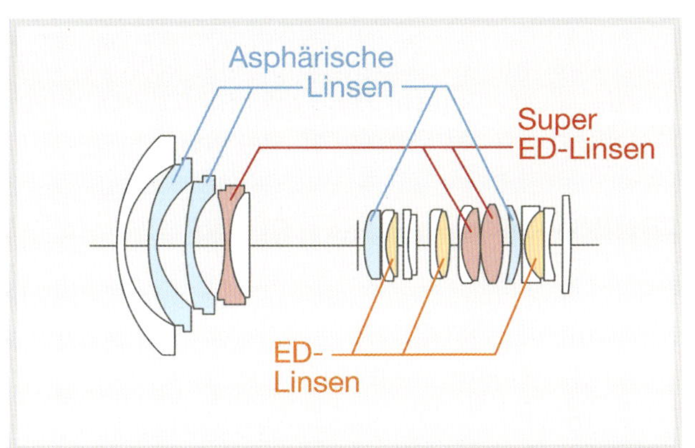

◄ *Der optische Aufbau FUJINON 8-16 mm F/2,8 R LM WR*

Auch für Landschaftsaufnahmen eignet sich dieses Objektiv sehr gut. Es ist wetterfest und gegen Staub und Feuchtigkeit abgedichtet. Allerdings werden viele ambitionierte Landschaftsfotografen ein Filtergewinde oder eine andere Möglichkeit, Filter zu verwenden, vermissen. Wem die Verwendung von Filtern wichtig ist, greift lieber zum FUJINON 10-24 mm F/4 R OIS WR. Das 8-16 mm Objektiv ist groß und schwer. Obwohl es mit vielen Kunststoffteilen am Gehäuse ausgestattet ist, macht es sich in puncto Stabilität und mechanischer Qualität nicht negativ bemerkbar. Für Reportage- und die Streetfotografie ist es aufgrund seiner Größe und des hohen Gewichts auch nur begrenzt zu empfehlen. Auch auf Reisen ist es weniger geeignet.

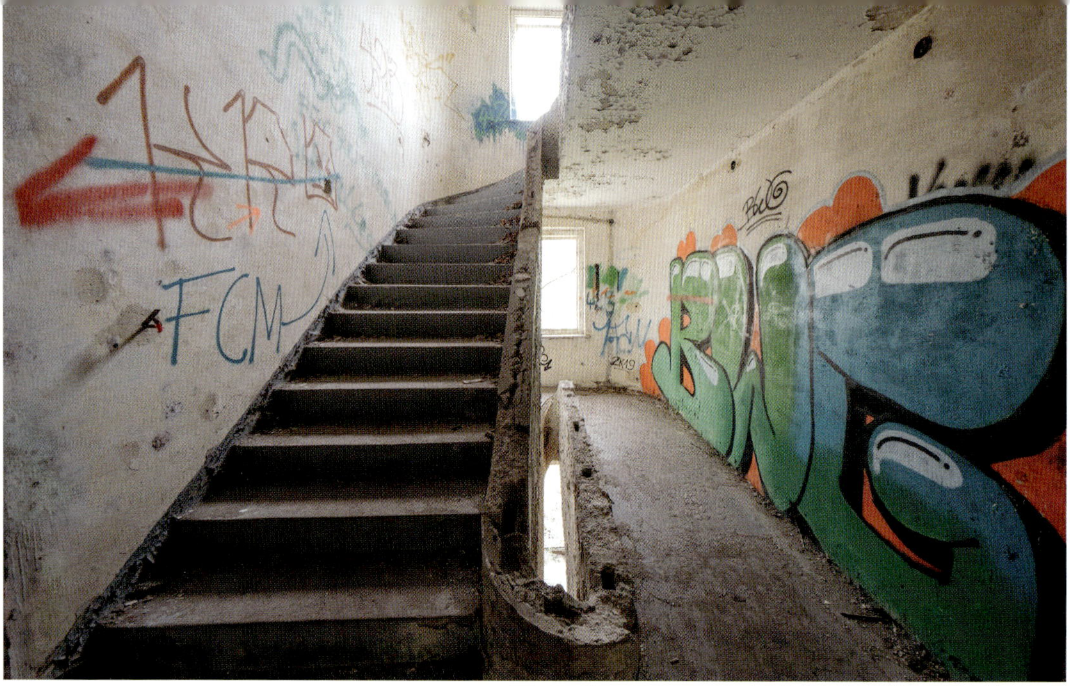

ISO 800 I F/2,8 I 1/60 Sek. I FUJIFILM X-T3 mit FUJINON XF 8-16 mm F/2,8 R LM WR bei 8 mm

Es ist zwar mit 1:2.8 lichtstark, dafür fehlt ein OIS-Bildstabilisator, dieser kann eventuell durch einen Stabilisator in der Kamera ersetzt werden.

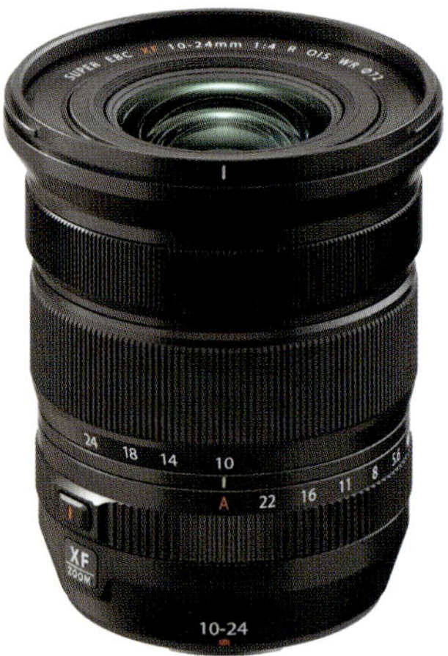

▲ *Im Gegensatz zum XF 8-16mm besitzt das XF 10-24mm einen optischen Bildstabilisator.*

FUJINON 10-24 mm F/4 R OIS WR

Dieses Objektiv ist eine Alternative zum FUJINON 8-16 mm F/2,8 R LM WR. Es ist zwar mit 1:4.0 nicht so lichtstark, aber deutlich kleiner und leichter als das 8-16 mm.

Es wiegt nicht einmal die Hälfte. Der Brennweitenbereich hat auch einen größeren Umfang. Das FUJINON 10-24 mm hat ein Filtergewinde und einen optischen Bildstabilisator.

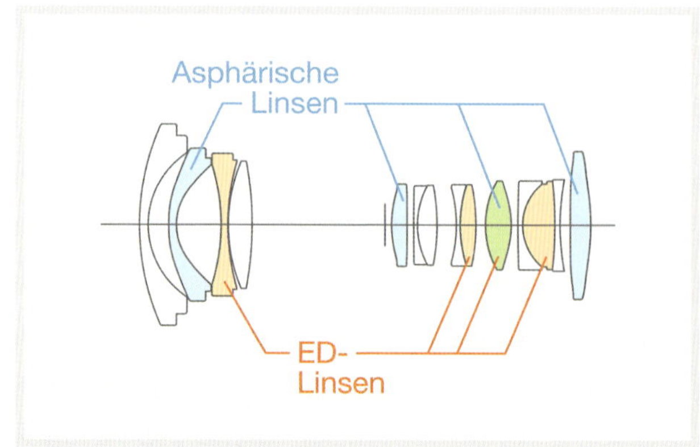

▶ *Der optische Aufbau FUJINON 10-24 mm F/4 R OIS WR*

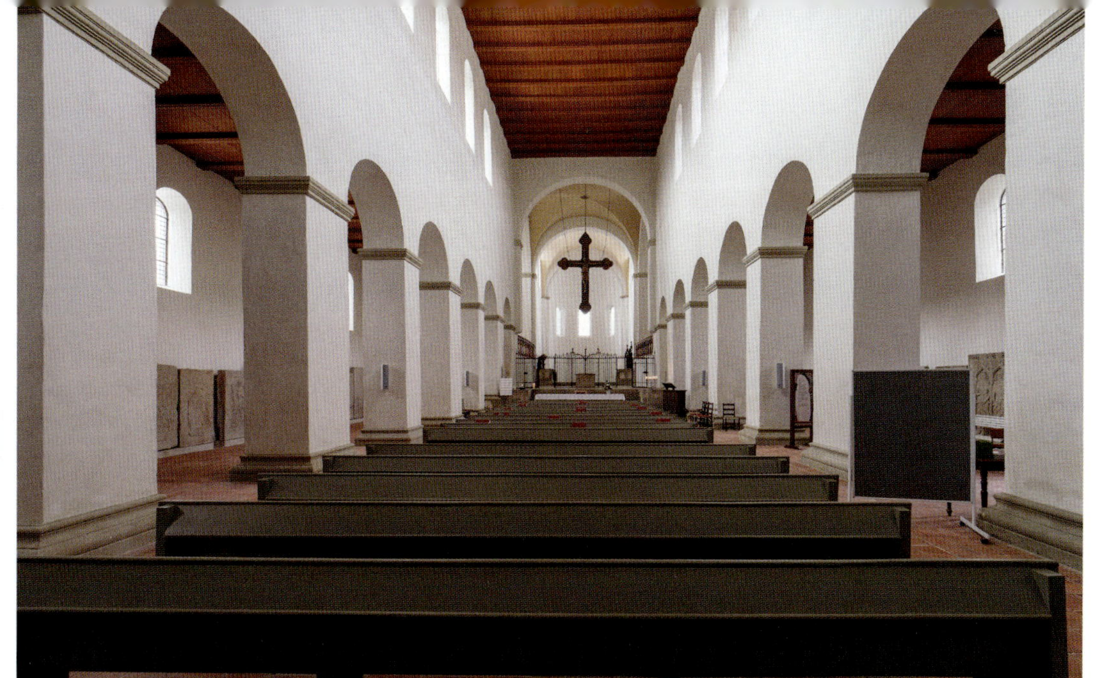

ISO 400 I F/4 I 1/15 Sek. I FUJIFILM X-S10 mit FUJINON XF 10-24 mm F/4 R OIS bei 10 mm

Damit ist es für sehr viele Motivbereiche geeignet. Beliebt ist es beispielsweise bei Architektur-, Landschafts-, Reportage- und Reisefotografien. Das 10-24 mm Objektiv gibt es seit 2014. Jedoch ist das Gehäuse 2021 überarbeitet worden. Seitdem ist es nun wetterfest und noch etwas hochwertiger mit vielen Metallteilen. Der Autofokus arbeitet schnell und leise. Es ist sehr gut auf Reisen und für unterwegs geeignet.

	FUJINON 8-16 mm F/2,8 R LM WR	FUJINON XF 10-24 mm F/4 R OIS WR
Brennweite ∅	8-16 mm (≅ 24 mm KB)	10-24 mm (≅ 15-36 mm KB)
Optische Konstruktion	20 Linsen in 13 Gruppen (davon 4 asphärische Linsen und 3 ED- und 2 2xSuper ED-Linsen)	14 Linsen in 10 Gruppen (davon 4 asphärische Linsen und 4 ED-Linsen)
Bildwinkel	121°-83,2°	110°-61,2°
Größte Blendenöffnung (Lichtstärke)	1:2.8	1:4
Kleinste Blendenöffnung	1:22	1:22
Anzahl Blendenlamellen	9	7
Blendeneinstellung	1/3 Blenden (EV)-Stufen am Blendenring	In 1/3 Blenden (EV)-Stufen am Blendenring
Naheinstellgrenze	25 cm	24 cm
Filtergewinde	–	72 mm
Abmessungen	∅ 88 mm, Länge 121,5 mm	∅ 77,6 mm, Länge 87 mm
Gewicht	805 g	385 g

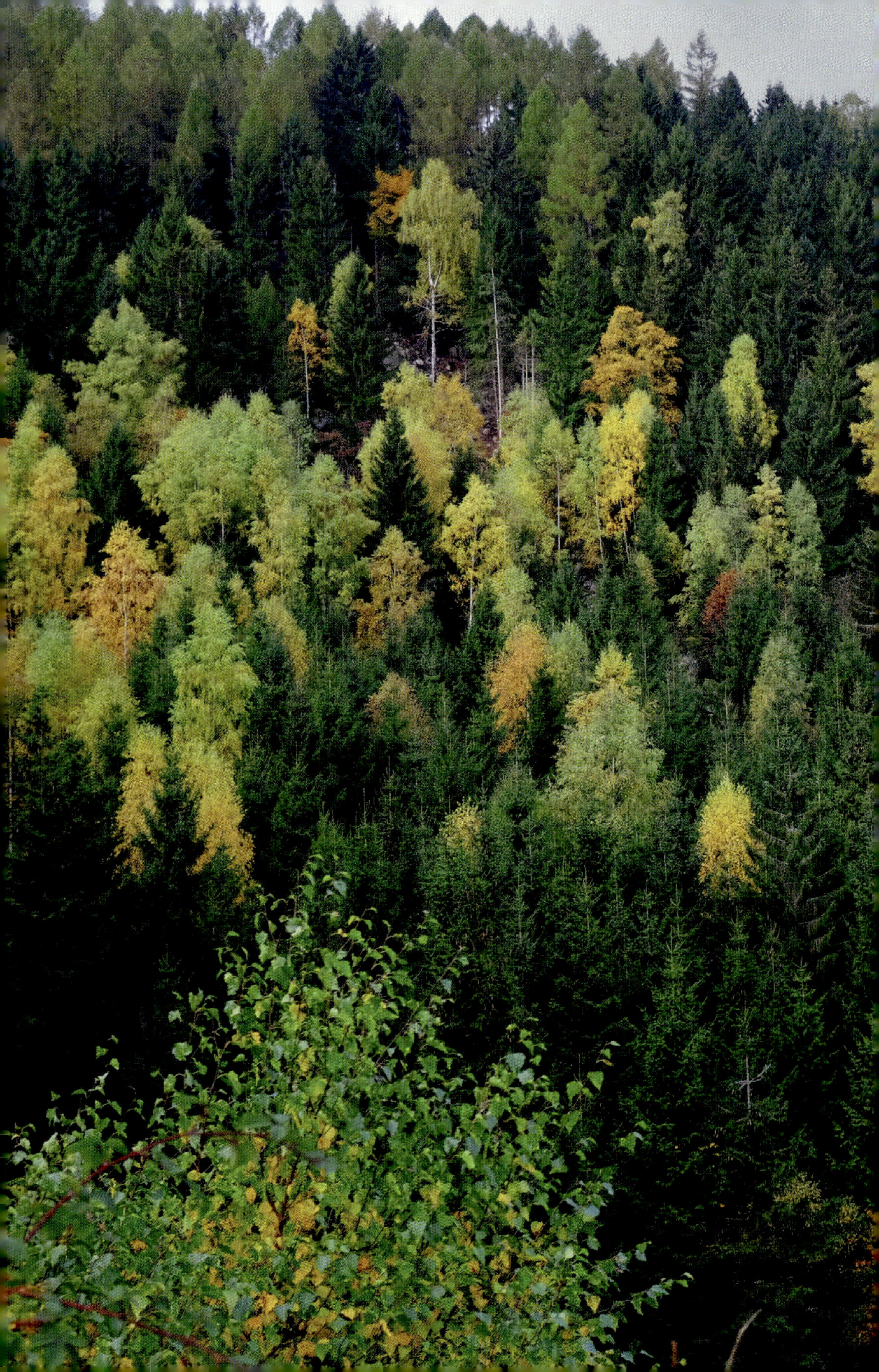

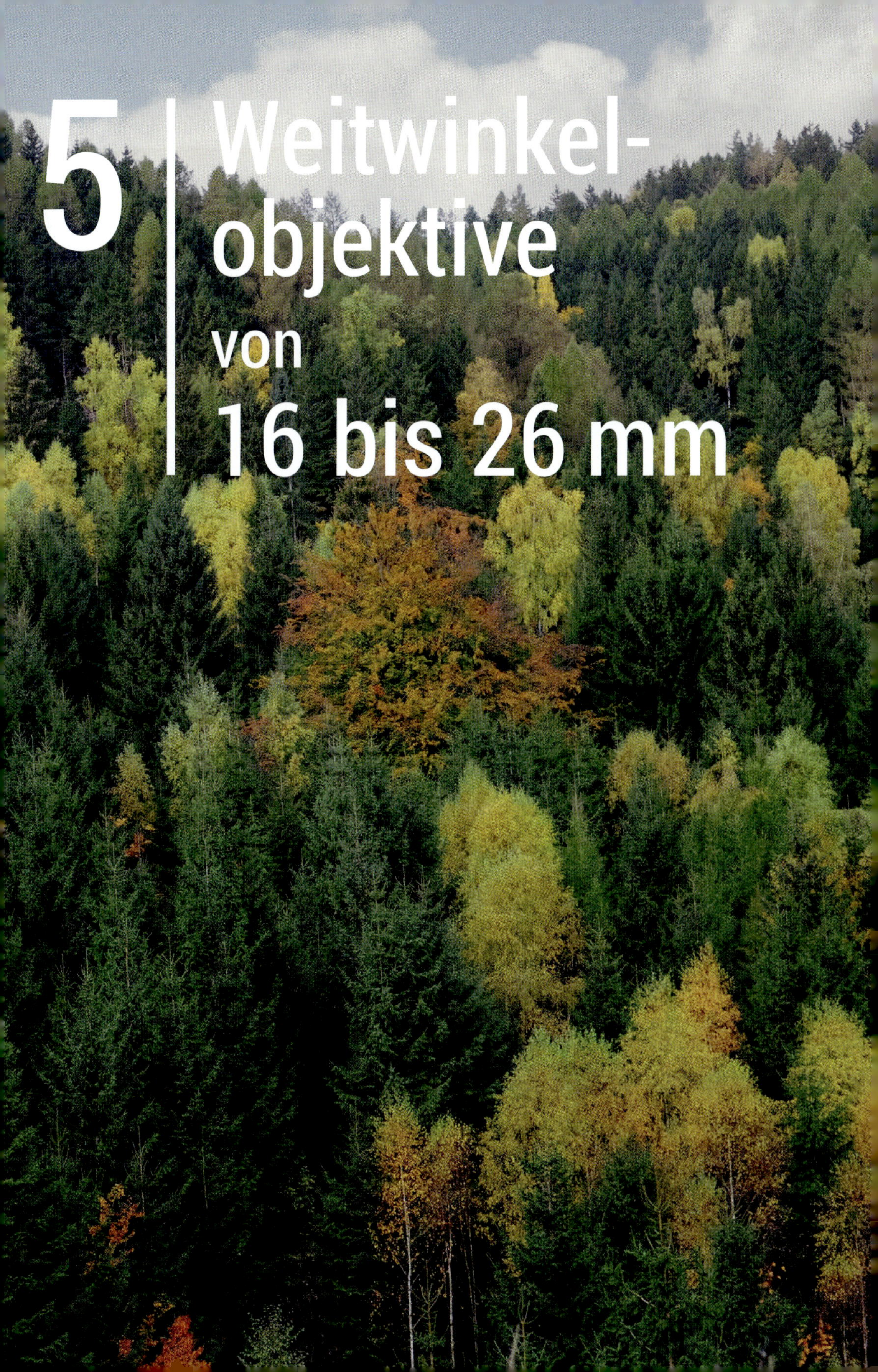

5 Weitwinkelobjektive von 16 bis 26 mm

Weitwinkelobjektive sind sehr universell einsetzbar. Wir sind den Bildlook von Weitwinkelobjektiven gewöhnt, denn die meisten Smartphones sind mit Kameras ausgestattet, deren Bildwinkel einem Objektiv für den APS-C-Sensor – also für das FUJIFILM X-System – mit 16 bzw. 18 mm Brennweite entspricht. Eine APS-C Brennweite von 23 mm entspricht in etwa dem Blickwinkel unseres gewohnten Sehens.

5.1 Geeignete Motive für Weitwinkelobjektive

Vielleicht wäre es sinnvoller aufzuzählen, für welche Motive ein Weitwinkel-Objektiv NICHT geeignet ist. Aber wir müssen unterscheiden. Denn zwischen einem 16 mm Weitwinkel und einem 23 mm gibt es Unterschiede.

Jedes FUJINON Standardzoom beginnt bei 16 oder 18 mm Brennweite. Mit 83,2° bei 16 mm Brennweite ist das ein recht großer Bildwinkel. Dagegen hat ein 23 mm Objektiv einen Bildwinkel von 63,4°. Dieser Blickwinkel kommt unseren Sehgewohnheiten am nächsten.

Die typischen Motive für den Einsatz von Weitwinkelobjektiven sind breit gefächert:

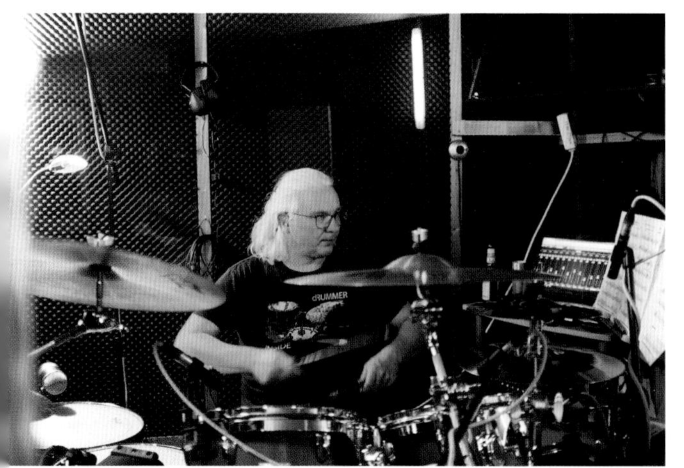

ISO 200 I F/7,1 I 1/200 Sek. I FUJIFILM X-T2 mit FUJINON XF 23 mm F/2 R WR

Reportage

Für aussagekräftige Reportagen sind Weitwinkelobjektive eine gute Wahl, denn Sie stellen das Hauptmotiv in einen Kontext mit der Umgebung. Das Umfeld mit aufzunehmen ist wichtig, um das Gefühl zu haben, mittendrin zu sein. Ein Weitwinkelobjektiv schafft Nähe vom Betrachter zum Motiv.

Streetfotografie

Es gibt nicht die Brennweite für Streetfotografie. Sehr gängig sind Bildwinkel, die der Brennweite von 18 mm entsprechen. Viele Fotografierende verwenden lieber ein 23 mm Objektiv. Auf jeden Fall eignen sich Weitwinkel sehr gut für die Streetfotografie. Denn größere Bildwinkel zeigen gut das Umfeld. Wenn das Equipment möglichst klein und unauffällig ist, kommt das dem Streetfotografierenden auch sehr entgegen. Denn wer als Streetfotografierender auffällt, der verpasst den ein oder anderen Schnappschuss und erregt bei manchen Menschen Misstrauen. Streetfotografie ist Beobachten und unauffälliges Fotografieren.

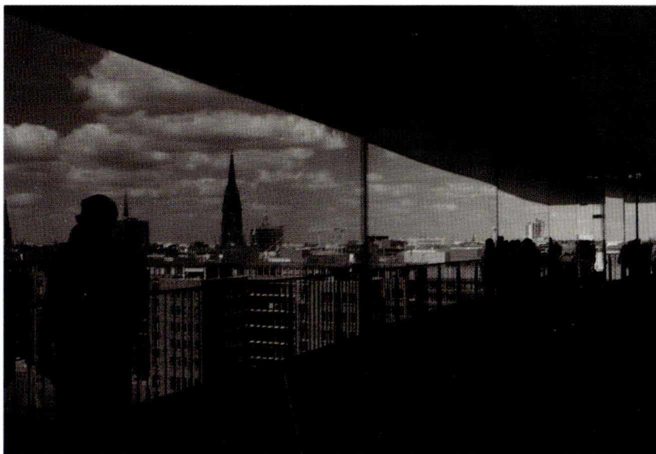

ISO 800 I F/8 I 1/640 Sek. I FUJIFILM X-Pro3 mit FUJINON XF 23 mm F/1,4 R

Sport und Action

Für Basketball, Fußball, Pferderennen und alle Sportarten, bei denen Sie nicht dicht genug ans Geschehen herankommen sind für Weitwinkelobjektive ungeeignet. Bei Sportaufnahmen denken viele erstmal an die Fotografierenden, die beim Fußball oder Motorsport mit riesigen Teleobjektiven am Rand stehen.

Ein Weitwinkel für Sport? Wenn ich mit meinen Laufgruppen in der Natur bin, habe ich oft eine Kamera dabei. Diese ist – besonders bei schlechtem Licht und schnellen Bewegungen – einem Smartphone vorzuziehen.

Meist habe ich ein 23 mm F/2 R WR auf der Kamera. Damit bekomme ich die Läufer gut aufs Bild und habe die Umgebung schön mit eingebunden. Auch für den Radsport und alle Sportarten, bei denen Sie relativ nah rangehen können, macht sich ein Weitwinkelobjektiv gut.

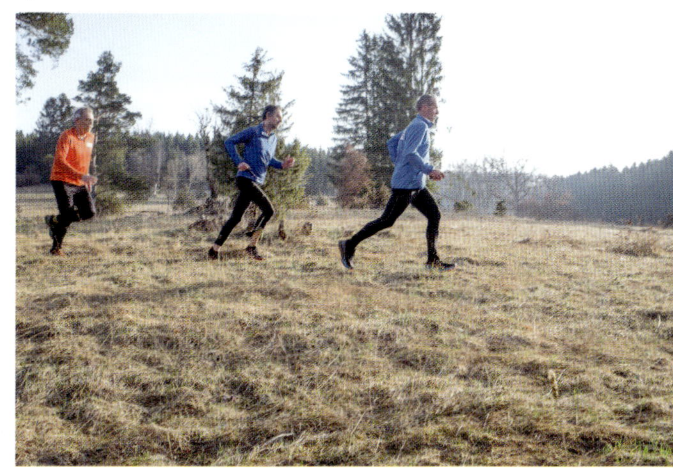

ISO 400 I F/2 I 1/160 Sek. I FUJIFILM X-Pro3 mit FUJINON XF 23 mm F/2 R WR

Porträts

Porträts mit Weitwinkel? Da schütteln viele Fotografierenden energisch den Kopf. Klar, die klassischen Porträtbrennweiten fangen im Normal- oder im leichten Telebereich an. Aber je nachdem, was Sie mit dem Bild aussagen möchten, eignet sich oft ein mäßiges Weitwinkel besser, wenn die Umgebung eine Rolle spielt oder wenn Sie Personen ganz im Bild haben möchten. So können Sie mit einem Weitwinkelobjektiv Porträts mit mehr Aussagekraft machen als mit einem Porträtobjektiv, da der Hintergrund besser mit ins Bild eingebunden wird.

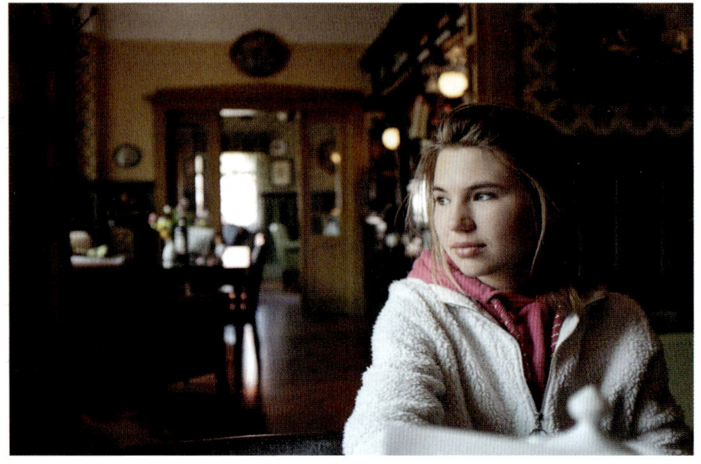

ISO 320 I F/2 I 1/100 Sek. I FUJIFILM X-T3 mit FUJINON XF 23 mm F/1,4 R

Landschaft

Für Landschaftsaufnahmen sind Weitwinkelobjektive sehr gut einsetzbar. Damit ist eine gute Übersicht möglich und die Weite der Umgebung kann gut dargestellt werden. Ein Weitwinkelobjektiv gehört in die Fototasche jedes Landschaftsfotografierenden.

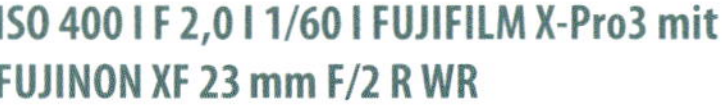

ISO 400 I F 2,0 I 1/60 I FUJIFILM X-Pro3 mit FUJINON XF 23 mm F/2 R WR

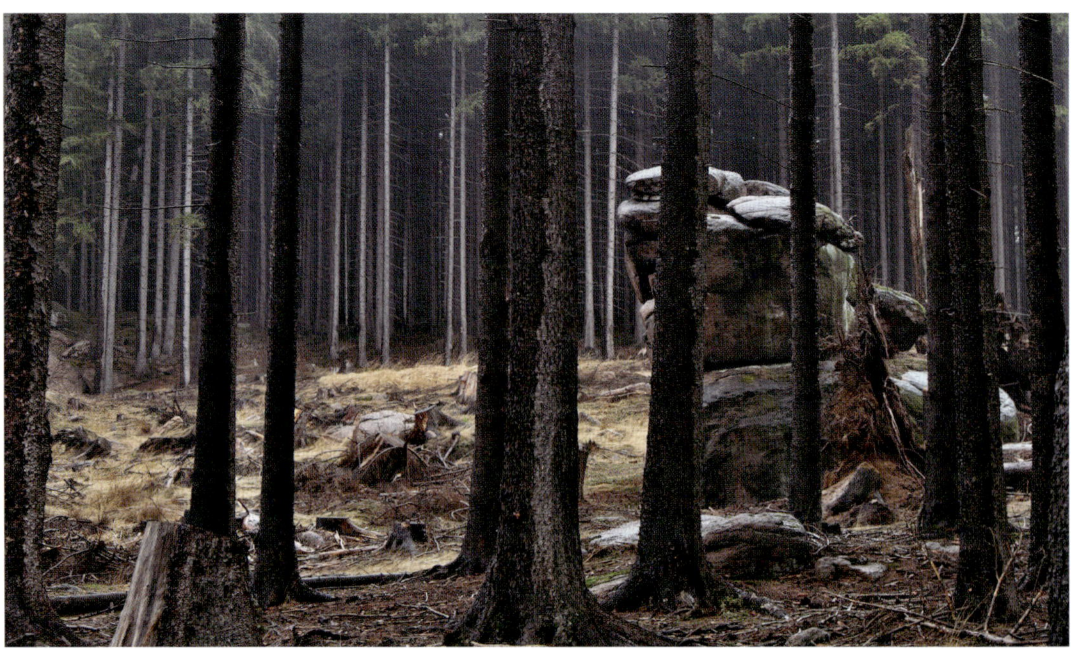

Architektur und Innenaufnahmen

Bei Architekturaufnahmen kommt meist nur ein Weitwinkelobjektiv oder sogar ein Superweitwinkelobjektiv in Frage, weil für den Fotografierenden nicht mehr Platz nach hinten ist. Das Gleiche gilt für Innenaufnahmen.

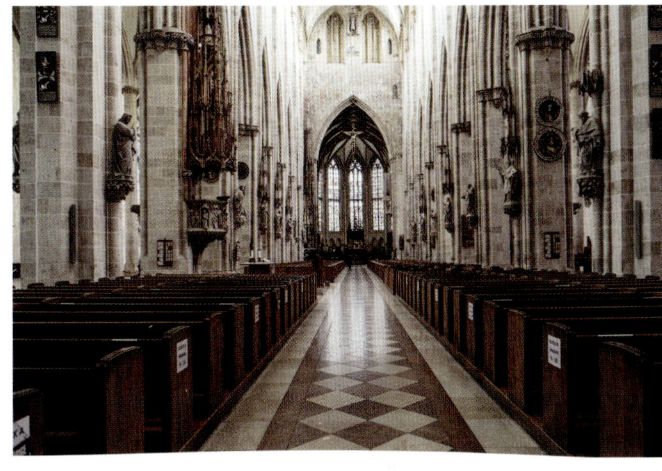

ISO 400 I f2,8 I 1/30 Sek. I FUJIFILM X-S10 mit Sigma 16 mm F/1,4 DC DN Contemporary

Reisefotografie

Auf Reisen möchte niemand viel Equipment mit sich herumtragen. Auch das Objektiv zu wechseln, ist auf Reisen lästig. Deshalb verwenden die meisten Fotografierenden auf Reisen ein oder mehrere Zoomobjektive. Ich persönlich verwende auf Reisen oft das FUJINON 23 mm F/2 R WR. Weil ich gerne mit wenig Gepäck unterwegs bin, nehme ich auch kein anderes Objektiv zusätzlich mit. Die Art zu fotografieren, ändert sich dadurch. »Vermisst du denn keine Telebrennweite unterwegs?«, werde ich dann misstrauisch von Freunden gefragt. Doch ich persönlich ziehe eine hohe Lichtstärke einem Zoom vor. Dazu kommen noch das geringere Gewicht und die kompakten Abmessungen.

ISO 6.400 I f4 I 1/15 Sek. I FUJIFILM X-T2 mit FUJINON XF 23 mm F/2 R WR

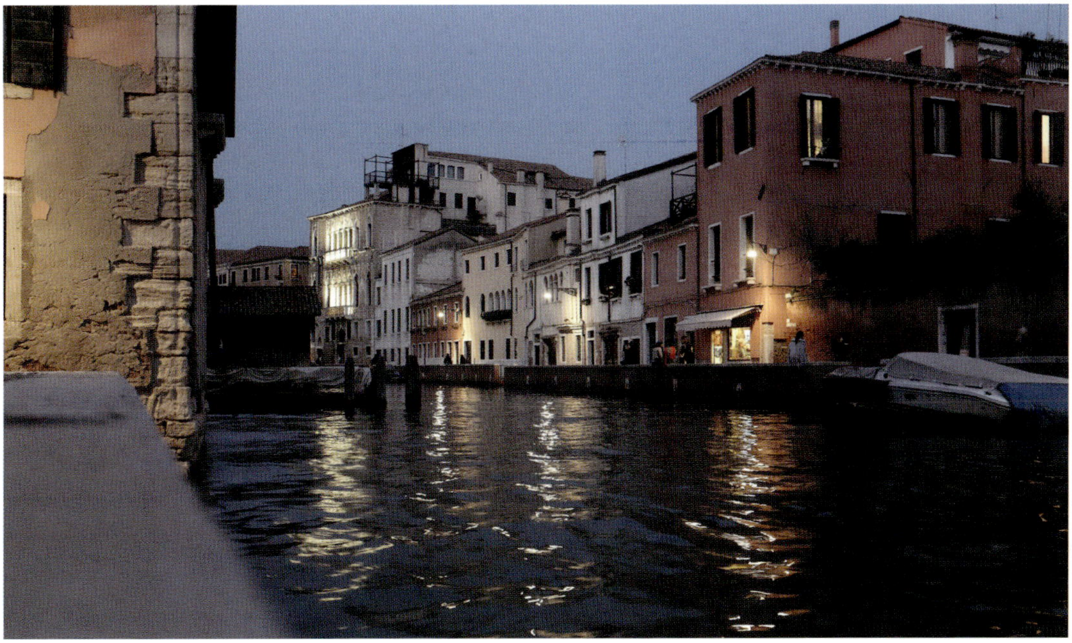

Allround

Es gibt auch Fotografierende, die keine speziellen Motive im Sinn haben. Sie fotografieren das, was ihnen gerade vor die Linse kommt. Das kann von Landschaft, Streetfotografie bis zum Porträt alles Mögliche sein. Auch für diese Fotografierenden ist ein leichtes Weitwinkelobjektiv oft die beste Wahl. Egal welches Motiv sich gerade ergibt, mit einem Weitwinkel lassen sich sehr viele Motivsituationen fotografisch abdecken. Und wenn das Motiv zu weit weg ist, gehe ich an das Motiv heran. Mein Allround-Objektiv ist ein 23 mm. Auch hier ist meine persönliche Meinung: mein Allroundobjektiv ist ein 23 mm.

5.2 Bildwirkung und -gestaltung

Gegenlichtblende verwenden

Grundsätzlich und für alle Motive und Weitwinkelobjektive gilt: Verwenden Sie die mitgelieferte Gegenlichtblende. Sie verhindert seitlich einfallendes Streulicht, das zu Reflexionen, Kontrast- und Brillanzverlust führen kann.

Weitwinkelobjektive sind unseren Sehgewohnheiten durchaus ähnlich. Zumindest was den Blickwinkel betrifft. Denn als Normalobjektive gelten Objektive mit einem Bildwinkel von knapp 50°, das entspricht 33-35 mm Brennweite. Dieser Bildwinkel entspricht der Tiefenstaffelung des menschlichen Sehens mehr als bei einem 23 mm Objektiv. Trotzdem wirkt der Bildlook eines leichten Weitwinkels auf uns natürlich und angenehm. Und da wir uns an die Fotos, die täglich mit unseren Smartphones entstehen, so gewöhnt haben, werden Fotos von einem 16 oder 18 mm Weitwinkel auch nicht mehr als ungewöhnlich wahrgenommen. Mit einem Weitwinkel ist es nicht schwer, eine große Schärfentiefe zu erreichen. So extreme Schärfenbereiche wie beim Superweitwinkel sind allerdings nicht möglich.

Porträts

Porträts mit Weitwinkelobjektiven verwenden Sie nur, wenn die Umgebung eine Rolle spielt. Wenn Sie beispielsweise einen Bäcker porträtieren, wäre es eine gute Idee, die Bäckerei mit ins Bild einzubinden. Mit lichtstarken Weitwinkelfestbrennweiten lässt sich trotz Weitwinkel mit der selektiven Schärfe arbeiten und Sie erhalten schon ein ansehnliches Bokeh. Ob Sie die Bäckerei, um bei dem Beispiel zu bleiben, durch die Wahl einer Blende 8 oder 11

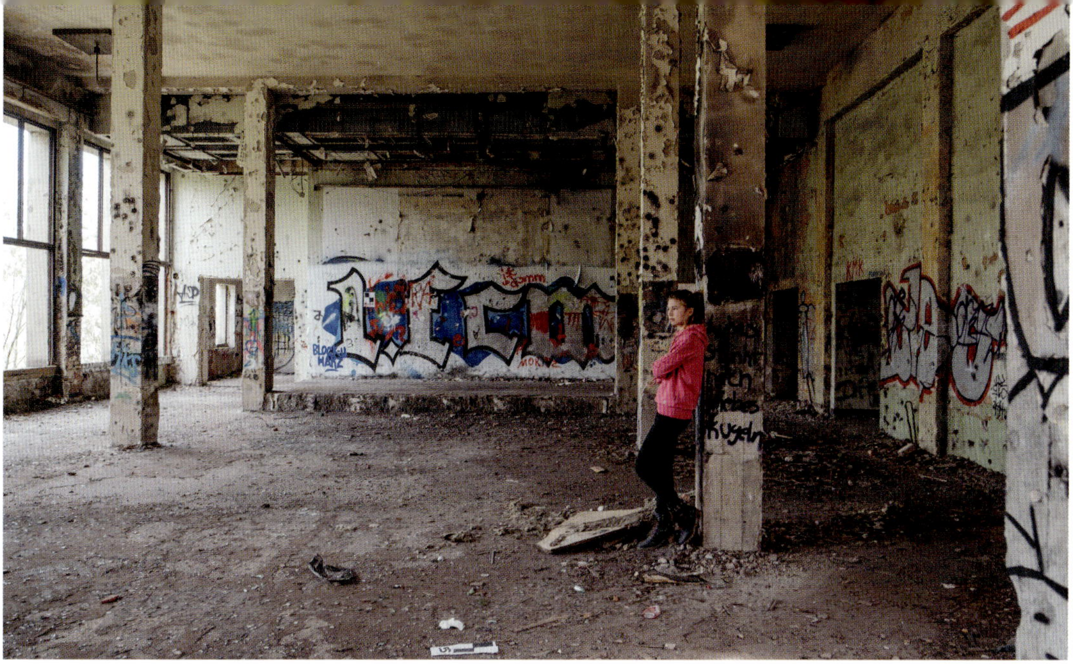

ISO 160 I F/2,8 I 1/30 Sek. I FUJIFILM X-T3 mit FUJINON XF 16 mm F/1,4 R

scharf im Hintergrund abbilden oder ob Sie mit geöffneter Blende fotografieren, um den Hintergrund etwas unschärfer darzustellen, bleibt Ihrem Geschmack überlassen. Mit lichtstarken Festbrennweiten ist beides möglich. Mit Zoomobjektiven sind Sie dagegen durch die oft schwächere Lichtstärke etwas eingeschränkter, was das Bokeh betrifft. Bitte beachten Sie, dass Personen, die sich am Rand befinden, verzerrt dargestellt werden. Sie sollten auch nicht zu nah an Ihr Model herangehen, da auch dabei Verzerrungen auftreten.

Reportage

Weitwinkelobjektive vermitteln Nähe zum Betrachter und das Umfeld wird mit eingebunden. Der Betrachter fühlt sich mittendrin im Geschehen. Natürlich müssen Sie als Fotografierender auch entsprechend nah an das Motiv rangehen. Wenn Sie eine lichtstarke Festbrennweite verwenden, können Sie mit selektiver Schärfe arbeiten. Das lenkt den Blick gezielt auf das scharfe Hauptmotiv und zeigt trotzdem das Umfeld – nur eben leicht in der Unschärfe. Personen am Rand werden etwas verzerrt, wenn

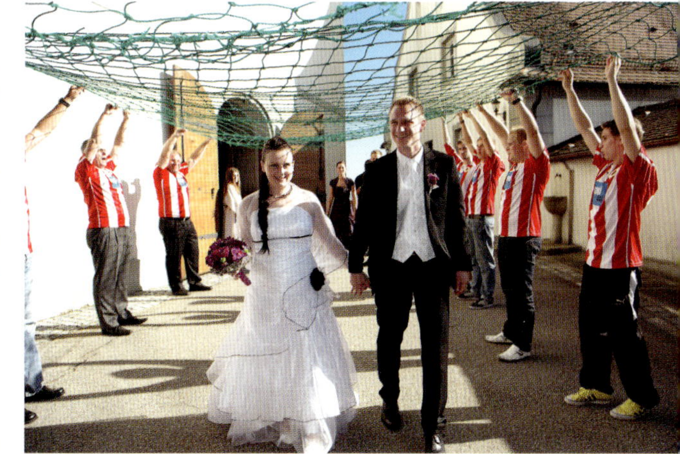

ISO 800 I F/4 I 1/1.500 Sek. I FUJIFILM X-T1 mit FUJINON XF 16 mm F/1,4 R WR

Sie nah dran sind. Bei Reportagefotos ist das aber in der Regel nicht so schlimm, da Sie hier dokumentieren möchten und es nicht um schöne Porträts geht.

Landschaft

Bitte achten Sie darauf, dass bei Landschaftsaufnahmen nicht zu viel auf das Bild kommt. Das kann bei Weitwinkelobjektiven eher leicht passieren. Das Bild wirkt dadurch schnell überladen und unruhig.

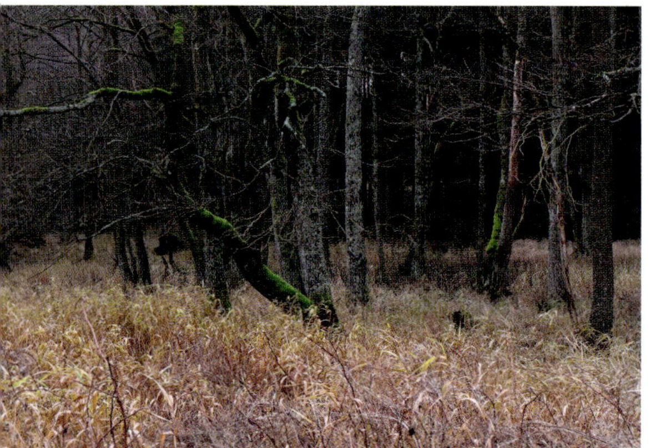

ISO 800 I F/8 I 1/100 Sek. I FUJIFILM X-T2 mit FUJINON XF 23 mm F/1,4 R

Für eine große Schärfentiefe schließen Sie die Blende. Mit Blendenwerten von 8 oder 11 erreichen Sie mit Weitwinkelobjektiven bereits eine sehr hohe Schärfentiefe. Da für die Landschaftsfotografie meist keine hohe Lichtstärke erforderlich ist, sind Weitwinkel- und Universalzoomobjektive eine gute Wahl. Mit einem Zoom können Sie den Bildwinkel Ihrem Motiv anpassen. Manche Landschaftsfotos wirken etwas flach, wenn sich das Hauptmotiv weit hinten befindet. Sie bekommen mehr Tiefe, wenn etwas im Vordergrund ist. Dazu finden sich in der Regel Objekte wie Blumen, Pilze, Felsbrocken oder ein Begleiter. Auch bei Landschaftsaufnahmen kann ein Stativ von Vorteil sein. So können Sie in Ruhe Ihre Kamera ausrichten und müssen außerdem nicht auf die Belichtungszeit achten.

Architektur und Innenaufnahmen

Vermeiden Sie stürzende Linien. Halten Sie die Kamera parallel zum Gebäude und verwenden Sie, wenn möglich, einen erhöhten Standpunkt. Wenn es gar nicht anders geht, lassen sich stürzende Linien nachträglich im Bildbearbeitungsprogramm korrigieren. Dafür ist aber etwas mehr Rand ums Hauptmotiv notwendig, da Teile vom Rand verloren gehen. Oft sieht das Foto deutlich besser aus, wenn Sie nicht das ganze Gebäude abbilden. Prüfen Sie, ob nicht auch ein Ausschnitt reicht, dafür aber ohne stürzende Linien. Alle in diesem Buch vorgestellten Objektive haben keine störenden Verzeichnungen. Es sind also alle AF-Weitwinkelobjektive auch für Architekturfotos sehr gut geeignet.

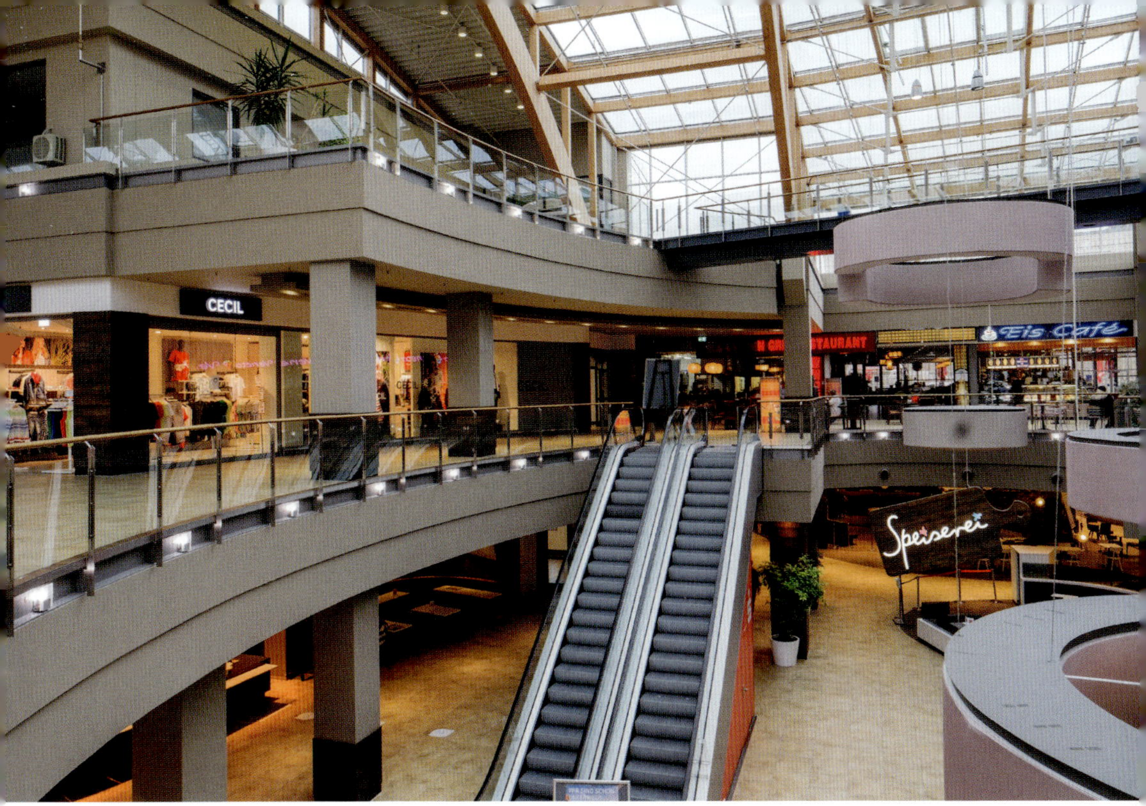

Sport und Action

Bei Sport- und Actionfotos mit Weitwinkelobjektiven müssen Sie nah ran ans Motiv. Den Autofokus stellen Sie auf kontinuierlich AF-C. Wichtig ist eine kurze Belichtungszeit. Je nach Geschwindigkeit wären Zeiten von 1/250 Sek. oder kürzer empfehlenswert.

Wichtig ist der Hintergrund, dieser sollte sich am besten attraktiv in die Bildkomposition einfügen lassen. Auf keinen Fall sollte der Hintergrund vom Hauptmotiv ablenken. Sie können Ihren Standpunkt weit unten wählen. Wenn nichts Hohes im Hintergrund ist, so haben Sie nur Himmel im Hintergrund. Oder Sie haben einen unpassenden Hintergrund, dann wenden Sie den Mitzieheffekt an (siehe Seite 95). Der Hintergrund wird dann verwischt dargestellt und wirkt nicht mehr störend. Außerdem sieht es dynamisch nach Bewegung aus.

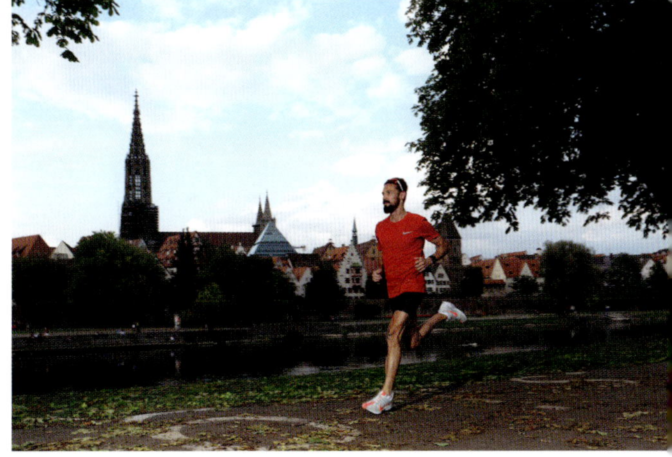

ISO 160 I F/5,6 I 1/250 Sek. I FUJIFILM X-T2 mit FUJINON XF 23 mm F/2 R WR

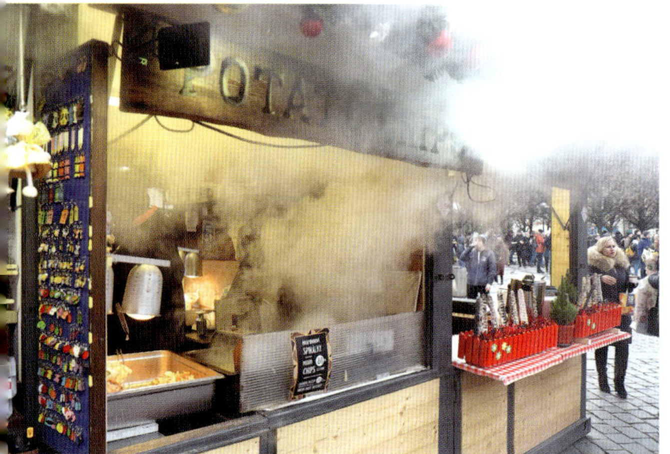

ISO 160 I F/2,8 I 1/70 Sek. I FUJIFILM X-T3 mit FUJINON XF 18 mm F/1,4 R LM WR

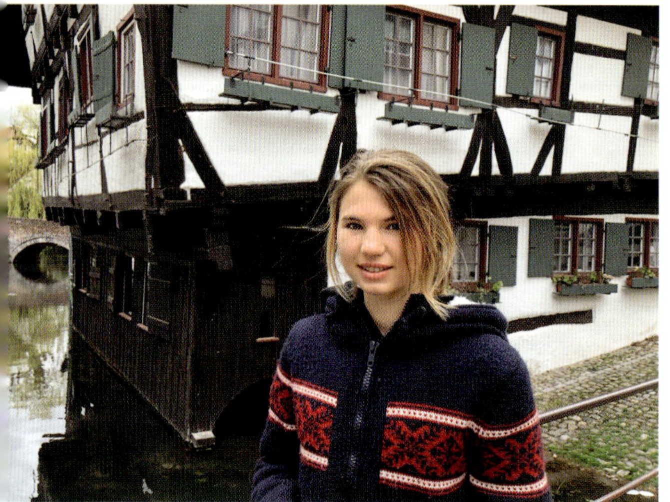

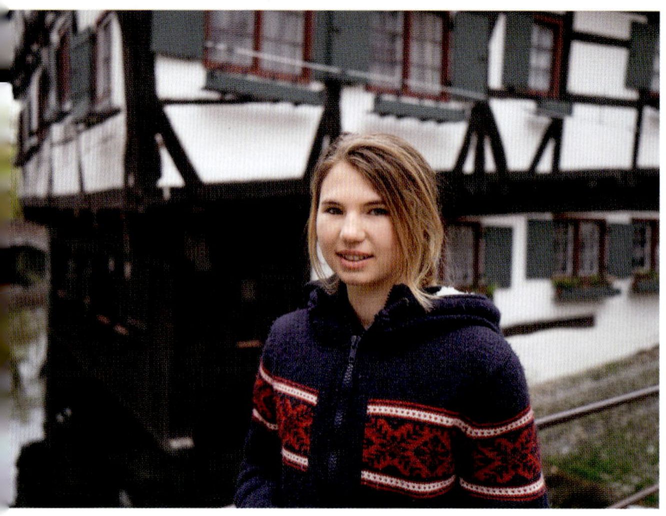

Streetfotografie

Streetfotografie ist eine Art Reportagefotografie. Sie fotografieren das Sein im öffentlichen Raum. Es müssen nicht zwangsläufig Menschen mit auf dem Bild sein. Sie bewegen sich unauffällig, beobachten und drücken im richtigen Moment ab.

Entscheidend ist eine gute Bildkomposition. Hier empfehle ich, Streetfotos von anderen Fotografierenden anzuschauen und sich inspirieren zu lassen. Übung macht den Meister.

Viele pauschale Tipps zur Bildgestaltung gibt es für die Streetfotografie nicht. Achten Sie darauf, dass nur das Wesentliche auf das Bild kommt. Besonders da Sie mit einem Weitwinkel fotografieren. Vermeiden Sie also auch hier, zu viel in Ihr Motiv zu packen. Beispielsweise ist eine eintönige große Wand im Hintergrund besser geeignet als ein Gewirr aus Autos, Häusern, etc. Im Zweifel näher ran ans Motiv.

Auf den ersten Blick sieht das Foto vom Smartphone gut aus. Für das Anschauen am Monitor, Handy und Tablet gibt es nichts auszusetzen.

Beim Ausdrucken oder bei Ausschnittsvergrößerungen werden die Unterschiede sichtbar. Der kleine Sensor des Smartphones ermöglicht keine selektive Schärfe. Die Bokeh-Filter, die sich nachträglich bei manchen Smartphones hinzufügen lassen, sehen unnatürlich aus.

Foto unten: ISO 160 I F/1,4 I 1/400 Sek. I FUJIFILM X-S10 mit FUJINON XF 18 mm F/1,4 R LM WR

◄ *Bild vom Smartphone (Mitte) im Gegensatz zum Foto mit FUJIFILM.*

5.3 Weitwinkelobjektive mit Festbrennweite 16 und 18 mm

Fünf Weitwinkel mit Lichtstärken von 1:1.4 bis 1:2.8 stehen zur Auswahl. Für Reportagen und die Streetfotografie sind diese Objektive die erste Wahl.

FUJINON XF 16 mm F/1,4 R WR

Das FUJINON 16 mm F/1,4 R WR ist seit 2015 erhältlich. Es ist immer noch ein hervorragendes und sehr hochwertiges Objektiv. Obwohl es nicht mit einem Linearmotor ausgestattet ist, fokussiert es sehr schnell und leise. Das hochwertige Metallgehäuse ist wetterfest und gegen Feuchtigkeit und Staub abgedichtet. Die Optik liefert eine hervorragende Bildqualität.

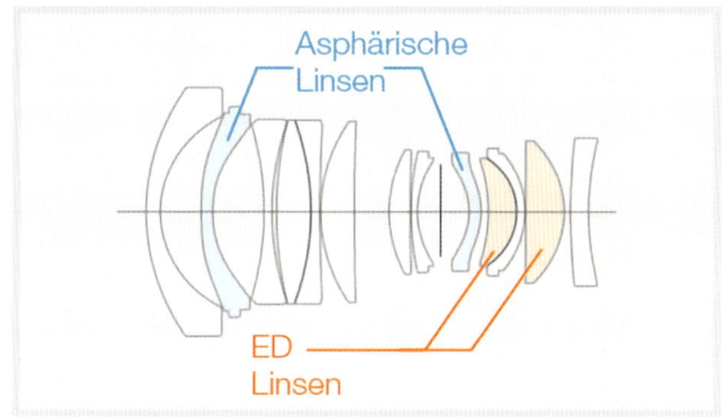

▲ *Der optische Aufbau FUJINON XF 16 mm F/1,4 R WR.*

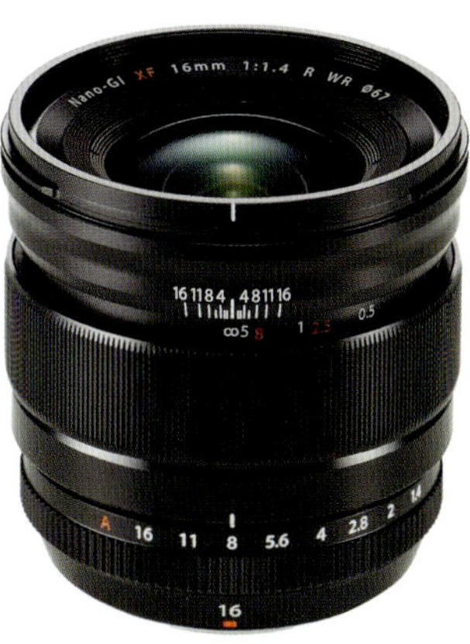

▲ *FUJINON XF 16 mm F/1,4 R WR*

Wie beim FUJINON 14 mm F/2,8 R und 23 mm F/1,4 R hat auch das 16 mm F/1,4 R WR die Besonderheit, dass sich der Fokussierring nach unten ziehen lässt. Dann ist der Autofokus ausgeschaltet und zum Vorschein kommt eine in die Fassung gravierte Entfernungsskala. Wird der Fokussierring nach vorne gezogen, so ist der Autofokus aktiviert und der Ring lässt sich nicht mehr manuell drehen. Diese Funktion ist sehr praktisch, denn das Umschalten zwischen AF und MF funktioniert sehr schnell.

Das lichtstarke FUJINON 16 mm Objektiv eignet sich besonders für die Reportagefotografie, beispielsweise für Hochzeitsreportagen. Auch einige Streetfotografierende verwenden gerne die lichtstarke FUJINON 16 mm Optik.

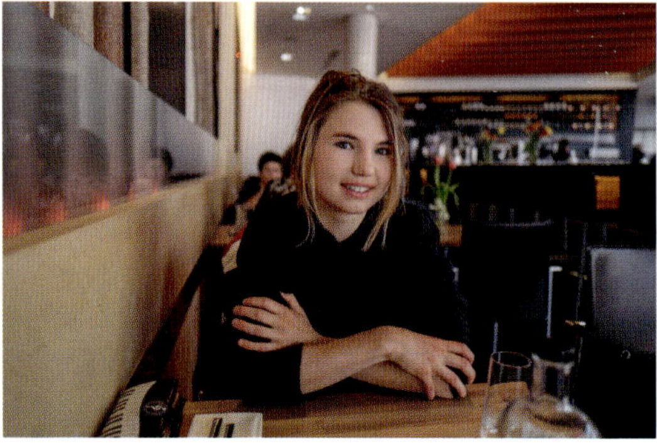

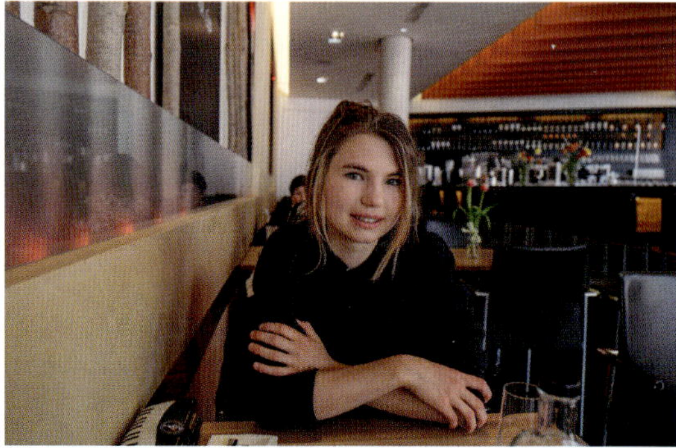

▲ *So unterscheiden sich XF 16 mm F/1,4 R WR (links) und XF 16-55 mm F/2,8 R LM WR (rechts) – beide bei 16 mm und offener Blende.*

SIGMA 16 mm 1.4 DC DN Contemporary

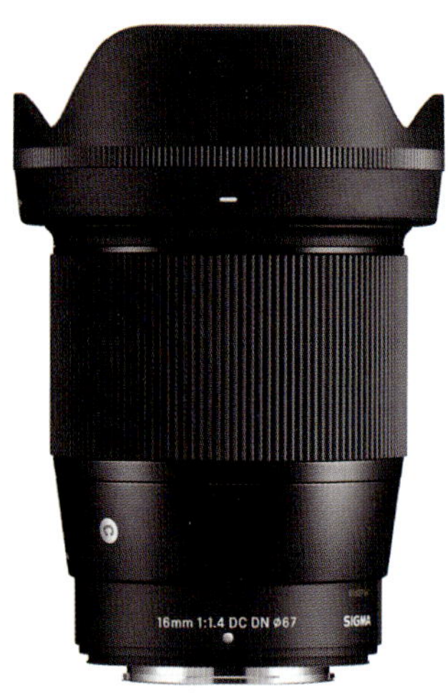

Der Objektivspezialist SIGMA hat bereits 2017 dieses lichtstarke 16 mm Objektiv vorgestellt. Allerdings nicht mit einem Anschluss für das FUJIFILM X-System, dies gibt es erst seit 2022.

Die optische Konstruktion des SIGMA ist sehr aufwendig und sorgt für eine sehr gute Bildqualität.

Auch die Mechanik ist hochwertig verarbeitet. Allerdings besitzt das Objektiv keinen Blendenring und die Blendeneinstellung muss – wie bei der FUJINON XC-Serie – über das entsprechende Einstellrad am Kameragehäuse erfolgen.

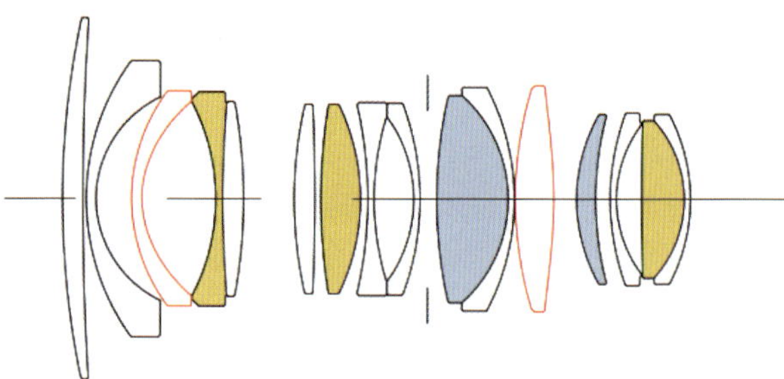

▶ *Der optische Aufbau des SIGMA 16 mm 1.4 DC DN Contemporary.*

Das 16 mm SIGMA ist etwas länger und schwerer als das FUJIFILM XF 16 mm F/1,4 R WR. Auch das lichtstarke SIGMA-Weitwinkel ist wetterfest und gegen Staub und Feuchtigkeit abgedichtet. Unter anderem ist es sehr gut für Reportagen geeignet.

Trotz kurzer Brennweite können Sie dank hoher Lichtstärke von 1:1.4 mit der Schärfentiefe spielen.

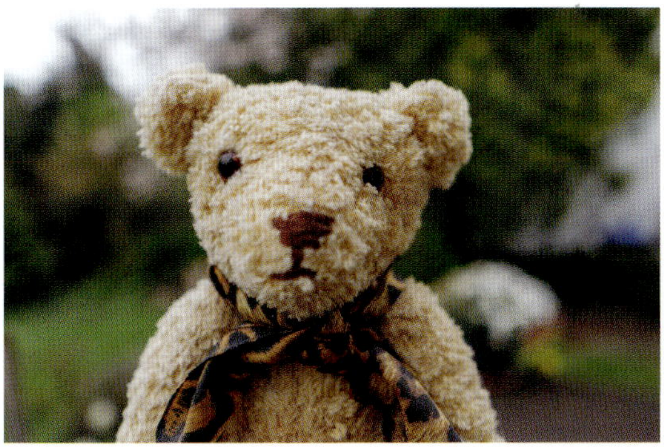

▲ *Blende 1,4*

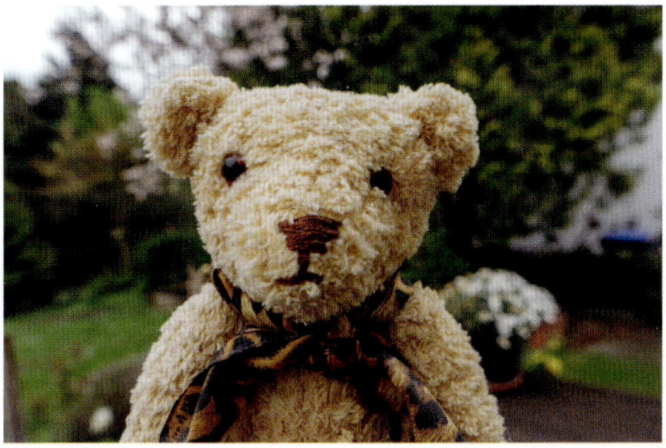

▲ *Blende 4*

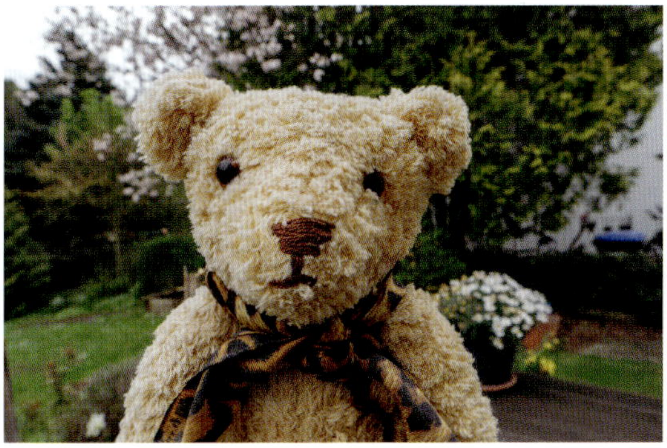

▲ *Blende 8*

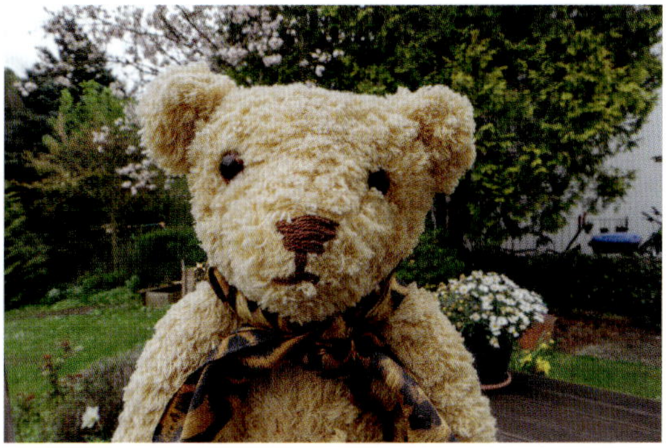

▲ *Blende 16*

Alle Fotos mit Sigma 16 mm F/1,4 DC DN Contemporary.

FUJINON XF 16 mm F/2,8 R WR

Seit 2019 bietet FUJIFILM eine lichtschwächere Variante des 16 mm Objektivs an. Seine Stärken sind die besonders kompakte Bauweise und das geringe Gewicht. Es wiegt nicht einmal die Hälfte von dem FUJINON XF 16 mm F/1,4 R WR.

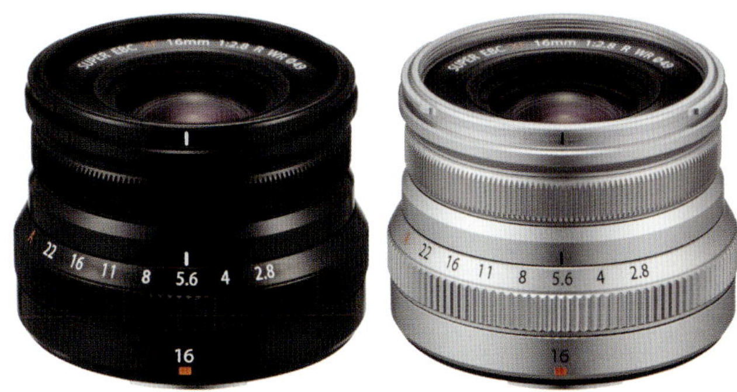

▲ *Das kompakte und wetterfeste XF 16 mm F/2,8 R WR ist in Schwarz und Silber erhältlich – passend zu den Gehäusevarianten, die FUJIFILM anbietet.*

Die Verarbeitung des Metallgehäuses ist sehr edel und hochwertig. Auch die 2,8er-Variante ist wetterfest und gegen Staub und Nässe abgedichtet. Die Optik ist – wie von FUJIFILM gewöhnt – ab Offenblende hervorragend. Wer also nicht unbedingt die hohe Lichtstärke braucht, ist mit dem 16 mm F/2,8 sehr gut bedient. Es eignet sich sehr gut als »Immerdabei-Objektiv«, für die Street-, Reise-, Architektur- und Reportagefotografie.

▶ *Der optische Aufbau des FUJINON 16 mm F/2,8 R WR.*

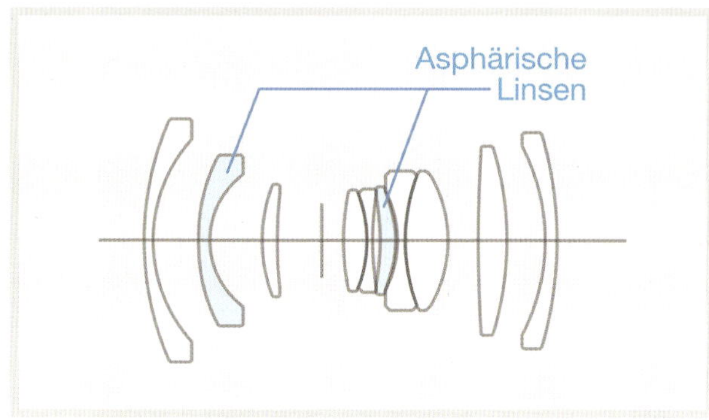

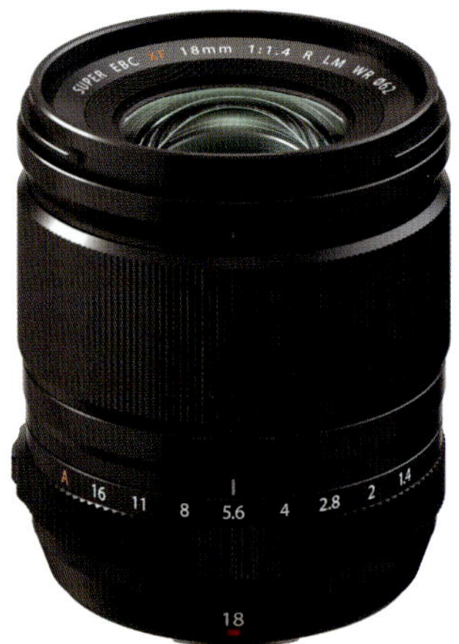

▲ *Das wetterfeste XF 18 mm F/1,4 R LM WR ist eine Neukonstruktion mit schnellem Linear-AF-Motor und arretierbarem Blendenring auf Automatik.*

FUJINON XF 18 mm F/1,4 R LM WR

Das lichtstarke 18 mm gehört zur neuesten Generation der FUJINON XF-Objektiven. Es besitzt einen Autofokus mit Linearmotor, der superschnell, leise und präzise fokussiert. Das hochwertige Metallgehäuse ist wetterfest und gegen Staub und Feuchtigkeit abgedichtet. Der Blendenring ist in der Automatikstellung A arretierbar. Das verhindert versehentliches Verstellen. Auch die Optik ist auf dem neuesten Stand und löst etwas höher auf als das lichtstarke 16 mm.

Das XF 18 mm F/1,4 R LM WR ist vom Bildwinkel recht nah am FUJINON XF 16 mm F/1,4 R WR. Wer das bereits besitzt, muss sich gründlich überlegen, ob er das 18 mm auch noch braucht. Für mich persönlich ergibt es keinen Sinn, beide Objektive zu

▶ *Der optische Aufbau des FUJINON 18 mm F/1,4 R LM WR.*

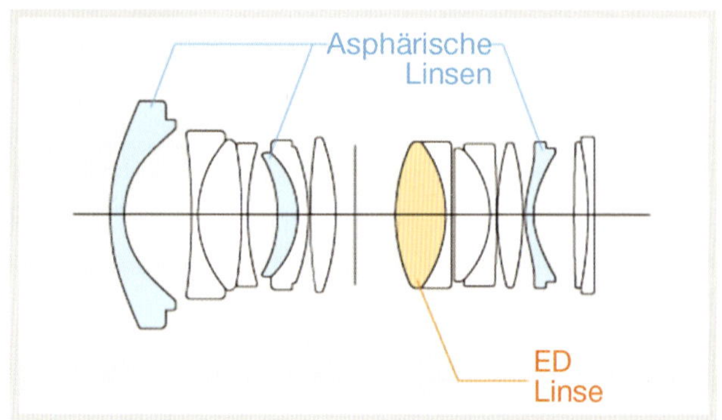

besitzen. Wer noch keins von beiden hat und wem der etwas engere Bildwinkel nichts ausmacht, ist mit dem lichtstarken 18 mm besser bedient. Es ist die modernere Konstruktion und im direkten Vergleich ist das auch zu spüren. Das lichtstarke 18 mm Weitwinkelobjektiv eignet sich beispielsweise als Allroundobjektiv, für Reportagen, die Architektur- oder Streetfotografie.

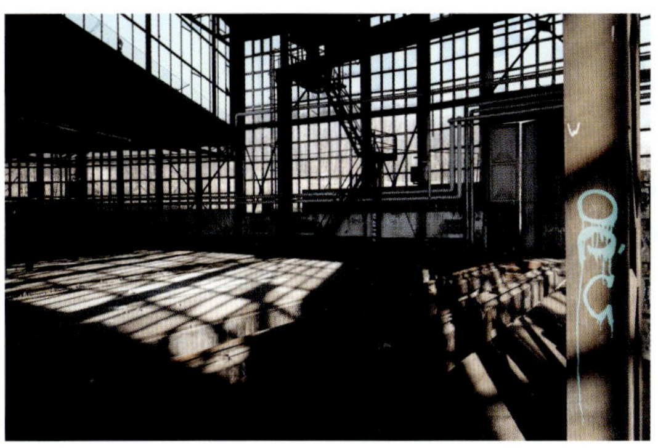

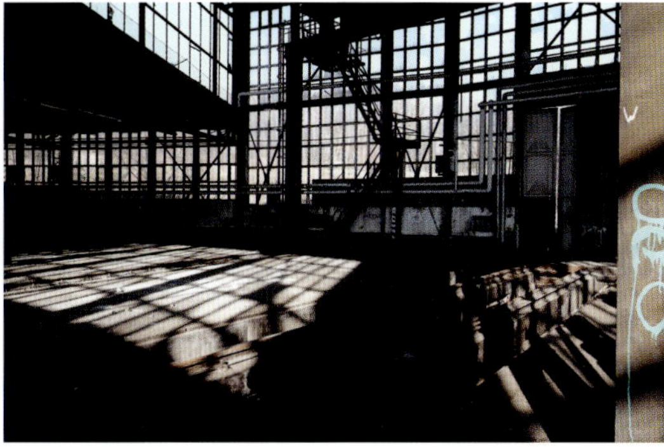

▲ *So unterscheiden sich XF 16 mm F/1,4 R WR (links) und XF 18 mm F/1,4 R LM WR (rechts) im Bildwinkel.*

FUJINON XF 18 mm F/2 R

Das FUJINON XF 18 mm F/2 R gehört zur ersten Objektivgeneration von FUJIFILM und wurde 2012 zusammen mit der X-Pro1 auf den Markt gebracht.

Es ist sehr gut verarbeitet und besitzt einen relativ einfachen optischen Aufbau, der aber trotzdem für eine sehr gute Bildqualität sorgt.

Die große Stärke dieses Objektivs ist die sehr kompakte und leichte Bauweise. Obwohl es mit einer Lichtstärke von 1:2.0 nur um eine Blendenstufe lichtschwächer ist als das XF 18 mm F/1,4.

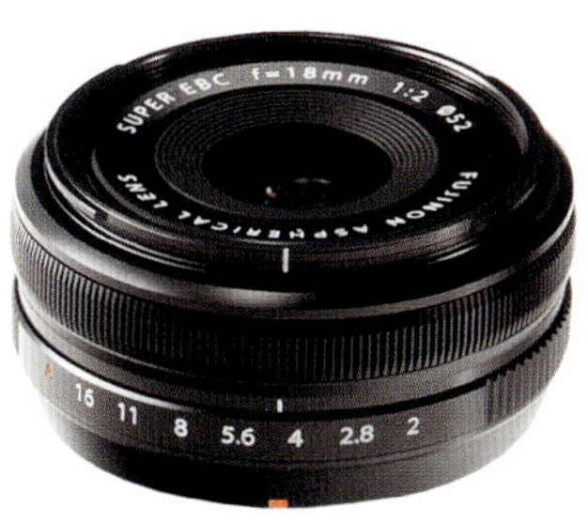

▲ *Das leichte und kompakte XF 18 mm F/2 R ist ideal für unterwegs.*

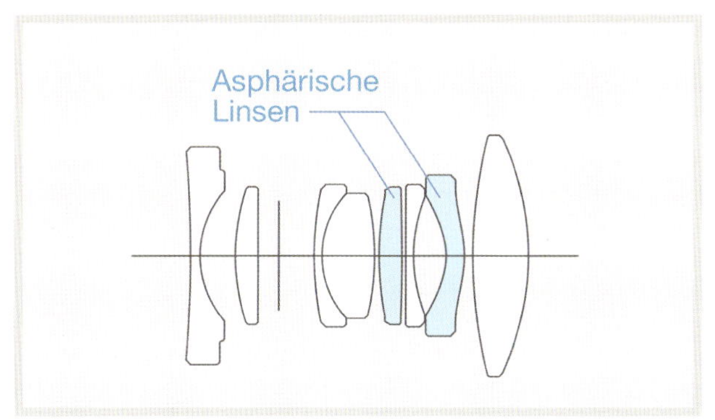

◄ *Der optische Aufbau des FUJINON 18 mm F/2 R.*

Wer auf eine 1,4er-Lichtstärke und die Wetterfestigkeit verzichten kann, erhält ein tolles Allroundweitwinkelobjektiv für Streetfotografie, Reportagen, Landschaft und Reise.

	FUJINON XF 16 mm F/1,4 R WR	SIGMA 16 mm F/1,4 DC DN Contemporary	FUJINON XF 16 mm F/2,8 R WR	FUJINON XF 18 mm F/1,4 R LM WR	FUJINON XF 18 mm F/2 R
Brennweite ∅	16 mm (≅ 24 mm KB)	16 mm (≅ 24 mm KB)	16 mm (≅ 24 mm KB)	18 mm (≅ 27 mm KB)	18 mm (≅ 27 mm KB)
Optische Konstruktion	13 Linsen in 11 Gruppen (davon 2 asphärische Linsen und 2 x ED -Linsen)	16 Linsen in 13 Gruppen (davon 2 asphärische Linsen und 5 x ED -Linsen)	10 Linsen in 8 Gruppen (davon 2 asphärische Linsen)	15 Linsen in 9 Gruppen (davon 3 asphärische Linsen und 1 x ED -Linse)	8 Linsen in 7 Gruppen (davon 2 asphärische Linsen)
Bildwinkel	83,2°	83,2°	83,2°	76,5°	76,5°
Größte Blendenöffnung (Lichtstärke)	1:1.4	1:1.4	1:2.8	1:1.4	1:2.0
Kleinste Blendenöffnung	1:16	1:22	1:22	1:16	1:16
Anzahl Blendenlamellen	9	9	9	9	7
Blenden einstellung	1/3 Blenden (EV)-Stufen über Kamera	In 1/3 Blenden (EV)-Stufen am Blendenring	1/3 Blenden (EV)-Stufen am Blendenring	1/3 Blenden (EV)-Stufen über Kamera	1/3 Blenden (EV)-Stufen über Kamera
Naheinstellgrenze	15 cm	26 cm	17 cm	20 cm	18 cm
Filtergewinde	67 mm	67 mm	49 mm	62 mm	52 mm
Abmessungen	∅ 73,4 mm, Länge 73 mm	∅ 72,2 mm, Länge 92,6 mm	∅ 60 mm, Länge 45,4 mm	∅ 68,8 mm, Länge 75,6 mm	∅ 64,5 mm, Länge 33,7 mm
Gewicht	375 g	405 g	155 g	370 g	116 g

5.4 Gemäßigte Weitwinkelobjektive mit Festbrennweite 23 mm

Die Auswahl an gemäßigten 23 mm Weitwinkeln ist groß. Denn dieser Bildwinkel entspricht in etwa vom Bildwinkel unseren natürlichen Sehgewohnheiten. Deshalb ist diese Brennweite sehr beliebt für authentische Reportagen. Aber auch für die Streetfotografie, auf Reisen und als Allroundobjektiv sind die 23er beliebt.

FUJINON XF 23 mm F/1,4 R

Das 2013 vorgestellte 23 mm Objektiv mit hoher Lichtstärke wurde 2022 durch eine neu konstruierte Version mit gleicher Lichtstärke abgelöst. Das lichtstarke 23 mm Objektiv ist immer noch ein sehr gutes Objektiv.

Allerdings wurde die Optik der ersten Objektivreihe von FUJIFILM für Kameras konstruiert, die eine Auflösung von 16 Mio. Pixel hatten. Das hochwertige Gehäuse ist robust, hat aber keinen Wetterschutz. Die optische Leistung ist immer noch gut.

Das Objektiv besitzt – wie das 14 mm und 16 mm F/1,4 den verschiebbaren Fokussierring zum Umschalten von AF auf MF.

Das lichtstarke FUJINON XF 23 mm F/1,4 R eignet sich wunderbar für Reportagen, auf Reisen, für die Streetfotografie und als Allroundobjektiv.

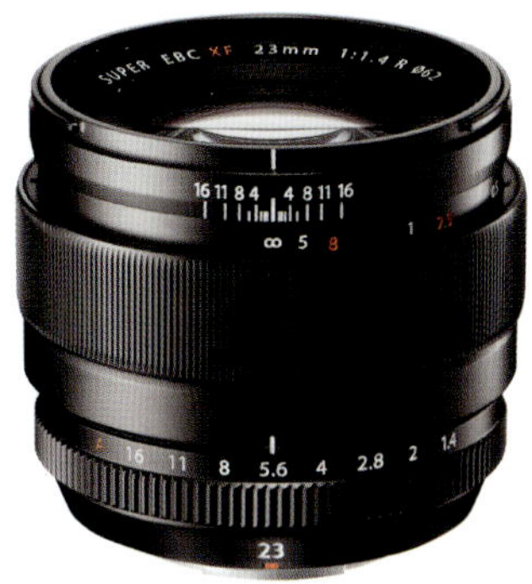

▲ *Das »alte« 23er gab es seit 2013 und wurde 2022 von einer neuen Version abgelöst.*

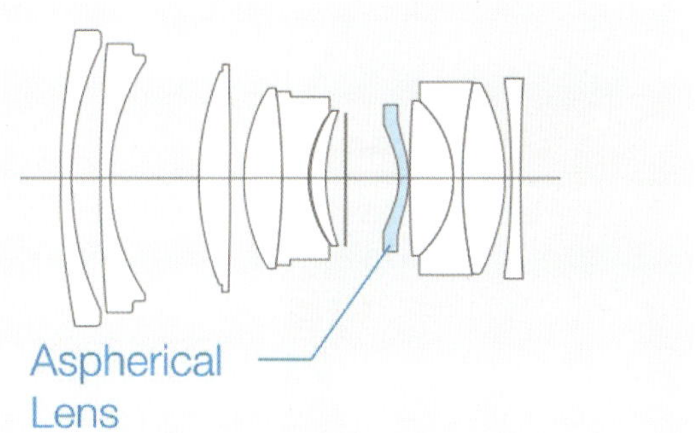

◀ *Der optische Aufbau des FUJINON 23 mm F/1,4 R.*

FUJINON XF 23 mm F/1,4 R LM WR

Das neu konstruierte 23 mm Objektiv mit Lichtstärke 1:1.4 ist seit 2022 erhältlich und löst das alte 23er ab. Ein paar Neuerungen sind schon in der Bezeichnung abzulesen. Das neue Objektiv besitzt einen Wetterschutz und ist gegen Staub und Feuchtigkeit abgedichtet. Außerdem wird der Autofokus durch einen schnellen und leisen Linearmotor angetrieben. Die optische Konstruktion wurde neu gerechnet und besitzt gegenüber dem Vorgänger eine höhere Auflösung. Schärfe und Kontrastverhalten sind nochmals verbessert worden.

Ein hervorragendes und modernes Objektiv für Reportagen, auf Reisen, für die Streetfotografie und als Allroundobjektiv.

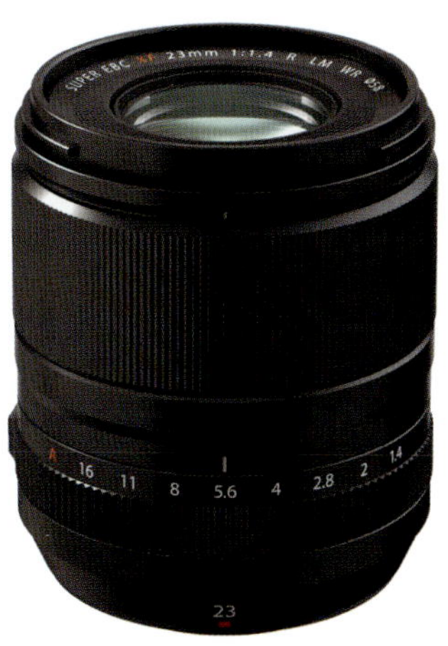

▲ *Das neue XF 23 mm F/1,4 R LM WR wurde 2022 vorgestellt und löst die alte Version ab.*

▶ *Der optische Aufbau des FUJINON 23 mm F/1,4 R LM WR.*

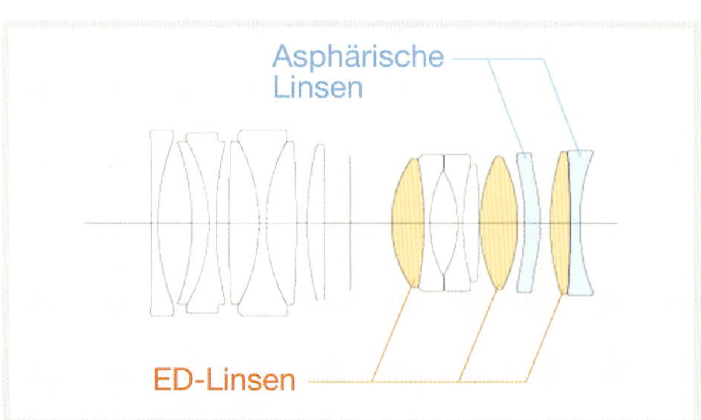

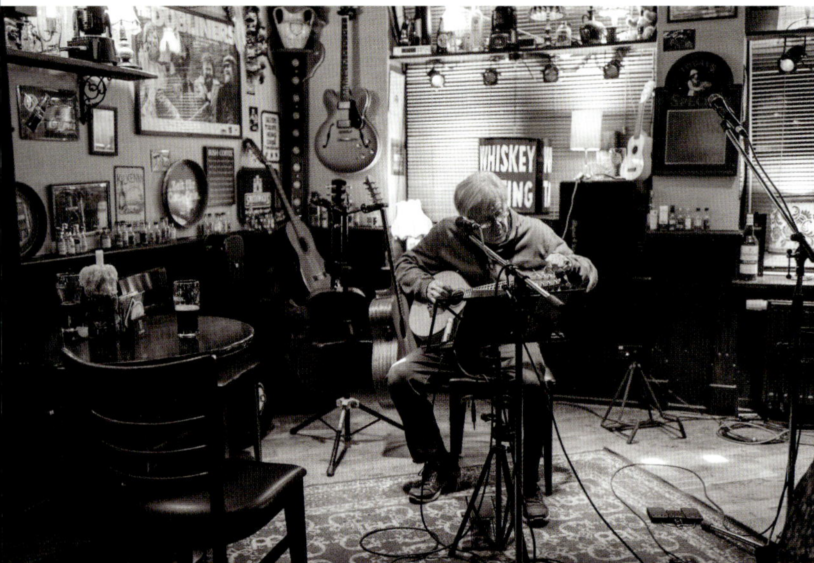

ISO 1.250 I F/1,4 I 1/100 Sek. I FUJIFILM X-S10 mit FUJINON XF 23 mm F/1,4 R LM WR

ISO 1.250 I F/2 I 1/60 Sek. I FUJIFILM X-S10 mit FUJINON XF 23 mm F/1,4 R

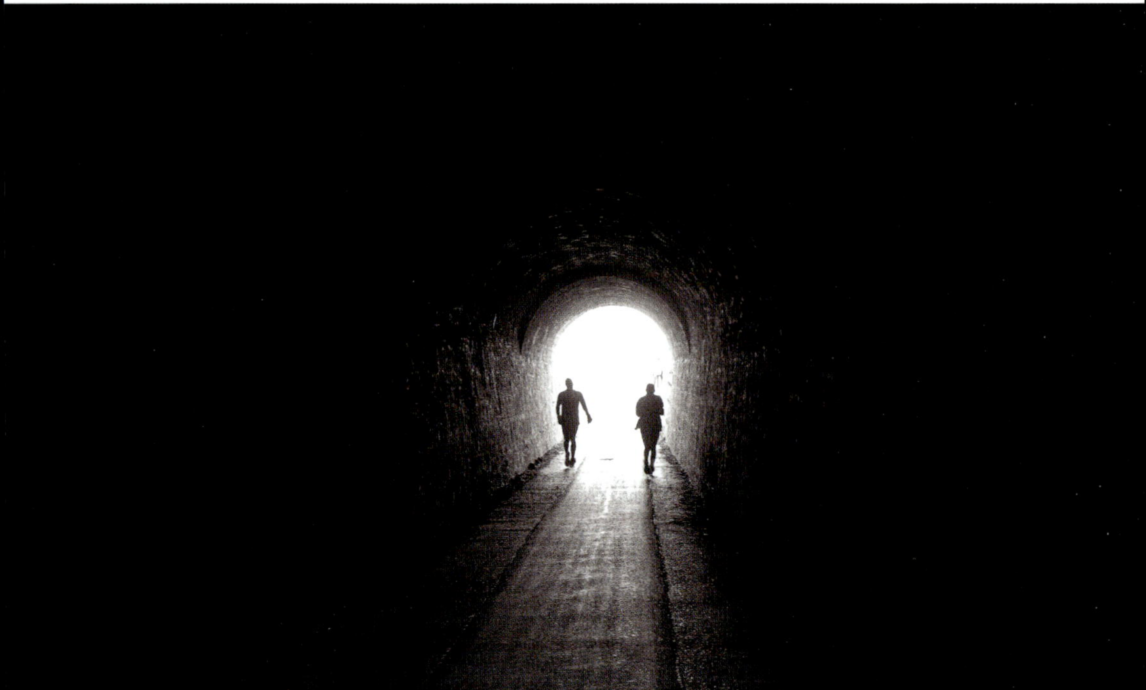

Viltrox XF 23 mm F/1,4

Das lichtstarke 23 mm von VILTROX ist eine günstige Alternative zum FUJINON 23 mm F/1,4 R LM WR. Es ist ein modernes Objektiv mit einer erstaunlich guten optischen Qualität und einem schnellen sowie lautlosen AF-Motor. Das Gehäuse aus Metall ist hochwertig verarbeitet und fühlt sich wertig an. Beim Blendenring muss der Fotografierende aber Abstriche machen. Sie rastet nicht ein, sondern läuft stufenlos durch. Ein baugleiches Objektiv ist unter dem Markennamen Tokina erhältlich.

▲ Das VILTROX XF 23 mm F/1,4 ist eine günstige Alternative zum Original FUJINON.

FUJINON XF 23mm F/2 R WR

Dieses gemäßigte Weitwinkelobjektiv ist eine interessante Alternative zu der lichtstarken 1,4er-Version. Mit einer Lichtstärke von 1:2.0 ist es immer noch lichtstärker als jedes Zoomobjektiv.

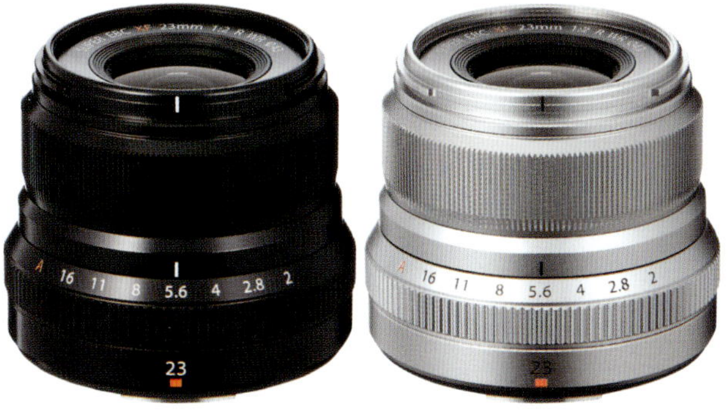

◄ Das kompakte FUJINON XF 23 mm F/2 R WR ist ein tolles Allroundobjektiv, das in Schwarz und Silber erhältlich ist.

Trotz Metallfassung und hervorragender Verarbeitungsqualität ist es kompakt und bringt nur wenig Gewicht auf die Waage.

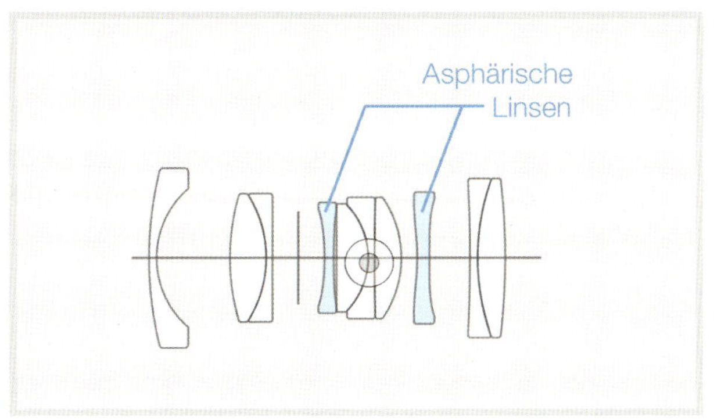

◄ Die optische Konstruktion des FUJINON XF 23 mm F/2 R WR

Es ist sehr gut als »Immer-dabei-Objektiv« geeignet. Fast alle Motive können damit im fotografischen Alltag abgedeckt werden wie beispielsweise Reportagen, Streetfotografie, Landschaften und Stadtlandschaften. Auch für die Urlaubsreise mit wenig Gepäck eignet sich dieses Objektiv sehr gut.

FUJIFILM X100V mit FUJINON XF F/23 mm F/2 R WR

Eigentlich gehört diese Kamera nicht in dieses Buch, denn das ist ein Buch über Wechselobjektive und nicht über Kameras. Trotzdem ist es eine Überlegung wert, falls Sie noch kein 23 mm Objektiv besitzen, sich ein Objektiv mit eingebauter Kamera (oder umgekehrt) zu kaufen. Die FUJIFILM X100V besitzt ein fest eingebautes FUJINON 23 mm F/2 R Objektiv, das nicht gewechselt werden kann.

Die X100V hat eine Menge Vorzüge. Hier nur ein paar davon:

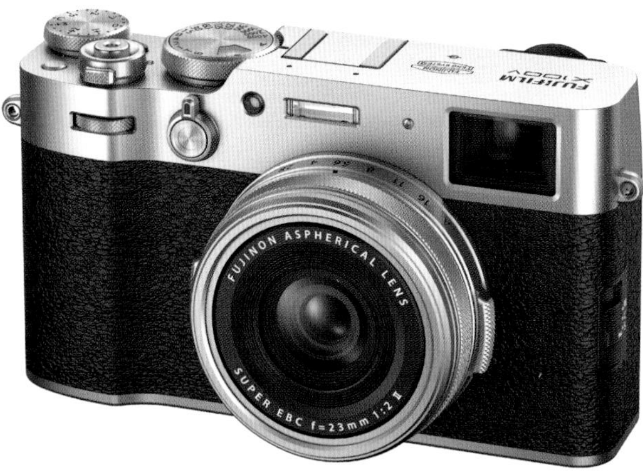

▲ *Die FUJIFILM X100V besitzt die Technik der X-T4 im kompakten Gehäuse.*

- Sensor und technische Daten sind auf ähnlichem Niveau wie das der FUJIFILM X-T4. Die Bildqualität ist hervorragend.
- Kleiner als jede andere FUJIFILM X-Kamera mit angesetztem 23 mm Objektiv – ideal zum immer Dabeihaben.
- Lichtstarkes 23 mm Objektiv mit hervorragender optischer Leistung.
- In Schwarz und Silber erhältlich.
- Für ein paar Euro mehr als ein Objektiv FUJINON 23 mm F/1,4 R LM WR bekommen Sie mit der X100V ein 23 mm F/2 Objektiv plus eine FUJIFILM-Kamera, die technisch auf dem neuesten Stand ist.
- Ein optischer ND-Filter lässt sich hinzuschalten.
- Diese Kamera ist wunderschön und hat Charakter. Sie hat eine Seele und eignet sich optimal als Zweitkamera.

	FUJINON XF 23 mm F/1,4 R	FUJINON XF 23 mm F/1,4 R LM WR	Viltrox XF 23 mm F/1,4	FUJINON XF 23 mm F/2 R WR	FUJIFILM X100V mit FUJINON XF 23 mm F/2 R
Brennweite ∅	23 mm (≅ 35 mm KB)	23 mm (≅ 35 mm KB)	23 mm (≅ 35 mm KB)	23 mm (≅ 35 mm KB)	23 mm (≅ 35 mm KB)
Optische Konstruktion	11 Linsen in 8 Gruppen (davon 1 asphärische Linse)	15 Linsen in 10 Gruppen (davon 2 asphärische Linsen und 3 x ED -Linsen)	11 Linsen in 10 Gruppen (davon 2 ED-Linsengläser und 2 Linsengläser mit hohem Brechungsindex)	10 Linsen in 6 Gruppen (davon 2 asphärische Linsen)	8 Linsen in 6 Gruppen (davon 2 asphärische Linsen)
Bildwinkel	63,4°	63,4°	63,4°	63,4°	63,4°
Größte Blendenöffnung (Lichtstärke)	1:1.4	1:1.4	1:1.4	1:2.0	1:2.0
Kleinste Blendenöffnung	1:16	1:16	1:16	1:16	1:16
Anzahl Blendenlamellen	7	9	9	9	9
Blendeneinstellung	1/3 Blenden (EV)-Stufen am Blendenring	In 1/3 Blenden (EV)-Stufen am Blendenring	stufenlos am Blendenring	1/3 Blenden (EV)-Stufen über Kamera	1/3 Blenden (EV)-Stufen über Kamera
Naheinstellgrenze	28 cm	19 cm	30 cm	22 cm	10 cm
Filtergewinde	62 mm	58 mm	52 mm	43 mm	49 mm (über optionalen Adapter)
Abmessungen	∅ 72 mm, Länge 63 mm	∅ 67 mm, Länge 77,8 mm	∅ 65 mm, Länge 72 mm	∅ 60 mm, Länge 51,9 mm	128 x 74,8 x 53,3 mm
Gewicht	300 g	375 g	275 g	180 g	478 g

ISO 800 I F/11 I 1/550 Sek. I FUJIFILM X-T3 mit FUJINON XF 23 mm F/2 R WR

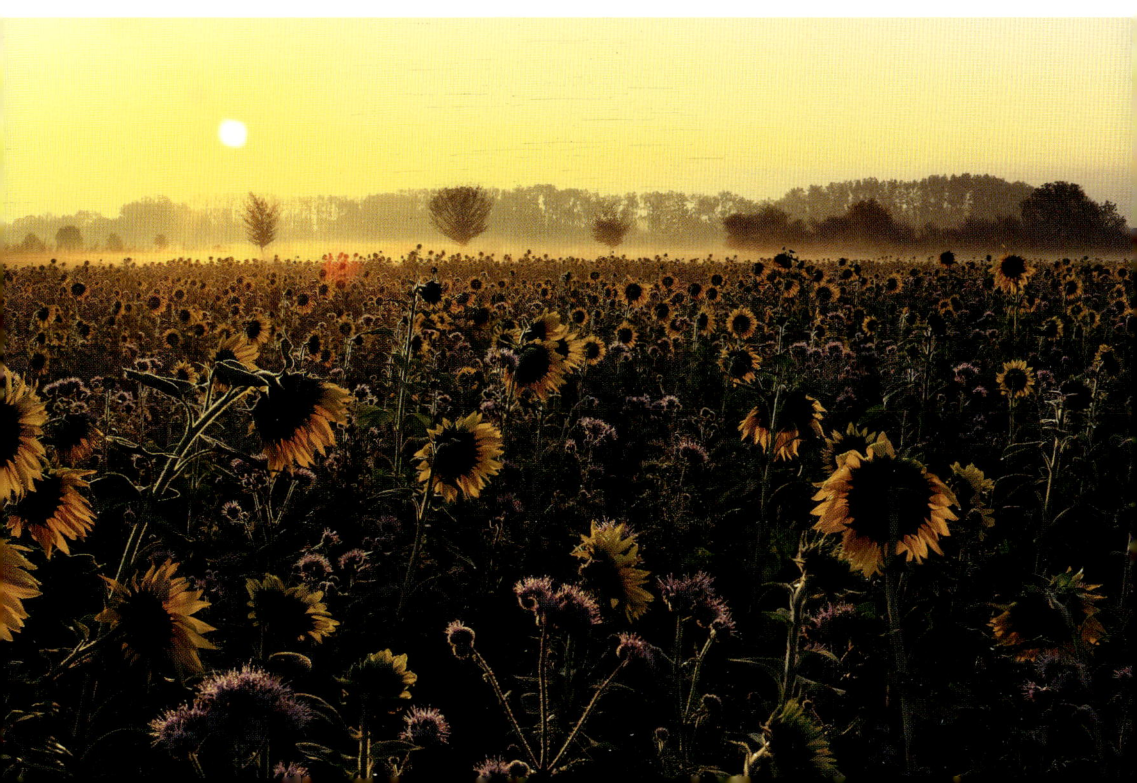

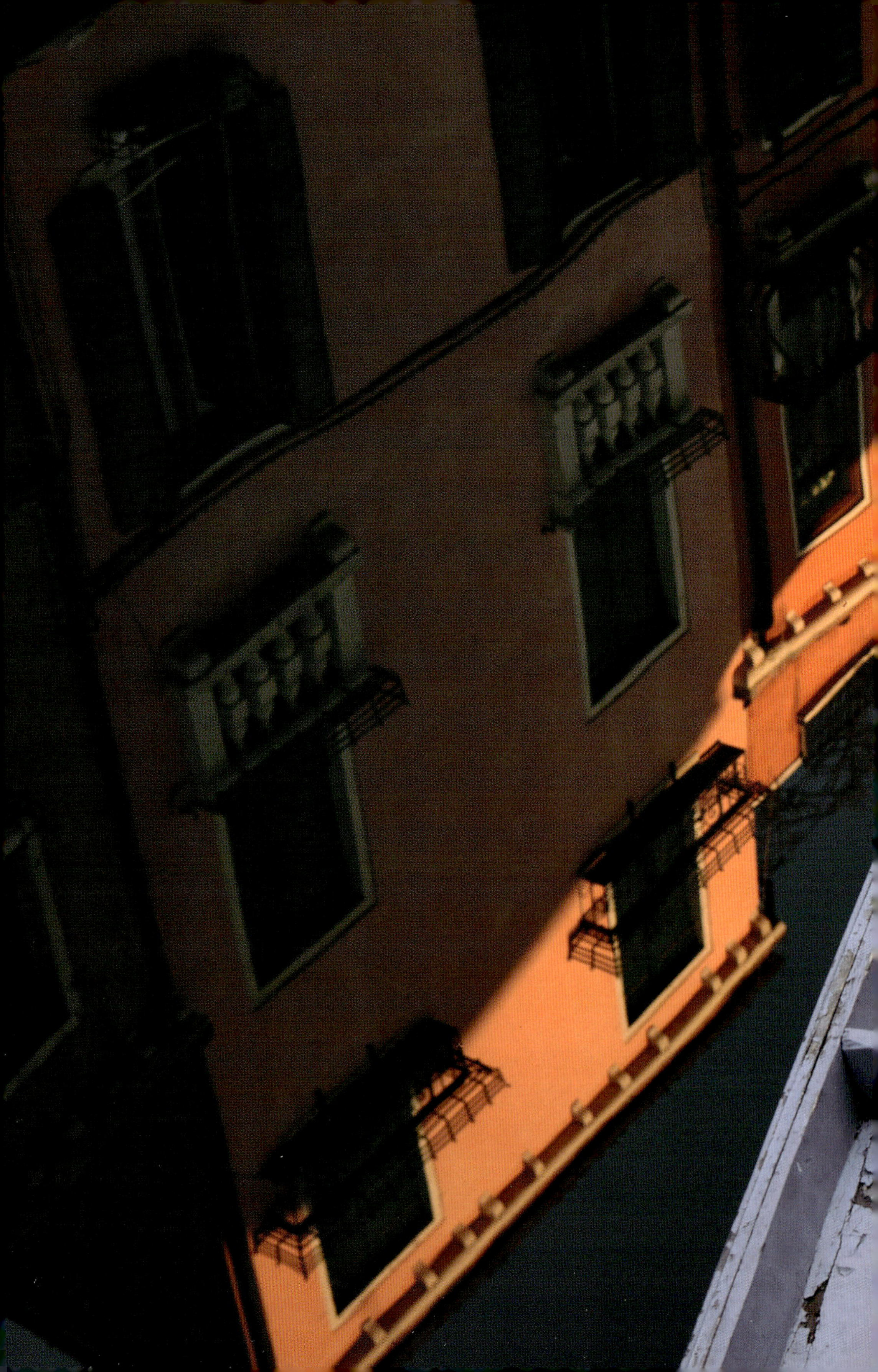

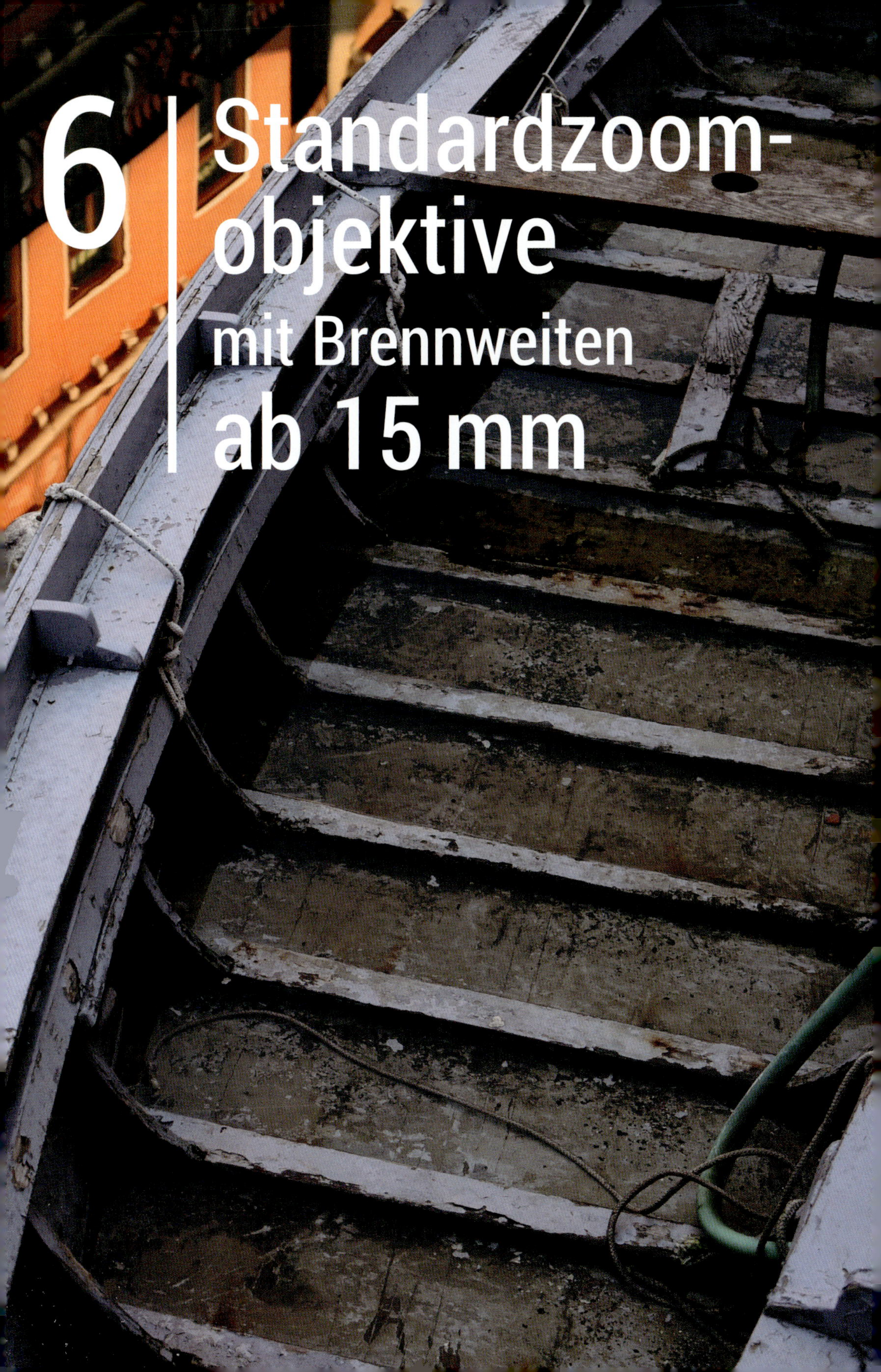

6 Standardzoomobjektive mit Brennweiten ab 15 mm

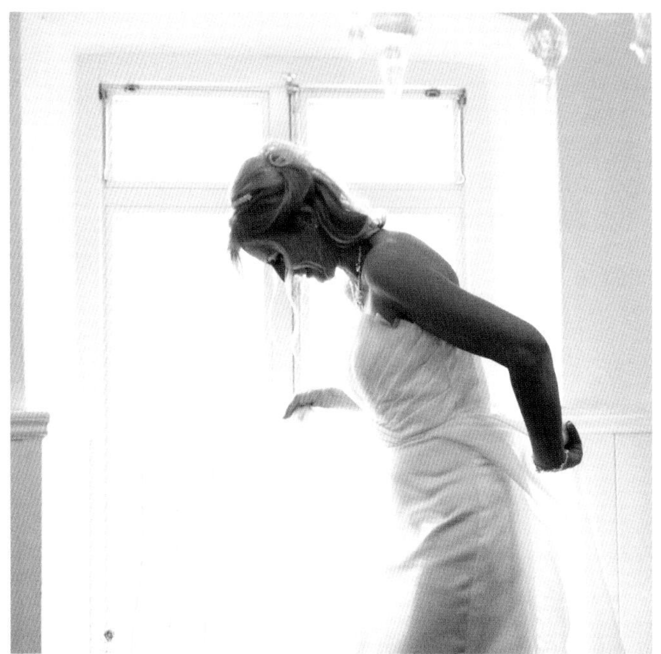

ISO 400 I F/2,8 I 1/60 Sek. I FUJIFILM X-T3 mit FUJINON XC 16-55 mm F/2,8 R LM WR bei 38 mm

▲ *Immer flexibel mit mehrere Brennweiten in einem Objektiv.*

Das Kapitel über Universal- und Standardzoomobjektive fällt etwas aus dem Rahmen. Die Objektive sind – aufgrund ihres Zoombereichs – nicht so ohne weiteres einer eindeutigen Kategorie zuzuordnen. Deshalb werden sie in diesem gesonderten Kapitel zusammengefasst.

Die große Stärke von Standard- bzw. Universalobjektiven ist ihre große Flexibilität. Sie haben mehrere Brennweiten und Bildwinkel in einem Objektiv vereint. In kürzester Zeit können Sie auf verschiedene Motive reagieren. Das ist sehr praktisch.

Universalzoomobjektive eignen sich – wie der Name schon sagt – für universelle Aufgaben. Also eigentlich für alles. Die Zooms sind Allroundtalente. Umgekehrt sind sie für spezielle Aufgaben oft weniger geeignet.

Die Vorteile von Universalzoomobjektiven:

- *Sehr flexibel:* In Sekundenschnelle wechseln Sie vom Weitwinkel- in den Telebereich und umgekehrt. So können Sie sehr schnell auf sich plötzlich ändernde Motivsituationen reagieren.
- *Kein Objektivwechsel:* Beim Wechseln des Objektivs kann das Motiv schon wieder weg sein. Außerdem ist bei häufigem Objektivwechsel die Gefahr groß, dass Staub auf den Kamerasensor kommt.
- *Geringer Platzbedarf:* Statt zwei, drei oder vier Objektiven brauchen Sie nur ein Objektiv mitzunehmen. Das macht ein Zoom für unterwegs und besonders auf Reisen interessant.
- *Geringere Kosten:* Ein Zoomobjektiv kann mehrere Festbrennweiten ersetzen und ist damit in der Anschaffung günstiger.
- *Qualität:* In den Anfangszeiten der Zoomobjektive in den 1980er-Jahren mussten Fotografieren-

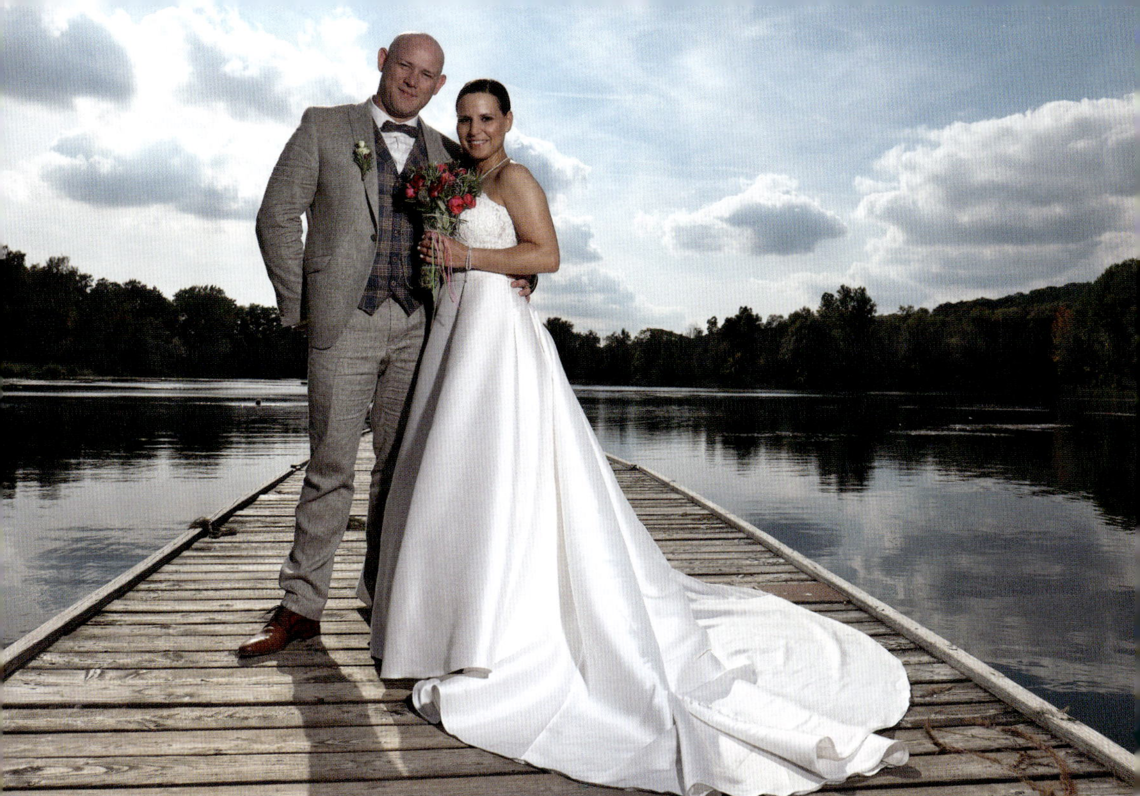

ISO 160 I F/4 I 1/125 Sek. I FUJIFILM X-T3 mit FUJINON XC 16-55 mm F/2,8 R LM WR bei 16 mm

▲ *Flexibilität ist wichtig – beispielsweise bei Hochzeitsreportagen.*

de bei Zoomobjektiven noch starke Qualitätseinbußen gegenüber Festbrennweiten hinnehmen. Das ist vorbei. Bei FUJINON-Zoomobjektiven werden Sie sich sehr schwertun, Unterschiede in der Bildqualität zu Festbrennweiten festzustellen. Wenn Sie mir zwei Fotos vorlegen – eines mit Festbrennweite und das andere mit einem FUJINON-Zoomobjektiv gemacht – natürlich bei identischen Einstellungen, dann könnte ich Ihnen nicht sagen, welches mit dem Zoom gemacht wurde. Das zeigt das Qualitätsniveau, auf dem FUJINON-Zoomobjektive heute sind.

- *Zubehör:* Mit dem passenden Zubehör lassen sich auch mit Universalzoomobjektiven spezielle Aufgaben erledigen. So gibt es beispielsweise einiges an Makrozubehör, mit dem Sie mit diesen Objektiven bereits sehr gute Fotos im Nah- und Makrobereich machen können.

Aber es gibt auch Nachteile von Zoomobjektiven:

- *Lichtstärke:* Für alle fotografischen Aufgaben, bei denen eine hohe Lichtstärke erforderlich ist, sind Festbrennweiten besser geeignet. Das

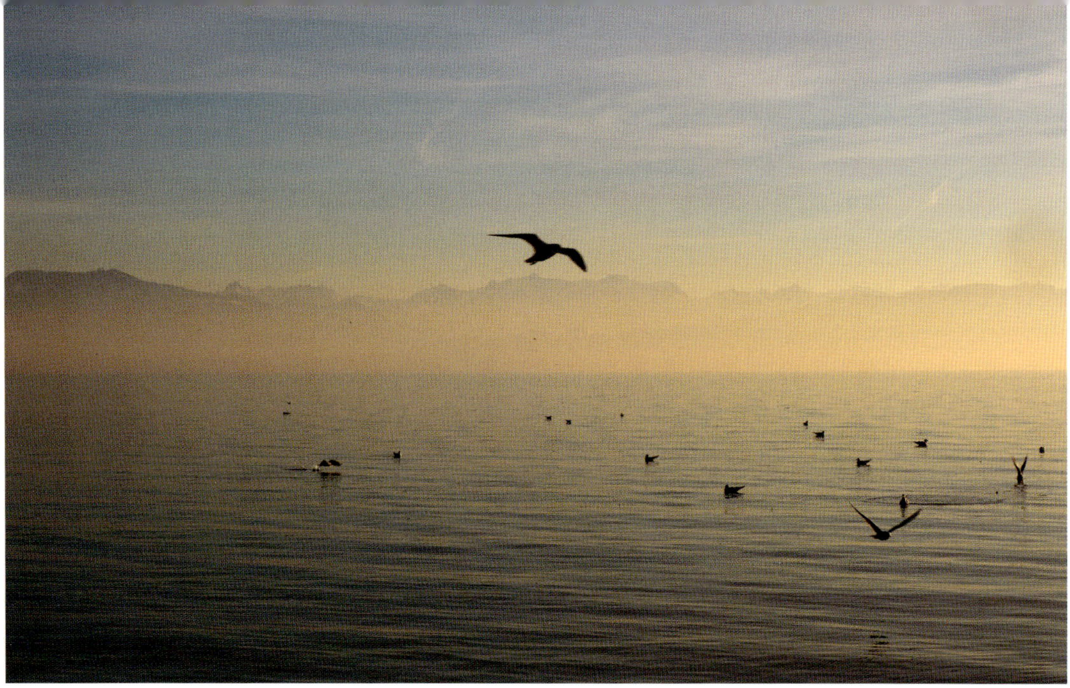

ISO 160 I F/11 I 1/320 Sek. I FUJIFILM X-Pro3 mit FUJINON XC 18-55 mm F/2,8-4 R LM OIS bei 55 mm

▲ *Schnell reagieren ohne Objektivwechsel.*

betrifft beispielsweise Porträts, bei denen wir ein schönes Bokeh wünschen, genauso wie Reportagen bei wenig Licht. Es ist nicht so, dass mit einem Zoomobjektiv keine schönen Porträts machbar sind. Aber im Vergleich schneiden die lichtstarken Festbrennweiten bei diesen Aufgaben einfach besser ab, weil sie genau für diese Motive konstruiert und darauf abgestimmt sind.

- *Empfindlichkeit:* Bitte schauen Sie sich mal die optischen Konstruktionen von Zoomobjektiven an. Diese bestehen aus sehr vielen Linsen, die beim Zoomen und Fokussieren verschoben werden. Manche Linsen sind beweglich gelagert, damit der optische Bildstabilisator OIS arbeiten kann. Zoomobjektive sind deshalb besonders anfällig gegen Stoß, Schlag und unsanfte Behandlung.

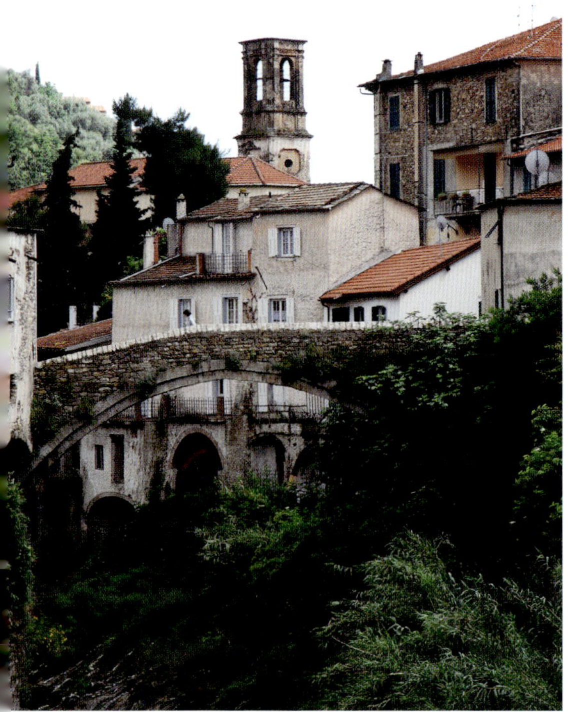

ISO 200 I F/5,6 I 1/320 Sek. I FUJIFILM X-T1 mit FUJINON XC 18-135 mm F/3,5-5,6 R LM OIS WR bei 75 mm

◄ *Schöne Urlaubserinnerungen ohne große Fotoausrüstung.*

- *Größe:* Die hohe Flexibilität eines Zoomobjektivs geht auf Kosten von Größe und Gewicht. Eine FUJINON Festbrennweite wiegt deutlich weniger als ein Zoomobjektiv und ist auch wesentlich kleiner. Wer also gerne unauffällig fotografiert oder auch nur auf Reisen oder unterwegs weniger mitnehmen möchte, sollte sich überlegen, ob eine kleine Festbrennweite wie das universelle XF 23 mm F/2,0 R WR oder das XF 27 mm F/2,8 R WR nicht besser geeignet wäre.

Für die *Bildwirkung und Bildgestaltung* gilt alles, was auch für Weitwinkel, Normalobjektive und leichte Teleobjektive gilt. Bitte lesen Sie das in den entsprechenden Kapiteln nach.

FUJINON XC 15-45 mm F/3,5-5,6 OIS PZ

Ein einfaches Standardzoom mit besonders großem Bildwinkel. Die Besonderheit ist der Motorzoom. Die Brennweite und damit der Bildwinkel wird also nicht wie üblich manuell am Zoomring betätigt, sondern durch Drehen am Zoomring wird die Brennweite motorisch geändert. Vorteile bringt das nicht.

Das Objektiv wird oft bei den Einsteigerkameras als Kitobjektiv zur Kamera dazugegeben. Für Städtereisen und Landschaftsfotos kann es beispielsweise gut eingesetzt werden. Der eingebaute Bildstabilisator sorgt für verwacklungsfreie Aufnahmen. Seine Lichtstärke ist aber begrenzt.

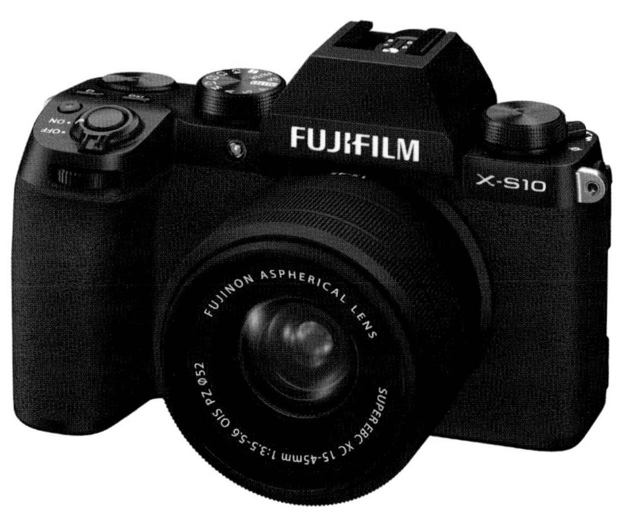

◄ *Das FUJINON XC 15-45 mm F/3.5-5,6 OIS PZ ist ein einfaches Zoomobjektiv aus der XC-Serie mit Bildstabilisator. Es ist sehr kompakt und passt wunderbar zu kleinen FUJIFILM-Gehäusen wie der X-S10 oder X-E4.*

Wie für die XC-Reihe üblich, befindet sich viel Kunststoff am Gehäuse. Einen Blendenring gibt es nicht. Dafür ist es schön leicht und kompakt – ideal für unterwegs.

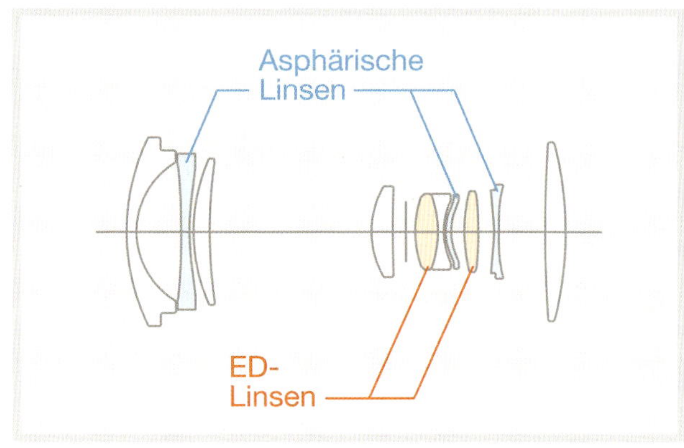

▶ *Die optische Konstruktion des FUJINON XC 15-45 mm F/3.5-5,6 OIS PZ.*

FUJINON XF 16-55 mm F/2,8 R LM WR

Ein lichtstarkes Zoomobjektiv mit durchgehender Lichtstärke von 1:2.8. Eine höhere Lichtstärke gibt es nicht bei Zoomobjektiven für das FUJIFILM X-System.

Wie für die FUJIFILM XF-Serie üblich, ist die mechanische Qualität hervorragend. Ein sehr hochwertig verarbeitetes Metallgehäuse mit fast geräuschlosem Linearmotor.

Das Objektiv ist wetterfest und gegen Staub und Nässe abgedichtet. Einen Bildstabilisator besitzt dieses Zoomobjektiv nicht.

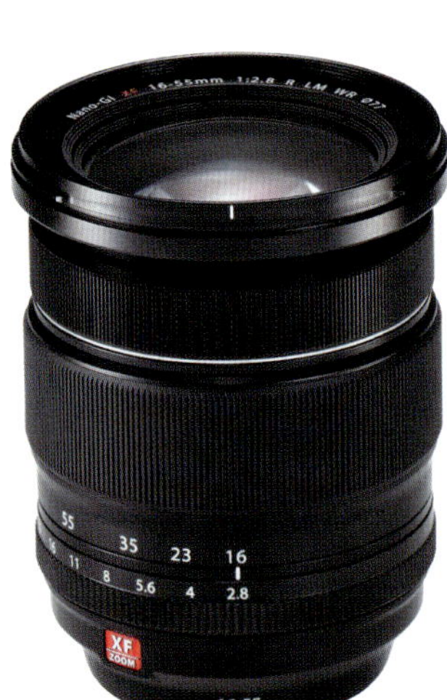

▲ *Ein lichtstarkes Zoomobjektiv für Reportagen und universelle Aufgaben.*

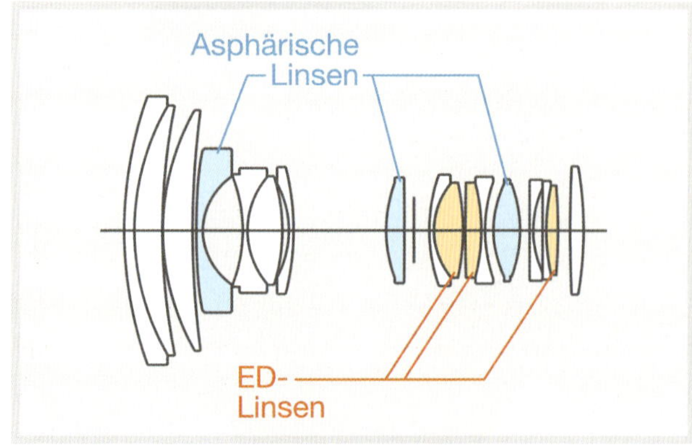

▶ *Die optische Konstruktion des FUJINON XF 16-55 mm F/2,8 R LM WR.*

Auch die Optik ist annähernd auf Festbrennweitenniveau. Eine hohe Lichtstärke bei Zoomobjektiven bringt aber bauartbedingt auch Nachteile: Das Objektiv ist relativ groß und schwer.

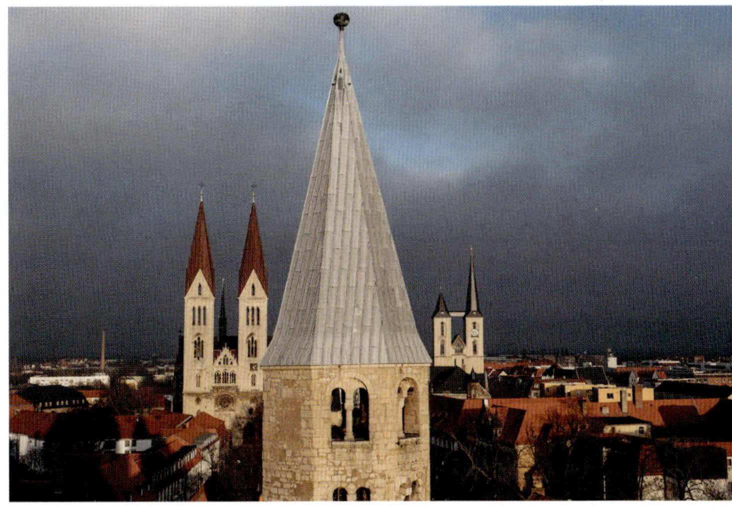

ISO 160 I F/8 I 1/180 Sek. I FUJIFILM X-T3 mit FUJINON XF 16-55 mm F/2,8 R LM WR bei 27 mm

Das Einsatzgebiet ist universell. Auf Reportagen habe ich es gerne dabei, um beispielsweise auf Hochzeiten schnell auf viele Motivsituationen zu reagieren. Besonders im Standesamt bei der Ringübergabe, Unterschrift etc. ist dieses Objektiv unentbehrlich. Trotzdem reicht die Lichtstärke aus, um auch mal mit 55 mm Brennweite ein Porträt mit Bokeh zu machen. Auch im Fotostudio ist dieses Objektiv meine erste Wahl.

Aber die Motive, die mit diesem Zoomobjektiv abgedeckt werden können, sind fast grenzenlos. Nur wen Größe und Gewicht stören, der findet auch kompaktere Zoomobjektive von FUJINON.

▼ *Das lichtstarke Weitwinkelzoom ist das ideale Allroundobjektiv für Reportagen*

ISO 800 I F/2,8 I 1/60 Sek. I FUJIFILM X-T1 mit FUJINON XC 16-55 mm F/2,8 R LM WR bei 16 mm

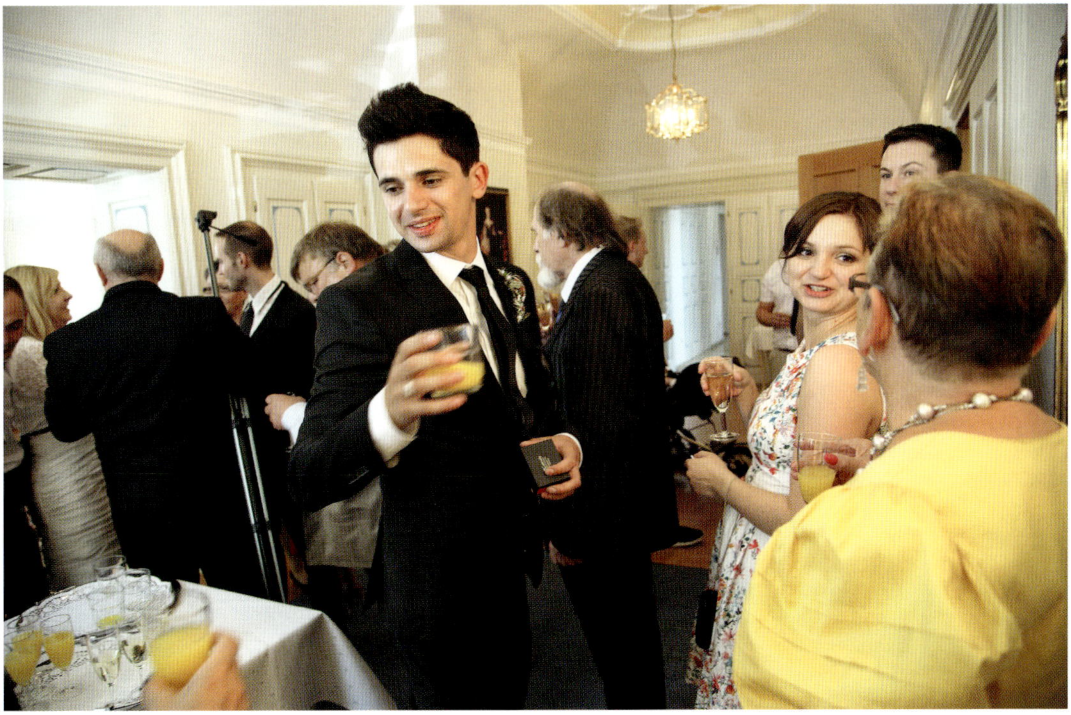

FUJINON XC 16-50 mm F/3,5-5,6 OIS II

Ein einfaches Standardzoom aus der XC-Serie mit optischem Bildstabilisator.

Das Objektiv wird oft bei den Einsteigerkameras als Kitobjektiv zur Kamera dazugegeben. Es ist als Allroundobjektiv gut zu verwenden, wenn Sie auf eine hohe Lichtstärke verzichten können.

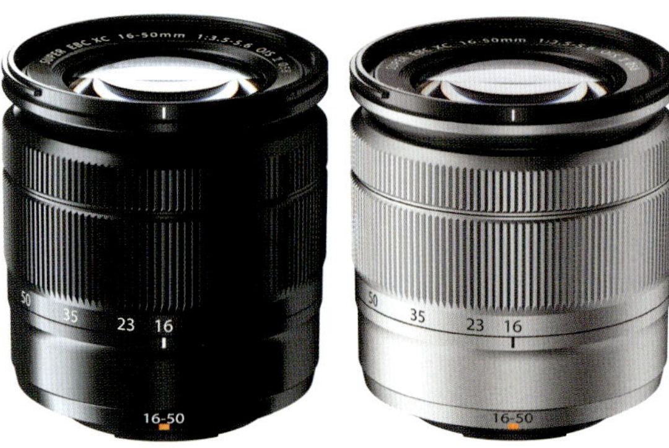

▲ *Das FUJINON XC 16-50 mm F/3.5-5,6 OIS II ist ein einfaches Universalzoomobjektiv mit OIS aus der XC-Serie mit Bildstabilisator. Es ist in Schwarz und in Silber erhältlich.*

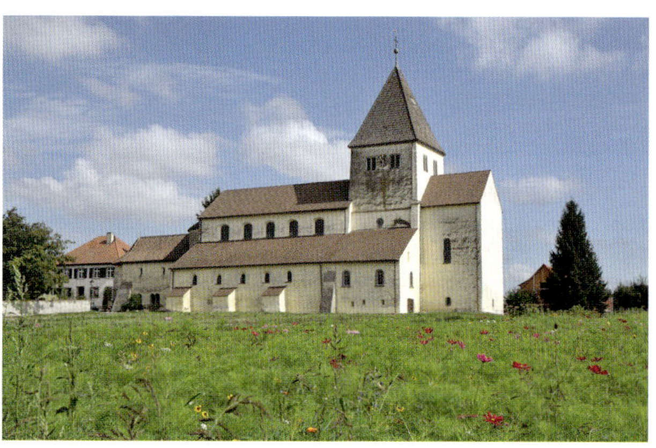

ISO 200 I F/11 I 1/400 Sek. I FUJIFILM X-T1 mit FUJINON XC 16-50 mm F/3,5-5,6 OIS II bei 36 mm

▶ *Ein modernes Universalzoomobjektiv aus der XF-Serie mit großem Brennweitenbereich.*

FUJINON XF 16-80 mm F/4 R OIS W

Das XF 16-80 mm Objektiv wurde 2019 von FUJIFILM vorgestellt und schließt die Lücke zwischen dem XF 18-55 mm und dem XF 18-135 mm.

Mit 16 mm hat es die kürzeste Brennweite und den größten Bildwinkel der drei XF-Zooms. Die durchgehende Lichtstärke von 1:4 ist für die meisten Motive ausreichend.

Der optische Bildstabilisator (OIS) erlaubt auch längere Belichtungszeiten aus der Hand zu fotografieren. Er hat aber eine Besonderheit gegenüber den OIS aus anderen FUJINON-Objektiven.

Der OIS des 16-80 mm Objektivs erkennt, wenn die Kamera auf einem Stativ verwendet wird und schaltet sich dann automatisch aus.

Auch beim Mitziehen wird der OIS automatisch ausgestellt. Ein manuelles Ausschalten ist am Objektiv

▲ *Ein modernes Universal-Zoomobjektiv aus der XF-Serie mit großem Brennweitenbereich*

nicht möglich. Das XF 16-80 mm besitzt keinen EIN-/AUS-Schalter für den OIS.

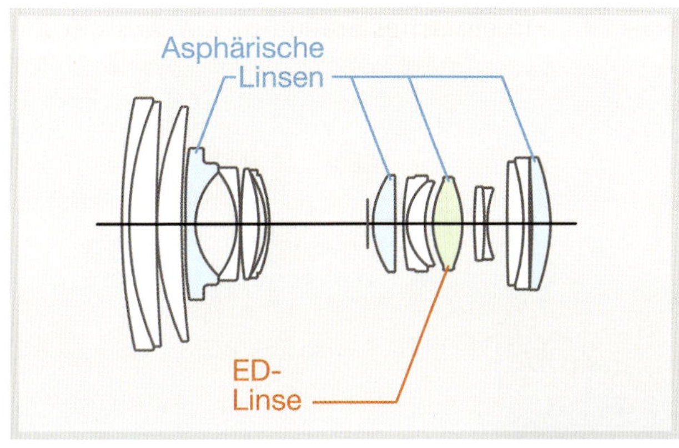

◄ *Die optische Konstruktion des FUJINON XF 16-80 mm F/4 R OIS WR.*

Die optische Leistung ist sehr gut, obwohl der Brennweitenbereich recht groß ausfällt. Die Verarbeitung ist trotz der Mischung aus Metall- und Kunststoffteilen robust.

Mit diesem Objektiv decken Sie viele Motivbereiche ab. Besonders auf Reisen ist dieses Zoomobjektiv gut geeignet. Für Architektur- und Landschaftsfotos ist es auch gut einsetzbar. Sogar das ein oder andere Porträt lässt sich im Telebereich damit realisieren.

Das Bokeh ist natürlich nicht vergleichbar mit dem von Festbrennweiten, aber es ist vorhanden. Für Porträts im Fotostudio ist das 16-80 mm XF-Objektiv auch eine gute Wahl.

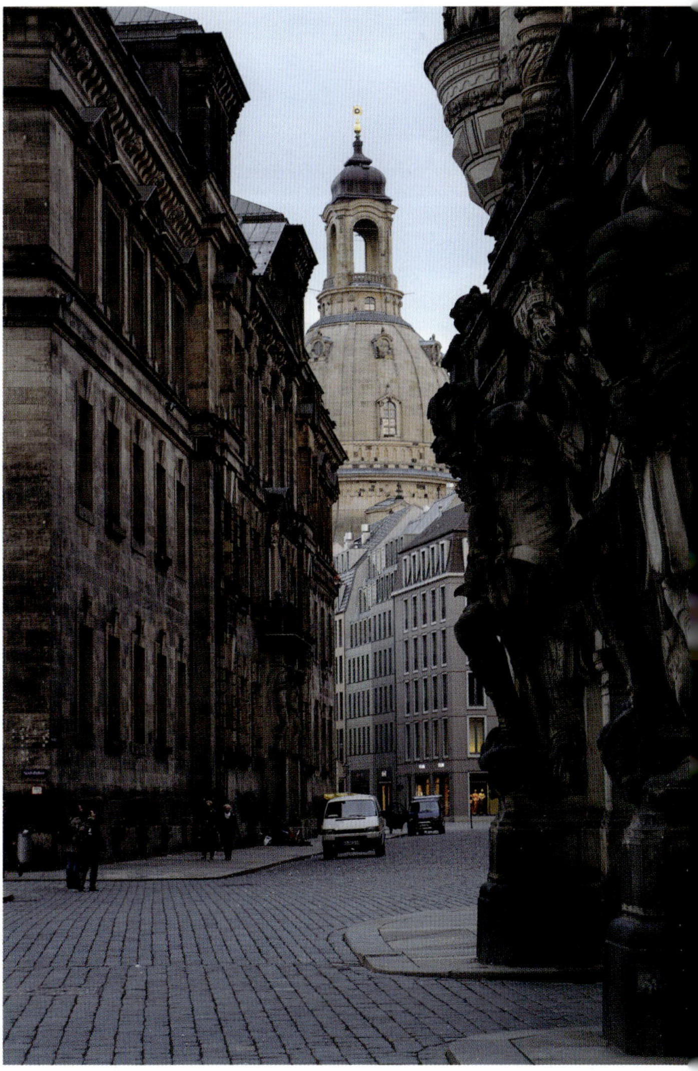

ISO 400 I F/5,6 I 1/100 Sek. I FUJIFILM X-T2 mit FUJINON XF 18-80 mm F/4 R LM OIS WR bei 60 mm

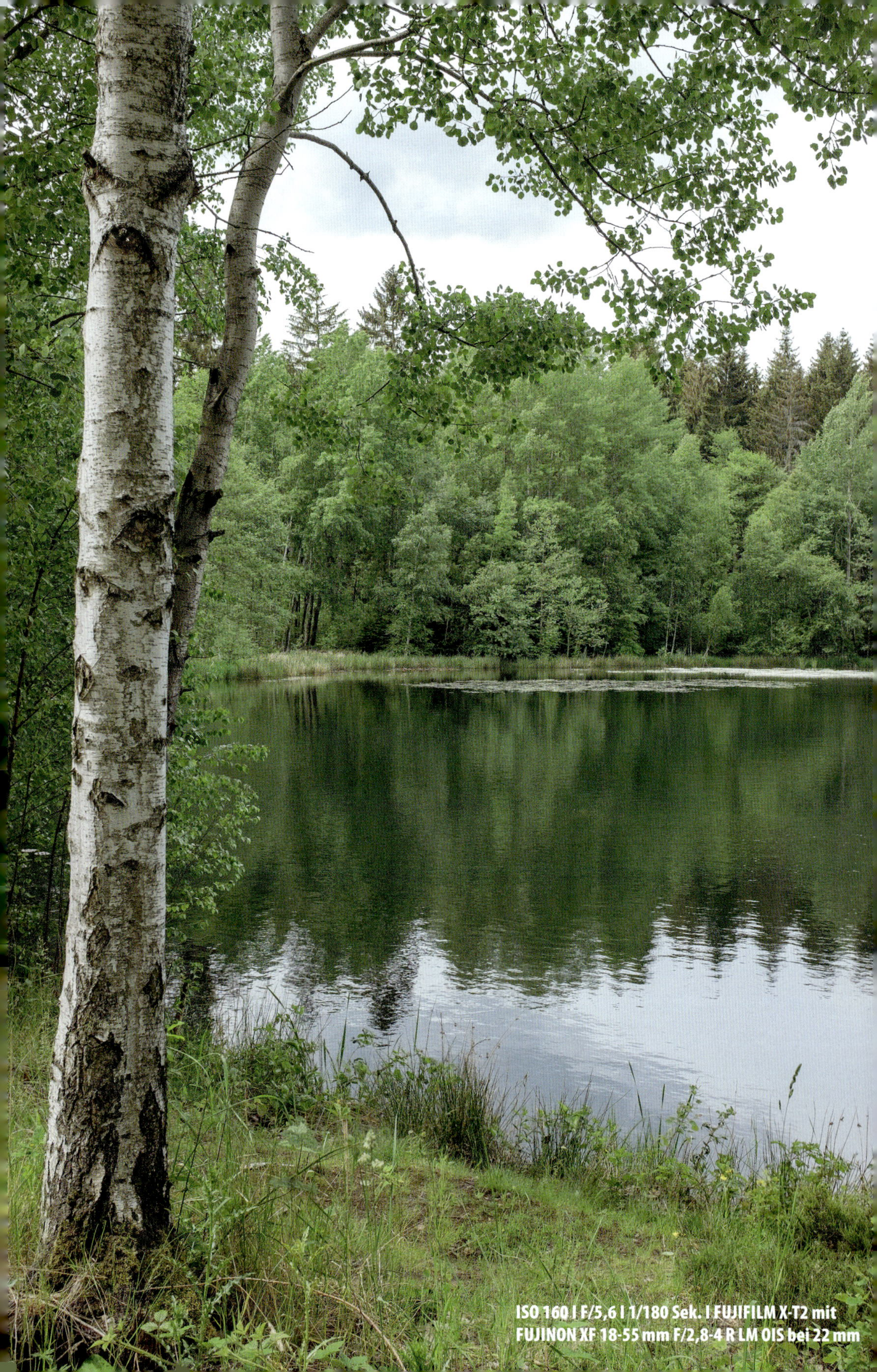

ISO 160 I F/5,6 I 1/180 Sek. I FUJIFILM X-T2 mit
FUJINON XF 18-55 mm F/2,8-4 R LM OIS bei 22 mm

FUJINON XF 18-55 mm F/2,8-4 R LM OIS

Das XF 18-55 mm Objektiv-55 mm war das erste Zoomobjektiv, das FUJIFILM für die X-Serie auf den Markt brachte. Das war 2012.

Es war auch das erste FUJINON-Objektiv, das mit einem Linearmotor für einen besonders schnellen und leisen Autofokus sowie mit einem optischen Bildstabilisator ausgestattet war.

Das Objektiv besitzt ein stabiles Gehäuse mit vielen Metallteilen und einen Blendenring. Durch die im Telebereich etwas reduzierte Lichtstärke von 1:4 wird eine kompakte Baugröße und ein geringes Gewicht erreicht.

Auch wenn das Objektiv schon länger auf dem Markt ist – es ist immer noch ein zeitgemäßes Zoomobjektiv mit sehr guter optischer Leistung.

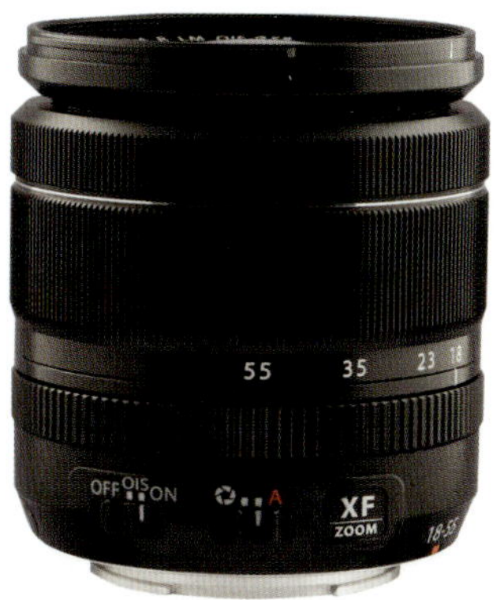

▲ *Ein kompaktes und lichtstarkes Standardzoomobjektiv aus der XF-Serie mit Bildstabilisator.*

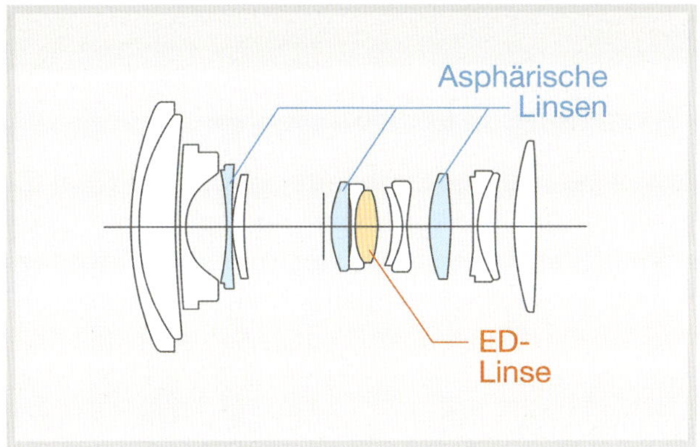

◄ *Die optische Konstruktion des FUJINON XF 18-55 mm F/2,8-4 R LM OIS.*

Das Einsatzgebiet ist universell. Ein Objektiv zum immer Dabeihaben. Es tut gute Dienste für unterwegs, auf Reisen und im Alltag. Auch für Aufnahmen im Fotostudio ist es sehr gut geeignet.

FUJINON XF 18-135 mm F/3,5-5,6 R LM OIS WR

Das XF 18-135 mm Objektiv glänzt mit dem größten Brennweitenbereich und mit bester Ausstattung: optischer Bildstabilisator, Wetterschutz und Linearmotor sowie eine robuste Gehäusequalität mit vielen Metallteilen gehören dazu.

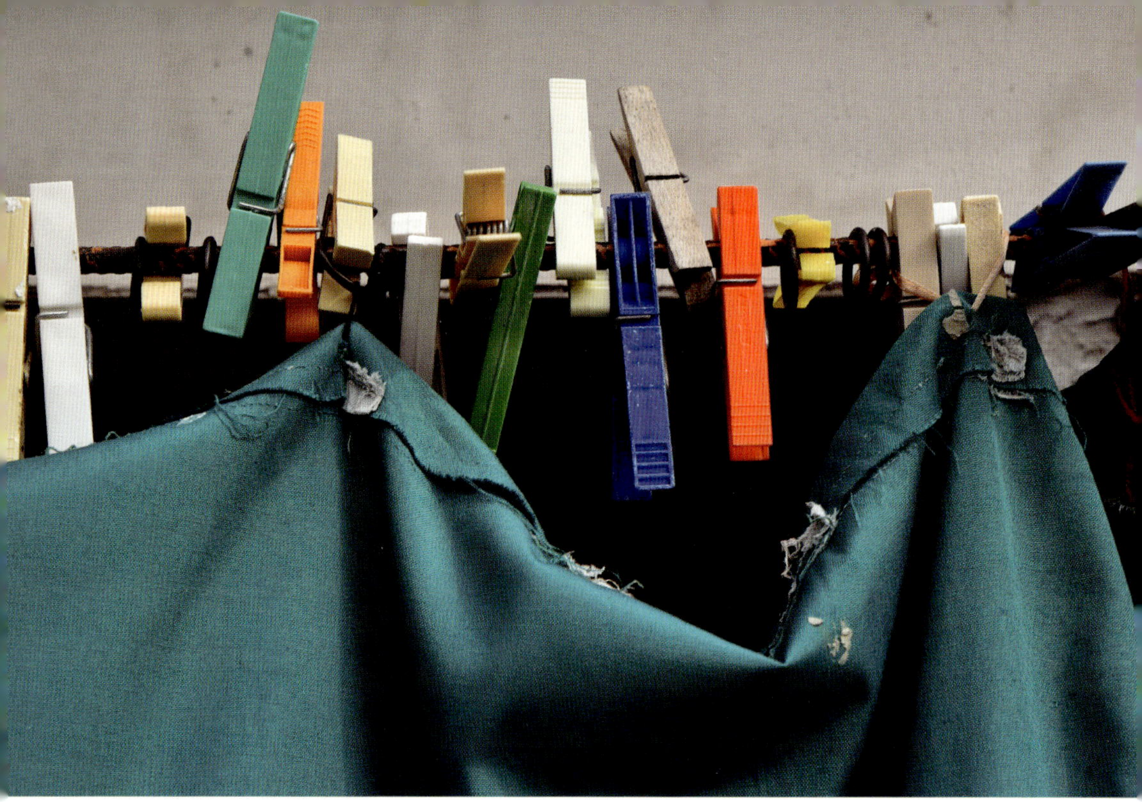

ISO 160 I F/11 I 1/320 Sek. I FUJIFILM X-T3 mit FUJINON XF 18-135 mm F/3,5-5,6 R LM OIS WR bei 87 mm

Abstriche müssen Sie bei der optischen Qualität machen. Die ist zwar immer noch gut, aber es ist normal, dass bei solch einem großen Brennweitenbereich die optische Qualität immer ein wenig leidet. Verzeichnungen, Auflösungsverlust an den Bildrändern und Farbsäume können auftreten. Die »Eier legende Wollmilchsau« gibt es nicht. Und so kann dieses Objektiv auf Reisen die erste Wahl sein, aber wer auf exzellente Bildqualität Wert legt, greift lieber zu einem anderen Objektiv.

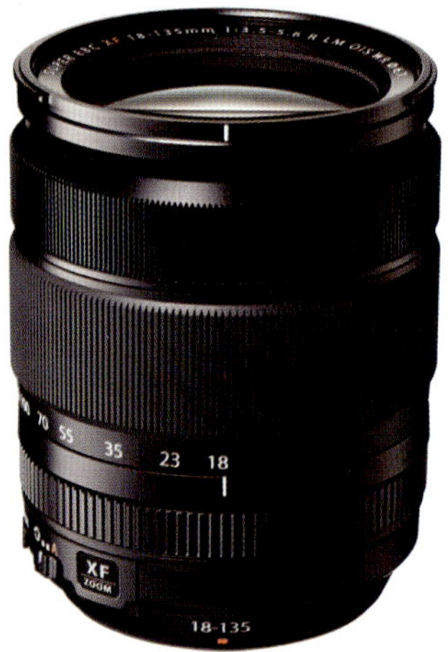

▲ *Ein modernes Universal-Zoomobjektiv aus der XF-Serie mit großem Brennweitenbereich*

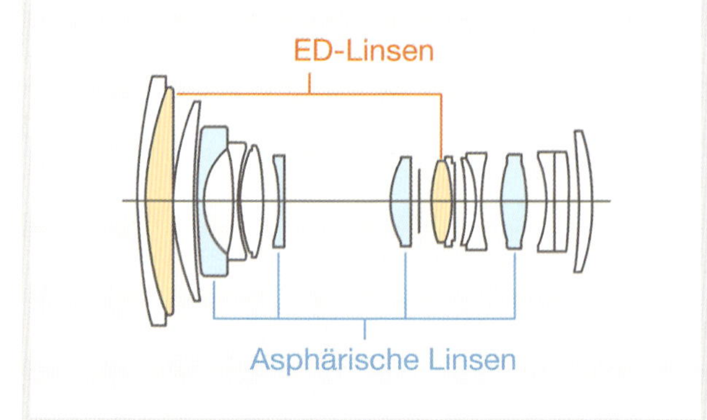

▶ *Die optische Konstruktion des FUJINON XF 18-135 mm F3,5-5,6 R LM OIS WR.*

FUJINON XF 18-120 mm F/4 LM PZ WR

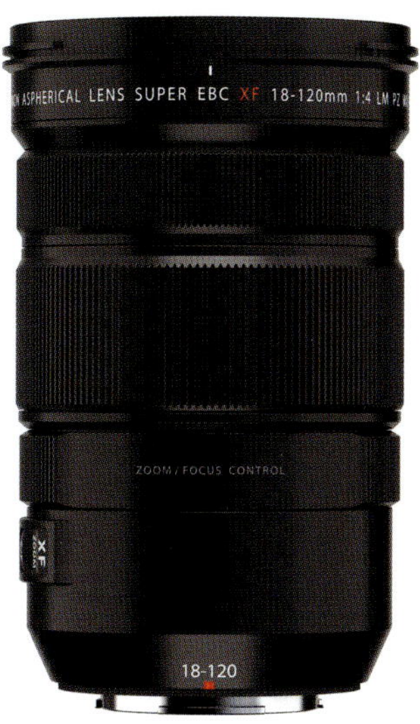

Das neue XF 18-120 mm F/4 wurde mit der X-H2S eingeführt und ähnelt stark dem XF 18-135 mm Objektiv. Es überzeugt mit einem sehr guten Brennweitenbereich und mit sehr guter Ausstattung: Innenfokussierung, optischer Bildstabilisator, Wetterschutz und Linearmotor sowie eine robuste Gehäusequalität.

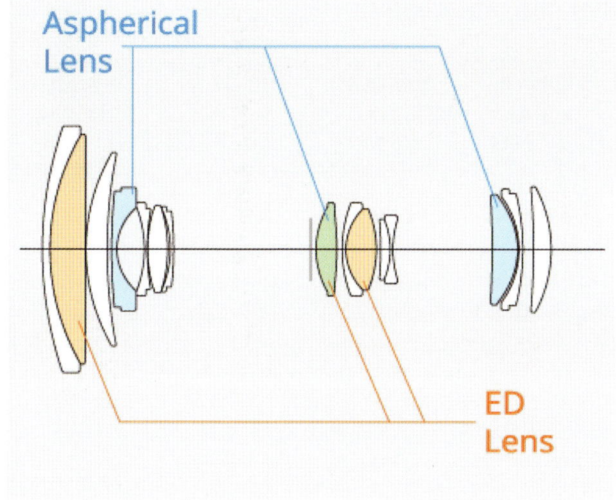

◀ *Die optische Konstruktion des FUJINON 18-120 mm F/4 LM PZ W.*

Fujifilm hat mit dem Objektiv einiges für Videofilmer getan. Die Steuerung der Blendenöffnung wurde so verbessert, dass störende Fehlbelichtungen und Helligkeitssprünge bei Videoshootings vermieden werden. Bei einer Veränderung der Beleuchtungsintensität des Motivs, wird die Blendenöffnung sanft und gleichmäßig durchgeführt.

Zusätzlich wurde eine Blendensteuerung hinzugefügt, die eine Belichtungsverschiebung bei der Anpassung der Blende während der Aufnahme besser unterdrückt und so eine stufenlose Blende mit feinen Übergängen von einer Einstellung zur nächsten ermöglicht.

Über die Zoom-Taste am Objektiv wird ein Power-Zoom geschaltet, mit dem auch Ungeübten eine weiche und überzeugende Zoom-Fahrt gelingen soll. Das Objektiv verfügt ebenfalls über einen universellen Zoom-Fokus-Ring, der eine Veränderung

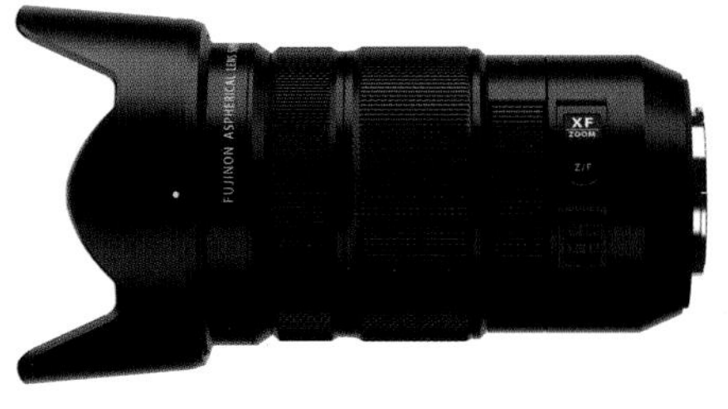

der Brennweite oder eine Scharfstellung mit unterschiedlichen Geschwindigkeiten möglich macht.

Laut Fujifilm ist das Objektiv optisch parfokal, was bedeutet, dass das Motiv über den gesamten Brennweitenbereich hinweg scharf bleibt, ohne dass der Fokusring verstellt werden muss. Das Objektiv besitzt eine Sieben-Lamellen-Blende, einen Fokusbereich ab 60 cm, ein 72-mm-Frontfiltergewinde, einen Durchmesser von 77 mm und eine Länge von 124 mm und wiegt ca. 460 g.

	FUJINON XC 15-45 mm F/3,5-5,6 OIS PZ	FUJINON XF 16-55 mm F/2,8 R LM WR	FUJINON XC 16-50 mm F/3,5-5,6 OIS II	FUJINON XF 16-80 mm F/4 R OIS WR	FUJINON XF 18-55 mm F/2,8-4 R LM OIS	FUJINON XF 18-135 mm/ F/3,5-5,6 R LM OIS WR
Brennweite ∅	15-45 mm (≃ 23-69 mm KB)	16-55 mm (≃ 24-83 mm KB)	16-50 mm ((≃ 24-75 mm KB)	16-80 mm (≃ 24-120 mm KB)	18-55 mm (≃ 27-83 mm KB)	18-135 mm (≃ 27-203 mm KB)
Optische Konstruktion	10 Linsen in 9 Gruppen (davon 3 asphärische Linsen und 2 x ED -Linsen)	17 Linsen in 12 Gruppen (davon 3 asphärische Linsen und 3 x ED -Linsen)	12 Linsen in 10 Gruppen (davon 3 asphärische Linsen und 1 x ED -Linse)	16 Linsen in 12 Gruppen (davon 3 asphärische Linsen und 1 x ED -Linse)	14 Linsen in 10 Gruppen (davon 3 asphärische Linsen und 1 x ED -Linse)	16 Linsen in 12 Gruppen (davon 4 asphärische Linsen und 2 x ED -Linsen)
Bildwinkel	86,9°-35°	83,2°-29°	83,2°-31,7°	83,2°-20,1°	76,5°-29°	76,5°-12°
Größte Blendenöffnung (Lichtstärke)	1:3.5 (15 mm) 1:5.6 (45 mm)	1:2.8	1:3.5 (16 mm) 1:5.6 (50 mm)	1:4.0	1:2.8 (18 mm) 1:4 (55 mm)	1:3.5 (18 mm) 1:5.6 (135 mm)
Kleinste Blendenöffnung	1:22	1:22	1:22	1:22	1:22	1:22
Anzahl Blendenlamellen	7	9	7	9	7	7
Blendeneinstellung	1/3 Blenden (EV)-Stufen über Kamera	1/3 Blenden (EV)-Stufen am Blendenring	1/3 Blenden (EV)-Stufen über Kamera	1/3 Blenden (EV)-Stufen am Blendenring	1/3 Blenden (EV)-Stufen am Blendenring	1/3 Blenden (EV)-Stufen am Blendenring
Naheinstellgrenze	13 cm	30 cm	15 cm	35 cm	30 cm	45 cm
Filtergewinde	52 mm	77 mm	58 mm	72 mm	58 mm	67 mm
Abmessungen	∅ 62,6 mm, Länge 44 mm	∅ 83,3 mm, Länge 106 mm	∅ 62,6 mm, Länge 65,2 mm	∅ 78,3 mm, Länge 88,9 mm	∅ 65 mm, Länge 70,4 mm	∅ 75,7 mm, Länge 97,8 mm
Gewicht	135 g	655 g	195 g	440 g	310 g	490 g

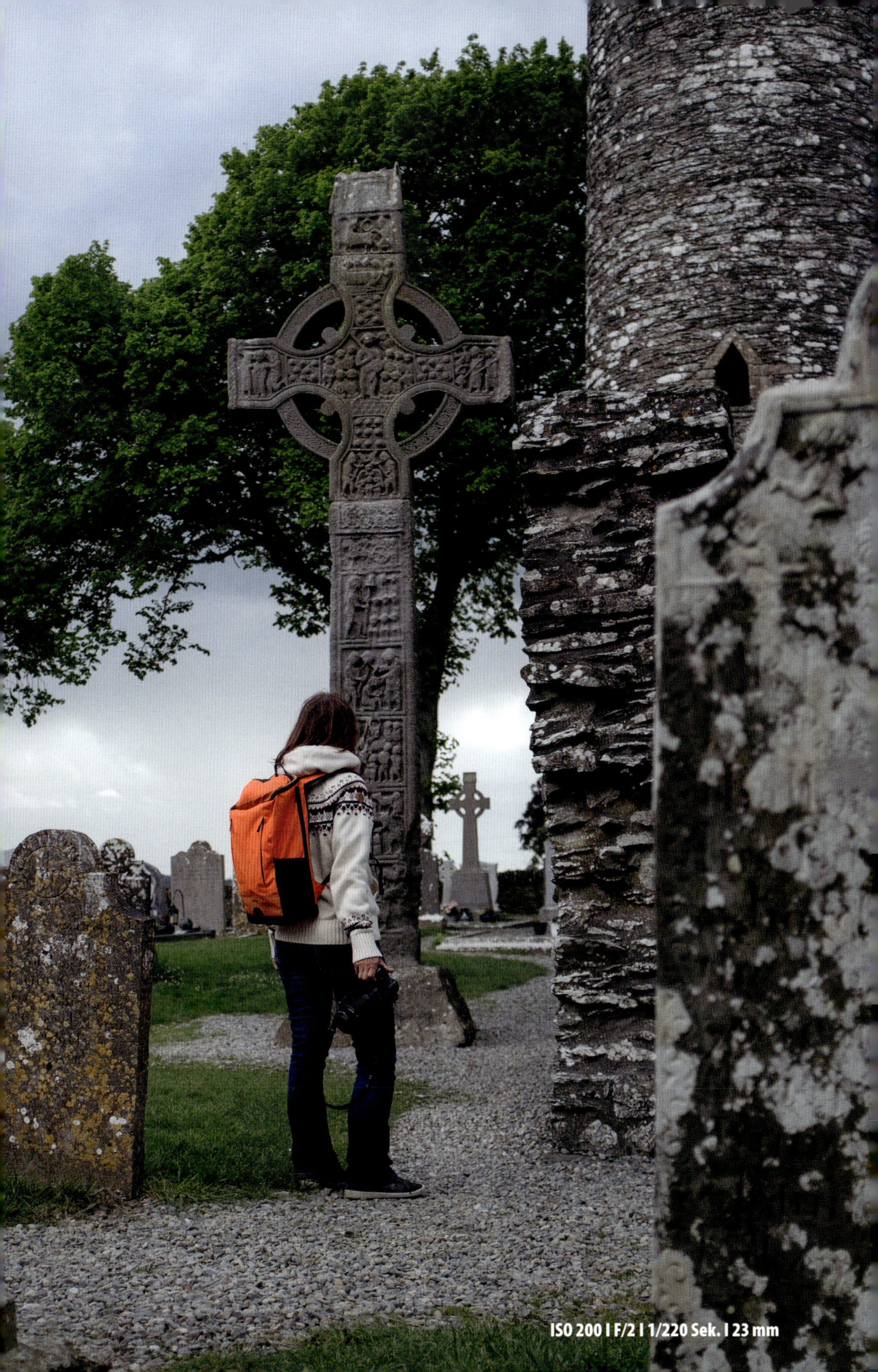
ISO 200 I F/2 I 1/220 Sek. I 23 mm

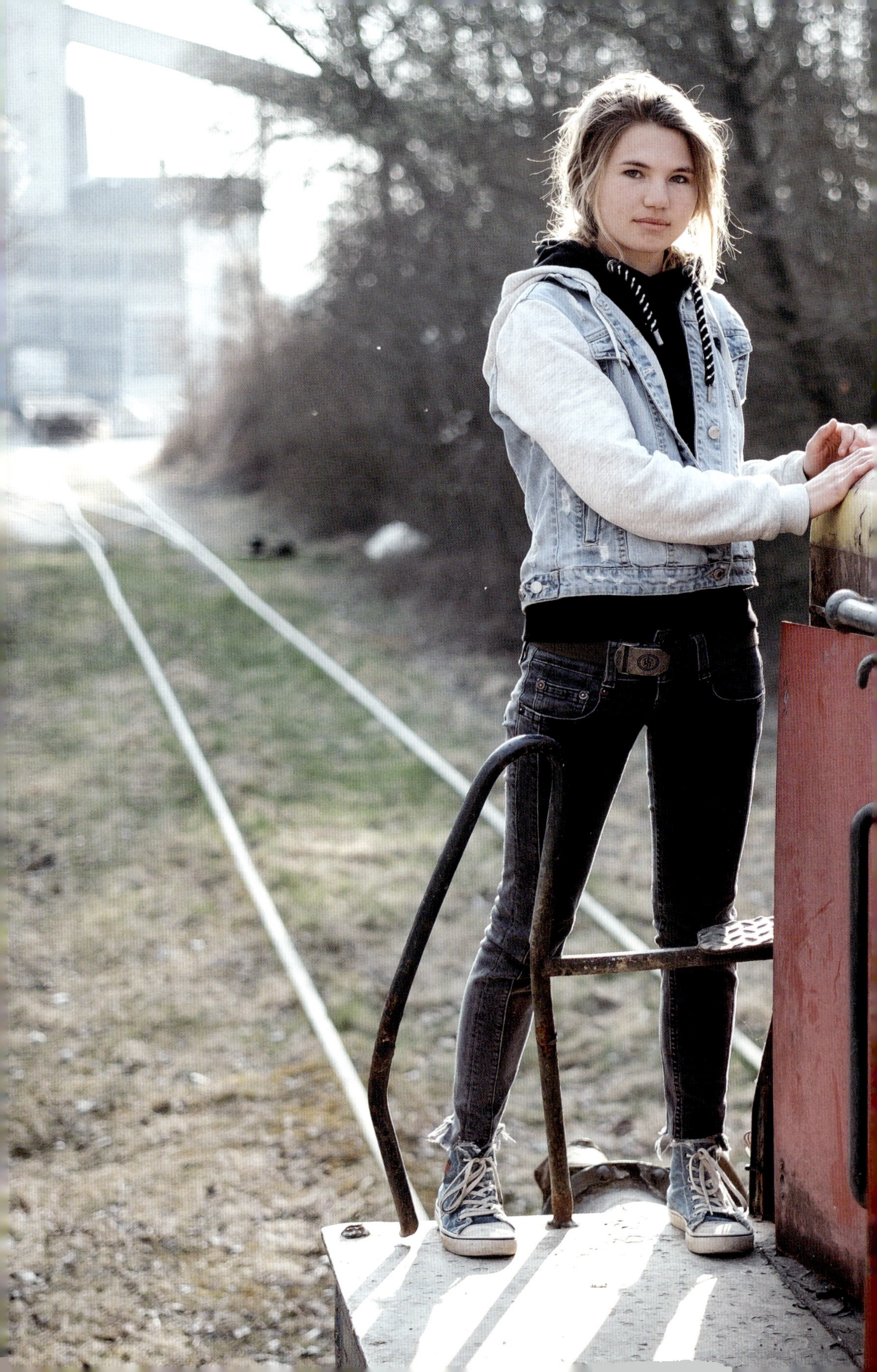

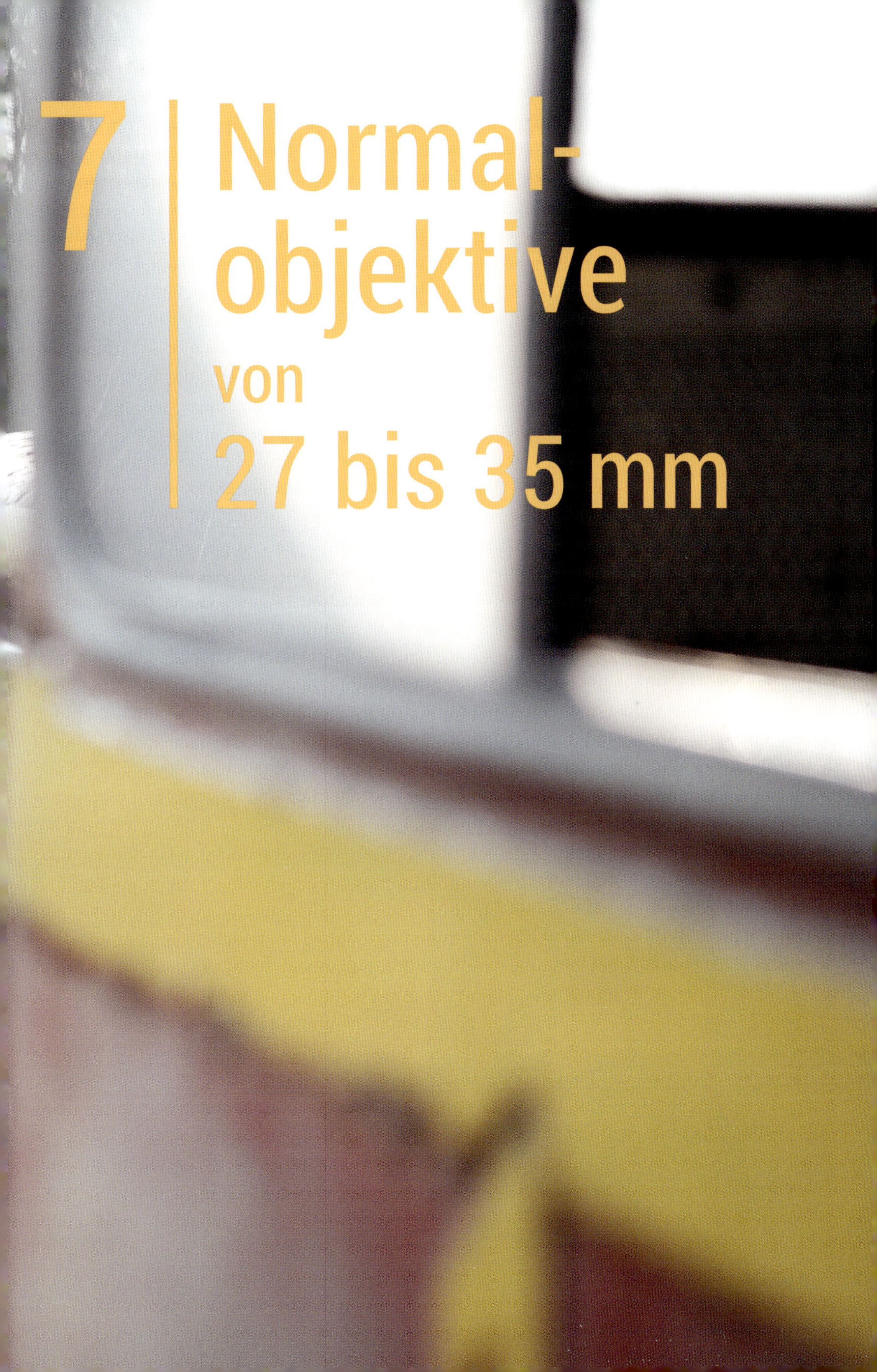
7
Normal-
objektive
von
27 bis 35 mm

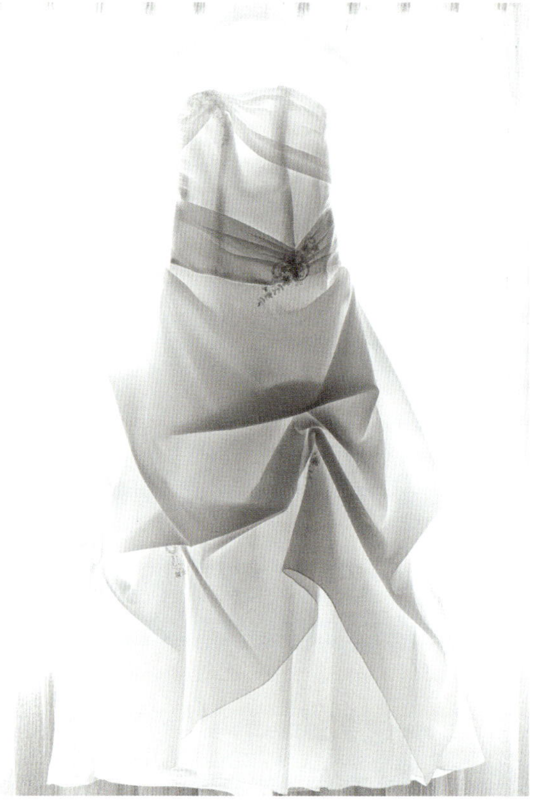

ISO 800 I F/2,5 I 1/100 Sek. I FUJIFILM X-Pro1 mit FUJINON XF 35 mm F/1,4 R

◀ *Klassisches Motiv bei Hochzeitsreportagen – eine Aufgabe fürs Normalobjektiv.*

Als die Zoomobjektive noch nicht so populär waren wie heute, gab es zu jeder Kamera mit Wechselobjektiv als Standardobjektiv ein 50 mm Objektiv dazu. Umgerechnet auf das FUJIFILM X-System (Cropfaktor 1,5x) entspricht das einem 33 mm Objektiv.

Warum waren und sind diese Brennweiten so beliebt? Sie entsprechen von der Tiefenstaffelung unseren »normalen« menschlichen Sehgewohnheiten – daher der Begriff »Normalobjektiv«.

Zwar ist unser Blickfeld etwas größer, was eher einem 23 mm Objektiv entspricht, aber die Tiefenwirkung kommt dem 33 mm Objektiv sehr nahe.

Normalobjektive sind vielseitig einsetzbar. Dazu kommt noch, dass Normalobjektive recht kompakt sind, was sie attraktiv für unterwegs macht.

7.1 Geeignete Motive für Normalobjektive

Auch für Normalobjektive gibt es viele geeignete Motive. Typische Motive für den Einsatz von Normalobjektiven sind:

Porträt

Die typischen Porträtbrennweiten beginnen mit dem Normalobjektiv. Bei Porträts ist es wichtig, dass die Proportionen

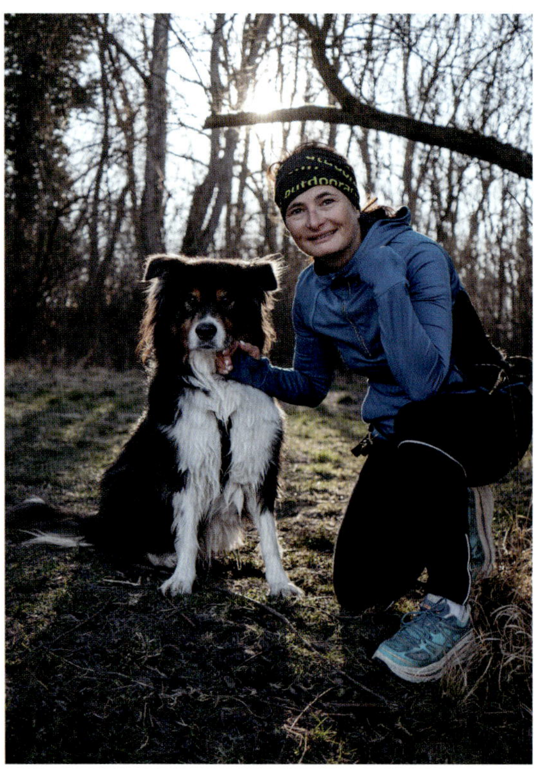

ISO 160 I F/2,8 I 1/300 Sek. I FUJIFILM X-S10 mit FUJINON XF 27 mm F/2,8 R WR

◀ *Das 27 mm Objektiv macht auch im Gegenlicht hervorragende Bilder.*

nicht verfälscht werden und dass nichts verzerrt wiedergegeben wird. Dafür sind Normalbrennweiten sehr gut geeignet. Klassische Porträtobjektive haben zwar einen noch engeren Bildwinkel, aber für Ganzkörperporträts, Gruppenaufnahmen oder bei geringem Platzangebot beispielsweise in Innenräumen ist ein Normalobjektiv das richtige.

Auch gibt es Situationen, in denen etwas mehr vom Umfeld gezeigt werden soll. Auch dafür passt ein Normalobjektiv besser als beispielsweise ein 56er.

Landschaft und Natur

Landschaftsfotos mit Normalobjektiv können gut wirken. Aufgrund des etwas engeren Winkels wird hier ein kleinerer Ausschnitt gezeigt als mit den für Landschaftsfotos sonst üblichen Weitwinkel. Vor allem einzelne Objekte oder Ausschnitte von der Natur lassen sich mit Normalbrennweiten sehr gut fotografieren.

Reportage, Events und Street

Für Reportagen sind Normalobjektive äußerst beliebt. Besonders für neutrale Berichterstattungen und authentische Reportagen eignen sich Normalobjektive. Es wird nichts verfälscht. Alles wird so abgebildet, wie wir es auch sehen.

Fotos mit Normalbrennweite wirken angenehm und natürlich.

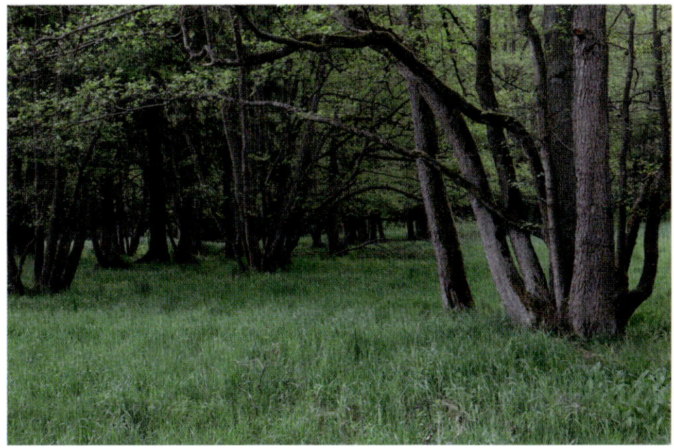

ISO 500 I F/8 I 1/45 Sek. I FUJIFILM X-S10 mit Sigma 30 mm F/1,4 DC DN Contemporary

Produktfotos und Details

Durch natürliche und realistische Darstellung lassen sich auch Produkte und Details gut mit Normalobjektiven abbilden. Aber auch hier können Sie dank hoher Lichtstärke schön mit der Schärfentiefe spielen.

7.2 Bildwirkung und -gestaltung

Der Bildwinkel von Normalobjektiven ist mit 55° bis 44° schon ein wenig eingeschränkt. Deshalb kommen Motive nicht mehr in Frage, bei denen der nötige Abstand zum Motiv nicht vorhanden ist, beispielsweise in engen Innenräumen.

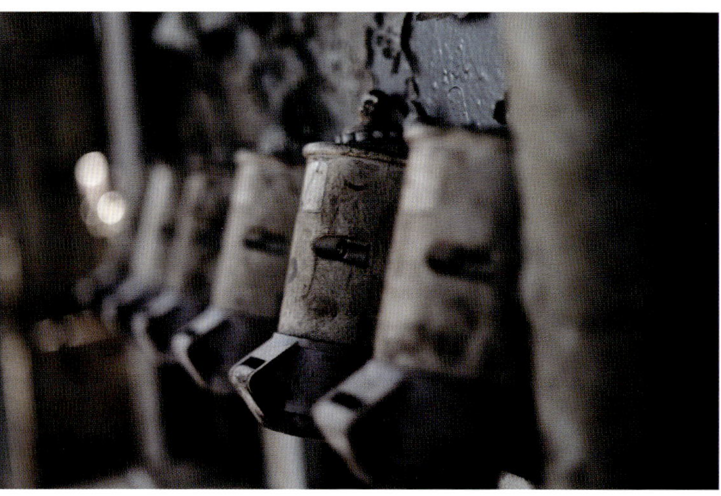

ISO 160 I F/1,4 I 1/400 Sek. I FUJIFILM X-T3 mit FUJINON XF 33 mm F/1,4 R LM WR

▲ *Auch bei Produkt- und Detailfotos lässt sich schön mit der Schärfentiefe spielen.*

Ein Normalobjektiv zeigt die Proportionen unverfälscht und realistisch. Es verzerrt die Bildränder nicht wie ein Weitwinkelobjektiv und es staucht und verdichtet nicht wie ein Teleobjektiv. Die Tiefenstaffel, also das Größenverhältnis von Vorder- und Hintergrund, wirkt ausgewogen. Normalbrennweiten wirken unspektakulär. Künstlerische Übersteigerungen und Motivverfremdungen sind damit nicht machbar. Manche Fotografierende finden das vielleicht langweilig, aber für viele Motive passt ein Normalobjektiv am besten.

7.3 Tipps zur Bildgestaltung

Porträt

Ein Normalobjektiv kann sehr gut als Porträtobjektiv verwendet werden. Die Proportionen sind stimmig und die Lichtstärke der Festbrennweitenobjektive sind sehr gut. Deshalb können Porträts mit sehr schönem Bokeh fotografiert werden. Dazu müssen Sie aber näher ran an Ihr Motiv als beispielsweise mit einem 56er-Porträtobjektiv.

Viele Einsteigende in die Porträtfotografie machen den Fehler, dass Sie zu weit weg vom Motiv sind. Dann entsteht zu viel Rand, der für die Bildaussage keine Bedeutung hat.

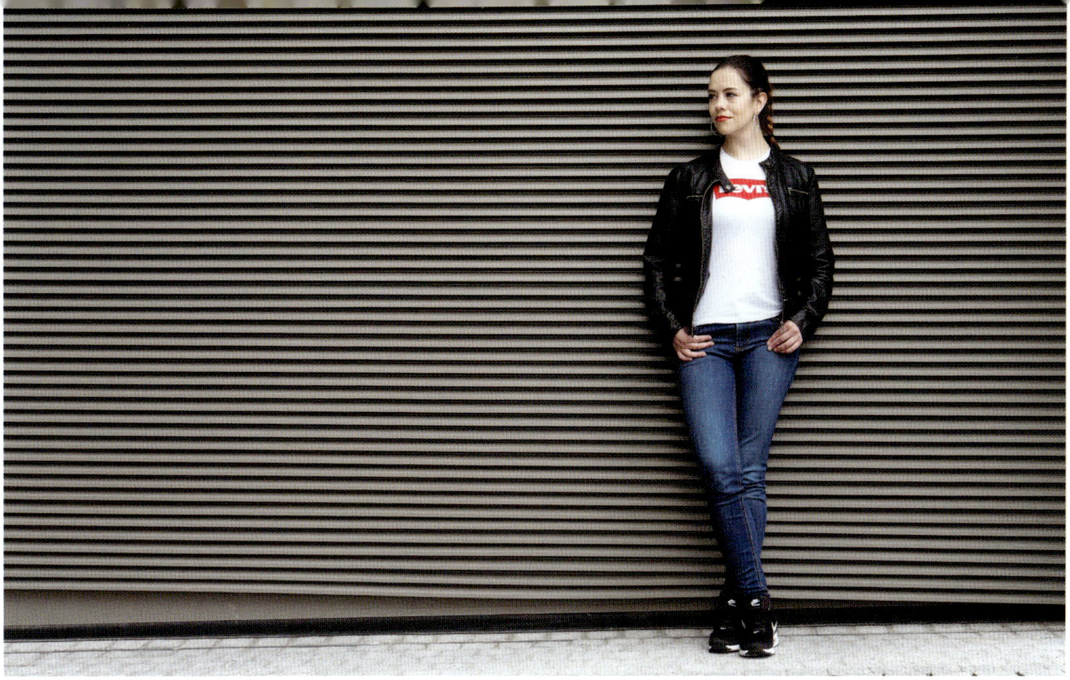

ISO 160 I F/5,6 I 1/125 Sek. I FUJIFILM X-T3 mit FUJINON XF 35 mm F/1,4 R

Gleichzeitig vergrößert sich die Schärfentiefe und die Bokeh-Qualität wird nicht ausgeschöpft. Also: mit dem Normalobjektiv nah ran ans Motiv. Oder Sie möchten einen Kontext zum Umfeld des Porträtierten zeigen, dann ist ein Normalobjektiv besser geeignet als ein Porträtobjektiv. Weitere Tipps zur Porträtfotografie finden Sie im Kapitel 8 *»Porträtobjektive von 50 bis 90 mm«*.

Natur und Landschaft

Weniger drauf: Manchmal ist es hilfreich, wenn der Bildwinkel nicht zu groß ist. Besonders Foto-Einsteiger machen häufig den Fehler, dass zu viel auf den Fotos drauf ist.

Damit wirkt das Bild überladen und unruhig. Durch den etwas engeren Bildwinkel wirken einige Landschaftsfotos etwas aufgeräumter. Allerdings lässt sich auch nicht so eine große Schärfentiefe erzeugen wie bei einem Weitwinkelobjektiv.

▼ *Im Gegensatz zu einem Weitwinkel- zeigt ein Normalobjektiv einen kleineren Ausschnitt der Natur.*

ISO 800 I F/4 I 1/100 Sek. I FUJIFILM X-T3 mit FUJINON XF 33 mm F/1,4 R LM WR

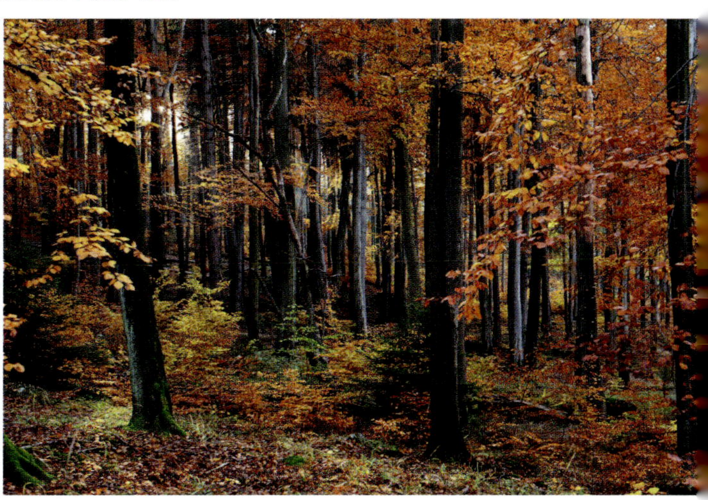

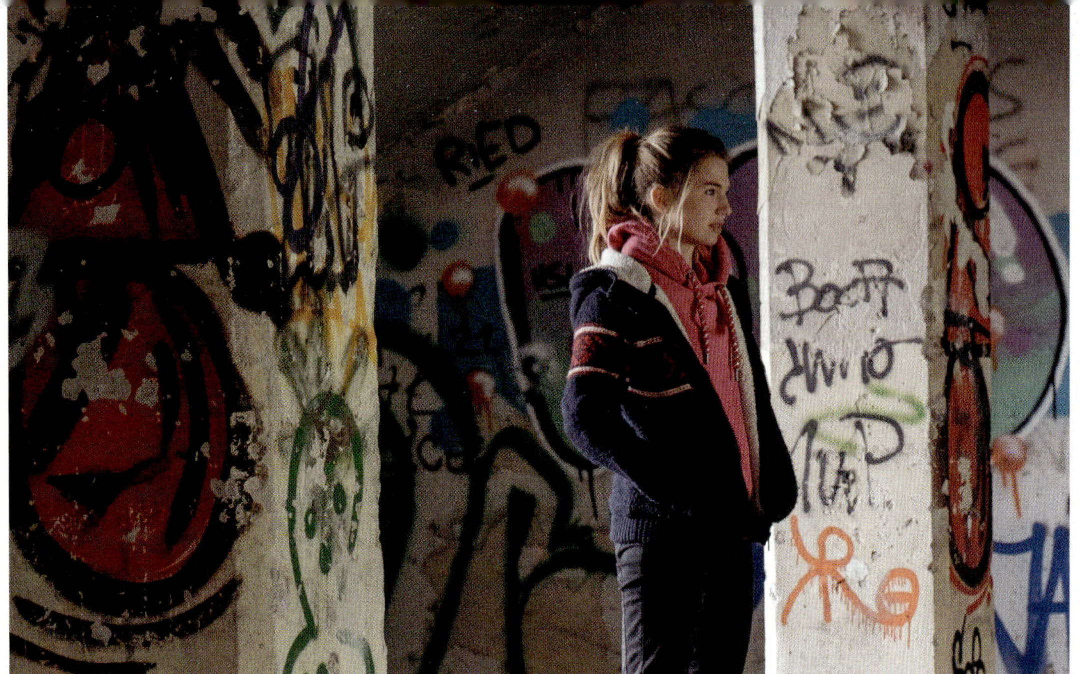

ISO 1.000 I F/2 I 1/60 Sek. I FUJIFILM X-T3 mit FUJINON XF 35 mm F/1,4 R

Dafür können Sie Details wie Zweige, Blätter, Früchte etc. gut aus der Nähe fotografieren. Wenn Sie dann noch die Blende weit öffnen, entsteht ein schönes Bokeh.

Manchmal lohnt es sich, sich etwas um das Motiv herum zu bewegen und dabei den Hintergrund zu beobachten. Wie verändert sich das Bokeh im Hintergrund? Passen Licht und Farbe zum Hauptmotiv? Oder ist vielleicht eine Perspektive aus etwas tieferem Standpunkten schöner?

Probieren Sie das aus – oft wirkt das Foto komplett anders, wenn Sie nur ein wenig Ihre Position ändern.

Mit einfachen Mitteln können Sie ein Normalobjektiv in ein Makroobjektiv umfunktionieren. Falls Sie nur gelegentlich im Nah- und Makrobereich fotografieren, könnte das für Sie eine interessante und preiswerte Alternative zum Makroobjektiv sein. Oder wenn Sie nur wenig Platz in Ihrer Fototasche haben.

Mit Makrolinsen, Makrozwischenringen, Umkehrring oder Balgengerät stehen Ihnen diverse Möglichkeiten zur Verfügung, Ihr Normalobjektiv in ein Makroobjektiv zu verwandeln. Mehr dazu im Kapitel 14 *»Objektiv-Zubehör«*.

Reportage, Dokumentation und Journalismus

Realistisch dokumentieren: Für authentische Reportagen und im Journalismus ist es wichtig, dass die Darstellung der Realität entspricht. Im Journalismus wird die Realität dokumentiert.

Weitwinkel- und Teleobjektive verzerren die Wirklichkeit und die Fotografierenden können damit die Szenerie verfälschen und evtl. manipulieren. Auch für beispielsweise Hochzeitsreportagen ist ein Normalobjektiv eine gute Wahl.

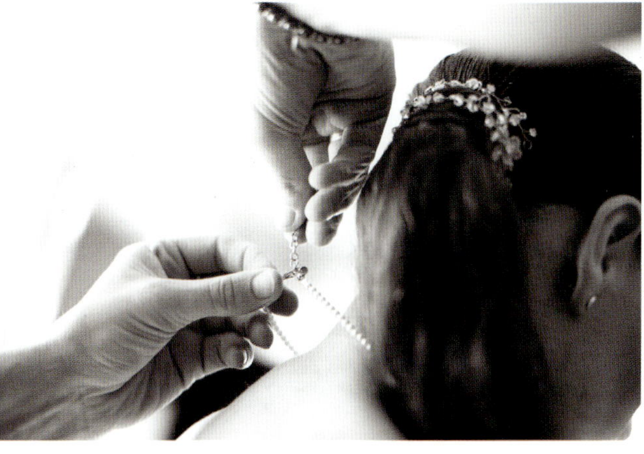

ISO 640 I F/1,4 I 1/125 Sek. I FUJIFILM X-T3 mit FUJINON XF 35 mm F/1,4 R

▲ *Bei Reportagen immer ganz nah dran.*

Hier empfiehlt es sich aber auch, mal Fotos mit Weitwinkel- oder Teleobjektiv einzustreuen, um die Reportage nicht eintönig werden zu lassen.

Mit lichtstarken Normalobjektiven lässt sich wunderbar mit der Schärfentiefe spielen. Sie können mit einer offenen Blendenöffnung von 1:1.4 oder 1:2 gut das Hauptmotiv vom Hintergrund trennen

▼ *Ein lichtstarkes Normalobjektiv ist für meine Hochzeitsreportagen ein Muss.*

ISO 2.000 I F/2 I 1/125 Sek. I FUJIFILM X-T3 mit FUJINON XF 35 mm F/1,4 R

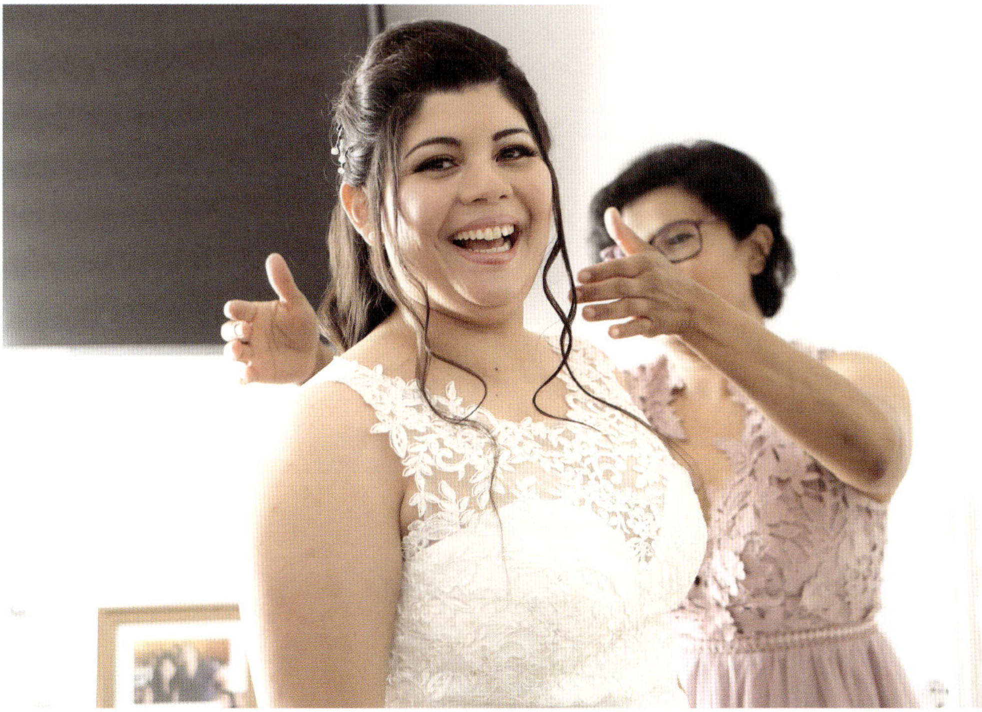

oder Wichtiges von Unwichtigem. Da ein Normalobjektiv auch die Bildränder nicht verzerrt, können Sie gerne auch mal Personen am Bildrand platzieren.

7.4 Normalobjektive mit Festbrennweite von 27 bis 35 mm

Die Auswahl an Festbrennweiten im Normalbereich ist groß. Für viele Fotografierende ist es die einzige Festbrennweite, die sie sich zu ihren Zoomobjektiven zusätzlich anschaffen. Recht vielseitig ist so ein Normalobjektiv auch.

Es liefert ein wunderschönes Bokeh ohne vom Bildwinkel so eingeschränkt zu sein wie ein klassisches Porträtobjektiv.

Nicht zuletzt deshalb bietet nicht nur FUJIFILM vier Festbrennweiten mit Normalbrennweite an, sondern auch andere Hersteller wie Zeiss, Sigma und Viltrox.

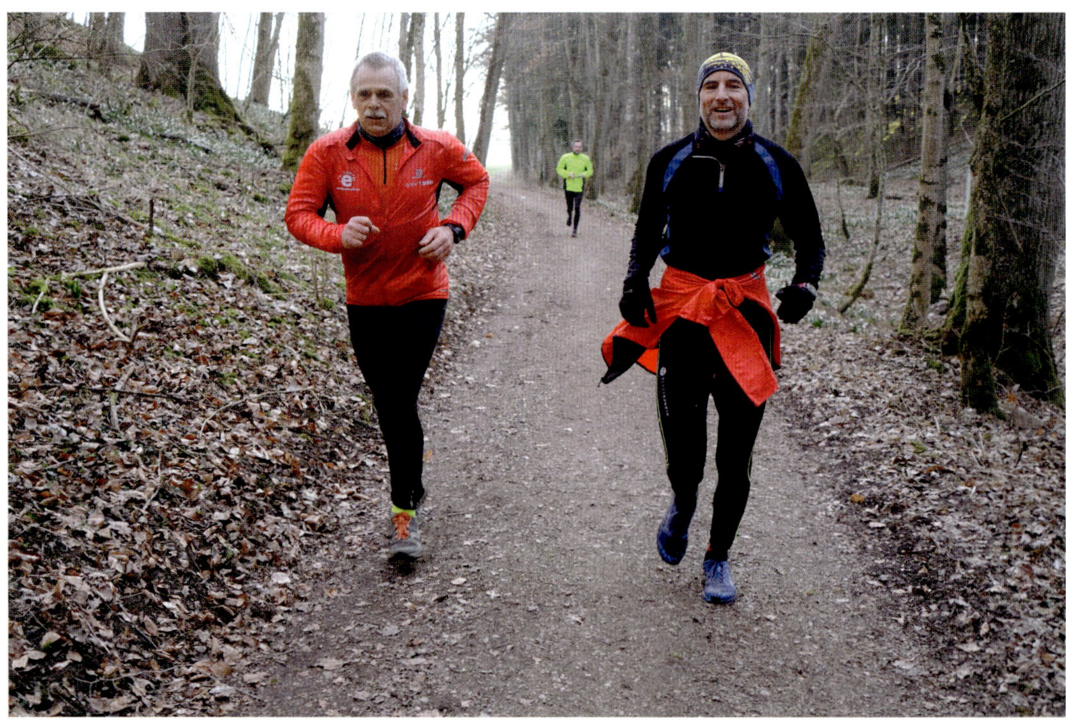

ISO 250 I F/2,8 I 1/420 Sek. I FUJIFILM X-S10 mit FUJINON XF 27 mm F/2,8 R WR

▲ *Das 27 mm Objektiv lässt sich wirklich überall hin mitnehmen.*

FUJINON 27 mm F/2,8 R WR

Seit 2021 gibt es das 27er als Neuauflage mit wetterfestem Gehäuse, abgedichtet gegen Staub und Feuchtigkeit.

Die Ur-Version kam 2013 auf den Markt und musste als einziges Objektiv aus der XF-Serie ohne Blendenring auskommen.

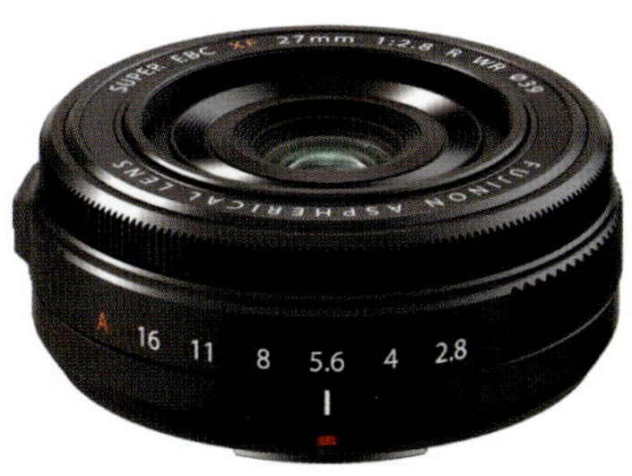

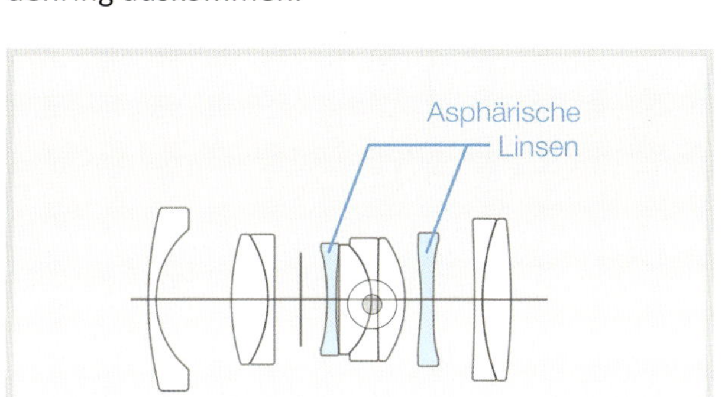

◀ *Der optische Aufbau des FUJINON 27 mm F/2,8 R WR.*

Beliebt ist dieses Objektiv, weil es superklein, leicht, kompakt und handlich ist. An einem entsprechend kleinen Gehäuse wie an der FUJIFILM X-E4 oder X-S10 macht es einen harmonischen Eindruck und lädt den Fotografierenden ein, die Kamera öfter mal mitzunehmen. Denn die beste Kamera ist die, die man dabei hat.

Zwar ist die optische Konstruktion nicht so aufwendig wie bei den größeren Objektiven, aber an der Bildqualität gibt es nichts auszusetzen.

Für eine Festbrennweite ist die Lichtstärke von 1:2.8 nichts Besonderes, aber in Anbetracht der geringen Baugröße lässt sich damit wunderbar auskommen. Schließlich gibt es genug lichtstarke Alternativen, die aber auch deutlich größer und schwerer sind.

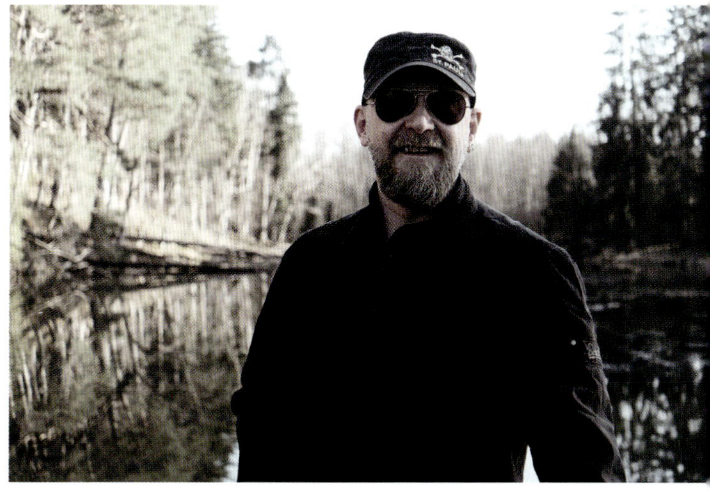

ISO 160 I F/2,8 I 1/200 Sek. I FUJIFILM X-S10 mit FUJINON XF 27 mm F/2,8 R WR

▲ *Auch das FUJINON 27 mm F/2,8 R WR erzeugt schon ein annehmbares Bokeh.*

Sigma 30 mm F/1,4 DC DN Contemporary

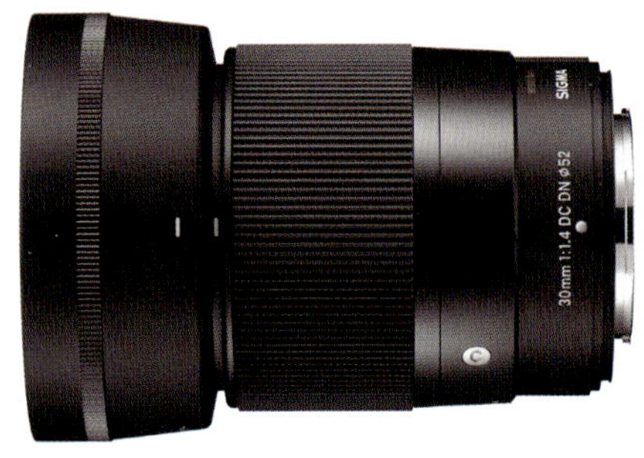

Das lichtstarke 30 mm Sigma-Objektiv ist seit Mitte 2022 mit FUJIFILM X-Anschluss erhältlich und bietet eine preislich attraktive Alternative zu den Normalobjektiven der FUJINON XF-Serie an.

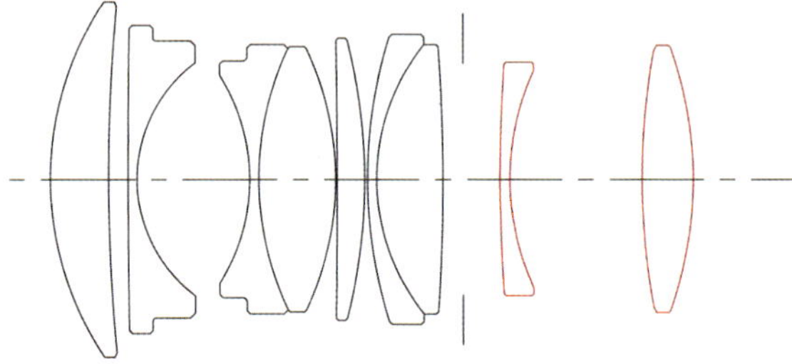

▲ *Der optische Aufbau des Sigma 30 mm F/1,4 DC DN.*

Wie die FUJINON XC-Serie besitzt es keinen Blendenring. Das Gehäuse macht dennoch einen wertigen Eindruck mit angenehmer Haptik, ist aber auch recht lang. Zudem punktet es mit Wetterfestigkeit und ist gegen Staub und Feuchtigkeit abgedichtet.

Der AF-Antrieb ist präzise, schnell und leise. Das Objektiv wirkt modern und aufgeräumt. Die lichtstarke Optik liefert scharfe Bilder mit hoher Brillanz.

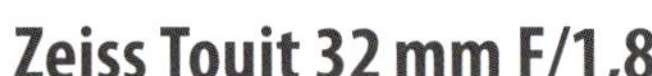

Zeiss Touit 32 mm F/1,8

Das Zeiss Touit ist seit 2013 auf dem Markt. Es ist ein zeitloser Klassiker, besitzt ein modernes und schnörkelloses Gehäuse und ist sehr hochwertig verarbeitet. Es ist sogar geringfügig kürzer und auch leichter als das kompakte FUJINON 35 mm F/1,4 R – ideal für unterwegs. Das Touit 32 mm ist mit einem Blendenring ausgestattet.

Die optische Qualität kann sich sehen lassen. Die optische Konstruktion ist ein klassisches Zeiss Planar.

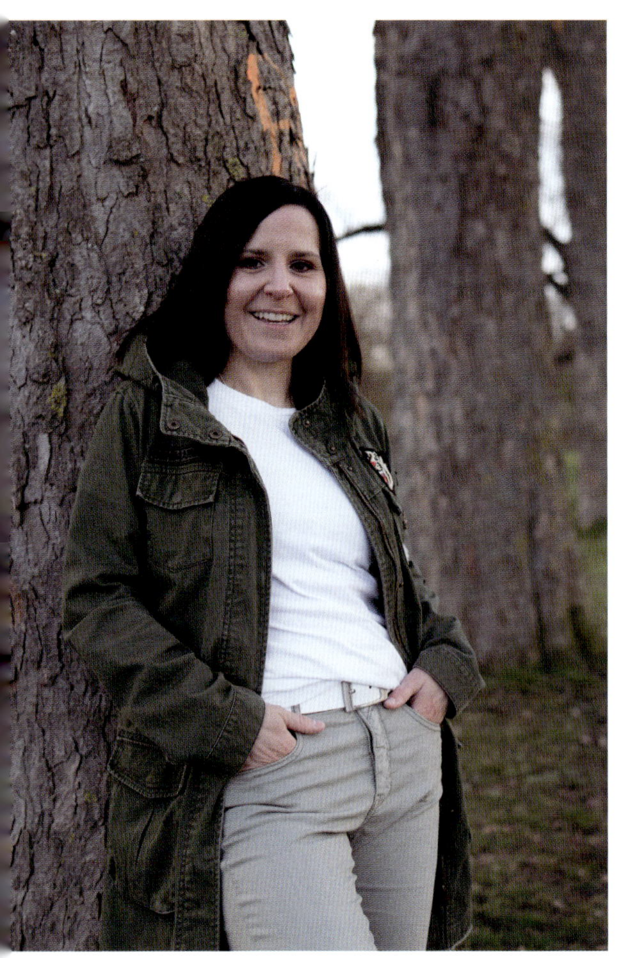

ISO 200 I F/1,8 I 1/400 Sek. I FUJIFILM X-S10 mit Sigma 30 mm F/1,4 DC DN Contemporary

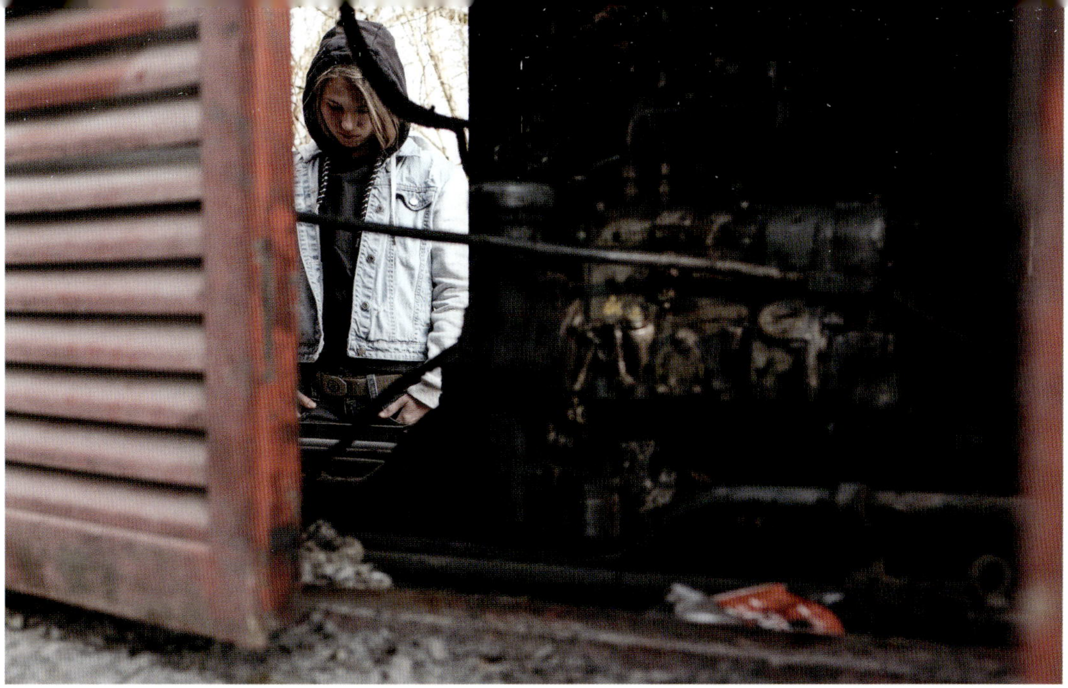

Wer auf schönes Bokeh großen Wert legt, sollte lieber eine Normalbrennweite mit einer Lichtstärke von 1:1.4 verwenden. 1:1.8 ist zwar eine gute Lichtstärke, aber knapp eine Blendenstufe schwächer ist beim Bokeh schon sichtbar.

ISO 200 I F/2,8 I 1/125 Sek. I FUJIFILM X-T3 mit Zeiss Touit 32 mm F/1,8.

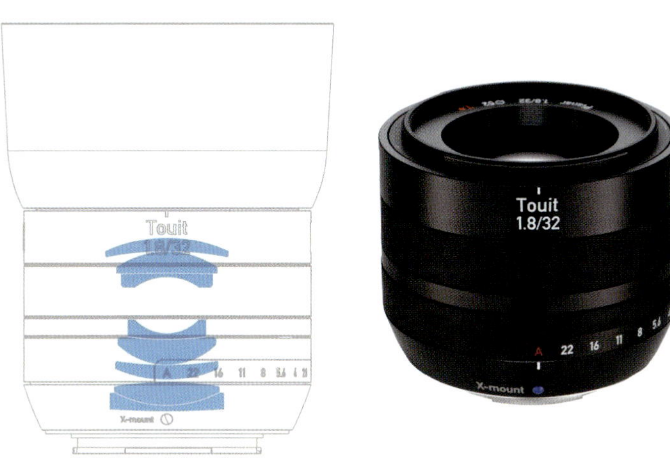

▲ *Der optische Aufbau des Zeiss Touit 32 mm F/1,8.*

Viltrox XF 33 mm F/1,4

Das Viltrox-Normalobjektiv aus chinesischer Produktion kam Ende 2021 für FUJIFILM X-Anschluss auf den Markt. Es ist eine moderne Konstruktion mit schnellem und leisen Autofokus dank STM-Schritt-

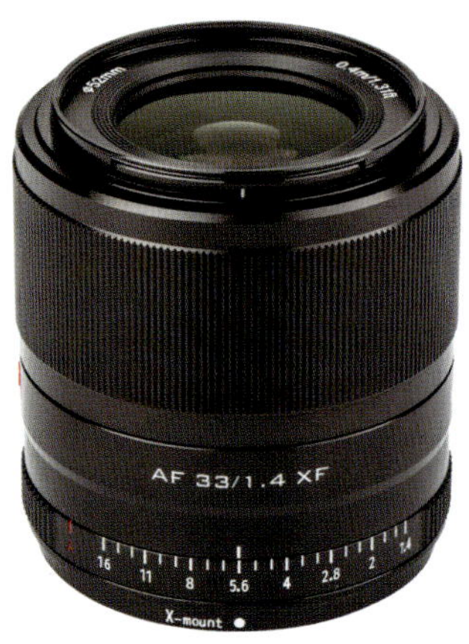

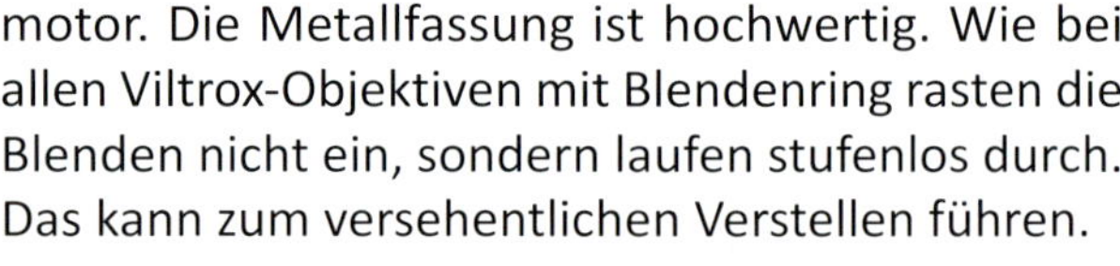

motor. Die Metallfassung ist hochwertig. Wie bei allen Viltrox-Objektiven mit Blendenring rasten die Blenden nicht ein, sondern laufen stufenlos durch. Das kann zum versehentlichen Verstellen führen.

Auch optisch ist das Viltrox auf dem neuesten Stand. Hohe Auflösung und Lichtstärke, scharf und brillant bis in die Bildecken. Eine interessante und preiswerte Alternative zu den lichtstarken FUJIFILM XF 33 mm und XF F/35 mm.

Das baugleiche Objektiv wird von Tokina angeboten.

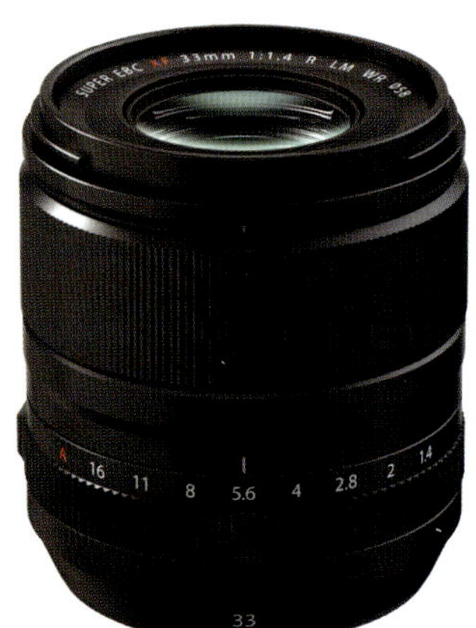

FUJINON XF 33 mm F/1,4 R LM WR

Ende 2021 kam FUJIFILM mit dem ganz neu konstruierten lichtstarken Normalobjektiv mit 33 mm Brennweite auf den Markt. Es ist die neueste Objektivgeneration von FUJIFILM und besitzt nun einen Blendenring, der auf A verriegelt werden kann, um versehentliches Verstellen zu verhindern. Das hochwertige Objektivgehäuse aus Metall ist wie erwartet hervorragend verarbeitet. Der eingebaute Linearmotor arbeitet schnell, präzise und geräuschlos. Auflösung und Kontrast wurden gegenüber dem XF 35 mm F/1,4 R verbessert und den neuesten Kameras mit hoher Auflösung angepasst.

Den Aufwand, den FUJIFILM dafür betrieben hat, können Sie an der optischen Konstruktion mit 15 Linsen in zehn Gruppen sehen. Asphärische Linsen sowie ED- und Super ED-Linsen sorgen für eine effektive Korrektur von Abbildungsfehlern. Aber wo Licht ist, da ist auch Schatten. Der optische Aufwand macht sich bei Größe und Gewicht bemerkbar.

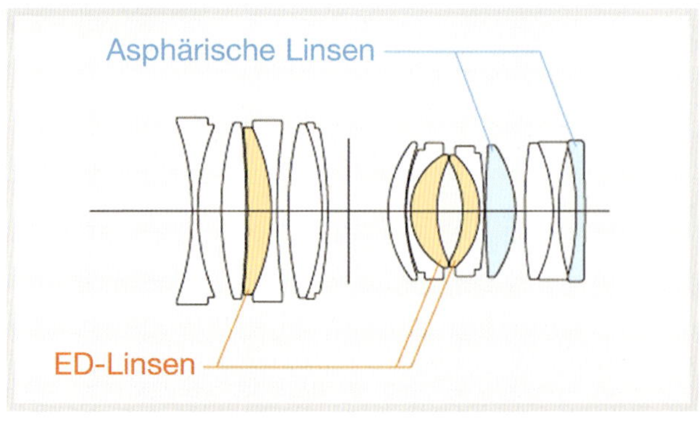

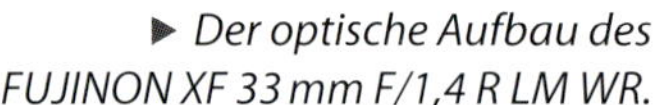
▶ *Der optische Aufbau des FUJINON XF 33 mm F/1,4 R LM WR.*

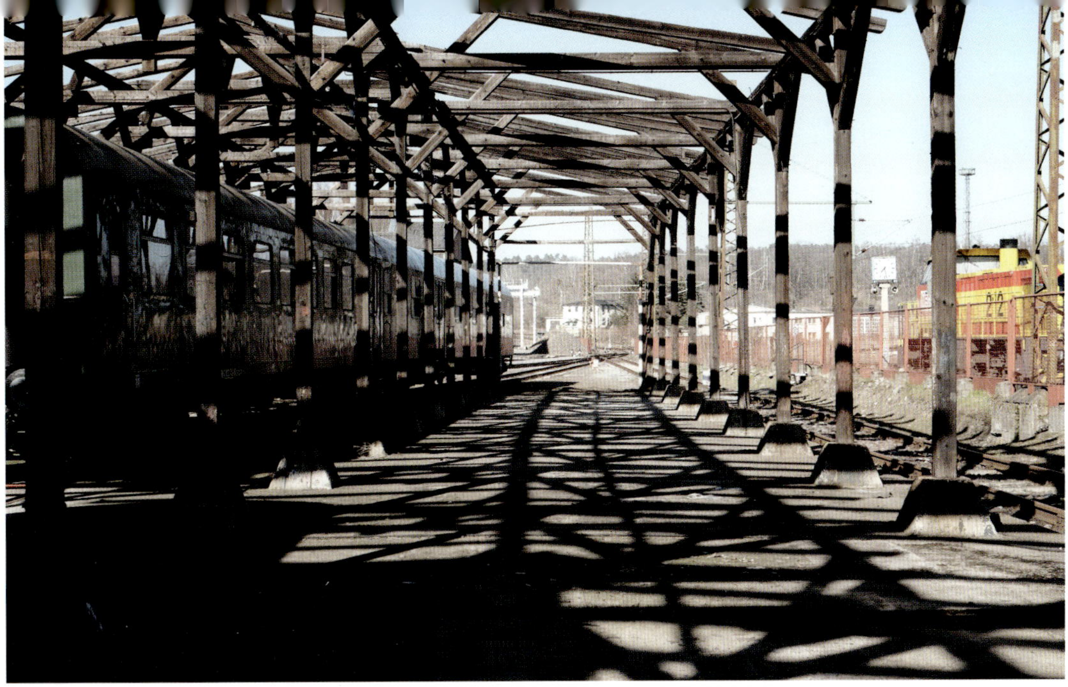

ISO 160 I F/9 I 1/100 Sek. I FUJIFILM X-T3 mit FUJINON XF 33 mm F/1,4 R LM WR

FUJINON XF 35 mm F/1,4 R

2012 gehörte das XF 35 mm F/1,4 R zu den ersten Objektiven, die zusammen mit der FUJIFILM X-Pro1 auf den Markt kamen. Dementsprechend ist es etwas in die Jahre gekommen.

Der Autofokus ist nicht ganz so schnell wie der des aktuellen FUJINON 33 mm. Die Auflösung kann auch nicht mehr mit der neuesten Objektivgeneration mithalten.

Trotzdem, ich persönlich habe dieses Objektiv schon seit vielen Jahren im Einsatz. Es ist immer noch ein sehr gutes Objektiv mit einer wunderschönen Bildästhetik und mit einem eigenen Charakter.

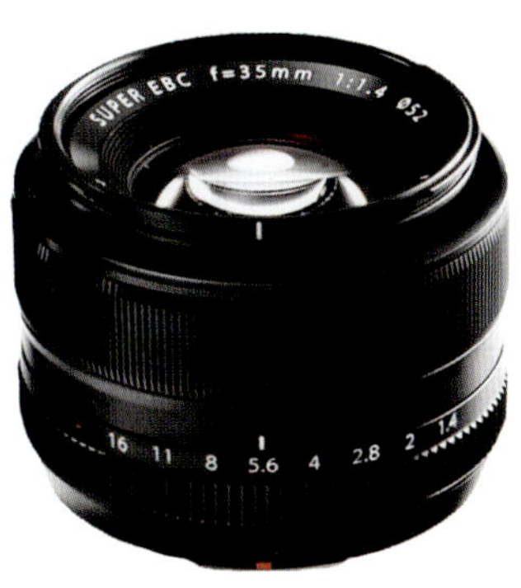

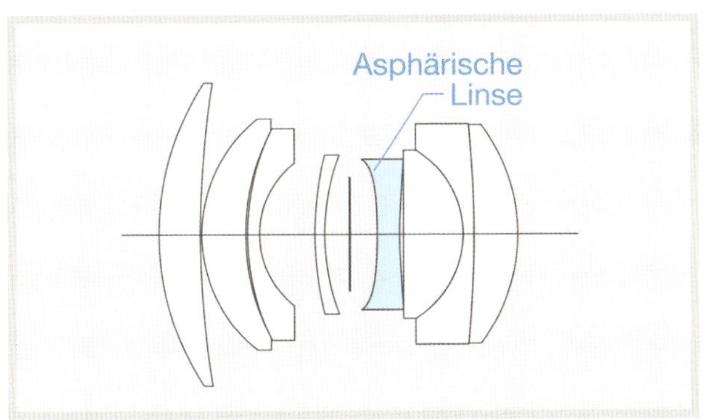

◄ *Der optische Aufbau des FUJINON XF 35 mm F/1,4 R.*

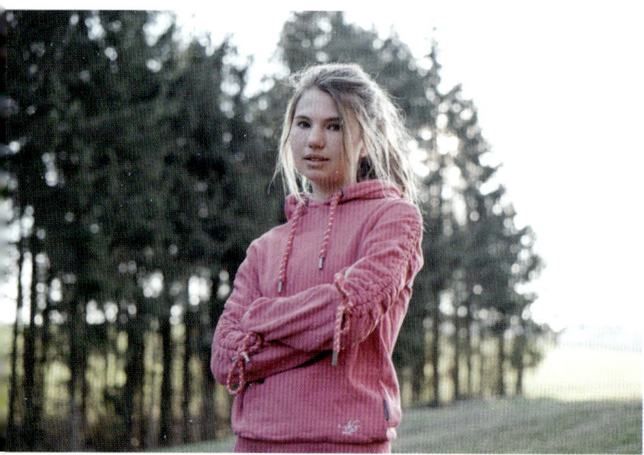

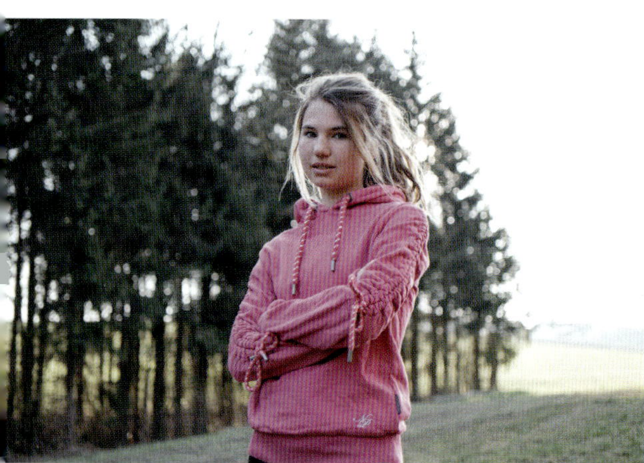

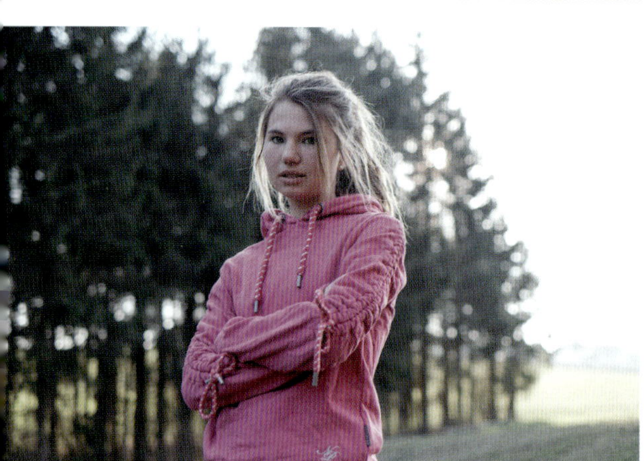

Alle Bilder: ISO 160 | F/1,8 | 1/400 Sek. | FUJIFILM X-S10

▲ *Drei Fotos, drei Objektive, eine Einstellung:*
Oben: *Zeiss Touit 32 mm F/1,8.*
Mitte: *FUJINON XF 33 mm F/1,4 R LM WR.*
Unten: *FUJINON XF 35 mm F/1,4 R.*

Das weiche Bokeh kann sich sehen lassen und für Porträts ist es immer noch erste Wahl. Schauen Sie sich mal den optischen Aufbau im Vergleich zum FUJINON 33 mm F/1,4 R LM WR an. Das ist ein Unterschied.

Wer dagegen andere Motive als Porträts bevorzugt, bei denen mehr Kontrast und Auflösungsvermögen gefragt ist, für den passt das modernere 33 mm FUJINON-Objektiv besser.

Neben der guten optischen Leistung und der hervorragenden Verarbeitungsqualität ist ein weiterer Vorteil das geringe Gewicht und die kompakten Abmessungen. Dieses Objektiv nimmt man gerne mal mit.

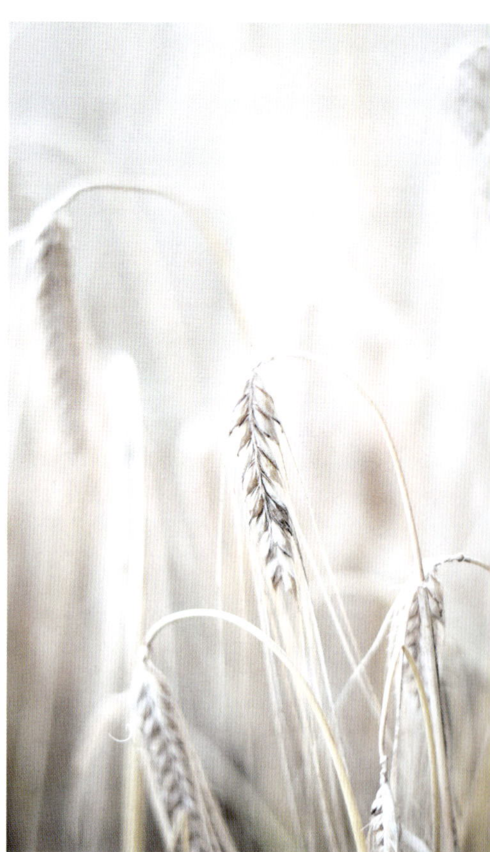

ISO 800 | F/1,4 | 1/500 Sek. | FUJIFILM X-T3 mit FUJINON XF 35 mm F/1,4 R

FUJIFILM hat sicher erkannt, dass es für das alte 35er noch eine große Fangemeinde gibt und lässt es bisher noch parallel zum XF 33 mm im Programm.

FUJINON XF 35 mm F/2 R WR

Manchmal ist es gut, ein besonders kompaktes Objektiv zu verwenden. Unterwegs und auf Reisen, um unauffällig fotografieren zu können oder weil es mühsam ist, so viel Ausrüstungsgegenstände herumzuschleppen. In diesen Fällen ist das kompakte XF 35 mm F/2 R WR eine gute Wahl.

Wer nicht unbedingt eine Lichtstärke von 1:1.4 braucht, ist mit diesem Objektiv gut beraten. Es ist mit einer Lichtstärke von 1:2 immer noch lichtstark genug, um ein sehr schönes Bokeh zu erzeugen.

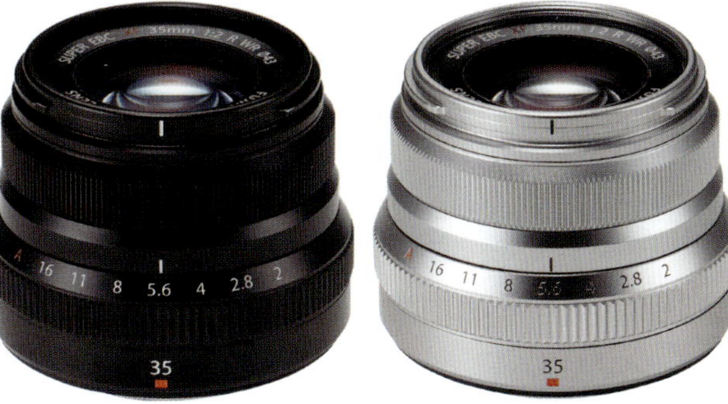

▲ *Das kompakte und edle XF 35 mm ist in Schwarz und in Silber erhältlich.*

Und es ist um eine Blende lichtstärker als jedes Zoomobjektiv für das FUJIFILM X-System. Der optische Aufbau ist recht einfach. Das kostet zwar eine Blendenstufe an Lichtstärke gegenüber einem 1:1.4er-Objektiv, Abstriche in der optischen Qualität gibt es allerdings nicht. Das kompakte Gehäuse aus Metall ist sehr hochwertig und edel. Auch in Silber ist das Objektiv erhältlich – passend zu den silbernen Kameras.

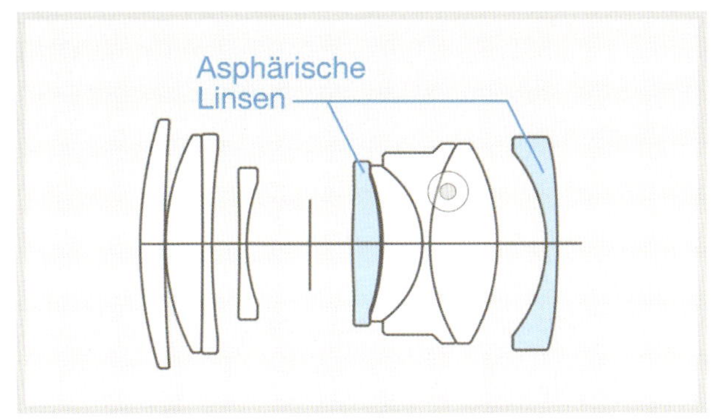

◀ *Der optische Aufbau des FUJINON XF 35 mm F/2 R WR.*

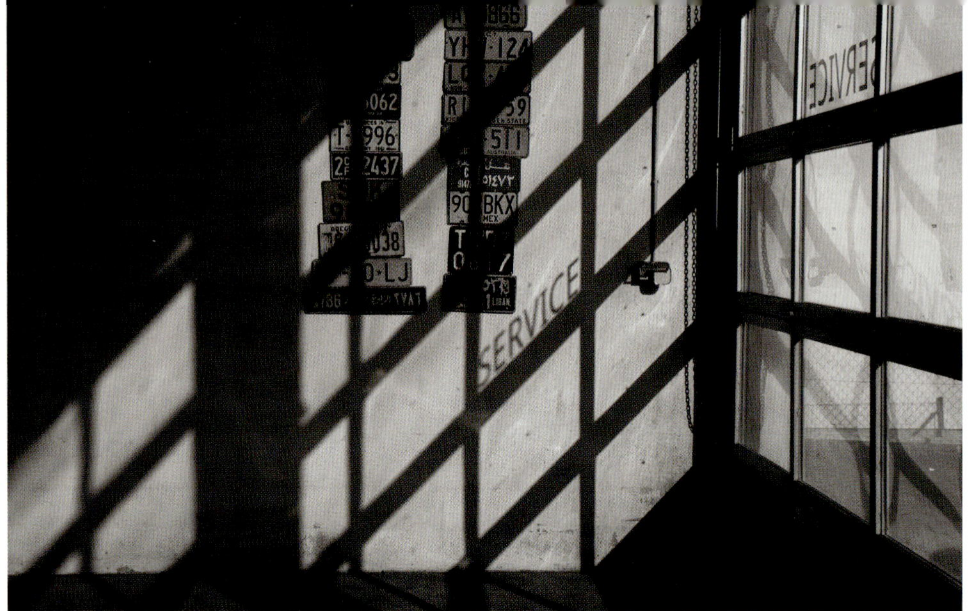

ISO 160 | F/5,6 | 1/3.500 Sek. | FUJIFILM X-S10 mit FUJINON XF 35 mm F/2 R WR

Neben Reisemotiven ist das 35er besonders auch für Reportagen, die Streetfotografie und Porträts geeignet. Für unterwegs kann es auch mit der Wetterfestigkeit punkten. Es ist gegen Staub und Nässe abgedichtet.

FUJINON XC 35 mm F/2

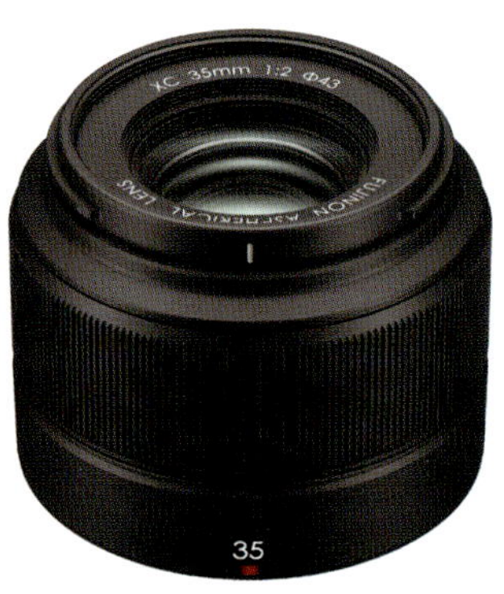

Für Foto-Einsteigende und preisbewusste Fotografierende ist dieses Objektiv konzipiert. Es besitzt keinen Blendenring und das Gehäuse und Bajonett bestehen aus Kunststoff. Das macht es aber auch zu einem Leichtgewicht. Der optische Aufbau und die Bildqualität entsprechen dem FUJINON XF 35 mm F/2 R WR. Wer mit den Abstrichen bei der Wertigkeit des Gehäuses leben kann, bekommt mit dem XC-Objektiv ein optisch sehr gutes Objektiv zum niedrigen Preis.

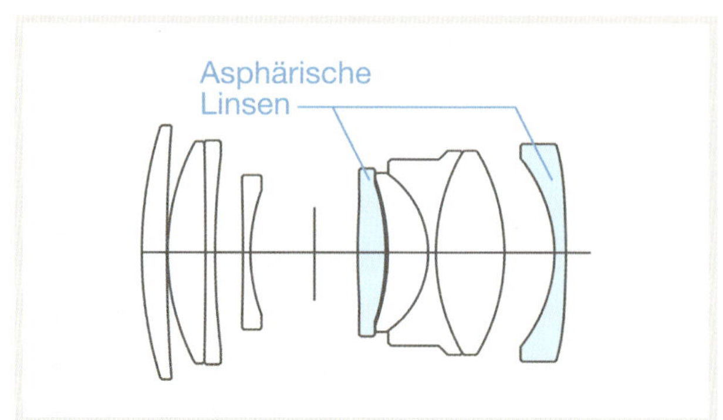

▶ *Der optische Aufbau des FUJINON XC 35 mm F/2 ist praktisch identisch mit dem des FUJINON XF 35 mm F/2 R WR.*

	FUJINON XF 27 mm F/2,8 R WR	Sigma 30 mm F/1,4 DC DM Contemporary	Zeiss Touit 32 mm F/1,8	Viltrox XF 33 mm F/1,4
Brennweite ∅	27 mm (≅ 41 mm KB)	32 mm (≅ 45 mm KB)	32 mm (≅ 48 mm KB)	33 mm (≅ 50 mm KB)
Optische Konstruktion	7 Linsen in 5 Gruppen (inkl. 1 asphärische Linse)	9 Linsen in 7 Gruppen (davon 2 asphärische Linsen und 3 ED-Linsen)	8 Linsen in 5 Gruppen (davon asphärische Linsen)	10 Linsen in 9 Gruppen (davon asphärische Linsen)
Bildwinkel	55,5°	50,7°	48°	46,6°
Größte Blendenöffnung (Lichtstärke)	1:2.8	1:1.4	1:1.8	1:1.4
Kleinste Blendenöffnung	1:16	1:16	1:22	1:16
Anzahl Blendenlamellen	7	9	9	9
Blendeneinstellung	1/3 Blenden (EV)-Stufen am Blendenring	1/3 Blenden (EV)-Stufen über Kameragehäuse	1/3 Blenden (EV)-Stufen am Blendenring	stufenlos am Blendenring
Naheinstellgrenze	34 cm	18 cm	30 cm	40 cm
Filtergewinde	39 mm	52 mm	52 mm	52 mm
Abmessungen	∅ 62 mm, Länge 23 mm	∅ 66 mm, Länge 74 mm	∅ 65 mm, Länge 60 mm	∅ 65 mm, Länge 72 mm
Gewicht	84 g	275 g	210 g	270 g

	FUJINON XF 33 mm F/1,4 R LM WR	FUJINON XF35 mm F/1,4 R	FUJINON XF35 mm F/2 R WR	FUJINON XC 35 mm F/2
Brennweite ∅	33 mm (≅ 50 mm KB)	35 mm (≅ 53 mm KB)	35 mm (ϖ 53 mm KB)	35 mm (≅ 53 mm KB)
Optische Konstruktion	15 Linsen in 10 Gruppen (davon 2 asphärische Linsen und 3 ED-Linsen)	8 Linsen in 6 Gruppen (davon 1 asphärische Linse)	9 Linsen in 6 Gruppen (inkl.2 asphärische Linsen)	9 Linsen in 6 Gruppen (davon 2 asphärische Linsen)
Bildwinkel	46,6°	44,2°	44,2°	44,2°
Größte Blendenöffnung (Lichtstärke)	1:1.4	1:1.4	1:2.0	1:2.0
Kleinste Blendenöffnung	1:16	1:16	1:16	1:16
Anzahl Blendenlamellen	9	7	9	9
Blendeneinstellung	In 1/3 Blenden (EV)-Stufen am Blendenring	In 1/3 Blenden (EV)-Stufen am Blendenring	In 1/3 Blenden (EV)-Stufen am Blendenring	1/3 Blenden (EV)-Stufen über Kamera
Naheinstellgrenze	18 cm	28 cm	35 cm	35 cm
Filtergewinde	58 mm	52 mm	43 mm	43 mm
Abmessungen	∅ 67 mm, Länge 73,5 mm	∅ 65 mm, Länge 50,4 mm	∅ 60 mm, Länge 45,9 mm	∅ 58,4 mm, Länge 56,5 mm
Gewicht	360 g	187 g	170 g	135 g

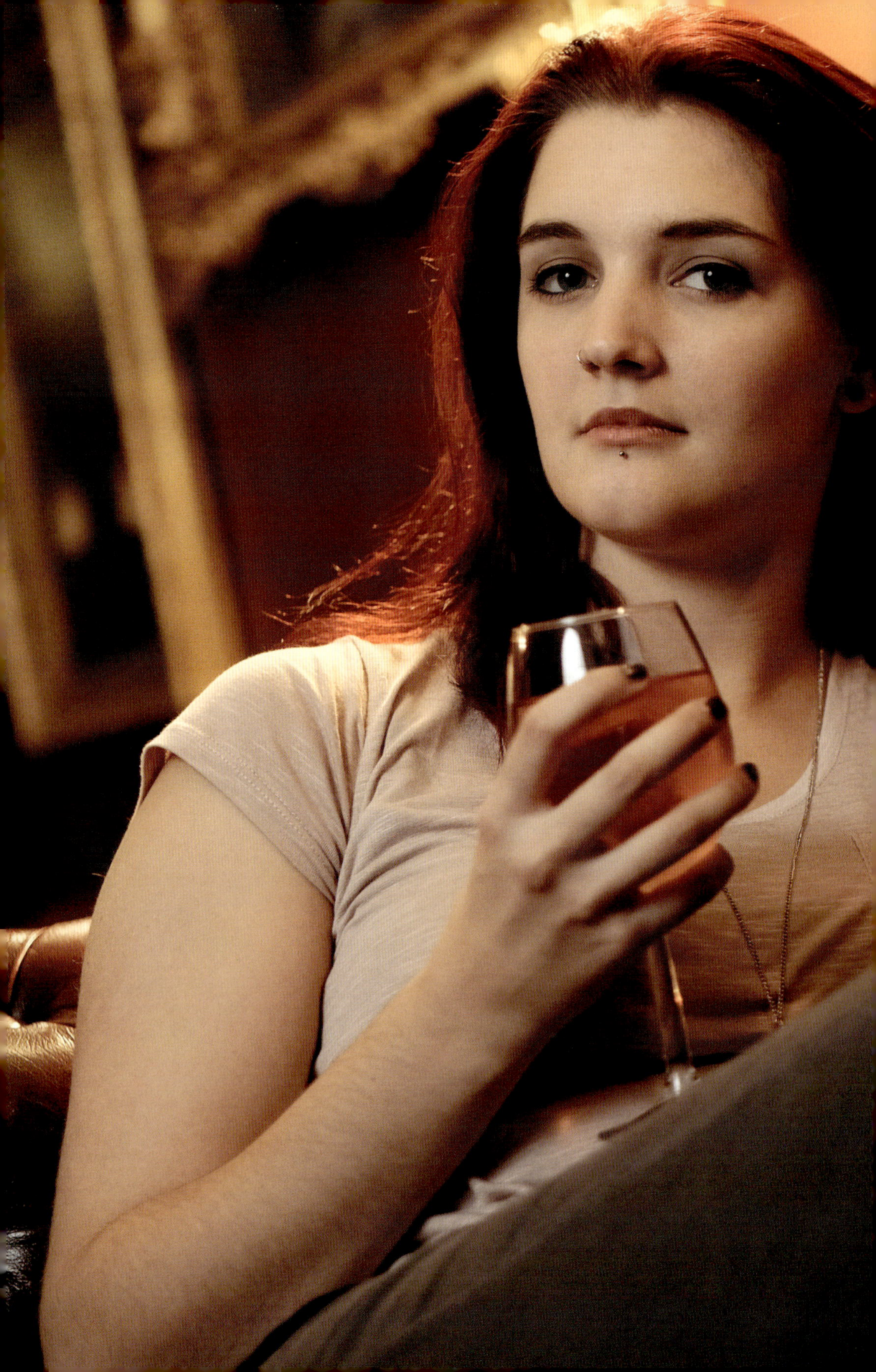

8 Porträtobjektive von 50 bis 90 mm

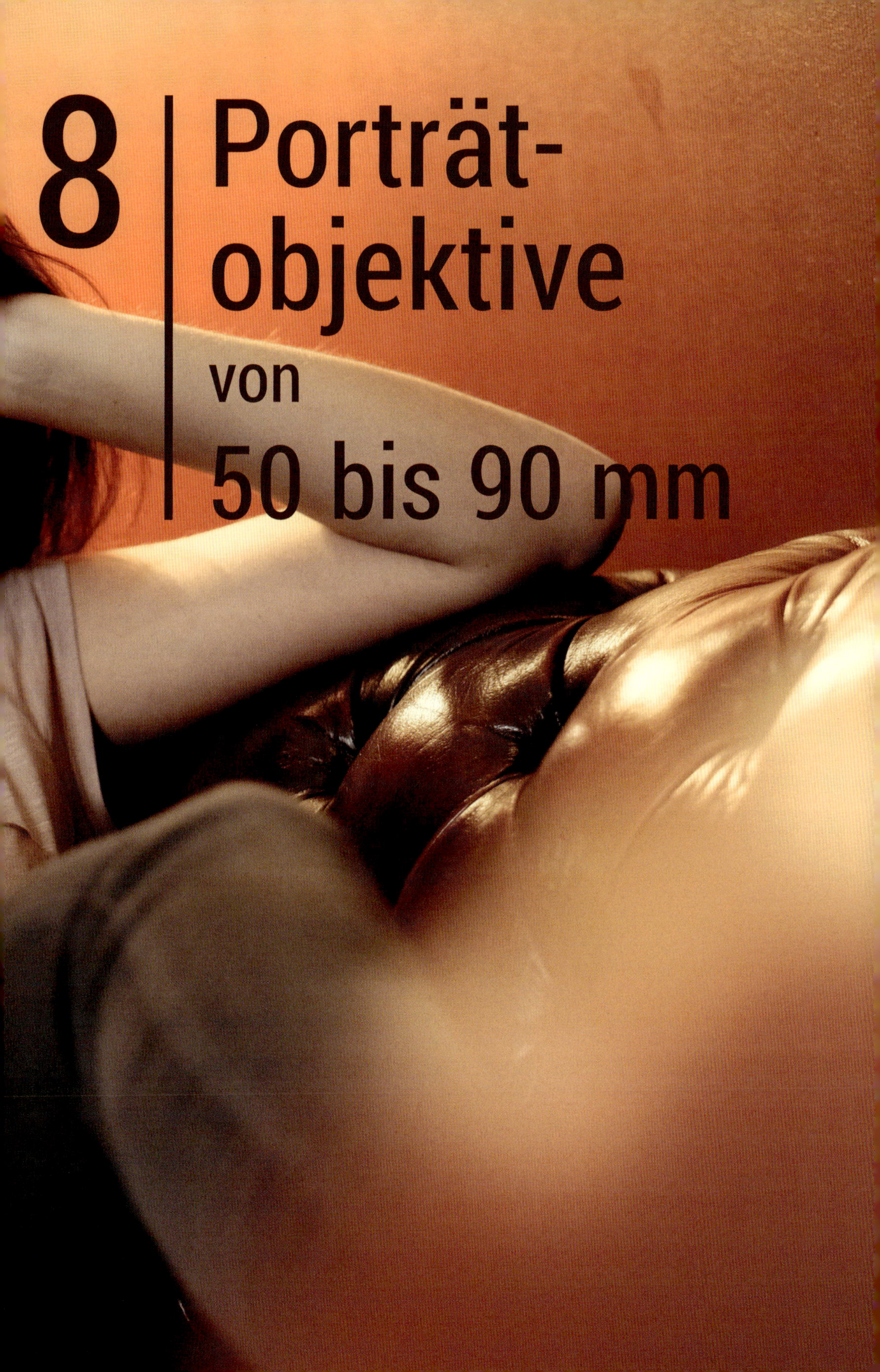

Porträts sind ein interessantes und beliebtes fotografisches Themengebiet – sowohl für professionelle Fotografen- als auch für Hobbyfotografierende. Nicht nur FUJIFILM hat eine breite Auswahl an verschiedenen Porträtobjektiven im Programm. Alternativen werden angeboten von Sigma und Viltrox.

8.1 Geeignete Motive für Porträtobjektive

Aus einer bestimmten Sicht heraus lässt sich jedes Objektiv für jedes Motiv verwenden. Porträtobjektive sind aber Spezialobjektive, die genau auf die Porträtfotografie abgestimmt worden sind. Die Merkmale von Porträtobjektiven sind eine leichte Telebrennweite und eine sehr hohe Lichtstärke.

Knackig scharfe Fotos erzeugen und gleichzeitig ein schönes und cremiges Bokeh in den Hintergrund zu zaubern, das ist eine Herausforderung für die Objektivkonstrukteure. Denn je lichtstärker ein Objektiv, desto aufwendiger werden die optischen Korrekturen. Und je länger die Brennweite wird, desto größer wird der Durchmesser der Öffnung und der Objektivdurchmesser. Größe, Gewicht und Preis steigen dadurch deutlich. Aber wie sagt schon das alte Sprichwort: Wer schön sein will, muss fühlen.

ISO 1.600 I F/1,2 I 1/160 Sek. I FUJIFILM X Pro 3 mit FUJINON XF 56 mm F/1,2 R I Blitz

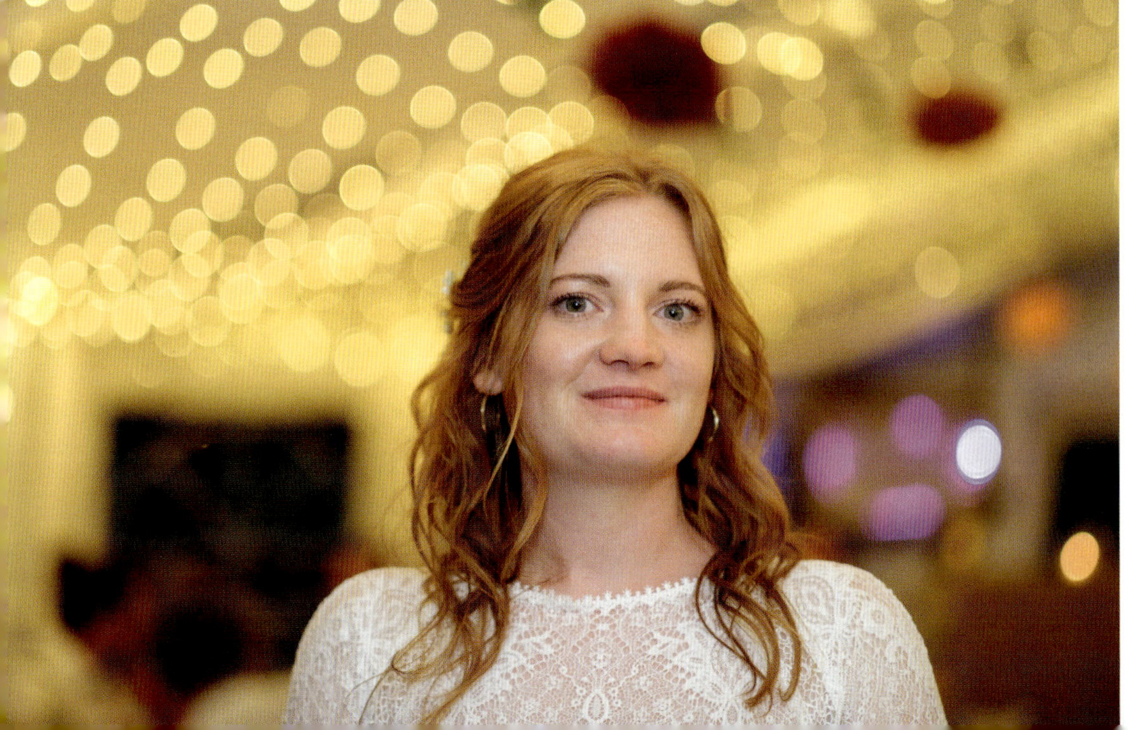

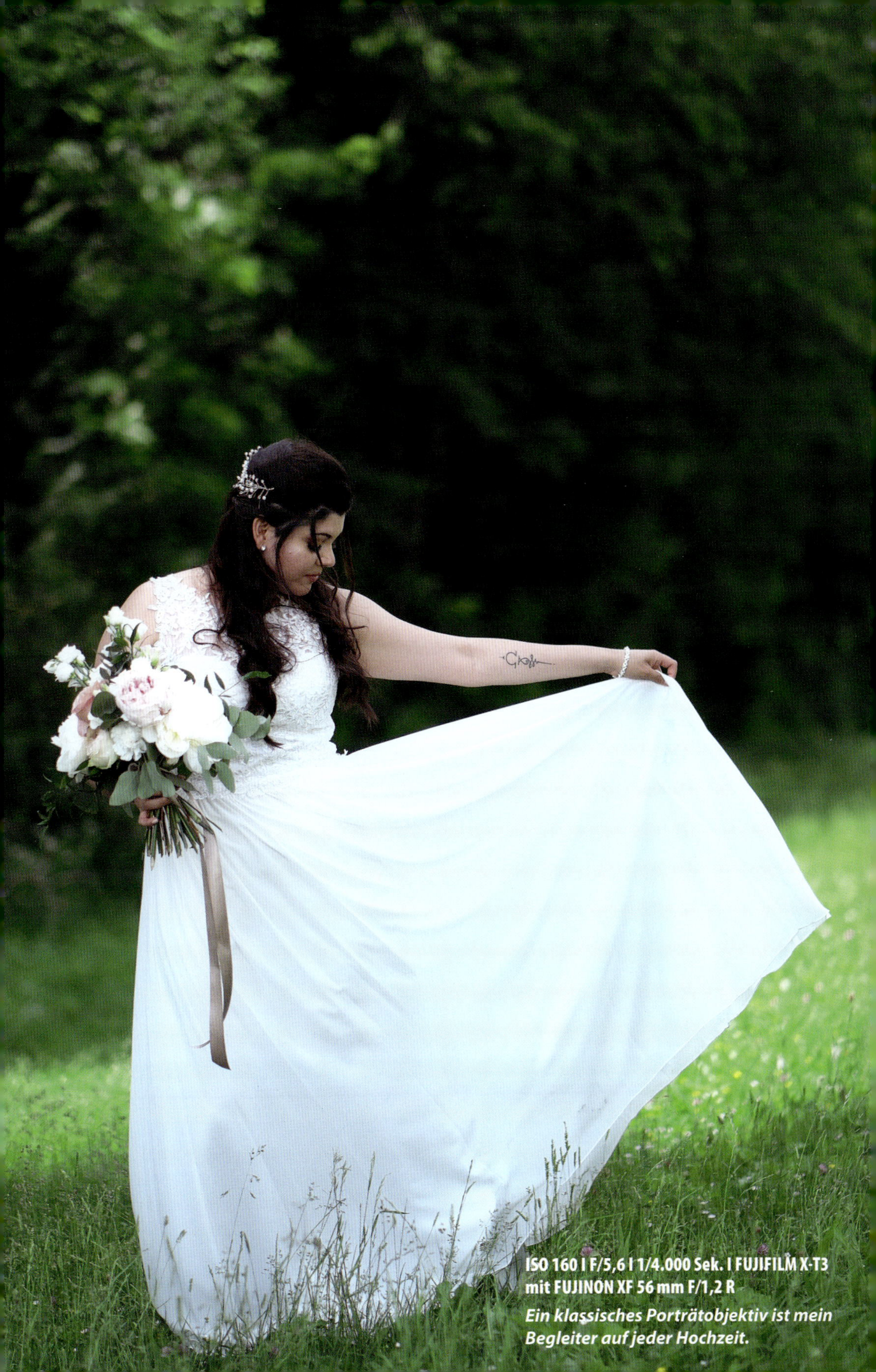

ISO 160 I F/5,6 I 1/4.000 Sek. I FUJIFILM X-T3 mit FUJINON XF 56 mm F/1,2 R

Ein klassisches Porträtobjektiv ist mein Begleiter auf jeder Hochzeit.

8.2 Bildwirkung und -gestaltung

Um schöne Porträts zu fotografieren, sollten der Bildwinkel nicht zu klein sein, damit Sie den Porträtierten nicht allzu nah kommen müssen. Viele Menschen reagieren verkrampft oder unnatürlich, wenn ihnen der:die Fotograf:innen zu nah vor dem Gesicht mit dem Objektiv herumwedelt.

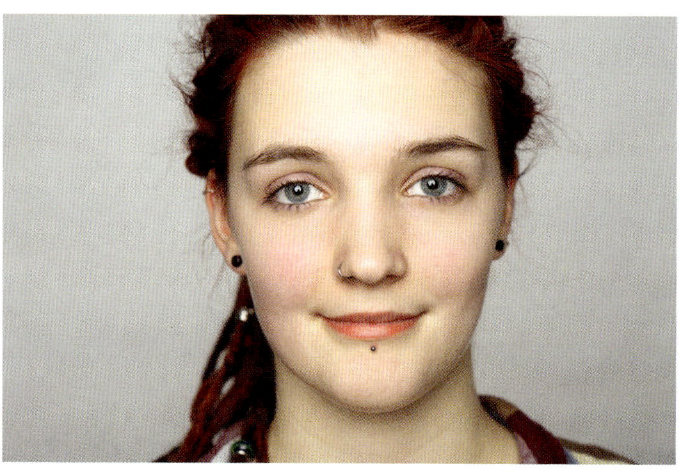

ISO 160 I F/5,6 I 125 Sek. I FUJIFILM X-T3 mit Sigma 56 mm F/1,4 DC DN Contemporary

▲ *Auch im Studio liefern die 56er-Porträtobjektive eine beeindruckende Schärfe.*

Zwar lassen sich auch mit Normalobjektiven schon nette Porträts fotografieren. Wer die Umgebung im Bild noch mehr ausblenden möchte und sich stattdessen ein sehr weiches Bokeh im Hintergrund wünscht, kommt um ein spezielles Porträtobjektiv aber nicht herum.

Die leichte Telebrennweite verdichtet das Bild schon erkennbar, aber nicht zu stark. Die Proportionen bleiben natürlich und unverfälscht. Der Bildwinkel von Porträtobjektiven ist mit 31° bis 18° deutlich enger als bei Normalobjektiven. In Innenräumen kann das manchmal zu Problemen führen, wenn der Abstand zum Motiv nicht gegeben ist.

Tipps zur Bildgestaltung:

Wenn Sie ein paar Punkte beachten, werden Sie tolle Aufnahmen mit Ihrem Porträtobjektiv machen.

- Je mehr Sie die Blende öffnen, desto stärker verringert sich die Schärfentiefe und ein schönes Bokeh entsteht. Voraussetzung: Der Hintergrund darf nicht zu nah am Hauptmotiv sein.
- Bei Porträts müssen die Augen immer scharf sein. Wenn eine Person schräg steht, so sollte zumindest das vordere Auge scharf sein. Möchten Sie auch das hintere Auge scharf abbilden, so schließen Sie die Blende bis beide Augen scharf sind.

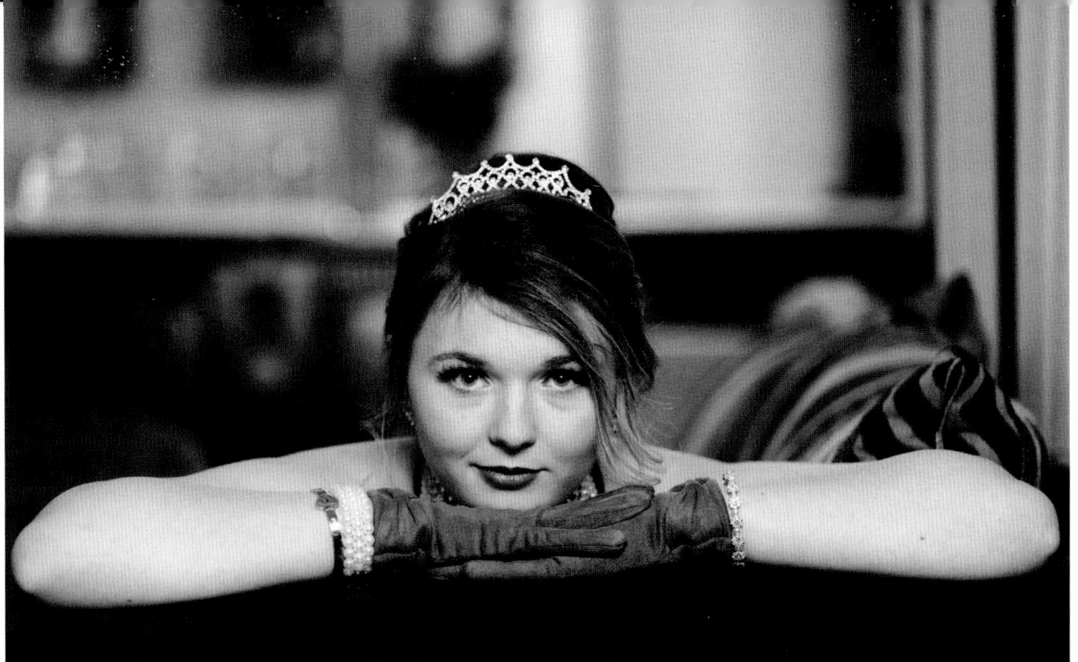

ISO 800 I F/1,2 I 160 Sek. I FUJIFILM X-Pro3 mit FUJINON XF 56 mm F/1,2 R

▲ *Wenn der Hintergrund zum Hauptmotiv etwas Abstand hat, verschwindet er in der Unschärfe (Bokeh).*

- Vorsicht, wenn Sie mehr als eine Person fotografieren. Bei einer weit geöffneten Blende kann die Schärfentiefe zu gering sein, um mehrere Personen scharf abzubilden, insbesondere wenn sie hintereinander oder versetzt angeordnet sind. Prüfen Sie das vor der Aufnahme im Livebild und verwenden Sie dazu ggf. die Sucherlupe. Schließen Sie die Blende und/oder erhöhen Sie den Aufnahmeabstand bis alle Personen scharf abgebildet werden.
- Verschenken Sie nicht zu viel Platz an den Bildrändern. Ungeübte Fotografierende lassen häufig über dem Kopf zu viel Raum. Dies wirkt unausgewogen und geht zu Lasten einer ausgewogenen Symmetrie. Je näher Sie an Ihr Motiv herangehen, desto unschärfer wird der Hintergrund. Alternativ können Sie die Brennweite noch etwas weiter erhöhen. Sie können also nicht nur über die Wahl der Blende mit der Schärfentiefe spielen, sondern auch, indem Sie den Abstand zum Motiv verändern. Näher heran = geringere Schärfentiefe, weiter weg = größere Schärfentiefe.
- Achten Sie auf das Licht. Aus welcher Richtung kommt es? Lassen Sie Ihr Model in Lichtrichtung schauen – aber nicht in die Sonne.

- Vermeiden Sie hartes Licht wie beispielsweise die pralle Sonne in der Mittagszeit. Wenn es nicht anders geht, stellen Sie die Person in den Schatten oder verwenden Sie einen Faltdiffusor. Sehr gut zum Fotografieren ist das Licht bei Sonnenauf- und Sonnenuntergang geeignet.
- Porträts im Gegenlicht können sehr schön wirken, da die Haare einen Lichtkranz bekommen. Auch hier ist es angenehmer, wenn die Sonne tief steht und nicht mehr zu stark ist. Im Studio wird das Haarlicht mit einem Blitz oder Spot hinter dem Model realisiert.

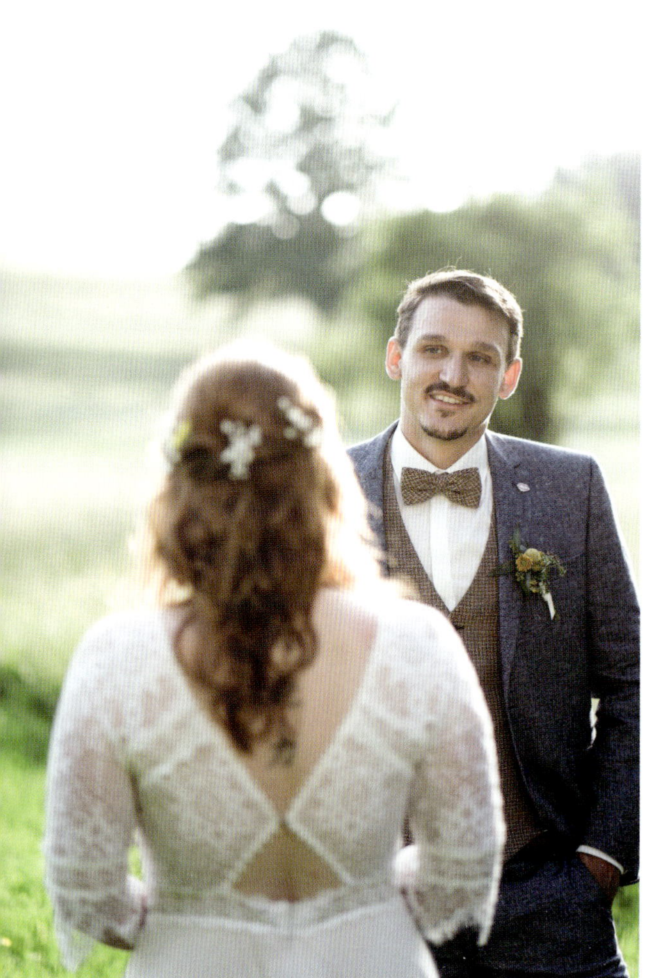

ISO 160 I F/1,2 I 1.000 Sek. I FUJIFILM X-Pro3 mit FUJINON XF 56 mm F/1,2 R

▲ *Porträt im Gegenlicht.*

- Gegenlichtaufnahmen erfordern entweder zusätzliche Beleuchtung von vorn durch einen Reflektor, ein LED-Licht oder einen Blitz (zum Thema Porträts bei Sonnenuntergang finden Sie mehr im Kapitel 16 *»Foto-Workshop«*). Oder Sie belichten das Porträt richtig und lassen den Hintergrund überstrahlen. Das betont nochmal das Sommer-Feeling, verringert aber den Kontrast etwas.
- Achten Sie auf den Hintergrund. Stört nichts? Straßenschilder, Mülltonnen oder Ampeln haben im Hintergrund nichts zu suchen. Unschöne Gebäude machen sich selten gut als Hintergrund. Der Hintergrund sollte nicht stören oder vom Hauptmotiv ablenken, sondern sollte sich ästhetisch hinter das Porträt einfügen.
- Wenn Sie bei hellem Umgebungslicht mit offener Blende fotografieren, kann es passieren, dass das Bild zu hell wird, weil die Belichtungszeit nicht weiter verkürzt werden kann. Es gibt zwei Möglichkeiten, das Problem zu lösen:
- ***Graufilter:*** Schrauben Sie einen ND-Filter mit einer Belichtungszeit-Verlängerung in das Filtergewinde

des Objektivs. Das Bild wird neutral abgedunkelt und in der Regel reicht das aus um die passende Belichtungszeit verwenden zu können.

- *Elekronischer Verschluss:* Im Kameramenü *AUFNAHME-EINSTELLUNG* lässt sich der Auslösertyp von *mechanisch (M)* auf *elektronisch (E)* umschalten. Damit sind auch kürzere Belichtungszeiten bis zu 1/20.000 Sek. möglich. Empfehlenswert ist die Einstellung *M+E*. Der elektronische Verschluss wird nur verwendet, wenn die mechanische Verschlusszeit an ihre Grenzen kommt.

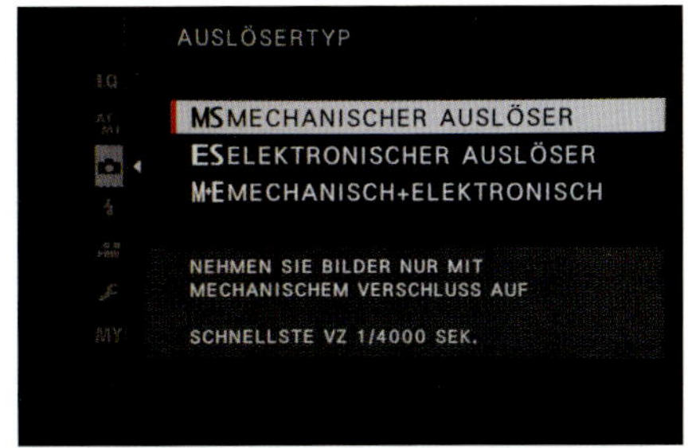

▲ *Im Menü AUFNAHME-EINSTELLUNG können Sie den mechanischen Verschluss auf elektronisch umstellen*

8.3 Porträtobjektive mit Festbrennweite von 50 mm bis 90 mm

Für Porträtfotografierende ist ein Porträtobjektiv Pflicht. Auch mit anderen Objektiven lassen sich schöne Porträts machen, aber ein Porträtobjektiv kann es in den allermeisten Fällen am besten.

Auch die Auswahl an Festbrennweiten im Porträtbereich ist groß. Sie unterscheiden sich in erster Linie durch Brennweite und Lichtstärke.

FUJINON XF 50 mm F/1 R WR

Das Spitzenmodell unter den Porträtobjektiven von FUJIFILM ist seit 2020 erhältlich und glänzt mit einem besonders weichen und ästhetischen Bokeh. Die Rekord-Lichtstärke von 1:1.0 macht es möglich. Das Hauptmotiv wird knackig scharf. Im Gegenlicht kann es bauartbedingt zu verringertem Kontrast kommen.

Der optische Aufbau ist sehr aufwendig. Das schlägt sich bei Gewicht, Größe und Preis nieder. Aber wer die hohe Lichtstärke und das weiche Bokeh haben möchte, nimmt das in Kauf.

Der Autofokusmotor muss schwere Linsen bewegen. Dafür ist er trotzdem schnell, aber nicht ganz so leise wie ein Linearmotor. Das Objektiv ist wetterfest und gegen Staub und Feuchtigkeit abgedichtet.

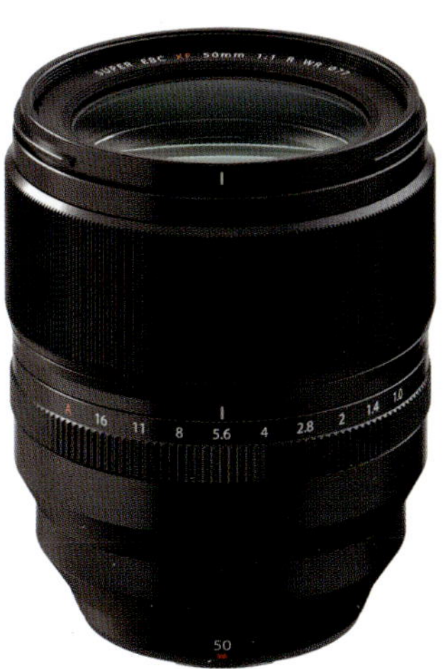

▲ *Das superlichtstarke FUJINON 50 mm Objektiv liefert knackige Schärfe kombiniert mit einem cremig weichen Bokeh. Dafür ist es nicht gerade ein Leichtgewicht.*

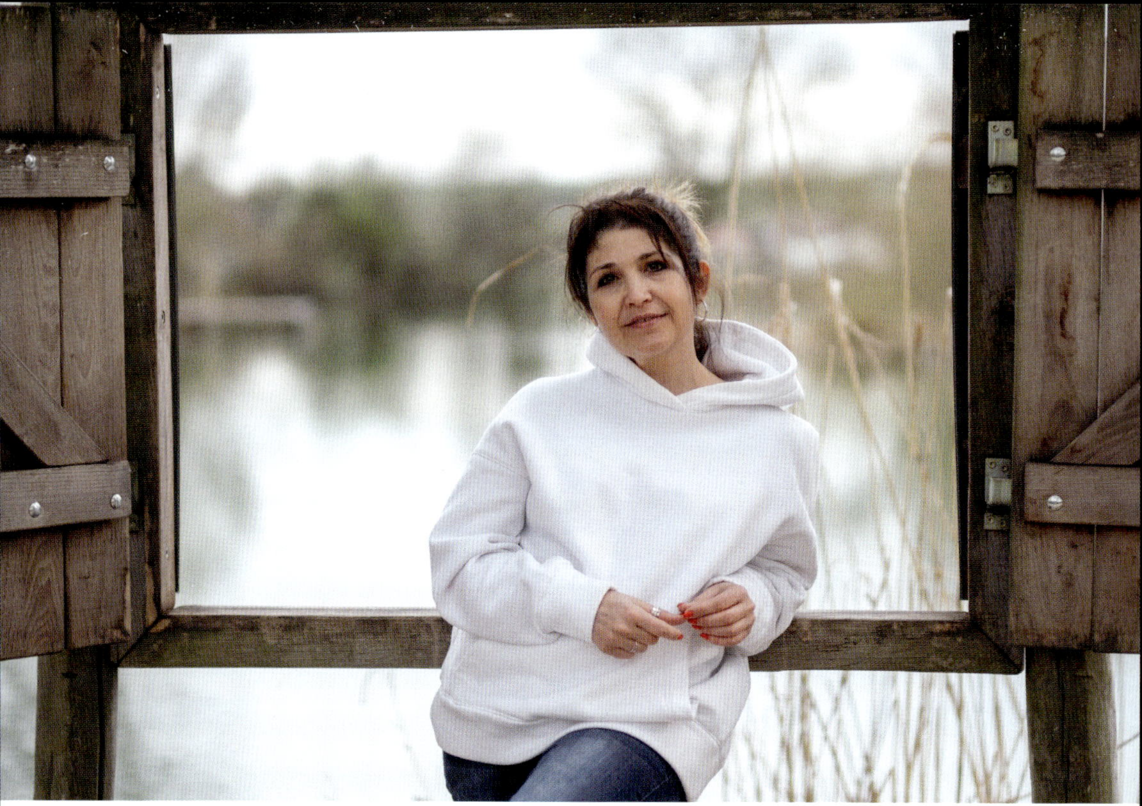

ISO 160 I F/1,0 I 1.900 Sek. I FUJIFILM X-S10 mit FUJINON XF 50 mm F/1 R WR

▲ *Das lichtstarke 50 mm FUJINON-Objektiv trennt den Vorder- vom Hintergrund.*

Das lichtstarke FUJINON ist ein pures Porträtobjektiv. Es ist auf Reisen zu groß und schwer und für Motive in der Natur ist die Nahgrenze nicht gut genug.

Eine echte Alternative ist das deutlich leichtere und kleinere FUJINON 56 mm mit einer auch sehr guten Lichtstärke von 1:1.2.

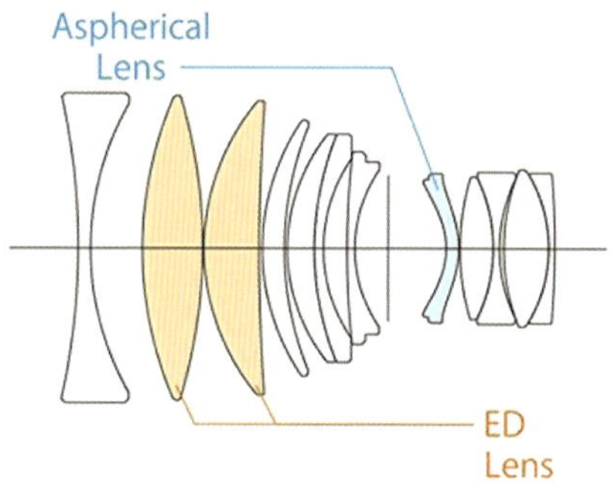

▶ *Der optische Aufbau des FUJINON 50 mm F/1 R WR.*

FUJINON XF 50 mm F/2 R WR

Ein weiteres 50 mm Objektiv von FUJINON ist um 2 Blendenstufen lichtschwächer als das lichtstarke 50er. Eine Lichtstärke von 1:2.0 ist zwar immer noch sehr gut und liefert an einem 50 mm Objektiv auch ein sehr schönes Bokeh. Aber viele Fotografierende verwenden es nicht nur als Porträtobjektiv.

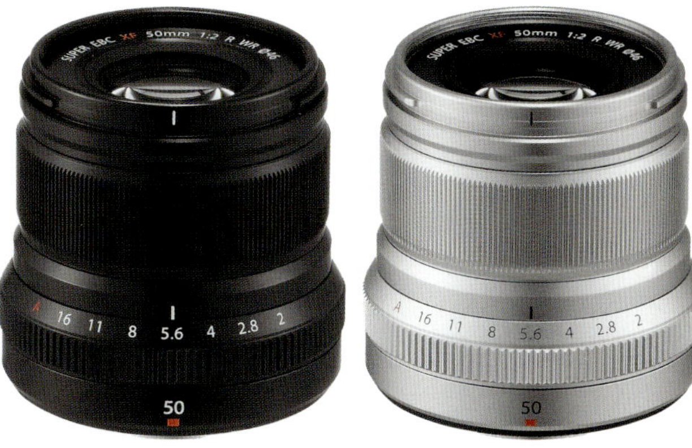

▲ *Das kompakte 50 mm FUJINON-Objektiv ist eine gute Wahl auf Reisen. Es ist in Schwarz und Silber erhältlich.*

Das 50 mm FUJINON-Objektiv mit 2,0er-Lichtstärke ist vielseitig einsetzbar. Auf Reisen macht es sich sehr gut durch das kompakte und wetterfeste Gehäuse und die recht gute Nahgrenze erlaubt auch mal Details in der Natur zu fotografieren. Die Verarbeitungsqualität ist hochwertig und die Optik liefert eine hervorragende Bildqualität ohne Schwächen.

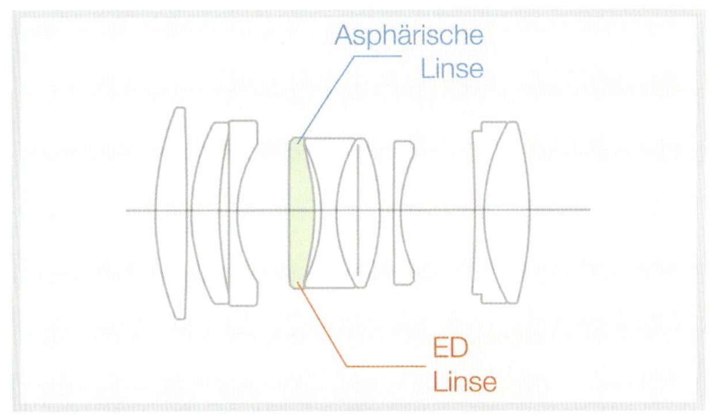

◀ *Der optische Aufbau des FUJINON 50 mm F/2 R WR.*

FUJINON XF 56 mm F/1,2 R

Ein weiteres lichtstarkes FUJINON-Porträtobjektiv ist das XF 56 mm F/1,2 R. Ein Porträtklassiker, den es seit 2014 gibt, der aber unverändert eine ganz exzellente Bildqualität liefert.

Der Autofokus ist – verglichen mit Objektiven der neuesten Generation – nicht das Nonplusultra. Aber er ist ausreichend schnell, um Porträts zu fokussieren. Die Lichtstärke von 1:1.2 ist hervorragend und sorgt für ein sehr schönes Bokeh. Einen Bokeh-Vergleich finden Sie weiter unten.

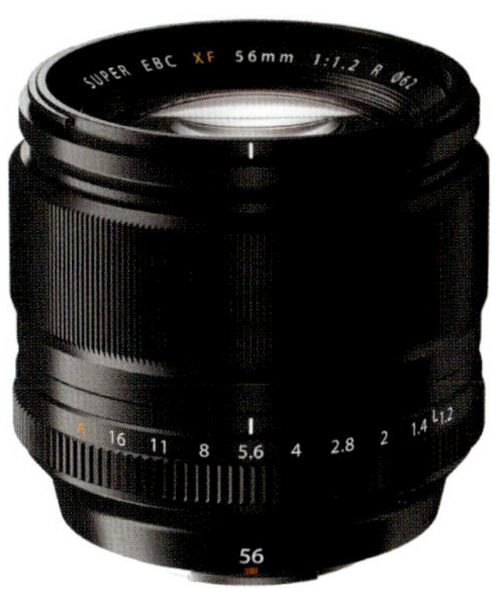

▲ *Der lichtstarke Porträtklassiker FUJINON XF 56 mm F/1,2 R liefert eine hervorragende Schärfe und ein wunderschönes Bokeh.*

▶ *Der optische Aufbau des FUJINON 56 mm F/1,2 R.*

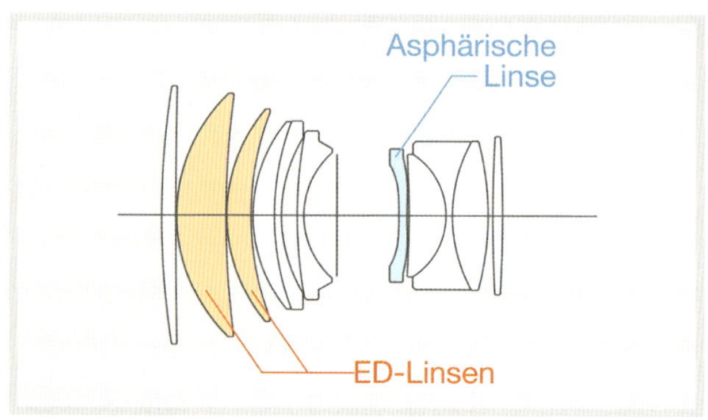

Das Metallgehäuse ist sehr hochwertig, besitzt aber keinen Wetterschutz. Dafür wiegt es nicht einmal die Hälfte vom XF 50 mm F/1 R WR und ist auch deutlich kleiner.

Für Fotografierende, die auf kleines und leichtes Equipment Wert legen, ist deises Objektiv eine gute Alternative zum lichtstarken 50er.

Das Einsatzgebiet für das 56 mm Objektiv beschränkt sich vorwiegend auf Porträts.

FUJINON XF 56 mm F/1,2 R APD

Das FUJINON XF 56 mm F/1,2 R ist in einer APD-Version erhältlich. Die APD-Version unterscheidet sich von der normalen Version durch einen eingebauten Apodisationsfilter, ein Verlaufsfilter, der sich im Strahlengang der Blende befindet.

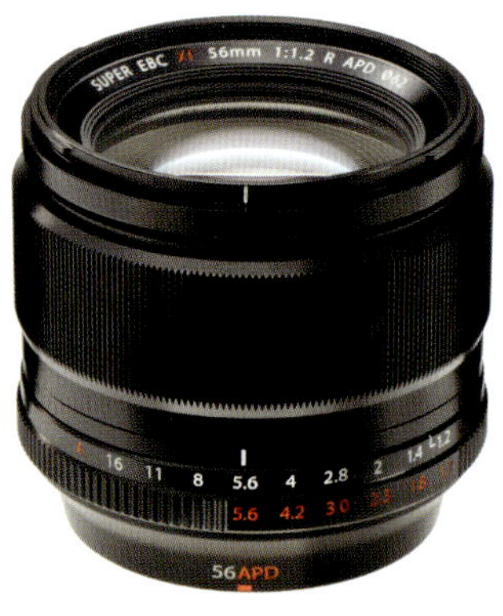
▲ *Das FUJINON XF 56 mm F/1,2 R APD sorgt für ein besonders schönes Bokeh. Äußerlich unterscheidet es sich durch die rote Beschriftung der effektiven Blende.*

Dieser Filter sorgt dafür, dass das Bokeh noch weicher und ästhetischer wird als beim normalen 56 mm Objektiv. Auf einfachen Porträts ist kaum ein Unterschied im Bokeh zu sehen.

Sichtbar werden die Unterschiede, wenn sich Lichtpunkte im Unschärfebereich befinden. Dann werden die Unschärfekreise vom APD-Objektiv weicher und glättender, ohne Kanten (siehe Vergleichsbilder auf der nächsten Seite) abgebildet. Übrigens liefert das FUJINON XF 50 mm F/1 R WR ähnlich anmutende Unschärfekreise wie das 56er APD-Objektiv.

Der Filtereffekt ist am wirksamsten zwischen Blende 1:1.2 und 1:2.0. Mit zunehmend geschlossener

Blende wird die Filterwirkung geringer. Ab Blende 1:5.6 ist keine Filterwirkung mehr vorhanden. Der eingebaute APD-Filter sorgt aber auch für Nachteile.

Effektiv entspricht die Lichtstärke durch die abdunkelnde Filterwirkung nicht mehr 1:1.2, sondern 1:1.7. Die effektive Lichtstärke ist in Rot am Objektiv beschriftet. Weiterer Nachteil: Das APD-Objektiv unterstützt nicht den Phasenerkennungs-AF, sondern nur den Kontrasterkennungs-AF. Generell ist die AF-Leistung bei schlechten Lichtverhältnissen verringert.

Sigma 56 mm F/1,4 DC DN Contemporary

Das 56er Sigma ist schon seit 2018 mit verschiedenen Kameraanschlüssen erhältlich. Seit 2022 wird es auch mit FUJIFILM X-Anschluss angeboten. Durch hohe Produktionszahlen wird ein günstiger Verkaufspreis erreicht. Allerdings besitzt das Objektiv keinen Blendenring.

Die Blendeneinstellung erfolgt über das Einstellrad am Kameragehäuse. Die optische Qualität kann sich sehen lassen und auch die Verarbeitung des Gehäuses macht einen wertigen Ein-

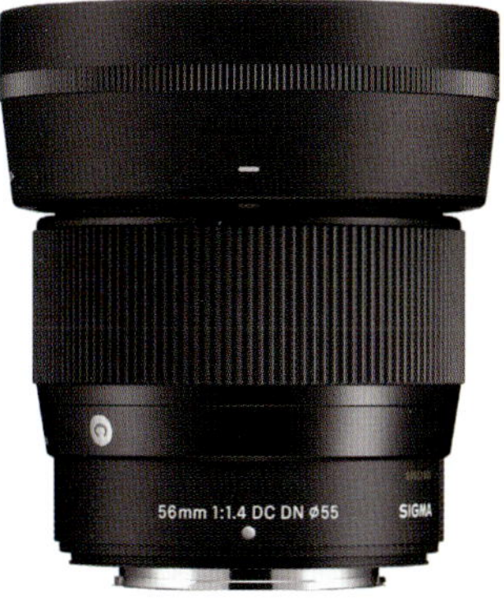

▲ *Das Sigma 56 mm Porträtobjektiv ist eine günstige Alternative zum FUJINON 56 mm.*

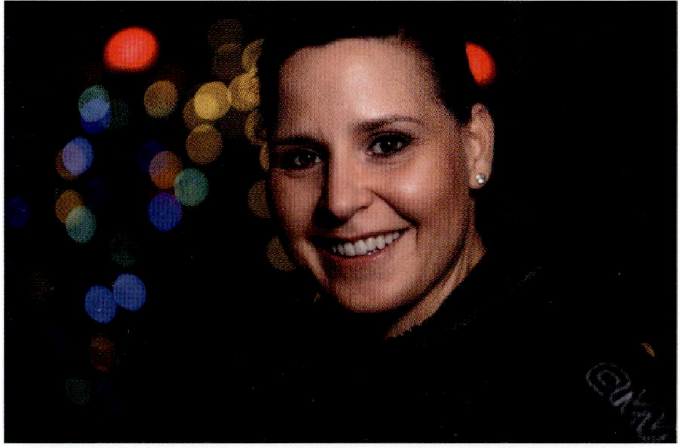

ISO 160 I F/1 I 1/320 Sek. I FUJIFILM X-S10 mit FUJINON XF 50 mm F/1 R WR.

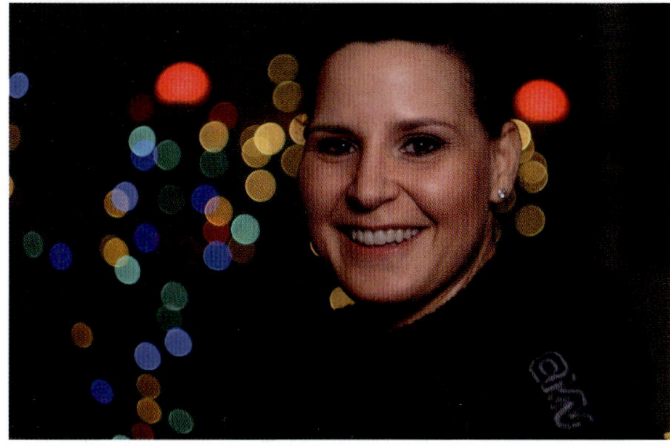

ISO 160 I F/1,2 I 1/250 Sek. I FUJIFILM X-S10 mit FUJINON XF 56 mm F/1,2 R.

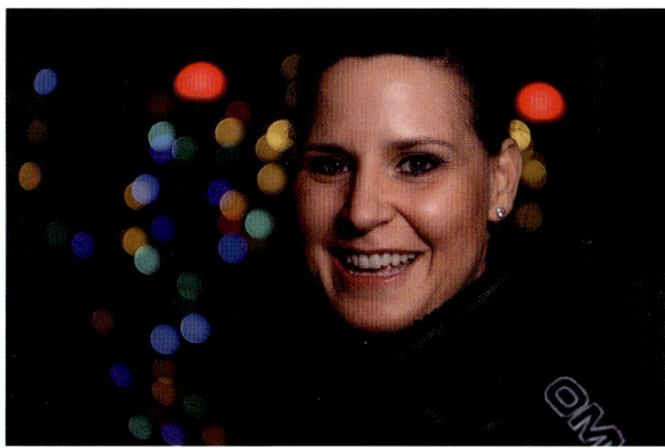

ISO 160 I F/1,2 I 1/200 Sek. I FUJIFILM X-S10 mit FUJINON XF 56 mm F/1,2 R APD

▲ ***Oben:*** *Viele Bokeh-Bubbles sind oval verformt (Cats-Eyes).* ***Mitte:*** *Viele »angeschnittene« Bubbles.* ***Unten:*** *Solch ein Motiv eignet sich am besten, um das Bokeh von Objektiven zu beurteilen. Im Hintergrund eine bunte LED-Lichterkette. Bitte vergleichen Sie die Beschaffenheit der Unschärfekreise im Hintergrund.*

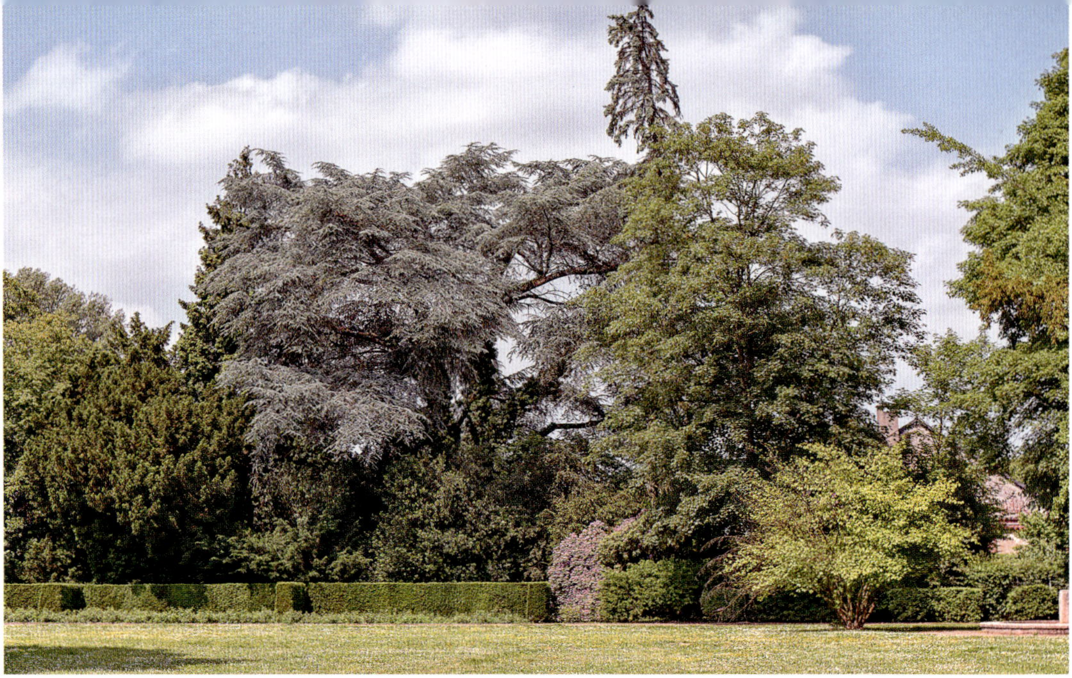

▲ *Kein typisches Motiv für ein Porträtobjektiv. Aber auch in der Natur finden sich passende Motive für diese Brennweite*

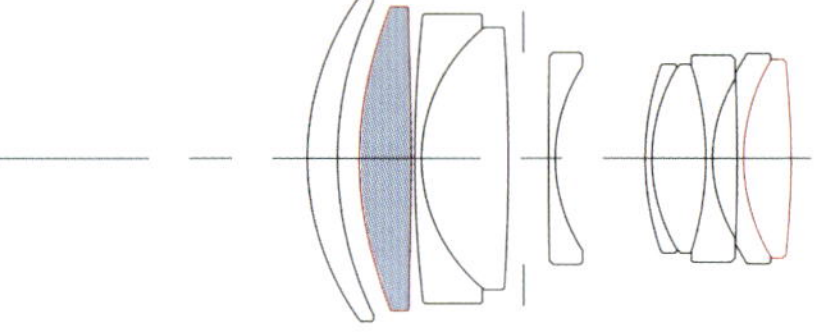

▲ *Der optische Aufbau des Sigma 56 mm F/1,4 DC DN Contemporary.*

druck. Es ist wetterfest, gegen Feuchtigkeit und Staub abgedichtet. Das gibt Sicherheit für unterwegs.

Der Autofokus funktioniert schnell, leise und präzise. Im Vergleich zum 56 mm FUJINON fehlt nicht nur der Blendenring, sondern auch ein wenig Lichtstärke. Dafür ist es nochmals kleiner und leichter als das 56er FUJINON. Das Sigma-Objektiv ist eine gute und günstige Alternative zum 56 mm FUJINON.

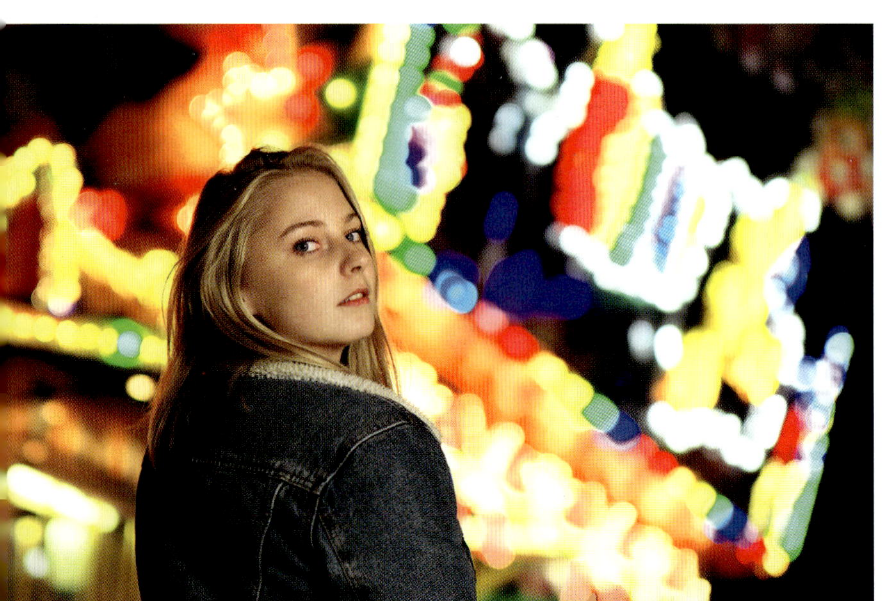

ISO 400 I F/1,2 I 1/125 Sek. I FUJIFILM X-T2 mit FUJINON XF 56 mm F/1,2 R APD

◄ *Im Hintergrund befindet sich eine bunte Beleuchtung auf einem Jahrmarkt.*

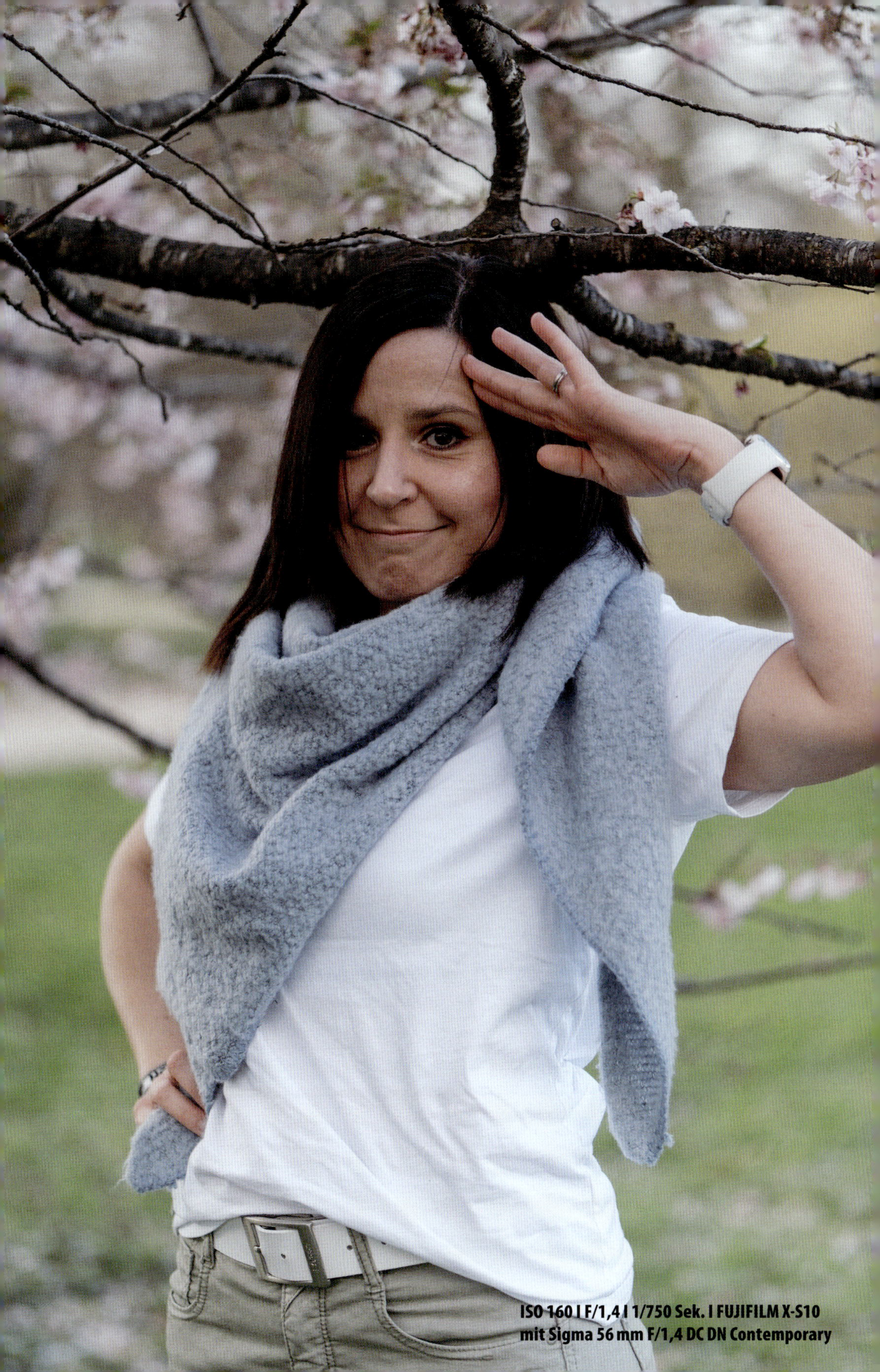

ISO 160 I F/1,4 I 1/750 Sek. I FUJIFILM X-S10
mit Sigma 56 mm F/1,4 DC DN Contemporary

Viltrox XF 56 mm F/1,4

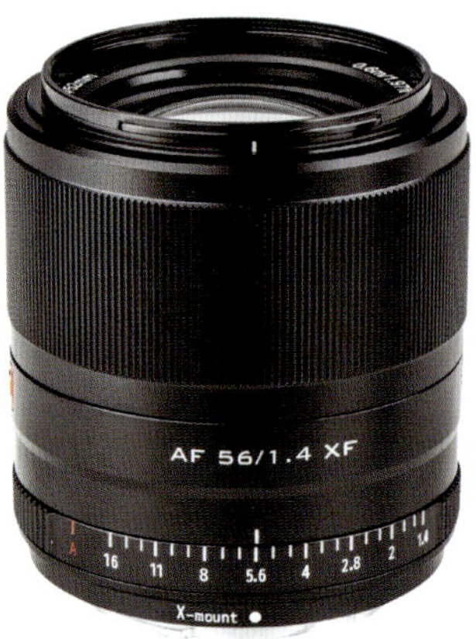

▲ *Das Viltrox XF 56 mm F/1,4 mit Blendenring und einer guten optischen Leistung.*

Eine weitere günstige Alternative zum 56 mm FUJINON stellte Viltrox Ende 2021 vor. Eine moderne Konstruktion aus chinesischer Produktion. Das Metallgehäuse ist wertig und besitzt einen Blendenring. Allerdings lässt er sich stufenlos durchdrehen, was zu versehentlichem Verstellen führen kann.

Die optische Qualität kann sich sehen lassen. Das Objektiv ist – wie das Sigma auch – mit Lichtstärke 1:1.4 etwas lichtschwächer als das Original 56er FUJINON. Das macht es aber auch etwas leichter. Insgesamt ist es ein sehr gutes Objektiv zum günstigen Preis. Übrigens ist das Objektiv auch unter dem Markennamen Tokina erhältlich.

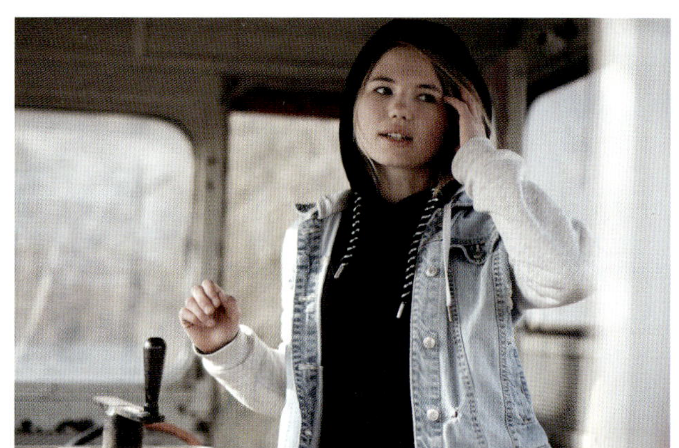

ISO 160 I F/1,4 I 1/500 Sek. I FUJIFILM X-S10 mit Viltrox XF 56 mm F/1,4

Viltrox XF II 85 mm F/1,8

Das 85 mm Porträtobjektiv von Viltrox mit Lichtstärke 1:1.8 sorgt für einen recht kleinen Bildwinkel und ein schönes Bokeh. Um das 85er einzusetzen, brauchen Sie einen etwas größeren Abstand zum Motiv. Das sollten Sie berücksichtigen, falls Sie das Objektiv auch in beengten Innenräumen verwenden möchten. Da stößt es dann manchmal an seine Grenzen.

Das 85er-Viltrox liefert eine beeindruckende Bildqualität bereits bei Offenblende, vor allem in Zentrumsnähe, was für Porträts wichtig ist. An den Rändern wird es schon etwas weicher. Wenn also mal Details bis in die Ränder wichtig sind etwas abblenden.

▲ *Das Viltrox XF II 85 mm F/1,8 besitzt keinen Blendenring, aber eine sehr gute optische Leistung.*

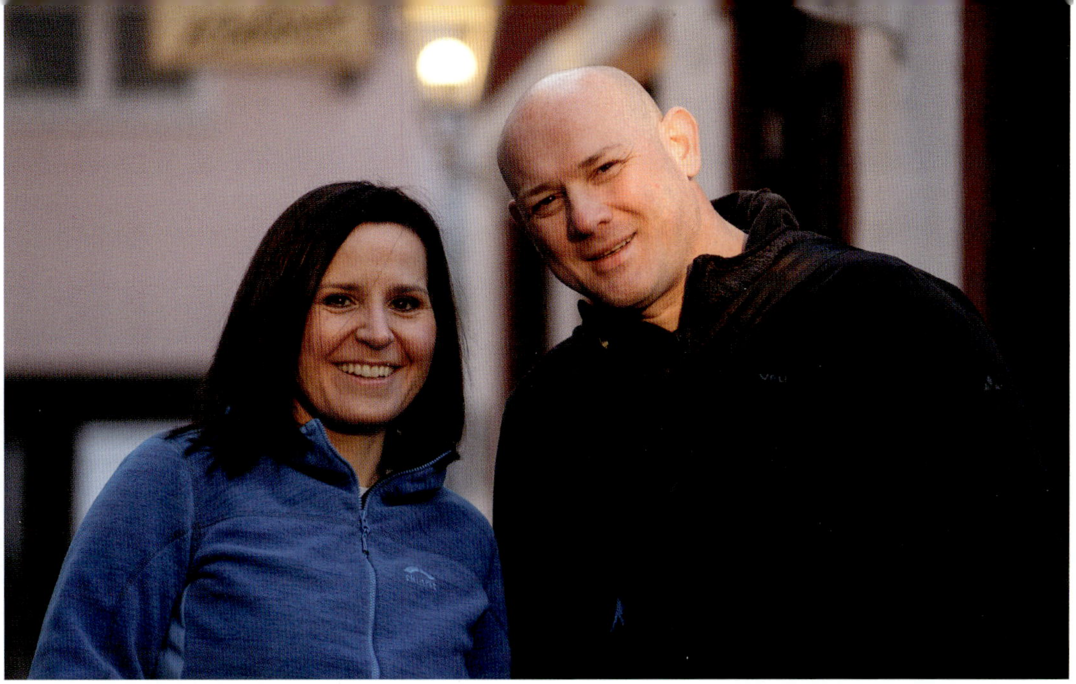

ISO 400 I F/1,8 I 1/500 Sek. I FUJIFILM X-T3 mit Viltrox XF II 85 mm F/1,8

Der AF ist ausreichend schnell, wenn sich das Motiv allerdings bewegt (Gehen, Laufen), wird nicht mehr sicher jedes Bild scharf. Da gibt es leichte Abstriche zu verschmerzen. Chromatische Aberrationen sind vorhanden, stören aber kaum. Nur in Extremsituationen fällt ein etwas ausgeprägterer Farblängsfehler auf. Abgeblendet auf F/2,8 oder F/4 lässt die Farbsäume verschwinden. Das Objektivgehäuse aus Metall ist hervorragend verarbeitet und macht einen sehr wertigen Eindruck. Einen Blendenring besitzt das Objektiv jedoch nicht. Der Autofokus ist schnell und leise. Das Viltrox kann eine günstige Alternative zum FUJINON XF 90 mm F/2 R LM WR sein.

FUJINON XF 90 mm F/2 R LM WR

Mit 90 mm Brennweite ist der Bildwinkel des 90er-Porträtobjektivs noch etwas enger als beim Viltrox 85 mm. Das bedeutet, auch mit diesem Objektiv benötigen Sie eine gewisse Distanz zum Motiv, besonders wenn Sie ein oder mehrere Personen ganz abbilden möchten. Belohnt werden Sie dafür mit einer exzellenten Bildqualität ohne Schwächen sowie einem cremig weichen Bokeh. Bei Kennern verursacht das 90er-FUJINON-Porträtobjektiv schon seit 2015 leuchtende Augen.

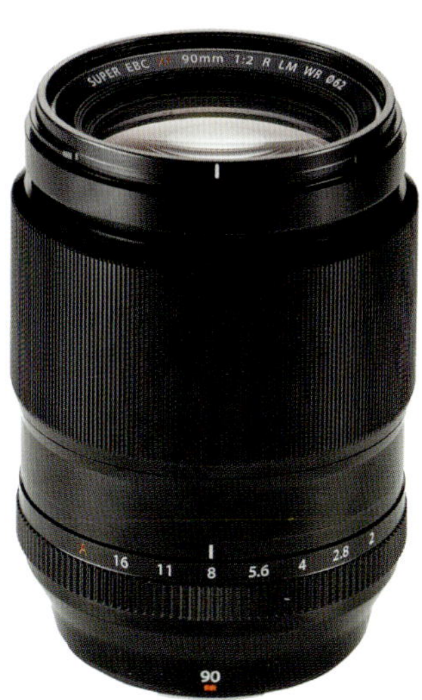

▲ *Das FUJINON 90 mm F/2 R LM WR besitzt eine exzellente Bildqualität mit einem cremig weichen Bokeh.*

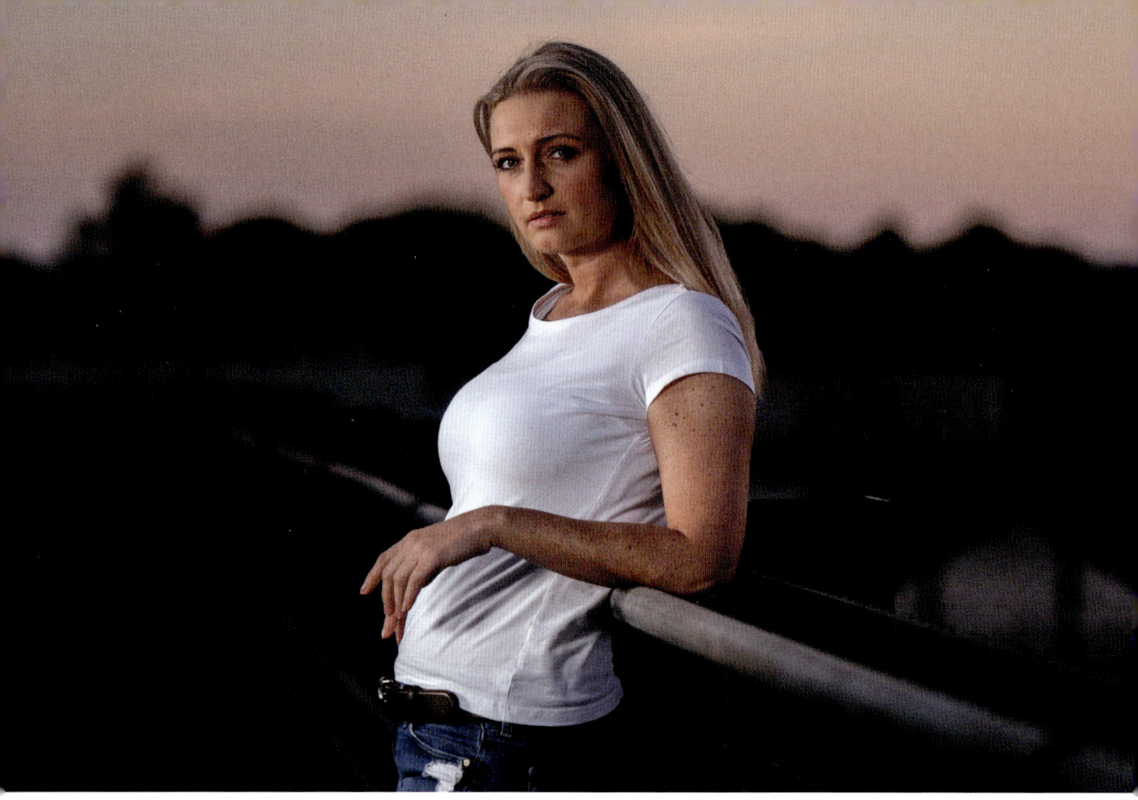

ISO 400 I F/2 I 1/1.000 Sek. I FUJIFILM X-T3 mit FUJINON 90 mm F/2 R LM WR

▲ *Ein tolles Porträtobjektiv – wenn genügend Abstand zum Motiv vorhanden ist.*

Die Verarbeitung des Metallgehäuses ist – wie von FUJINON XF-Objektiven gewohnt – sehr hochwertig. Das Objektiv ist wetterfest und gegen Staub und Nässe abgedichtet. Der Linearmotor fokussiert sehr schnell, leise und präzise.

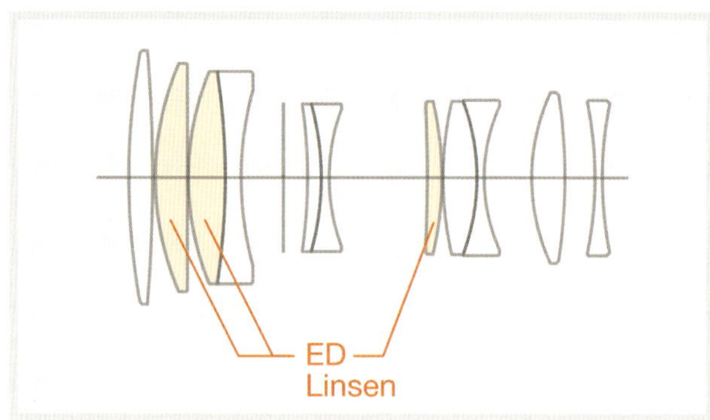

▶ *Der optische Aufbau des FUJINON 90 mm F/2 R.*

Kritische Menschen könnte stören, dass die für die Fokussierung beweglich gelagerten Linsen etwas klappern, wenn das Objektiv gedreht oder geschüttelt wird. Das ist aber normal und kein Grund zur Beunruhigung. Der Lichtabfall zum Rand hin ist sehr gering und stört nicht.

Die Auflösung ist sehr hoch und erreicht sehr früh einen Spitzenwert (ca. F/2,8). Dafür setzt die Beugungsunschärfe ebenfalls recht früh ein (< F/10). Verzeichnungen und Chromatische Aberration sind in der 100-%-Ansicht erkennbar aber kein Problem.

Das Bokeh ist makellos und sehr weich. Es ist die ideale Porträtlinse. Allerdings ist das Objektiv auch recht teuer, groß und schwer. Trotzdem kann es uneingeschränkt empfohlen werden.

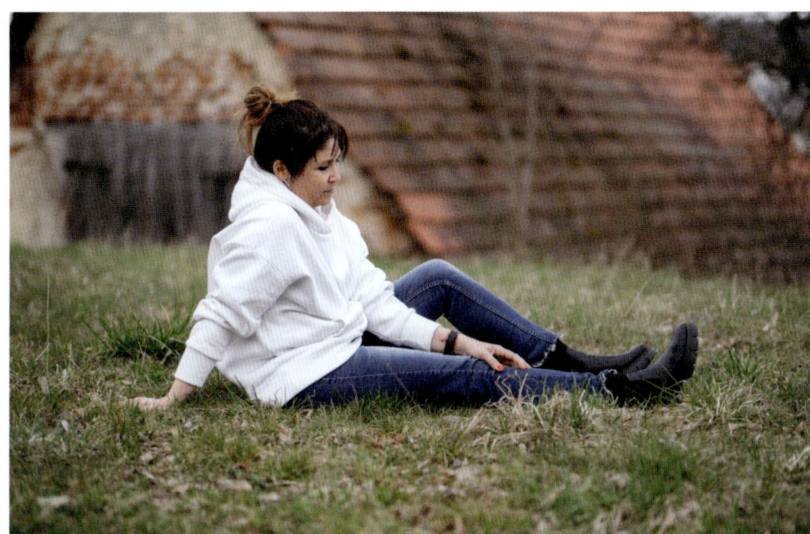

ISO 160 I F/1 I 1/3.500 Sek. I FUJIFILM X-S10 mit FUJINON 50 mm F/1 R LM WR

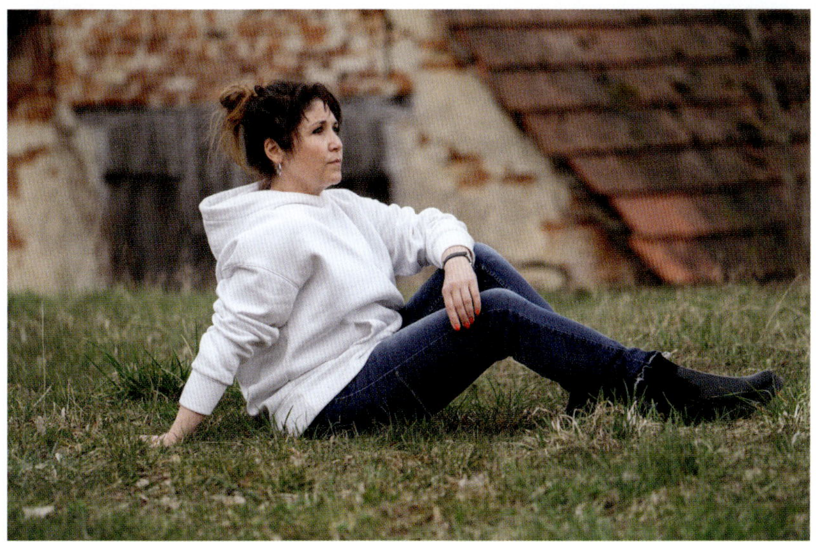

ISO 160 I F/2 I 1/1.250 Sek. I FUJIFILM X-S10 mit FUJINON 90 mm F/2 R LM WR

▲ *Der Unterschied zwischen 50 mm (oben) und 90 mm (unten) macht sich in erster Linie beim Hintergrund bemerkbar. Der ist beim 90 mm noch mehr verdichtet als beim 50er. Dafür ist ein größerer Abstand zum Motiv erforderlich. Ein schönes Bokeh erzeugen beide Objektive.*

	FUJINON XF 50 mm F/1 R WR	FUJINON XF 50 mm F/2 R WR	FUJINON XF 56 mm F/1,2 R	FUJINON XF 56 mm F/1,2 R APD
Brennweite ∅	50 mm (≅ 75 mm KB)	50 mm (≅ 75 mm KB)	56 mm (≅ 85 mm KB)	56 mm (≅ 85 mm KB)
Optische Konstruktion	12 Linsen in 9 Gruppen (inkl. 1 asphärische Linse und 2 ED-Linsen)	9 Linsen in 7 Gruppen (inkl. 1 asphärische Linse)	11 Linsen in 8 Gruppen (inkl. 1 asphärische Linse und 2 ED-Linsen)	11 Linsen in 8 Gruppen (inkl. 1 asphärische Linse und 2 ED-Linsen)
Bildwinkel	31,7°	31,7°	28,5°	28,5°
Größte Blendenöffnung (Lichtstärke)	1:1.0	1:2.0	1:1.2	1:1.2
Kleinste Blendenöffnung	1:16	1:16	1:16	1:16
Anzahl Blendenlamellen	9	9	7	7
Blendeneinstellung	1/3 Blenden (EV)-Stufen am Blendenring	1/3 Blenden (EV)-Stufen am Blendenring	1/3 Blenden (EV)-Stufen am Blendenring	1/3 Blenden (EV)-Stufen am Blendenring
Naheinstellgrenze	70 cm	39 cm	70 cm	70 cm
Filtergewinde	77 mm	46 mm	62 mm	62 mm
Abmessungen	∅ 87 mm, Länge 103,5 mm	∅ 60 mm, Länge 59,4 mm	∅ 73,2 mm, Länge 69,7 mm	∅ 73,2 mm, Länge 69,7 mm
Gewicht	845 g	200 g	405 g	405 g

	Sigma 56 mm F/1,4 DC DN Contemporary	Viltrox XF 56 mm F/1,4	Viltrox XF II 85 mm F/1,8	FUJINON XC 90 mm F/2 R LM WR
Brennweite ∅	56 mm ∅ 85 mm KB)	56 mm ∅ 85 mm KB)	85 mm (∅ 128 mm KB)	90 mm (∅ 135 mm KB)
Optische Konstruktion	10 Linsen in 6 Gruppen (inkl. asphärischer Linse)	11 Linsen in 10 Gruppen (inkl. ED-Linsen)	10 Linsen in 7 Gruppen (inkl. ED-Linsen)	11 Linsen in 8 Gruppen (davon 3 ED-Linsen)
Bildwinkel	28,5°	28,5°	20°	17,9°
Größte Blendenöffnung (Lichtstärke)	1:1.4	1:1.4	1:1.8	1:2.0
Kleinste Blendenöffnung	1:16	1:16	1:16	1:16
Anzahl Blendenlamellen	9	9	9	7
Blendeneinstellung	1/3 Blenden (EV)-Stufen über Kamera	Stufenlos am Blendenring	1/3 Blenden (EV)-Stufen über Kamera	1/3 Blenden (EV)-Stufen am Blendenring
Naheinstellgrenze	50 cm	60 cm	80 cm	60 cm
Filtergewinde	55 mm	52 mm	72 mm	62 mm
Abmessungen	∅ 67 mm, Länge 60 mm	∅ 65 mm, Länge 72 mm	∅ 80 mm, Länge 92 mm	∅ 75 mm, Länge 105 mm
Gewicht	280 g	310 g	492 g	540 g

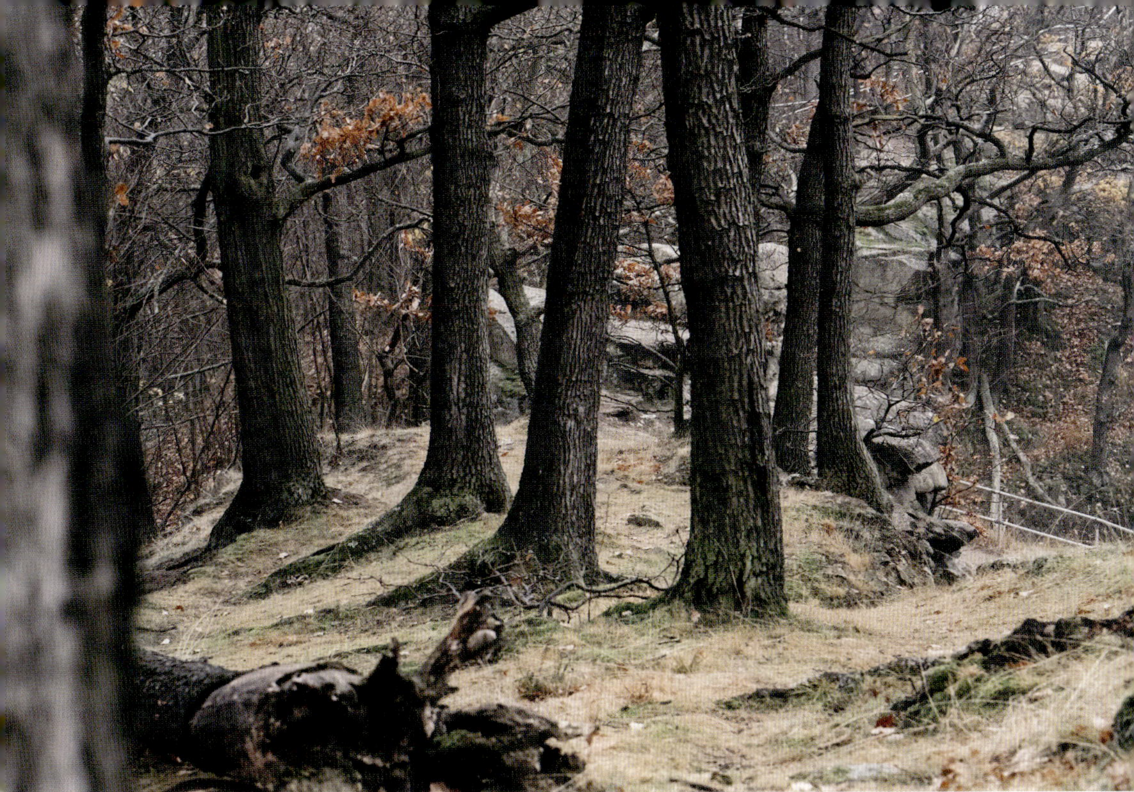

ISO 2.000 | f 6,4 | 1/125 Sek. | FUJIFILM X-Pro3 mit FUJINON XF 56 mm | F/1,2 R

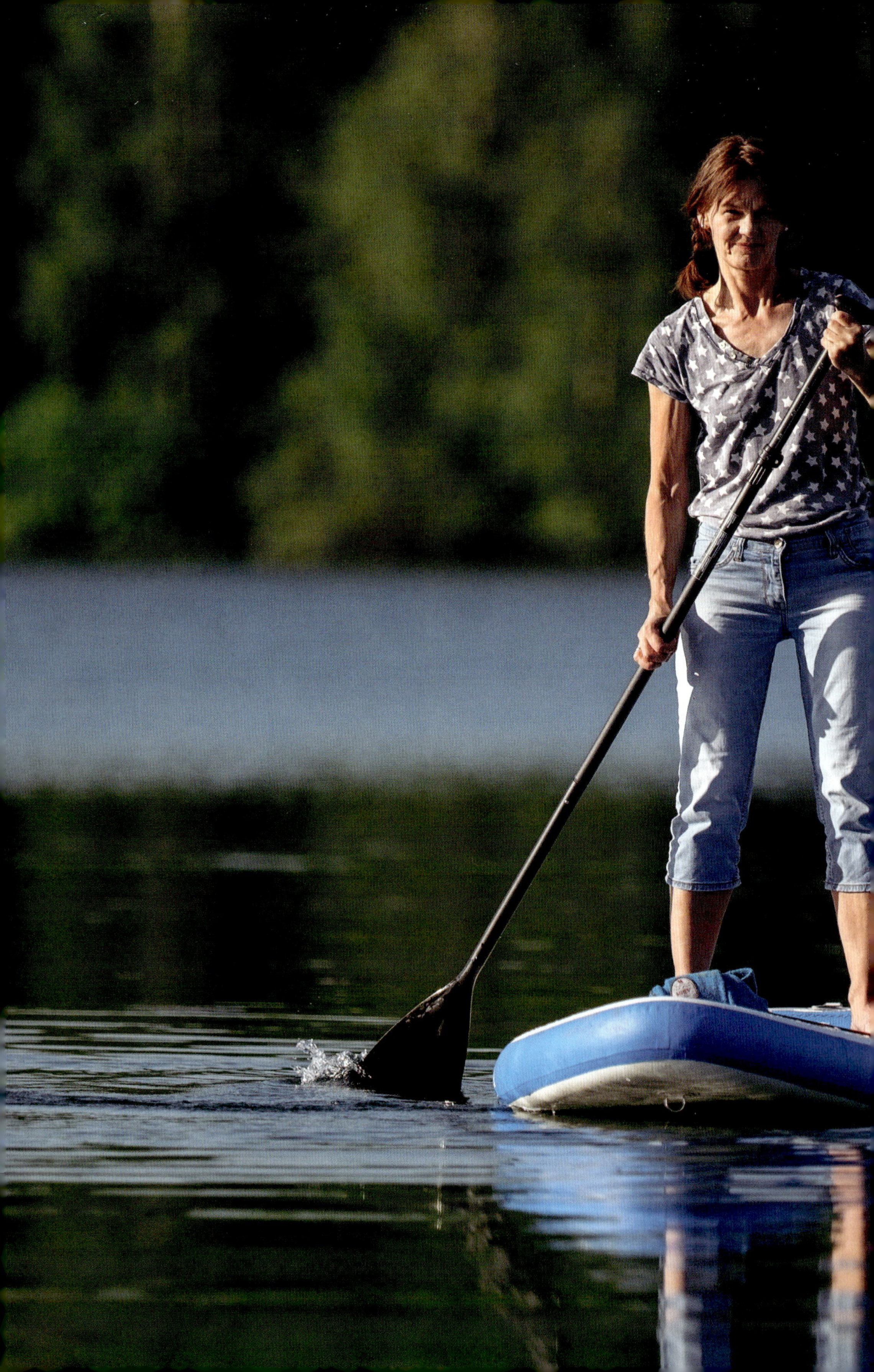

9 | Teleobjektive ab 50 mm

Als Teleobjektive werden allgemein Objektive mit einer längeren Brennweite, als es Normalobjektive haben, bezeichnet. Objektive für das FUJIFILM X-System mit APS-C-Sensor ab 50 mm Brennweite bzw. alle Objektive mit einem Bildwinkel, der kleiner als 32° ist, werden als Teleobjektive bezeichnet.

Bis auf ein Festbrennweitenobjektiv mit 200 mm sind sämtliche Fujinon-Objektive mit langer Brennweite Telezooms, wenn wir mal die Spezialobjektive mit 80/90 mm für Makro- und Porträtobjektive außer Acht lassen. Denn das sind auch leichte Teleobjektive. Allerdings für einen speziellen Anwendungsbereich und deshalb werden sie nicht in diesem Kapitel behandelt.

9.1 Geeignete Motive für Teleobjektive

Es gibt Motive, die lassen sich nur aus der Ferne fotografieren. Wenn Sie beispielsweise ein Detail an einem Kirchturm fotografieren möchten, so kommt nur ein Teleobjektiv in Frage.

Andere Motive wirken bildgestalterisch besser mit einem Teleobjektiv. Manchmal sprechen auch andere Gründe für die Verwendung einer langen Brennweite. Wenn Sie als Fotografierende nicht auffallen möchten, können Sie mit einem Teleobjektiv unauffällig aus der Ferne fotografieren.

Jedes FUJINON-Teleobjektiv ist mit einem optischen Bildstabilisator OIS ausgestattet. Das ist auch sinnvoll, denn je länger die Brennweite ist, desto größer wird die Gefahr des Verwackelns.

Typische Motive für Teleobjektive sind:

Sport

Viele Sportarten machen es unmöglich, dicht ans Motiv heranzukommen. Dazu zählen beispielsweise Fußball und andere Ballsportarten, wie Tennis, Motorsport, Radsport, Surfen, Kiten und Segeln.

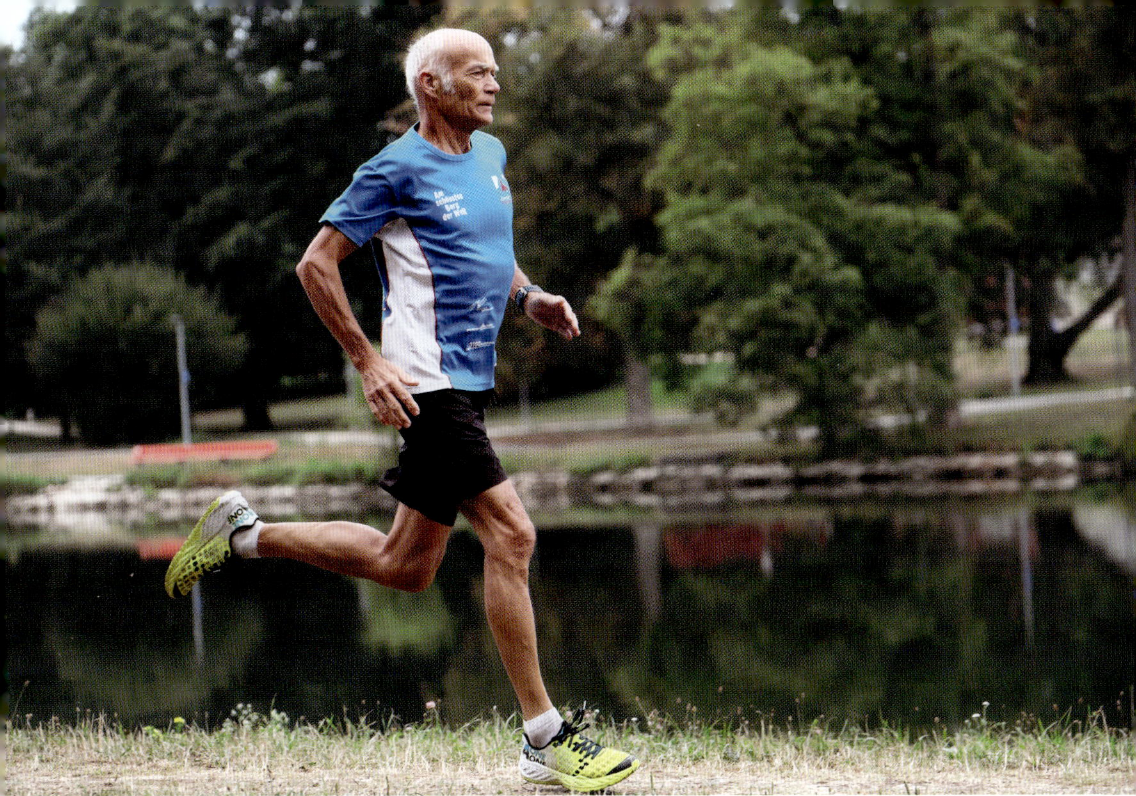

ISO 1.250 I F/2,8 I 1/1.000 Sek. I FUJIFILM X-T3 mit FUJINON XF 50-140 mm F/2,8 R LM OIS WR bei 140 mm

▲ *Sportler:innen können aus größerer Distanz besser nachverfolgt werden*

Außerdem können Sportler:innen, wie Läufer:innen oder Radfahrer:innen, mit einer langen Brennweite über einen längeren Zeitraum nachverfolgt werden, als wenn Sie mit einer kurzen Brennweite am Rand stehen und der:die Sportler:innen schnell vorbeihuscht.

Tiere

Auch viele Tiere sind scheu und lassen Fotografierende nicht dicht genug herankommen. Beispiele sind hier alle Wildtiere, wie Reh, Hirsch, Wildschwein, Hase usw. Bei einigen Tieren ist es zudem gesünder, ihnen nicht zu nah zu kommen. Wer schon einmal auf Safari war, der weiß das.

Vögel sind nicht nur meist scheu, sondern auch zu weit weg, sodass nur eine lange Brennweite in Frage kommt.

Aber auch um den eigenen Hund beim Herumtoben zu fotografieren, ist ein Teleobjektiv oft die richtige Wahl.

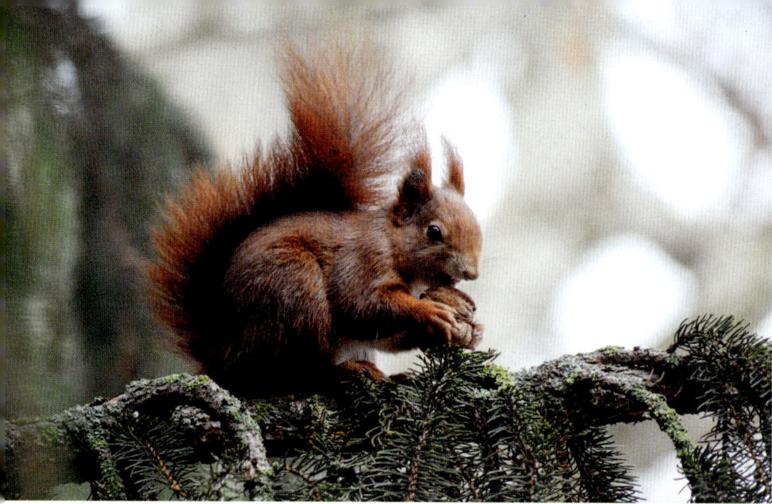

ISO 800 I F/4,8 I 1/200 Sek. I FUJI-FILM X-Pro1 mit FUJINON XF 55-200 mm F/3,5-4,8 R LM OIS bei 200 mm

◀ *Freilebende Tiere sind scheu. Deshalb ist eine große Distanz notwendig*

Details

Ein Teleobjektiv ist kein klassisches Objektiv für die Architekturfotografie. Aber Details an historischen Gebäuden, an Türmen, Figuren hoch oben an Kirchen etc. sind nur möglich mit Teleobjektiven zu fotografieren.

▼ *Details auf der Hochzeits-Reportage*

Hochzeitsreportage.ISO 400 I F/4,5 I 1/60 Sek. I FUJIFILM X-T3 mit FUJINON XF 50-140 mm F/2,8 R LM OIS WR bei 120 mm

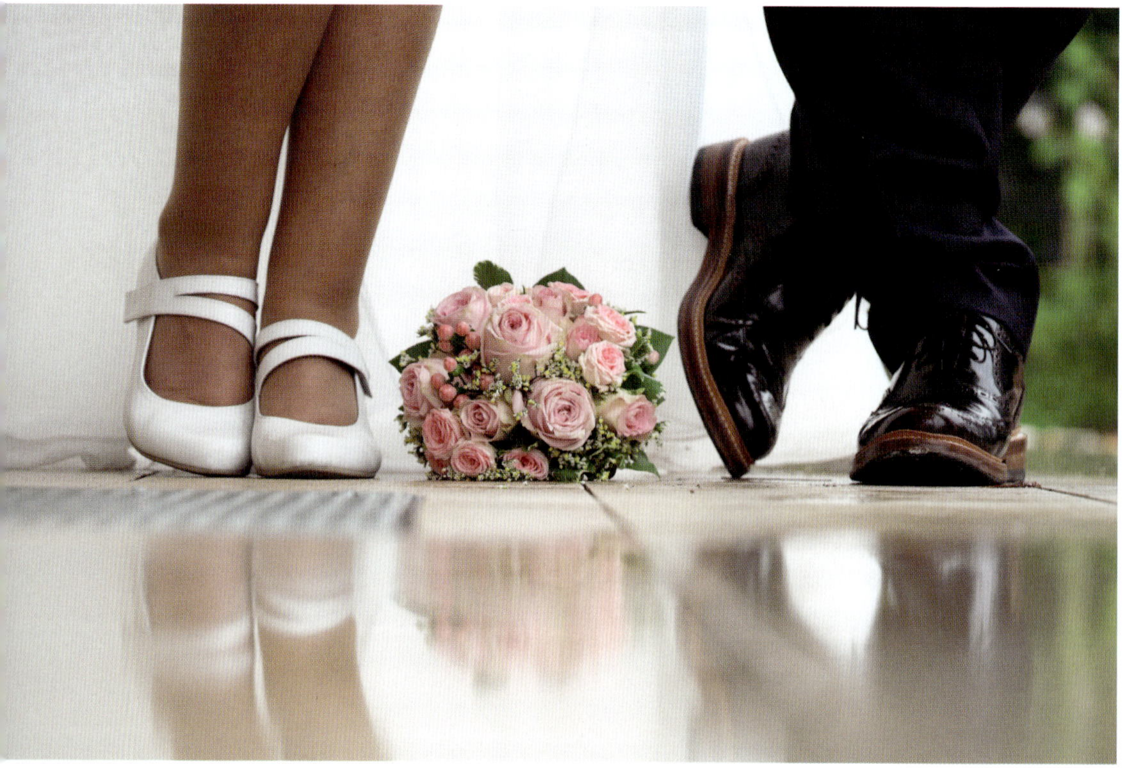

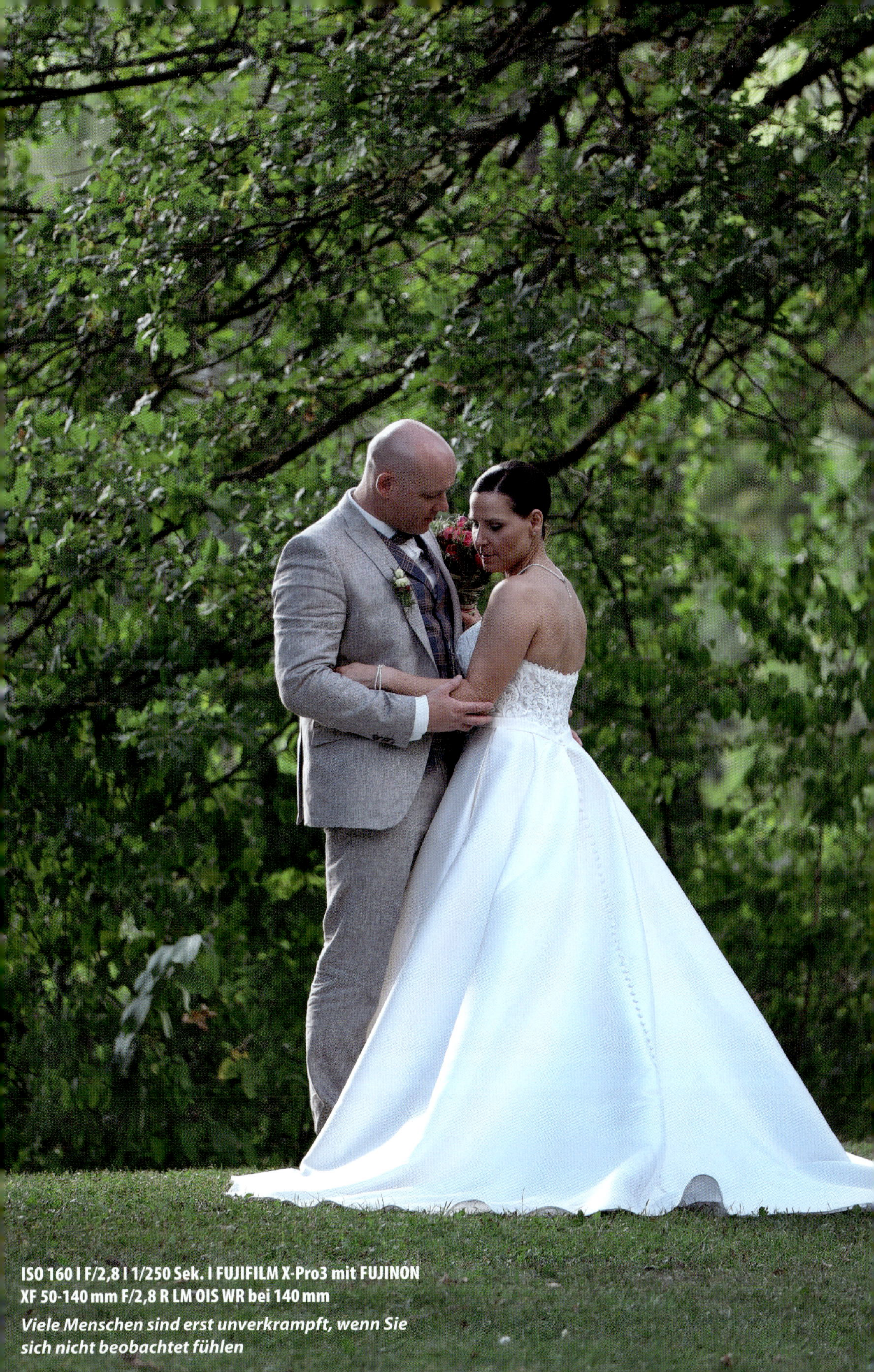

ISO 160 I F/2,8 I 1/250 Sek. I FUJIFILM X-Pro3 mit FUJINON XF 50-140 mm F/2,8 R LM OIS WR bei 140 mm

Viele Menschen sind erst unverkrampft, wenn Sie sich nicht beobachtet fühlen

Deshalb ist es auch empfehlenswert, auf Reisen ein Teleobjektiv mitzunehmen. Denn auf jeder Städtereise gibt es zahlreiche attraktive Details, mit denen Sie Ihren Reisebericht aufwerten können.

Schöne Details finden Sie aber auch bei Reportagen, in der Natur und Landschaft. Auch dafür lohnt es sich, ein Teleobjektiv dabeizuhaben.

Reportagen

Viele Menschen verkrampfen, sobald sie sich von Fotografierenden beobachtet fühlen. Unbeschwerte Schnappschüsse sind dann nicht mehr möglich. Aus einer größeren Distanz dagegen können Sie Szenerien beobachten und im richtigen Moment den Auslöser durchdrücken. Bei Events, Hochzeiten und anderen Feierlichkeiten gelingen Ihnen damit natürliche Schnappschüsse, die Ihre Reportage bereichern.

Porträts

Ein klassisches Porträtobjektiv punktet mit selektiver Schärfe und einem schönen Bokeh, erzeugt durch die hohe Lichtstärke bei leichter Telebrennweite. Ein freigestelltes Hauptmotiv mit selektiver Schärfe und schönem Bokeh lässt sich auch mit einer langen Brennweite realisieren.

Dazu muss die Lichtstärke nicht einmal besonders hoch sein. Allerdings sollte der Abstand zum Motiv dann entsprechend groß sein. Dazu muss die Location dann natürlich stimmen. In der freien Natur, Hallen, öffentlichen Gebäuden oder im großen Studio ist in der Regel ausreichend Platz vorhanden.

Durch die weit auseinanderdriftenden Fluchtpunkte und die Verdichtung des Bildes können Aufnahmen, insbesondere Gesichter, etwas flächiger wirken. In der Praxis fehlt es an Tiefe.

Um dies abzumildern ist ein schöner Hintergrund und die aktive Einbeziehung des Vordergrundes (siehe Bild auf der nächsten Seite) wichtig. Mit Brennweiten bis ca. 140 mm lassen sich dann Porträts sehr gut fotografieren.

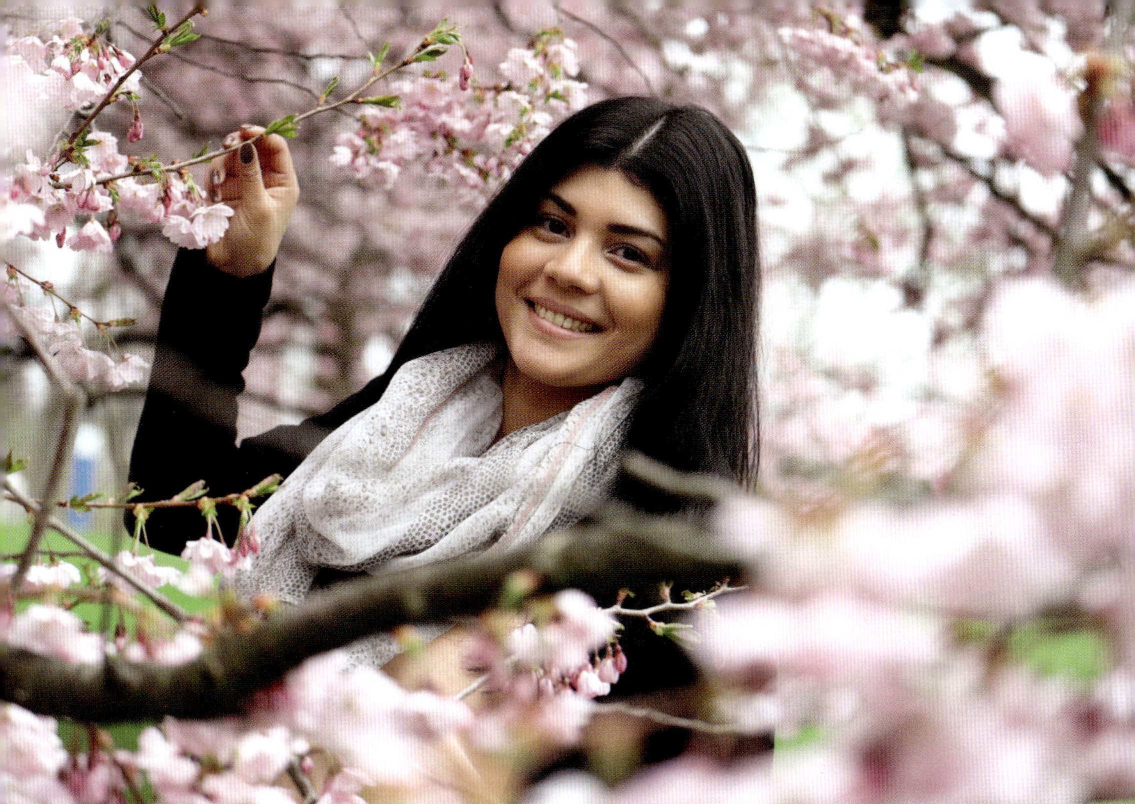

ISO 400 I F/2,8 I 1/480 Sek. I FUJIFILM X-T1 mit FUJINON XF 50-140 mm F/2,8 R LM OIS WR bei 69 mm

▲ *Telezoomobjektiv mit schönem Bokeh*

9.2 Bildwirkung und -gestaltung

Die Bildwirkung von Teleobjektiven ist gekennzeichnet durch eine Motivverdichtung. Der Hintergrund wird stark an das Motiv herangeholt und wirkt näher/größer. Dazu kommt die Freistellung des Hauptmotivs vom unscharfen Hintergrund. Je länger die Brennweite, desto geringer wird die Schärfentiefe. Das wirkt bei vielen Motiven attraktiv. Dazu kommt, dass durch den geringen Bildwinkel der Hintergrund größtenteils ausgeblendet wird. So lenkt er nicht vom Hauptmotiv ab und bringt keine Unruhe ins Bild.

Tipps zur Bildgestaltung:

Generell sollten Sie mit langen Brennweiten eine kürzere Belichtungszeit verwenden als mit geringeren Brennweiten oder ein Stativ einsetzen. Durch den kleinen Bildwinkel wird schon das leichte Zittern oder eine kleine Bewegung des Fotografierenden zu einer Bewegungsunschärfe. Hier sollten Sie die Faustformel berücksichtigen: die längste empfohlene Belichtungszeit entspricht dem Kehrwert der Brennweite x Crop-Faktor von 1,5x in Sekunden.

Beispiel: Sie möchten mit 200 mm Brennweite fotografieren. Multipliziert mit dem Cropfaktor von 1,5x ergibt das einen Wert von 300 mm. Der Kehrwert beträgt dann 1/300 Sek.

Empfehlenswert ist also, mit 200 mm Brennweite 1/300 Sek. Belichtungszeit oder kürzer zu verwenden. So wird schnell klar, warum eine weite Offenblende von F/2,8 oder F/4 für Teleobjektive sehr beliebt sind. Kurze Belichtungszeiten fordern viel Licht.

Telebrennweiten profitieren besonders von einem Bildstabilisator. Deshalb ist jedes FUJINON-Teleobjektiv mit einen optischen Bildstabilisator ausgerüstet. So können Sie eine längere Belichtungszeit verwenden, ohne zu verwackeln. Das gilt ausschließlich für selbst verursachte Verwacklungen, ein Bildstabilisator kann keine Bewegungsunschärfe verhindern, die durch ein bewegtes Motiv verursacht wird. Bewegte Motive bekommen Sie ausschließlich durch eine entsprechend kurze Belichtungszeit scharf.

Sport

Bei Sportmotiven bewegt sich immer etwas. Meistens schnell. Um das bewegte Hauptmotiv scharf abzubilden ist es wichtig, eine entsprechend kurze Belichtungszeit zu verwenden. Bei Laufsportarten oder Leichtathletik reicht oft 1/250 Sek. aus. Beim Motorsport sollte es dagegen schon 1/1.000 Sek. oder kürzer sein. Der genaue Wert hängt von mehreren Faktoren ab:

- Brennweite – je länger umso kürzer,
- Entfernung – je weiter umso länger und
- Geschwindigkeit – je höher umso kürzer muss die Belichtungszeit sein.

Am besten probieren Sie es aus. Aber auf der sicheren Seite sind Sie, wenn Sie im Zweifelsfall lieber etwas kürzer belichten.

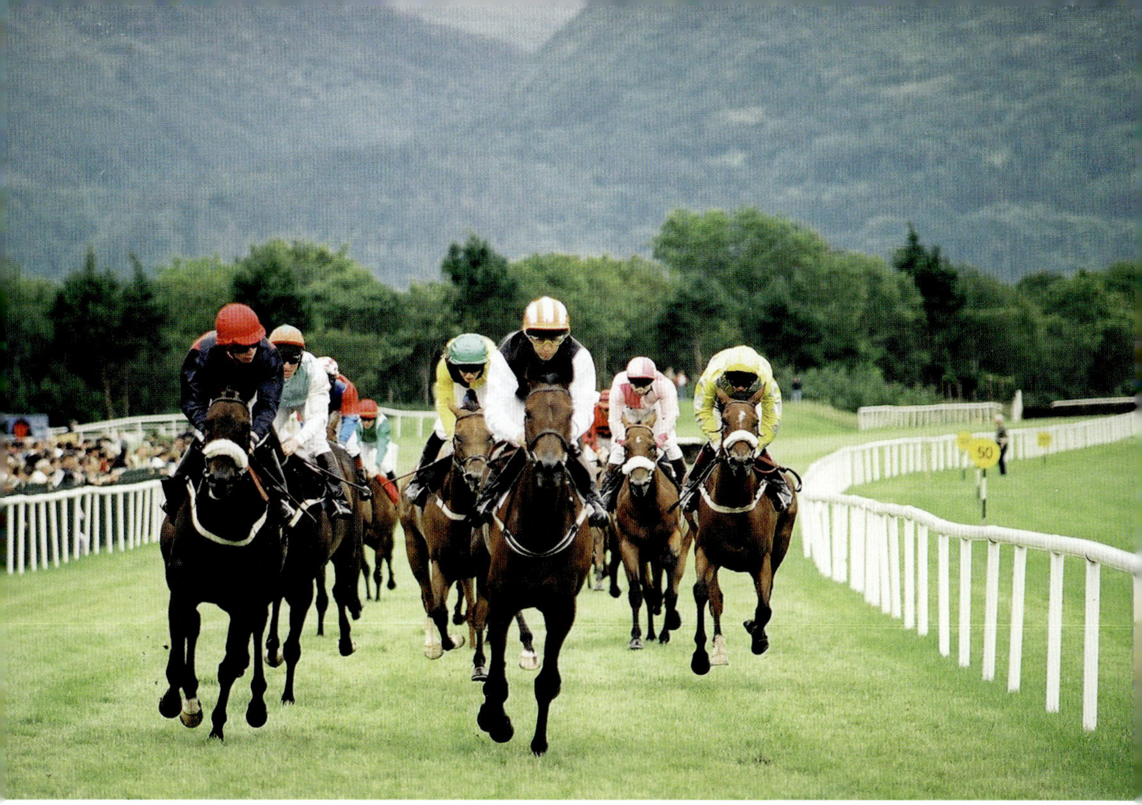

ISO 800 I F/4,8 I 1/1.000 Sek. I FUJIFILM X-T1 mit FUJINON XF 55-200 mm F/3,5-4,8 R LM OIS bei 200 mm

▲ *Nah ran ans Geschehen*

Ein sehr gutes Hilfsmittel ist ein Stativ. Da Sie mit einem Stativ etwas unflexibler werden, was den Standortwechsel betrifft und auch recht viel Platz benötigen, was im Gedränge schwierig werden kann, ist ein Einbeinstativ eine gute Idee.

Sicher haben Sie schon professionelle Sportfotografierende gesehen. Bei einer Fußball-WM oder EM sind sie zahlreich am Spielfeldrand zu sehen. So ein Einbeinstativ, auch Monopod, hat gleich zwei Vorteile: erstens hält es die Kamera ruhiger und verhindert so Verwacklungen. Zweites: versuchen Sie einmal über einen längeren Zeitraum Ihre Kamera mit einem mehr oder weniger schweren Teleobjektiv sicher hochzuhalten. Das gibt vielleicht Armmuskeln, aber deshalb sind Sie nicht auf dem Sport-Event. Ein Einbeinstativ stützt das Gewicht ab und Sie können entspannt dahinterstehen, beobachten und im richtigen Augenblick auslösen.

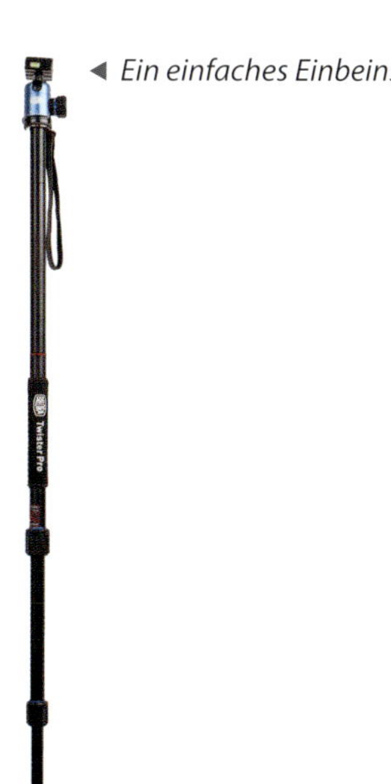

◀ *Ein einfaches Einbeinstativ*

Für alle bewegten Sportaufnahmen macht sich auch der Mitzieheffekt sehr gut. Auf das Motiv fokussieren, am besten mit AF-C. Verfolgen Sie das Motiv ohne abzuweichen – als wäre es mit Ihrer Kamera durch einen Stab verbunden. Wenn sich das Motiv im optimalen Winkel an Ihnen vorbei bewegt, lösen Sie aus, am besten im Serienmodus.

Tiere

Für die meisten in der Natur lebenden Tierarten ist eine lange Brennweite erforderlich, um eine große Distanz zu den scheuen Tieren herzustellen. Außerdem sollten Sie sich vorher mit den Gewohnheiten der Tierart befassen. Bei der Tierfotografie ist viel Geduld erforderlich. Denn wild lebende Tiere stellen sich nicht in Pose, wenn Sie als Fotografierender am Waldrand oder auf der Wiese erscheinen. Da hilft nur ausdauerndes, unauffälliges Beobachten und im richtigen Augenblick auslösen.

Falls sich das Tier bewegt, achten Sie besonders auf die Belichtungszeit. Je schneller sich das Tier bewegt, desto kürzer sollten Sie die Belichtungszeit wählen. Lieber etwas zu kurz als zu lang. Bei fliegenden Vögeln liegen Sie mit ca. 1/500 Sek. gut, wenn Sie sie im Fokus halten können. Bei Reh und Hirsch reichen oft längere Zeiten, da sich diese langsamer bewegen oder sogar still auf einer Stelle stehen bleiben. Zur Tierfotografie ist ein Einbeinstativ hilfreich. Bei langen und schweren Objektiv ist ein Dreibeinstativ die bessere Wahl, soweit möglich.

▼ *Beobachten und im richtigen Moment auslösen.*

ISO 400 I F/16 I 1/1.000 Sek. I FUJIFILM X-T1 mit FUJINON XF 55-200 mm F/3,5-4,8 R LM OIS bei 195 mm

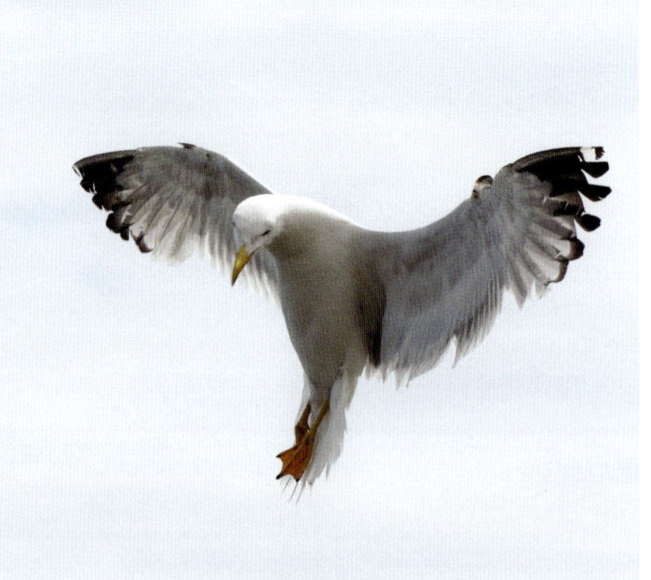

Es eignet sich die gleiche AF-Einstellung wie bei Sportaufnahmen: Fokusmodus AF-C und Einzel-Messfeld oder die Bereichswahl.

Verwenden Sie bei bewegten Tieren die Serienauslösung. So können Sie sich anschließend das beste Foto heraussuchen.

Details

Mit einer Telebrennweite zu fotografieren, erfordert keine besonderen Tipps oder Kenntnisse. Dank Bildstabilisator sind die meist unbewegten Details auch mit längeren Belichtungszeiten gut zu fotografieren.

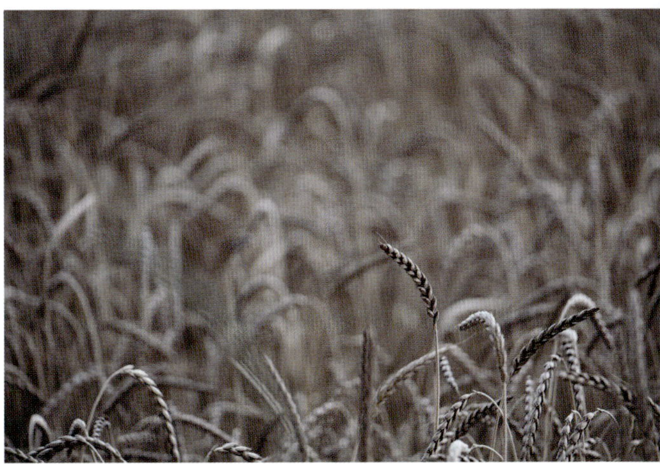

ISO 250 I F/2,8 I 1/125 Sek. I FUJIFILM X-T3 mit FUJINON XF 50-140 mm F/2,8 R LM OIS WR bei 80 mm

▲ *Details in der Natur wirken auch mit einer langen Brennweite sehr schön*

Reportage

Beobachten Sie unauffällig aus einer Entfernung, in der Sie nicht wahrgenommen werden. Die Menschen, die sich nicht vom Fotografierenden beobachtet fühlen, benehmen sich unbeschwert und natürlich. Sie lachen unverkrampft und sind authentisch.

Passen Sie den richtigen Augenblick ab. Unverkrampft lachende Gesichter machen sich in jeder Reportage gut. Auch schöne Kinderfotos wirken viel natürlicher, wenn Sie sie beim Spielen vertieft oder beim Herumtollen beobachten und fotografieren.

9.3 Teleobjektive mit Festbrennweite von 200 mm

Nur ein FUJINON-Festbrennweitenobjektiv ist im Bereich der langen Brennweiten erhältlich. Das aber ist ein ganz besonderes Objektiv, besonders in Größe, Gewicht, Lichtstärke und Preis. Ein Prestigeobjekt für Hobby- und ein Topwerkzeug für Profifotografierende mit einer durchdachten und umfangreichen Ausstattung.

FUJINON XF 200 mm F/2 R LM OIS WR

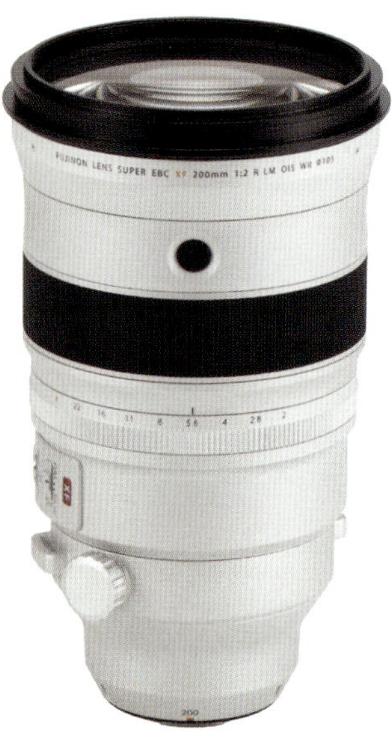

▲ *Ein Supertele mit einer – für die Brennweite – hervorragenden Lichtstärke.*

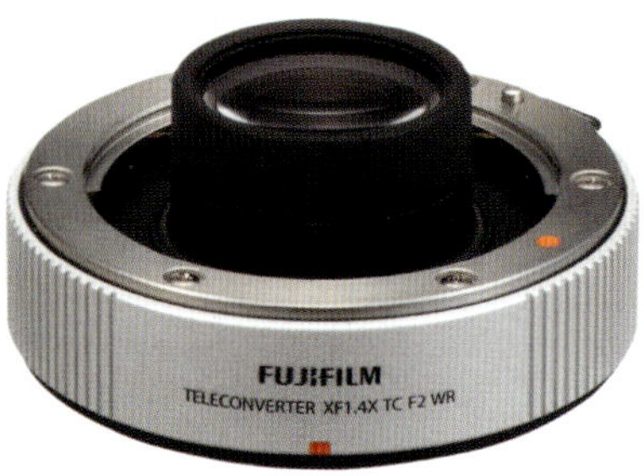

▲ *Im Lieferumfang des FUJINON XF 200 mm F/2 R LM OIS WR befindet sich ein speziell auf das Objektiv abgestimmter 1,4x Telekonverter.*

Seit 2018 bietet FUJIFILM auch für professionelle Sport- und Tierfotografierende ein passendes Objektiv an. Das 200er-Teleobjektiv ist mit einer Lichtstärke von 1:2,0 das Spitzenmodell im Telebereich und das teuerste und schwerste FUJINON-Objektiv.

Zwei Linearmotoren sorgen für eine sehr schnelle, leise und präzise Fokussierung. Zudem besitzen die Motoren einen neuen Mechanismus, der die Motorgruppe fixiert, wenn die Kamera nicht benutzt wird, um Bewegungen der Fokussiergruppe zu reduzieren.

Um die Fokussierung auf langen Distanzen schneller und präziser zu gestalten, besitzt das Objektiv einen Fokusbegrenzer. Der lässt sich auf 5 m bis unendlich begrenzen und verhindert, dass der Autofokus über den gesamten Entfernungsbereich durch fokussiert. Das ist sehr hilfreich, da der AF auf kurze Entfernungen etwas langsamer sein kann. Der Schalter für die Fokussierbegrenzung befindet sich beispielsweise auch am FUJINON 100-400 mm.

Ein weiterer Schalter, AF-Preset, den es nur am 200 mm F/2 gibt, weist den vier Druckknöpfen weiter vorn am Objektiv verschiedene Funktionen zu. In der Stellung AF beginnt das Objektiv sofort an zu fokussieren, sobald einer der Knöpfe gedrückt wird.

In der Schalterstellung AF-L (AF-Lock) wird die eingestellte Schärfe beibehalten und die weitere Fokussierung gestoppt. Die Schalterstellung PRESET fährt eine gespeicherte Fokusposition an. Dazu muss

▶ *Der optische Aufbau des FUJINON XF 200 mm F/2 R LM OIS WR.*

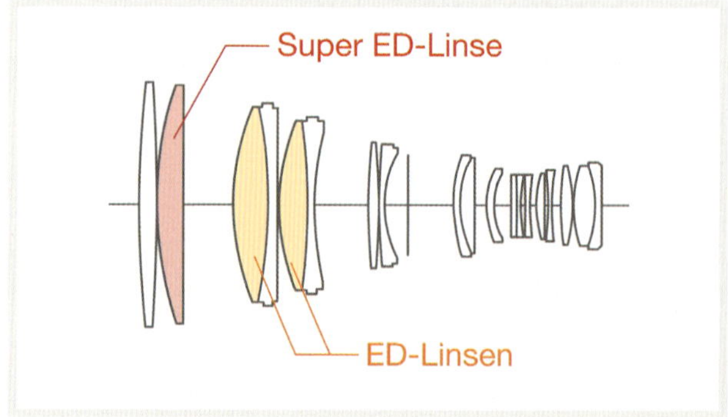

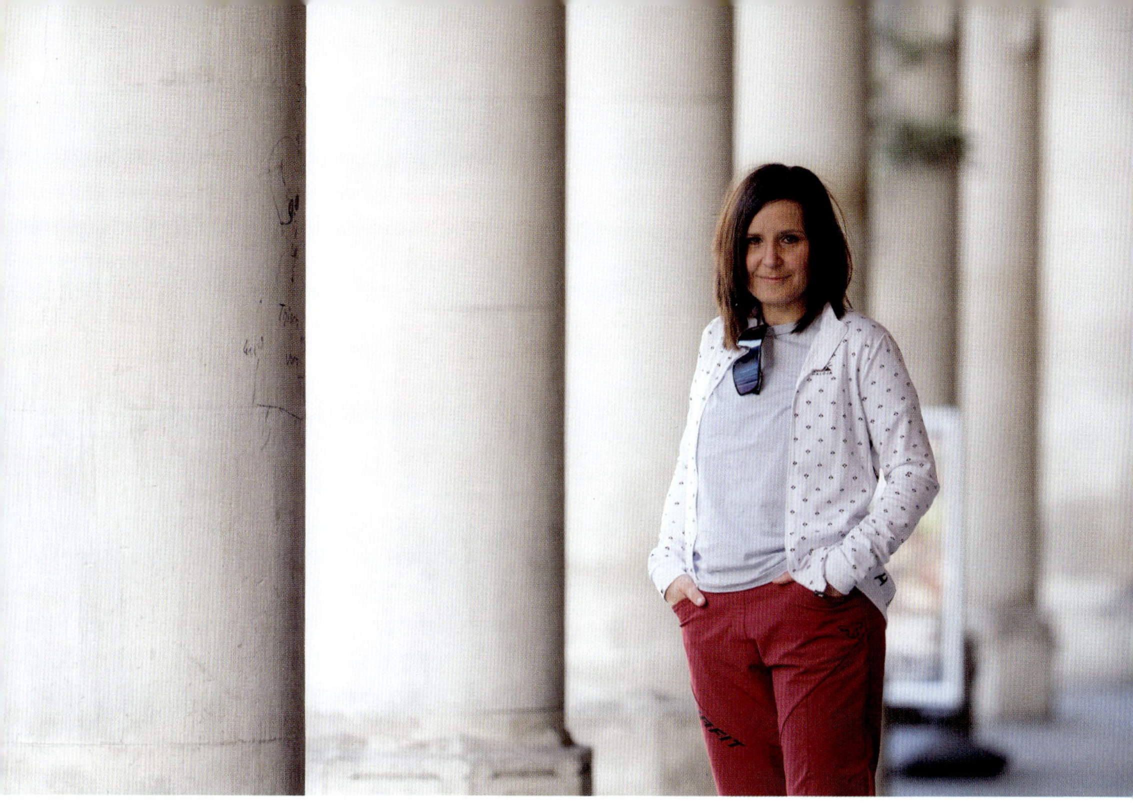

ISO 400 I F/2 I 1/400 Sek. I FUJIFILM X-T3 mit FUJINON XF 200 mm F/2 R LM OIS WR

▲ *Das lichtstarke 200 mm FUJINON-Objektiv eignet sich auch gut für Porträts. Die Kommunikation mit dem Model funktioniert dann allerdings nur noch mit Zeichensprache.*

zuvor eine Fokusposition gespeichert worden sein. Die Speicherung erfolgt über die SET-Taste.

Damit das Gewicht von Kamera und Objektiv auf einem Stativ möglichst ausgewogen austariert ist, besitzt das Tele eine fest verbaute Objektivschelle. Integriert sind nicht nur zwei genormte Stativgewinde, sondern auch eine Arca Swiss kompatible Stativplatte. Eine gute Sache, da sich der Arca Swiss Schwalbenschwanz in den letzten Jahren als Standard bei professionellen Stativen entwickelt hat. Das Objektiv lässt sich in der Schelle schnell vom Quer- in das Hochformat drehen und arretieren.

Der optische Bildstabilisator OIS gehört wie bei allen FUJINON-Teleobjektiven zur Serienausstattung. Er schaltet sich automatisch aus, sobald ein Mitziehen erkannt wird. Ansonsten lässt er sich manuell ausstellen.

Das hochwertige Metallgehäuse ist wetterfest und gegen Staub und Feuchtigkeit abgedichtet. Die Gegenlichtblende besitzt eine Schiebeöffnung. Das erlaubt z. B. die Verwendung eines Polarisationsfilters.

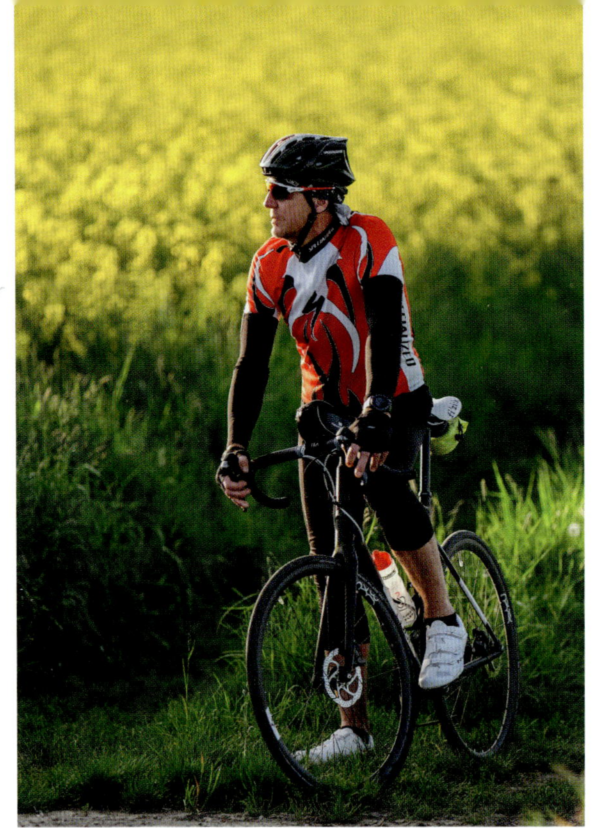

ISO 160 I F/2 I 1/1.000 Sek. I FUJIFILM X-T3 mit FUJINON XF 200 mm F/2 R LM OIS WR

Am Objektiv befinden sich zwei stabile Gurtösen. Bei dem Objektivgewicht von über zwei Kilogramm kann ein am Kameragehäuse befestigter Gurt schnell mal überfordert sein. Die Bildqualität ist überragend, selbst bei offener Blende und Gegenlicht. Das Bokeh ist super weich und ästhetisch.

Im Lieferumfang des 200er-Objektivs befindet sich ein Telekonverter mit 1,4facher Brennweitenverlängerung. Aus dem 200 mm F/2 wird dann ein 280 mm F/2,8. Der Telekonverter wurde speziell für das XF 200 mm entwickelt und ist auf die Optik abgestimmt. Das führt dazu, dass die hervorragende Bildqualität selbst mit angesetztem Telekonverter weitgehend erhalten bleibt.

Neben Sport- und Tieraufnahmen eignet sich das Objektiv aufgrund der hervorragenden Lichtstärke und wegen des individuellen Bokehs auch sehr gut für Personen vor besonderer Kulisse.

ISO 160 I F/2 I 1/1.250 Sek. I FUJIFILM X-T3 mit FUJINON XF 200 mm F/2 R LM OIS WR

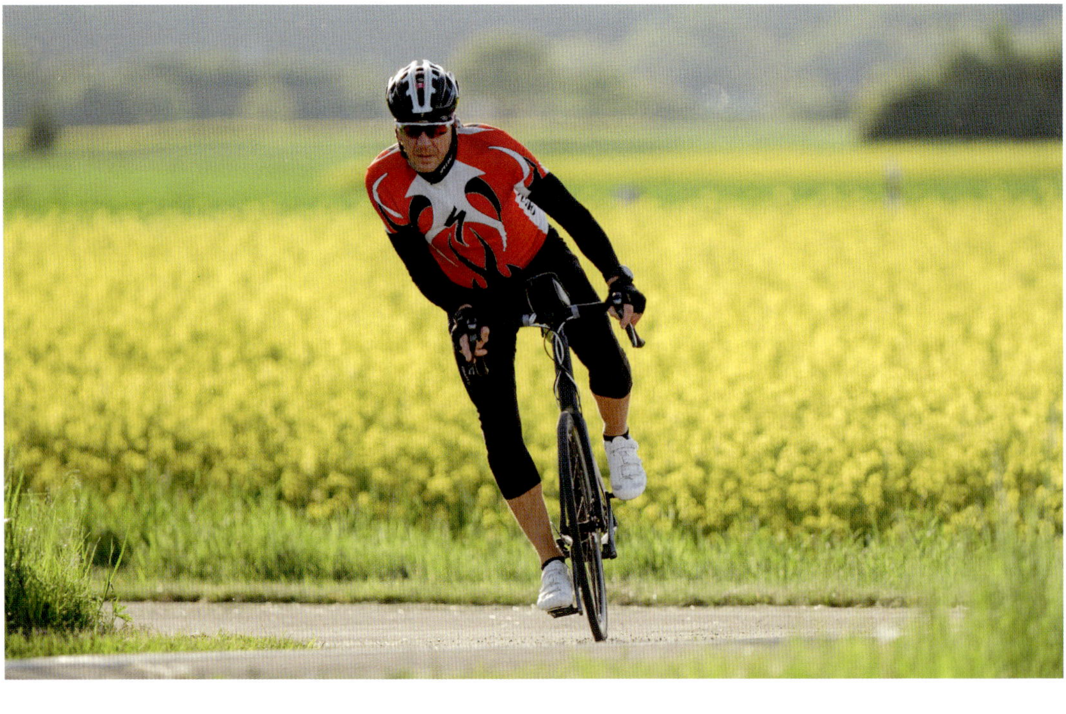

FUJINON XF 50-140 mm F/2,8 R LM OIS WR

Das lichtstarke Telezoom XF 50-140 mm besitzt eine Lichtstärke von 1:2,8 über den gesamten Brennweitenbereich. Das bedeutet hohen Lichteinfall und ergibt ein sehr schönes Bokeh bei offener Blende.

Auch das Gehäuse ist robust und aus Metall gefertigt, wetterfest und gegen Staub und Feuchtigkeit abgedichtet. Es besitzt eine Stativschelle, um Kamera und Objektiv auf einem Stativ gut auszutarieren.

Das Objektiv lässt sich in der Stativschelle vom Quer- ins Hochformat drehen. Eine Feststellschraube fixiert es an der gewünschten Position. Wer kein Stativ verwendet, kann die Stativhalterung abschrauben.

Der eingebaute optische Bildstabilisator erlaubt auch längere Belichtungszeiten aus der Hand. Das Auflösungsverhalten ist bei ca. 50 mm optimal, bereits bei Offenblende auf sehr hohen Niveau. Zu den höheren Brennweiten hin nimmt die Auflösung an den Rändern etwas ab, bleibt aber insgesamt gut.

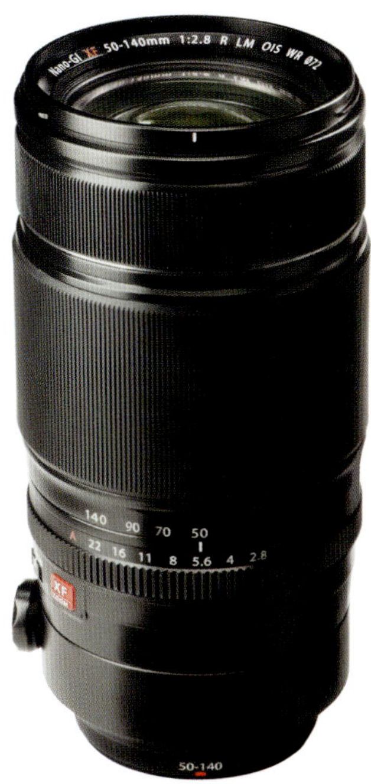

▲ *Das lichtstarke Telezoom XF 50-140 mm mit durchgehender Lichtstärke von 1:2,8 eignet sich unter anderem für Reportagen.*

Der Linearmotor fokussiert präzise, schnell und leise. Mit 1,1 kg ist das Objektiv nicht leicht, aber Qualität wiegt eben etwas. Allein die 23 Linsen in 16 Gruppen bringen einiges auf die Waage.

Sie geben auch Auskunft über den Aufwand, den FUJINON betrieben hat, um optisch das Beste aus dem 50-140 mm Objektiv herauszuholen. Das ist sicherlich auch gelungen.

Das Telezoom wurde zwar schon 2014 vorgestellt, ist aber heute immer noch ein modernes Objektiv mit Topausstattung und einer hervorragenden Bildqualität. Für anspruchsvolle Reportagen, Sportaufnahmen und Details eignet sich dieses lichtstarke Telezoom bestens.

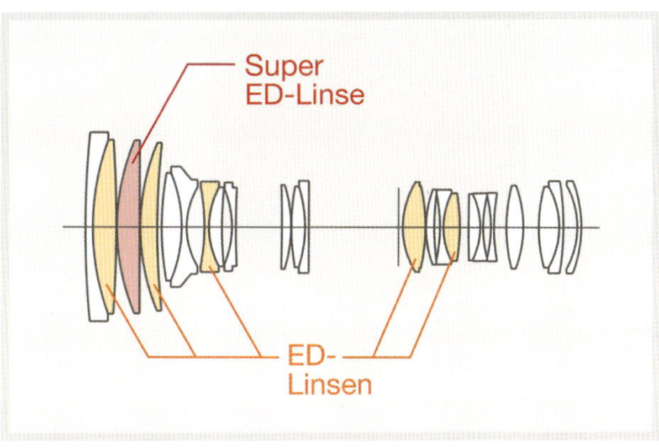

▲ *Der optische Aufbau des FUJINON XF 50-140 mm F/2,8 R LM OIS WR.*

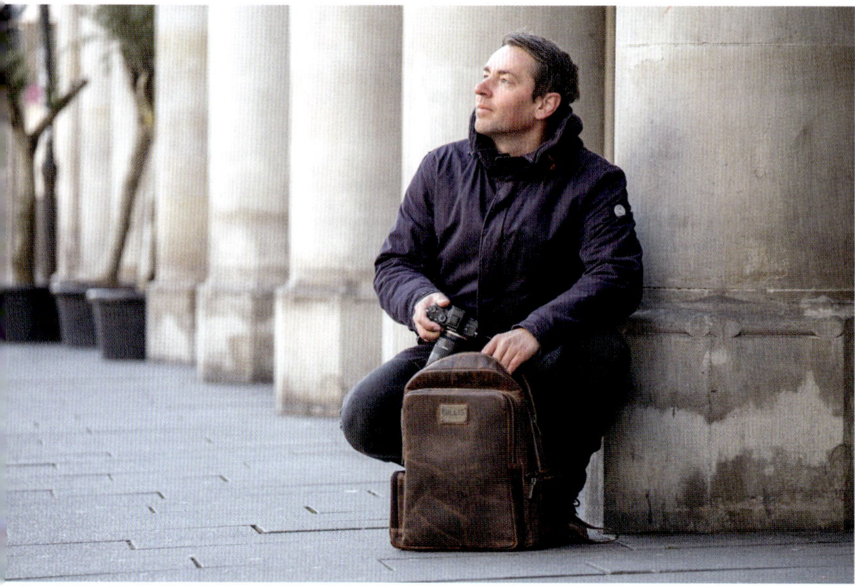

ISO 400 I F/3,2 I 1/250 Sek. I FUJIFILM X-T3 mit mit FUJINON XF 50-140 mm F/2,8 R LM OIS WR bei 70 mm

◀ *Telezoom mit durchgehend hoher Lichtstärke.*

FUJINON XC 50-230 mm F/4,5-6,7 OIS II

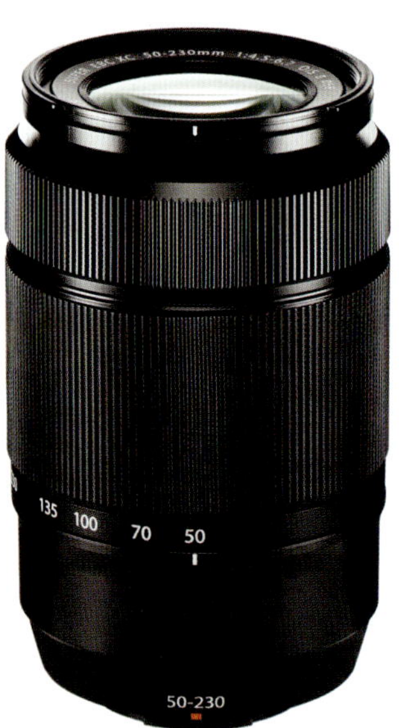

▲ *Das leichte XC 50-230 mm mit OIS ist auf Reisen eine gute Wahl.*

Das einzige Telezoom der preisgünstigen FUJINON XC-Serie. Das Gehäuse besteht aus Kunststoff und besitzt keinen Blendenring und ist in Schwarz und in Silber erhältlich. Die optische Qualität ist für den Preis erstaunlich gut.

Das einfache XC-Telezoom besitzt einen eingebauten Bildstabilisator, der bei der nicht sehr üppigen Anfangsblende von F/4,5 auch häufiger benötigt wird. In der Praxis schafft er gut drei Blendenstufen.

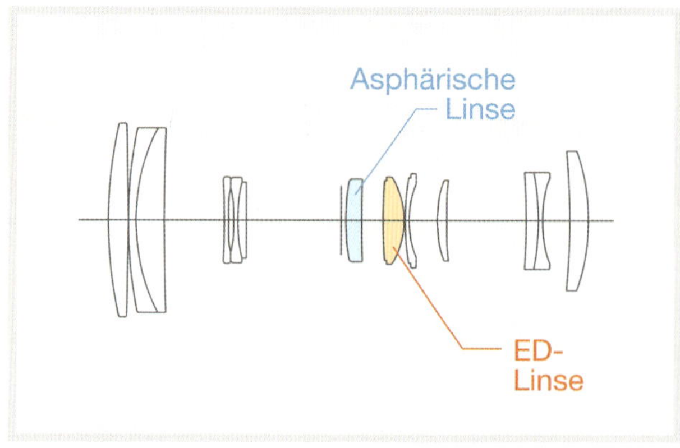

▲ *Der optische Aufbau des FUJINON XC 50-230 mm F/4,5-6,7 OIS.*

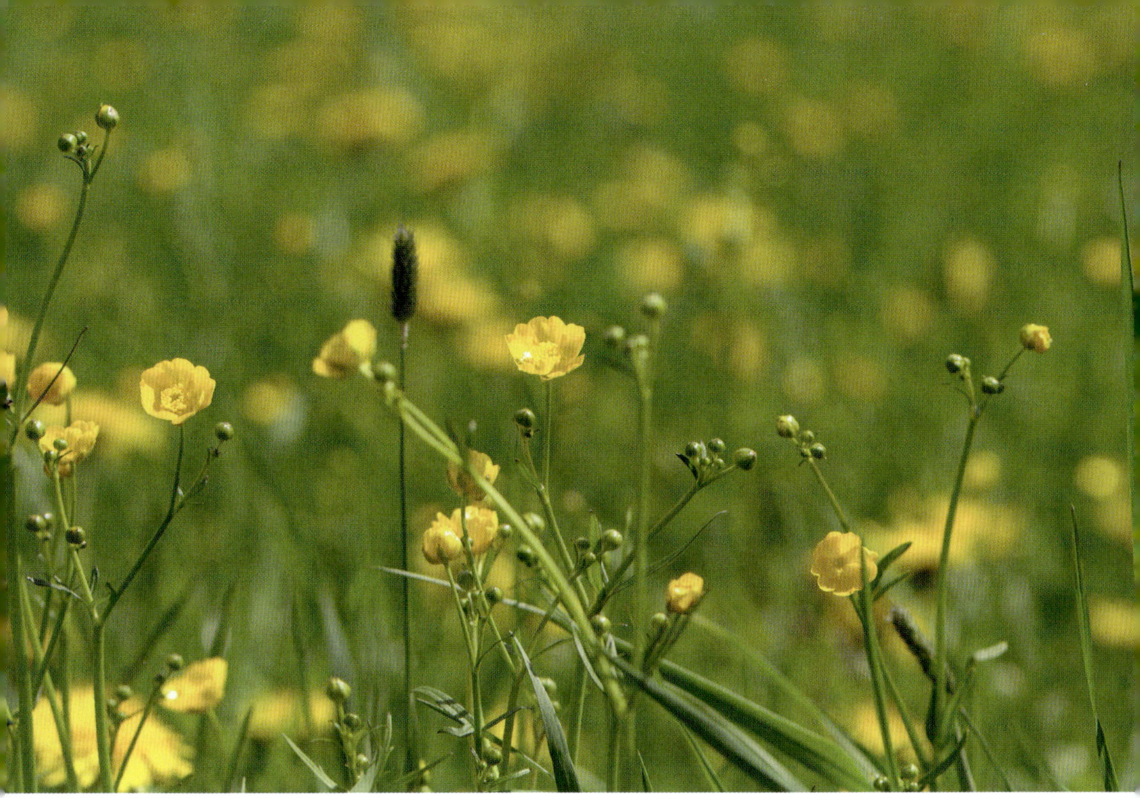

Auf Reisen und für alle Motive aus der Distanz ein einfaches, aber optisch gutes Objektiv.

Ein AF-Mikromotor arbeitet weitgehend geräuschlos, die Geschwindigkeit bei wenig Licht lässt aber manchmal etwas zu wünschen übrig, sonst ist sie gut. Die manuelle Fokussierung funktioniert etwas gröber als bei den teuren Modellen.

ISO 400 I F/6,3 I 1/1.000 Sek. I FUJIFILM X-T1 mit FUJINON XC 50-230 mm F/4,5-6,7 OIS bei 105 mm

▲ *Klein und leicht – ideal für unterwegs*

FUJINON XF 55-200 mm F/3,5-4,8 R LM OIS

Das XF 55-200 mm Objektiv wurde 2013 als erstes Telezoom von FUJIFILM auf den Markt gebracht. Mit Linearmotor und Bildstabilisator ist es aber noch heute up-to-date. Eine schnelle und leise Fokussierung ist damit garantiert und auch gut für Videos nutzbar. Auch die Bildqualität ist auf einem hohen Niveau. Das XF 55-200 mm Objektiv eignet sich für alle fotografischen Aufgaben unterwegs. Details in der Natur und auf Reisen, aber auch Personen- und Tieraufnahmen sind damit möglich. Die Lichtstärke ist mit 1:3,5-4,8 nicht schlecht für die langen Brennweiten. Das Metallgehäuse ist robust, besitzt aber keinen Wetterschutz.

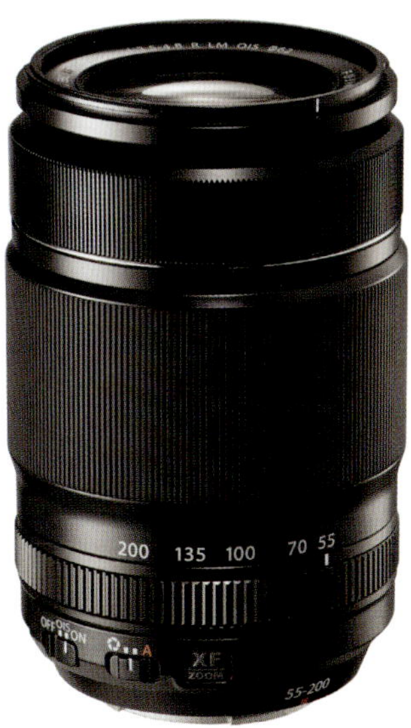

▲ *Das XF 55-200 mm mit leisem und schnellem Linearmotor ist universell für Foto und Video einsetzbar.*

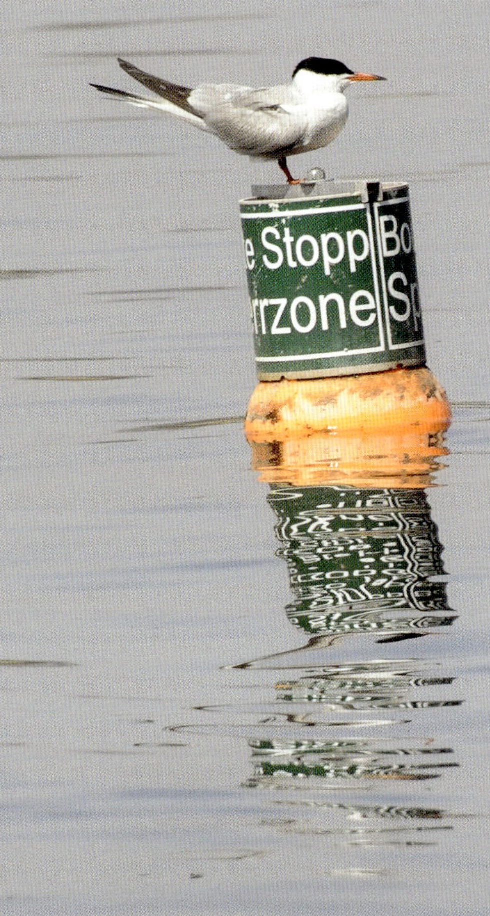

e Stopp
rrzone
Bo
Sp

ISO 400 I F/11 I 1/500 Sek. I FUJIFILM X-T2 mit FUJINON XF 55-200 mm F/3,5-4,8R LM OIS bei 200 mm

◀ *Universell verwendbares Telezoom.*

Chromatische Aberration ist bei diesem Objektiv kein Thema. Vignettierung und Verzeichnung ist im JPEG-Format aufgrund der Autokorrektur ebenfalls sehr gering, im RAW-Format aber deutlich vorhanden. Das Bokeh ist im Vordergrund sehr gut, aber im Hintergrund etwas »nervös«.

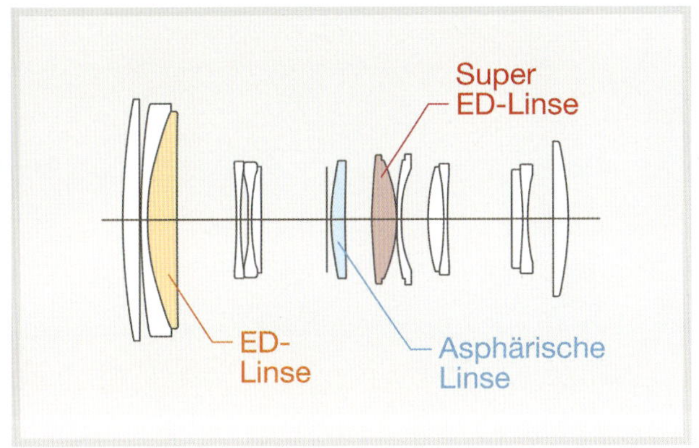

◀ *Der optische Aufbau des FUJINON XF 55-200 mm F/3,5-4,8 R LM OIS.*

FUJINON XF 70-300 mm F/4-5,6 R LM OIS WR

Das XF 70-300 mm kam erst 2021 auf den Markt und schließt die Lücke zwischen XF 55-200 mm und XF 100-400 mm. Das Objektiv ist angenehm leicht. Es besteht bis auf das Bajonett größtenteils aus Kunststoff. Trotzdem macht es einen stabilen und gut verarbeiteten Eindruck. In maximaler Telestellung fährt der innere Tubus weit aus.

Das Gehäuse ist zwar gegen Staub abgedichtet einen Luftfilter, bei der die Luft beim Zoomen durch einen speziellen Filter geleitet wird und der beispielsweise beim XF 100-400 mm vorhanden ist, muss man jedoch verzichten. Es ist also etwas Vorsicht in staubigen Umgebungen sinnvoll.

Die Ausstattung ist reichhaltig: optischer Bildstabilisator, Wetterschutz mit Abdichtung gegen Staub und Feuchtigkeit und Linearmotor für schnelle und leise Fokussierung. Den Bildstabilisator kann man nur über das Kameramenü ein- und ausschalten, was manchmal etwas umständlich ist. Allerdings

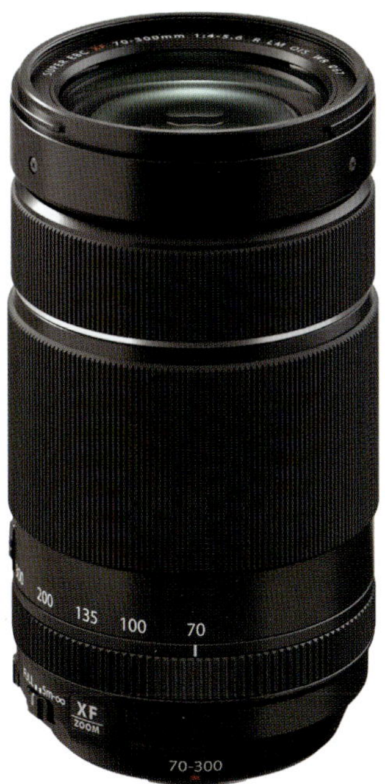

▲ *Das XF 70-300 mm punktet mit einem großen Brennweitenbereich bei geringem Gewicht. Das ist ein Vorteil auf Reisen und unterwegs.*

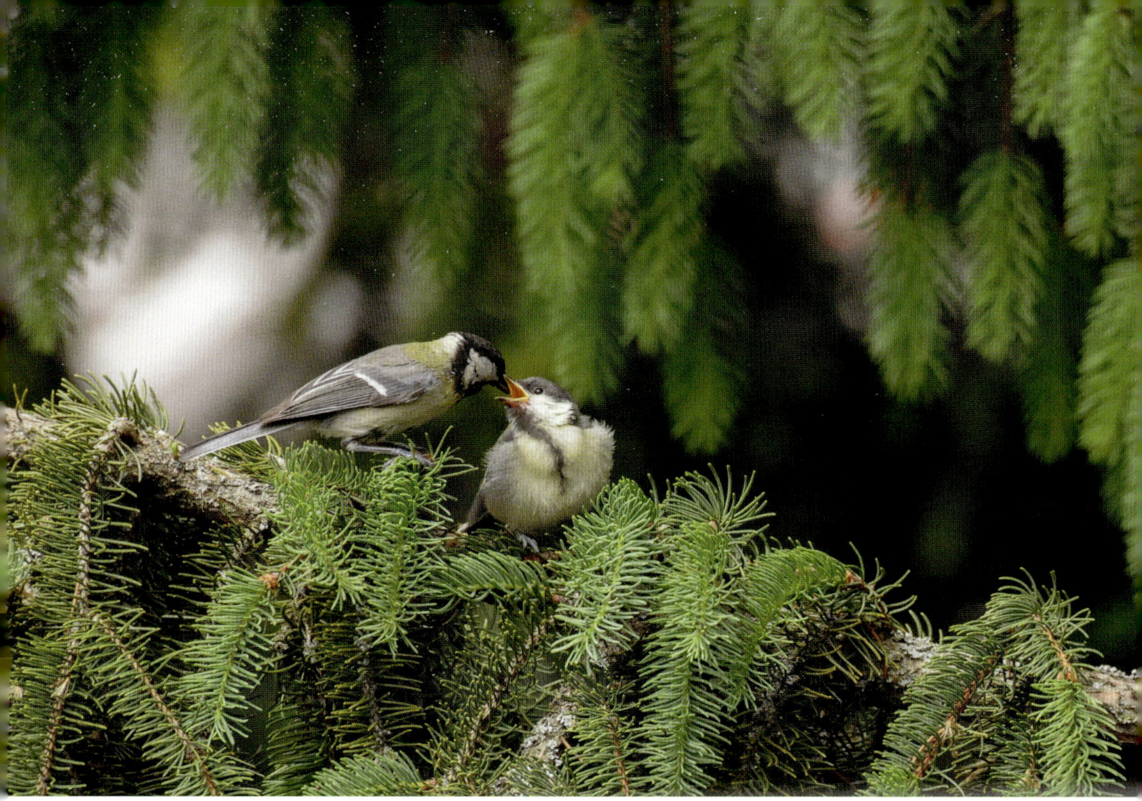

ISO 800 I F/10 I 1/400 Sek. I FUJIFILM X-T2 mit FUJINON XF 70-300 mm F/4-5,6 R LM OIS WR bei 300 mm

▲ *Allroundzoom mit großem Brennweitenbereich*

benötigt man ihn – aufgrund der etwas geringeren Offenblende – häufig und lässt ihn deshalb meist eingeschaltet. Das XF 70-300 mm F/4-5,6 R LM OIS WR besitz eine hervorragende optische Qualität über alle Brennweiten. Der Brennweitenbereich ist sehr groß – und das bei relativ kompakter Bauweise und geringem Gewicht. Das Objektiv eignet sich deshalb sehr gut für alle fotografischen Motive in größerer Distanz auf Reisen und für unterwegs. Aber auch Sport- und Tiermotive lassen sich prima mit dem Telezoom fotografieren. Das 70-300er erzeugt bei offener Blende ein sehr schönes Bokeh.

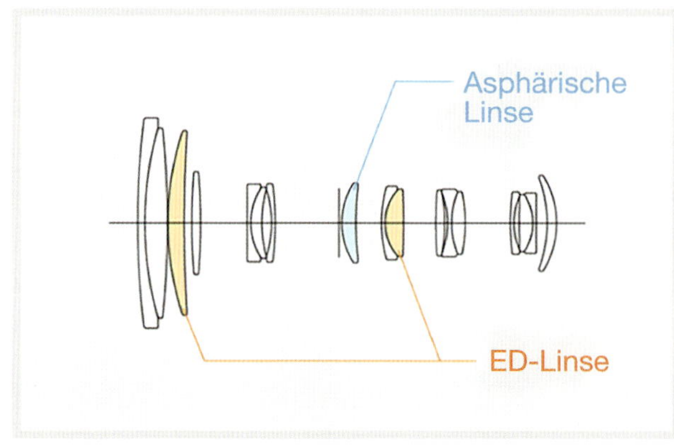

▶ *Der optische Aufbau des FUJINON XF 70-300 mm F/4-5,6 R LM OIS WR.*

Auch Personenaufnahmen wirken damit sehr angenehm, beispielsweise auf Konzerten. Der Fokussierbereich lässt sich von 5m bis unendlich begrenzen. Das führt zu schnellerer Fokussierung bei weit entfernten Objekten

FUJINON XF 100-400 mm F/4,5-5,6 R LM OIS WR

Dieses Supertele ist seit 2016 eine sehr gute Wahl für Sport- und Tierfotografierende. Es ist kein Leichtgewicht, obwohl sein Gehäuse teilweise aus Kunststoffteilen besteht. Trotzdem fühlt es sich sehr wertig und gut verarbeitet an. Die Ausstattung ist umfangreich. Tierfotografierende sind oft draußen und freuen sich über den Wetterschutz mit Abdichtungen gegen Staub und Feuchtigkeit. Trotz optischem Bildstabilisator wird das Superzoom oft auf dem Stativ verwendet. Dazu besitzt es eine Stativschelle, in der sich das Objektiv schnell vom Quer- ins Hochformat drehen und arretieren lässt.

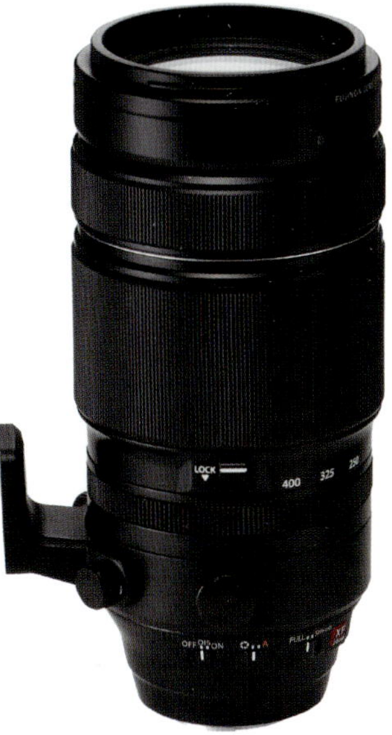

▲ *Das XF 100-400 mm ist erste Wahl für Tier- und Sportfotografierende.*

Ein Fokusbegrenzer verhindert das Durchfokussieren über den kompletten Fokussierbereich, wenn entfernte Objekte fotografiert werden. Mit einem Schalter lässt sich der Nahbereich auf fünf Meter begrenzen. Der Brennweitenbereich ist groß, die optische Qualität sehr gut. Für unterwegs und auf Reisen ist das Supertelezoom aufgrund seiner Größe und des Gewichts aber eher nicht geeignet. Es beschränkt sich doch vorwiegend auf Tier- und Sportaufnahmen. Für diese Aufgaben ist es aber fast unverzichtbar.

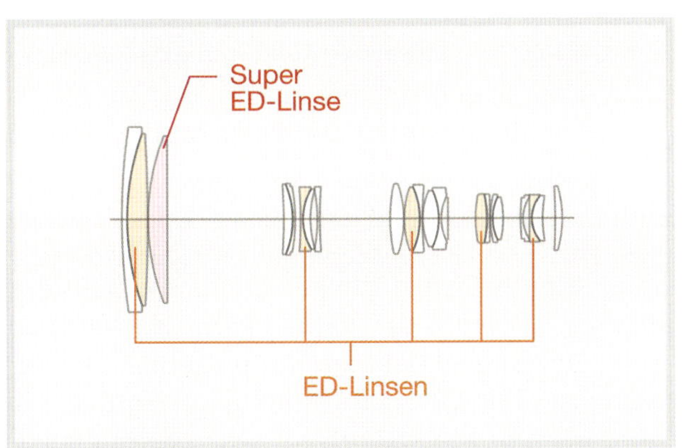

◀ *Der optische Aufbau des FUJINON XF 100-400 mm F/4,5-5,6 R LM OIS WR.*

XF 150-600 mm F/5.6-8 R LM OIS WR

Dieses vergleichsweise neue Zoom-Objektiv deckt den beeindruckenden Brennweitenbereich vom 150 mm-Tele bis zum 600 mm-Supertele ab. Es ist damit, neben dem 100-400 mm Objektiv die ideale Wahl für die Wildlife-, Vogel- und Sportfotografie. Das Objektiv ist dazu kompatibel mit den Tele-Konvertern XF 2X TC WR und XF 1.4X TC WR. In Verbindung mit dem XF 2X TC WR erweitert sich der Brennweitenbereich auf 300 mm bis 1200 mm. Allerdings wird die Lichtstärke in diesem Fall schon recht knapp. Der optische Aufbau ist ausgesprochen aufwendig und umfasst 24 Linsen in 17 Gruppen, darunter drei ED- und vier Super-ED-Elemente. Die bei Super-Tele-Aufnahmen häufiger zu beobachtenden Farblängsfehler werden damit weitgehend verhindert. Über den gesamten Brennweitenbereich ist eine gute Abbildungsleistung bis zum Rand gegeben. Alle Linsen sind mit einer HT-EBC-Beschichtung vergütet.

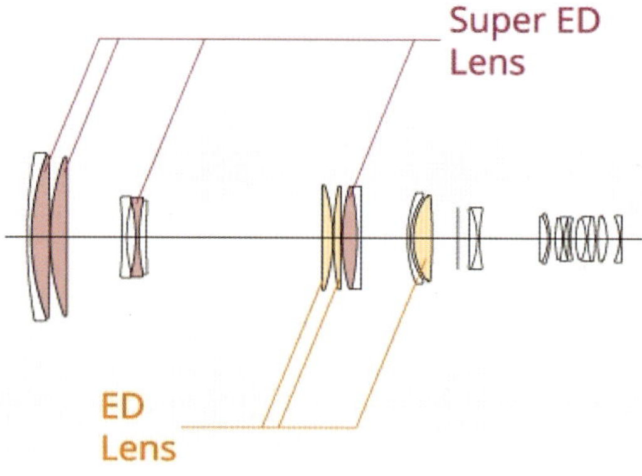

▲ *Der optische Aufbau des FUJINON XF 150-60 mm F/5.6-8 R LM OIS WR.*

Das Objektiv wiegt trotz seiner Größe (314,5 mm) nur 1.605 g, was im Vergleich mit anderen Objektiven dieser Klasse verhältnismäßig leicht ist. Durch die Innenfokussierung bleibt die Länge des Objektivs konstant und die Kamera-Objektiv-Einheit kann so besser ausbalanciert werden. Das Objektivgehäuse ist mit 19 Dichtungen wetterfest abgedichtet. Der integrierte Bildstabilisator (OIS) kann eine bis zu fünf EV-Stufen längere Belichtungszeit gewährleisten. Unter günstigen Bedingungen kann so problemlos aus der freien Hand fotografiert werden. Der flotte Autofokus wird durch einen leisen Linearmotor angetrieben und wird durch eine Focus Preset-Funktion unterstützt. Mit ihr lässt sich eine vordefinierte Einstellungsentfernung festlegen und auf Knopfdruck abrufen, ohne das der AF neu gemessen werden muss. Sehr sinnvoll ist auch der eingebaute Fokusbegrenzer, der die Scharfstellung auf Motive, die mehr als fünf Meter entfernt sind, beschleunigt.

Das Objektiv hat einen Fokusbereich ab 2,4 m, einen Filterdurchmesser von 82 mm und wird mit Gegenlichtblende, Objektiveinschlagtuch, Stativfuß sowie Schultergurt ausgeliefert.

	FUJINON XF 200 mm F/2 R LM OIS WR	FUJINON XF 50-140 mm F/2,8 R LM OIS WR	FUJINON XC 50-230 mm F/4,5-6,7 OIS II
Brennweite ∅	200 mm (≅ 300 mm KB)	50-140 mm (≅ 75-210 mm KB)	55-230 mm (≅ 83-345 mm KB)
Optische Konstruktion	19 Linsen in 14 Gruppen (inkl. 2 asphärische Linsen und 1 x ED -Linse)	23 Linsen in 16 Gruppen (inkl. 5 asphärische Linsen und 1 x ED -Linse)	13 Linsen in 10 Gruppen (inkl. 1 asphärische Linse und 1 x ED -Linse)
Bildwinkel	8,1°	31,7°-11,8°	31,7°-7,1°
Größte Blendenöffnung (Lichtstärke)	1:2,0	1:2,8	1:4,5-6,7
Kleinste Blendenöffnung	1:22	1:22	1:22
Anzahl Blendenlamellen	9	7	7
Blendeneinstellung	1/3 Blenden (EV)-Stufen am Blendenring	1/3 Blenden (EV)-Stufen am Blendenring	1/3 Blenden (EV)-Stufen über Kamera
Naheinstellgrenze	180 cm	100 cm	110 cm
Filtergewinde	105 mm	72 mm	58 mm
Abmessungen	∅ 122 mm, Länge 205,5 mm	∅ 82,9 mm, Länge 175,9 mm	∅ 69,5 mm, Länge 111 mm
Gewicht	2.265 g	995 g	375 g

	FUJINON XF 55-200 mm F/3,5-4,8 R LM OIS	FUJINON XF 70-300 mm F/4-5,6 R LM OIS WR	FUJINON XF 100-400 mm F/4,5-5,6 R LM OIS WR
Brennweite ∅	55-200 mm (≅ 83-300 mm KB)	70-300 mm (≅ 105-450 mm KB)	100-400 mm (≅ 150-600 mm KB)
Optische Konstruktion	14 Linsen in 10 Gruppen (inkl. 1 asphärische Linse und 2 ED-Linsen)	17 Linsen in 12 Gruppen (inkl. 1 asphärische Linse und 2 ED-Linsen)	21 Linsen in 14 Gruppen (inkl. 5 asphärische Linse und 1 ED-Linse)
Bildwinkel	29°-8,1°	22,9°-5,4°	16,2°-4,1°
Größte Blendenöffnung (Lichtstärke)	1:3,5-4,8	1:4-5,6	1:4,5-5,6
Kleinste Blendenöffnung	1:22	1:22	1:22
Anzahl Blendenlamellen	7	9	9
Blendeneinstellung	1/3 Blenden (EV)-Stufen am Blendenring	1/3 Blenden (EV)-Stufen am Blendenring	1/3 Blenden (EV)-Stufen am Blendenring
Naheinstellgrenze	110 cm	83 cm	175 cm
Filtergewinde	62 mm	67 mm	77 mm
Abmessungen	∅ 75 mm, Länge 118 mm	∅ 75 mm, Länge 132,5 mm	∅ 94,8 mm, Länge 210,5 mm
Gewicht	590 g	580 g	1.375 g

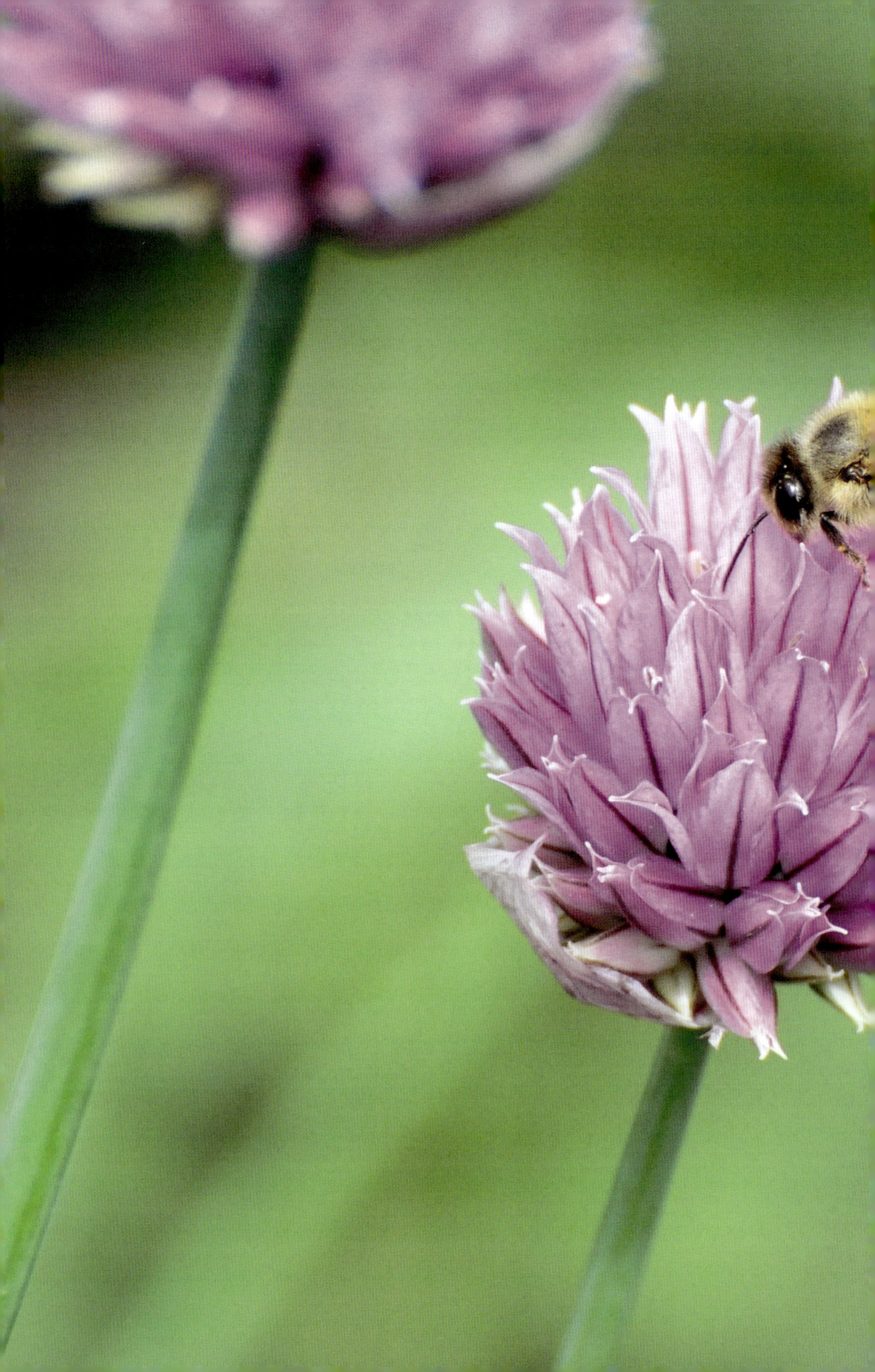

10 Makroobjektive von 50 bis 80 mm

Normalerweise erreichen Objektive ihr Qualitäts-Optimum – rein rechnerisch – im Unendlichbereich. Bei Makroobjektiven ist das anders. Sie sind speziell für den Nah- und Makrobereich optimiert. Also für Maßstäbe zwischen 1:1 bis 1:10.

10.1 Geeignete Motive für Makroobjektive

Der Nah- und Makrobereich ist ein spannendes Thema. Oft gehen wir täglich in unserer Umgebung achtlos an Details vorbei, die – im Nahbereich fotografiert – ihre Schönheit erst richtig entfalten.

Trotzdem werden Makroobjektive oft unterschätzt. Manche Fotografen winken gleich ab und sagen, sie würden zu wenig im Nahbereich fotografieren und bräuchten deshalb kein Makroobjektiv. Dabei ist das Makroobjektiv ein Allrounder und kann viel mehr als nur Nah- und Makroaufnahmen.

Typische Motive für Makroobjektive sind:

Insekten und Kleintiere

Käfer, Schmetterlinge, Bienen – das sind ansprechende und beliebte Motive im Makrobereich.

ISO 800 I F/11 I 1/250 Sek. I FUJIFILM X-T2 mit FUJINON XF 80 mm F/2,8 R LM OIS WR

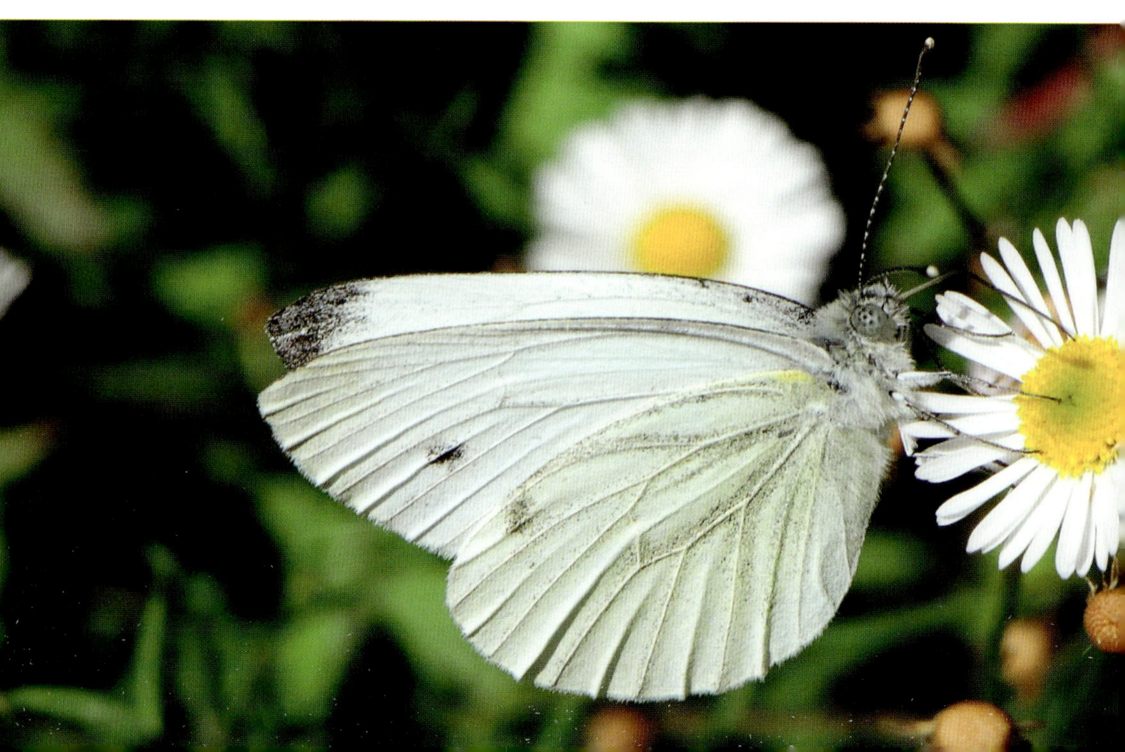

Pflanzen und Blüten

Blumen und andere Pflanzen gehören wohl zu den beliebtesten Motiven, die mit Makroobjektiven im Nahbereich fotografiert werden. Aber auch spannende Ausschnittsaufnahmen in der Landschaft sind damit möglich.

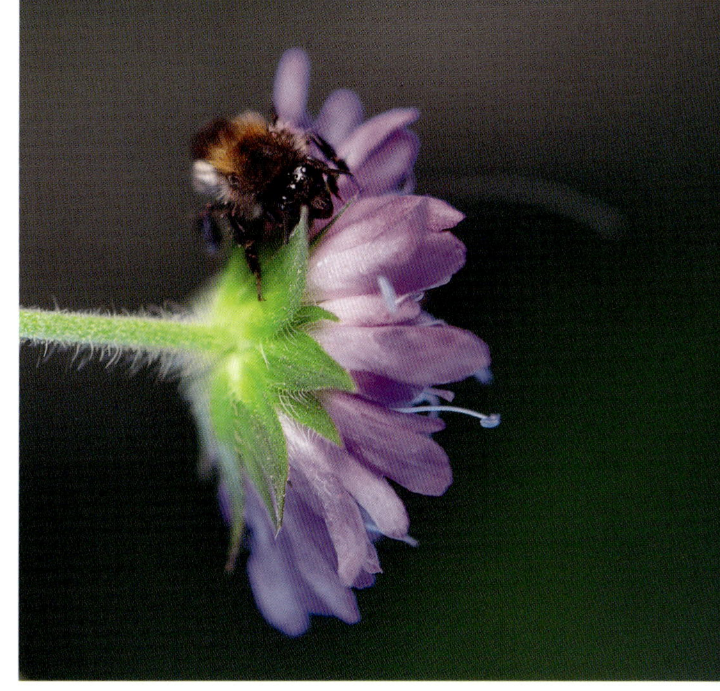

ISO 320 I F/2,8 I 1/320 Sek. I FUJIFILM X-T3 mit Zeiss Touit 50 mm F/2,8 Makro Planar

Details

Die Motivauswahl für den Detailbereich ist unendlich. Allein wenn wir durch unseren Garten oder die Wohnung gehen und uns nur die vielen interessanten Kleinigkeiten anschauen. Hier gibt es viele Einzelheiten zu entdecken und zu fotografieren. Auch Schmuck, Spielzeug, Glasobjekte oder Messinstrumente sind beliebte Motive für die Makrofotografie.

Technische Abbildungen

Für einige Berufsgruppen ist ein Makroobjektiv ein Werkzeug, um dokumentarische Fotos zu machen: Zahnärzt:innen und Zahntechniker:innen, Dermatolog:innen und andere Mediziner:innen. Aber auch in technischen Bereichen, zur Dokumentation und für Reproduktionen werden Makroobjektive eingesetzt.

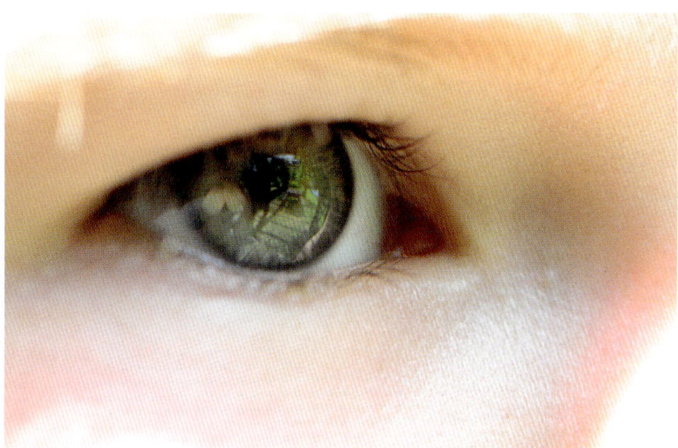

ISO 400 I F/5,6 I 1/250 Sek. I FUJIFILM X-S10 mit FUJINON XF 80 mm F/2,8 R LM OIS WR Macro

▲ *Mit Makroobjektiven können kleine Details groß abgebildet werden.*

Porträts

Aufgrund der Brennweite und des schönen Bokehs werden Makroobjektive auch gerne für Porträts eingesetzt. Wer oft Porträts fotografiert, ist mit einem Porträtobjektiv letztlich besser beraten. Wer dagegen vorwiegend im Nah- und Makrobereich fotografiert und nur gelegentlich ein Porträt macht, für den ist die Verwendung des Makroobjektivs für Porträts eine gute Möglichkeit. Denken Sie daran, das Makroobjektive super scharf und detailreich abbilden, das ist nicht immer gewünscht und für die Porträtfotografie eher nachteilig. Denn kaum jemand möchte Poren, Pickelchen oder Falten besonders scharf und detailliert im Gesicht sehen. Diese Probleme sind in der Nachbearbeitung oder mit dem richtigen Profil in der Kamera allerdings schnell behoben.

10.2 Bildwirkung und -gestaltung

Im Makrobereich verringert sich die Schärfentiefe enorm. Im Kapitel 2 Seite 60 finden Sie eine Tabelle, wie sich die Schärfentiefe je nach Abbildungsmaßstab und eingestellter Blende verändert. Deshalb besitzen Makroobjektive auch keine extrem hohe Lichtstärke. Kombiniert mit einer sehr großen Blendenöffnung wäre der Schärfenbereich zu gering, um brauchbare Fotos im Nah- und Makrobereich zu machen.

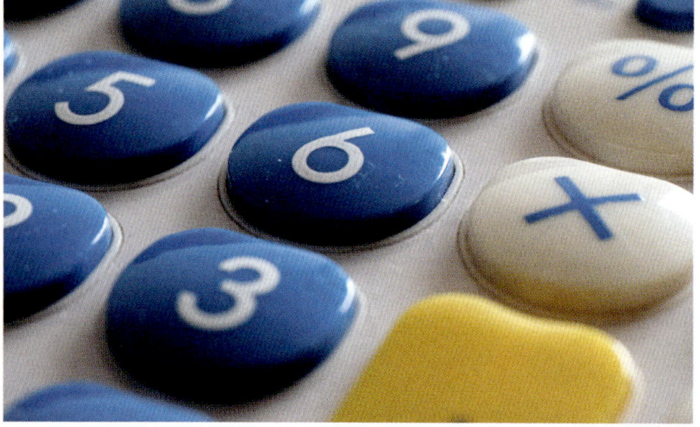

ISO 1.000 I F/8 I 1/250 Sek. I FUJIFILM X-T3 mit Zeiss Touit 50 mm F/2,8 Makro Planar

▲ *Im Makrobereich werden Kratzer, Staub und Fusseln sichtbar.*

Kleines Beispiel: bei 80 mm Brennweite, Blende F/11 und ca. 30 cm Motivabstand beträgt die Schärfentiefe nur noch etwa 4,3 mm.

Aufgrund der verringerten Schärfentiefe im Makrobereich wird aber bereits mit kleineren Blendenöffnungen ein sehr schönes Bokeh erreicht.

Tipps zur Bildgestaltung

Fokus

Bei Fotos im Makrobereich ist es aufgrund der verringerten Schärfentiefe besonders wichtig, die Schärfe auf die richtige Ebene zu setzen. Verwenden Sie dazu unbedingt ein kleines AF-Einzelfeld und setzen Sie es gezielt auf die gewünschte Stelle im Motiv. Makroobjektive für das FUJIFILM X-System sind mit sehr schnellen und präzisen Autofokussystemen ausgestattet. Dadurch können Sie schnell auch auf bewegte Motive im Nahbereich reagieren und fokussieren, wie es beispielsweise für Kleintiere oder Insekten nötig ist.

Alternativ können Sie die Schärfe manuell anpassen. Wenn Sie unbewegte Objekte fotografieren und die Kamera auf ein Stativ stellen, können Sie sehr präzise die Schärfe mit der Hand einstellen. Die Makroobjektive haben dazu sehr weich und präzise laufende Fokusringe. Sehr empfehlenswert ist dabei, den MF-Assistenten im Kameramenü *AF/MF-EINSTELLUNG* auf *Max.* zu stellen. Scharfe Bildbereiche werden nun farbig markiert.

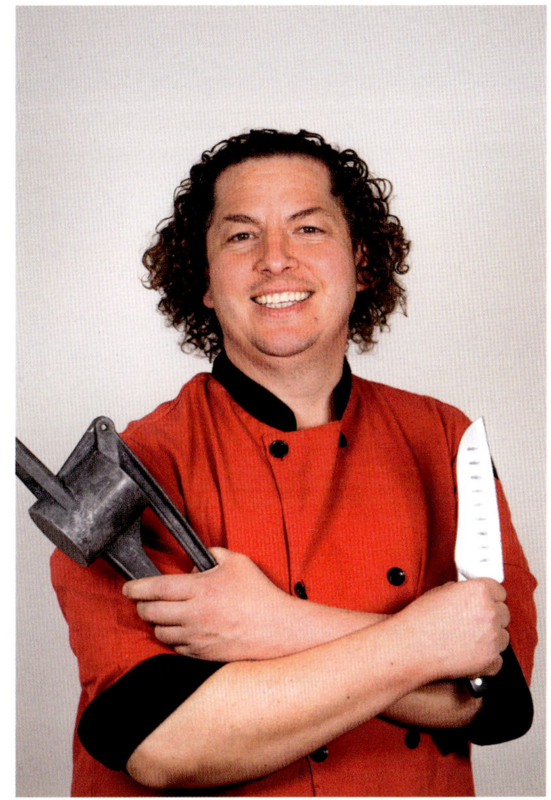

ISO 400 I F/3,6 I 1/250 Sek. I FUJIFILM X-S10 mit FUJINON XF 80 mm F/2,8 R LM OIS WR Macro

▲ *Auch für Porträts sind Makroobjektive gut geeignet.*

Schärfentiefe

Im Makrobereich benötigen Sie oft Blendeneinstellungen von 1:8. 1:11 oder 1:16, um beispielsweise nicht nur den vorderen Teil einer Blüte scharf im Bild zu haben.

Die Gefahr, dass durch die kleinere Blende der Hintergrund aufgrund der vergrößerten Schärfentiefe unruhig wird ist meist unbegründet. Gegebenenfalls verändern Sie den Kamerastandpunkt ein wenig, bis sich der Hintergrund harmonisch in das Bild einfügt. Manchmal ist es auch hilfreich, wenn Sie einen kleinen Falthintergrund oder ein Blatt Papier hinter dem Hauptmotiv platzieren, um einen ruhigen Hintergrund zu erzeugen.

In einigen Fällen reicht selbst eine Blendeneinstellung von 1:32 nicht aus, um das Hauptmotiv im Nahbereich komplett scharf abzubilden. Außerdem macht sich spätestens ab Blende F/16 die Beugungsunschärfe bemerkbar. In diesem Fall gibt es zwei Möglichkeiten:

- Erhöhen Sie die Distanz von der Kamera zum Motiv. Dadurch wird die Schärfentiefe erhöht. Gegebenenfalls beschneiden Sie das Bild im Bildbearbeitungsprogramm.

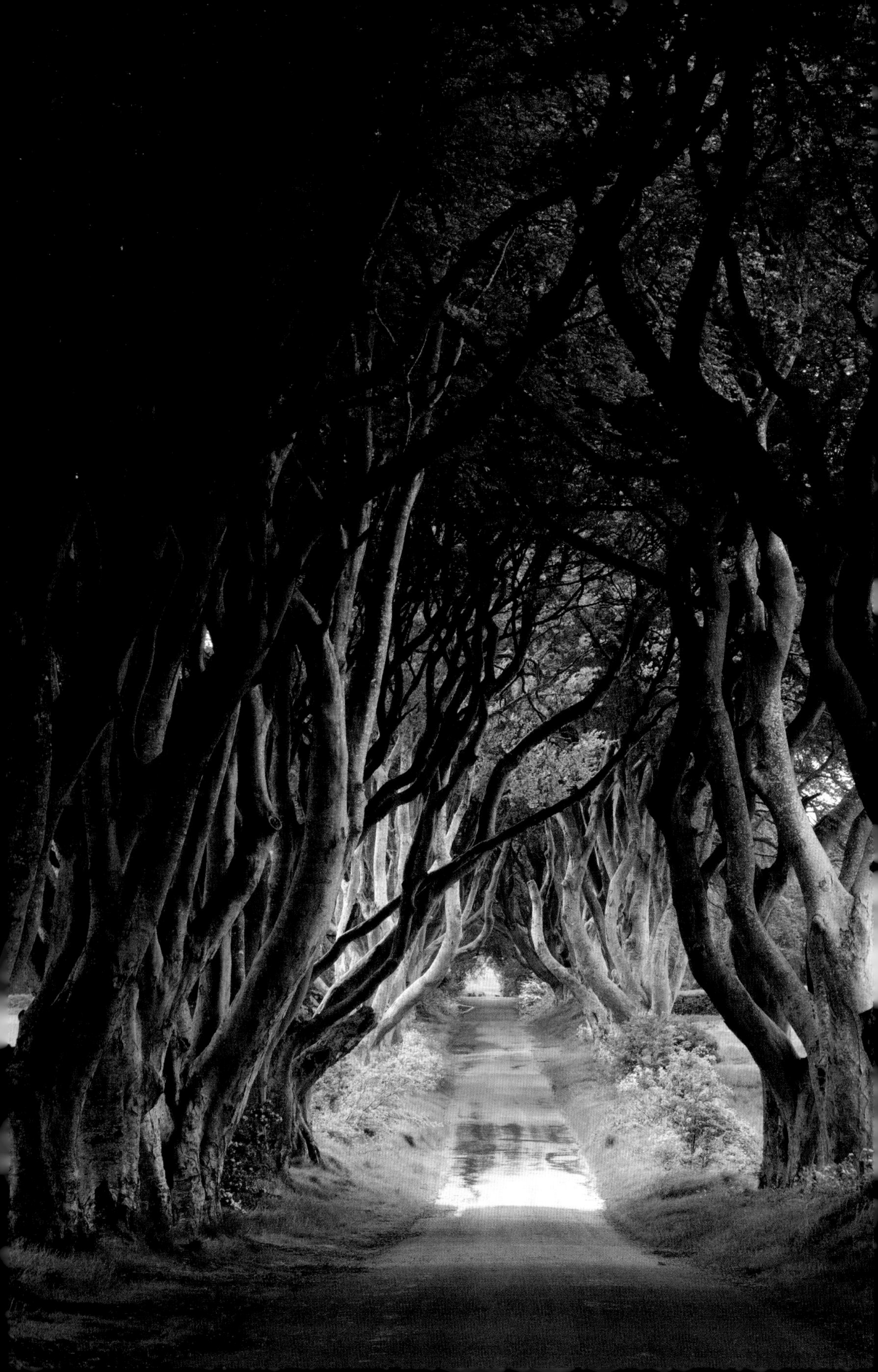

ISO 1600 | F/11 | 1/160 Sek. I FUJIFILM X-T3 mit FUJINON XF 80 mm F/2,8 R LM OIS WR Macro

◀ *Auch für Landschaftsaufnahmen ist ein Makroobjektiv zuweilen eine gute Wahl.*

- Verwenden Sie die ***Fokus Bkt.*** Viele FUJIFILM-Kameras sind mit dieser Funktion ausgestattet. Sie ermöglicht es, mehrere Fotos automatisch mit verschiedenen Entfernungseinstellungen zu fotografieren. Anschließend können die Einzelfotos mithilfe einer geeigneten Software wie Photoshop, Silkypix oder Focus Projects Pro zu einem Foto mit sehr großer Schärfentiefe zusammengefügt werden. Üblicherweise wird diese Methode Focus Stacking genannt, Fujifilm nennt sie ***Fokus-Bracketing***. Mehr Informationen zum Fokus Bracketing finden Sie im Kapitel 16 ab Seite 309.

Was für jedes Foto Motiv übergreifend gilt, das gilt auch im Makrobereich. Störende Elemente haben im Bild nichts zu suchen. Wenn Sie eine Blüte fotografieren möchten, sollte nicht unbedingt eine andere Pflanze mit im Bild sein. Es sei denn, das ist gewollt und für die Bildgestaltung wichtig. Notfalls störende Elemente wie Gräser, Zweige etc. aus dem Bild entfernen.

Putzen

Im Nah- und Makrobereich werden Staub, Fusseln und Oberflächen-Kratzer sichtbar, die Sie mit bloßem Auge nicht wahrnehmen würden. Deshalb ist es notwendig, Gegenstände, die Sie im Makrobereich fotografieren möchten, so gut wie möglich zu putzen. Bei Kratzern und Schadflecken hilft oft nur die nachträgliche Retusche im Bildbearbeitungsprogramm.

Licht

Pflanzen und andere Motive im Gegenlicht sehen besonders spannend aus. Dazu ist es besser, wenn die Sonne tief steht. Bei Sonnenauf- und Sonnenuntergang ist die Sonne auch nicht ganz so hell wie zur Mittagszeit und hat eine etwas wärmere Farbtemperatur.

Zubehör

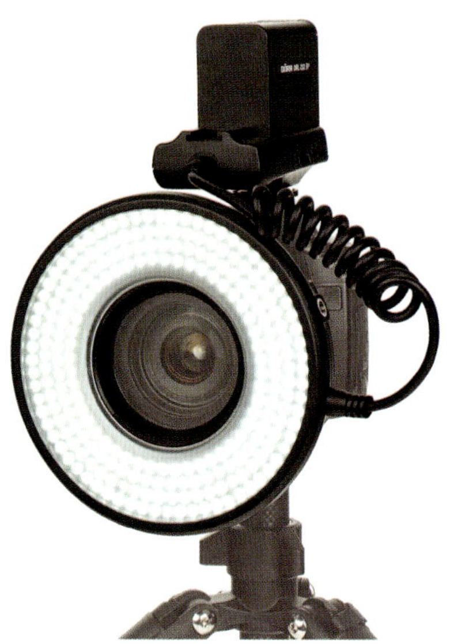

▲ *Makro-LED-Ringleuchte.*

Mit Zubehör für den Makrobereich lassen sich Makroaufnahmen aufwerten und erleichtern. Eine LED-Ringleuchte wird in das Filtergewinde des Objektivs geschraubt und leuchtet das Motiv schattenfrei aus. Da frontales und schattenfreies Licht unnatürlich aussieht, eignet sich eine Ringleuchte eher für technische und dokumentarische Aufnahmen.

Ein Makroeinstellschlitten ist ein wichtiges Zubehör für unbewegte Motive im Makrobereich. Dabei wird die Entfernung manuell am Objektiv eingestellt. Die Schärfe wird nun über das langsame Heranfahren der Kamera auf dem Einstellschlitten ans Motiv angepasst. Die Arbeitsweise mit einem Einstellschlitten ist sehr angenehm.

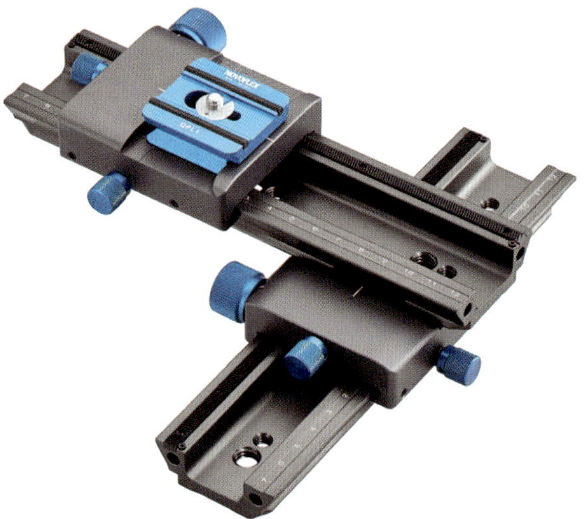

▶ *Makrokreuzschlittten.*

Makrostative gibt es in allen möglichen Ausführungen. Der Sinn ist ein optimales Ausrichten der Kamera sowie eine hohe Standfestigkeit für verwacklungsfreie Aufnahmen – auch bei längeren Belichtungszeiten.

10.3 Makroobjektive mit Festbrennweite von 50-80 mm

Echte Makroobjektive gibt es grundsätzlich nur mit fester Brennweite. Welche Brennweite die bessere Wahl ist, hängt vom Motiv ab.

Zeiss Touit 50 mm F/2,8 Makro-Planar

Zeiss stellte schon Anfang 2014 das Touit 50 mm F/2,8 Makro-Planar vor. Es ist ein hochwertig verarbeitetes Objektiv mit einem Gehäuse in schlicht-edlem Design. Es besitzt einen Blendenring, aber keinen eigenen Bildstabilisator. Auch ein Fokusbegrenzer fehlt, was im Nahbereich weniger stört, aber z. B. für Landschaftsaufnahmen unangenehm ist. So kann es sein, dass der Autofokus bei schwierigen Lichtverhältnissen erstmal über den gesamten Fokussierbereich fährt. Da dieser bei Makroobjektiven sehr groß ist, kann das die Fokussierzeit verlängern.

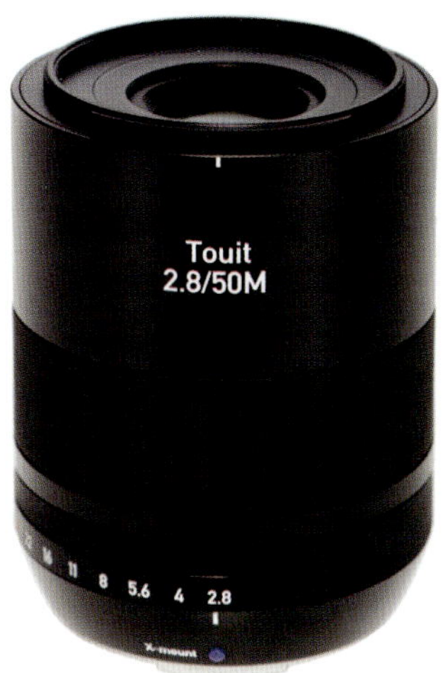

▲ *Seit 2014 ist das Makro-Planar von Zeiss mit sehr guter Bildqualität erhältlich.*

Ein wichtiger Parameter bei Makroobjektiven ist der maximal zu erreichende Abbildungsmaßstab. Der liegt beim Zeiss Touit bei 1:1. Die Abbildung wird also in Originalgröße auf dem Sensor gespeichert. Das ist ein guter Wert.

Der Name Zeiss Planar ist seit den 1960er-Jahren bekannt. Die optische Konstruktion ist eine moderne Konstruktion. Zeiss hat mit 14 Linsen in 11 Gruppen inklusive asphärischen und ED-Linsen großen Aufwand betrieben, um eine optimale Bildqualität ohne sichtbare Abbildungsfehler zu erzielen. Das Ergebnis sind gestochene Schärfe bis in die Ecken – von der Nahgrenze bis in den Unendlichbereich. Die höchste Schärfe im Zentrum erreicht es bei F/4, an den äußersten Rändern bei F/8.

ISO 2.000 I F/8 I 1/150 Sek. I FUJIFILM X-S10 mit Zeiss Touit 50 mm F/2,8 Makro Planar

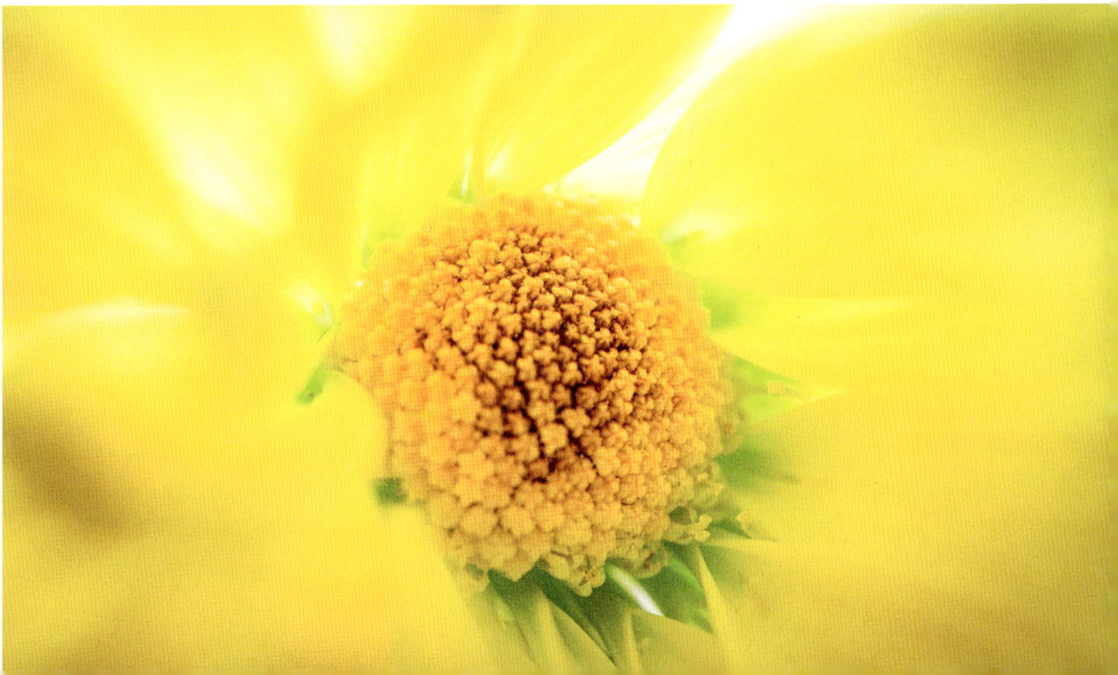

Das Zeiss Touit hat die kürzeste Brennweite von allen drei Makroobjektiven für das FUJIFILM X-System. Die Nahgrenze fällt bei diesem Objektiv am geringsten aus. Das kann sich besonders bei Insekten und anderen kleinen Tieren als nachteilig auswirken. Dafür ist meist eine größere Fluchtdistanz erforderlich.

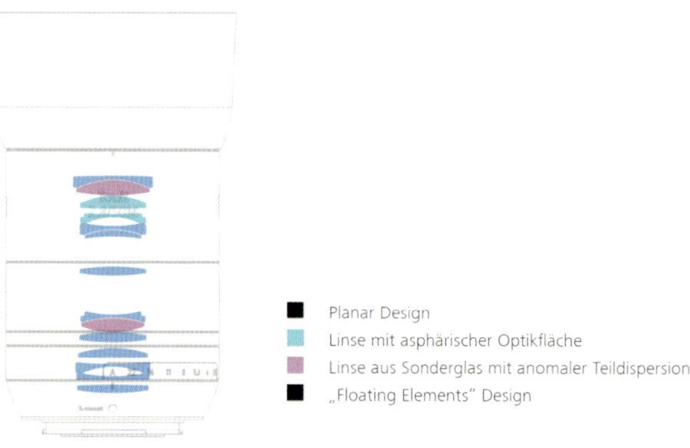

▶ *Der optische Aufbau des Zeiss Touit 50 mm F/2,8 Makro Planar.*

Für andere Aufgaben wie z. B. Porträts lässt sich das Objektiv gut verwenden. Es liefert ein schönes Bokeh und der etwas größere Blickwinkel ist vorteilhaft.

FUJINON XF 60 mm F/2,4 R Macro

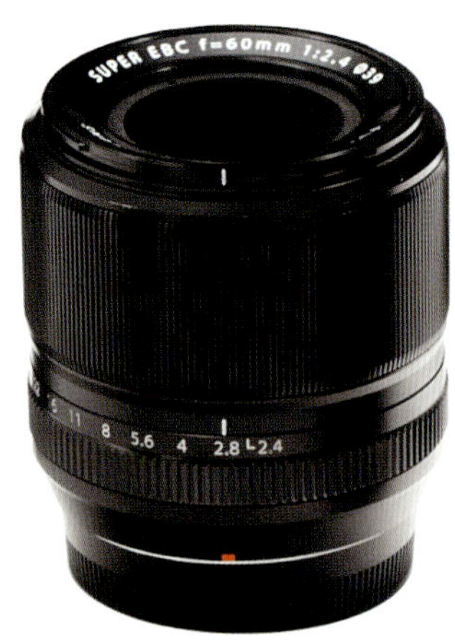

▲ *Eines der ersten FUJINON XF-Objektive mit toller Optik.*

Das 60 mm Makroobjektiv war eines der ersten drei Objektive, die 2012 zusammen mit der FUJIFILM X-Pro1 vorgestellt worden sind.

Beeindruckt hat die Tester die optische Qualität, die auch für heutige Verhältnisse immer noch erstklassig ist. Sowohl für Motive im Nah- und Makrobereich als auch für Porträts liefert das Objektiv tolle Ergebnisse.

Für bewegte Motive braucht der Autofokus allerdings etwas zu lange. Das liegt auch am fehlenden Fokusbegrenzer, der aufgrund des großen Fokussierbereichs bis in den Makrobereich lange Wege zurücklegen muss. Auch bei schlechten Lichtverhältnissen hat es der Autofokus schwer, den gewünschten Punkt präzise zu fokussieren.

Der maximale Abbildungsmaßstab ist mit 1:2 für die meisten Motive in der Natur ausreichend. Für einige Makrofreunde ist das aber zu wenig.

Das 60 mm Makroobjektiv ist sehr gut verarbeitet und besitzt ein Metallgehäuse. Leider ohne Wetterschutz. Es ist das kleinste, leichteste und preisgünstigste Makroobjektiv, das es für das FUJIFILM X-System gibt. Für Fotografen, die viel unterwegs und auf Reisen sind und vorwiegend statische Motive fotografieren, ist dieses Objektiv nach wie vor eine gute Wahl. Obwohl FUJIFILM 2017 mit dem XF 80 mm ein neues Makroobjektiv vorgestellt hat, bleibt das XF 60 mm Macro im Lieferprogramm.

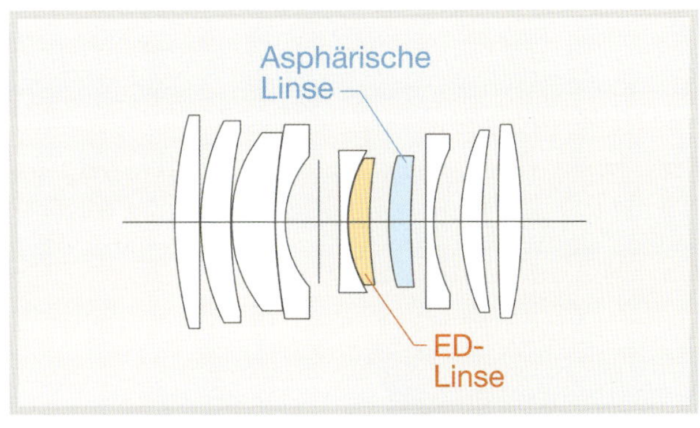

▲ *Der optische Aufbau des FUJINON 60 mm F/2,4 R Macro.*

FUJINON XF 80 mm F/2,8 R LM OIS WR Macro

Das XF 80 mm ergänzt das 60er-Makroobjektiv und löst es nicht ab. Die beiden Objektive unterscheiden sich sehr deutlich. Das XF 80 mm ist hervorragend ausgestattet. Es besitzt einen Wetterschutz und ist gegen Staub und Feuchtigkeit abgedichtet. Das ist wichtig für Naturliebhabende, denn tolle Motive in der Natur gibt es bei jedem Wetter. Dank optischem Bildstabilisator lassen sich auch mal ein paar Nahaufnahmen aus der Hand machen. Das 80 mm Makroobjektiv ist mit einem Fokusbegrenzer ausgestattet. Sie können zwischen dem Nah- und Makrobereich von 25-50 cm und dem Entfernungsbereich für Motive ab 0,5 m wählen, beispielsweise für Porträts. Die Fokussierung wird mit einem Linearmotorantrieb erledigt. Das funktioniert besonders schnell und leise.

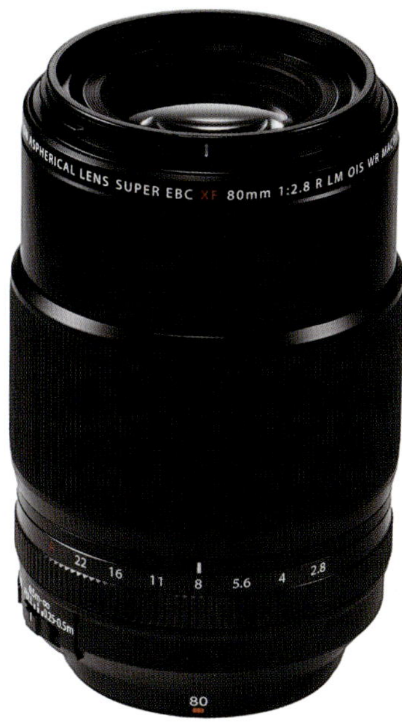

▲ *Ein modernes Makroobjektiv mit umfangreicher Ausstattung und erstklassiger optischer Leistung.*

Die optische Qualität ist über alle Entfernungsbereiche und Blenden erstklassig. Perfekte Schärfe mit hoher Auflösung und keine sichtbaren Abbildungsfehler. Zudem besitzt es mit 80 mm eine längere Brennweite, das ermöglicht die Beachtung einer größeren Fluchtdistanz und einen größeren Abstand zum Motiv. Das 80er eignet sich übrigens ganz hervorragend für Porträts, denn es liefert ein sehr weiches Bokeh, das normalerweise nur mit echten Porträtobjektiven erreicht werden kann.

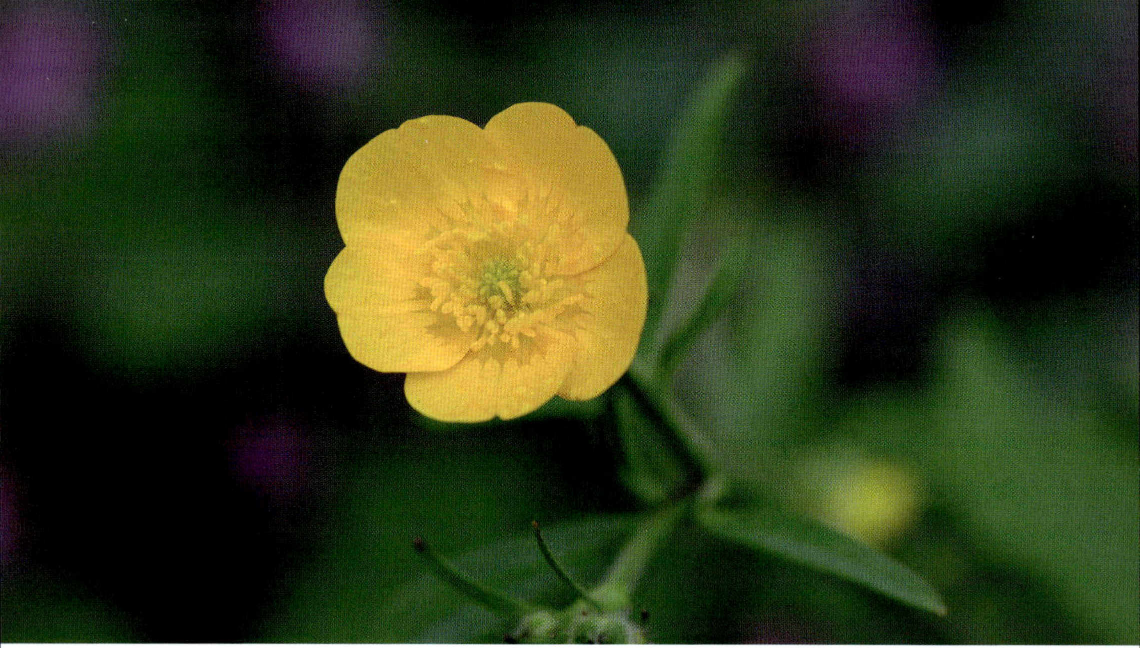

ISO 200 I F/6,4 I 1/120 Sek. I FUJIFILM X-T3 mit FUJINON XF 80 mm F/2,8 R LM OIS WR Macro

Das Gehäuse ist zwar hochwertig verarbeitet und macht einen robusten Eindruck, es besteht aber vorwiegend aus Kunststoff. Trotzdem wiegt es mehr als das dreifache des FUJINON 60 mm Macro.

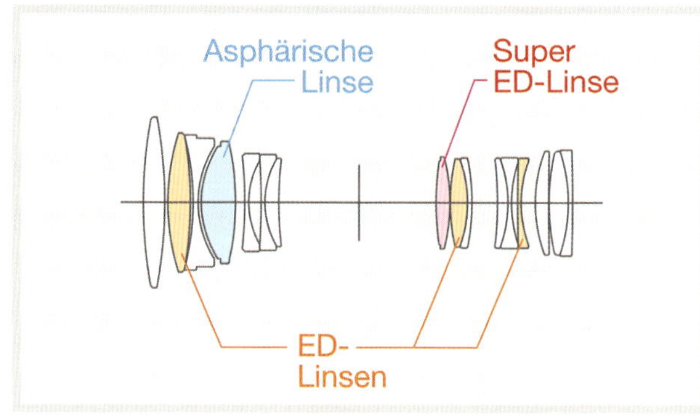

▶ *Der optische Aufbau des FUJINON 80 mm F/2,8 R LM OIS WR Macro*

Eine automatische Korrektur die sich ein- und ausschalten lässt ist mir an Fuji Kameras nicht bekannt. Durch die starke Vignettierung bei weit geöffneter Blende werden Spitzlichter im Bokeh zum Rand hin oval (Cats Eyes) dargestellt. Das ist für Porträtaufnahmen interessant zu wissen. Ein Abblenden auf F/5,6 lässt die »Cats Eyes« verschwinden.

Für begeisterte Makro- und Naturfotografierende, die nicht nur bei schönem Wetter fotografieren und auch gerne mal ein Porträt aufnehmen, ist das XF 80 mm Makro die erste Wahl. Mit der umfangreichen Ausstattung und der erstklassigen optischen Qualität ist dieses moderne Makroobjektiv alternativlos. Wem das Objektiv zu groß, zu schwer oder zu teuer ist, wer unterwegs und auf Reisen lieber mit kleinem Gepäck unterwegs ist, der greift besser zu den zwei Alternativen – mit Abstrichen bei der Ausstattung.

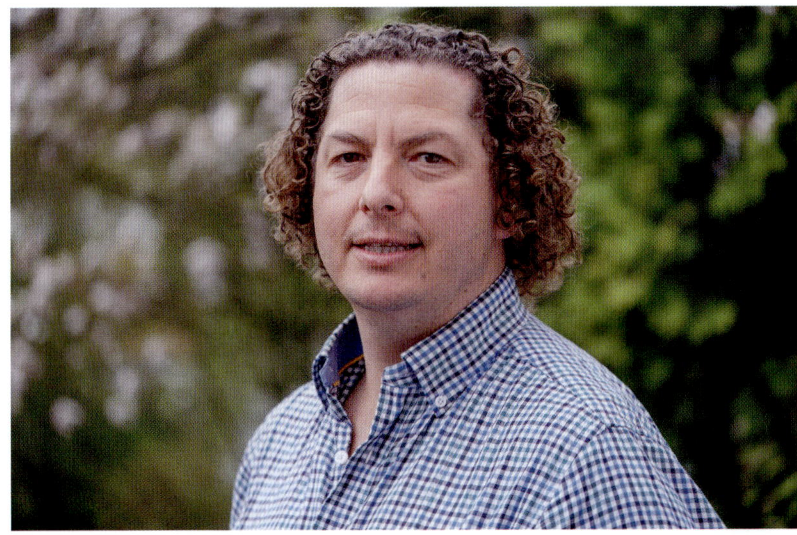

ISO 400 I F/2,8 I 1/450 Sek. I FUJIFILM X-S10 mit FUJINON XF 80 mm F/2,8 R LM OIS WR Macro

◄ *Porträt mit dem FUJINON 80 mm Makro-Objektiv*

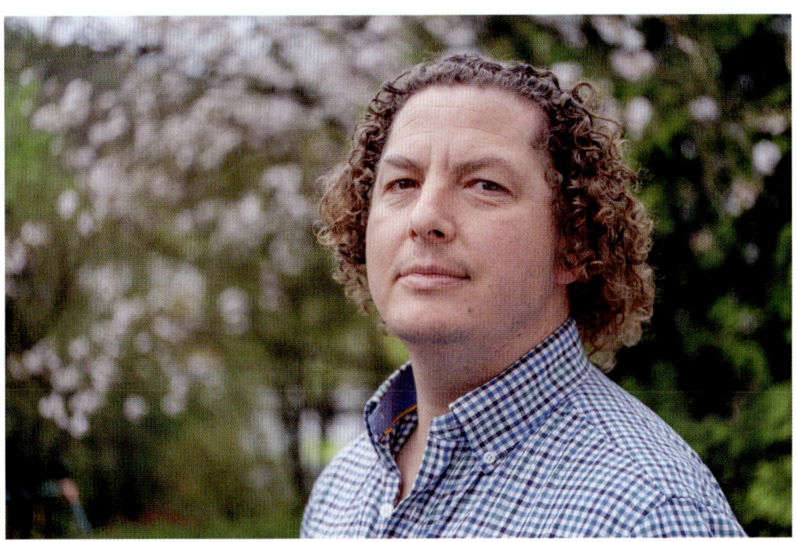

ISO 400 I F/2,8 I 1/450 Sek. I FUJIFILM X-S10 mit Zeiss Touit 50 mm F/2,8 Makro Planar

◄ *Porträt mit dem Zeiss Touit Makroobjektiv.*

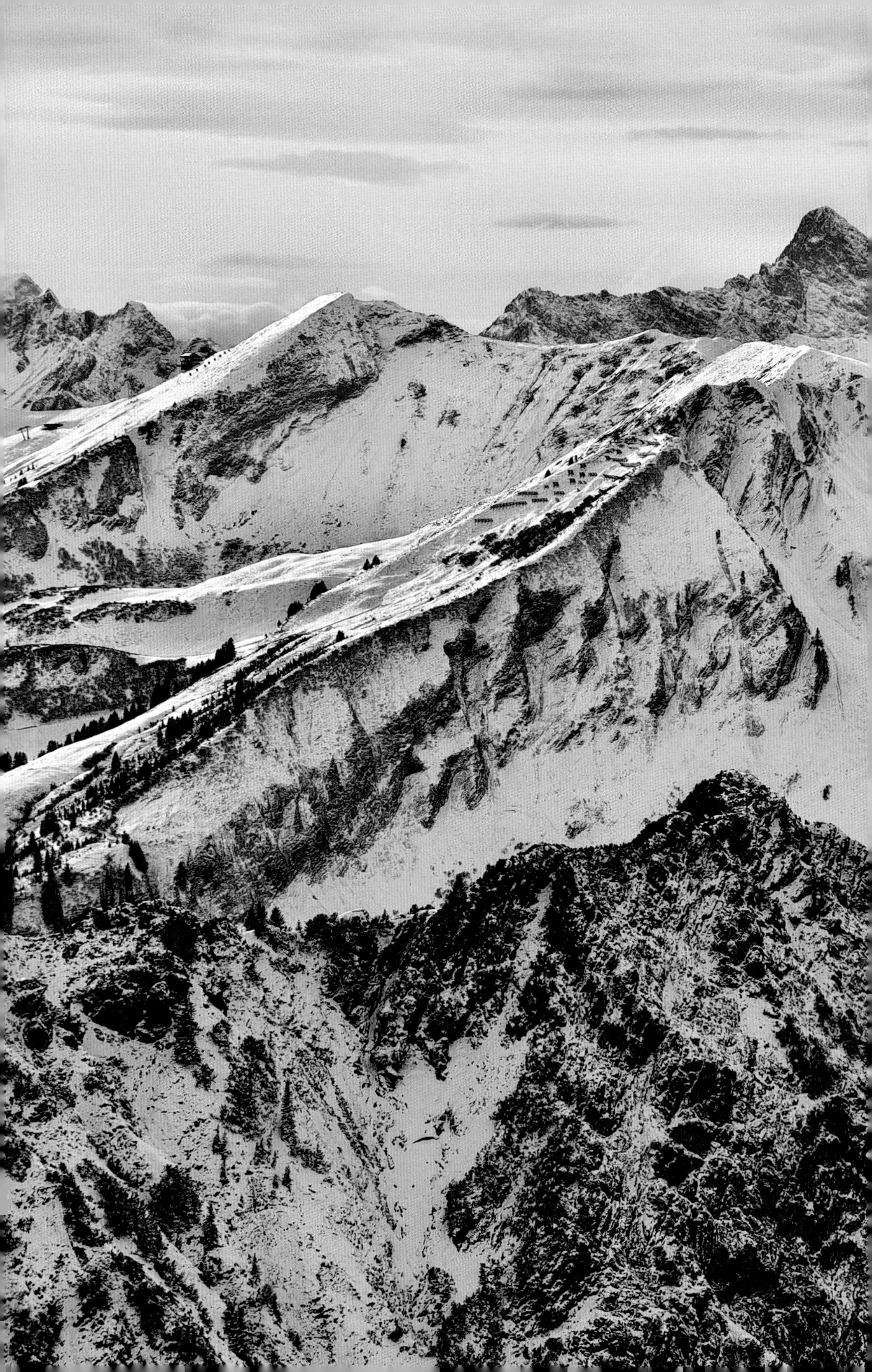

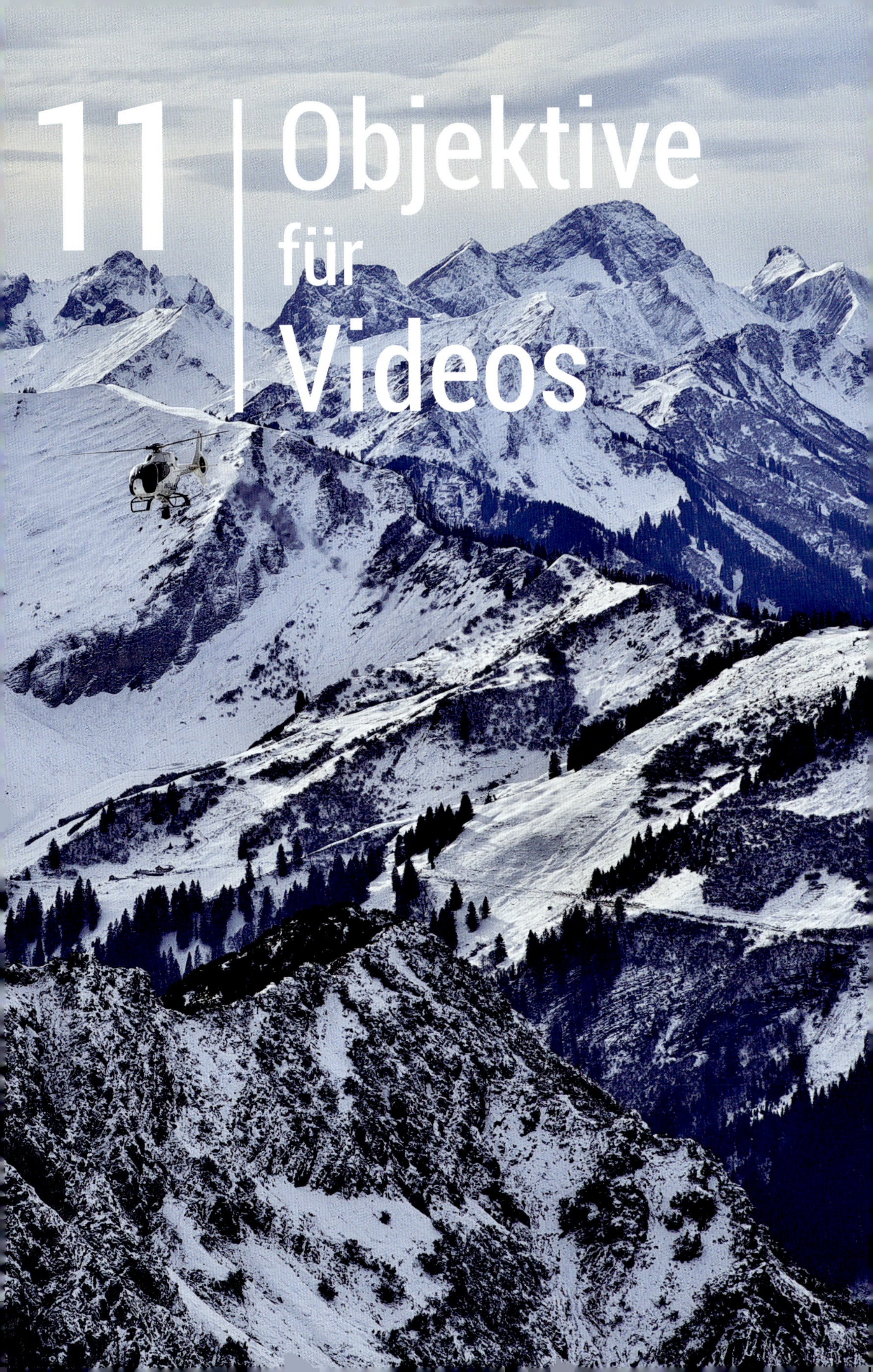

11 Objektive für Videos

11.1 FUJINON Cine-Objektive

FUJIFILM X-Kameras sind aufgrund ihrer Ausstattung auch bei professionellen Videofilmern sehr beliebt.

FUJINON-Zoomobjektive für das FUJIFILM X-System sind für fotografische Aufgaben konstruiert worden. Dafür leisten sie hervorragende Arbeit. Beim Filmen kann es aber zu nachteiligen Effekten kommen:

- Verschiebung der Bildschärfe während des Zoomens.
- Änderung des Blickwinkels während der Fokussierung.
- Verschiebung der optischen Achse beim Zoomen.
- Auch die Bedienbarkeit ist auf fotografische Aufgaben ausgerichtet und zum Filmen nicht optimal.

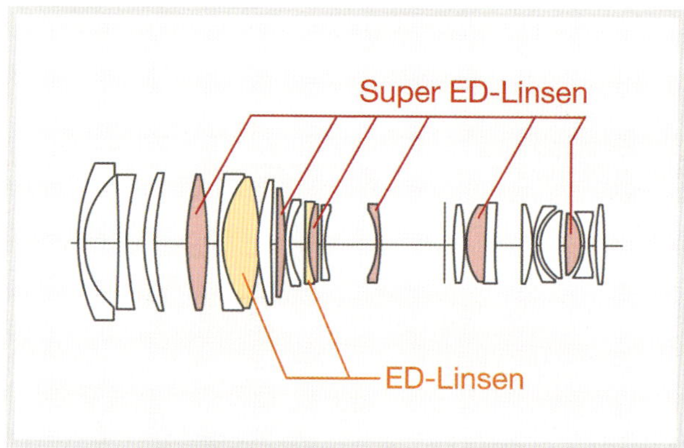

▶ *Der optische Aufbau des FUJINON MKX 18-55 mm T/2.9.*

Um auch anspruchsvoll und professionell mit FUJIFILM X-Kameras filmen zu können, bietet FUJIFILM zwei Cine-Objektive an. Diese lichtstarken Zoomobjektive sind speziell auf filmische Aufgaben angepasst und optimiert – sowohl bei den technischen und optischen Eigenschaften als auch bei der Handhabung.

Beide Objektive sind gleich ausgestattet und besitzen ein extrem hochwertiges Gehäuse aus Metall mit abnehmbarer Stativschelle und um 360 Grad schwenkbaren Gegenlichtblende.

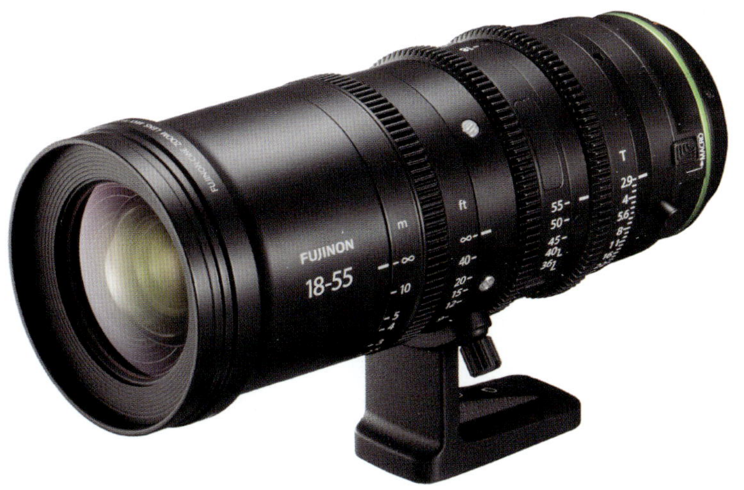

◀ *Das Standardzoom-Cine-Objektiv FUJINON MKX 18-55mm T/2.9.*

11.2 Verarbeitungsqualität

Mit dem 18-55 mm T/2.9 und dem 50-135 mm T/2.9 hat Fujifilm etwas ganz Erlesenes konstruiert. Das Design dieser Objektive ist ganz auf die Anforderungen von Kino-Optiken ausgerichtet: mechanische, verzahnte Ringe für Fokus, Zoom und Blende sowie Markierungen für unterschiedliche Fokusentfernungen, Brennweiten und Blenden, die eine schnelle und genaue Einstellung während des Filmens ermöglichen. Vor allem für Einstellhilfen, wie z. B. einer Follow Focus Schärfezieheinrichtung. Die Objektive sind ausladend, aber für solch eine Konstruktion nicht übermäßig schwer.

Beide Objektive haben das gleiche Gewicht, die gleichen Dimensionen und beide fokussieren und zoomen intern. Das ist sehr Vorteilhaft, wenn das Objektiv gewechselt werden muss und die Kamera in einem Cage befestigt ist, an dem evtl. noch etliche Zusätze angebracht sind, passt alles gleich wieder und die Balance des Systems bleibt erhalten. Letzteres ist vor allem dann wichtig, wenn kardanischen Aufhängung genutzt werden.

Die Einstellräder an den Objektiven lassen sich stufenlos verstellen. Das ist für die saubere und präzise Einstellung am Set wichtig. Dabei sind die Räder aber nicht zu leichtgängig, sondern haben einen sehr ausgewogenen leichten Widerstand.

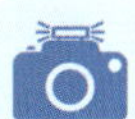

Der Transmissionswert T

Auf Cine- oder Kino-Objektiven wird der T-Wert anstatt des F-Wertes angegeben. Er beschreibt die tatsächliche Lichtstärke eines Objektivs basierend auf dem Blendenwert F und der Transmissionsrate. Je kleiner der Wert, desto mehr Licht lässt das Objektiv durch. Im Unterschied dazu ist der Blendenwert F ein theoretischer Wert. Deshalb kann es bei unterschiedlichen Objektiven, aber gleichen Blendeneinstellungen zu einer unterschiedlichen Bildhelligkeit kommen.

11.3 Bildqualität

Das FUJINON MKX 18-55 mm T/2.9 und das 50-135mm überzeugen mit einer wirklich hervorragenden Bildqualität. Chromatische Aberration und Vignettierung spielen keine nennenswerte Rolle. Die Schärfe ist über den gesamten Brennweiten hervorragend.

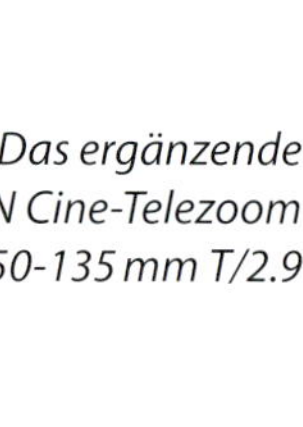

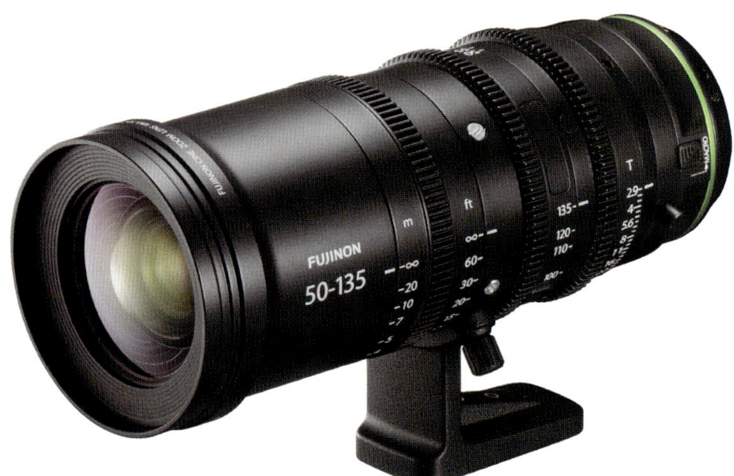

▶ *Das ergänzende FUJINON Cine-Telezoom MKX 50-135 mm T/2.9*

Das gilt ebenso für den gesamten Blendenbereich. Die Bildqualität ist bereits bei Offenblende sehr gut und bleibt es auch bis zur Blende T/16, ab der leichte Beugungsunschärfe einsetzt.

Aufgenommene Videos sehen für meinen Geschmack im Blendenbereich von T/2,9 bis T/5,6 am besten aus. Ein knackscharfes Motiv vor einem wunderbaren Bokeh.

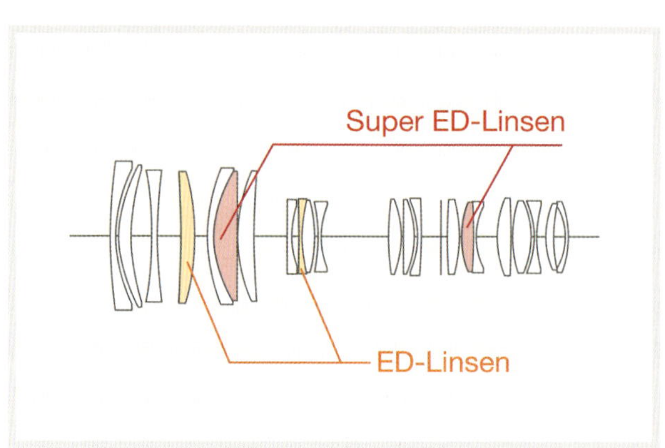

▶ *Der optische Aufbau des FUJINON MKX 50-135 mm/T2.9.*

Die Objektive sind für den Gelegenheitsfilmer sicherlich zu teuer, aber für die professionelle Videoproduktion schon fast günstig zu nennen.

	FUJINON MKX 18-55 mm/T2,9	FUJINON MKX 50-135 mm/T2,9
Brennweite ∅	18-55 mm (≅ 27-84 mm KB)	50-135 mm (≅ 76-206 mm KB)
Optische Konstruktion	22 Linsen in 17 Gruppen (inkl. 2 asphärische Linsen und 6 ED-Linsen)	22 Linsen in 17 Gruppen (inkl. 2 asphärische Linsen und 2 ED -Linsen)
Bildwinkel	76,5°-29°	31,7°-12°
Größte Blendenöffnung (Lichtstärke)	1:2.8/T2,9	1:2.8/T2,9
Kleinste Blendenöffnung	1:22	1:22
Anzahl Blendenlamellen	9	9
Blendeneinstellung	stufenlos am Blendenring	stufenlos am Blendenring
Naheinstellgrenze	38 cm	85 cm
Filtergewinde	82 mm	82 mm
Abmessungen	∅ 87 mm, Länge 206,6 mm	∅ 87 mm, Länge 206,6 mm
Gewicht	1.100 g	1.100 g

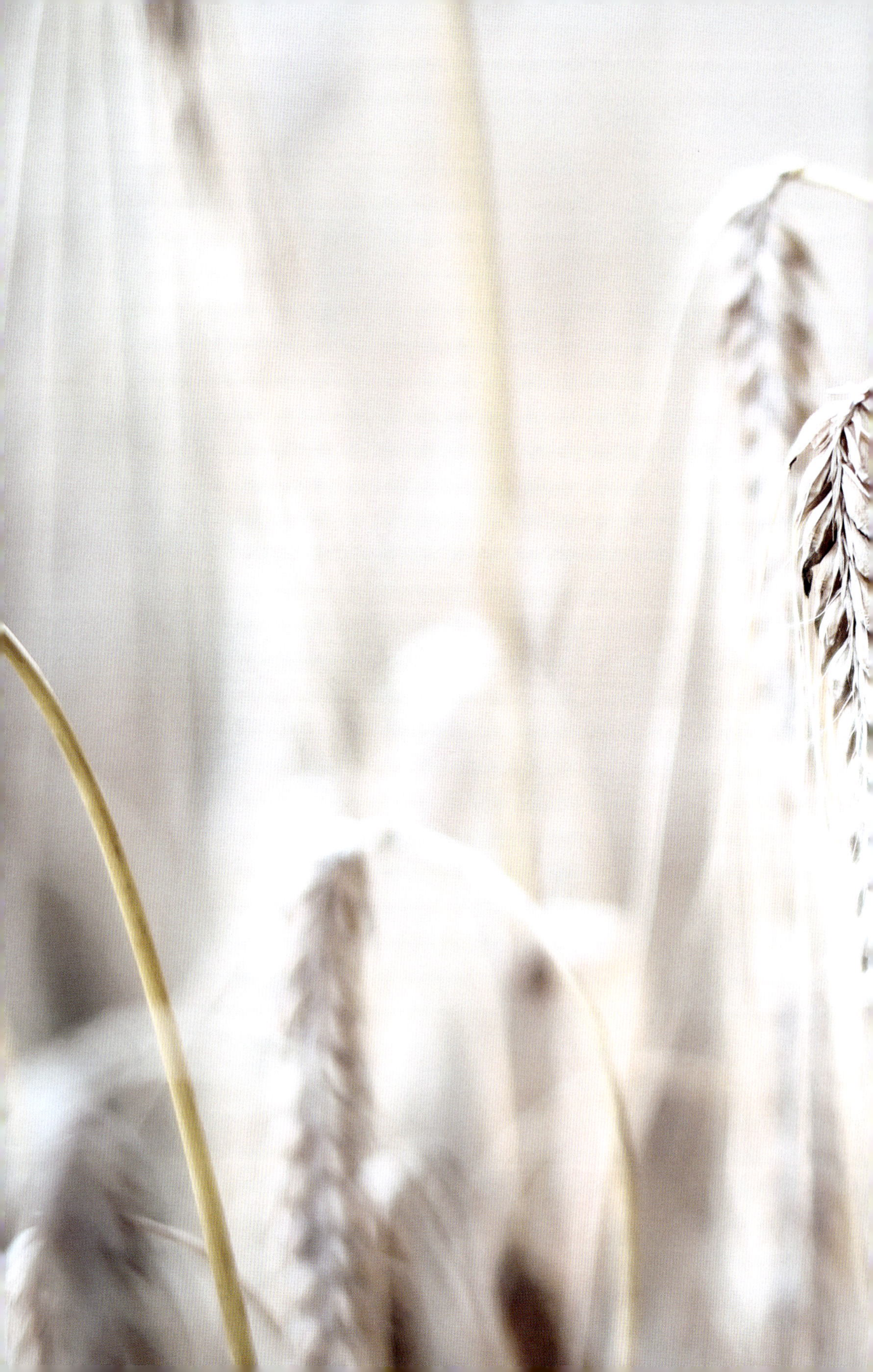

12 | Telekonverter

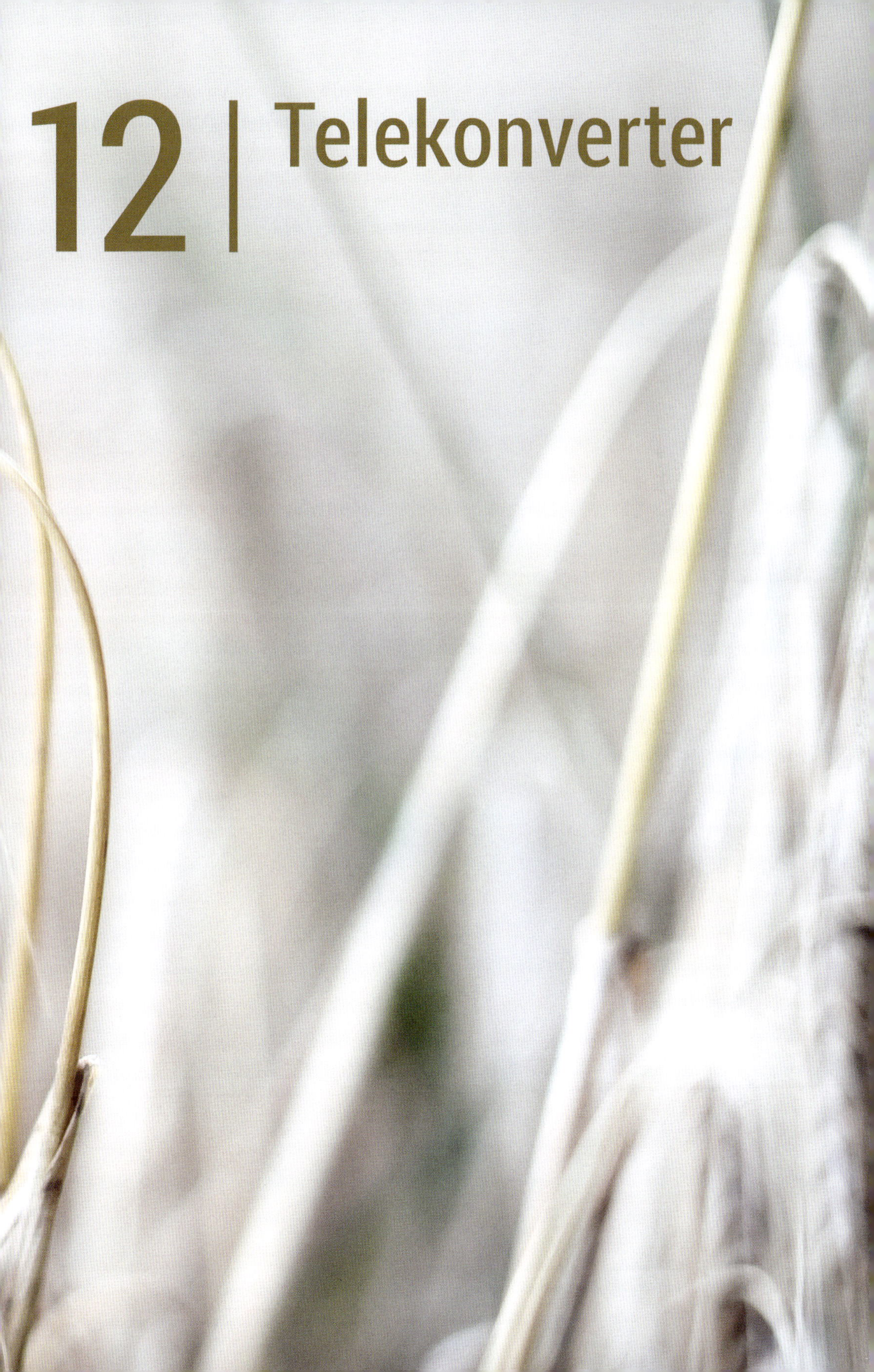

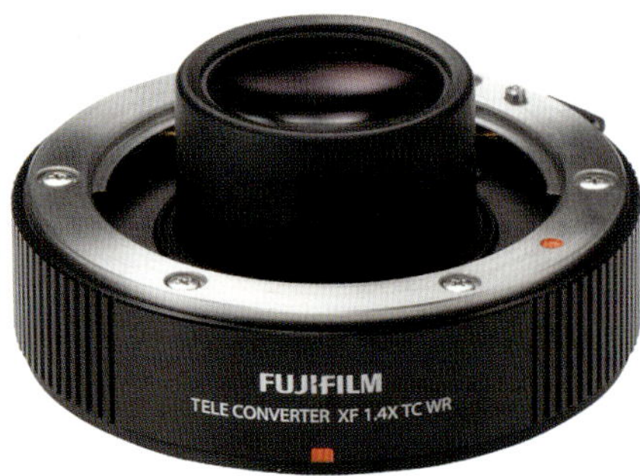

▲ *Der FUJINON-Telekonverter XF 1,4x TC WR verlängert die Brennweite um den Faktor 1,4x.*

Ein Telekonverter wird zwischen Objektiv und Kamera gesetzt. Er verlängert die Brennweite des Objektivs um einen bestimmten Faktor. Um den gleichen Faktor verringert sich aber auch die Lichtstärke. FUJINON-Telekonverter besitzen – wie die Objektive – zehn Objektivkontakte. Damit wird die Kommunikation zwischen Kamera und Objektiv komplett übertragen. Alle Parameter wie Blende, Autofokus und Brennweite werden vom Telekonverter unterstützt. Auch die Autofokusfunktion bleibt erhalten.

In der Vergangenheit gab es für verschiedene Spiegelreflex-Systeme universelle Telekonverter. Diese waren aber nicht auf die Objektive angepasst und verschlechterten die Bildqualität oft sichtbar. FUJINON-Telekonverter sind optisch genau auf die empfohlenen Objektive abgestimmt. So ist eine exzellente Bildqualität ohne nennenswerte Qualitätsabstriche gewährleistet. Es sind aber nur wenige Objektive für die Verwendung mit Telekonvertern empfohlen. Aufgrund der stabilen Bauweise und der hochwertigen mechanischen Qualität sind FUJINON-Telekonverter der XF-Serie zugeordnet. Sie besitzen ein wetterfestes Gehäuse und sind gegen Staub und Feuchtigkeit abgedichtet. Das ist auch sinnvoll, denn

▼ *Telekonverter verlängern die Brennweite des angesetzten Objektivs. Motive lassen sich damit noch besser heranholen.*

ISO 320 | F/11 | 6 Sek. | FUJIFILM X-S10 mit FUJINON XF 100-400 mm F/4,5-5,6 R LM OIS WR + FUJINON XF 1,4x TC WR bei 460 mm (400 mm x 1,4)

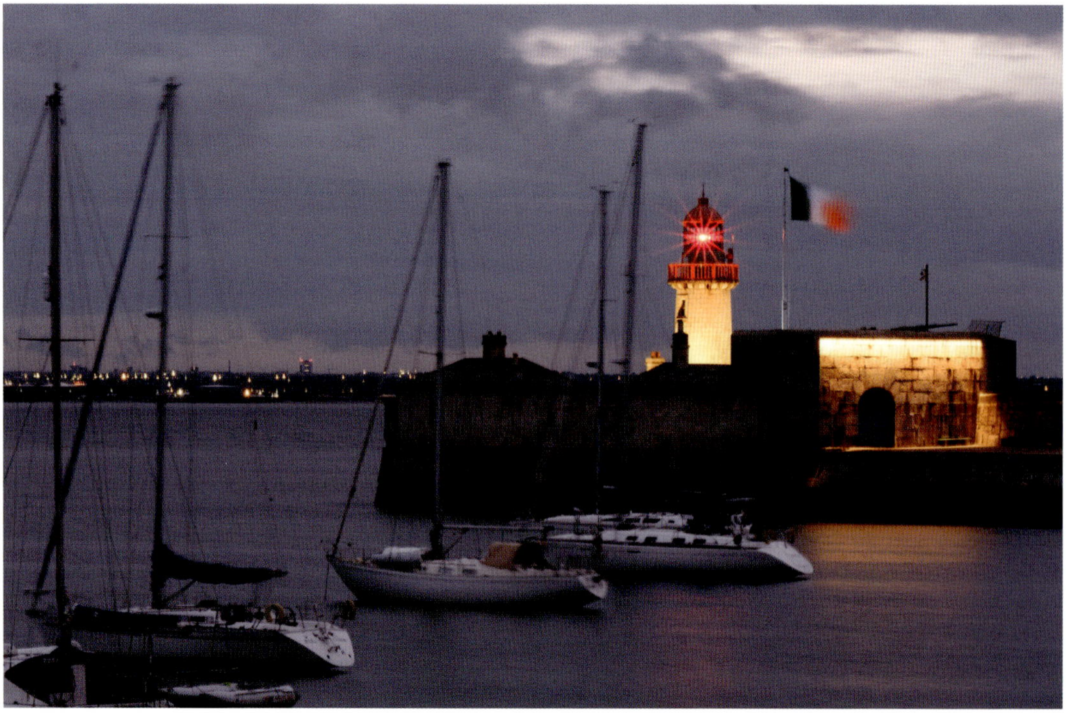

ISO 1.600 I 1/250 Sek. I F/8 I FUJIFILM X-T3 mit FUJINON XF 100-400 mm F/4,5-5,6 R LM OIS WR bei 400 mm + XF 1,4x Telekonverter WR = 560 mm

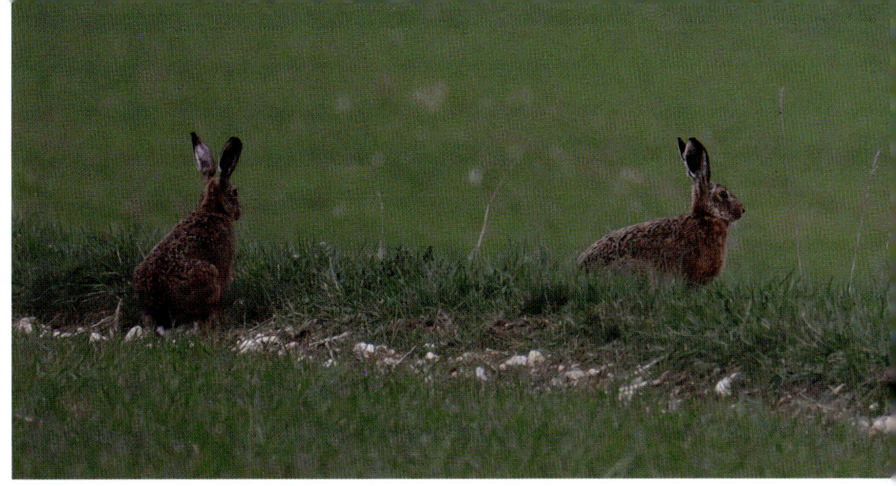

alle für die Verwendung mit Konvertern empfohlenen Objektive sind ebenfalls wetterfest. Als Motive für die Verwendung von Telekonvertern eignen sich alle Motive, die auch für Telebrennweiten geeignet sind, aber vom Motivabstand zu groß für eine formatfüllende Aufnahme sind. Vorwiegend sind das Sport- und Tieraufnahmen.

FUJINON XF 1,4x TC WR

Der 1,4x Telekonverter verlängert die Brennweite des angesetzten Objektivs um den Faktor 1,4x. Um den gleichen Faktor verringert sich die Lichtstärke des angesetzten Objektivs. Das ist eine ganze Blendenstufe oder auch 1 EV, was der Reduzierung der Lichtmenge um 50 % entspricht. Bei Verwendung des 1,4x Telekonverters mit einem 50-140 mm F/2,8 R LM OIS WR entsteht eine Brennweite von 75-196 mm. Die Lichtstärke verringert sich auf 1:4.

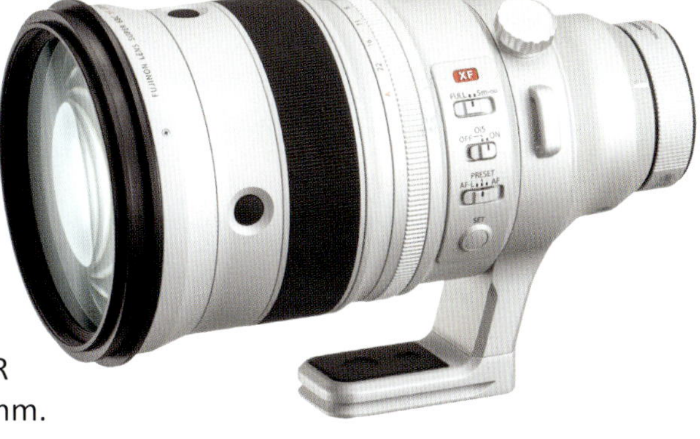

▲ *Das FUJINON 200 mm F/2 R LM OIS WR mit angesetztem Telekonverter FUJINON 1,4x TC F2 WR. Er befindet sich im Lieferumfang des Superteleobjektivs.*

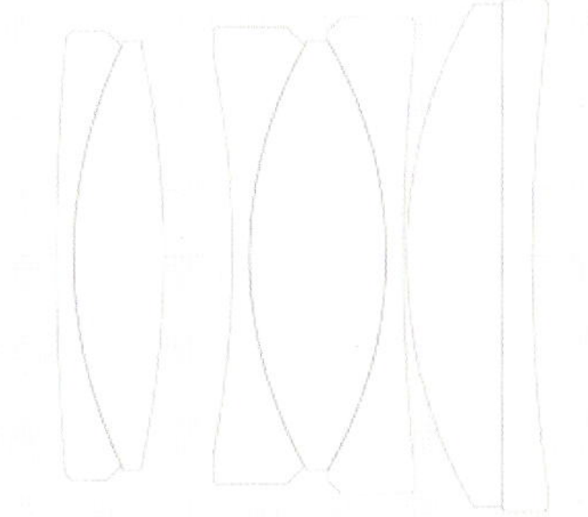

◀ *Der optische Aufbau des Telekonverters FUJINON XF 1,4x TC WR.*

FUJINON XF 1,4x TC F2 WR

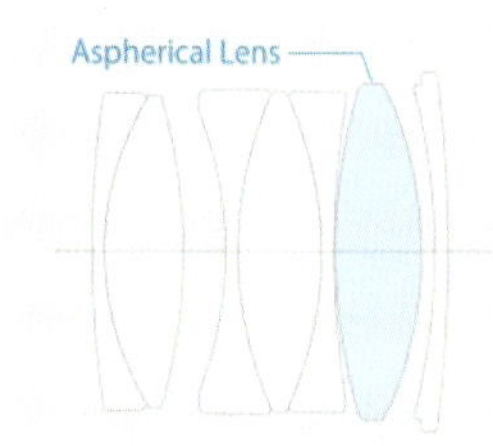

▲ *Der optische Aufbau des Telekonverters FUJINON XF 1,4x TC F2 WR.*

Zusammen mit dem lichtstarken Superzoom stellte FUJIFILM 2018 eine optimierte Version des 1,4x Telekonverters vor. Es ist optisch perfekt auf das FUJINON XF 200 mm F/2 R LM OIS WR abgestimmt und besitzt gegenüber dem »normalen« 1,4x Konverter zusätzlich ein asphärisches Linsenelement.

Der 1,4x Telekonverter befindet sich im Lieferumfang des lichtstarken 200er-Objektivs. Auch das Gehäuse des Konverters harmoniert mit dem Objektiv. eide haben den gleichen Farbton und der Konverter fügt sich unauffällig zwischen Kamera und Objektiv. Aus dem FUJINON XF 200 mm F/2 R LM OIS WR wird mit dem FUJINON XF 1,4x TC WR Telekonverter ein Objektiv mit 280 mm Brennweite und einer Lichtstärke von 1:2.8.

FUJINON XF 2x TC WR

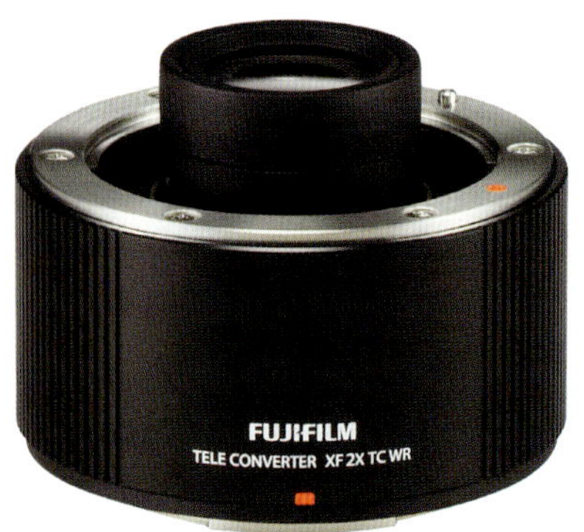

▲ *Der FUJINON-Telekonverter XF 2 TC WR verdoppelt die Brennweite.*

Alternativ zum 1,4fachen Telekonverter kann auch ein zweifacher Telekonverter verwendet werden. Er verdoppelt die Brennweite des Verwendeten Objektivs. Allerdings reduziert sich im Gegenzug die Lichtstärke des Objektivs um zwei Blendenstufen oder 2 EV. Das entspricht einer Verringerung der Lichtmenge um 75 %. Bei schlechten Lichtverhältnissen kann es da schonmal zu Einschränkungen mit dem nicht ganz so lichtstarken FUJINON XF 100-400 mm F/4,5-5,6 R LM OIS WR kommen, denn der Autofokus benötig genügend Licht für eine schnelle Arbeitsweise.

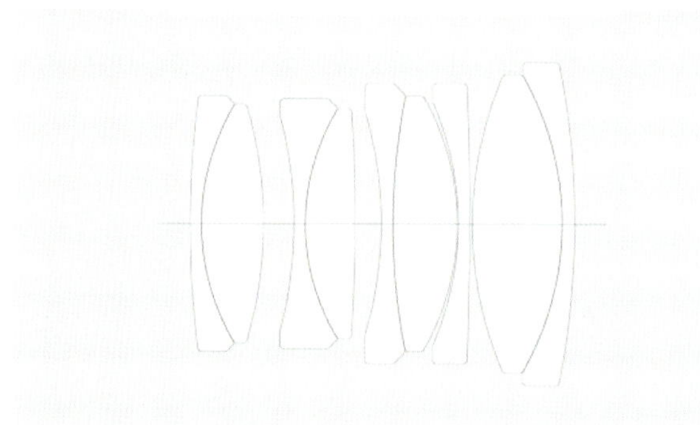

▲ *Der optische Aufbau des Telekonverters FUJINON XF 2x TC WR.*

Beispiel: Bei Verwendung des zweifachen Telekonverters mit einem 100-400 mm F/4,5-5,6 R LM OIS WR entsteht eine Brennweite von 200-800 mm. Die Lichtstärke verringert sich auf 1:9-1:11.

Falls Sie oft bei schlechten Lichtverhältnissen fotografieren, so ist die Verwendung des 1,4x Telekonverters die bessere Alternative für das 100-400 mm Telezoom.

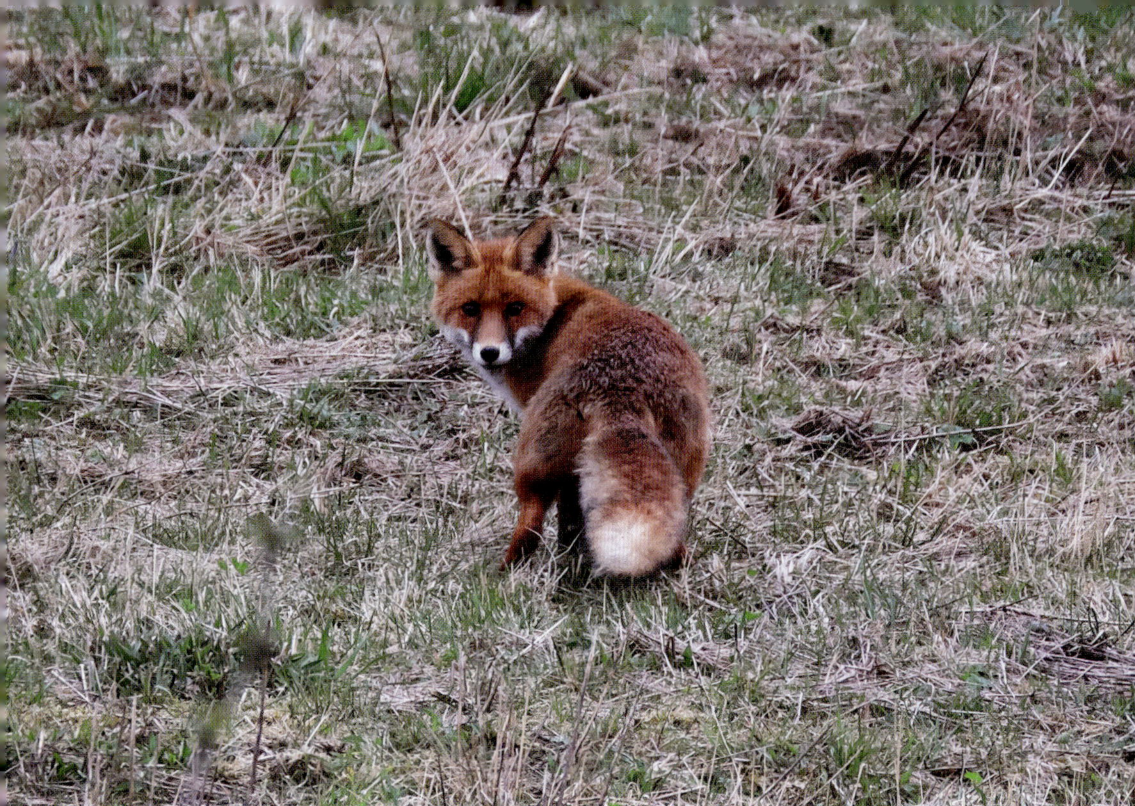

ISO 1.600 I 1/250 Sek. I F/8 I FUJIFILM X-T3 mit FUJINON XF 100-400 mm F/4,5-5,6 R LM OIS WR bei 400 mm + XF 1,4x Telekonverter WR = 560 mm

	FUJINON 1,4x TC WR	FUJINON 1,4x TC F2 WR	FUJINON 2x TC WR
Brennweiten-verlängerung	1,4x	1,4x	2x
Empfohlene Objektive	XF 80 mm F/,8 R LM OIS WR; XF 50-140 mm F/2,8 R LM OIS WR; XF 100-400 mm F/4,5-5,6 R LM OIS WR	XF 80 mm F/,8 R LM OIS WR; XF 50-140 mm F/2,8 R LM OIS WR; XF 100-400 mm F/4,5-5,6 R LM OIS WR; XF 200 mm F/2 R LM OIS WR	XF 80 mm F/,8 R LM OIS WR; XF 50-140 mm F/2,8 R LM OIS WR; XF 100-400 mm F/4,5-5,6 R LM OIS WR
Optische Konstruktion	7 Linsen in 3 Gruppen	7 Linsen in 4 Gruppen (inkl. 1 asphärische Linse)	9 Linsen in 5 Gruppen
Verringerung der Objektivlichtstärke	1 Blendenstufe/1 EV	1 Blendenstufe/1 EV	2 Blendenstufen/2 EV
Abmessungen	∅ 58 mm, Länge 15 mm	∅ 58 mm, Länge 15 mm	∅ 58 mm, Länge 30,2 mm
Gewicht	130 g	130 g	187 g

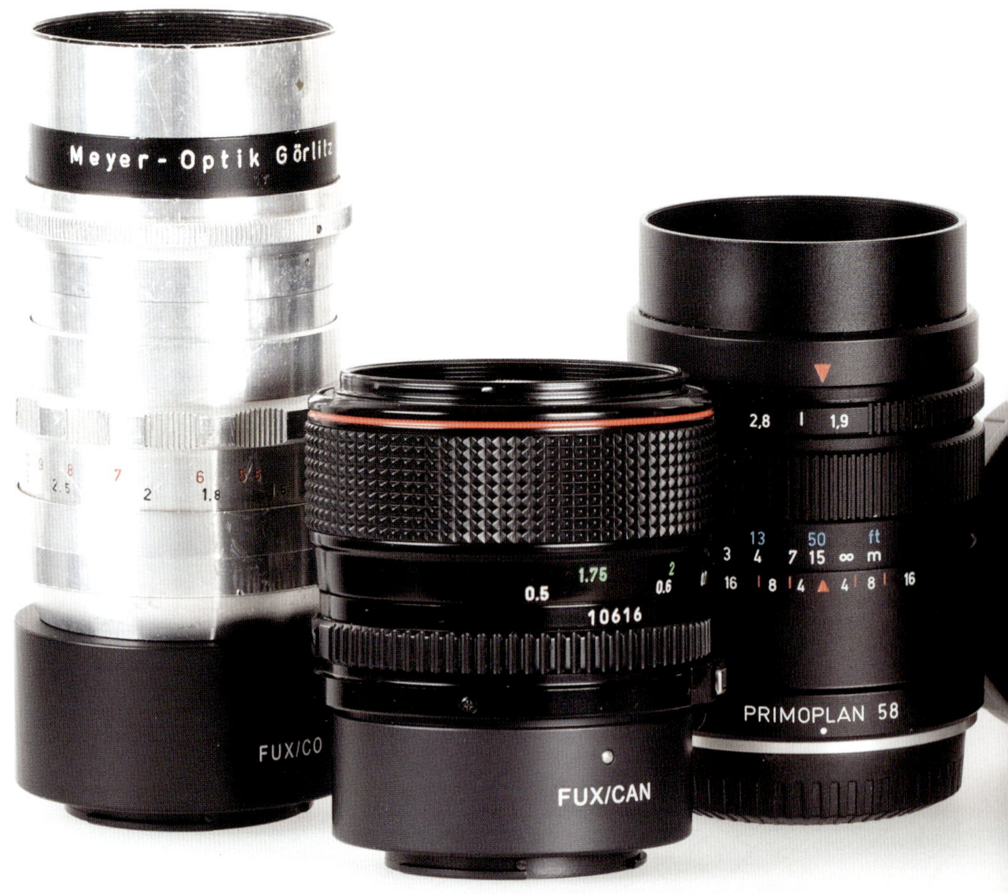
Meyer-Optik Görlitz
FUX/CO
10616
FUX/CAN
PRIMOPLAN 58

13 »Altglas« und Objektive mit manueller Fokussierung

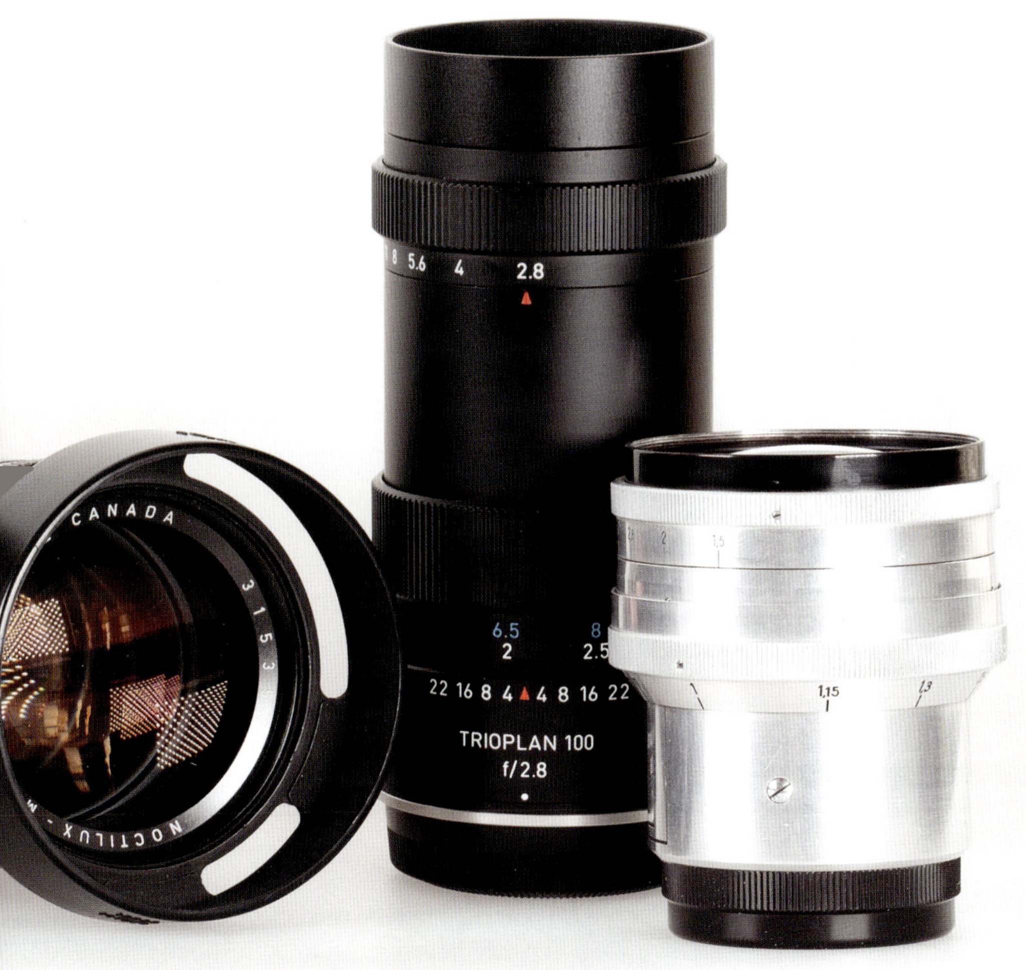

In den vorangegangenen Kapiteln ging es um Objektive, die für das FUJIFILM X-System konzipiert worden sind und zusammen mit den Kameras von FUJIFILM ihr volles Leistungspotenzial ausschöpfen. Es gibt aber auch viele Fotografen, die sich wünschen, ältere Objektive anderer Hersteller an Ihrer FUJIFILM-Kamera zu verwenden.

Die Gründe dafür sind vielfältig. Die einen hängen an ihren Objektiven aus vergangenen Zeiten. Sie haben vielleicht schon in ihrer Jugend damit fotografiert und viele Erinnerungen sind mit diesen Objektiven verbunden. Andere sind experimentierfreudig, haben alte Objektive vererbt bekommen oder billig gebraucht gekauft.

Die Qualität von »Altglas«

Alte Objektive aus analogen Zeiten werden auch Altglas genannt – das aber liebevoll und mit einem Augenzwinkern. Dank Adaptern lassen sich fast alle Objektive aus analogen Zeiten an unsere FUJIFILM X-Kameras verwenden. Ebay ist voll von günstigen Objektiven aller möglichen Hersteller und Anschlüsse. Blende und Schärfe müssen manuell eingestellt werden. Aber spricht optisch etwas gegen die Verwendung von alten Objektiven an FUJIFILM-Kameras?

Qualitäts-Fanatiker sollten besser die Finger von alten Objektiven lassen. Hier ein paar Gründe, die gegen die Verwendung von alten Objektiven sprechen:

- Rechnen wir die Auflösung analoger Kleinbildnegative (entspricht 24x36 mm Vollformatsensoren) um, so hatten diese eine Auflösung von maximal 12 Mio. Pixel. Auf diesem Niveau ist die Auflösung der meisten alten Objektive. Denn aus welchem Grund sollte ein Hersteller ein Objektiv produzieren, das für höhere Auflösungen geeignet ist? Die Leistung moderner FUJIFILM-Sensoren kann mit solchen Objektiven jedenfalls nicht ausgeschöpft werden. Es gibt jedoch Ausnahmen, die selbst noch an sehr hochauflösenden aktuellen Kameras eine hervorragende Qualität liefern.

- Die Hinterlinsen analoger Objektive haben oft einen kleinen Durchmesser. Dadurch trifft der Strahlengang schräg auf den Sensor. Den analogen Silberhalogeniden auf analogem Filmmaterial war es egal, ob das Licht schräg oder gerade auftrifft. Ein digitaler Sensor kann nur senkrechte auftreffende Strahlen optimal verwerten. Schräg auftreffende Strahlen führen zu Leistungsverlust und Qualitätseinbußen am Bildrand. Besonders stark tritt dieser Effekt bei Weitwinkelbrennweiten auf. Moderne Objektive, die für digitale Kameras konstruiert sind, besitzen Hinterlinsen mit großem Durchmesser und sitzen sehr nah am Sensor.
- Jedes Objektiv hat optische Restfehler. Objektive für das FUJIFILM X-System liefern über die Objektivkontakte Informationen u. a. über optische Schwächen an die Kamera. Diese werden dann von der Kamera elektronisch ausgeglichen. Wenn Sie alte Objektive an Ihrer FUJIFILM-Kamera anschließen, so gibt es keine gezielte elektronische Bildoptimierung. Sie können zwar im Kameramenü die Brennweite des angeschlossenen Objektivs manuell angeben, aber es findet keine auf das Objektiv abgestimmte Bildoptimierung statt.

Ich hoffe, ich habe Sie nicht zu sehr abgeschreckt. Das war nicht meine Absicht, denn es gibt auch einige Punkte, die für die Verwendung von alten Objektiven sprechen:

- Jedes Objektiv hat seine optischen Fehler und Schwächen, vorwiegend an den Bildrändern. Analoge Objektive sind für das Aufnahmeformat 24 x 36 mm Kleinbild/Vollformat konstruiert. Dieses Format leuchtet der Bildkreis des Objektivs aus. Der FUJIFILM-Sensor ist mit 23,6 x 15,8 mm kleiner und bekommt nur den mittleren Ausschnitt vom Bildkreis ab. Auf den FUJIFILM-Sensor kommt also nur der mittlere Bildausschnitt, das optisch qualitative Sahnestück vom Objektiv.
- Es gibt einige wenige Objektive, die auch nach heutigen Maßstäben auf einem optisch ganz hohen Niveau sind. Beispielsweise das Makro-

objektiv Minolta MD Rokkor 50 mm F/3,5 Macro oder Objektive der Leica M-Serie.

- Viele alte Objektive sind von der Auflösung, Verzeichnung, vom Kontrast und Gegenlichtverhalten um Welten schlechter als aktuelle Objektivmodelle. Trotzdem haben sie – oder gerade wegen ihrer Abbildungsfehler – einen ganz besonderen Charme. Wie gesagt: ein gutes Objektiv ist ein Objektiv, mit dem Sie zufrieden sind. Ihr persönliches Empfinden zählt.
- Es gibt einige alte Objektive mit Charakter und Charme. Mit diesen Objektiven können Sie einen einmaligen Bildlook erzeugen. Das auszuprobieren und herauszufinden, kann Spaß machen und sich lohnen.

13.1 Objektivadapter

Auf dem Gebrauchtmarkt gibt es für wenig Geld hervorragende ältere Objektive. Oder vielleicht haben Sie auch noch ein paar alte Objektive im Schrank, an denen Sie noch hängen.

Adapter für Objektive mit manueller Fokussierung

Mit Objektivadaptern lassen sich allerhand dieser Schätze an FUJIFILM X-Kameras verwenden, allerdings (fast) nur mit manueller Entfernungseinstellung und manueller Blendeneinstellung. Solche Adapter gibt es für Objektive von Nikon, Canon, Leica, Pentax und Minolta – um nur ein paar bekannte Marken aufzuzählen. Auch Mittelformatobjektive können mit entsprechendem Adapter an Ihrer FUJIFILM-Kamera verwendet werden.

NOVOFLEX produziert solche Adapter in Memmingen. Auf dem Markt gibt es auch chinesische Fabrikate, diese sind aber oft von minderer Qualität und geringer Passgenauigkeit.

Auf der Novoflex-Website können Sie sich anschauen, welche Objektivtypen Sie an Ihre FUJIFILM adaptieren können: *www.novoflex.de*. Rufen Sie dort den Adapterfinder auf, um sich alle Adaptionsmöglichkeiten anzuzeigen. Die Adapter bieten zahlreiche Möglichkeiten des Objektivanschlusses. Auf Gebrauchtbörsen, beim Fotohändler und im Internet gibt es viele Tausende Altobjektive, die nur darauf warten, adaptiert zu werden.

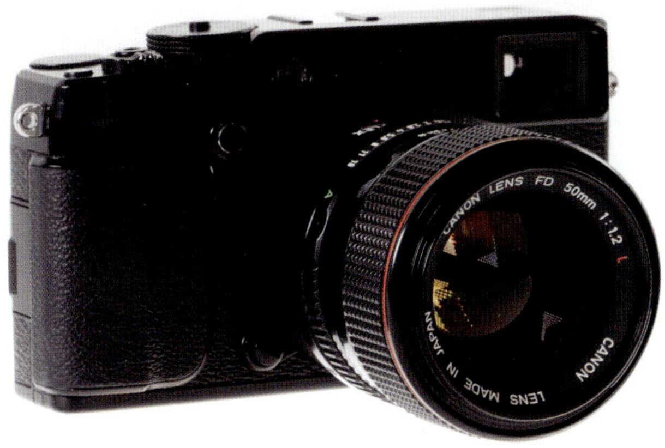

▲ *Ein 50 mm F/1,2 Canon-FD-Objektiv mit Objektivadapter an der FUJIFILM X-Pro1.*

Adapter für Canon-EOS-Objektive mit Autofokus

Eine Ausnahme gibt es. Objektive für das Canon-EOS-Spiegelreflexsystem können mit einem Adapter an FUJIFILM X-Kameras verwendet werden. Alle Funktionen, wie Autofokus, Blendenautomatik, Bildstabilisator etc., werden mit übertragen.

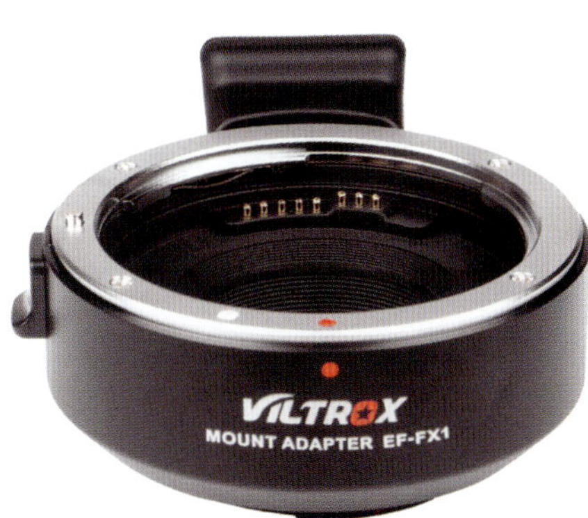

▲ *Der Adapter für Canon-EOS-Objektive an FUJIFILM X-Kameras von Viltrox.*

Praxistests haben gezeigt, dass der Adapter recht gut funktioniert. Der Autofokus erreicht jedoch nicht seine volle Leistung. Für Fotografen, die noch ein hochwertiges Makroobjektiv oder Teleobjektiv mit Canon-EOS-Anschluss besitzen, ist das eine gute Möglichkeit, sie weiter zu nutzen. Den AF-Adapter für Canon-EOS-Objektive bieten mehrere Hersteller an. Einige Exemplare sind sicher baugleich. Der bekannteste Hersteller ist Viltrox.

13.2 Kameraeinstellung

Wenn Sie mittels Adapter manuelle Objektive an Ihre Kamera anschließen, haben Sie die Möglichkeit, bis zu sechs verschiedene Objektive im Kameramenü zu speichern und bei Bedarf abzurufen. Auch die Brennweite des adaptierten Objektivs können Sie eingeben.

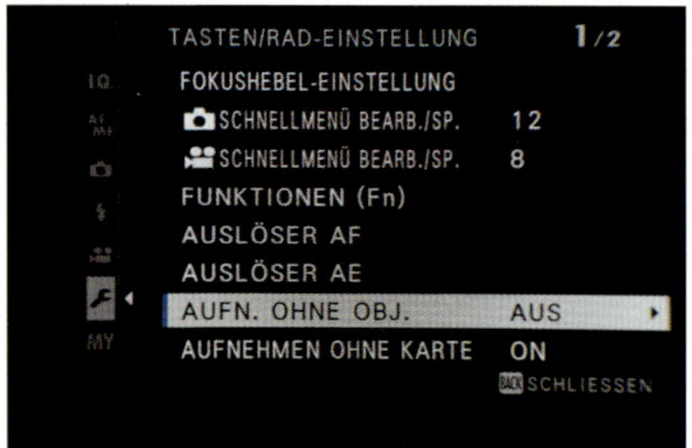

▲ *Aufnahme ohne Objektiv aktivieren.*

Bevor Sie aber mit Fremdobjektiven oder Zubehör wie Balgengeräten, die keine Kontakte besitzen, fotografieren können, müssen Sie im Menü *EINRICHTUNG → TASTENRAD-EINSTELLUNG → AUFN.OHNE OBJ.* auf *AN* stellen.

Die Standardeinstellung ist *AUS* und soll verhindern, dass FUJINON-Objektive nach dem Wechsel nicht korrekt angeschlossen sind. Denn wenn die Kontakte nicht korrekt übereinander sind, blockiert die Kamera.

▲ *Wählen Sie die passende Brennweite.*

Unter dem Menüpunkt *ADAPTEREINST.* kann die verwendete Objektivbrennweite eingegeben werden. Bei einigen FUJIFILM-Kameras ist der Menüpunkt unter *AUFNAHME EINSTELLUNG* zu finden (X-T3), bei anderen Kameras im Menü *BILDQUALITÄTSEINSTELLUNG* (X-S10). Sie können die vorgegebenen Brennweiten wählen oder eine manuelle Eingabe vornehmen.

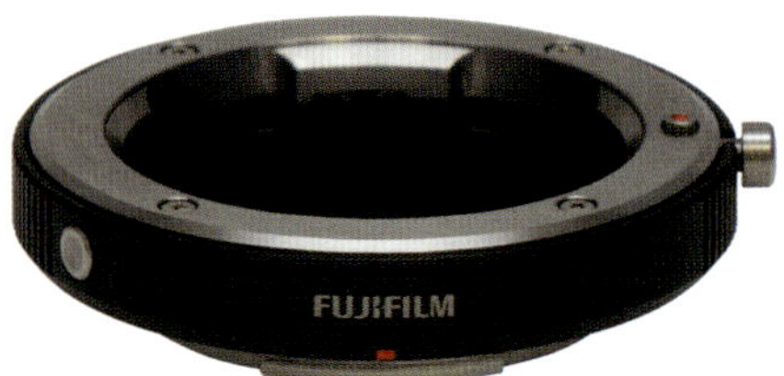

▲ *Der FUJIFILM M-Adapter für den Anschluss von Leica-M-Objektiven.*

Darunter befinden sich drei Menüpunkte zur elektronischen Korrektur von Bildfehlern. Diese sind grau hinterlegt und können nur verwendet werden, wenn Sie Leica-M-Objektive mit dem originalen FUJIFILM M-Mount-Adapter verwenden:

Verzeichnungskorrektur: Verzeichnung ist die gebogene Darstellung von geraden Linien. Wählen Sie eine Korrektur zwischen LEICHT, MITTEL oder STARK.

Farbsäume korrigieren: Farbsäume sind farbige Kanten. Mit dieser Funktion können sie entfernt werden.

Vignettierung korrigieren: Vignettierungen sind abgedunkelte Bereiche in den Bildecken. Die abgedunkelten Bildecken können der Bildmitte in der Helligkeit angepasst werden.

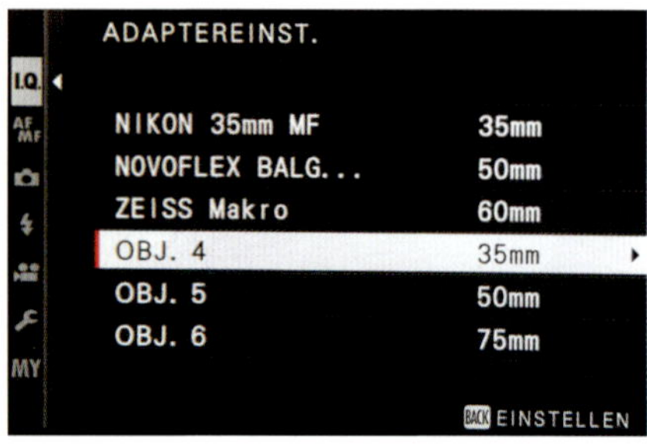

▲ *Benennen Sie Objektive, die Sie über Adapter anschließen möchten.*

Objektivnamen bearbeiten: Geben Sie einen Namen für das verwendete Objektiv ein und speichern Sie ihn ab. So lässt sich beim nächsten Gebrauch leicht die richtige Einstellung zuordnen.

Fotografieren

Wenn Sie mit manuellen Objektiven fotografieren, können Sie neben der komplett manuellen Einstellung die Zeitautomatik nutzen. Die Blende stellen Sie manuell über den Blendenring ein. Wenn Sie das Einstellrad für die Belichtungszeit auf A stellen, so wählt die Kamera die passende Belichtungszeit automatisch. Besonders bei Porträts ist das eine Zeitersparnis, da Sie sich ja auch noch um die manuelle Fokussierung kümmern müssen. Auf Wunsch lassen Sie auch den ISO-Wert von Ihrer Kamera automatisch wählen.

13.3 Neue manuelle Objektive

Wenn Sie auf dem Gebrauchtmarkt nichts für Sie Passendes finden oder generell lieber neue Produkte haben möchten, gibt es auch Anbieter, die neue manuelle Objektive mit FUJIFILM X-Anschluss im Verkaufsprogramm haben.

Hier gibt es Objektive von 7Artisans, Meike, TTArtisan, Laowa, Sirui, Samyang, Voigtländer und Zhongyi. Darunter befinden sich recht exotische Konstruktionen, meist aus asiatischer Produktion. Mittlerweile ist fast jede Nische besetzt worden.

▼ *Meyer-Görlitz-Objektive – neu – alt – neu.*

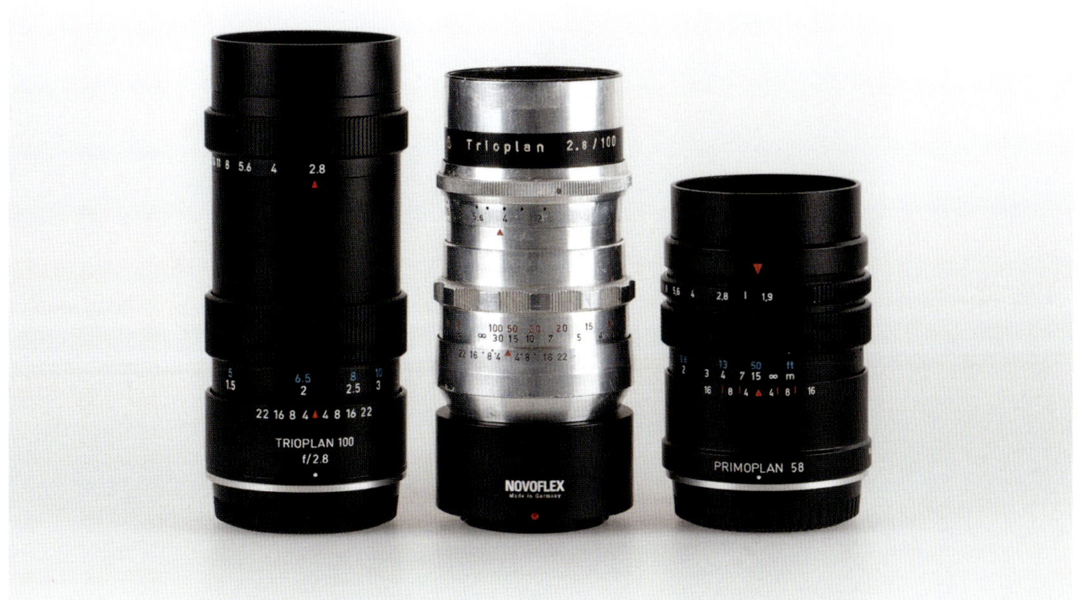

Besonders erwähnenswert finde ich die Firma Meyer Görlitz. Das Unternehmen Meyer-Optik wurde 1896 in Görlitz gegründet und machte sich weltweit einen Namen für Objektive mit hochwertiger und innovativer Optik. Nach der Wende und der Wiedervereinigung war die Marke wirtschaftlich nicht mehr konkurrenzfähig und das Werk wurde geschlossen.

Im Jahre 2014 wurden unter der Marke Meyer Görlitz die Objektivklassiker wie Trioplan, Primoplan und Lydith wieder zum Leben erweckt.

Seit 2018 kümmert sich die Firma OPC Optics in Bad Kreuznach um die Produktion und Vermarktung der Meyer Görlitz Objektive.

Diese alten Konstruktionen wurden etwas optimiert, ohne aber ihren Charme zu verlieren. Meyer Görlitz Objektive sind ein gutes Beispiel für Objektive, die zwar nicht auf dem neuesten Stand sind, was Auflösung, Kontrast etc. betrifft. Aber die Fotos besitzen einen besonderen Charakter und Charme, der sich von dem Einheitsbrei abhebt, den uns beispielsweise die Smartphone-Fotos liefern.

www.meyer-optik-goerlitz.com/de/

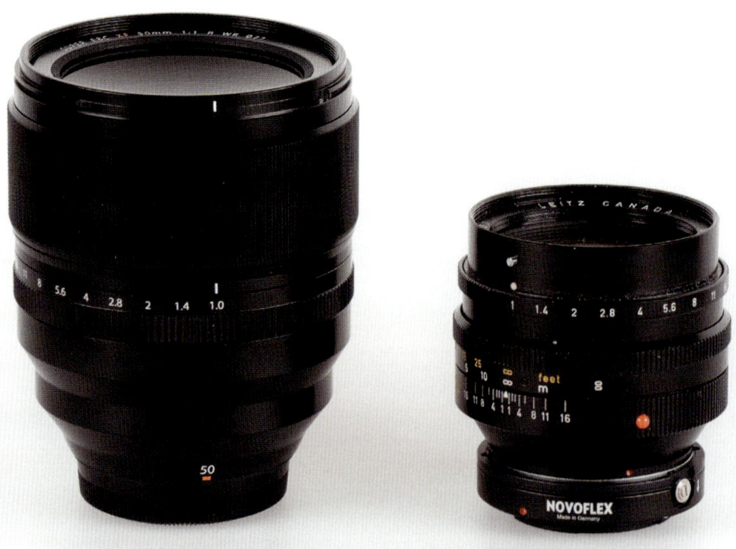

▲ *Neu und alt – FUJINON XF 50 mm F/1 R WR und Leitz Noctilux 50 mm F/1.*

13.4 Objektivklassiker

Im Laufe der letzten Jahrzehnte gab es immer wieder Objektive, die einen besonderen Ruf hatten. Den Ruf haben sie sich nicht erworben, weil sie so tolle MTF-Kurven im Testlabor hatten. Nein, diese Objektive punkten mit einem besonderen Bildlook oder mit einem einmaligen Bokeh. Hier zeige ich Ihnen ein paar Beispiele.

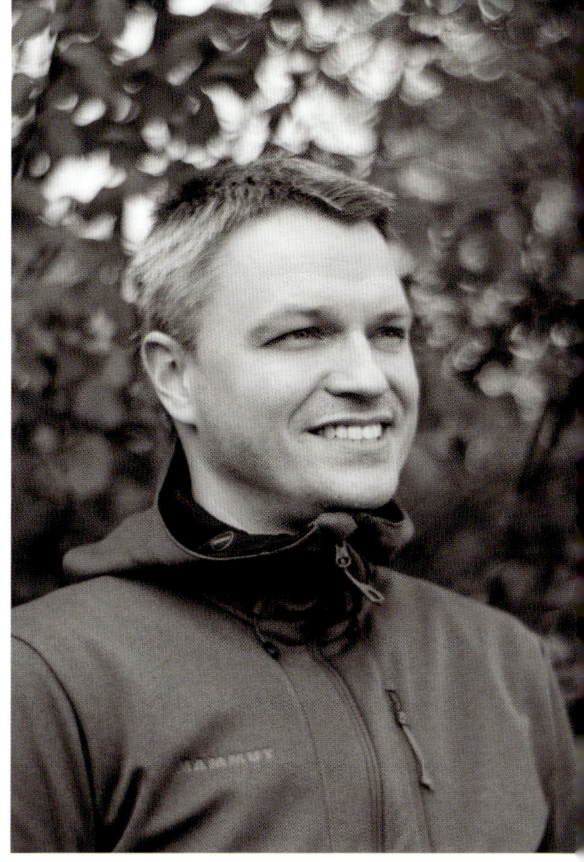

ISO 160 I 1/750 Sek. I F/1,9

▲ *FUJIFILM X-S10 mit Meyer-Görlitz Primoplan 58 mm F/1,9*

Leitz Noctilux 50 mm F/1

Das Noctilux ist in erster Linie fürs Prestige. Das Noctilux gibt es seit 1966 in verschiedenen Versionen und Ausführungen. Die aktuelle Version hat eine Lichtstärke von 1:0.95 und kostet rund 10.000 €. Gut erhaltene Gebrauchte mit Lichtstärke 1:1 gibt es für 4.000 €. Es ist für ein 50er groß und schwer. Verglichen mit dem FUJINON 50 mm F/1 R WR wirkt es aber geradezu niedlich. Der Charakter des Noctilux ist schon etwas Besonderes und auch die Verarbeitungsqualität zeigt: das Objektiv ist für die Ewigkeit gebaut. Ob die Preise diesem Wert entsprechen, muss jeder für sich entscheiden.

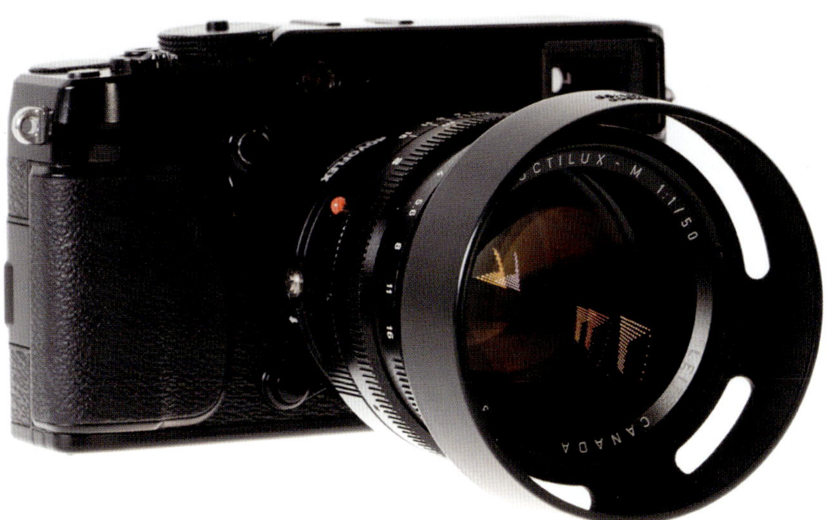

▲ *Einer X-Pro-Kamera steht das Noctilux gut.*

Meyer-Optik Görlitz Trioplan 100 mm F/2,8

Heute immer noch erhältlich ist das Original Trioplan 100 mm von Meyer-Optik aus Görlitz mit M42 Anschlussgewinde. Für gut erhaltene Exemplare werden um die 500 € verlangt. Kenner streiten sich in Internetforen, ob das Original einen schöneren Bildlook erzeugt oder die neue Version von Meyer-Görlitz. Kein Objektiv für den fotografischen Alltag, aber das Bokeh ist einmalig.

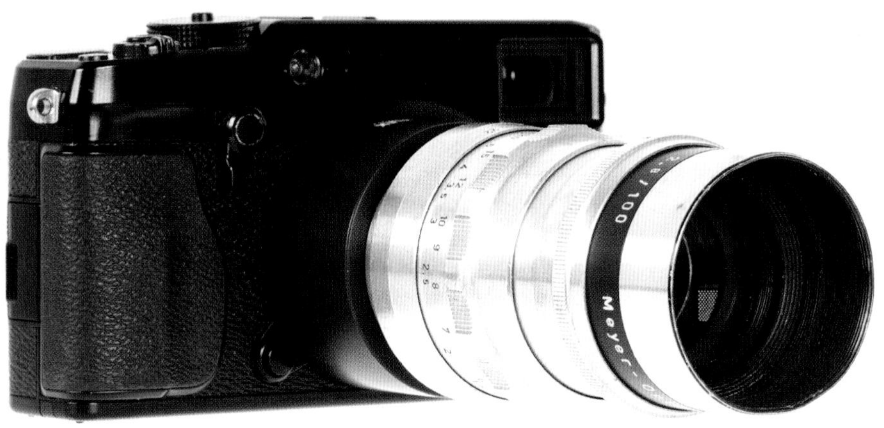

▲ *100 mm Trioplan von Meyer-Optik – das Original.*

Carl Zeiss Jena Biotar 75 mm F/1,5 T

In den 1930er-Jahren brachte Carl Zeiss Jena das super lichtstarke Biotar 75 mm mit Lichtstärke 1:1.5 auf den Markt. Ursprünglich war es für Aufnahmen bei Sportveranstaltungen und im Theater gedacht.

Dann entdeckten es die Porträtfotografierende und seitdem lieben sie das besondere Wirbel-Bokeh.

Auch das Biotar wird mit M42-Anschluss gebraucht gehandelt, ist aber nicht oft zu finden.

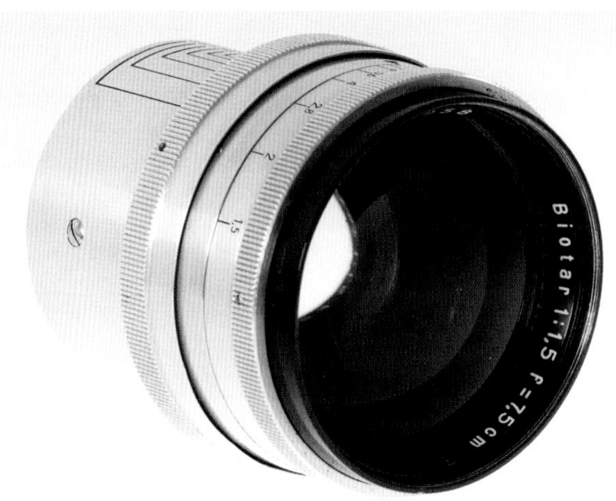

▲ *Carl Zeiss Jena Biotar 75 mm F/1,5 T, ca. von 1948*

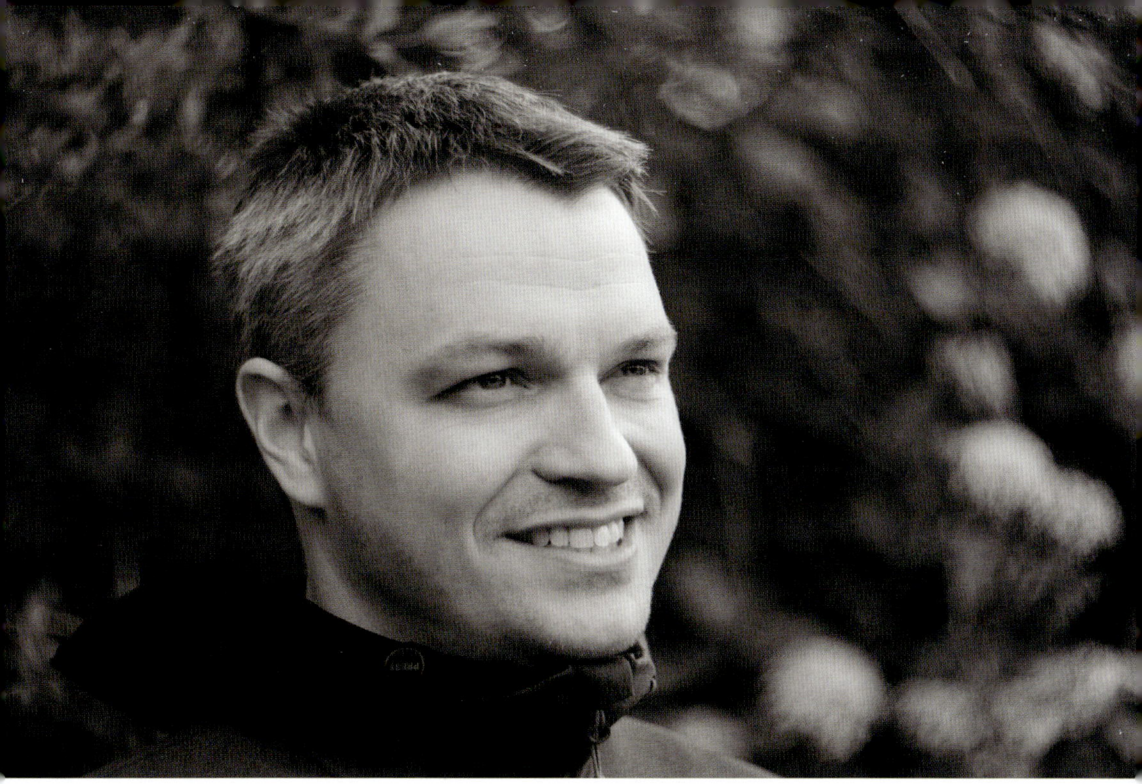

ISO 160 I 1.000 Sek. I F/1,5 I FUJIFILM X-S10 mit Carl Zeiss Jena Biotar 75 mm F/1,5 T

Canon FD 50 mm F/1,2 L

Für ein Objektiv, das schon ca. 40 Jahre alt ist, hat dieses Objektiv eine optische Qualität, die selbst für heutige Maßstäbe beeindruckend ist. Schon bei offener Blende liefert diese Optik eine hervorragende Schärfe. Trotz der hohen Lichtstärke und der sehr guten optischen Qualität ist es recht kompakt gebaut. Das Bokeh kann sich auch sehen lassen.

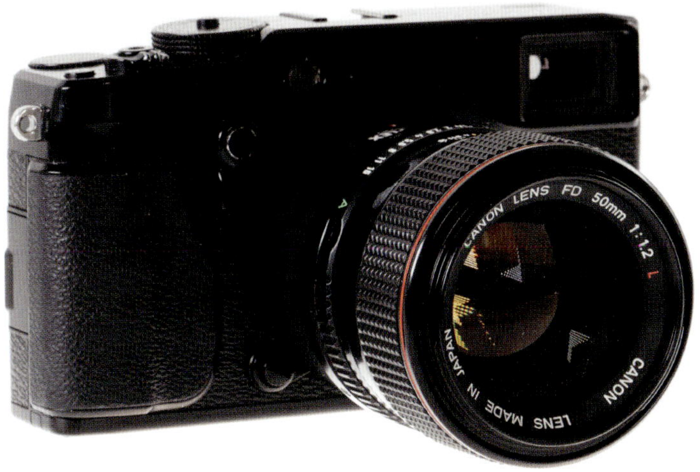

◄ *Das kompakte Canon FD 50 mm F/1,2 L.*

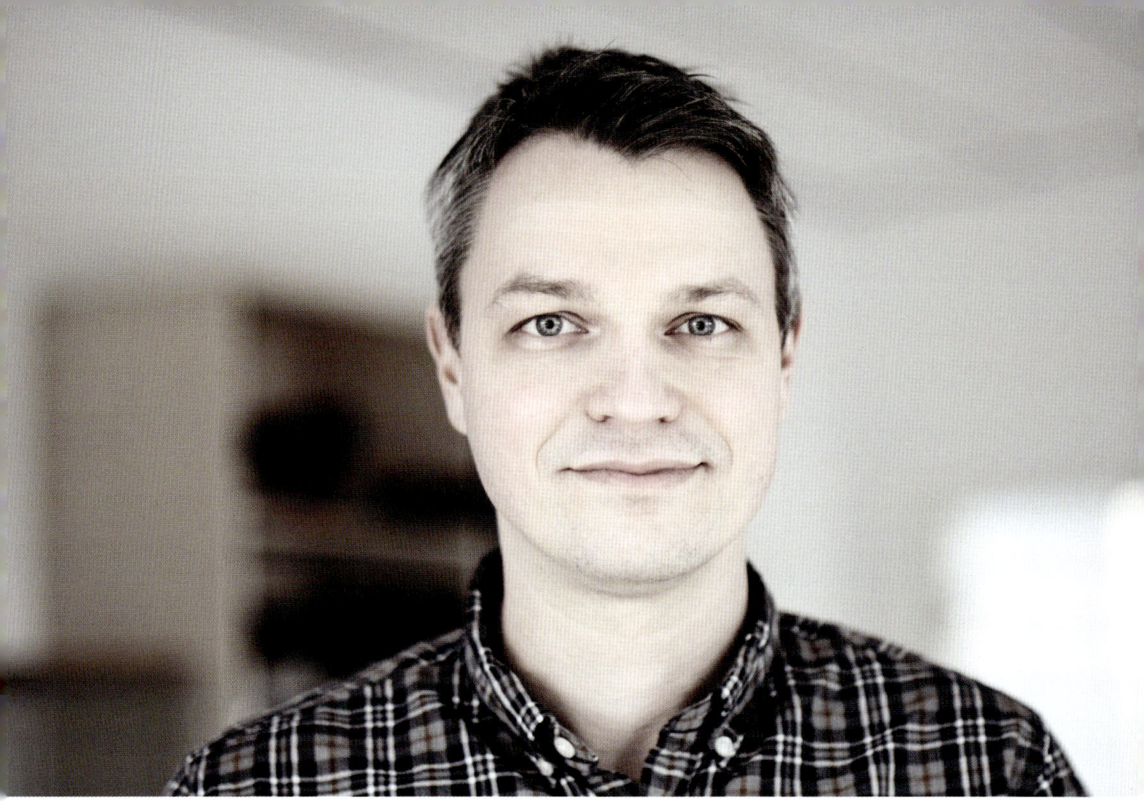

ISO 400 I 100 Sek.s 100s I F/1,2 I FUJIFILM X-S10 mit Canon FD 50 mm F/1,2 L

Minolta Rokkor MD 50 mm F/3,5 Macro

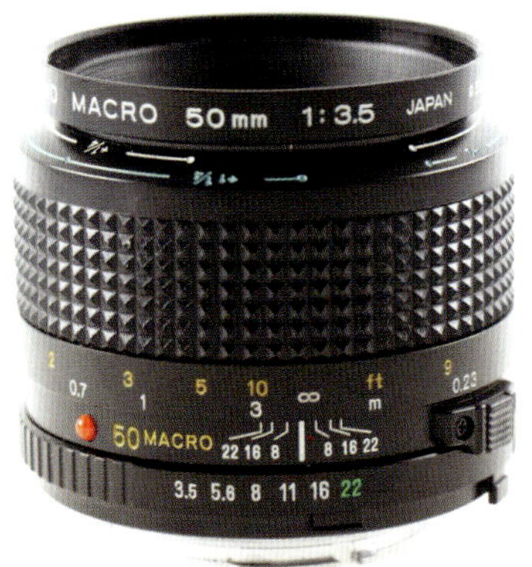

▲ *Minolta Rokkor 50 mm F/3,5 Macro.*

Dieses Makroobjektiv wurde zwischen 1961 und 1981 gebaut. Anfangs mit Metallgehäuse, später vorwiegend aus Kunststoff.

Die Schärfe und optische Qualität sind auch heute noch hervorragend. Das Makroobjektiv ermöglicht einen Abbildungsmaßstab von 1:2. Mit dem mitgelieferten Zwischenring mit Makroschnecke kommt es auf 1:1.

Für statische Motive im Nah- und Makrobereich ist das manuelle Fokussieren kein Problem. Zusammen mit der Fokussierhilfe in den FUJIFILM-Kameras lässt sich dieses Objektiv noch sehr gut verwenden.

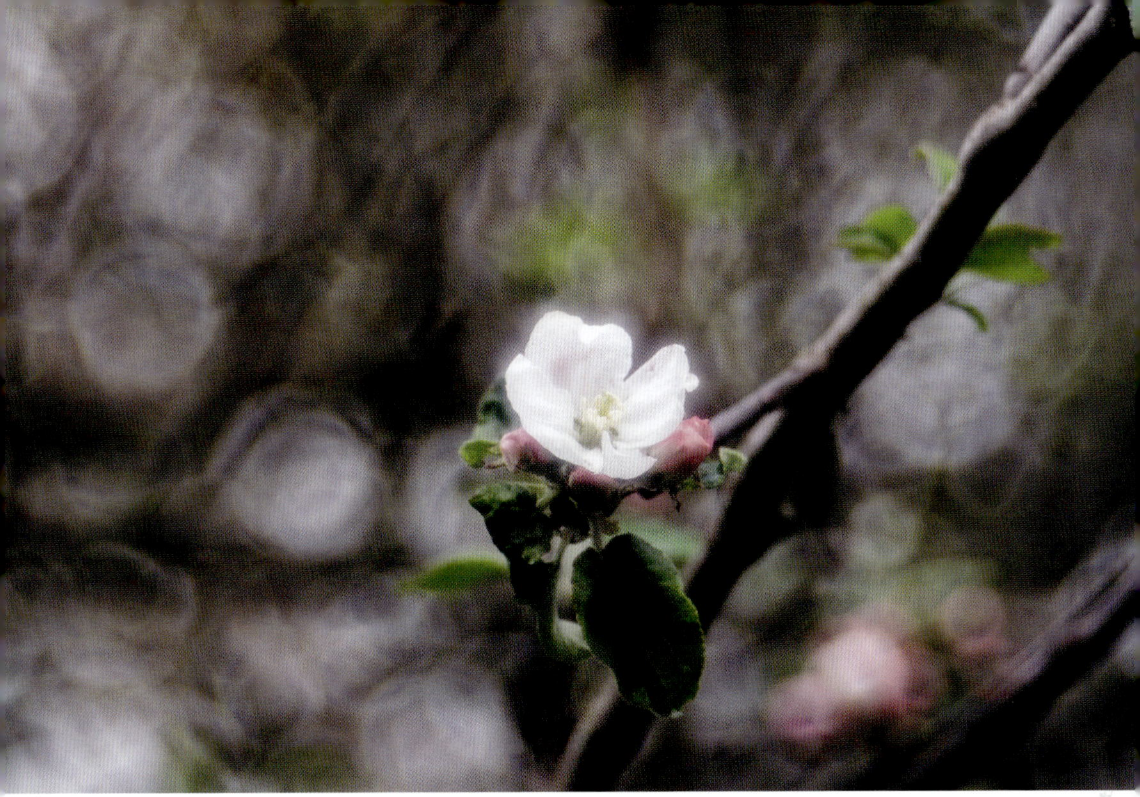

ISO 160 I 1/800 Sek. I F/2,8 I FUJIFILM X-S10 mit Meyer Görlitz Trioplan 100 mm F/2,8

▲ *Dieses Bokeh ist einmalig.*

Weiterer Vorteil: Aufgrund der hohen Produktionszahlen ist das Objektiv noch zahlreich und sehr günstig auf dem Gebrauchtmarkt zu finden.

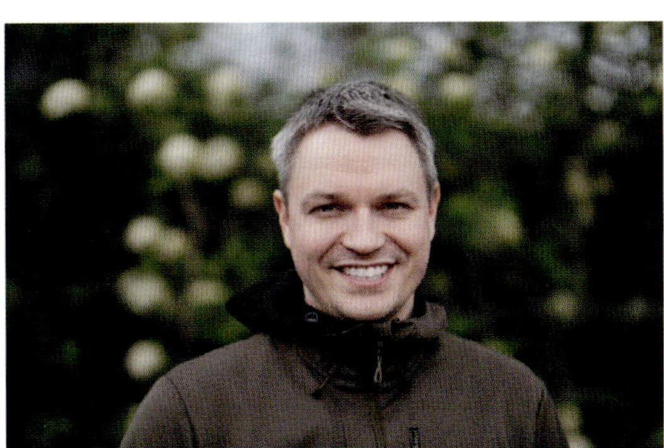

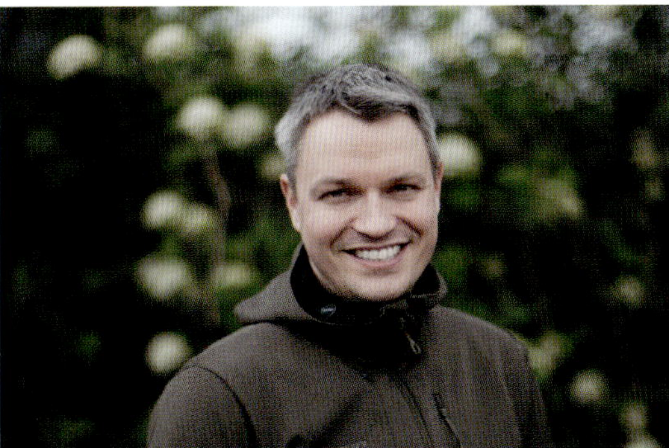

ISO 160 I 2.700 Sek. I F/1 I FUJIFILM X-S10

▲ *Neu und alt. FUJINON XF 50 mm F/1 R WR (links) und Leitz Noctilux 50 mm F/1 (rechts)*

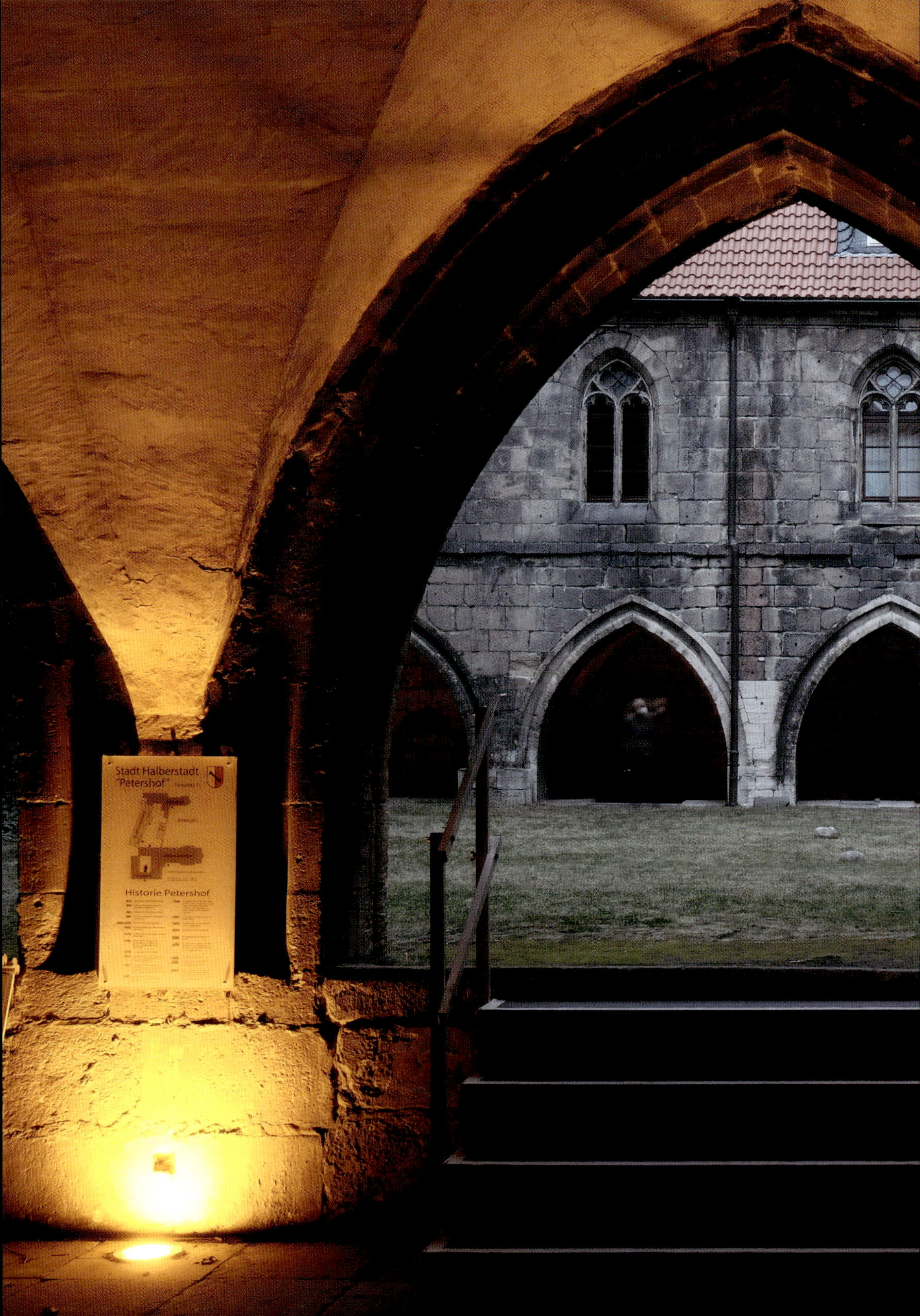
Stadt Halberstadt
"Petershof"
Historie Petershof

14 | Objektiv-Zubehör

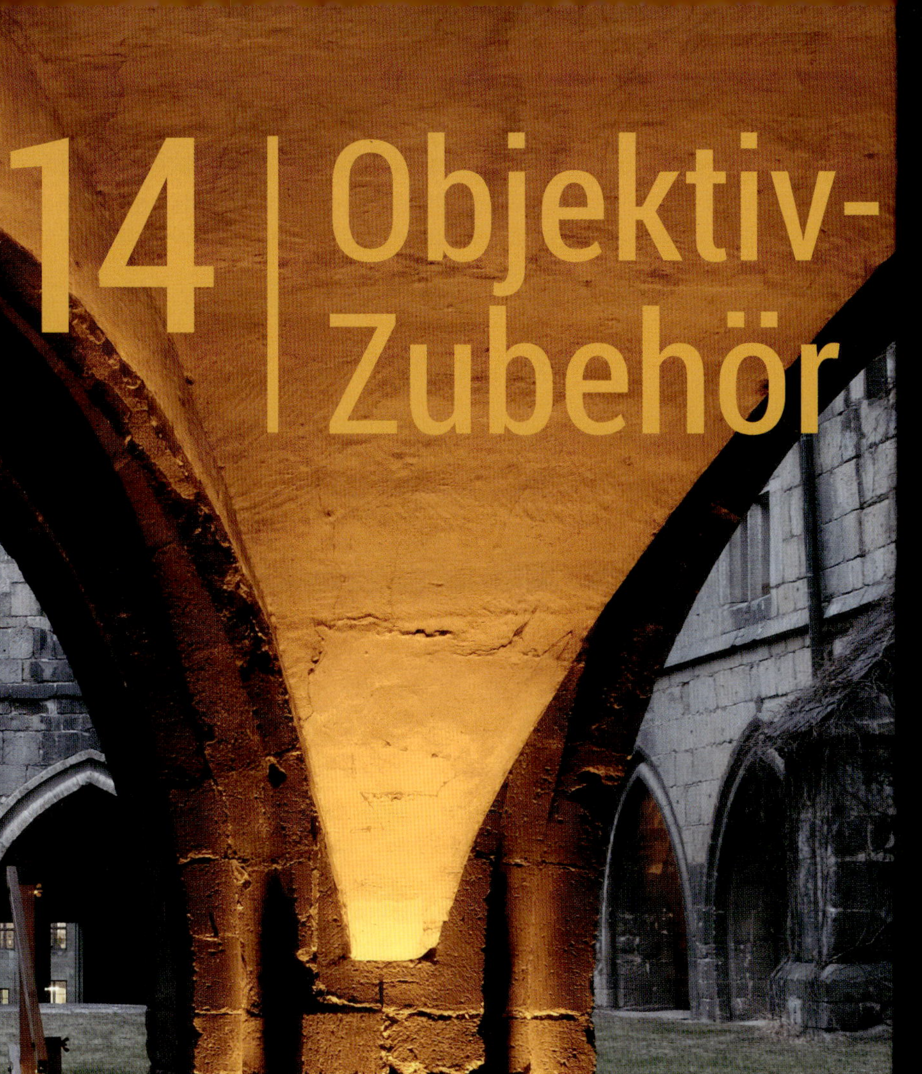

Objektive für das FUJIFILM X-System ermöglichen Aufnahmen für alle fotografischen Bereiche. Um den Funktionsumfang zu erweitern und Objektive in Schuss zu halten, gibt es einiges an optionalem Zubehör, das ich Ihnen in den nächsten Abschnitten vorstellen werde.

14.1 Schutzfilter

FUJINON-Objektive besitzen ein Filtergewinde, in das einfach runde fotografische Filter geschraubt werden können.

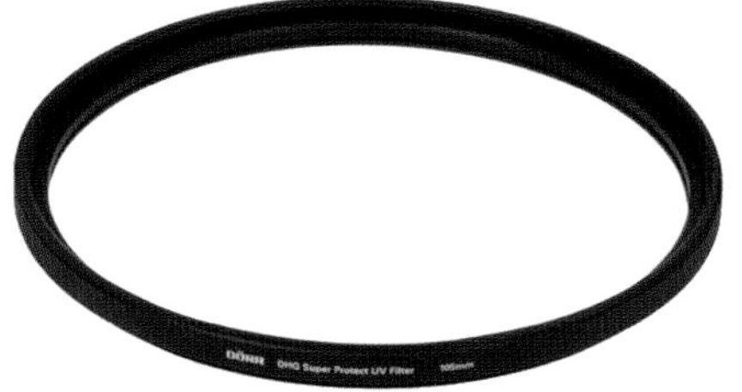

▲ *Schutzfilter schützen die Frontlinse vor Kratzern, Staub und Nässe.*

Vor vielen Jahren wurden UV- und Skylight-Filter verwendet, um besonders in der Mittagszeit vor Blaustichen zu schützen, verursacht durch UV-Strahlung. Heute sind UV-Filter – wenn überhaupt – nur noch als Schutzfilter sinnvoll, um die Frontlinse vor Kratzern, Staub und Feuchtigkeit zu schützen.

Die Mehrschichtvergütung auf den Objektivlinsen verhindern erfolgreich Farbstiche und macht UV- und Skylight-Filter überflüssig. Es gibt auch Klarfilter, ohne eigene optische Eigenschaften, die nur dem Schutz dienen. Auch diese sollten vergütet sein.

Wenn Sie einen Schutzfilter verwenden, den Sie ständig auf dem Objektiv lassen, dann sollten Sie besonders auf gute Qualität achten. Denn Sie wollen sicher nicht die hervorragende Abbildungsqualität der FUJINON-Objektive durch einen minderwertigen Filter reduzieren.

Ein hochwertiger Schutzfilter ist für eine möglichst hohe Lichtdurchlässigkeit konstruiert und beidseitig mit einer Mehrschichtvergütet (MC = **M**ulti**c**oating) versehen.

Manche Schutzfilter besitzen zusätzlich eine spezielle Nano-Vergütung. Diese sorgt dafür, dass Wasser abperlt und Staub und Fett nicht haften bleiben.

Die Filterfassung sollte möglichst flach sein, um Randabschattungen im Bild (Vignettierungen), besonders bei Weitwinkelobjektiven, zu vermeiden. Sie sollte außerdem komplett in Mattschwarz mit geschwärzten Glaskanten ausgeführt sein, um Eigen-Reflexionen zu vermeiden.

14.2 Polarisationsfilter

Besonders interessant für Natur-, Landschafts-, Reise-, Produkt- und Architekturfotografen ist ein Polarisationsfilter – auch kurz Polfilter genannt.

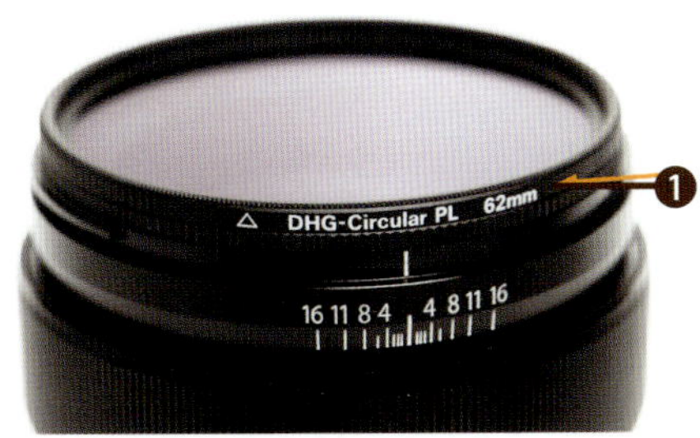

▲ *Ein Polarisationsfilter auf einem Objektiv. Der vordere Teil des Filters ❶ ist um 360° drehbar.*

Für elektronische Sensoren werden nur noch zirkulare Polfilter verwendet. Sie bestehen aus zwei dünnen Glasscheiben und je einer Filterschicht. Die Frontseite ist um 360° drehbar. Polarisationsfilter erzeugen zirkular polarisiertes Licht und erzielen in der Fotografie einige interessante Effekte. Dazu muss der Polfilter immer in seiner Wirkung ausgerichtet und der Situation angepasst werden. Dazu ist das vordere Element des Polfilters drehbar.

Durch die Filterung senkt ein Polfilter auch die Lichtstärke, je nach Einstellung, um etwa 1 bis 2 EV bzw. Blendenstufen.

Eine kurze Übersicht über die Effekte des Polfilters:

Reflexionen auf nichtmetallischen Oberflächen reduzieren bzw. entfernen – Beispiele dafür sind Oberflächen von z. B. Seen, Autolacke und Fensterscheiben. Am effektivsten ist der Effekt, wenn Sie sich in einem Winkel von ca. 30-40° zum Motiv befinden.

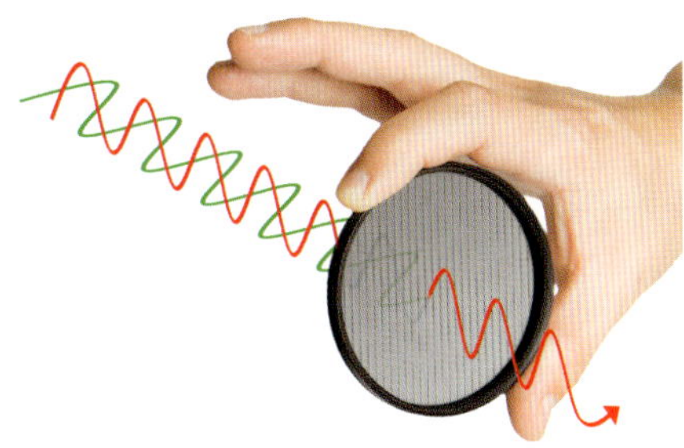

▲ *Das Prinzip des Polfilters*

Verbesserte Wiedergabe von grünen Pflanzen – Wenn Pflanzen mit reduzierter Farbsättigung und Brillanz auf dem Foto erscheinen, so liegt das meistens daran, dass das Sonnenlicht von der Oberfläche der Blätter reflektiert wird. Ein Polfilter reduziert auch hier die Reflexionen und die Pflanzen erscheinen in sattem Grün.

Kräftiges Himmelsblau – Im Sonnenlicht schwingen normalerweise alle Lichtwellen durcheinander. Variationen kann es je nach Himmelsrichtung und Sonnenstand geben. Mit einem Polarisationsfilter lässt sich das stark gestreute Licht teilweise ausfiltern. Der blaue Himmel erscheint dunkler und kräftiger. Am effektivsten arbeitet der Polfilter bei exakter Ausrichtung und im Winkel von etwa 90° zur Sonne aus. Besonders dramatisch wirkt sich der Effekt aus, wenn sich noch weiße Wölkchen am Himmel befinden und Sie ein gemäßigtes Weitwinkel-

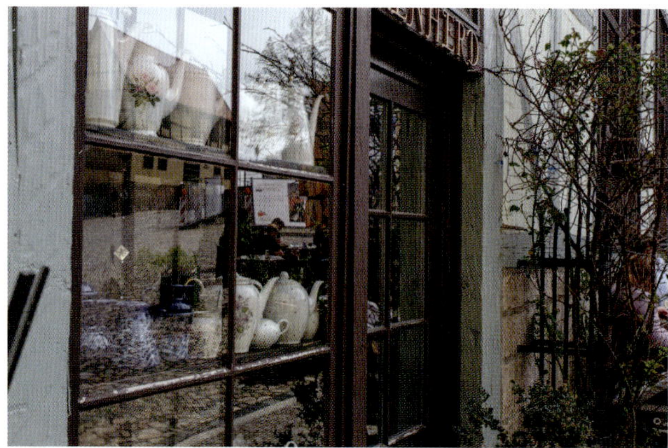

▲ *Ohne Polfilter – eine starke Spiegelung ist sichtbar.*

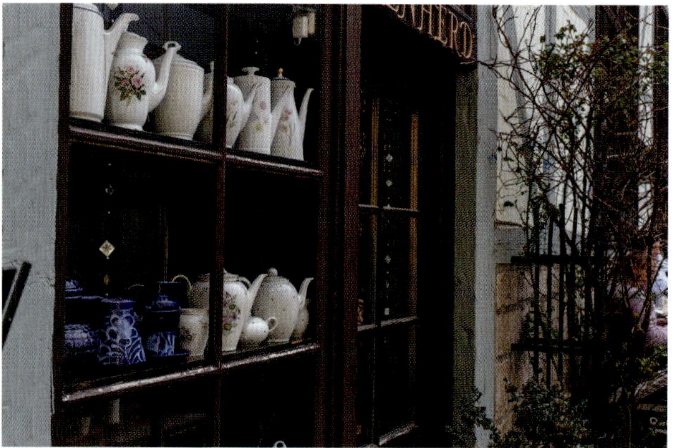

▲ *Mit Polfilter – die Spiegelung wurde reduziert.*

objektiv verwenden. Bei sehr kurzen Brennweiten kann es jedoch wieder zu einer Wolkenbildung mit unterschiedlichen Blautönen im eigentlich gleichmäßigen Himmel kommen, da der Polfilter nicht mehr den kompletten Blickwinkel gleich verarbeiten kann.

Regenbogen verstärken – Beim Fotografieren eines Regenbogens ist das Bildergebnis oft etwas farbschwach. Mit einem Polarisationsfilter können die Regenbogenfarben – je nach Filterstellung – verstärkt oder ausgelöscht werden.

Ein Polarisationsfilter reduziert den Lichteinfall. Er nimmt ca. 1,5 EV vom Licht weg. Deshalb eignet sich ein Polfilter auch nicht für den dauerhaften Einsatz. Setzen Sie ihn bewusst ein.

Achten Sie auch hier auf gute Qualität. Viele Hersteller bieten verschiedene Qualitätsstufen an. Ein guter Polfilter verursacht keine Farbstiche und reduziert auch nicht die Schärfeleistung des Objektivs. Es lässt sich nicht alles am Preis ablesen. Aber gute Polfilter können – je nach Durchmesser – die Grenze von 100 € locker überschreiten. Bei einem Polfilter für 20 € sollten Sie misstrauisch werden.

14.3 Graufilter

Mit einer langen Belichtungszeit lassen sich viele interessante Effekte erzielen: bewusste Bewegungsunschärfe von Personen, Fahrzeugen, Flüssen und Seen. Für eine lange Belichtungszeit von mehreren Sekunden oder gar Minuten ist die Umgebungshelligkeit am Tage aber zu hoch. Schnell sind Sie mit den Kameraeinstellungen für ISO und Blende am unteren Anschlag angelangt. Auch im Videomodus, wenn mit offener Blende gefilmt werden soll, ist die Umgebungshelligkeit oft zu hoch. Ein weiteres Beispiel ist die Porträtfotografie mit weit geöffneter Blende im direkten Gegenlicht, vor allem wenn dann noch ein Aufhellblitz für das Gesicht eingesetzt werden soll. Auch in diesem Fall ist die Gesamthelligkeit schnell viel zu hoch.

Ein Graufilter reduziert die Lichtdurchlässigkeit, gleichmäßig und im Idealfall ohne Farbveränderung, im Bild. Deshalb der Name ND-Filter = **N**eutrale **D**ichte. Graufilter sind in verschiedenen Stärken erhältlich, um damit verschiedene Aufgaben zu erfüllen.

Um bei Sonne mit offener Blende und mechanischem Verschluss fotografieren zu können, reicht ein Graufilter ND 0,9. Damit verlängert sich die Belichtungszeit um den Faktor 8x. Anstatt einer Belichtungszeit von 1/8.000 Sek. reichen mit diesem Filter 1/1.000 Sek. für eine korrekte Belichtung.

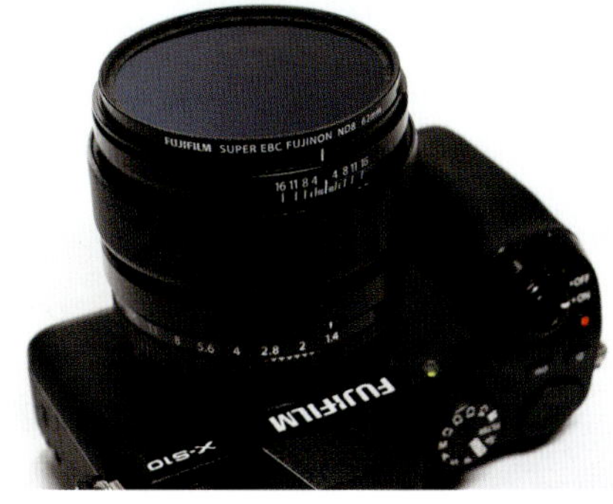

▲ *FUJINON XF 23 mm F/1,4 R und FUJIFILM ND8-Filter*

Um bei Sonne einen Fluss oder Wasserfall mit mehreren Sekunden zu belichten, ist aber schon ein ND 1,8 oder 3,0 erforderlich. Mit einem ND 3,0 kann statt einer erforderlichen 1/1.000 Sek. nun 1 Sek. verwendet werden. Bei starken ND-Filtern ab etwa ND 2,0 kommt der Autofokus an seine Grenzen. Gegebenenfalls sollten Sie vorher ohne Filter fokussieren, anschließend auf den manuellen Fokus umschalten und dann erst den Graufilter vor das Objektiv schrauben. Das setzt natürlich die Arbeit mit einem Stativ voraus, die für lange Belichtungszeiten ebenfalls notwendig ist.

ND-Filter	Lichtdurchlässigkeit	Belichtungszeit-Verlängerungsfaktor	Verringerung Blendenstufen/EV
0,3	50 %	2x	1,0
0,45	35 %	3x	1,5
0,6	25 %	4x	2,0
0,9	12,6 %	8x	3,0
1,0	10 %	10x	3,3
1,2	6,3 %	16x	4,0
1,8	1,6 %	64x	6,0
2,0	1,0 %	100x	6,6
3,0	0,1 %	1.000x	10

▶ ***Links:*** *Ohne Graufilter. 1/30 Sek. Belichtungszeit*
Rechts: *mit Graufilter, 3 Sek. Belichtungszeit*

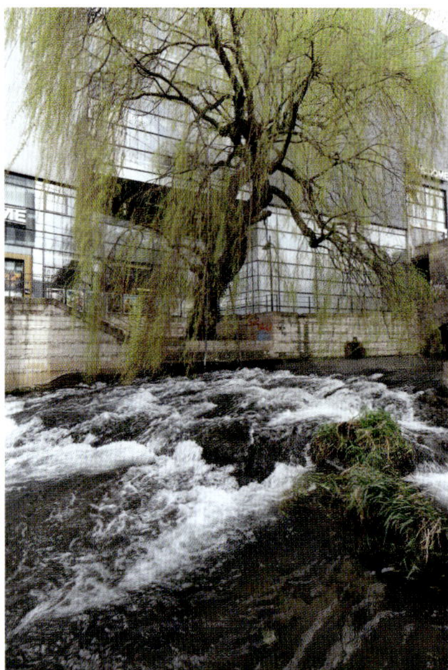

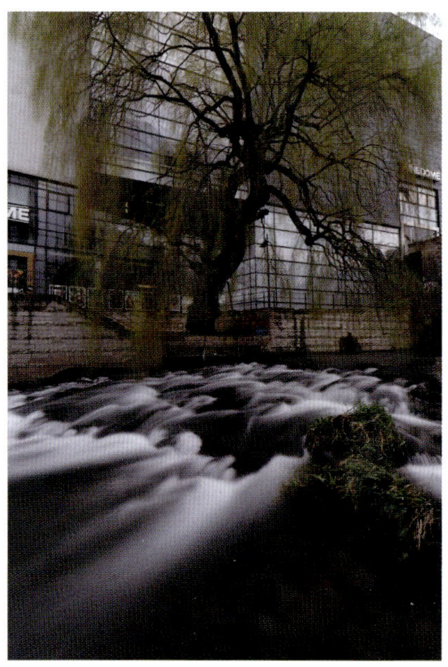

14.4 Verlaufsfilter

Aufgrund des reduzierten Dynamikbereichs der Kamera gegenüber unserem Sehvermögen erscheint in vielen Landschaftsfotos der Himmel zu hell oder der Boden zu dunkel im Bild.

Ein sehr effizientes Zubehör für dieses Problem ist ein Grauverlaufsfilter. Dieser dunkelt das Bild nur teilweise ab. Das Frontteil des Filters ist drehbar gelagert. Damit lässt sich der abgedunkelte Teil des Filters genau an die Stelle drehen, der abgedunkelt werden soll. Meist ist es der Himmel. Es kann aber auch ein Gewässer sein oder eine weiße Hauswand.

▲ *Auch Grauverlaufsfilter gibt es in verschiedenen Stärken. Üblich sind hier zwischen 1,5 und 3 EV Lichtreduzierung.*

Wolken werden damit wieder sichtbar, der Himmel bekommt wieder Zeichnung.

Grauverlaufsfilter dunkeln nur einen Teil des Fotos farbneutral ab, um den Dynamikumfang zu erhöhen.

Zusätzlich gibt es auch Farbverlaufsfilter. Das sind farblich eingefärbte Filter in Rot, Blau oder Tobacco. Damit lässt sich beispielsweise ein bewölkter Himmel besonders dramatisch darstellen.

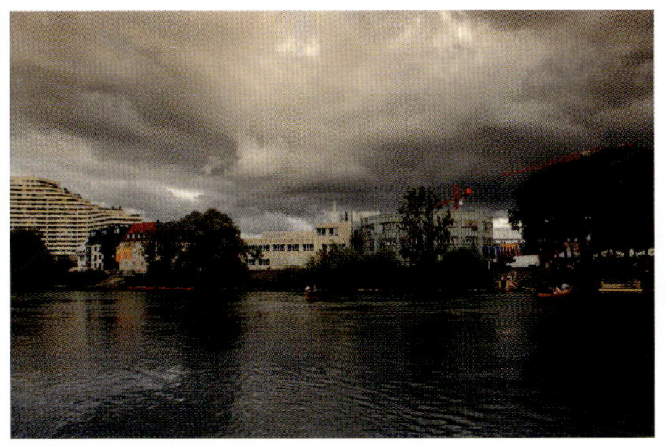

▲ *Foto mit Grauverlaufsfilter. Der Himmel wurde etwas abgedunkelt und hat so mehr Zeichnung.*

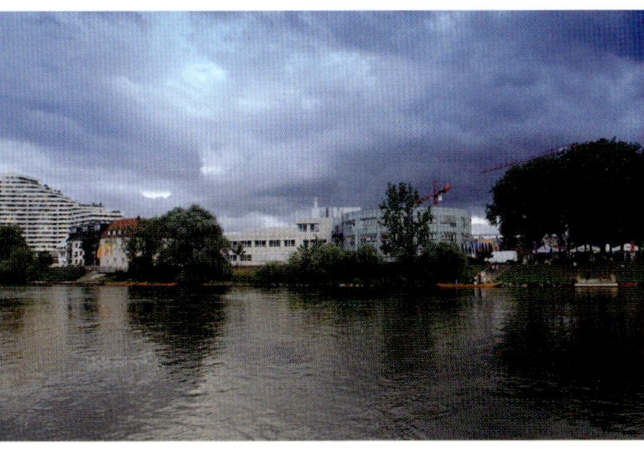

▲ *Foto mit Farbverlaufsfilter.*

14.5 Stative

Stative und Stativköpfe sind natürlich kein Zubehör für Objektive im engeren Sinne. Aber obwohl einige FUJINON-Objektive einen eingebauten optischen Bildstabilisator (OIS) besitzen, der Aufnahmen ohne Stativ auch mit etwas längeren Belichtungszeiten ermöglicht. Einige Kameras sind ebenfalls mit einem Bildstabilisator ausgestattet.

Aber für richtig lange Belichtungszeiten, beispielsweise bei Nacht- und Dämmerungsaufnahmen und für knackige Schärfe, ist ein stabiles Dreibeinstativ erforderlich. Deshalb sollen diese in einem Abschnitt kurz behandelt werden. Stative haben nur eine Aufgabe: die Kamera ganz ruhig und erschütterungsfrei an einer Stelle zu halten. Voraussetzung dafür ist eine hohe Stabilität des Stativs.

Aber wer möchte schon ein großes und schweres Stativ tragen? Deshalb versucht die Kameraindustrie mit viel Aufwand, eine hohe Stabilität bei möglichst leichter und kompakter Bauweise zu realisieren.

Ein besonders gutes Preis-/Leistungsverhältnis haben Stative aus Aluminium. Aluminium ist immer noch der Standard im Stativbau. Es ist günstig, relativ leicht und hat gute Materialeigenschaften.

Noch etwas leichter und mit höherer Festigkeit ausgestattet als Aluminium ist Carbonfaser. Carbon-

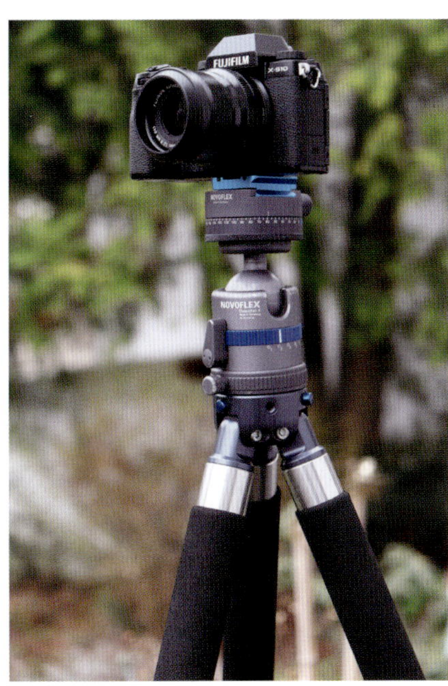

▲ *Das NOVOFLEX Triopod ist zwar nicht billig, dafür aber sehr robust, langlebig und dank wechselbarer Stativbeine äußerst vielseitig. An der Stativbasis befinden sich Gewinde für Zubehör wie Haltearme für einen Reflektor oder Lampen.*

faser hat einige sehr gute Materialeigenschaften für den Stativaufbau:

- sehr geringes Eigengewicht
- gute Schwingungsdämpfung
- hohe Steifigkeit
- hohe Festigkeit in Bezug auf Bruch-, Zug- und Reißfestigkeit
- hoher Elastizitätsmodul
- gute Temperaturtoleranz
- geringer Wärmeausdehnungskoeffizient

Ihr größter Nachteil ergibt sich aus ihrem geringen Gewicht, sie haben eine eher geringe Standfestigkeit. Deshalb sollte bei hohem Auszug des Stativs, starkem Wind und/oder hoher Traglast bei gleichzeitiger unsymmetrischer Lastverteilung auf die Standfestigkeit geachtet werden.

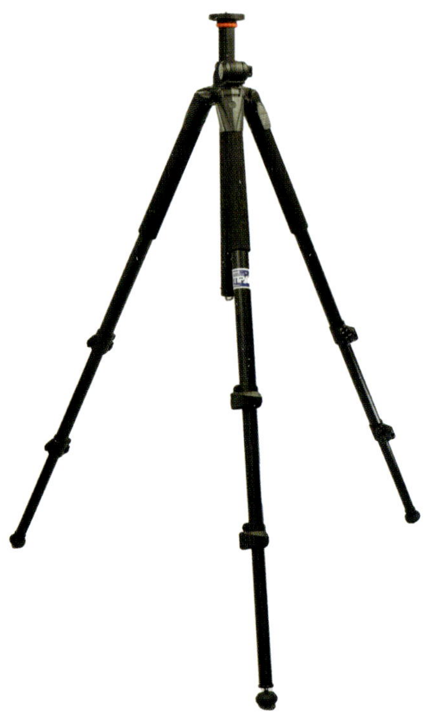

▲ *Ein einfaches Dreibeinstativ*

Je nach Fertigungsaufwand können Carbonstative auch deutlich teurer sein als Aluminiumstative. Da der durchschnittliche Fotograf in sehr vielen Situationen mit einer Tragkraft bis 10 kg Systemgewicht auskommen wird, ist der tatsächliche Unterschied des Systemgewichts (Stativ, Stativkopf, Kamera, Objektiv) zwischen Aluminium und Carbon meist geringer als vermutet.

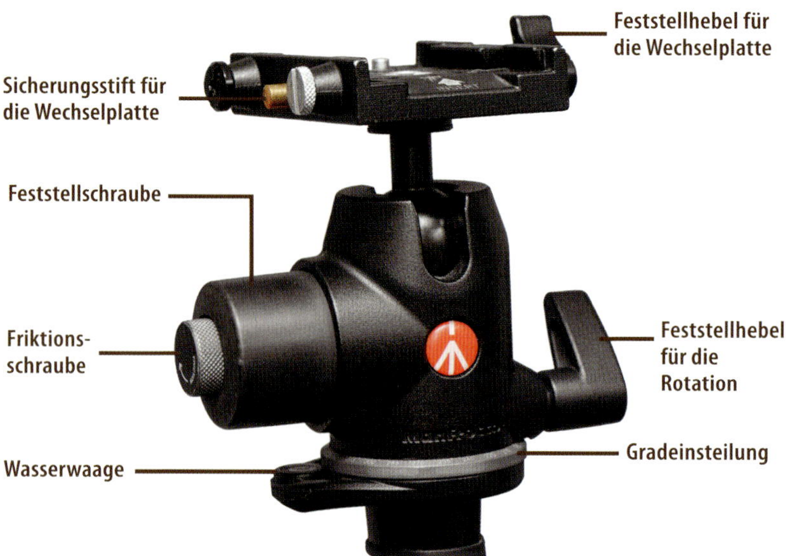

Aus meiner Sicht spricht auch heute kaum etwas gegen den Einsatz von Aluminiumstativen, es sei denn es zählt wirklich ein Gewichtsunterschied von wenigen hundert Gramm.

Besonders wichtig bei Stativen ist der Stativkopf. Übliche Köpfe zum Fotografieren sind Kugelköpfe.

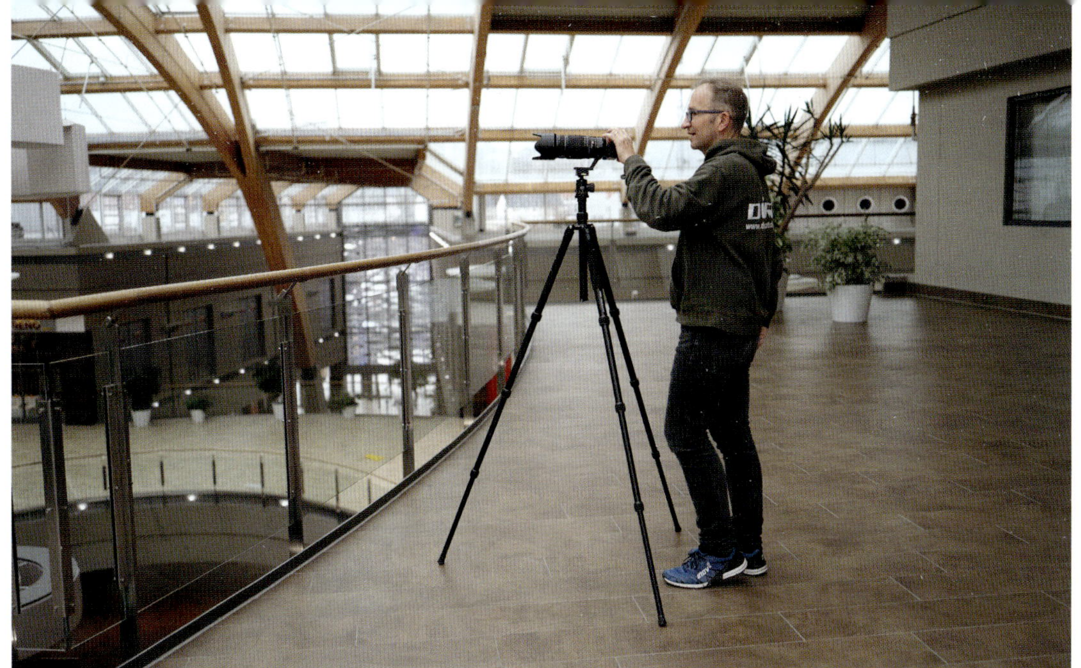

▲ *Die DÖRR Classic 160-Stativserie ist stabil, leicht und besitzt ein sehr gutes Preis-/Leistungsverhältnis.*

Mit der rechten Hand wird die Kamera ausgerichtet, die linke Hand fixiert dann die Position der Kamera durch Anziehen der Fixier- bzw. Feststellschraube am Kugelkopf.

Stativ und Stativkopf bilden eine funktionale Einheit, die aufeinander abgestimmt sein sollte. Es macht z. B. wenig Sinn ein Stativ für 25 EUR und einer Tragkraft von 2 kg mit einem teuren Kugelkopf mit einer Tragkraft von 25 kg zu kombinieren.

Sehr pfiffig ist die Triopod-Serie von NOVOFLEX. Diese Stative sind modular aufgebaut. Sie können sich die Stativbasis, die Stativbeine und den Stativkopf nach Ihren Wünschen zusammenstellen und bei Bedarf auswechseln. Wenn Sie beispielsweise im Nahbereich fotografieren möchten, so schrauben Sie die normalen Stativbeine ab und dafür die Makrobeine an. Die Auswahl an Zubehör ist riesig.

Welches Stativ ist das Richtige? Es gibt zwei wichtige Eigenschaften, die ein gutes Stativ erfüllen muss:

Stabilität und eine schnelle, einfache und intuitive Handhabung.

Alles andere wie Design, Gewicht oder Preis haben keine Auswirkungen auf die Bildqualität. Allerdings kann das Gewicht und Design große Auswirkungen

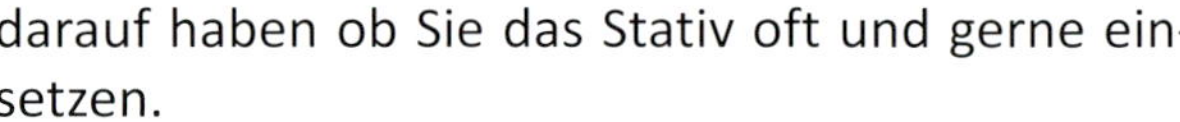
darauf haben ob Sie das Stativ oft und gerne einsetzen.

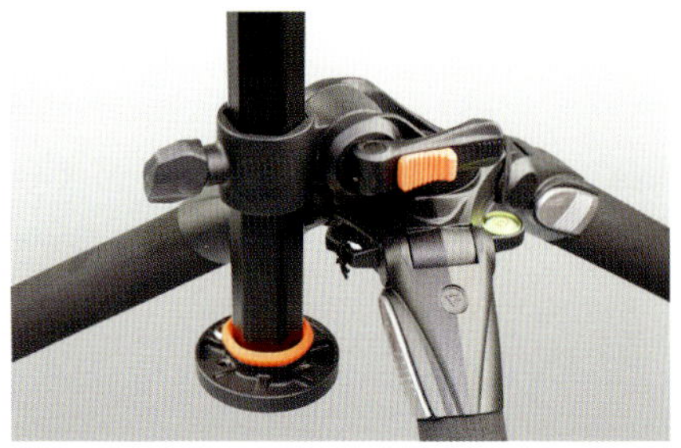
▲ *Stativ mit umkehrbarer Mittelsäule sind gut geeignet um bodennahe Aufnahmen umzusetzen.*

Wichtig ist, dass das Stativ Ihren fotografischen Aufgaben gewachsen ist. Wenn Sie beispielsweise gerne im Nah- und Makrobereich fotografieren, dann ist es sinnvoll, wenn das Stativ für solche Aufgaben in Bodennähe geeignet ist. Wenn Sie viel auf Reisen sind, ist dagegen eine kompakte Bauweise und geringes Gewicht von Vorteil. Dafür gibt es spezielle Reisestative. Denn das stabilste Stativ ist wenig hilfreich, wenn es zu Hause liegt.

Gute Stative gibt es ab ca. 180 €. Nach oben sind kaum Grenzen gesetzt. Wichtig ist, dass Ihnen die Handhabung des Stativs zusagt. Deshalb sind pauschale Empfehlungen nicht möglich. Probieren Sie das Stativ vor dem Kauf aus.

14.6 Makro-Ringleuchten

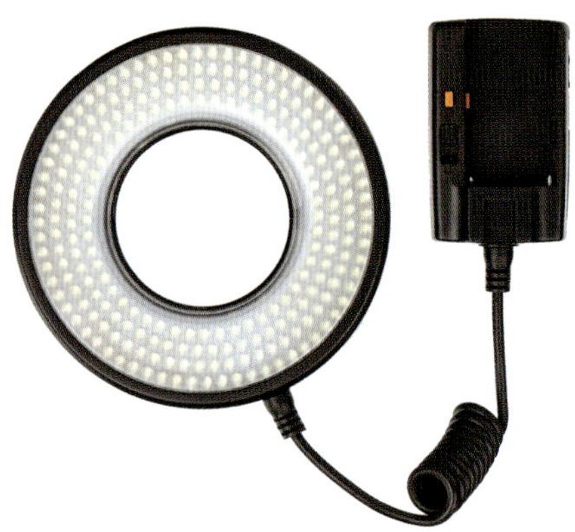
▲ *Makro-Ringleuchte mit LEDs und stufenloser Helligkeitseinstellung*

Direkt am Objektiv befestigt, kann der Ringblitz kleine Motive optimal beleuchten, und zwar ohne eine Abschattung durch Objektiv oder Sonnenblende. Durch die geringe Motiventfernung hat er nur geringe Streuverluste und kommt mit einer geringeren Leuchtkraft aus.

Die Auswahl an Ringblitzen auf dem Markt ist sehr überschaubar. Speziell für die Makrofotografie oder die medizinische Dokumentation hat Sigma den Ringblitz EF-140 konzipiert. Er wird mit Adapterringen am Filtergewinde befestigt und hat die gleiche Elektronik wie der EF-500 DG Super, daher kann er in einem CLS auch als Master-Gerät agieren. Dieser Ringblitz ist sicher keine echte Konkurrenz zum Nikon-Makroblitzsystem, aber dafür erheblich preisgünstiger.

Tipp: Ringblitz für Porträts

Eine ganze Reihe von Fotografierende schwört auch auf den Ringblitz als Porträtblitz. Dabei muss man zwar sehr nahe heran, weil dessen Leitzahl nicht die allerhöchste ist, aber dafür ergeben sich stark konturierte Gesichtszüge und keine dunklen Augenhöhlen. Die Ergebnisse sind oft Geschmackssache.

Preiswerter Einstieg

LED-Makro-Ringleuchten mit stufenloser Helligkeitsregelung sind geeignet, um den Nah- und Makrobereich schattenfrei auszuleuchten. Die Ringleuchte wird einfach am Filtergewinde des Objektivs befestigt und sorgt durch seine ringförmige Anordnung der LEDs um das Objektiv herum für eine schattenfreie Ausleuchtung des Motivs. Allerdings wirkt diese Beleuchtung für Motive in der Natur etwas unnatürlich und flach. Für technische Motive liefert eine Makro-Ringleuchte aber sehr gute Ergebnisse.

14.7 Makrolinsen

Für gelegentliches Fotografieren im Nah- und Makrobereich muss nicht gleich ein Makroobjektiv angeschafft werden. Es gibt auch einfache Lösungen, die erstaunlich gute Ergebnisse liefern. Makrolinsen werden genau wie Fotofilter in das Filtergewinde des Objektivs geschraubt. Sie verkürzen die Nahgrenze des Objektivs und verbessern so den Abbildungsmaßstab. Jedoch gibt es bei Nahlinsen große Qualitätsunterschiede. Einfache Nah- und Makrolinsen verschlechtern die Bildqualität, verursachen Randunschärfe und Farbsäume an den Motivkanten.

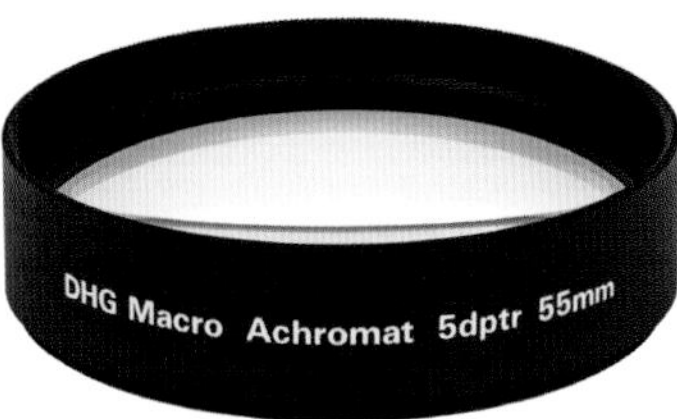

▲ *Achromatische Makrolinse*

Für sehr gute Bildqualität bekannt sind achromatische Makrolinsen. Diese bestehen aus mehreren Linsen und sind mit einer beidseitigen Mehrschichtvergütung beschichtet. Die Autofokus-Funktion bleibt meist voll erhalten.

Achromate sind zwar teurer als einfache Nahlinsen. Die Bildqualität dafür erstaunlich gut. Weitere Vorteile: ein Vorsatzachromat reduziert die Lichtstärke des Objektivs nicht, ist klein, leicht und kompakt und damit gut für unterwegs geeignet. Zu empfehlen ist die Verwendung an leichten Telebrennweiten damit die Distanz zum Motiv nicht zu knapp ausfällt.

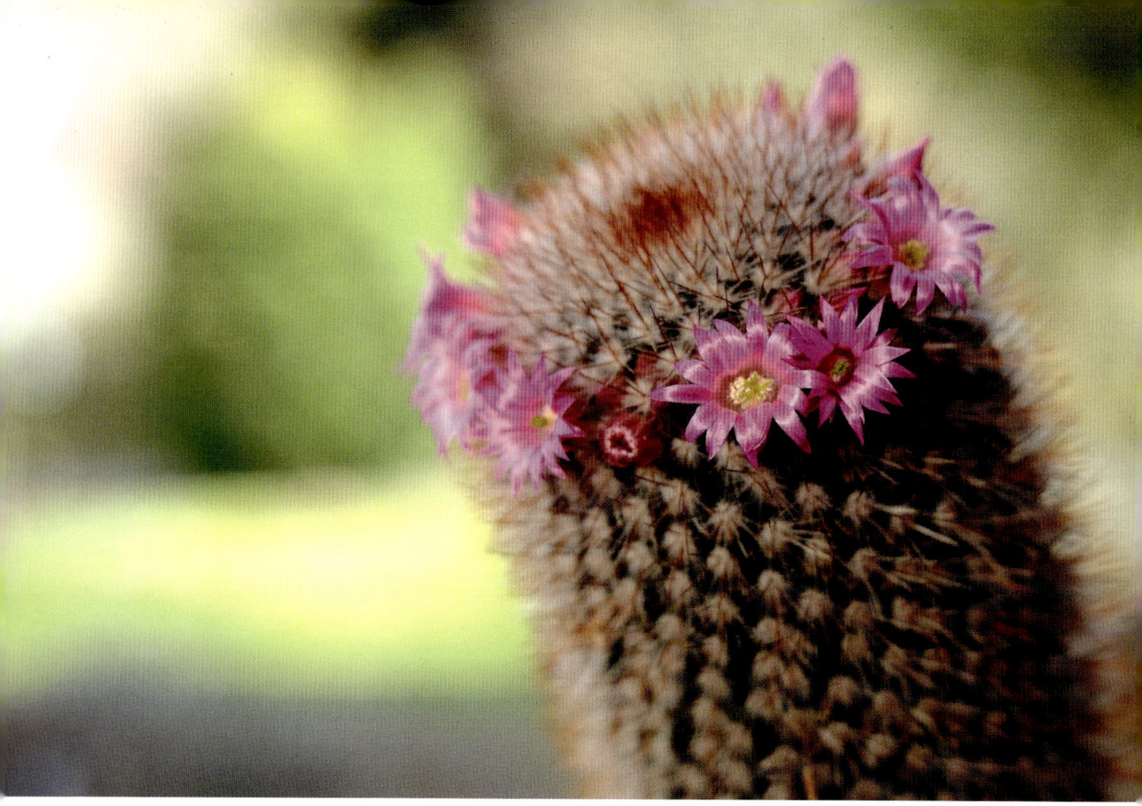

▲ Mit FUJINON XF 35 mm F/1,4 R ohne achromatische Nahlinse

14.8 Makro-Zwischenringe

Alternativ oder zusätzlich zu einem Achromat lässt sich ein Makro-Zwischenring verwenden. Der wird zwischen Kameragehäuse und Objektiv gesetzt und verkürzt so die Aufnahmedistanz und verbessert den Abbildungsmaßstab.

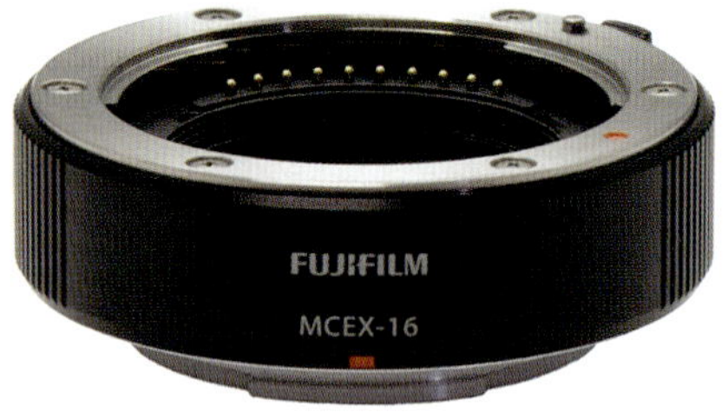

▲ Makro-Zwischenring FUJIFILM MCEX-16

Von FUJIFILM gibt es 2 Zwischenringe, MCEX-11 und MCEX-16 mit 11 bzw. 16 mm Auszugsverlängerung. Verwenden Sie den Zwischenring an dem FUJINON 18-55 mm F/2,8-4 verkürzt sich die Naheinstellgrenze zum Motiv von 28,4 cm auf 9,1 cm mit dem MCEX-11. Mit dem MCEX-16 verkürzt sich die Aufnahmedistanz bis auf 6,3 cm.

Zwischenringe gibt es nicht nur direkt von FUJIFILM, sondern auch von Fremdherstellern wie z. B. Dörr oder Quenox. Die Autofokusfunktion und die Möglichkeit zur automatischen Blendensteuerung bleiben damit erhalten. Aber Vorsicht ist geboten bei Billiganbietern. Da existieren auch Exemplare ohne Autofokus-Funktion.

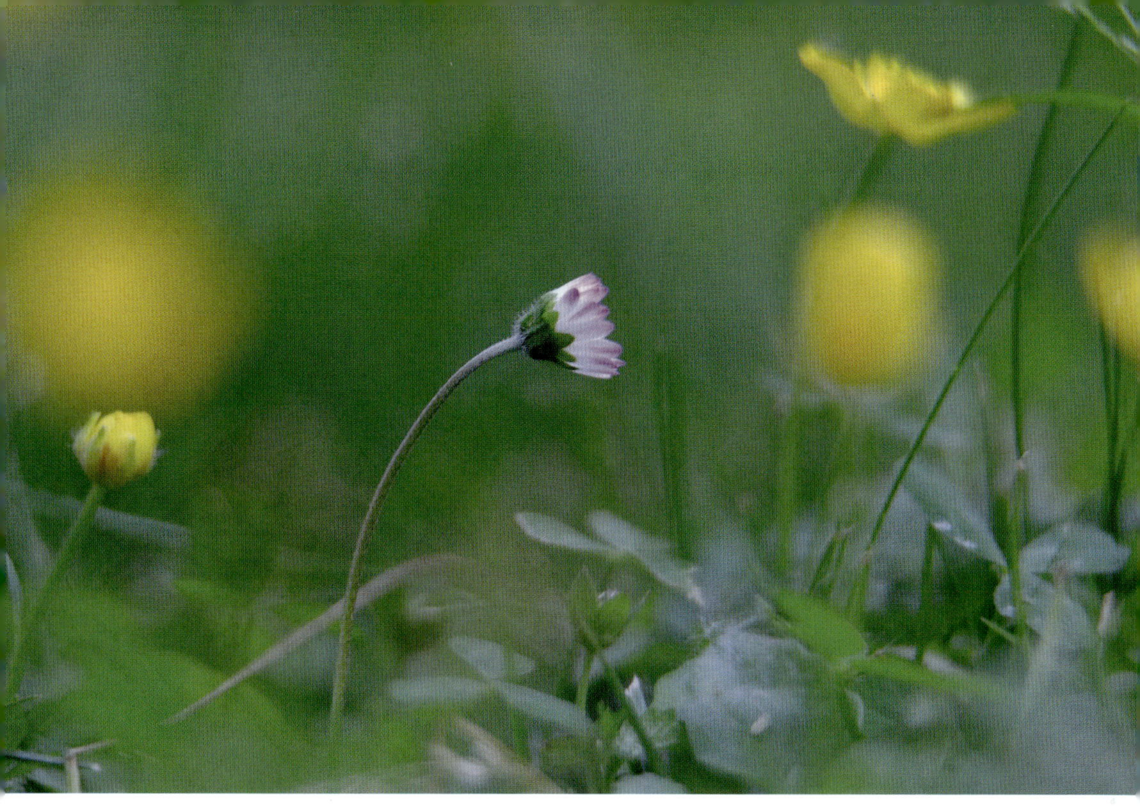

▲ *Foto mit Makro-Zwischenring*

Auch mit Zwischenringen sollte die verwendete Brennweite nicht zu kurz sein. Denn mit leichten Telebrennweiten wird der Abstand zum Motiv etwas größer. Tiere werden so nicht verschreckt und es kommt genügend Licht ans Motiv.

14.9 Balgengerät

Die gleiche Funktionsweise wie ein Zwischenring hat ein Balgengerät. Auch das Balgengerät wird zwischen Kamera und Objektiv gesetzt. Der Vorteil besteht darin, dass die Auszugsverlängerung stufenlos bis zu 116 mm verlängert werden kann. Außerdem können mit entsprechendem Adapterring auch Objektive anderer Hersteller verwendet werden. Mit einem Balgengerät sind beispielsweise mit dem FUJINON XF/55-200 mm F/3.5-4.8 Abbildungsmaßstäbe von bis zu 3,4:1 möglich. Das heißt die Abbildung auf dem Kamerasensor ist 3,4x größer als das Original. Zusammen mit der Fokus Bracketing Funktion aktueller FUJIFILM X-Kameras sind beeindruckende Makroaufnahmen mit durchgehender Schärfentiefe möglich. Die bekanntesten Balgengeräte kommen aus deutscher Produktion von NOVOFLEX aus Memmingen. Mit einem Weitwinkelobjektiv ist ein Abbildungsmaßstab von bis zu 2,8:1 möglich.

14.10 Umkehrring

Mit Weitwinkel- oder Zoom-Objektiven können Sie, in Kombination mit einem Umkehrring, in die Welt der extremen Nahfotografie mit hervorragender Qualität eintauchen.

Das Objektiv wird mithilfe des Umkehrrings in umgedrehter Position auf das Gehäuse montiert. Der Ring überträgt alle Steuerfunktionen.

Beispiel: Mit einem FUJINON XF 18-55 mm F/2,8-4 R LM OIS in umgedrehter Stellung wird ein Abbildungsmaßstab bei einer Brennweite von 18 mm von ca. 2,8:1 erreicht. Dies entspricht einem größeren Abbildungs-Maßstab, als mit einem Makroobjektiv erreicht werden kann.

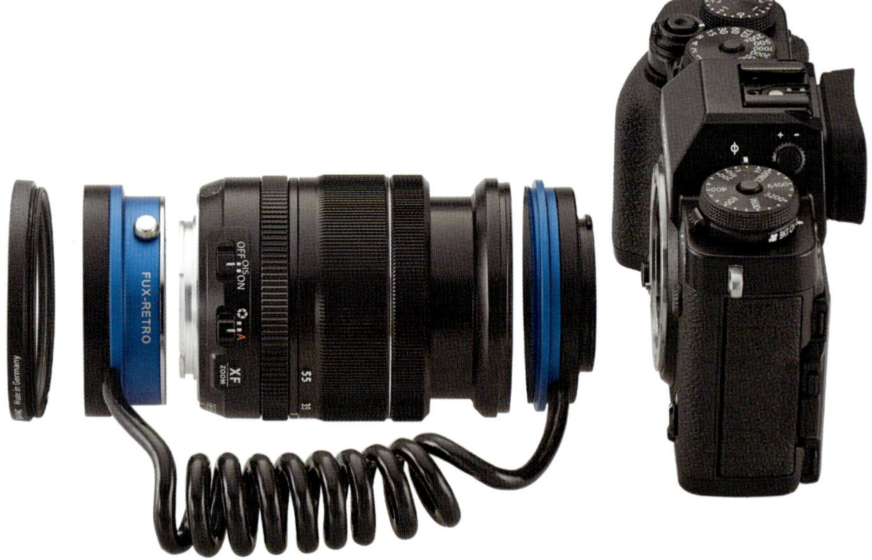

▲ *NOVOFLEX Umkehradapter für FUJIFILM ermöglicht extreme Abbildungs-Maßstäbe.*

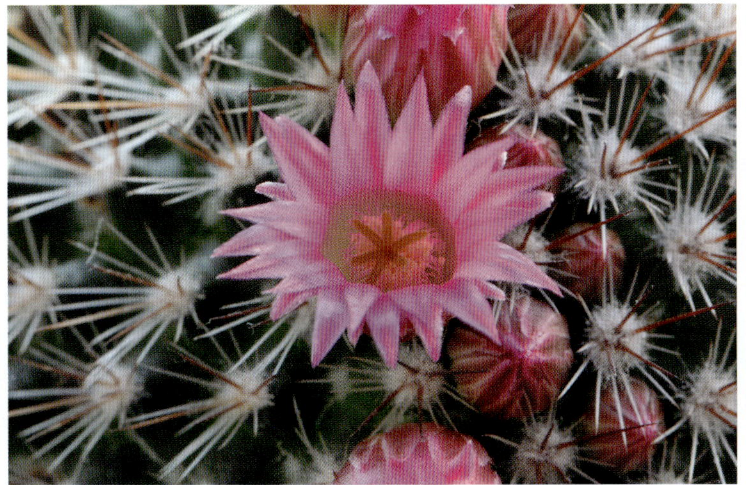

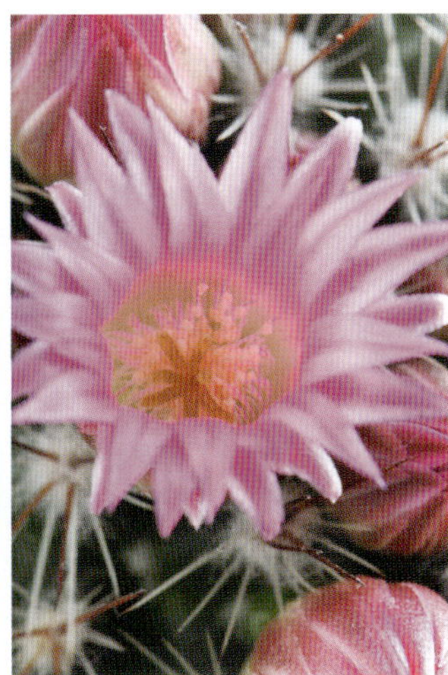

▲ *Foto mit Balgengerät*

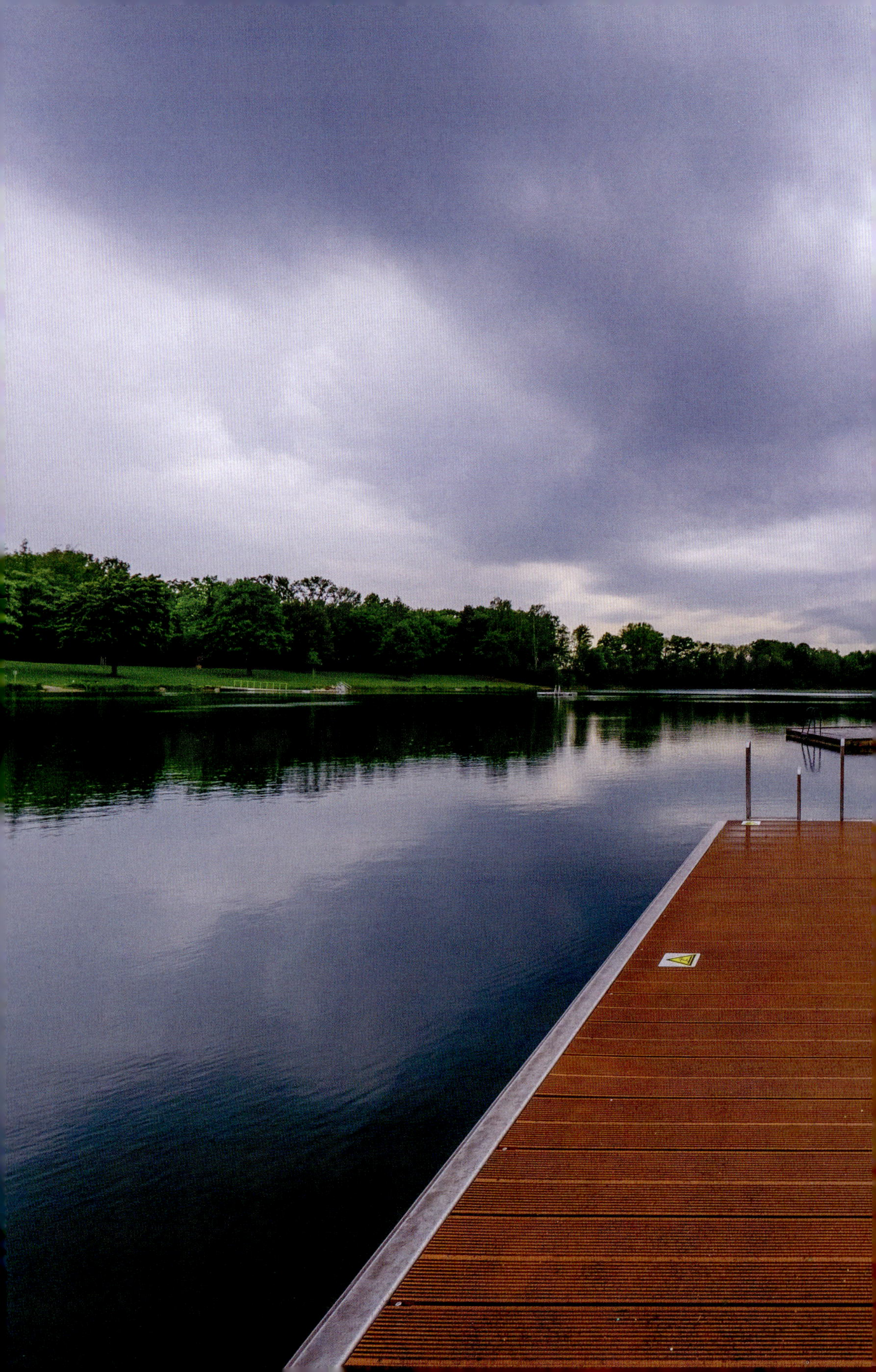

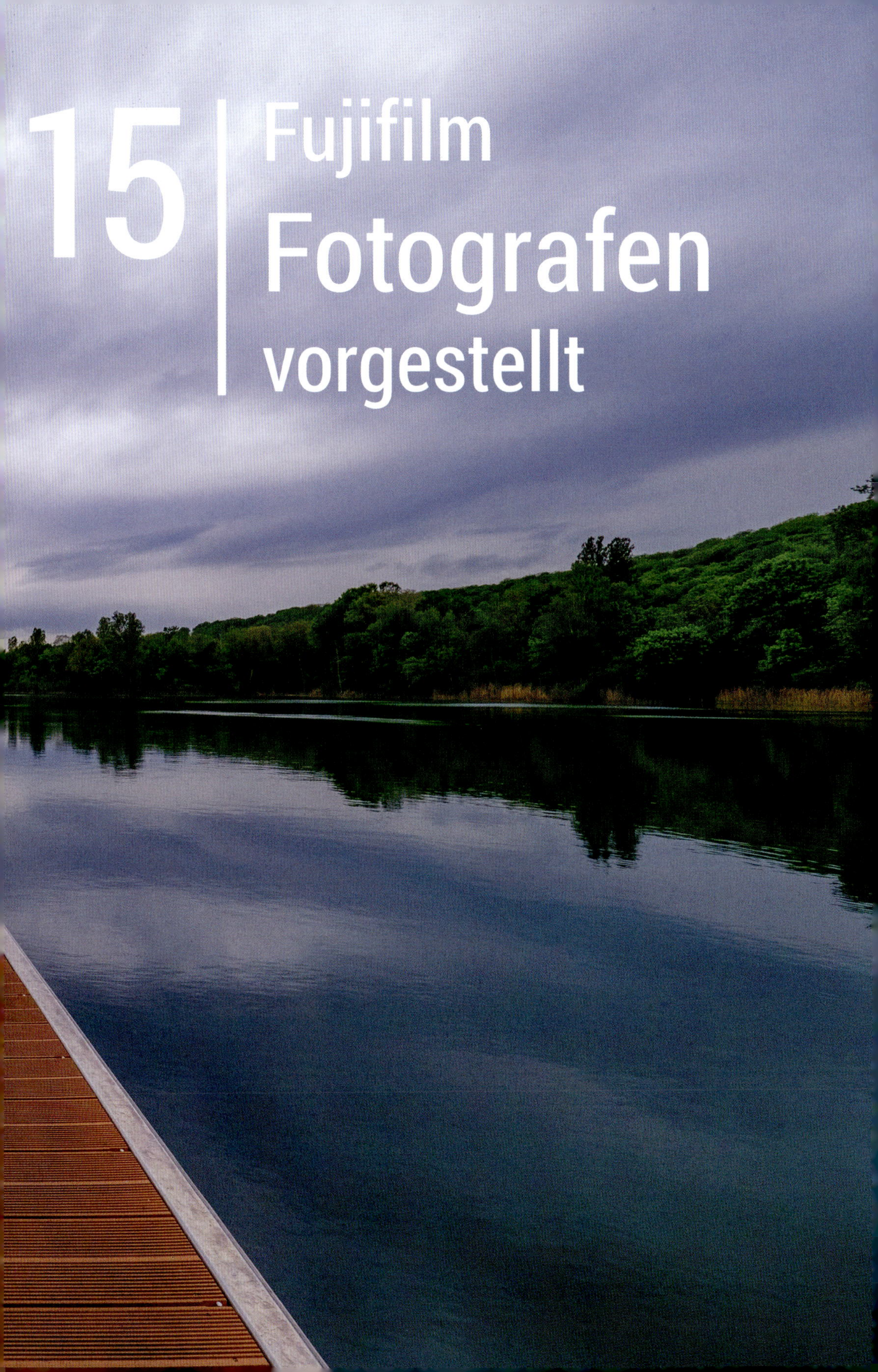

15 Fujifilm Fotografen vorgestellt

15.1 Elke Vogelsang

Wer bist du? Stell dich und deinen fotografischen Werdegang bitte kurz vor.

Mein Name ist Elke Vogelsang. Ich bin Werbe- und Magazinfotografin mit Spezialisierung auf Haustiere.

2009 beschloss ich, einen kreativen Ausgleich zu einer sehr stressigen Zeit zu suchen. Meine Wahl fiel auf die Fotografie, die ich sporadisch als Hobby ausübte. Als Neujahrsvorhaben begann ich ein Ein-Bild-pro-Tag-Projekt. Hiermit versuchte ich, ein wenig Normalität aufrecht zu erhalten und eine Art Bildtagebuch für meinen Mann zu erstellen, der zuvor mit einer schweren Hirnblutung ins Krankenhaus eingeliefert worden war.

Zum Glück wurde mein Mann wieder vollständig gesund, aber die Fotografie war für mich zu einer Art heilendenden Beschäftigung geworden. Bei dem Projekt lernte ich meine Kamera zu bedienen und jeden Tag musste ich versuchen, neue Ideen zu finden. Schnell war klar, meine Hunde wurden zu meinem am häufigsten fotografierten Motiv. Nachdem die Grundlagen saßen, beschloss ich, mich zu spezialisieren und mir intensiver Gedanken zu einem

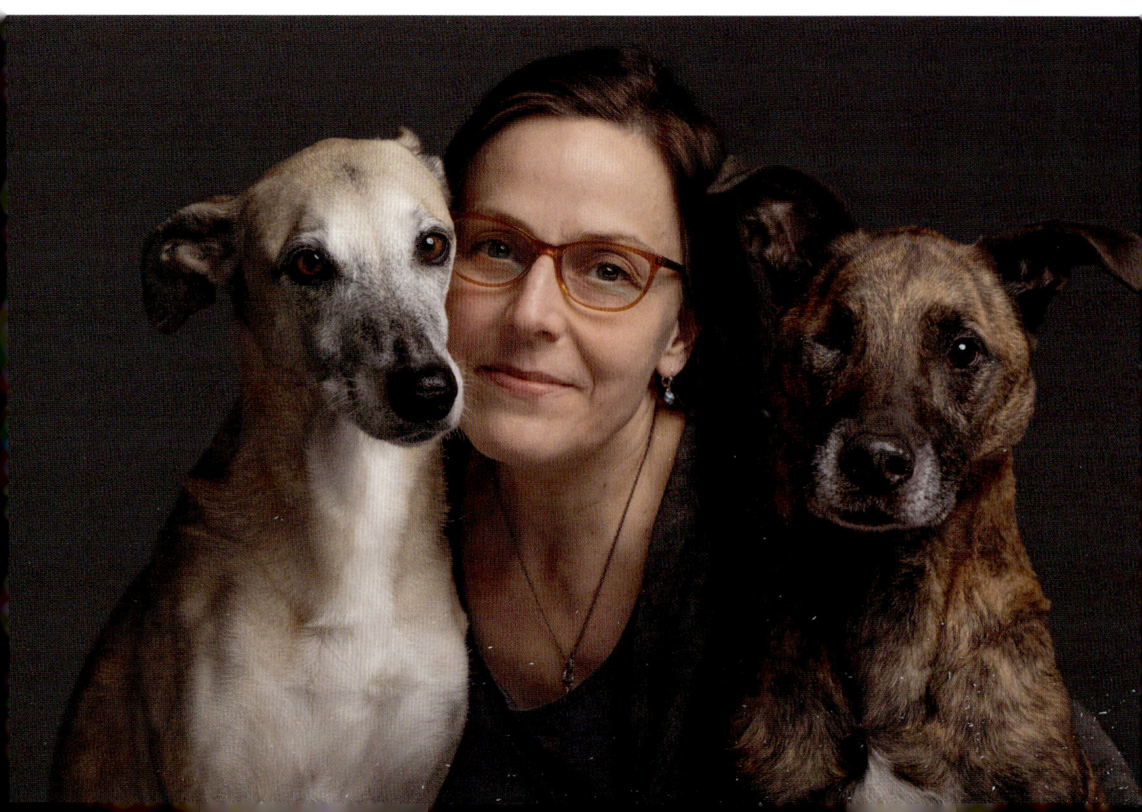

einzelnen Thema zu machen. So begann ich mein 52-Wochen-Projekt. Jede Woche stellte ich mir dafür eine neue Aufgabe. Das war eine tolle Möglichkeit, sich selber ein wenig zu motivieren.

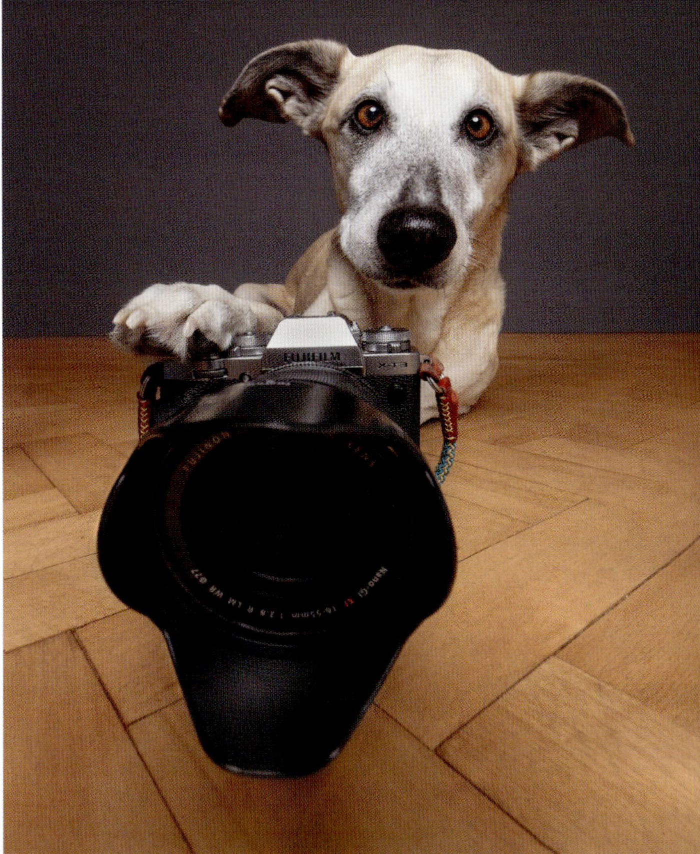

▲ *Foto: Elke Vogelsang*

Ich habe mir zumeist fotografische Aufgaben herausgesucht, die mich dazu brachten, etwas Neues auszuprobieren und meine Fähigkeiten zu erweitern. Ich glaube, dass man so am besten seine eigenen Vorlieben und den persönlichen Stil entdecken kann und mehr und mehr seinen Blick fürs Detail schärft.

Das Wunderbare an der Fotografie ist, dass man nie auslernt. Den fotografischen Möglichkeiten sind keine Grenzen gesetzt. Zur Spezialisierung auf Hunde im Studio kam ich eigentlich eher per Zufall. Ich wollte auch bei schlechtem Wetter im dunklen Winter jeden Tag Fotos machen und probierte die Studiofotografie aus, auf die ich eigentlich nicht so viel Lust gehabt hatte. War ich doch zu gerne eigentlich draußen unterwegs. So versuchte ich von Anfang an etwas zu finden, was ich auch im Studio spannend finden konnte, ohne den Hund bis auf die Knochen zu verkleiden. Das waren die Gesichtsausdrücke. So kam es zu den urigen, vielleicht lustigen Hundeporträts im Studio.

Meine eigenen Hunde sind eine große Inspiration. Sie lieben es fotografiert zu werden und machen sämtliche Albernheiten mit. Vorrangig möchte ich mit meinen Bildern auch Freude bringen.

Hunde sind lustige Lebewesen und da es nicht nur derzeit viel zu bemängeln gibt in der Welt, sollen meine Bilder eher ein bisschen Fröhlichkeit verbreiten. So mag ich Humor, der mich auch durch die letzten privat eher sehr anstrengenden Jahre gebracht hat.

Seit wann fotografierst du mit dem FUJIFILM X-System und wie kam es dazu?

Ich wollte immer eine Kamera dabei haben. Da ich eine Vollformat-Canon hatte, war mir das mit dieser zu umständlich, zu schwer, zu groß. Ich beschloss, eine kleine Kamera für die Jackentasche zu kaufen.

Meine Wahl fiel auf die Fujifilm X20, eine kleine Kompaktkamera. Schon von dieser eher grundlegenden Kamera war ich begeistert. Es machte endlich Spaß, immer etwas dabei zu haben. Somit beschloss ich, eine Fuji-Kamera mit Wechselobjektive anzuschaffen. Das war erst einmal die X-M1. Aber schnell wurde klar, dass ich der Bedienung, der Qualität und auch dem Aussehen der Fujis verfallen war. So stieg ich etwa 2016 vollständig um auf Fujifilm und blicke nicht zurück.

Was sind deine fotografischen Schwerpunkte?

Auch wenn ich am liebsten alles fotografieren würde wollen und das früher zum Spaß auch gemacht habe, schwöre ich heutzutage sehr auf Spezialisierung.

Nach und nach habe ich mir mein Geschäft so ausgerichtet, dass ich nur das mache, was mir am meisten Spaß macht und das ist die Werbe- und Magazinfotografie im Bereich Haustiere, vor allem Hund, aber auch Katzen und Pferde.

Welches ist dein am liebsten verwendetes Objektiv für das FUJIFILM X-System?

Im Studio bin ich recht eingefahren. Hier fotografiere ich fast ausschließlich mit dem Fujinon 16-55 mm F/2,8 R LM WR. Es bietet mir mit 16 mm ein Weitwinkel, bei dem ich verzerrte, lustige Portraits aufnehmen kann, während ich mit 55 mm eher elegantere Portraits fotografiere.

Für Draußenaufnahmen bin ich ein großer Fan von Festbrennweiten. Für elegante Portraits mit wunderbarem Bokeh aber auch für Bewegungsaufnahmen von schnellen Hunden, liebe ich das Fujinon XF 90 mm F/2 R LM WR. Für eher weitwinkligere Aufnahmen, zum Beispiel für Umgebungsportraits, mag ich das Fujinon XF 16 mm F/1,4 R WR sehr gerne.

Möchte ich für kommerzielle Aufträge von Fotos im Freien so flexibel wie möglich aufgestellt sein, hab ich immer das Fujinon XF 16-55 mm F/2,8 R LM WR und das Fujinon 55-140 mm F/2,8 R LM OIS WR bei mir.

Bitte zeig uns 3 von deinen Fotos. Wie sind sie entstanden?

Bild 1: Dieses Bild entstand mit der Fujifilm X20. Diese hat im Weitwinkelbereich eine außergewöhnliche Naheinstellgrenze, was natürlich ausprobiert werden musste. So ging ich mit der Kamera recht nah an meine Hund heran, um diese beim Schnappen, Schlabbern, Kauen zu fotografieren. Dabei entstand eine Serie, die ich »Schnauze!« nannte. Diese erfreute sich großer Beliebtheit und ging vor nunmehr zehn Jahren viral.

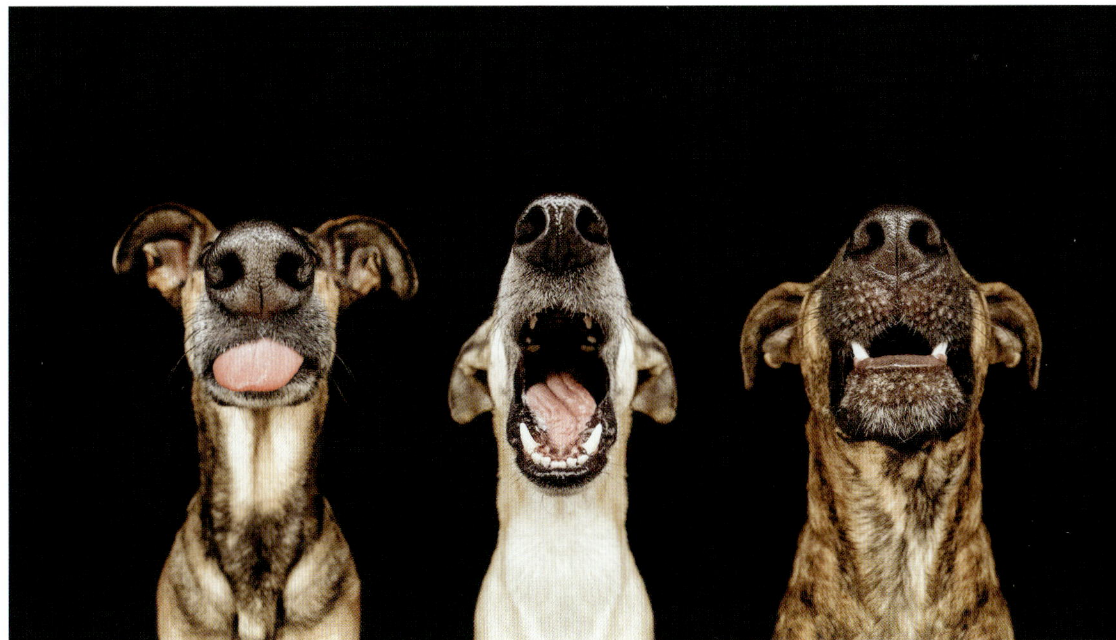

ISO 640 I F/2,5 I 1/250 Sek. I FUJIFILM X-M1 I FUJINON 35 mm F/1,4 R

Bild 2: Dieses Bild entstand beim Projekt »Normalbrennweite«, das ich mir im Zuge des 52-Wochen-Projekts stellte. Ich fotografiere viel in meinem eigenen Garten. Zuweilen hab ich das Gefühl, ich habe bereits jeden Zentimeter hier fotografiert. Aber Wiederholungen und Einschränkungen (wie hier auf eine bestimmte Brennweite) sorgen dafür, dass man immer mal wieder neue Wege findet, Altbekanntes in Szene zu setzen.

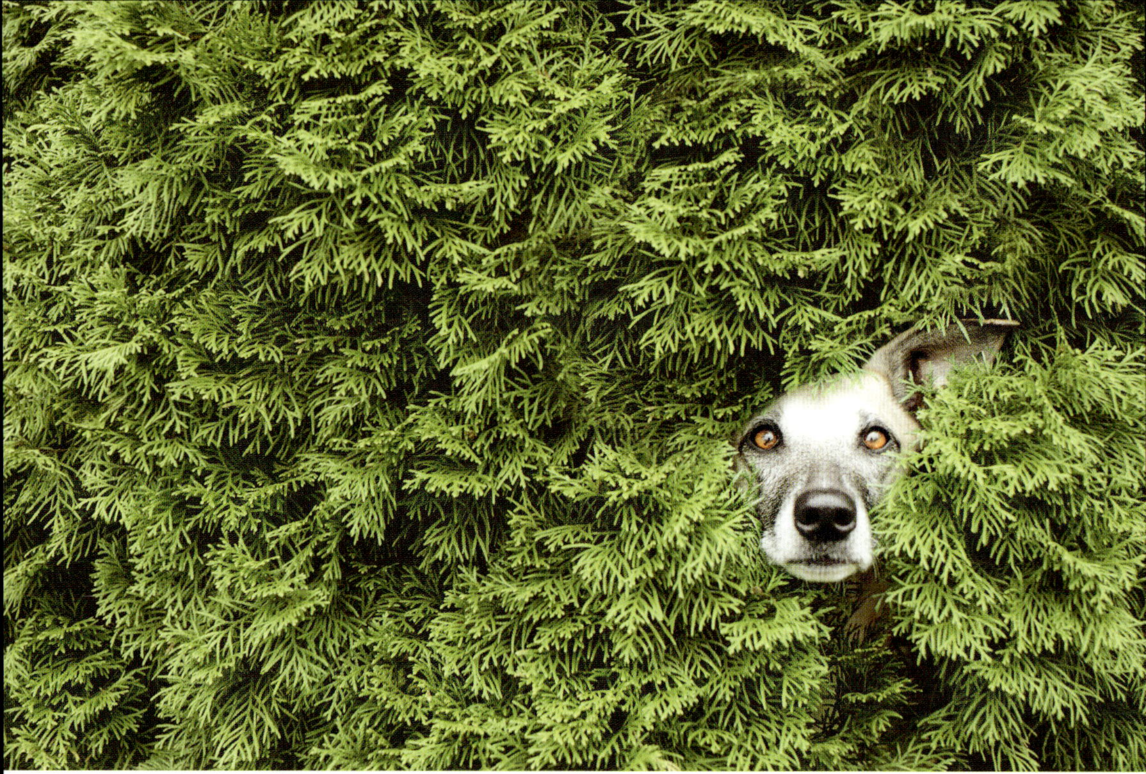

ISO 1.000 I 1/1.200 Sek. I F/2,2 I 7,1 mm I Kompaktkamera FUJIFILM X20

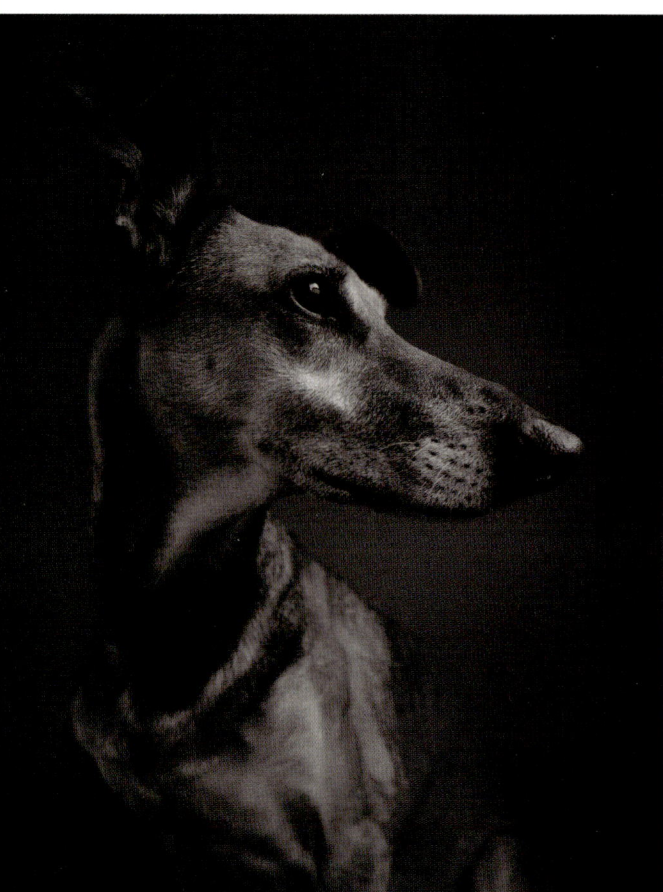

Bild 3: Ich bin bekannt für bunte, lustige Bilder, aber liebe auch Melancholisches und »nicht der Norm« entsprechende Bilder. Für meine eigenen Projekte sehen die Bilder dann manchmal ein wenig anders aus. Hier versuche ich alles in der Kamera so zu haben, wie es mir gefällt. In diesem Fall war das ein Fensterportrait mit Weitwinkel aufgenommen. In der Kamera wurden die Filmsimulation Across, Rauschen, Verstärkung der Kontraste durch Erhöhen von Lichtern und Schatten ausgewählt. Schön ist, wenn etwas, was einem persönlich gefällt, auch anderswo Anklang findet. So habe ich es ganz mutig bei einer britischen Zeitschrift für Schwarzweißfotografie eingereicht und es wurde für das Cover ausgewählt.

www.elkevogelsang.com

ISO 3.200 I F/2,8 I 1/250 Sek. I 16 mm I FUJIFILM X-T3 I FUJINON 16-55 mm F/2,8 R LM WR

15.2 Thomas B. Jones

Wer bist du? Stell dich und deinen fotografischen Werdegang bitte kurz vor.

Mein Name ist Thomas B. Jones. Ich bin ein deutsch-amerikanischer Fotograf, der sich auf Porträt- und Reportagefotografie spezialisiert hat. Ich habe eine aufrichtige Leidenschaft für die Fotografie und alles, was damit einhergeht: interessante Menschen kennenlernen, aufregende Orte erkunden und ansonsten flüchtige Momente festhalten.

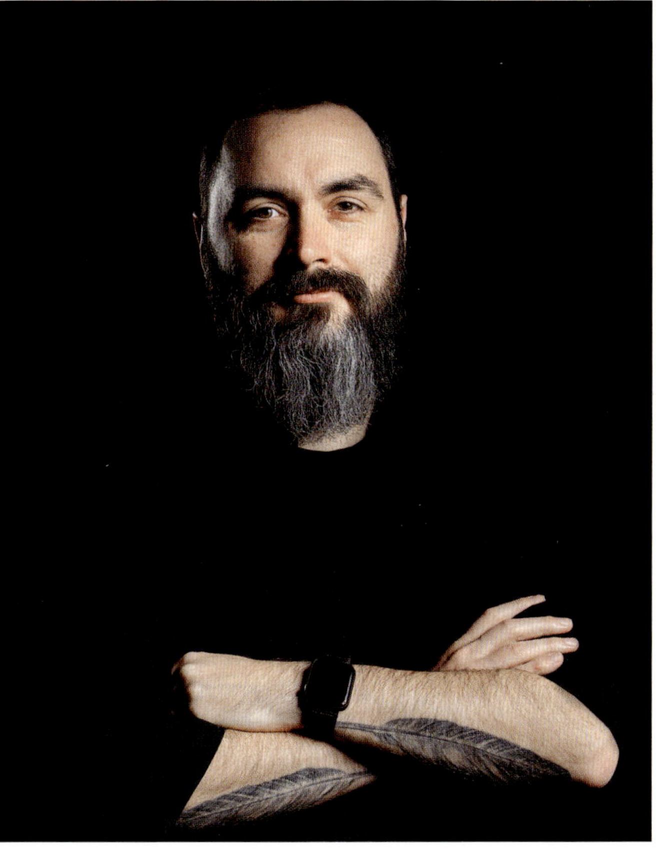

Angefangen hat meine Fotografie in der Musikszene, in der ich auch viele Jahre aktiv war. Aus der Konzert- und Backstage-Fotografie hat sich das Hobby langsam zum Nebenjob entwickelt und über unzählige Hochzeiten bin ich heute in der Business-Welt und dem Journalismus angekommen.

Seit wann fotografierst du mit dem FUJIFILM X-System und wie kam es dazu?

Je mehr die Fotografie zum Job wurde, desto mehr steigt natürlich der Anspruch an die Fotografie und das Equipment. Dadurch werden die Kameras größer und teurer und irgendwann nimmt man die großen Brocken privat nicht mehr oder nur sehr ungern in die Hand. 2014 war ich an einem Tiefpunkt mit der Fotografie angekommen und hatte die Lust fast komplett verloren. Zu meiner Rettung kam die Fujifilm X100S mit der ich den Spaß an der Fotografie wiederentdeckt habe. Endlich eine kleine Kamera, die ich wirklich immer mitnehmen kann und mit der die Fotografie auch wieder Spaß macht. Über ein paar glückliche Unfälle habe ich dann auch die Fotografie im JPEG-Format für mich wiederentdeckt und damit war der Wechsel zu Fujifilm eigentlich beschlossene Sache. Seit 2016 fotografiere ich ausschließlich mit Fujifilm X Kameras und 2019 kamen auch noch die GFX Modelle dazu. Seit 2021 bin ich offizieller FUJIFILM X-Photographer.

Was sind deine fotografischen Schwerpunkte?

In meinem Alltag als Berufsfotograf arbeite ich mit Unternehmen, Magazinen und Agenturen in den Bereichen Corporate-Fotografie, Industriefotografie, Corporate Publishing, Gastronomie und Werbung. Aber auch im Fotojournalistischen Bereich mit Tageszeitungen und Magazinen. In den letzten Jahren habe ich meinen Schwerpunkt – gerade bei den freien Projekten – stark auf die Reportagefotografie gelegt. Das heißt, dass ich auf Reisen viel in Bereiche vordringe die anderen verborgen bleiben. Da das Reisen in den letzten Jahren ja stark eingeschränkt war, habe ich den Fokus hier in Deutschland auf die Politik gelegt und von kommunaler bis auf Bundesebene Politiker:innen sowohl im Wahlkampf als auch im politischen Alltag begleitet.

Welches ist dein am liebsten verwendetes Objektiv für das FUJIFILM X-System?

Das dürfte im Moment sicherlich das XF 18 mm F/1,4 R LM WR sein. Hier ist der Spruch »Get Up Close and Wide Open« mit dem das Objektiv beworben wird wirklich Programm. Es erlaubt mir viel Kontext in meinen Reportagen zu zeigen, zwingt mich aber auch noch näher ranzugehen und dabei offen zu bleiben. Das offen bleiben beziehe ich dabei weniger auf die Blende, als viel mehr auf die mentale Einstellung gegenüber denen die ich fotografiere.

Die 18 mm sind für mich auch der perfekte Mittelpunkt zwischen dem XF 16 mm und XF 23 mm die ich bisher hauptsächlich bei meinen Reportagen verwendet habe. Hinzu kommt natürlich, dass das XF 18 mm F/1,4 den beiden beim Fokussieren und auch in der Abbildungsleistung überlegen ist.

Bitte zeig uns 3 von deinen Fotos. Wie sind sie entstanden?

Bild 1: Das Bild entstand am Rande des Bundestagswahlkampfs 2021. Ich begleitete die heutige Außenministerin Annalena Baerbock und Marcel Emmerich (MdB) auf einer Veranstaltung in Ulm.

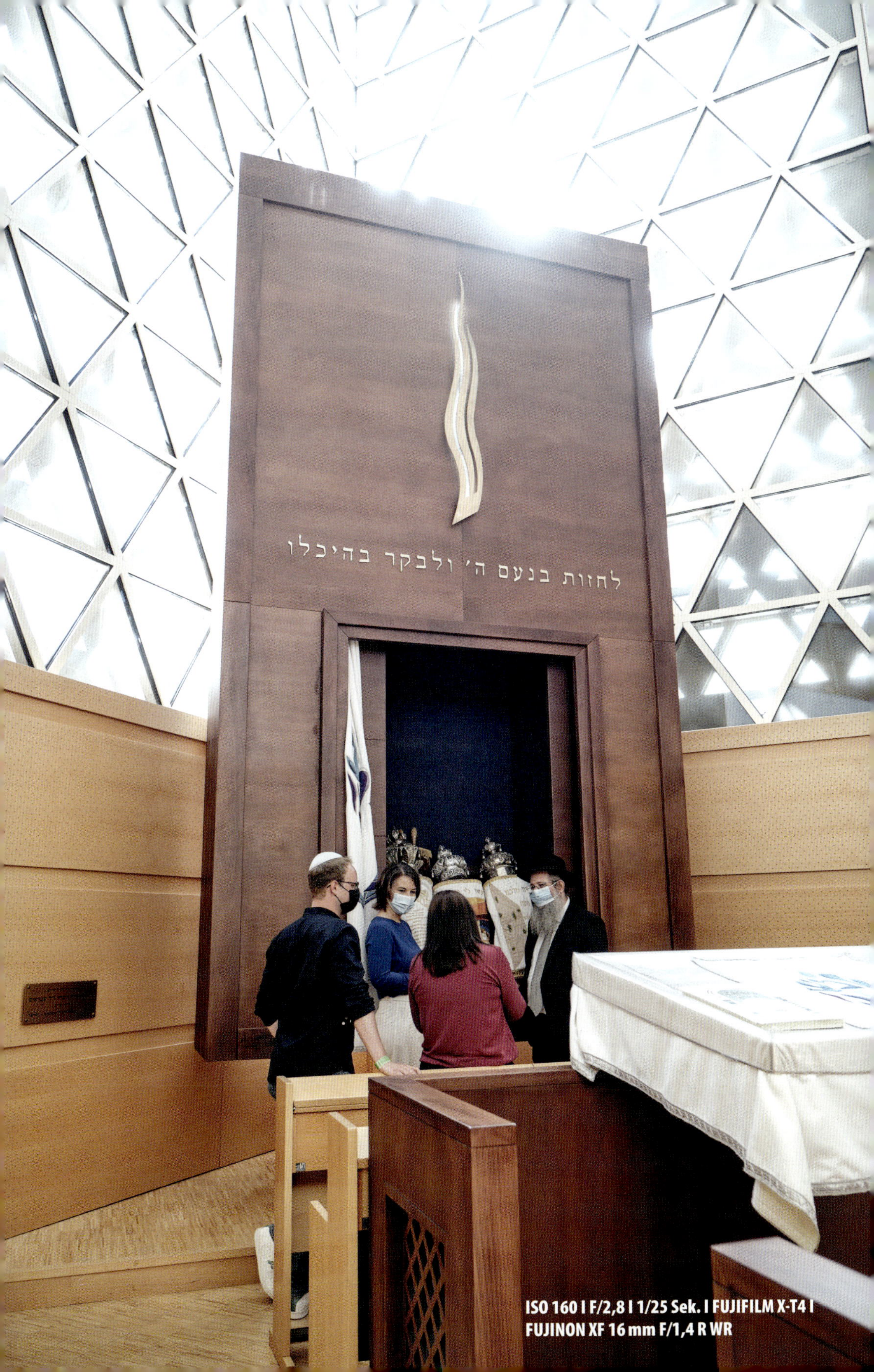

ISO 160 I F/2,8 I 1/25 Sek. I FUJIFILM X-T4 I
FUJINON XF 16 mm F/1,4 R WR

Vor der offiziellen Veranstaltung haben sie die Synagoge besucht auf die in den Monaten zuvor ein Brandanschlag verübt worden war.

Bild 2: Es entstand in der Hebron in der südlichen Westbank, während meiner Israel Reise 2019. Wir befinden uns hier in der von Israel eingerichteten Pufferzone zwischen palästinensischen Wohngebieten und den jüdischen Siedlungen, die Teile Hebrons zu einer Geisterstadt werden lassen. Hier begegnen sich lediglich Soldaten, Polizisten und vereinzelte Anwohner auf den Straßen.

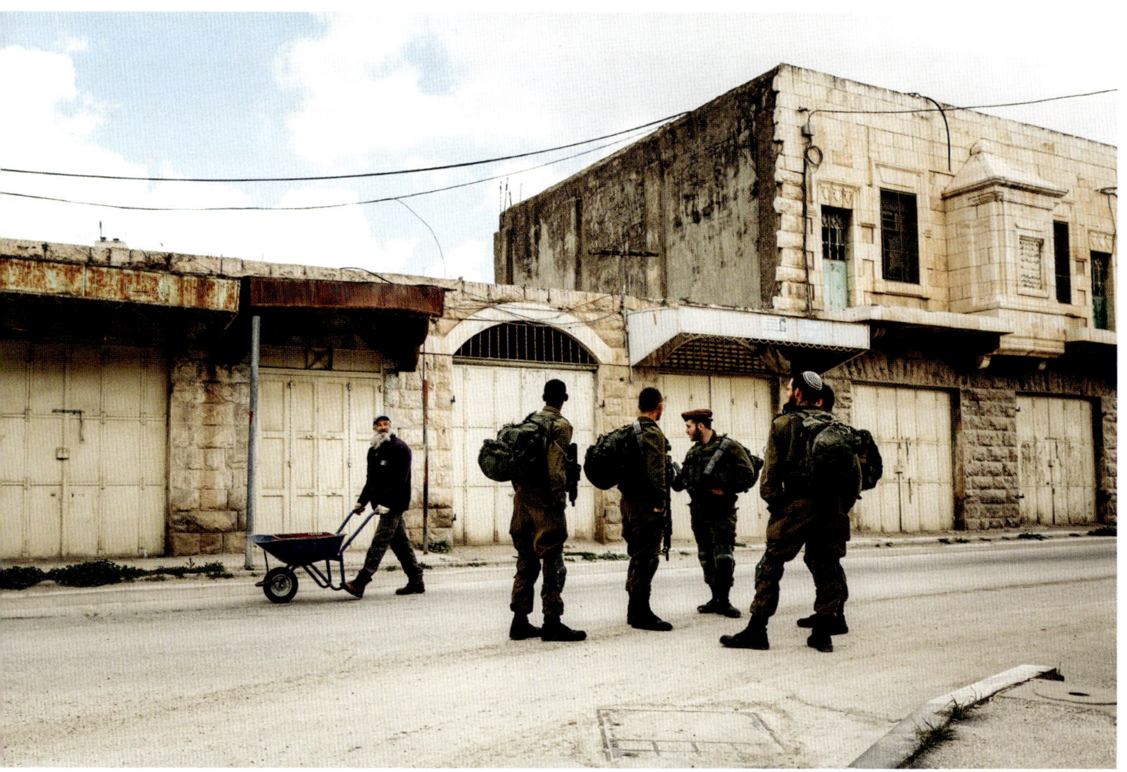

ISO 320 I F/4 I 1/1.400 Sek. I FUJIFILM X-T3 I FUJINON XF 16 mm F/1,4 R WR

Bild 3: Das Portrait entstand im Rahmen einer Reportage über junger Bierbrauer (siehe Bild auf der nächsten Seite). Felix Unger von »Braurevolution« steht hier zwischen den Gärtanks, in denen im Moment tausende Liter Bier entstehen. Die komplette Brauerei ist als gläserne Produktion aufgebaut, so das Gäste im Gastro-Bereich jeden Schritt des Bierbrauens mitverfolgen können, wenn sie genug Zeit mitgebracht haben.

www.thomasjones.de

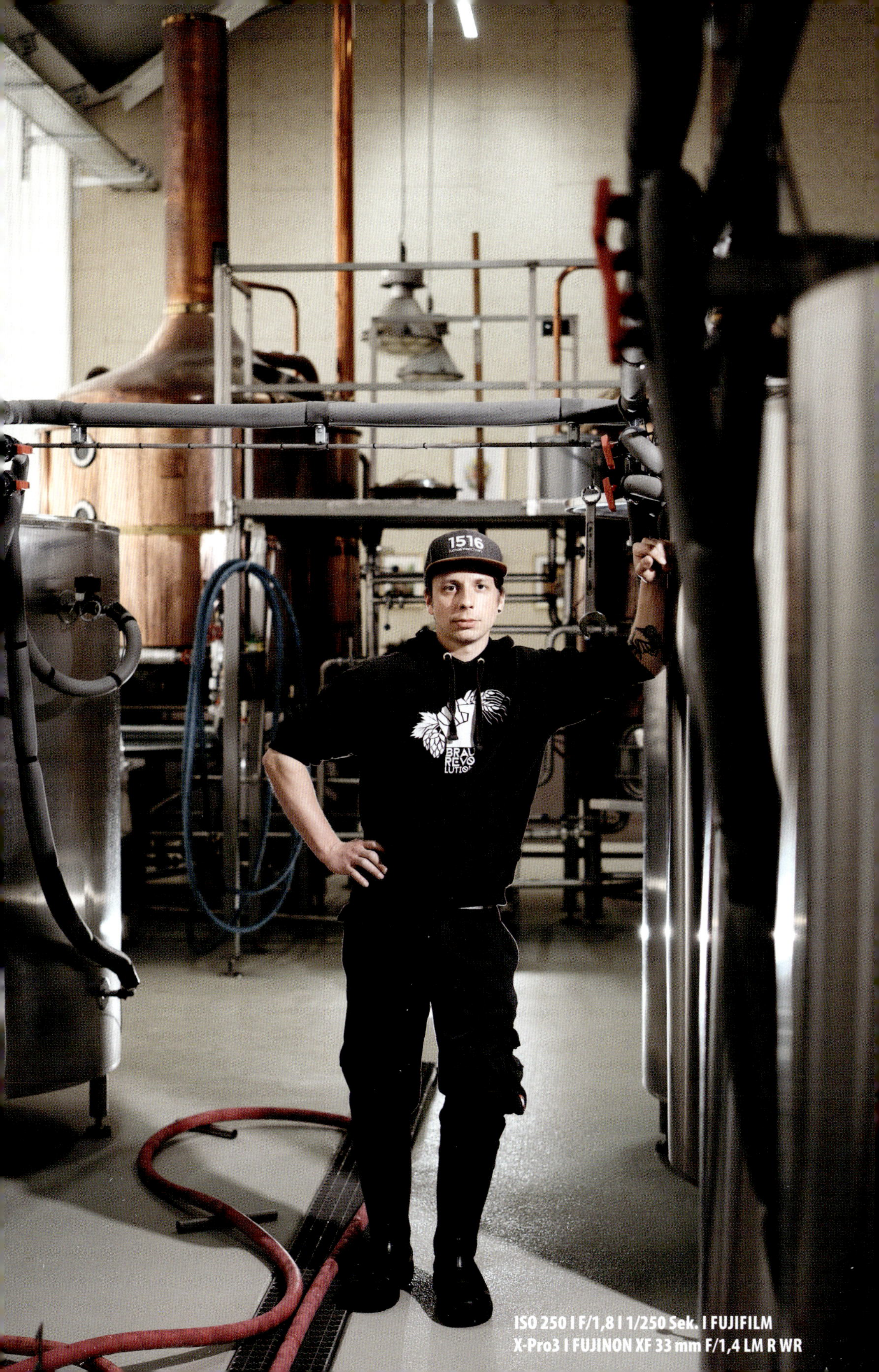

ISO 250 I F/1,8 I 1/250 Sek. I FUJIFILM X-Pro3 I FUJINON XF 33 mm F/1,4 LM R WR

15.3 Axel Hoffmann

Wer bist du? Stell dich und deinen fotografischen Werdegang bitte kurz vor.

Ich bin gelernter Werbe- & Industriefotograf wurde 1967 in Krefeld geboren. Nach meiner Ausbildung zum Fotografen habe ich im Handel und auch bei Fujifilm in Düsseldorf gearbeitet.

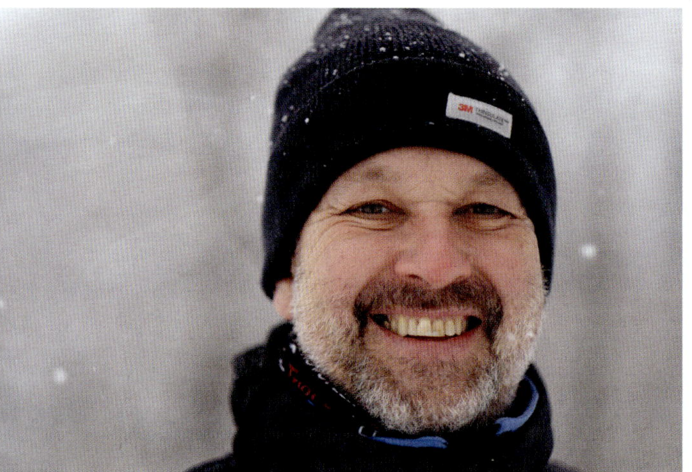

Bei Fujifilm habe ich mich in die Produkte verliebt und den Service der hier den Kunden geboten wurde.

Dies hat sich bis heute nicht geändert. Ich bin seit dem ersten Tag ein »Fujigraf«, habe mit der X-Pro1 angefangen und bis heute den Umstieg von Canon nicht bereut.

Seit wann fotografierst du mit dem FUJIFILM X-System und wie kam es dazu?

Seit 2013 bin ich Fuji X Fotograf. Ich habe damals auf einer Messe in Fürstenfeldbruck von meinem Ex Kollegen Bruno Ertl die X-Pro 1 zum Testen übers Wochenende in die Hand gedrückt bekommen.

Nach nur einem Tag war die Entscheidung gefallen und ich will die Fuji behalten. Die scharfen Fotos und die tollen Farben haben mich begeistert.

Was sind deine fotografischen Schwerpunkte?

Werbung, Industrie und Naturfotografie. Zur Naturfotografie kam ich über meinen Freund Bernd Ritschel, den ich auch zum Fuji System gebracht habe.

Durch unsere Begeisterung zum Fuji System ist auch daraus das Fujifilm X-Event entstanden, das sich dieses Jahr mit der Unterstützung von Fujifilm und Novoflex jetzt zum achten Mal stattfindet.

Welches ist dein am liebsten verwendetes Objektiv für das FUJIFILM X-System?

Das FUJINON XF 10-24 mm F/4 R OIS, das FUJINON XF 100-400 mm F/4,5-5,6 R LM OIS WR und das

Zeiss Touit 50 mm F/2,8 Macro Planar sind meine Lieblingsbrennweiten.

Bitte zeig uns 3 von deinen Fotos. Wie sind sie entstanden?

Ich liebe die Langzeitbelichtung. Oft habe ich ND-Filter vor der Kamera, und die Kamera auf dem Novoflex Triopod Stativ. Die Belichtungszeiten sind meist über 60 Sek. Die Fuji rauscht wenig und die Farben sind brilliant. Dank des elektronischen Suchers macht es viel Spaß mit ND-Filtern zu arbeiten.

Dieses Foto entstand auf einer Wanderung von der Tortalscharte im Abendlicht.

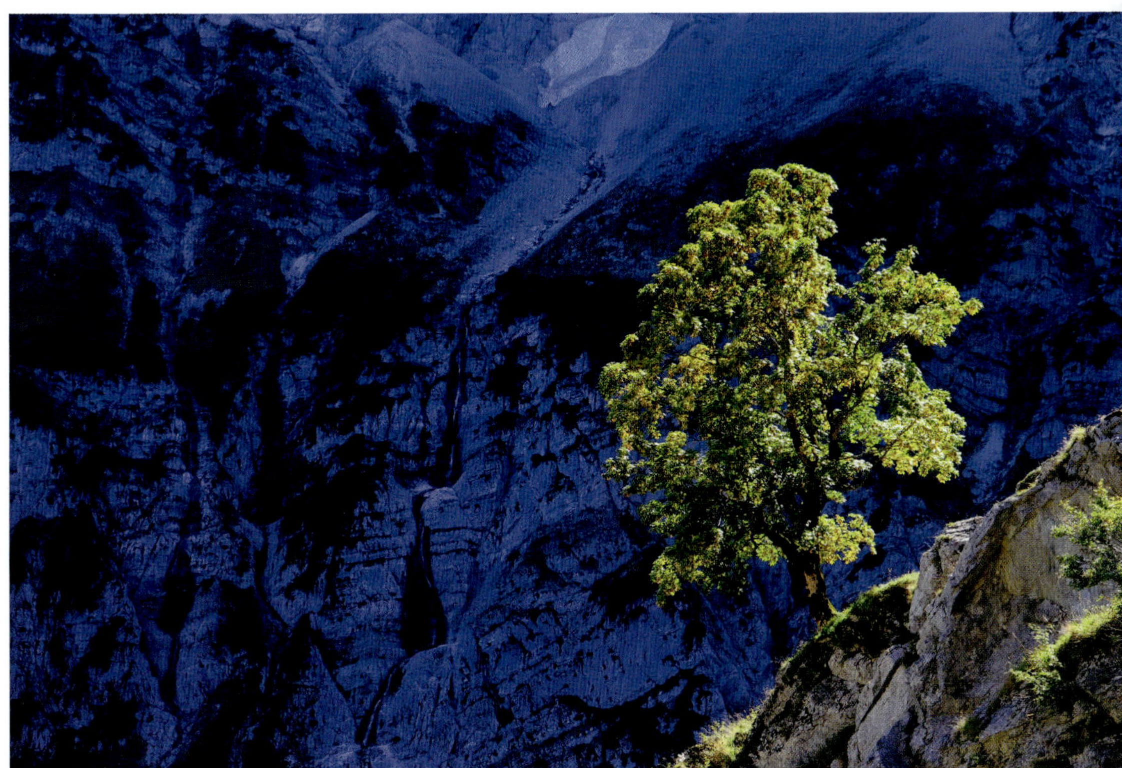

ISO 160 I F/4,5 I 1/300 Sek. I FUJIFILM X-T3 I Zeiss Touit 50 mm F/2,8 Macro Planar

Dieses und die nächsten beiden Bilder auf der nächsten Seite gehören zu meinem Steg-Projekt.

Dort gibt es mittlerweile über 500 unterschiedliche Aufnahmen von diesem Steg am Starnberger See.

www.hoffmannfoto.com/steg-aktuell
www.hoffmannfoto.com

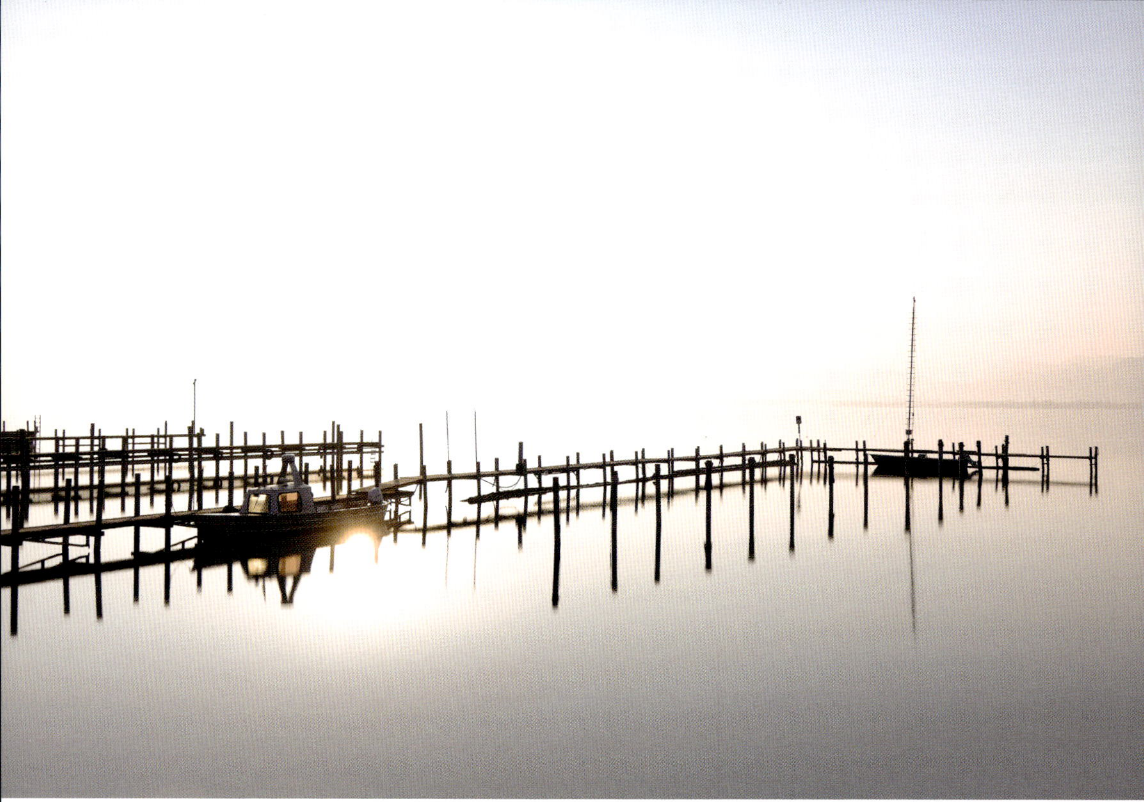

ISO 200 I F/9 I 2 Sek. I FUJIFILM X-T3 I FUJINON XF 10-24 mm F/4 R OIS bei 20 mm I ND Filter

ISO 160 I F/11 I 120 Sek. I FUJIFILM X-T3 I FUJINON XF 10-24 mm F/4 R OIS bei 15 mm I ND Filter

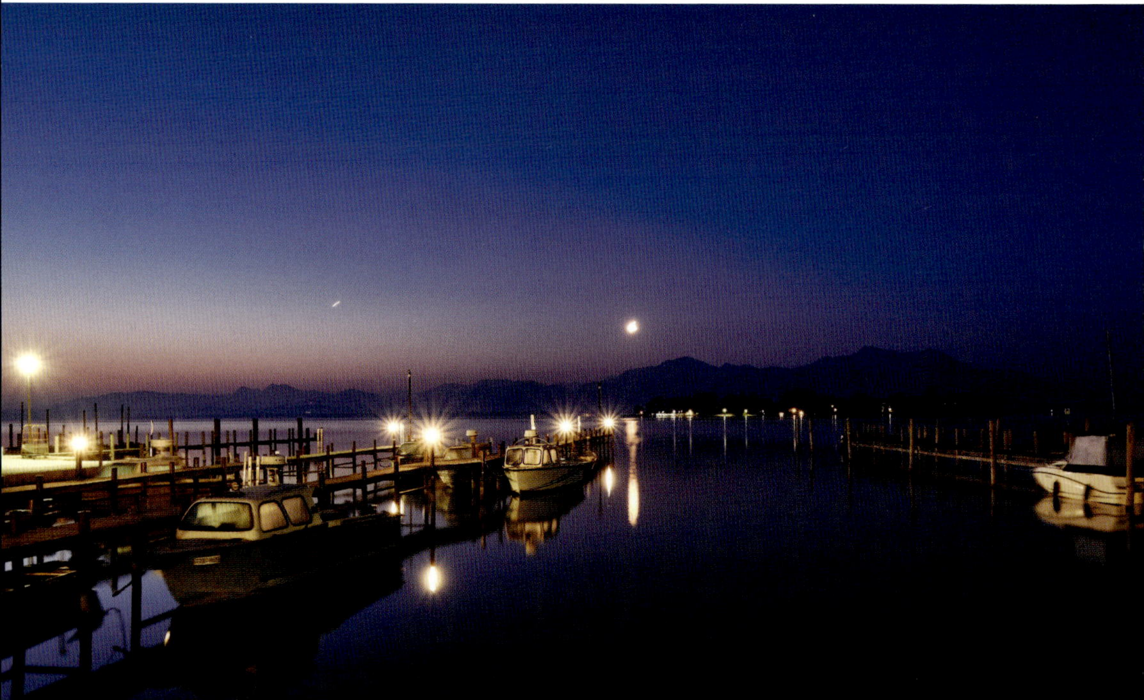

15.4 Insa Hagemann

Wer bist du? Stell dich und deinen fotografischen Werdegang bitte kurz vor.

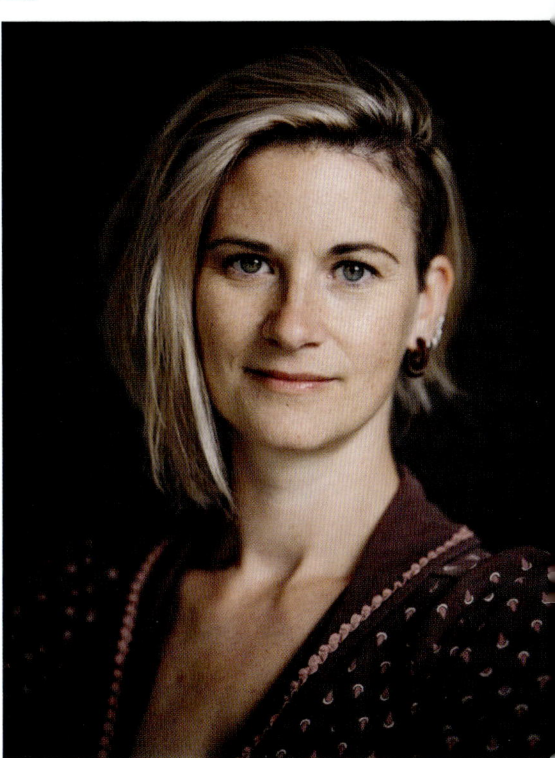

Ich bin Insa Hagemann,1983 geboren, lebe und arbeite in Hannover und Düsseldorf. Nach meiner Ausbildung als Fotografin studierte ich Fotografie an der Hochschule Hannover.

Während des Studiums absolvierte ich bereits Praktika bei der Fotoagentur VISUM, in der Bildredaktion des Stern und als Fotografin bei der Hannoverschen Allgemeinen Zeitung.

Mein Studium schloss ich 2013 ab und neben Auftragsarbeiten für verschiedene Zeitungen, Magazine und Unternehmen arbeite ich regelmäßig an freien Langzeitprojekten.

Meine Projekte wurden bereits mehrfach ausgezeichnet (u. a. UNICEF Foto des Jahres, Deutscher Preis für Wissenschahftsfotografie) und auf verschiedenen Ausstellungen und Festivals in Deutschland und Europa gezeigt.

Zusätzlich bin ich als Hochzeitsfotografin für *www.hochzeit-im-blick.de* im Einsatz. Ich werde von der Fotoagentur *laif* vertreten.

Seit wann fotografierst du mit dem FUJIFILM X-System und wie kam es dazu?

Ausschlaggebend war mein Partner Stefan Finger, der das Fuji X-System am Anfang zu unseren Kameras ergänzt hat. Die erste FUJIFILM-Kamera habe ich ab 2014 genutzt. Zuerst nur privat und nach und nach dann auch beruflich, bis ich schlussendlich ganz auf das Fuji X-System umgestiegen bin, nicht zuletzt, weil es viel leichter war als meine bisherige Ausrüstung und genauso gute Ergebnisse geliefert hatte.

Was sind deine fotografischen Schwerpunkte?

Mein Herz lebt für die klassische Reportage im Fotojournalismus. Allerdings zählen zu meinen Schwerpunkten auch journalistische Portraits, Unternehmens- und Hochzeitsfotografie. Jede Art dieser Fotografie hat seine eigenen spannenden Seiten.

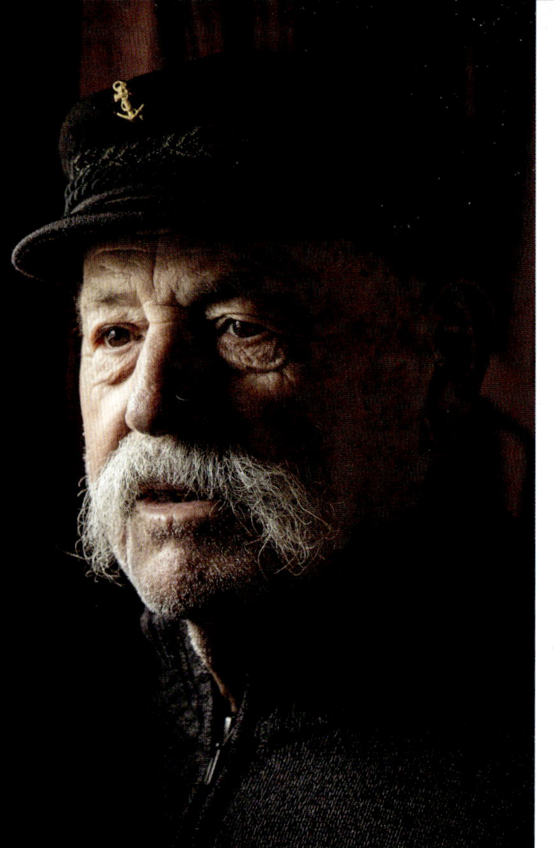

ISO 1.000 I F/2,8 I 1/125 Sek. I FUJIFILM X-H1 I FUJINON XF 50-140 mm F/2,8 R LM OIS WR

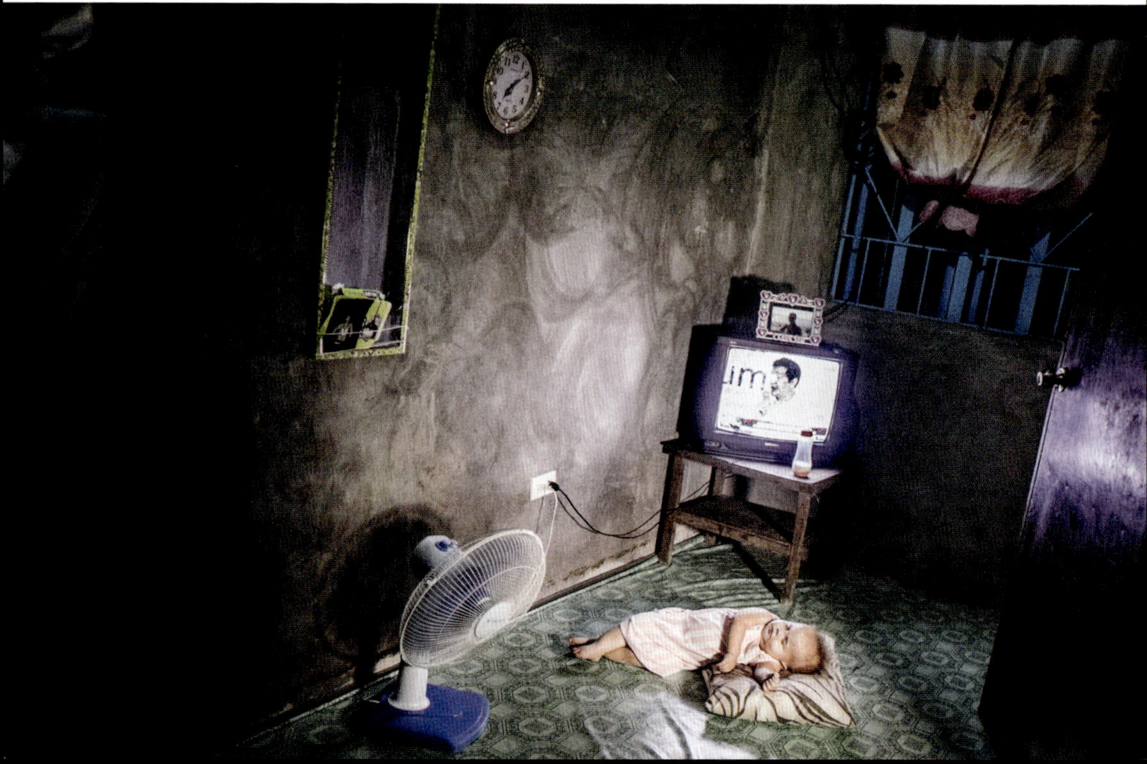

ISO 6.400 I F/2 I 1/50 Sek. I FUJIFILM X-T1 I FUJINON XF 18 mm F/2 R

Welches ist dein am liebsten verwendetes Objektiv für das FUJIFILM X-System?

Ein Lieblingsobjektiv habe ich nicht. Ich mag die Bandbreite an Lichtstarken Festbrennweiten. Für Portraits nutze ich gerne und häufig die Mittelformatkamera Fujifilm GFX mit dem 110 mm/2,0, bei Reportagen ist das 23 mm/ 1,4 oft an einer Fujifilm X-Kamera im Einsatz.

Bitte zeig uns 3 von deinen Fotos. Wie sind sie entstanden?

Das Portrait vom letzten Aalfischer am Rhein ist auf seinem Boot entstanden und Teil einer gemeinsamen Reportage mit Stefan Finger.

Das Foto unten ist 2014 auf den Philippinen entstanden und zeigt die einjährige Divine beim Schlafen. Es ist ein Teil aus der Reportage »Wanna have love?!« die ich gemeinsam mit Stefan Finger fotografiert habe. Bei meiner Arbeit als Hochzeitsfotografin machen mir Spaß, wenn die Paare selbst Spaß an ihrer Hochzeit haben. Wie hier im letzten Jahr, denen selbst der Dauerregen keine schlechte Laune bereitet hat (siehe Bild auf der nächsten Seite.

www.insahagemann.de

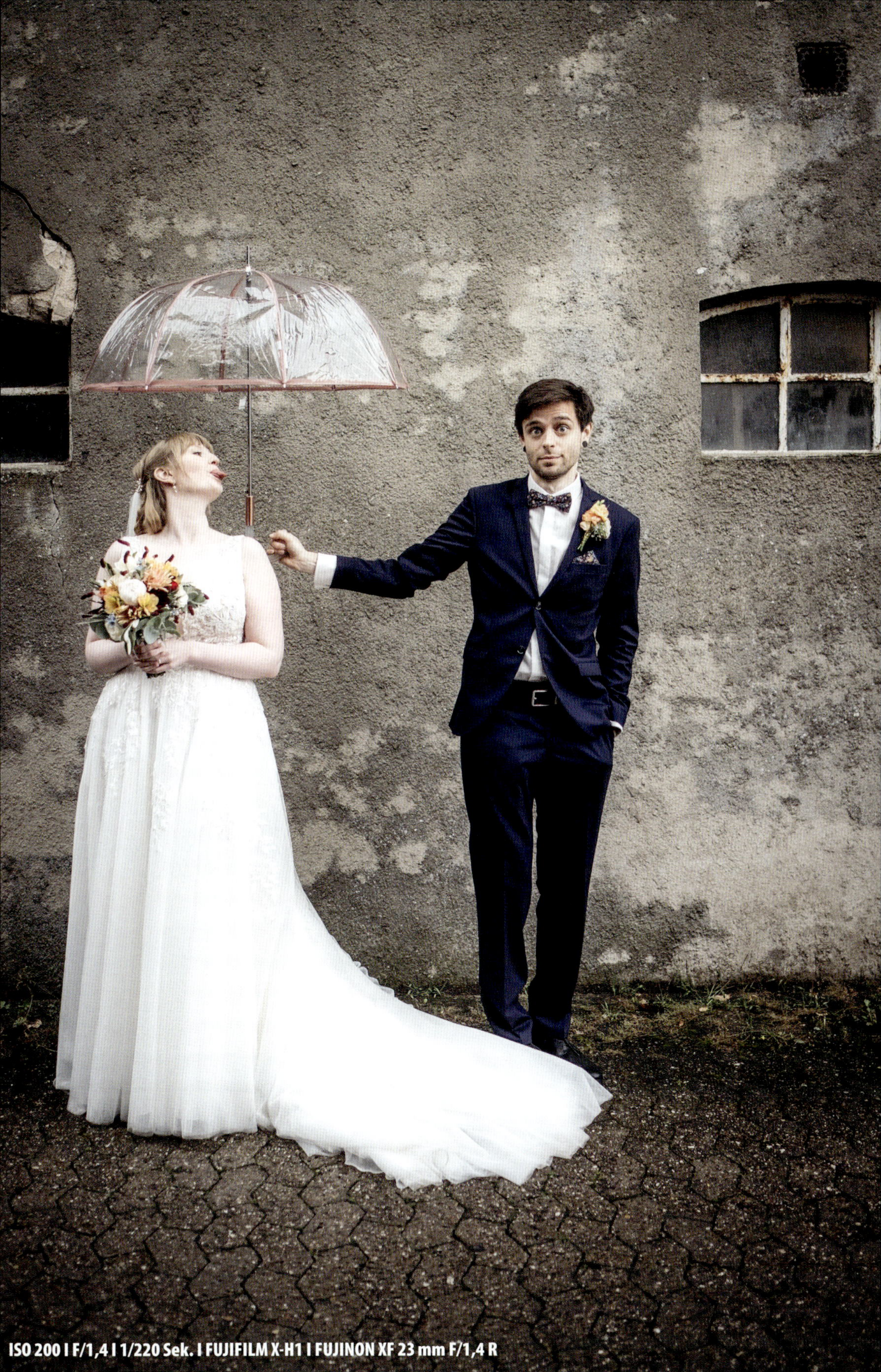

ISO 200 I F/1,4 I 1/220 Sek. I FUJIFILM X-H1 I FUJINON XF 23 mm F/1,4 R

15.5 Peter Fauland

Wer bist du? Stell dich und deinen fotografischen Werdegang bitte kurz vor.

Seit über 30 Jahren bin ich als Fotograf tätig. Anfangs war die fotografische Dokumentation im wissenschaftlichen Bereich mein Hauptschwerpunkt, gefolgt von ein paar Abstechern in die (schwarze-weiße) Landschaftsfotografie.

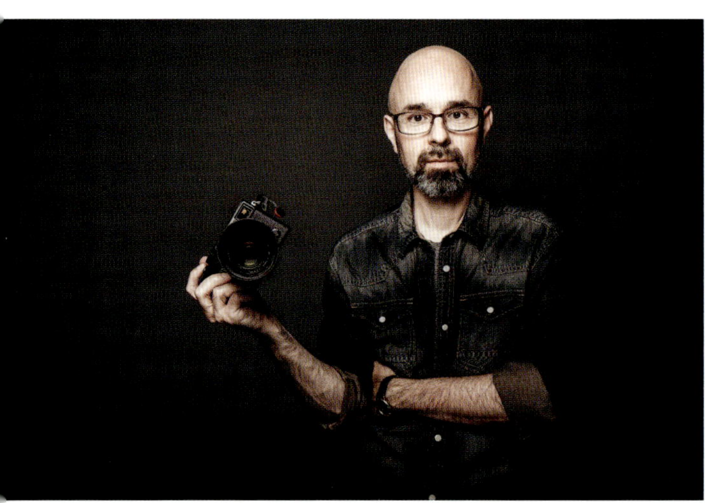

Mein Weg hat mich schlussendlich zur Architektur-Fotografie gebracht und ich reise seitdem europaweit von Projekt zu Projekt.

Die Vielfalt der Projekte von Baudokumentationen über mehrere Jahre, Shootings für die Hotel-Branche oder Stadtlandschaften sind jeden Tag aufs Neue spannend und eine Herausforderung.

Zudem machen mir regelmäßig stattfindende Workshops großen Spaß – die fotografische Entwicklung der Teilnehmer während nur eines Tages zu beobachten und zu begleiten, ist jedes Mal aufs Neue ein besonderes Erlebnis.

Solange Menschen Gebäude-(komplexe) entwerfen und bauen werden, sind meine Auftragsbücher gut gefüllt – Ich habe meinen Traumberuf schon lange gefunden.

Seit wann fotografierst du mit dem FUJIFILM X-System und wie kam es dazu?

Vor gut 10 Jahren bin ich mehr oder weniger per Zufall über ein paar Tage an eine FUJFILM X100 gekommen, die mich vom ersten Moment an fasziniert hat.

Diese kleine digitale Messsucherkamera mit fest eingebautem Objektiv war quasi die digitale Wiedergeburt meiner Leica IIIf (ein Erbstück) und die erste Digitalkamera mit Seele.

Keine sechs Monate später waren zwei große DSLRs samt Objektiven und Zubehör verkauft und meine X-Familie ist seit diesem Tag stetig gewachsen. Sowohl beruflich als auch privat nutze ich seither das FUJIFILM GFX- und X-System.

Was sind deine fotografischen Schwerpunkte?

Ich habe mich hauptsächlich den Themenkomplexen Architektur, Stadtlandschaften und Innenarchitektur verschrieben.

Welches ist dein am liebsten verwendetes Objektiv für das FUJIFILM X-System?

Im X-System ist das zweifelsohne das XF 10-24 mm F/4 R OIS. Für all meine Architektur-Projekte bietet es mit seinem 2,5-fach Zoombereich die Flexibilität vom Super-Weitwinkel bis »leicht weit-winklig« und zeichnet sich durch seine verzeichnungs-freie, super-scharfe Abbildungsleistung aus.

Bitte zeig uns 3 von deinen Fotos. Wie sind sie entstanden?

Ich möchte hier drei Aufnahmen aus meinen aktuellen Architektur-Workshops zeigen.

www.fauland-photography.com

ISO 160 I F/16 I 1/60 Sek. I FUJIFILM X-T4 I FUJINON XF 10-24 mm F/4 R OIS bei 24 mm

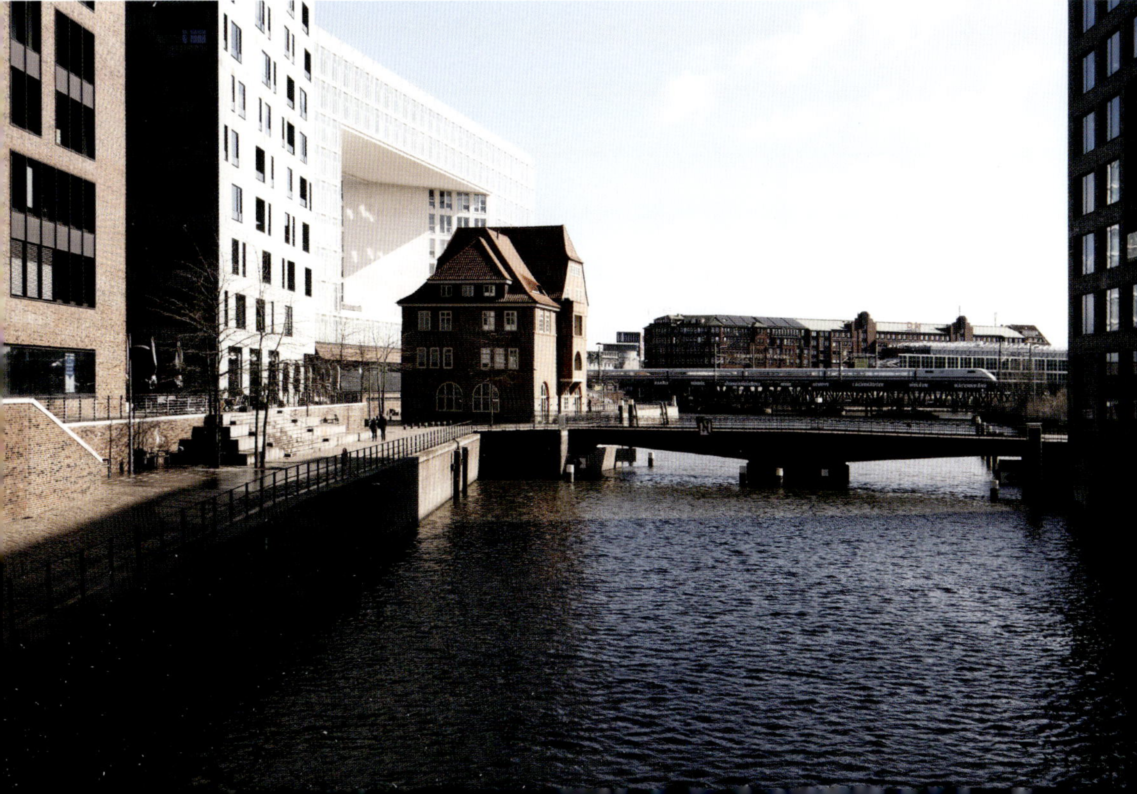

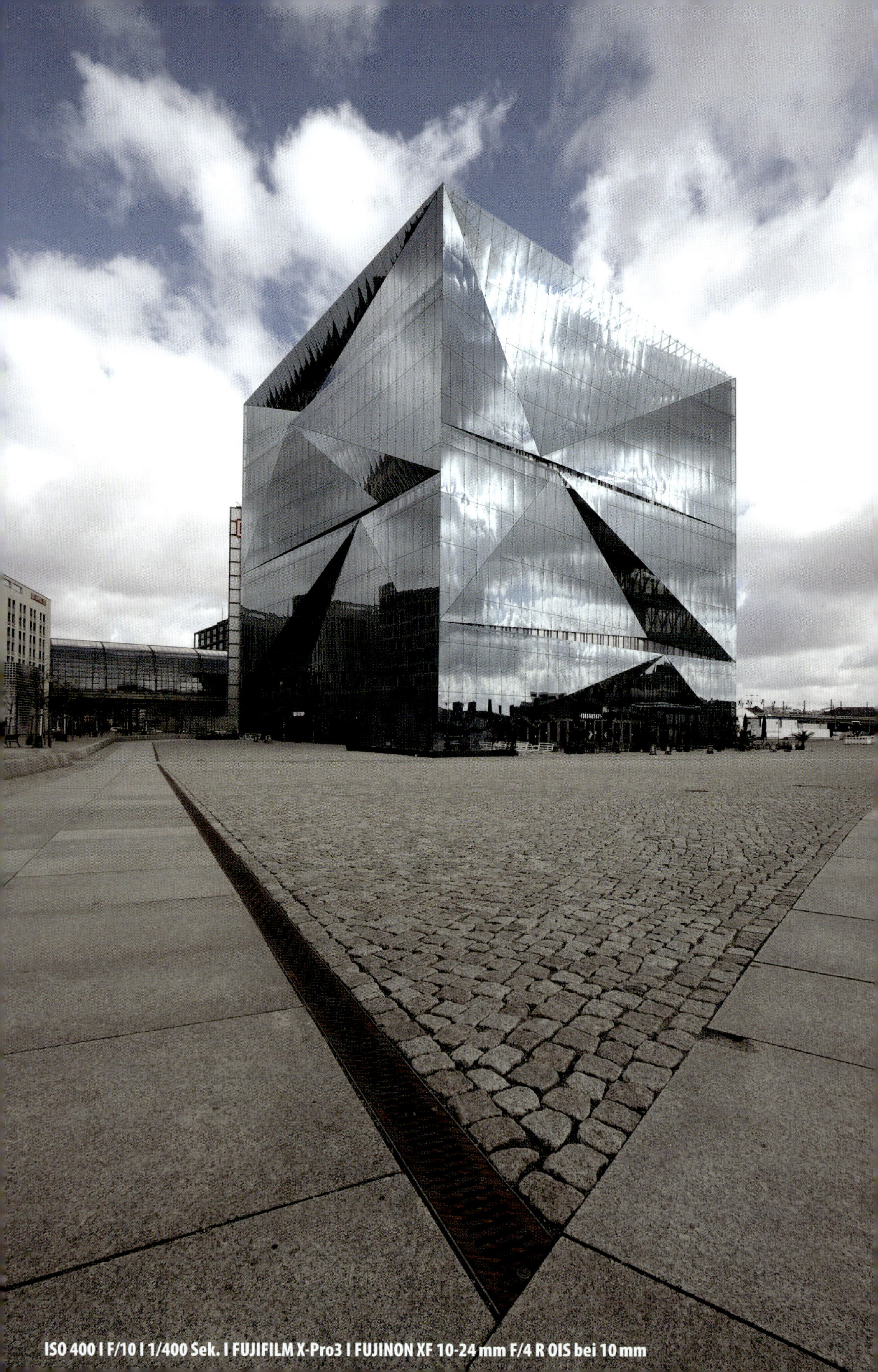

ISO 400 I F/10 I 1/400 Sek. I FUJIFILM X-Pro3 I FUJINON XF 10-24 mm F/4 R OIS bei 10 mm

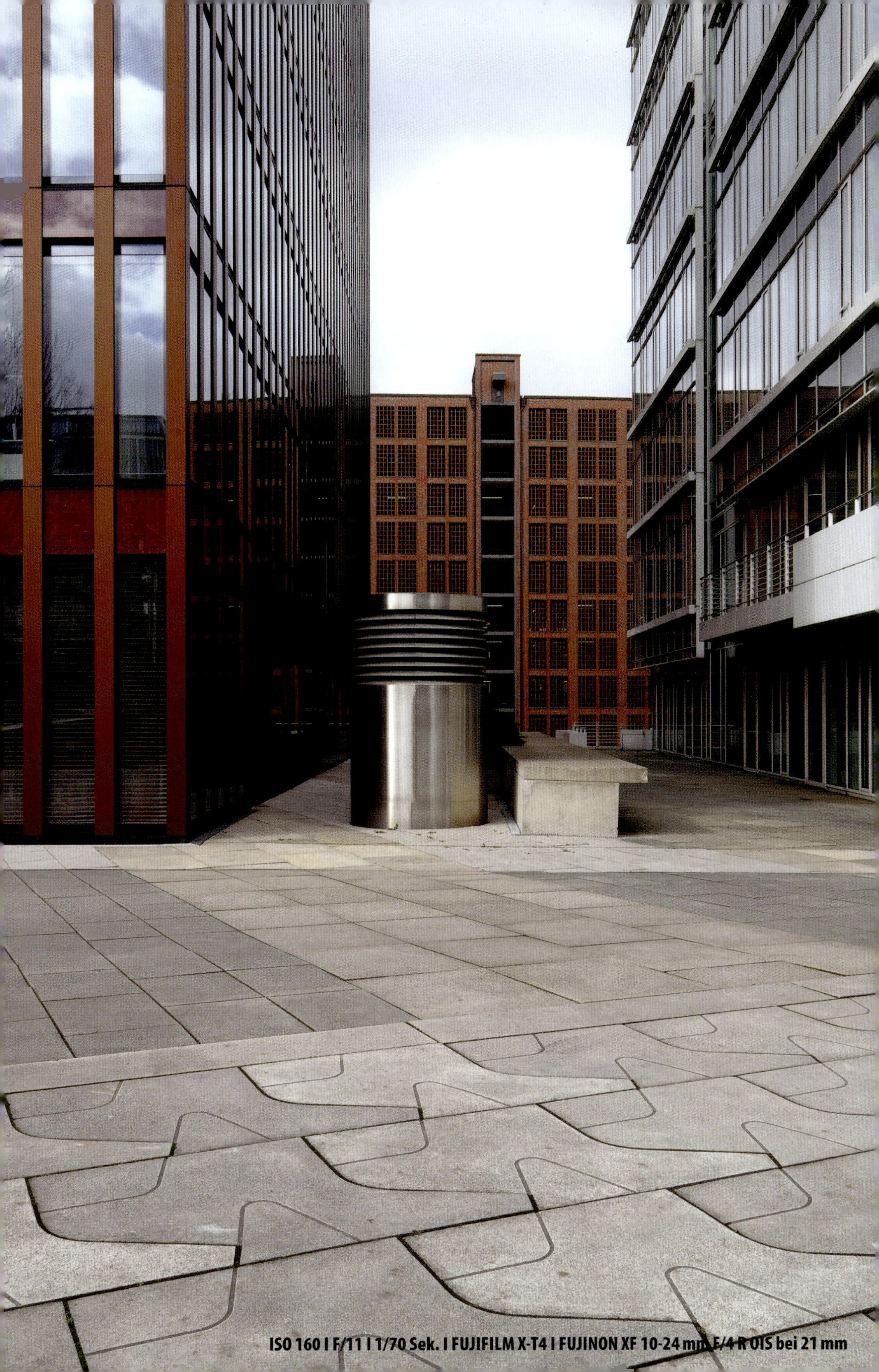

ISO 160 I F/11 I 1/70 Sek. I FUJIFILM X-T4 I FUJINON XF 10-24 mm F/4 R OIS bei 21 mm

15.6 Kerstin & Paul Rockstein

Wer seid ihr? Stellt euch und euren fotografischen Werdegang bitte kurz vor.

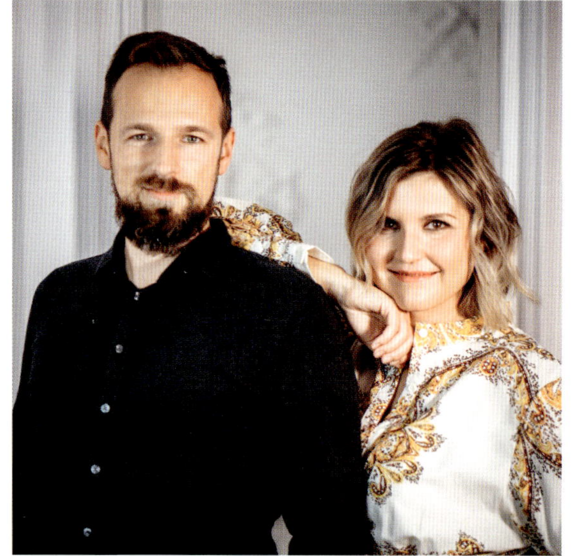

Wir sind Kerstin und Paul Rockstein und ein verheiratetes Fotografenpaar. Während Paul schon vom Beginn seiner beruflichen Laufbahn an fotografiert, hat Kerstin ihre ersten berufliche Schritte nach dem Studium in der Modebranche gemacht.

2014 entdeckten wir dann, dass Pauls technisches Know-How zusammen mit Kerstin Sinn für Ästhetik und Fashion eine wunderbare Symbiose ergeben. Seitdem fotografieren wir gemeinsam als ROCKSTEIN-Fotografie. Mittlerweile hat sich ein zehnköpfiges Team um uns herum gebildet, mit dem wir gemeinsam Anfang 2022 ein kreatives Loft in Wuppertal eröffnet haben. So können wir nun verschiedene Bereiche der People-Fotografie stimmig abbilden.

Seit wann fotografiert ihr mit dem FUJIFILM X-System und wie kam es dazu?

Im Jahr 2019 haben wir unser gesamtes vorheriges Equipment mit einem Schlag gegen das Fujifilm-Sortiment getauscht. Ein Großteil unserer Arbeit besteht aus Reisen. Bei unseren Shoots tragen wir über mehrere Stunden und auch in stetiger Bewegung jeweils 2 Kamera am Körper. Da waren uns die großen Spiegelreflexkameras der anderen Hersteller einfach zu schwer und zu wuchtig.

Die FUJIFILM-Kameras sind für uns perfekt: Klein, handlich und super flexibel. Zudem sind wir begeistert von den regelmäßigen Updates und dem Support. Direkt im selben Jahr wurde Fujifilm selbst durch einen Artikel in einer Fachzeitschrift über unsere Arbeit auf uns aufmerksam. 2020 wurden wir zu stolzen Fujifilm X Photographers ernannt.

Was sind eure fotografischen Schwerpunkte?

Während wir zwei uns mittlerweile auf Hochzeiten im Ausland und vor allem auf »Adventure After

Wedding Shoots« sowie Couple Shoots vor besonderer Kulisse fokussieren, hält unser Team in NRW die Stellung. Wir begleiten vorwiegend Hochzeitsreportagen und halten alle Momente rund um die Hochzeit fest. Ganz natürlich hat sich unser Angebot dann nach und nach auch auf Babybelly und Newborn erweitert. Unser zweiter Schwerpunkt ist jedoch die Business Fotografie. Durch unsere entspannte und freundschaftliche Art, Menschen vor der Kamera authentisch festzuhalten, kamen immer mehr Unternehmen auf uns zu, die sich eben genau diese »echten« Bilder für ihre Webpräsenzen wünschen. So wächst unser Unternehmen immer mehr und wir sind gespannt, was uns in Zukunft noch erwartet.

Welches ist/sind eure am liebsten verwendeten Objektive für das FUJIFILM X-System?

Dabei sind grundsätzlich:

- das FUJINON XF 50 mm F/1,0 R WR
- das FUJINON XF 23 mm F/1,4 R
- das FUJINON XF 35 mm F/1,4 R
- das FUJINON XF 56 mm F/1,2 R

Bitte zeigt uns 3 von euren Fotos. Wie sind sie entstanden?

Das Foto oben auf der nächsten Seite entstand im Februar bei Sonnenaufgang in Paris. After Wedding Shoots führen wir bevorzugt zum Sonnenaufgang durch, denn hier ist das weiche Sonnenlicht besonders schön. In Metropolen oder auch am Strand sind unsere Paare auf diesem Wege vor zu vielen neugierigen Blicken geschützt. Zudem haben wir die schönsten Spots für uns. An diesem Platz direkt vor dem Eiffelturm in Paris herrscht ein reger Verkehr. Lediglich zur relativ kurzen Grünphase der Fußgängerampel sind keine Autos zu sehen. Daher nahmen wir die Challenge sportlich und vollführten während wir die Straße betreten durften in wenigen Sekunden diesen Shot. Weil wir zu zweit arbeiten, setze Kerstin Brautpaar und Kleid in Szene und sprang aus dem Bild während Paul einige Meter zurück hechtete und sich mit Kamera positionierte. Dann ging es direkt auf den sicheren Bürgersteig zurück. Mit uns wird es nie langweilig.

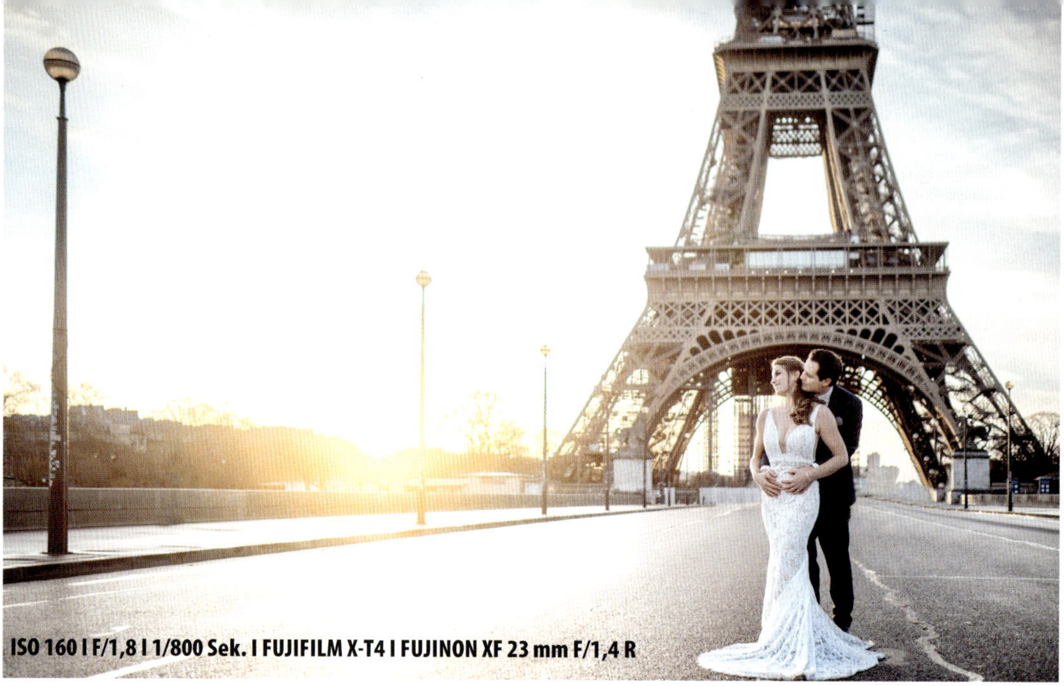

ISO 160 I F/1,8 I 1/800 Sek. I FUJIFILM X-T4 I FUJINON XF 23 mm F/1,4 R

Auch bei diesem Shoot trafen wir unser Brautpaar in Kroatien im Morgengrauen um 4.30 Uhr um besondere Bilder im ganz weichen Licht und ohne extreme Hitze an der Küste zu schießen. Tatsächlich hatte das Paar einfach die Nacht der Hochzeit durchgefeiert und kam ganz ohne geschlafen zu haben zum Shoot. Es war einfach wunderschön und die beiden genossen den ersten Sonnenaufgang als Ehepaar in Ruhe.

Mittlerweile sind wir bekannt für unsere Nachtaufnahmen und insbesondere die Aufnahmen bei Regen haben es unseren Brautpaaren angetan, auch wenn sich natürlich selten ein Paar Regen zur Hochzeit wünscht. Diese beiden hier hatten Glück und es begann tatsächlich erst nachts zu tröpfeln. In so einer Situation heißt es für uns Fotografen natürlich flexibel sein und spontan das Brautpaar nach draußen lotsen. Und das Brautpaar machte mit und genoss die Abkühlung ganz ohne Schirm. Belohnt wurde es mit diesem wunderschönen Bild »Unter tausend Sternen« *www.rockstein-fotografie.de*.

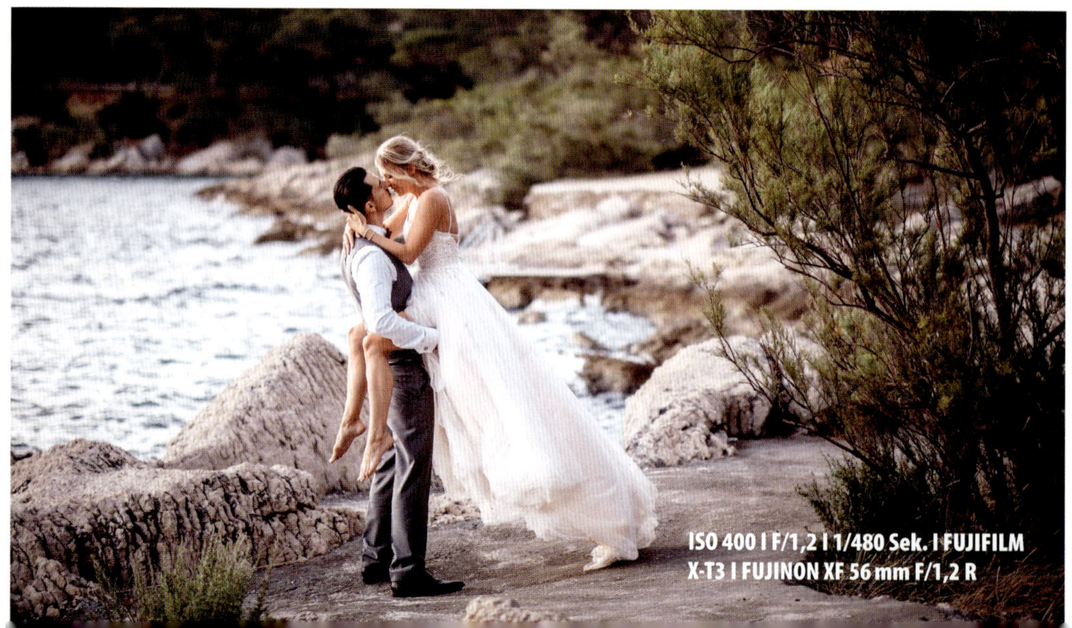

ISO 400 I F/1,2 I 1/480 Sek. I FUJIFILM X-T3 I FUJINON XF 56 mm F/1,2 R

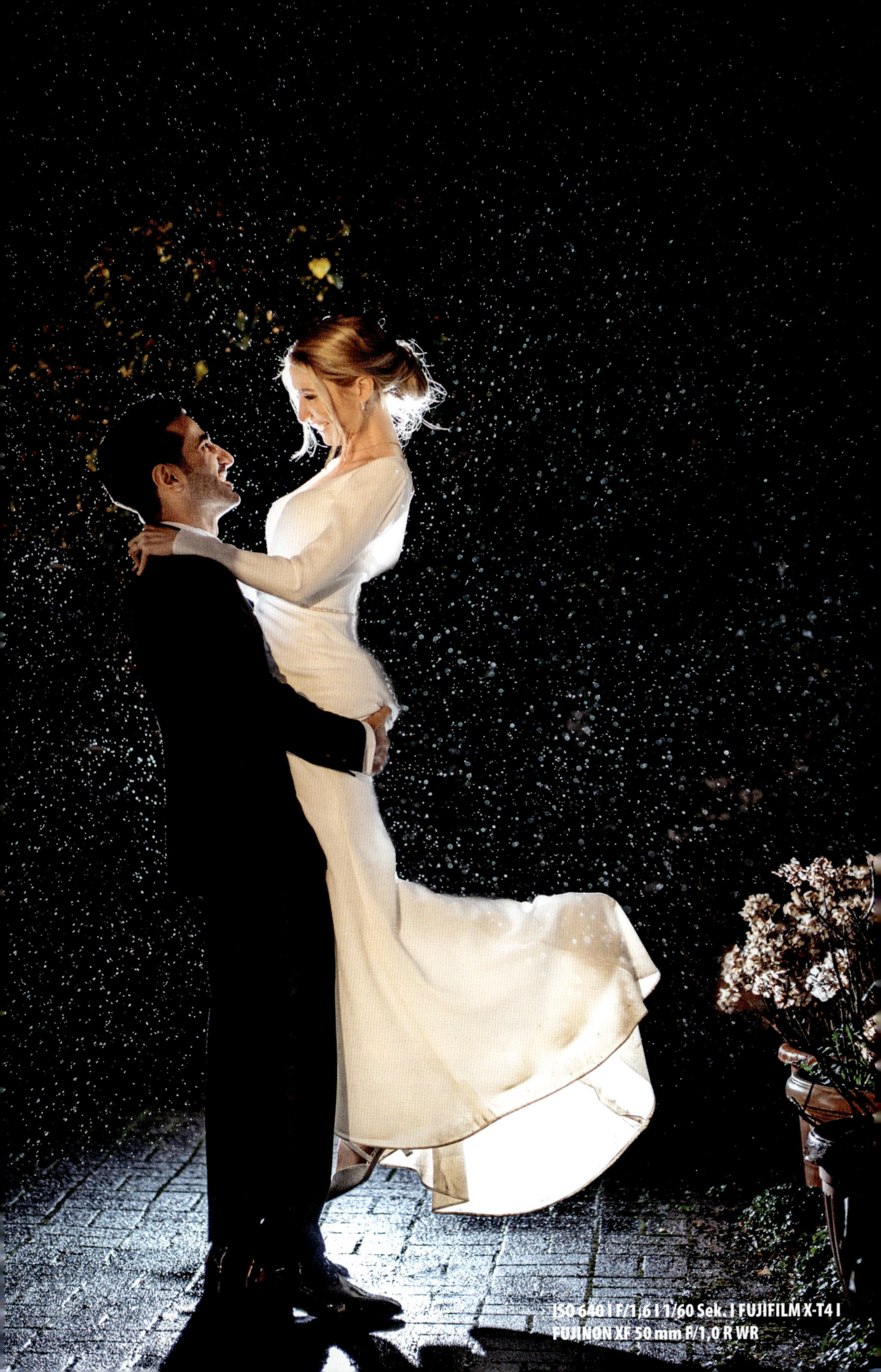

ISO 640 I F/1,6 I 1/60 Sek. I FUJIFILM X-T4 I
FUJINON XF 50 mm F/1,0 R WR

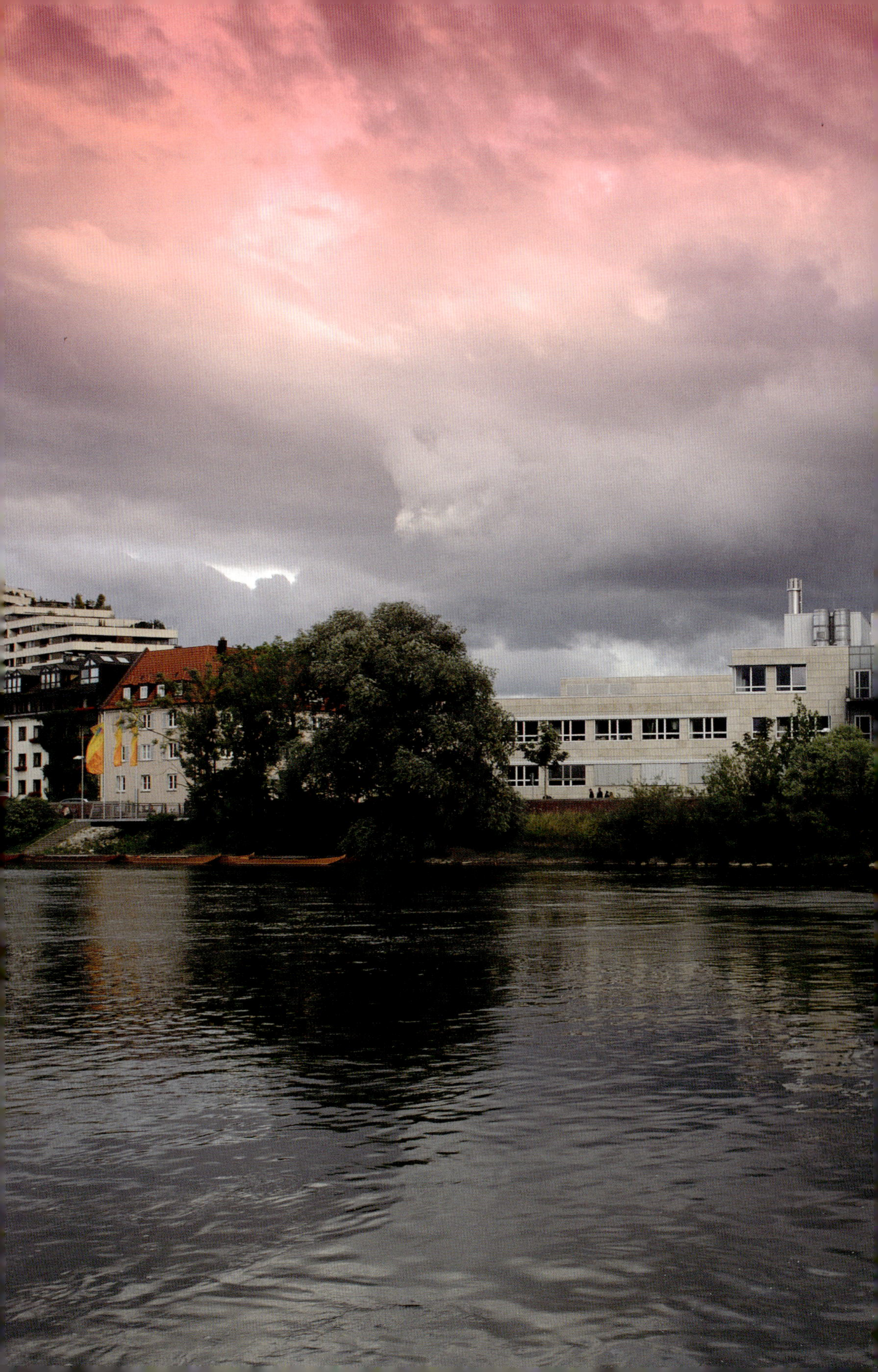

16 | Foto-Workshop

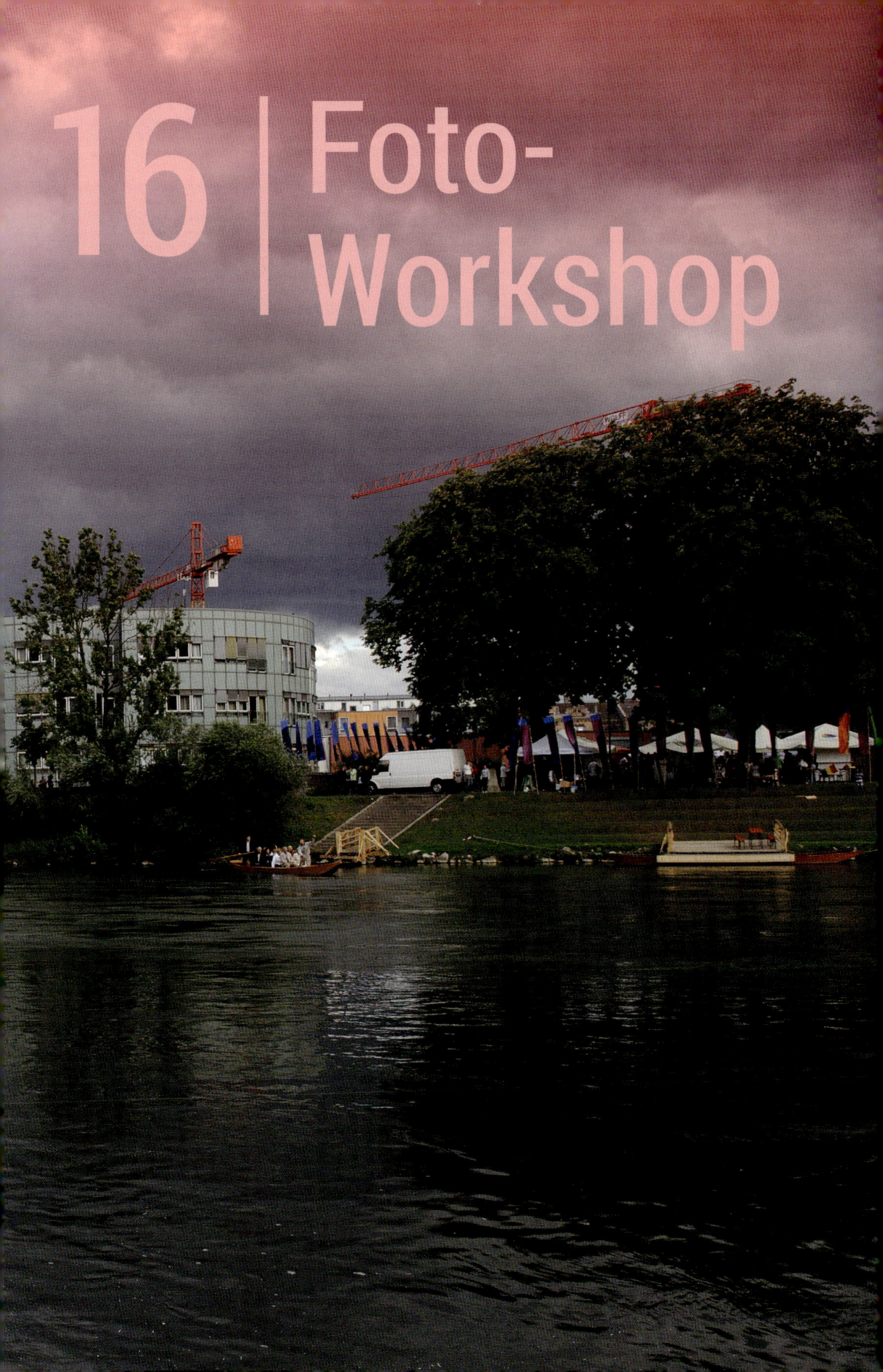

Mein grundlegender fotografischer Schwerpunkt liegt auf Porträtaufnahmen. In diesem Kapitel möchte ich allerdings ein paar Fotos bzw. Fotoserien von mir aus verschiedenen Fotobereichen vorstellen.

Dazu finden Sie Informationen über die Bildentstehung, über die wichtigsten Kameraeinstellungen und welches Objektiv und welche Brennweite ich warum verwendet habe.

Neben der Analyse des Lichts ist die Wahl des Objektivs meine erste Überlegung, bevor ich eine Aufnahme mache. Vor jeder Session entscheide ich mit welchem Objektiv und mit welcher Brennweite ich fotografiere.

Wichtige Fragen in diesem Zusammenhang sind z. B.: Wieviel Platz habe ich zum Motiv? Wie soll der Hintergrund ins Motiv eingebunden werden? Möchte ich weiches Bokeh im Hintergrund? Letztlich erscheint das Bildergebnis vor meinem inneren Auge und passend dazu wähle ich aus, mit welchem Objektiv ich das gewünschte Bildergebnis am besten umsetzen kann. Der Vorgang beruht auf Erfahrungswerten und mit etwas Übung läuft das irgendwann automatisch ab.

16.1 Grundsätzliche Kamera-Einstellungen

JPEG oder RAW?

Vorab noch etwas **Grundsätzliches** zum Dateiformat und zu anderen wichtigen Kameraeinstellungen. Einige Fotografen schwören auf das RAW-Format und andere fotografieren vorwiegend – oder sogar ausschließlich – im JPEG-Format. Beide Formate haben Vor- und Nachteile.

Vorteile der RAW Dateien

Mehr Bildinformationen und Farbtiefe: Die RAW-Datei enthält mehr Bildinformationen als ein JPEG-Foto. Zum besseren Verständnis: jede Kamera fotografiert grundsätzlich erstmal ein RAW-Foto. Wenn die Kamera jedoch auf JPEG eingestellt ist, wird das Foto mit allen eingestellten Parametern wie Weißabgleich, Schärfe, Dynamikbereich, etc. von der Kamera entwickelt und als JPEG-Bild auf der Karte abgespeichert.

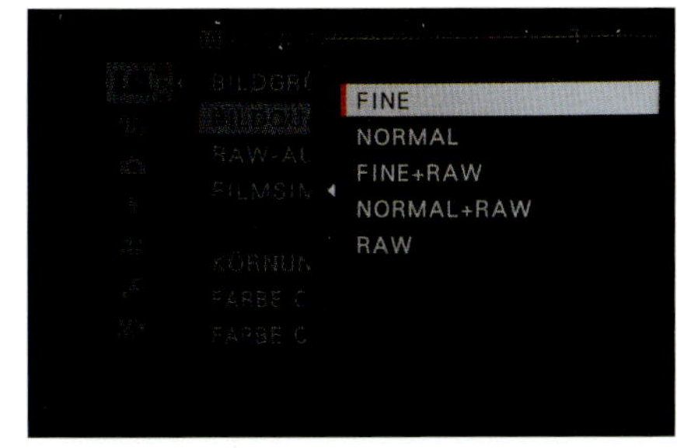

▲ *JPEG oder RAW? Oder besser beides?*

Es wird Ihnen nicht gelingen, immer die perfekte Einstellung für ein JPEG-Bild vorab zu finden. Schärfe, Weißabgleich, Farbe, Kontrast, Dynamik, Körnung, etc. Oft gibt es im Nachhinein den ein oder anderen Verbesserungswunsch.

Aber wenn das Bild einmal als JPEG abgespeichert ist, haben Sie nur noch begrenzte Möglichkeiten der Bildbearbeitung. Haben Sie sich beispielsweise für die Filmsimulation *Schwarzweiß* entschieden, so gibt es kein Zurück mehr. Die Farbinformationen werden im JPEG-Format nicht mit abgelegt. Das Bild bleibt dann schwarzweiß.

Ein JPEG, das mehrmals verändert und immer wieder neu abgespeichert wird verliert an Qualität und bekommt irgendwann sichtbare Bildfehler, auch Artefakte genannt.

Besonders der Weißabgleich lässt sich von einer JPEG-Datei nur noch schwer verändern. Einmal falsch eingestellt wird es schwer, Farbstiche restlos zu entfernen.

Sie haben versehentlich über- oder unterbelichtet? Aus einer RAW-Datei lassen sich sogar starke Fehlbelichtungen korrigieren. Mit einem JPEG-Foto legen Sie sich fest und schränken viele Möglichkeiten ein.

Farbtiefe: Mit einer Farbtiefe von 14Bit im RAW-Format stehen Ihnen bei aktuellen FUJIFILM-Kameras ca. 16.000 Helligkeitsabstufungen pro Farbkanal zur Verfügung. Ein JPEG mit einer 8Bit Farbtiefe hat dagegen nur 256 Abstufungen pro Farbkanal. Das hört sich wenig an, reicht aber für den Normalgebrauch völlig aus. Die verbesserte Qualität aus dem RAW macht sich vor allem bei Studioaufnahmen mit Helligkeits- und Farbverläufen und bei professionellen Produkt- und Modefotografien bemerkbar, wo es auf besonders hohe Detailwiedergabe und Farbneutralität ankommt.

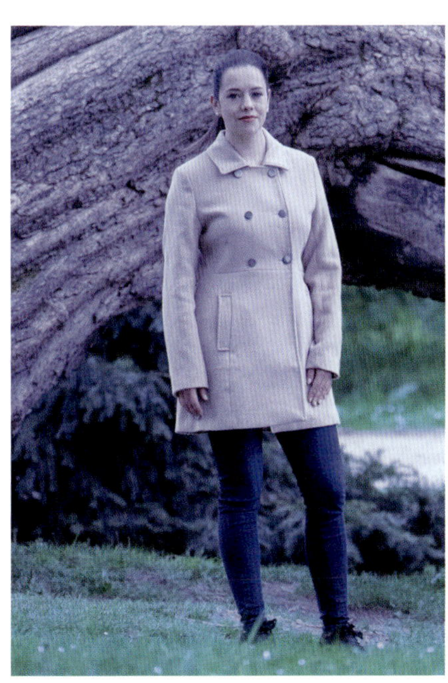

▲ *Mit falschem Weißabgleich fotografiert? Mit RAW Dateien kein Problem, denn der Weißabgleich kann später im RAW-Konverter eingestellt werden.*

Dynamikumfang: FUJIFILM-Kameras besitzen einen sehr hohen Dynamik- bzw. Kontrastumfang, also den Bereich von der hellsten bis zur dunkelsten Stelle im Bild. Um den im vollen Umfang nutzen zu können ist es erforderlich, das RAW-Format zu verwenden.

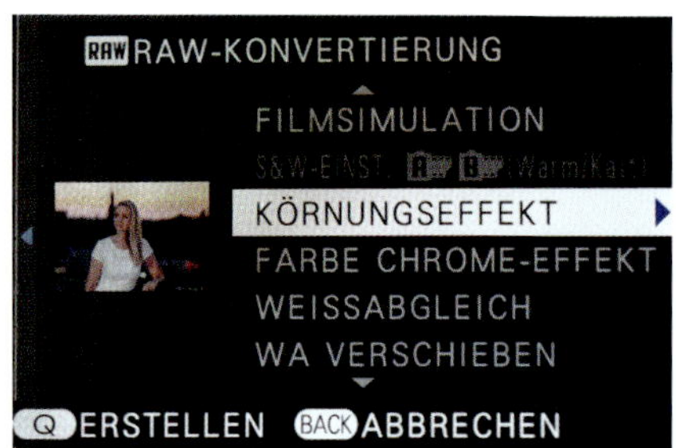

▲ *Mit dem eingebauten RAW Konverter können Sie Fotos schon in der Kamera bearbeiten und entwickeln.*

Eingebauter RAW-Konverter: Sie können bereits in der Kamera die RAWs bearbeiten, entwickeln und als JPEGs abspeichern. Das RAW bleibt dabei unangetastet und legt nur zusätzlich entwickelte JPEGs ab. Eine RAW-Datei lässt sich mehrmals bearbeiten und in verschiedenen Ausführungen abspeichern. Zwar hat der eingebaute Kamera RAW-Konverter nicht ganz so viele Bearbeitungsfunktionen wie beispielsweise Adobe Lightroom oder Silkypix Developer Pro, aber trotzdem lässt sich damit schon eine Menge anstellen.

Vorteile der JPEG Dateien

Geschwindigkeit: JPEG-Dateien benötigen weniger Speicherplatz. Das führt zu einer höheren Speichergeschwindigkeit. Wenn Sie Fotos im schnellen Serienmodus fotografieren, beispielsweise, um bei Sport- und Tieraufnahmen schnelle Bewegungs-

▼ *Im schnellen Serienbildmodus gibt es keine lästigen Zwangspausen, wenn Sie im JPEG-Format fotografieren.*

ISO 800 I 1/250 Sek. I F/2,8 mit FUJINON XF 50-140 mm I F/2,8 I JPEG

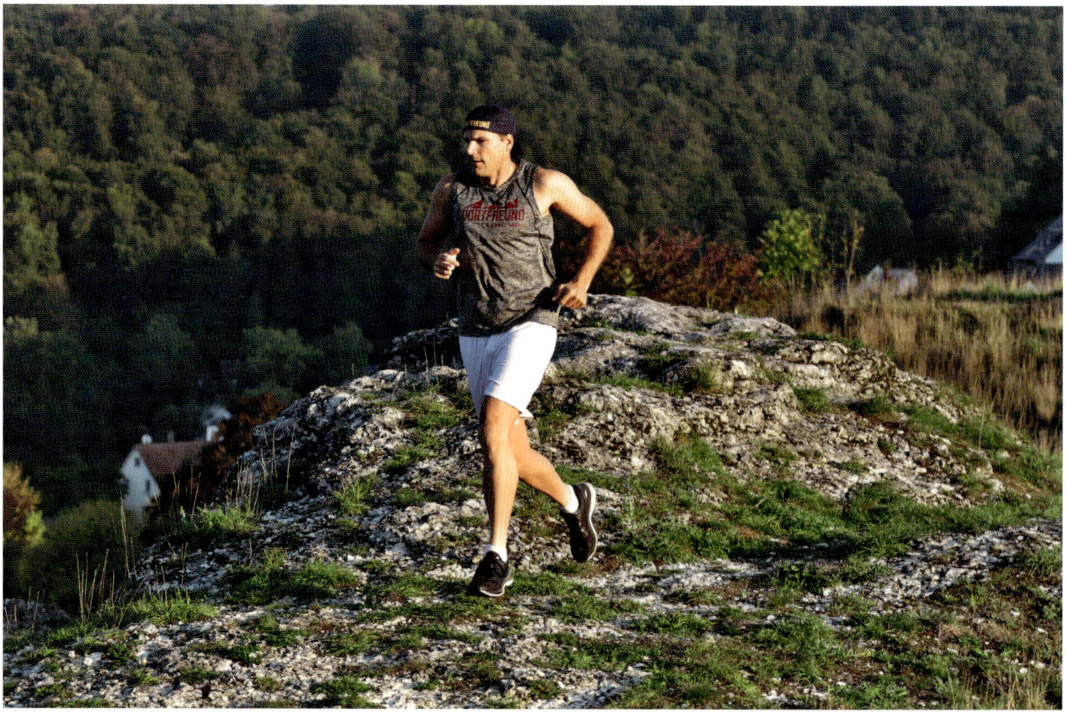

abläufe festzuhalten, so funktioniert das deutlich schneller und flüssiger, wenn Sie nur im JPEG-Format fotografieren. Bei RAW oder RAW + JPEG kann es passieren, dass es eine fotografische Zwangspause gibt.

Nach ca. 25 Aufnahmen in Serie mit 8 Bildern/Sekunde ist trotz schneller SD-Karte erst einmal Pause. Grund dafür ist der Kamera-interne Zwischenpuffer. Wenn der voll ist müssen die Daten erst auf die Speicherkarte geschoben werden, bevor es weitergehen kann.

Wenn der Puffer voll ist, kann entweder nur mit sehr reduzierter Seriengeschwindigkeit weiter fotografiert werden. Oder Sie warten ein paar Sekunden, bis Sie wieder ca. 25 Fotos am Stück in schneller Serie machen können. Das kann sehr ärgerlich sein, wenn Sie wichtige Motive verpassen.

Wenn Sie die Bildqualität auf JPEG eingestellt haben, gibt es keine Begrenzung und keine Wartezeiten. Selbst wenn Sie die höchste JPEG-Qualität einstellen.

Kompatibilität: JPEG-Bilddateien haben sich zum Standard für digitale Fotos entwickelt. Jedes Smartphone, Tablet, PC oder TV-Gerät kann JPEG-Fotos problemlos anzeigen. Mit einem JPEG kann Jeder sofort etwas anfangen. FUJIFILM X-Kameras ab der 2. Generation erlauben dank Drahtlos-Kommunikation eine direkte Bildübertragung der JPEGs von der Kamera auf Ihr Smartphone oder ein Tablet.

Von dort können Sie es per App oder E-Mail oder WhatsApp versenden. Wenn Sie also schnell Fotos teilen, drucken oder in sozialen Medien veröffentlichen möchten, bietet das JPEG Vorteile gegenüber dem RAW-Format.

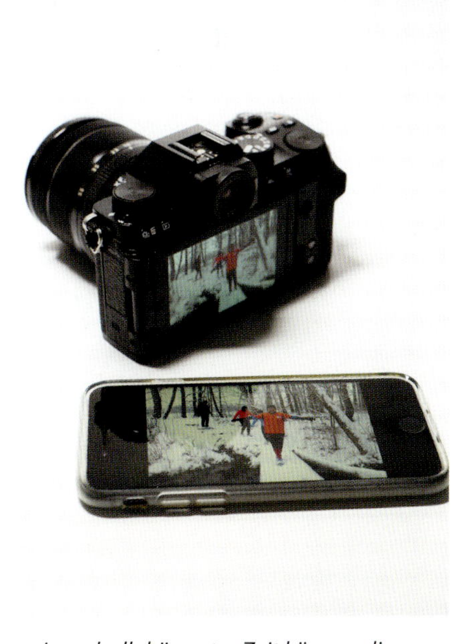

▲ *Innerhalb kürzester Zeit können die JPEG-Fotos auf ein Smartphone übertragen und verschickt werden.*

Filmsimulationen

Die Filmsimulationen der FUJIFILM X-Kameras bestimmen den unverwechselbaren Bildlook der JPEG-Fotos. Dabei wird nicht nur der Farbton verändert, sondern auch Kontrast, Farbsättigung, Dynamikumfang, Lichter, Schatten und mehr.

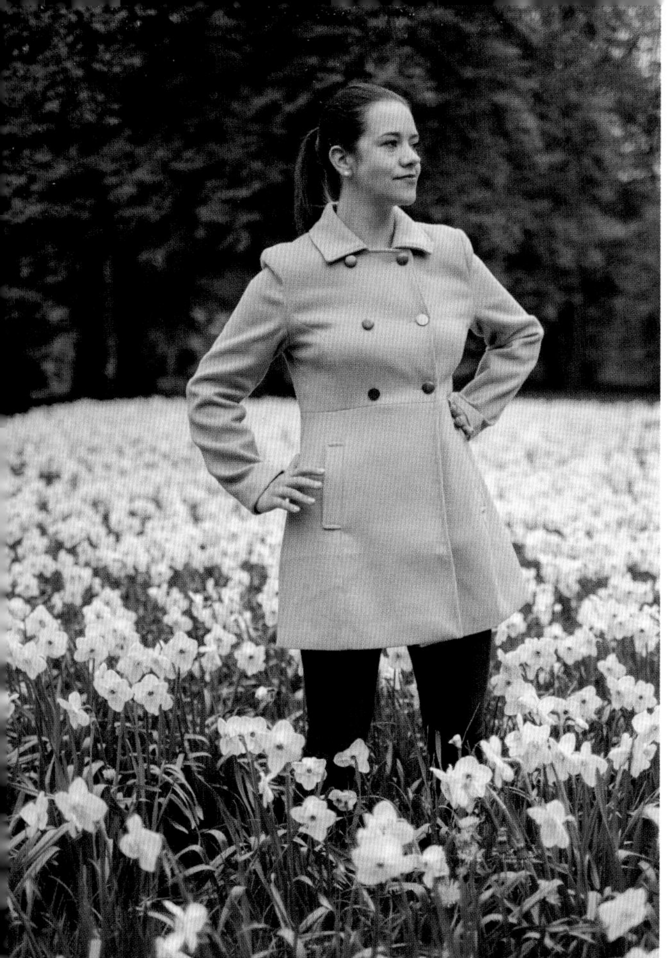

▲ *Wenn Sie JPEGs in Schwarzweiß fotografieren, gibt es anschließend kein Zurück zur Farbe.*

Nicht nur ich bin ein großer Fan der FUJIFILM Filmsimulationen. Die Kameraingenieure von FUJIFILM haben viel Zeit und Energie in die Entwicklung der Filmsimulationen gesteckt.

Und die Investition hat sich gelohnt. Es ist erstaunlich, welche Bildlooks mit den verschiedenen Einstellungen möglich sind. Für jeden Stil und Geschmack ist etwas dabei.

Wenn Sie ausschließlich im RAW-Format fotografieren, sollten Sie sich trotzdem überlegen, zusätzlich JPEGs mit verschiedenen Filmsimulationen abzuspeichern. Dann könnten Sie das JPEG als Referenzbild für die Bildbearbeitung im RAW-Konverter verwenden. Einige RAW-Konverter, wie beispielsweise Adobe Lightroom, übernehmen auch die Filmsimulationen ins RAW-Format und Sie können sich hinterher noch umentscheiden, ob Sie nicht doch lieber eine andere Filmsimulation für das Foto haben möchten als die, die Sie bei Fotografieren ausgewählt hatten.

Oder vielleicht geht es Ihnen wie mir. Immer öfter entscheide ich mich gleich für das JPEG-Foto, da es aus meiner Sicht nichts mehr zu verbessern gibt.

Die Kameraingenieure von FUJIFILM haben jahrelange Erfahrungen aus den hervorragenden analogen Filmsimulationen in die Entwicklung der elektronischen Filmsimulationen einfließen lassen. Die Ergebnisse sind beeindruckend.

Schwarzweißfilter

Schon in der analogen Fotografie war es üblich, je nach Motiv farbige Filter vor das Objektiv zu schrauben. Vorwiegend wurden Rot-, Grün- und Gelbfilter verwendet. Grund dafür ist, dass die Filterfarbe durchgelassen und die Gegenfarbe gesperrt wird.

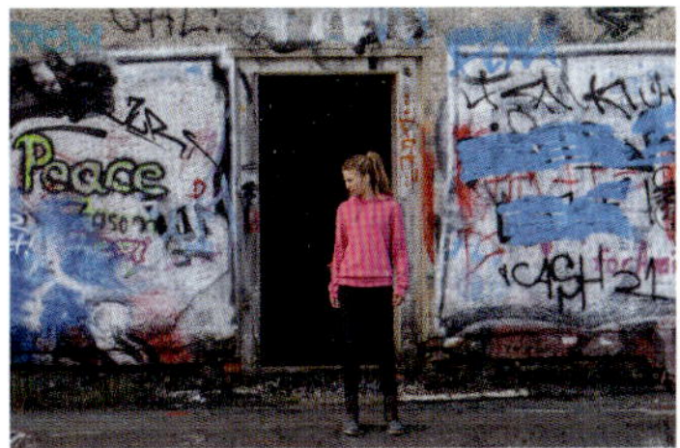

▲ ***PROVIA*** *– nach einem beliebten Diafilm benannt – ist die Standardeinstellung und eignet sich durch seine Ausgewogenheit für alle Motive.*

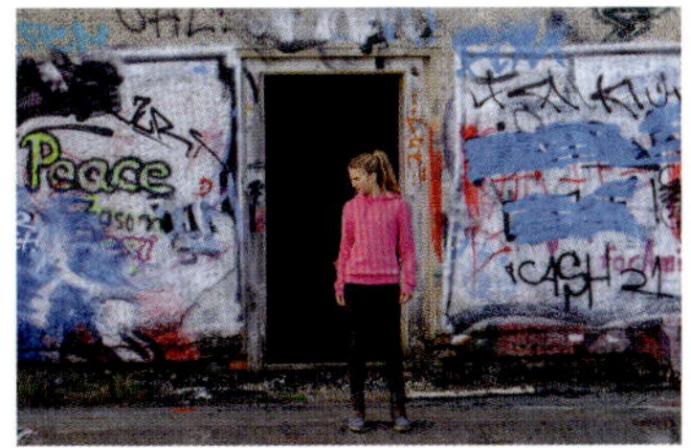

▲ ***VELVIA*** *– besitzt eine gesteigerte Farbsättigung und ist sehr kontrastreich. Auch er ist nach einem Diafilm benannt und eignet sich besonders für Natur- und Landschaftsaufnahmen.*

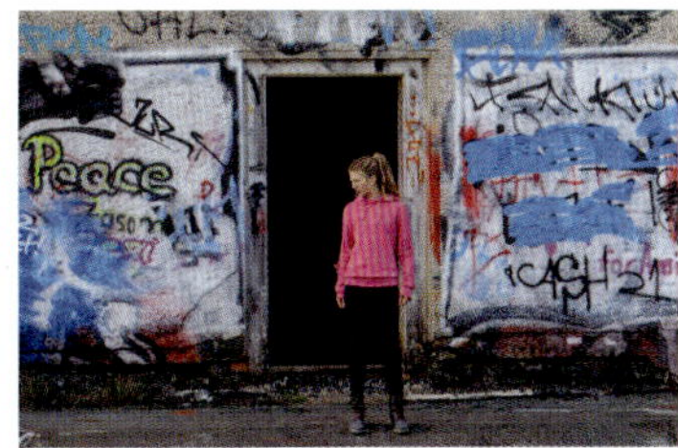

▲ ***ASTIA*** *– noch ein Diafilm-Replica – besticht durch seine angenehme Hautton-Wiedergabe mit weichen Farben und Kontrasten. Sehr gut für Porträts geeignet.*

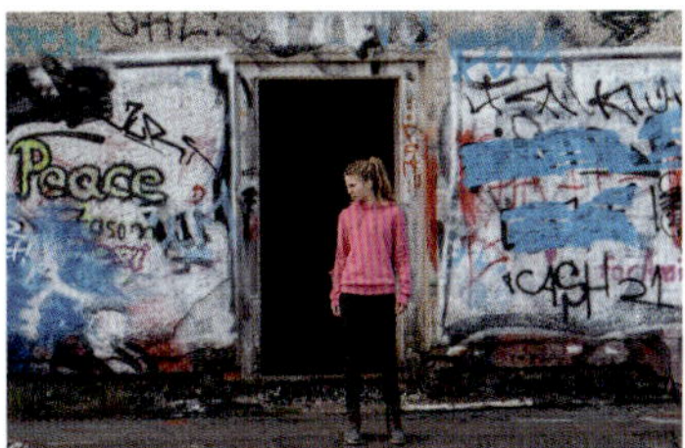

▲ ***CLASSIC CHROME*** *– eine Neuentwicklung, die einen dezenten Retro-Look hat. Hohe Kontraste mit weichen Farben kombiniert – eignet sich für Porträts, Landschaft Reportage, Street.*

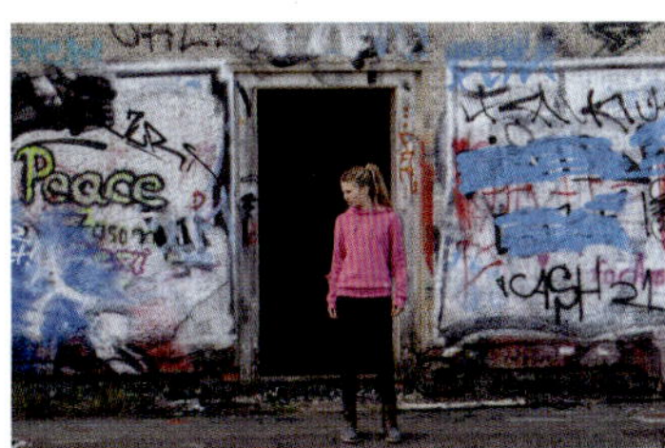

▲ ***PRO Neg.Hi*** *– abgeleitet von einem analogen Negativfilm. Ideal geeignet für Porträts. Natürliche und angenehme Hauttonwiedergabe bei erhöhtem Kontrast.*

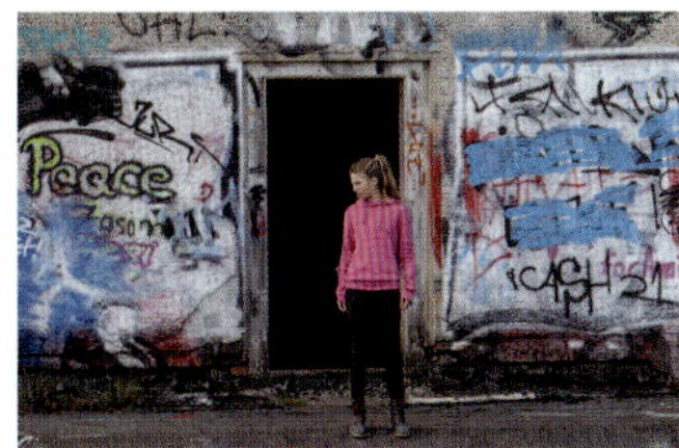

▲ ***PRO Neg.Std*** *– auch diese Simulation eignet sich für Porträts. Die Abstimmung ist sehr neutral mit dezenter Farbsättigung und feinen Farbabstufungen. Erste Wahl für Porträts im Studio und als Basis für Nachbearbeitungen gut geeignet.*

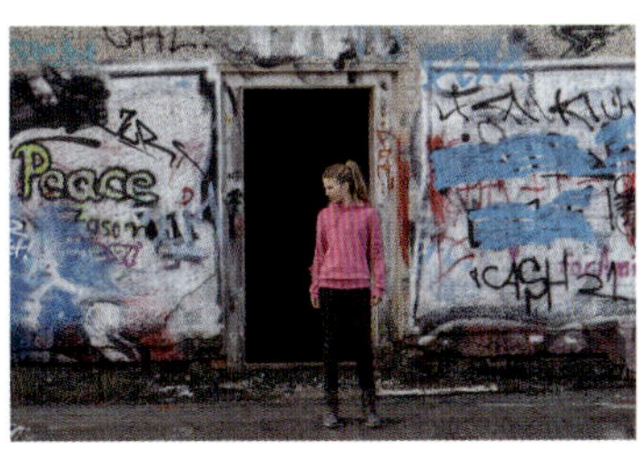

▲ ***ETERNA/Kino*** *– reduzierte Farbsättigung und Kontraste. Sehr gut für Filmproduktionen geeignet, aber auch bei einigen Fotografen beliebt.*

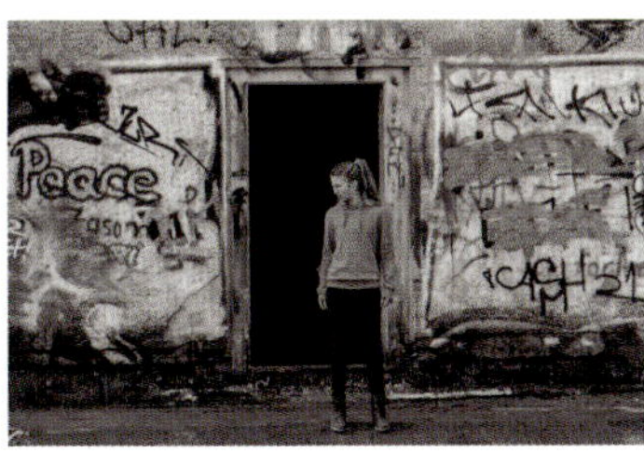

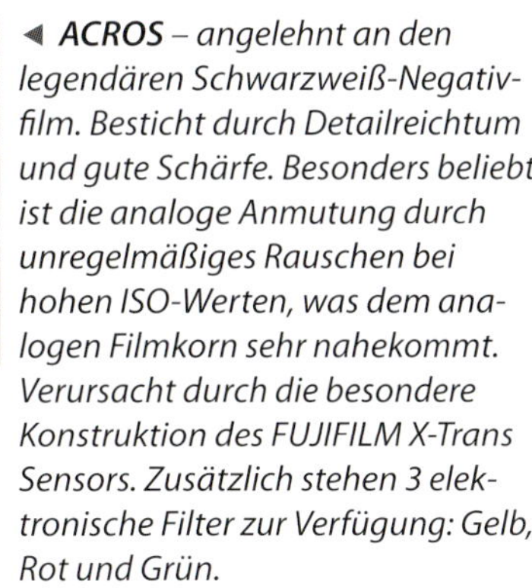

◀ ***ACROS*** *– angelehnt an den legendären Schwarzweiß-Negativfilm. Besticht durch Detailreichtum und gute Schärfe. Besonders beliebt ist die analoge Anmutung durch unregelmäßiges Rauschen bei hohen ISO-Werten, was dem analogen Filmkorn sehr nahekommt. Verursacht durch die besondere Konstruktion des FUJIFILM X-Trans Sensors. Zusätzlich stehen 3 elektronische Filter zur Verfügung: Gelb, Rot und Grün.*

Sie können sich die mechanischen Filter sparen, denn die FUJIFILM X-Kameras haben in den Filmsimulationen Acros und Schwarzweiß jeweils Gelb-, Rot- und Grünfilter integriert, die elektronisch erzeugt werden.

Ein **Gelbfilter** sorgt dafür, dass Gelb in hellere Grautöne verwandelt wird. Der Gelbfilter ist gut für Porträts geeignet, denn Hautunreinheiten und Sommersprossen werden abgeschwächt. Sorgt für eine dezente Kontrastanhebung.

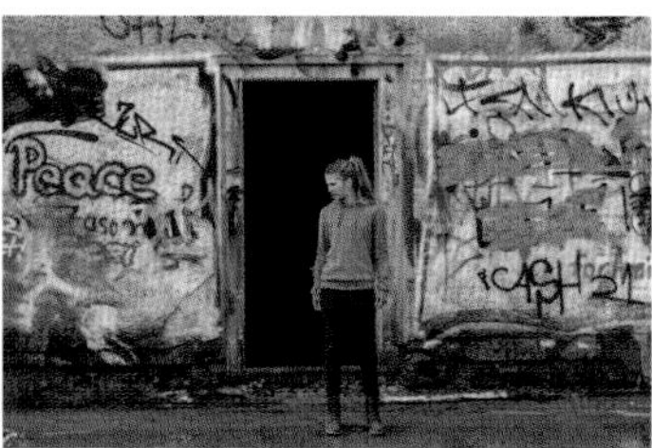

▲ ***SCHWARZWEISS*** *– Standard – Schwarzweiß-Filmsimulation. Auch hier stehen zusätzlich 3 elektronische Filter zur Verfügung: Gelb, Rot und Grün.*

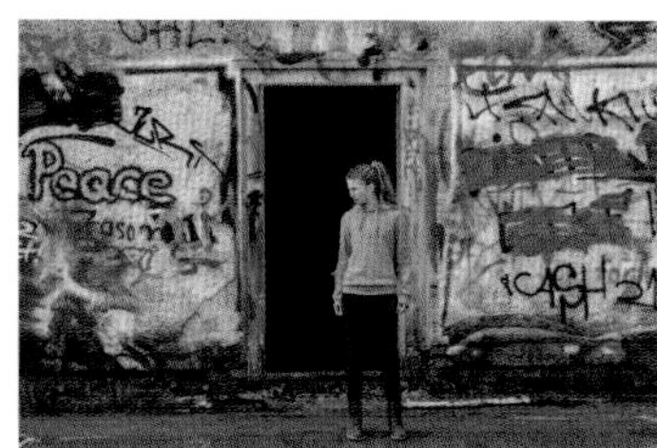

▲ ***ACROS Y*** *–Schwarzweiß mit Gelbfilter*

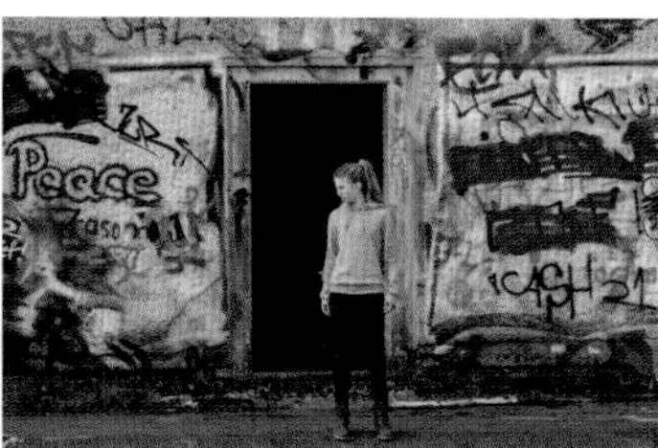

▲ ***ACROS R*** *–Schwarzweiß mit Rotfilter*

Ein **Rotfilter** eignet sich sehr gut für Landschaftsaufnahmen. Blauer Himmel wird stark abgedunkelt und kontrastreich dargestellt, besonders wenn noch Wolken am blauen Himmel sind. Hauttöne werden aufgehellt und rote Hautunreinheiten/Pickel entfernt.

▲ ***ACROS G*** *–Schwarzweiß mit Grünfilter*

Der **Grünfilter** sorgt im Gegensatz zum Rotfilter für dunklere Hauttöne und verstärkt Hautunreinheiten und Pickel. Grün erscheint in hellen Grautönen.

Weißabgleich

Seitdem ich mit FUJIFILM-Kameras fotografiere, lasse ich den Weißabgleich immer auf Automatik stehen. Ausnahme: Studiofotografie. Dort weiß ich, dass meine Studioblitzgeräte eine Farbtemperatur von 5.500 K haben, und diesen Wert stelle ich manuell ein. Ansonsten ist eine individuelle Einstellung des Weißabgleichs kaum nötig, da der automatische Abgleich fast perfekt arbeitet. Nur in Extremsituationen musste ich manuell eingreifen.

Für schwierige oder komplexe Situationen, sollten Sie für spätere Korrekturen im Bildbearbeitungsprogramm aber im RAW-Format fotografieren.

Jetzt möchte ich mich den einzelnen Projekten widmen und Ihnen verraten, wie ich dabei vorgehe und welche Hilfsmittel ich verwende.

16.2 Porträt mit Studioblitz

Für Bewerbungen oder für die Präsentation auf Internetseiten sind u. a. Porträts im Studio vor neutralem Hintergrund beliebt. Die Beleuchtung wird dabei von Studioblitzgeräten erledigt. An die Objektive werden, jedenfalls was die Lichtstärke betrifft, keine großen Ansprüche gestellt.

Brennweite und Objektiv: FUJINON XF 16-55 mm F/2,8 R LM WR

Wenn im Studio nicht mit »Available Light« gearbeitet wird, sondern mit Blitz- oder Dauerlichtanlagen, sollten, um das Licht optimal kontrollieren zu können, vor allem zwei Dinge beachtet werden:

- Das Licht für die Aufnahme sollte praktisch ausschließlich vom Blitz bzw. von Dauerlicht geliefert werden.
- Die Kamera und die Lichtquellen sollten manuell eingestellt werden.

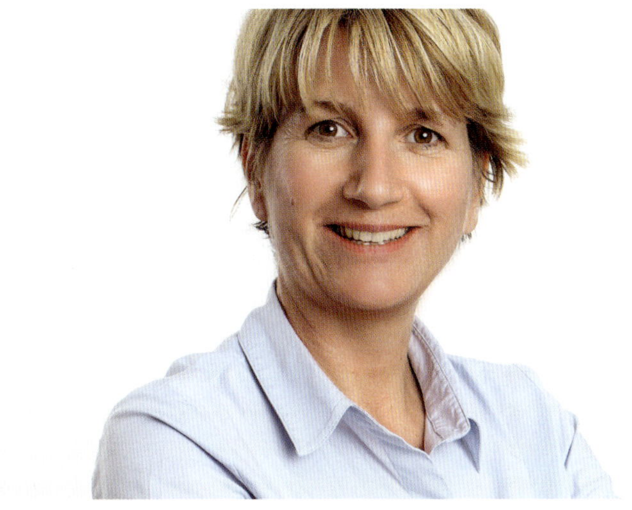

ISO 160 I 1/125 Sek. I F/9 I FUJIFILM X-S10 mit FUJINON XF 16-55 F/2,8 R LM WR bei 55 mm

Im Fotostudio ist für ein Bewerbungsfoto keine hohe Lichtstärke der Objektive erforderlich. Das Motiv sowie Hintergrund sind meist nah und muss nicht aufwendig ausgeleuchtet werden. Oft ist der Hintergrund auch einfarbig und ohne Struktur. Es macht also keinen Unterschied, ob die einfarbige Fläche scharf oder unscharf abgebildet wird. Es sieht beides praktisch gleich aus. Ein weiterer Grund ist, dass Studioblitzgeräte meist sehr leistungsstark sind. Im Studio ist also genügend Licht vorhanden sodass auch deshalb keine hohe Lichtstärke notwendig ist.

Besonders in kleineren Studioräumen ist ein Zoomobjektiv von Vorteil. Denn so sind schnell mal Ausschnitte möglich, ohne dass der Fotograf seine Position ändern muss. Trotzdem verwende ich im Studio gerne das lichtstarke Zoomobjektiv FUJINON XF 16-55 mm F/2,8 R LM WR.

Es bietet eine sehr gute Schärfe und fokussiert sehr schnell und leise. Manchmal verwende ich im Studio auch das XF 18-55 F/2,8-4 R LM OIS. Einen sichtbaren Unterschied gibt es bei den Bildergebnissen nicht. Deshalb wähle ich danach aus welches von beiden schneller griffbereit ist.

Blende F/9: Da bei den Aufnahmen kein Bokeh entsteht und genügend Licht vorhanden ist wähle ich eine höhere Blende. In dem Fall Blende 9. Die Schärfentiefe ist recht hoch und es muss nicht zwangsläufig präzise auf die Augen fokussiert werden.

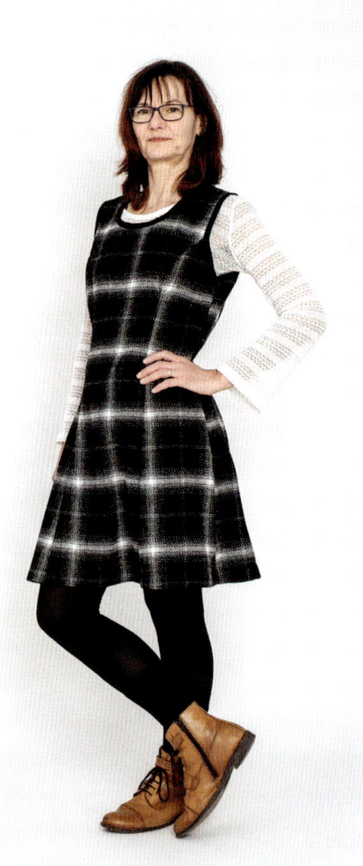

ISO 160 I 1/125 Sek. I F/9 I FUJIFILM X-S10 mit FUJINON XF 16-55 F/2,8 R LM WR bei 35 mm

Belichtungszeit 1/125 Sek.: Im Studio spielt die Belichtungszeit keine große Rolle. Sie darf nur nicht kürzer sein als die Blitzsynchronzeit der Kamera. Das Licht in meinem Studio kommt ausschließlich vom Blitz. Dieser hat eine Abbrenndauer von ca. 1/500 Sek. bei voller Leistung. Bei geringerer Leistung ist sie noch deutlich kürzer. Jede längere Belichtungszeit an der Kamera sorgt höchstens noch dafür, dass zusätzlich Umgebungslicht aufgenommen wird, was meist nicht gewünscht ist.

ISO Wert 160: Im Studio ist genügend Licht vorhanden. Deshalb wähle ich immer den niedrigsten ISO Wert, da die Bildqualität besser ist je niedriger der ISO Wert ist. Auf keinen Fall darf im Studio die ISO Automatik verwendet werden da das zu Überbelichtungen führt.

Belichtungs-Modus M: Beim Fotografieren mit Studioblitzen kommt grundsätzlich der manuelle Belichtungs-Modus in Frage. Blende und Belichtungszeit werden manuell eingestellt. Eine Belichtungsautomatik führt sehr schnell zu Überbelichtungen. Grund: Eine Automatik misst nur die Umgebungshelligkeit und stellt automatisch die Belichtungswerte entsprechend ein.

Das Licht ist im Studio sehr gering, meist kommt es nur vom Einstelllicht. Kommt dann der manuelle Studioblitz dazu, gibt es ein überbelichtetes Bildergebnis.

Fokussierung: Für unbewegte statische Porträts eignet sich am besten der Fokus-Modus AF-S, der fokussiert schnell und präzise. Im Studio stelle ich meistens die automatische Augenerkennung ein, auch wenn sie im speziellen Fall nicht notwendig ist. Es gibt es keine Details im Hintergrund, die zu Fehlmessungen führen können. Und sollte die Messung mal nicht genau auf dem Auge landen ist das Gesicht trotzdem noch scharf, denn dank Blende F/9 ist die Schärfentiefe ausreichend groß.

16.3 Architektur Lost Place

In den neuen Bundesländern wurden viele Betriebe nach der Wende geschlossen, da sie nicht so effizient und wirtschaftlich waren wie die neuen Mitbewerber aus dem In- und Ausland. So standen einstige Vorzeigebetriebe, die in der DDR ein Symbol für Innovation waren, vor dem Aus. Weil kein Geld für den Abriss oder noch Hoffnungen auf Investoren vorhanden sind, stehen in den neuen Bundesländern noch etliche Industrieruinen in der Landschaft.

Eigentlich sind solche Lost Place-Betriebe verschlossen und aus Sicherheitsgründen ist das Betreten verboten. Aber manchmal ist Zufall und Glück im Spiel und man muss auch die richtigen Leute kennen. Und so war ich zur richtigen Zeit am richtigen Ort und konnte diese wunderschöne Industrieruine im Ostharz fotografieren. Auch das Licht passte zum Motiv.

Ich war mit kleinem Gepäck unterwegs. Dafür ist das 27 mm Objektiv am allerbesten geeignet. Für mehr Flexibilität steckte ich aber noch das 16 und das 33 mm in die Fototasche.

Alle drei Objektive bieten eine hervorragende optische Leistung mit knackiger Schärfe und sind praktisch ohne sichtbare Verzeichnung. Das ist eine Voraussetzung für gute Architekturfotografie, denn besonders bei geraden Kanten und Linien im Bild fällt jede Verzeichnung im Bild unangenehm auf.

Festbrennweitenobjektive haben tendenziell weniger Verzeichnungen als Zoomobjektive. Dafür sind sie nicht so flexibel im Einsatz. Mit Festbrennweiten

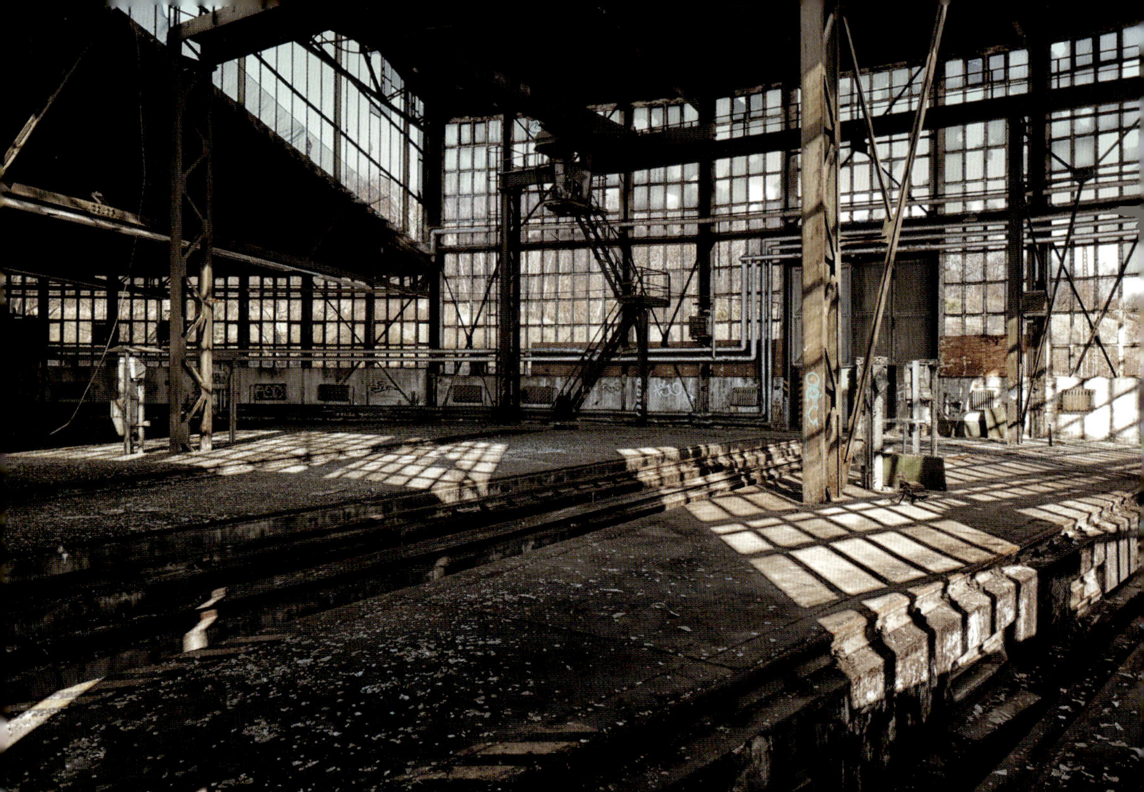

ISO AUTO 160 I 1/180 Sek. I F/4 I FUJIFILM X-T3 mit FUJINON XF 16 mm F/1,4 R

▲ *Brennweiten und Objektive: FUJINON XF 16 mm F/1,4 R, XF 27 mm/2,8 R WR und XF 33 mm F/1,4 R LM WR*

ersetzen die Füße teilweise die Zoomfunktion. Sie möchten einen kleineren Ausschnitt? Dann gehen Sie etwas näher heran ans Motiv. Es soll mehr drauf aufs Bild? Dann gehen Sie ein paar Meter nach hinten. Manchmal sind auch Grenzen gesetzt und es ist kein Platz, um nach hinten auszuweichen. Dann bleibt nur der Wechsel auf eine kürzere Brennweite.

Achten Sie bei Aufnahmen von Lost Places generell auf einen sicheren Stand und schauen Sie genau hin wohin bzw. worauf Sie treten.

Wenn Sie vor allem im Innern großer Gebäude fotografieren ist es manchmal besser wenn das Wetter eher bedeckt ist und die Lichtverteilung gleichmäßig, als wenn die Sonne strahlend vom Himmel scheint.

Im letzteren Fall werden die Kontraste im Innern schnell extrem hoch und große Fensterflächen können vollständig ausbrennen.

Ein Systemblitz kann nur die unmittelbare Umgebung aufhellen und keine großen Hallen. Falls letzteres gewünscht ist, helfen in der Regel nur teure und leistungsstarke Akkublitzanlagen. Vor Ort ist normalerweise kein Strom vorhanden.

Blende: Bei meiner Fototour durch die Industrieruine war genügend Umgebungslicht vorhanden. Deshalb wählte ich eine mittlere Blende. Weitwinkel- bzw. Normalobjektiv, mittlere bis kleine Blende und vergleichsweise großer Abstand zum Motiv, da ist die Schärfentiefe kein Problem.

Belichtungszeit: Bei den meisten Motiven hatte ich genügend Umgebungslicht zur Verfügung damit die Belichtungszeit ausreichend kurz wird, um verwacklungsfrei aus der Hand auszulösen.

Ein aktiver Bildstabilisator ist bei Freihandaufnahmen auf unebenen Gelände praktisch immer eine gute Option.

ISO Wert Auto: Der ISO-Wert hat untergeordnete Auswirkung auf die Bildgestaltung. Deshalb wähle ich ihn manuell und möglichst niedrig. Wenn in Innenräumen das Licht dann einmal nicht ausreicht, muss er natürlich erhöht werden.

Bei meinem Lost Place-Fotoshooting überlies ich die Einstellung des ISO-Wertes der ISO-Automatik, solange reichlich Licht vorhanden war.

Das funktioniert sehr gut, denn die Kamera verwendet erst einen höheren ISO-Wert, wenn die Belichtungszeit aufgrund des Umgebungslichts zu lang zu werden droht, um verwacklungsfrei auszulösen.

Das Zusammenspiel zwischen Zeitautomatik und ISO-Automatik funktioniert bei FUJIFILM-Kameras sehr gut.

Die Kamera erkennt welche Brennweite verwendet wird und wählt passend

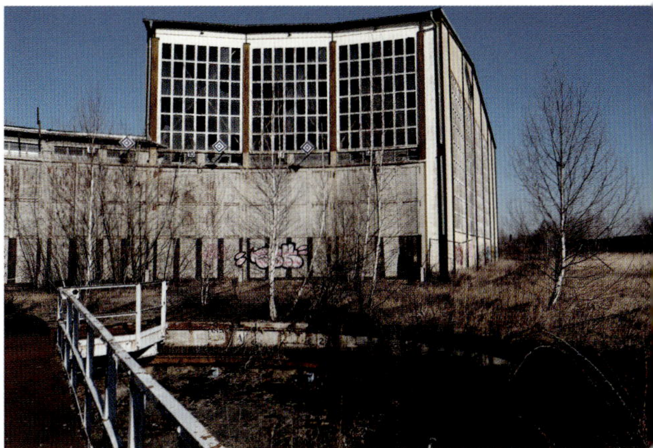

ISO AUTO 160 | 1/400 Sek. | F/8 | FUJIFILM X-T3 mit FUJINON XF 16 mm F/1,4 R

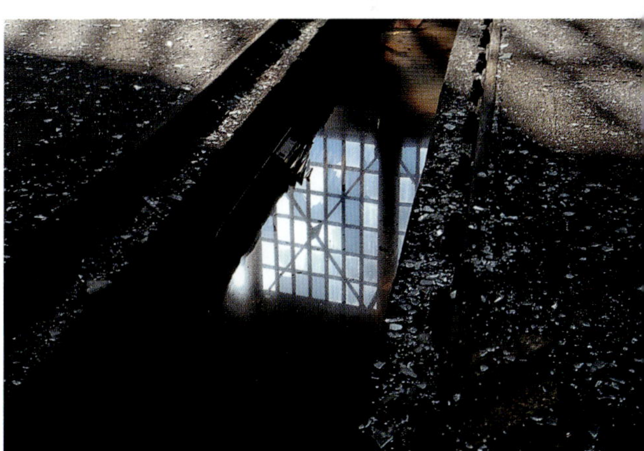

ISO AUTO 160 | 1/400 Sek. | F/8 | FUJIFILM X-T3 mit FUJINON XF 33 mm F/1,4 R LM WR

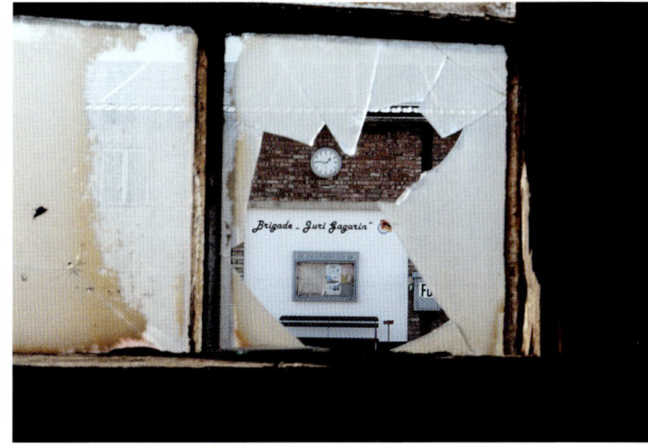

ISO AUTO 400 | 1/50 Sek. | F/16 | FUJIFILM X-T3 mit FUJINON XF 33 mm F/1,4 R LM WR

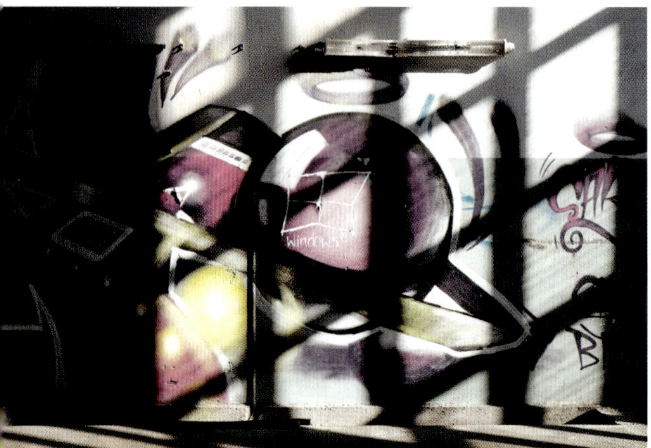

ISO AUTO 160 I 1/90 Sek. I F/8 I FUJIFILM X-T3 mit FUJINON XF 33 mm F/1,4 R LM WR

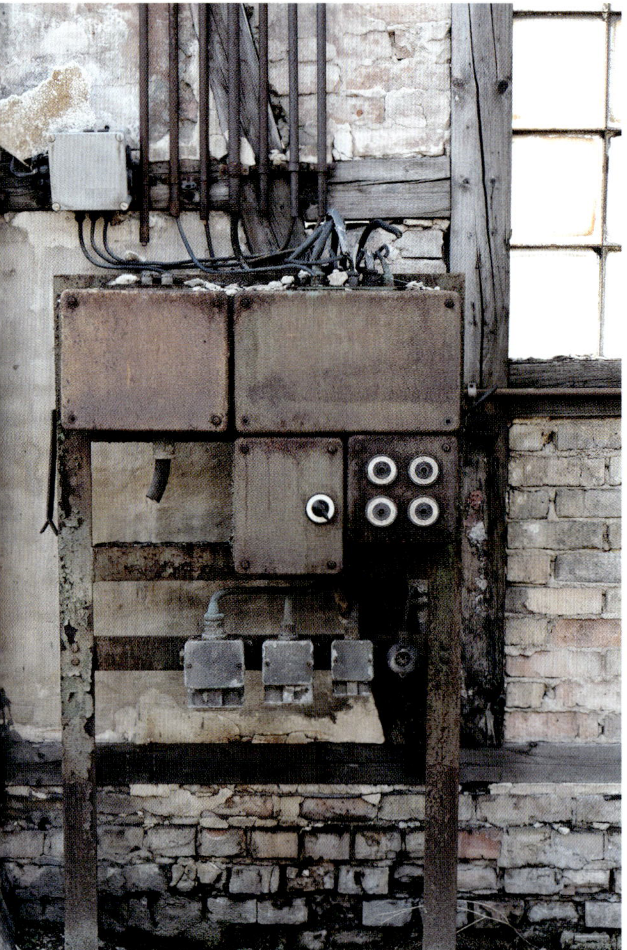

ISO AUTO 200 I 1/50 Sek. I F/4 I FUJIFILM X-T3 mit FUJINON XF 33 mm F/1,4 R LM WR

dazu die Belichtungszeit. Wenn das Licht zu gering ist, wird die Belichtungszeit verlängert – aber nur bis zu einem bestimmten Wert. Danach wird der ISO-Wert erhöht.

Natürlich hätte ich den ISO-Wert auch manuell wählen können. Aber wenn mir die Kamera Aufgaben abnimmt, die sie zuverlässig beherrscht, so kann ich mich besser auf meine Motive und auf die Bildgestaltung konzentrieren.

Belichtungs-Modus A: Bei meinen Motiven wählte ich die Blende manuell vor. Sie benutzte ich für die primäre Bildaussage. Den Rest – also Belichtungszeit und ISO-Einstellung – überlies ich der Kamera-Automatik.

Kamerasucher und Display zeigen mir das Livebild. So lassen sich Belichtungskorrekturen sofort über das Belichtungs-Korrekturrad ausgleichen.

Fokussierung: Für unbewegte statische Motive wie Architektur kommt der Fokus-Modus AF-S in Kombination mit dem Einzel-Messfeld infrage.

So kann ich genau den Punkt ansteuern, auf dem der Fokus liegen soll. Die Schärfentiefe wird dann über die Wahl der Blende gesteuert.

Filmsimulation Classic Chrome: Für manche Motive hat FUJIFILM die genau passende Filmsimulation. Classic Chrome hat den unnachahmlichen Retrolook mit sanften Farben und starken Kontrasten, der perfekt zu diesen Motiven passt.

So sind tolle Fotos im JPEG-Format kein Problem, ohne dass sie bearbeitet werden müssen.

Wer gerne seine Fotos nachbearbeitet: Adobe Lightroom übernimmt die Film-

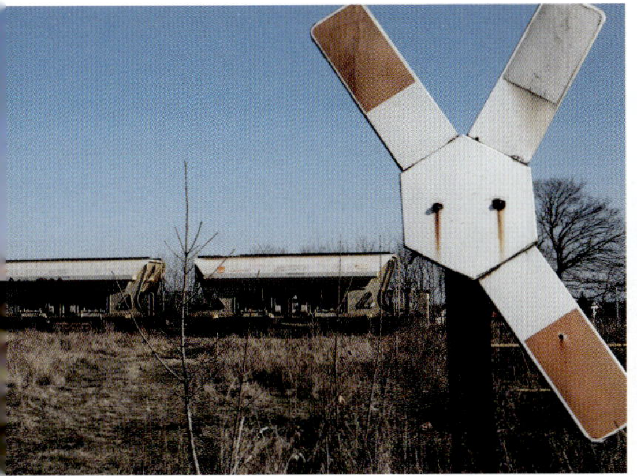

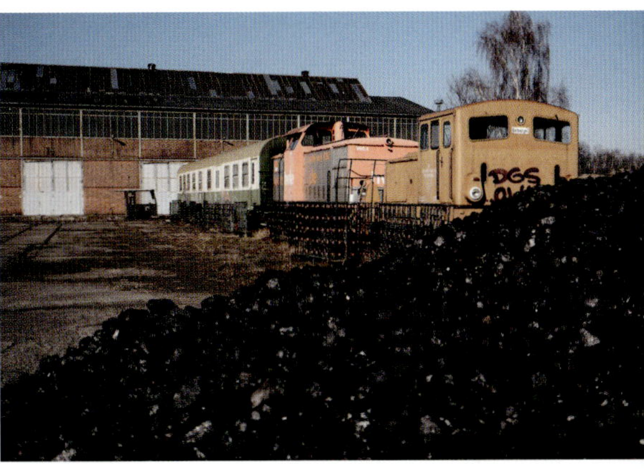

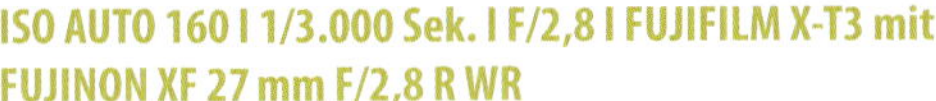

ISO AUTO 160 I 1/3.000 Sek. I F/2,8 I FUJIFILM X-T3 mit FUJINON XF 27 mm F/2,8 R WR

ISO AUTO 800 I 1/60 Sek. I F/4 I FUJIFILM X-T3 mit FUJINON XF 16 mm F/1,4 R

simulations-Einstellungen auch für das RAW-Format. Meine Fotoserie habe ich direkt als JPEG-Foto- grafiert.

16.4 Herbst-Porträtshooting

Vor allem im Herbst gibt es schöne sonnige Tage, an denen die Sonne schon am frühen Abend tief steht. Zum Fotografieren ist eine tief stehende Sonne besonders schön. Denn die Sonne hat nicht mehr so viel Kraft, das sorgt für sanftes Licht ohne harte Kontraste.

Sie können den Fotos einen trendigen Matteffekt verleihen. Dies erreichen Sie z. B. mit der Filmsimulation CLASSIC CHROME. Es macht Ihre Fotos sanfter und stimmungsvoller und wäscht die Farben etwas aus.

In der goldenen Stunde lassen sich gleichfalls tolle Gegenlichtaufnahmen machen. Porträts im Gegenlicht wirken sehr angenehm, warm, duftig und sanft.

Die Kunst dabei ist es, die Perspektive so zu wählen, dass das Gegenlicht nicht zu stark wird und das Motiv völlig überstrahlt. Manchmal machen ein paar Zentimeter, die Sie das Objektiv zur Seite bewegen, viel in der Bildwirkung aus. Ich muss zugeben, dass ich auch heute noch etliche Ausschuss-Bilder produziere. Aber das spielt keine Rolle und ist normal, es hilft viel zu probieren und wenn dann ein paar gute Fotos dabei herauskommen, ist das Ziel erreicht.

Übrigens: wenn Sie die Sonne als Stern abbilden möchten, so muss die Blende geschlossen werden. Ein schönes Bokeh gibt es allerdings nur bei weit geöffneten Blenden. Sie müssen sich also für eine Vorgehensweise entscheiden – Bokeh oder Blendenstern.

Brennweite und Objektiv: FUJINON XF 56 mm F/1,2 R Für Porträts greife ich am liebsten zu einem Porträt-Objektiv. Das FUJINON XF 56 mm F/1,2 R gehört für mich zur ersten Wahl. Wenn ich wenig Platz habe oder wenn von der Umgebung mehr mit ins Bild eingebunden werden soll, kommen auch Objektive mit 23 mm oder 33 bzw. 35 mm in Frage.

Das XF 56 mm ist eines meiner Lieblings-Objektive. Es liefert eine knackige Schärfe und ein sehr angenehm cremiges Bokeh bei großer Blendenöffnung. Dabei ist es recht kompakt und wiegt für ein lichtstarkes Porträtobjektiv nicht viel. Optimal also für einen Herbstspaziergang. Das FUJINON XF 50 mm F/1 R WR ist zwar bei der Bildqualität und bei Autofokus-Geschwindigkeit ein klein wenig überlegen.

ISO 160 I 1/1.000 Sek. I F/1,2 I FUJIFILM X-Pro3 mit FUJINON XF 56 mm F/1,2 R

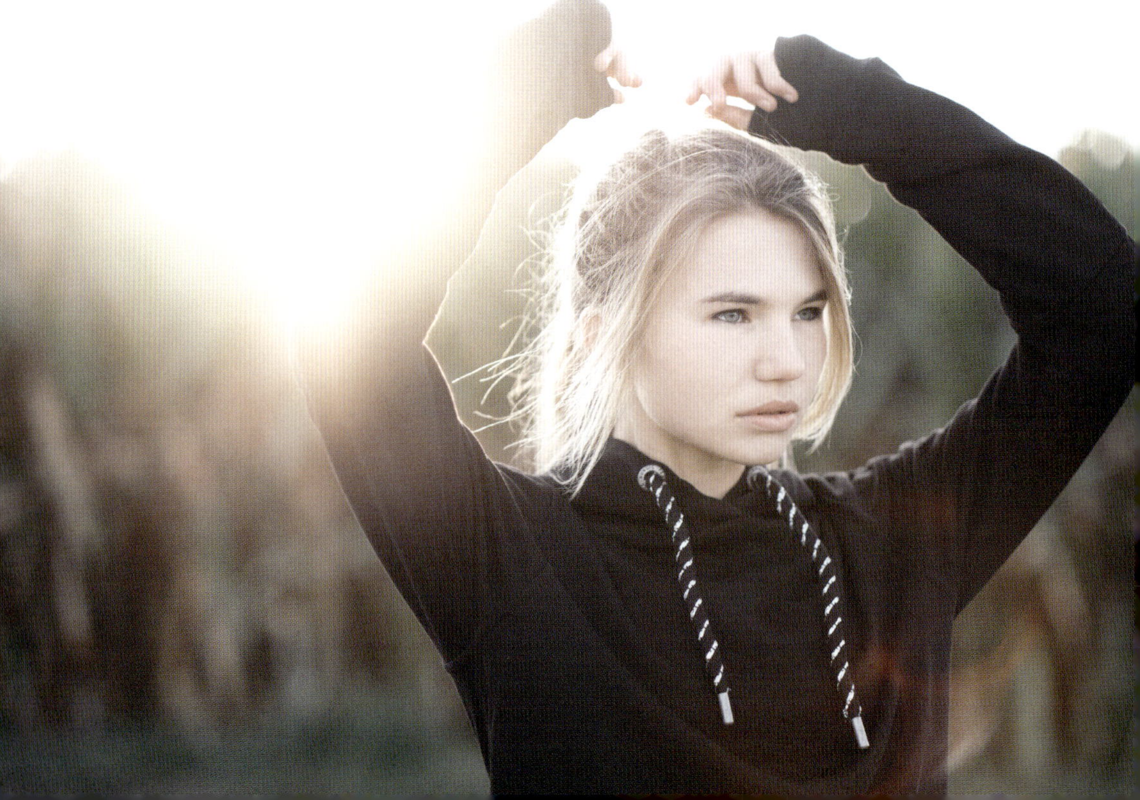

Aber in vielen Fällen ist es mir wichtiger, möglichst wenig Gewicht durch die Gegend zu tragen und dann freue ich mich über mein 56er Porträt-Objektiv. Auch im Gegenlicht können sich die Bildergebnisse absolut sehen lassen. Zwar wird der Kontrast etwas schwächer im Gegenlicht, aber das passt zum gewünschten Bildlook. Wichtig bei Gegenlichtfotos ist, dass die Frontlinse des Objektivs sauber ist. Außerdem sollten Sie die Gegenlichtblende verwenden, die zu jedem Objektiv mitgeliefert wird. Ansonsten gibt es unschöne Blendenflecken.

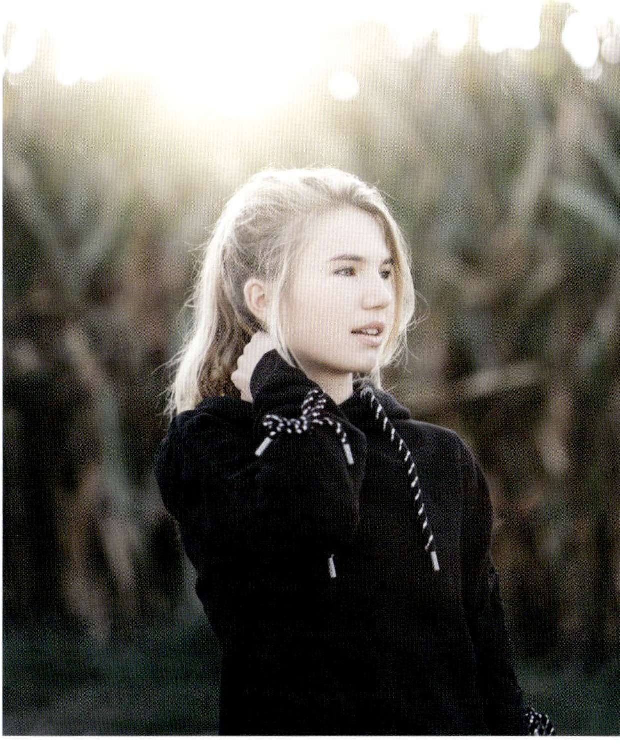

ISO 160 I 1/1.000 Sek. I F/1,2 I FUJIFILM X-Pro3 mit FUJINON XF 56 mm F/1,2 R

Blende: Zwar war genügend Umgebungslicht vorhanden. Aber um ein sehr weiches Bokeh zu erhalten, wählte ich die maximal offene Blende von F/1,2.

Belichtungszeit: Die Belichtungszeit passte ich so an, dass ich eine leichte Überbelichtung erzeugte. Damit habe ich den Gegenlicht-Look noch betont und verstärkt. Der Kontrast wird zwar durch die Überbelichtung reduziert, aber in dem Fall ist das so gewollt und völlig in Ordnung.

ISO Wert 160: Licht war genügend vorhanden. Deshalb wählte ich für eine optimale Bildqualität den niedrigsten ISO-Wert von 160.

Belichtungs-Modus M: Porträts lassen sich auch gut mit Blendenvorwahl, also Zeitautomatik, machen. Da ich aber mit einer gezielten Überbelichtung den Gegenlicht-Look erzeugen wollte, wählte ich die manuelle Belichtungseinstellung. Blende und ISO-Wert hatte ich fest vorgegeben und so brauchte ich nur noch am entsprechenden Wahlrad die gewünschte Belichtungszeit einzustellen.

Fokussierung: Für Porträts wähle ich meistens den Fokus-Modus AF-S zusammen mit dem AF-Einzelfeld, das ich dann auf einem Auge platziere. Da es nicht ganz so einfach war die Kamera so zu positionieren, dass der gewünschte Gegenlicht-Look opti-

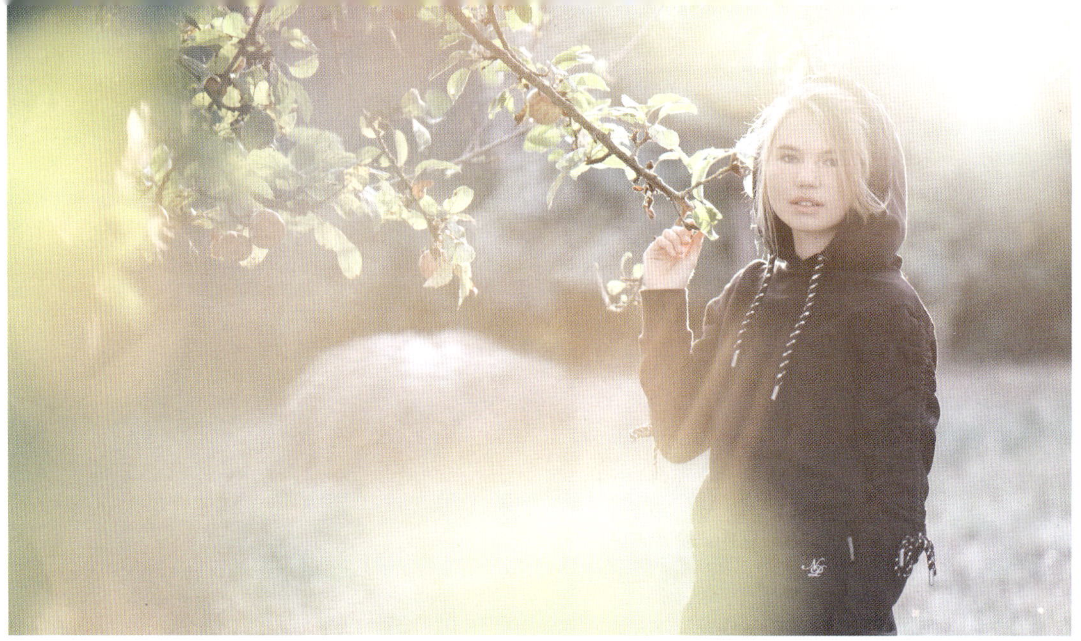

ISO 160 I 1/250 Sek. I F/1,2 I FUJIFILM X-Pro3 mit FUJINON XF 56 mm F/1,2 R

mal zur Geltung kommt, verwendete ich zusätzlich die automatische Augenerkennung. Dadurch konnte ich mich mehr auf das Ausrichten der Kamera und das Anpassen der Belichtungszeit konzentrieren. Bei den neueren Kameramodellen funktioniert die automatische Augenerkennung – bis auf wenige Ausrutscher – sehr zuverlässig und präzise.

Filmsimulation Classic Chrome: Ich bin ein großer Freund der Filmsimulation Classic Chrome. Auch für Porträts nutze ich sie gerne. In Verbindung mit Gegenlicht entsteht ein schöner Bildlook mit unaufdringlichen natürlichen Farben.

ISO 160 I 1/250 Sek. I F/1,2 I FUJIFILM X-Pro3 mit FUJINON XF 56 mm F/1,2 R

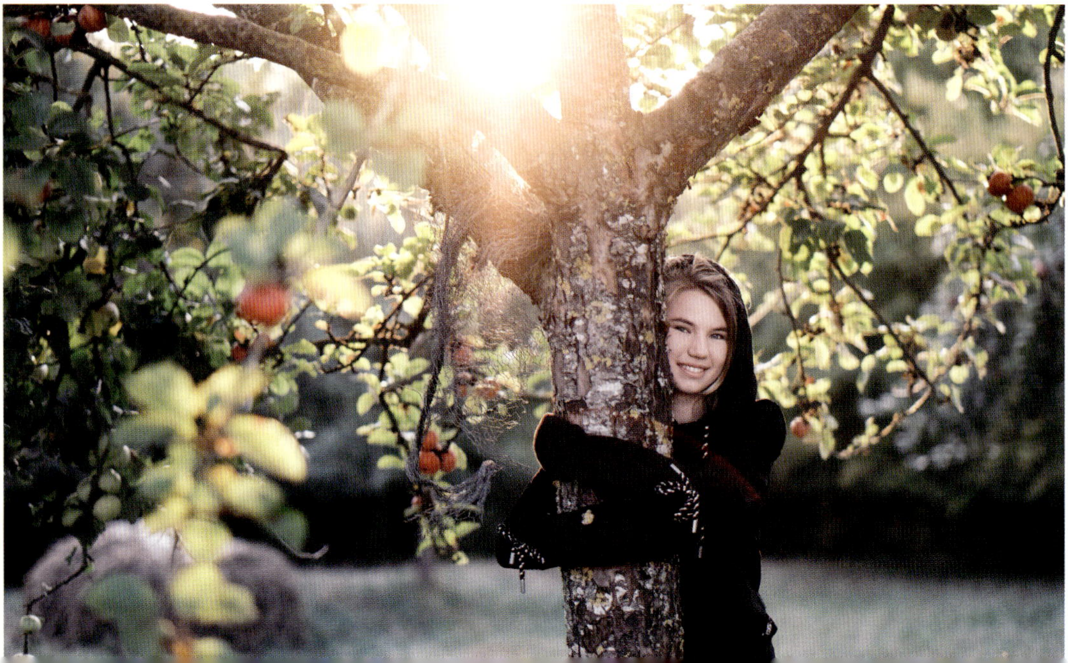

16.5 Saint Patrick´s Day

Am 17. März sowie die Tage danach feiern die Iren den Saint Patrick´s Day, ein Gedenktag des irischen Bischoffs Patrick, der im 5. Jahrhundert gelebt hat. Er gilt als erster christlicher Missionar in Irland.

Aber nicht nur in Irland, sondern auch in jedem Irish Pub auf der Welt wird der Saint Patrick´s Day ausgiebig und mit viel Musik und irischem Schwarzbier gefeiert.

Ich habe den Saint Patrick´s Day im Irish Pub gefeiert und hatte »zufällig« eine Kamera und ein paar lichtstarke Objektive dabei.

Im Pub war sehr gedämpftes und warmes Licht. Unsere Augen passen sich schnell an schwaches Umgebungslicht an. Das Fotografieren bei solchen Lichtverhältnissen ist anspruchsvoll. Dazu benötigen Sie vor allen Dingen lichtstarke Objektive und keine Angst vor hohen ISO-Werten.

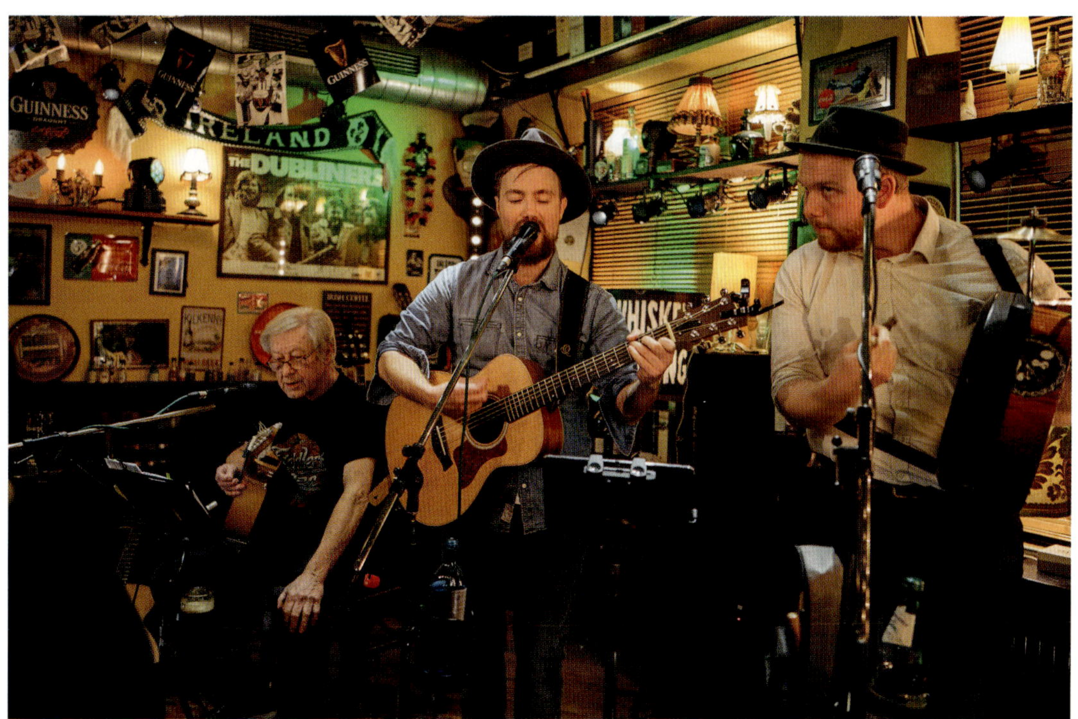

ISO 400 I 1/100 Sek. I F/1,4 I FUJIFILM X-S10 mit FUJINON XF 18 mm F/1,4 R LM WR

▲ *Auf der Bühne war das Licht besser als im Lokal.*

Brennweite und Objektive: FUJINON XF 18 mm F/1,4 R LM WR, FUJINON XF 23 mm F/1,4 R LM WR und FUJINON XF 33 mm F/1,4 R LM WR: Im Pub ist nicht viel Platz und wenn Livemusik angekündigt ist oder ein Event wie der Saint Patrick´s Day, dann ist das Lokal ganz schnell gut gefüllt.

Für diesen Fall ist es eine gute Idee, mit weitwinkligen Objektiven zu fotografieren. Um etwas Abwechslung in die Bildserie zu bringen, wählte ich drei Objektive von Weitwinkel für die Übersichts-Aufnahmen bis zum Normalobjektiv für etwas kleinere Ausschnitte.

Alle Objektive sind Festbrennweiten-Objektive mit einer Lichtstärke von 1:1.4 und gehören zur neuesten Generation der FUJINON-Objektive mit verbesserter optischer Leistung.

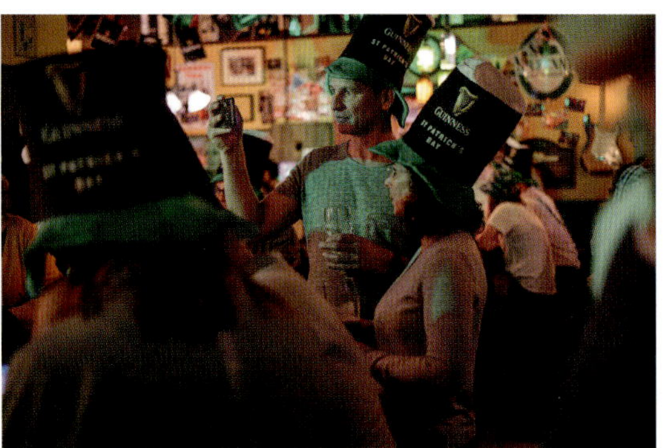

ISO 2.500 I 1/100 Sek. I F/1,4 I FUJIFILM X-S10 mit FUJINON XF 33 mm F/1,4 R LM WR

▲ *Selbst bei ISO 2.500 und offener Blende perfekte Schärfe.*

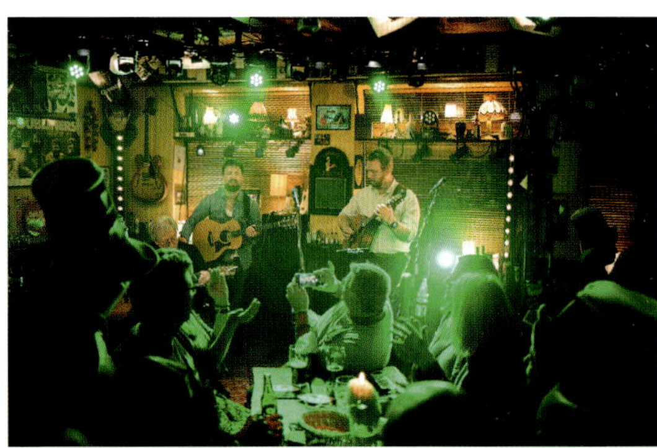

ISO 320 I 1/100 Sek. I F/1,4 I FUJIFILM X-S10 mit FUJINON XF 23 mm F/1,4 R LM WR

▲ *Stimmungsvolles Gegenlicht.*

Blende: Fast alle Fotos entstanden mit offener Blende. In dem Fall nicht um ein schönes Bokeh zu erzeugen, sondern wegen des schwachen Umgebungslichts. Mit lichtschwachen Objektiven hätte der ISO-Wert entsprechend stark angehoben werden müssen. Um eine Blendenstufe auszugleichen, muss der ISO-Wert verdoppelt werden.

Hätte ich beispielsweise anstatt der lichtstarken Festbrennweiten-Objektive ein Zoom-Objektiv mit Lichtstärke 1:4 verwendet, so macht dass 3 Blendenstufen Unterschied aus. Anstatt beispielsweise ISO 800 muss – um die fehlende Lichtstärke auszugleichen – ISO 6.400 verwendet werden (3 Blendenstufen bedeutet den ISO-Wert 3x verdoppeln). Das macht sich auf jeden Fall bei der Bildqualität bemerkbar, obwohl FUJIFILM Kameras auch bei hohen ISO-Werten rauscharm sind.

Belichtungszeit: Um Verwacklungsunschärfe zu vermeiden, wählte ich eine Belichtungszeit von 1/100 Sek. Nur bei einem Foto, bei dem das Umgebungslicht besonders schwach war, verlängerte ich die Belichtungszeit auf 1/50 Sek.

ISO Wert AUTO: Den ISO-Wert stellte ich auf Automatik. Blende und Belichtungszeit hatte ich manuell vorgegeben und so passte sich der ISO-Wert dem Umgebungslicht an, ohne dass ich mich darum kümmern musste. Er bewegte sich meist zwischen ISO 400 und 12.800. Aber für FUJIFILM Kameras ist das kein Problem, die Fotos sind trotz hohen ISO-Werten brauchbar.

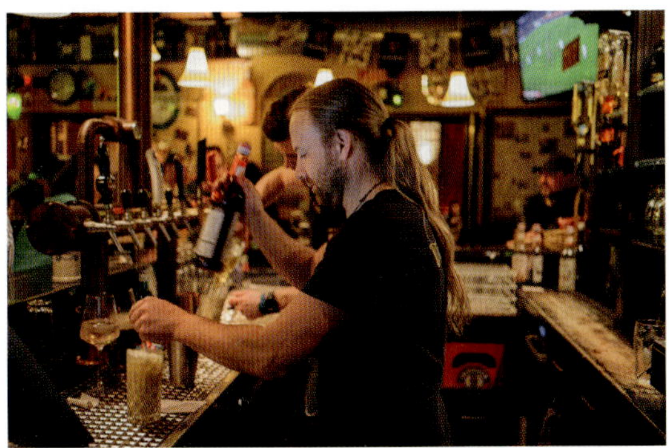

ISO 3.200 I 1/100 Sek. I F/1,4 I FUJIFILM X-S10 mit FUJINON XF 23 mm F/1,4 R LM WR

▲ *Die geschüttelte Flasche in der Bewegungsunschärfe.*

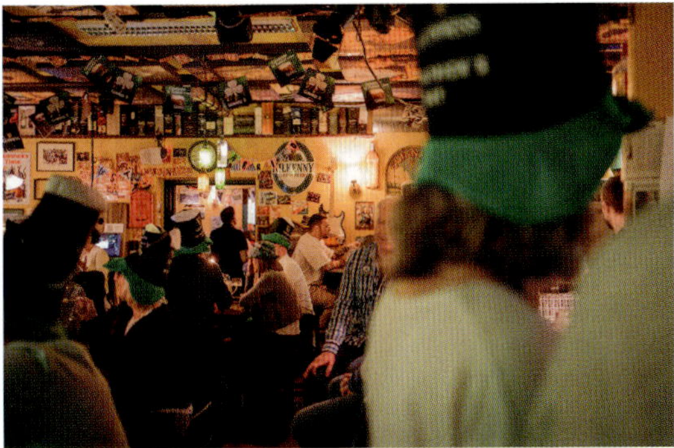

ISO 3.200 I 1/100 Sek. I F/1,4 I FUJIFILM X-S10 mit FUJINON XF 23 mm F/1,4 R LM WR

▲ *Im Lokal war trotz Blende F/1,4 ein ISO-Wert von 3.200 erforderlich.*

Belichtungs-Modus M: Die Blende und die Belichtungszeit wählte ich manuell. Zusammen mit der ISO-Automatik ist das eine gute Kombination mit der schnell und sicher richtig belichtete Aufnahmen möglich sind.

Fokussierung: AF-S ist bei solchen Motiven die richtige Einstellung, und zwar in Kombination mit dem AF-Einzelfeld. Nur so lässt sich gezielt auf den gewünschten Punkt fokussieren.

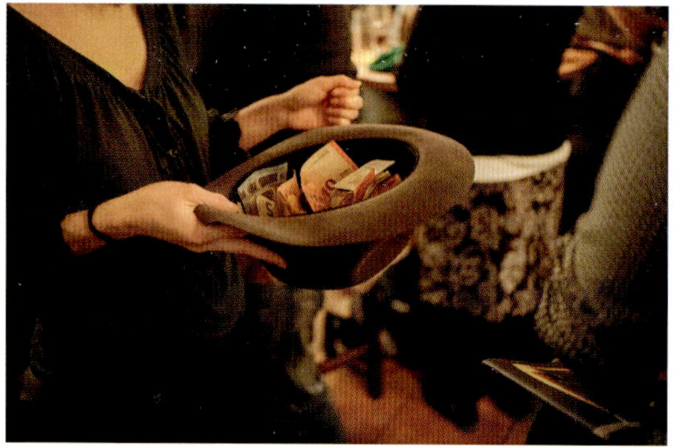

ISO 12.800 I 1/50 Sek. I F/1,4 I FUJIFILM X-S10 mit FUJINON XF 23 mm F/1,4 R LM WR

▲ *Kleine Spende für die Musiker – in der dunkelsten Ecke des Pubs. Aber auch ein Foto mit ISO 12.800 ist besser als keins.*

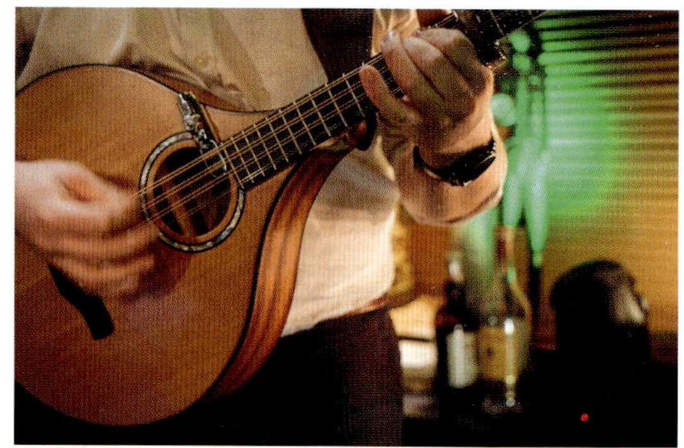

ISO 1.250 I 1/100 Sek. I F/1,4 I FUJIFILM X-S10 mit FUJINON XF 33 mm F/1,4 R LM WR

▲ *Bewegungsunschärfe bringt Dynamik ins Bild.*

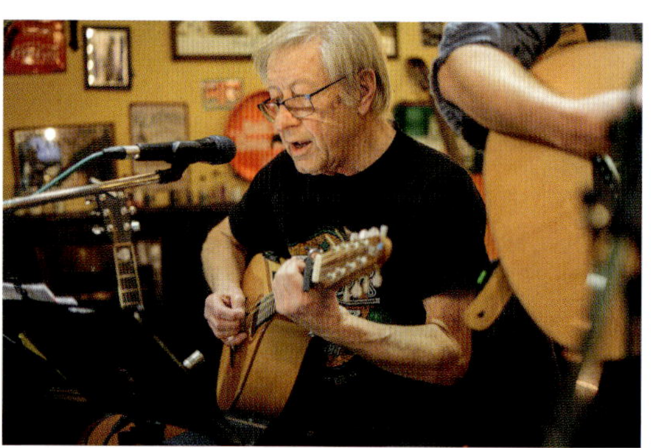

ISO 1.000 I 1/100 Sek. I F/1,4 I FUJIFILM X-S10 mit FUJINON XF 33 mm F/1,4 R LM WR

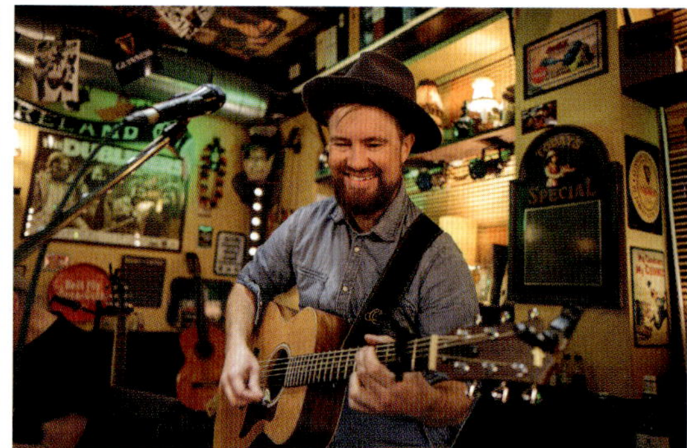

ISO 400 I 1/100 Sek. I F/1,4 I FUJIFILM X-S10 mit FUJINON XF 18 mm F/1,4 R LM WR

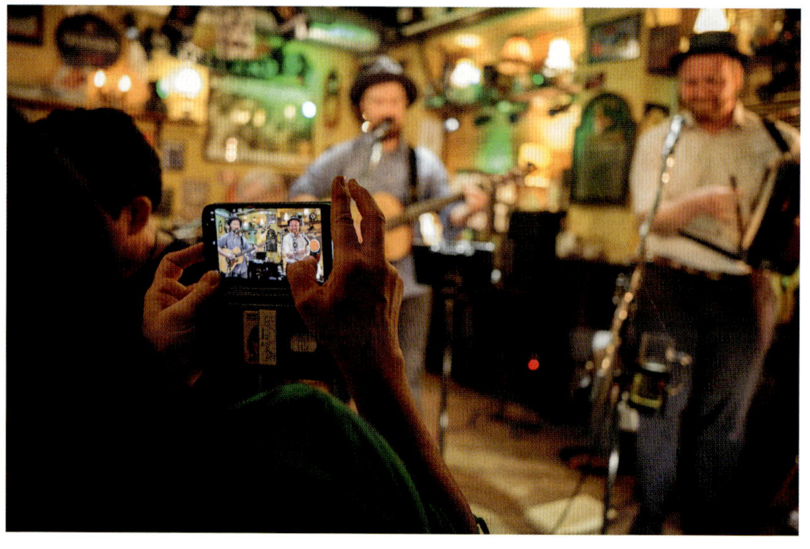

ISO 320 I 1/100 Sek. I F/1,4 I FUJIFILM X-S10 mit FUJINON XF 18 mm F/1,4 R LM WR

◄ *Selbst mit 18 mm Brennweite ist ein schönes Bokeh möglich.*

16.6 Stadtspaziergang in Schwarzweiß

Für manche Motive ist Schwarzweiß besonders gut geeignet. Blauer Himmel, Sonne und ein paar schöne Wolken. Das wirkt besonders gut in Schwarzweiß. FUJIFILM Kameras liefern die optimale Filmsimulation dazu: Acros. Mit der richtigen Kamera-Einstellung gelingen kräftige und kontrastreiche Fotos. Mit einer Kamera und drei Objektiven machte ich mich auf zu einem Stadtspaziergang. Architektur in Kombination mit dem bewölkten Himmel finde ich faszinierend. Auch interessante Spiegelungen finden sich bei jedem Stadtspaziergang.

Brennweite und Objektive: FUJINON XF 23 mm F/1,4 R, FUJINON XF 35 mm F/1,4 R und FUJINON XF 56 mm F/1,2 R: Ich hätte auch ein Zoom-Objektiv mitnehmen können. Vermutlich wären die Bilderergebnisse genauso gut geworden. Aber ich mag Festbrennweiten-Objektive und so entschied ich mich für ein 23 mm, 35 mm und 56 mm. Das XF 56 mm ist keineswegs nur für Porträts geeignet.

Blende: Da ich weder Bokeh benötigte noch zu wenig Licht hatte, wählte ich mittlere Blenden zwischen F/5,6 und F/13. Damit bekam ich eine ausreichende Schärfentiefe und hatte trotzdem genügend kurze Belichtungszeiten, um nicht zu verwackeln.

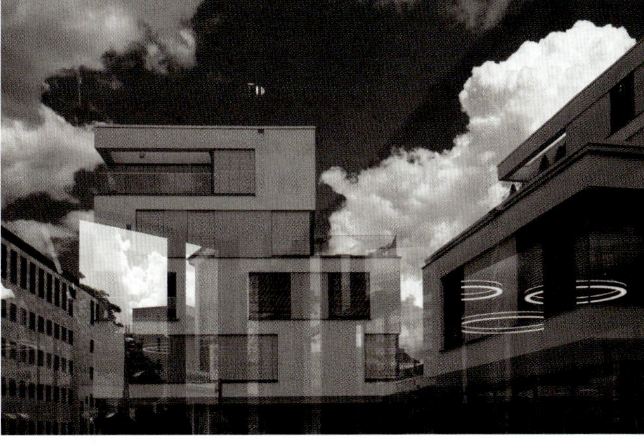

ISO 160 I 1/125 Sek. I F/9 I FUJIFILM X-Pro3 mit FUJINON XF 23 mm F/1,4 R

Belichtungszeit: In den meisten Fällen war genügend Umgebungslicht vorhanden und so konnte ich kurze Belichtungszeiten einstellen. Dann muss man sich um Bewegungsunschärfe von bewegten Objekten im Bild keine Sorgen machen.

ISO Wert 160: Bei allen Aufnahmen, bei denen das Umgebungslicht hell genug war, um eine mittlere Blende und eine kurze Belichtungszeit einzustellen, wählte ich für eine bestmögliche Bildqualität einen ISO Wert von 160. Das ist der niedrigste einstellbare Wert.

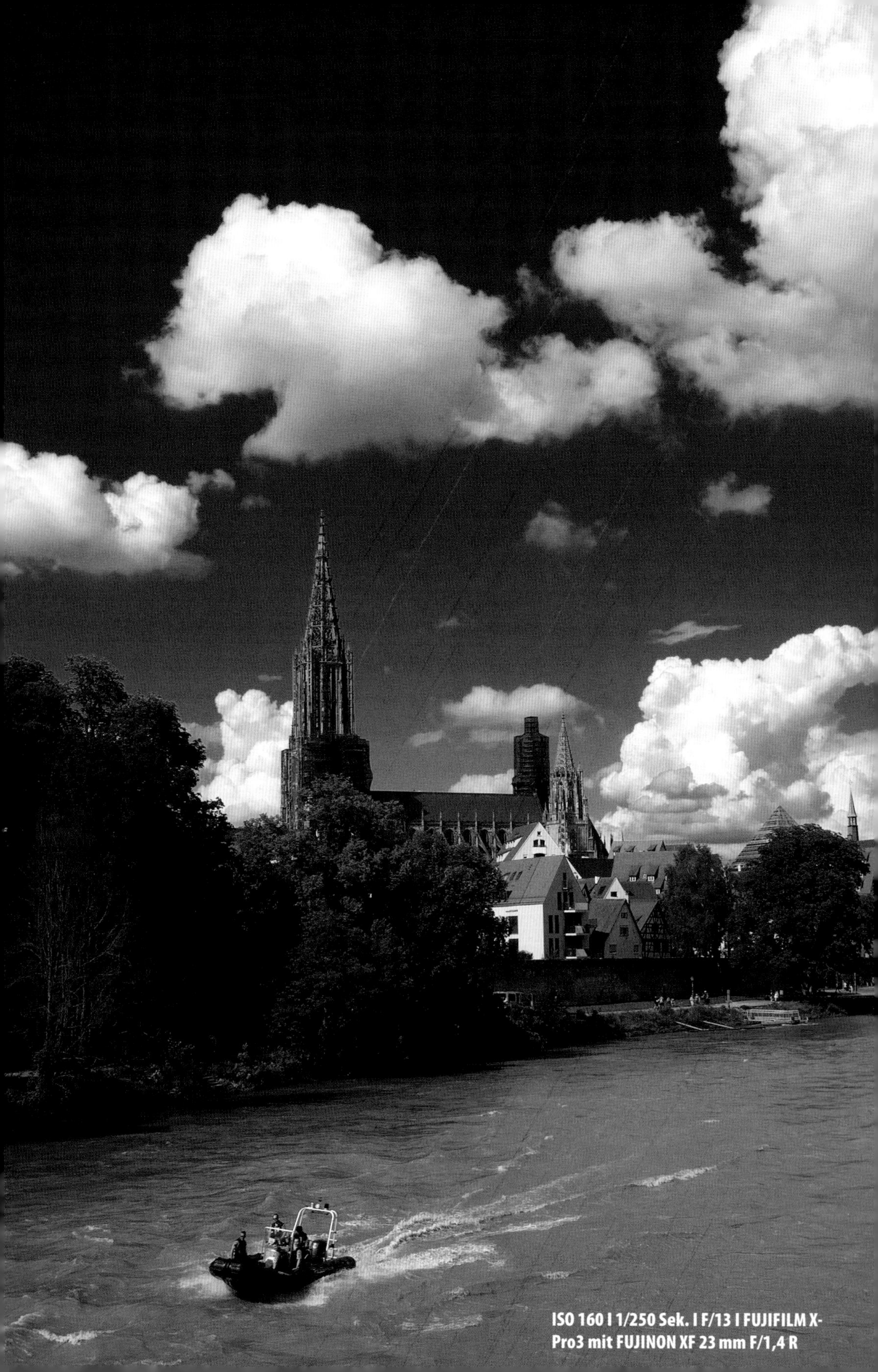

ISO 160 I 1/250 Sek. I F/13 I FUJIFILM X-Pro3 mit FUJINON XF 23 mm F/1,4 R

Belichtungs-Modus M: Die Blende und die Belichtungszeit wählte ich manuell. Bei Stadt- und Architekturfotos ist immer genügend Zeit um alle Werte in Ruhe manuell einstellen zu können.

Fokussierung Stadt- und Architekturfotos sind statische Motive. Dafür kommt der Fokus-Modus AF-S infrage. Mit dem AF-Einzelfeld können Sie gezielt den Bereich auswählen, auf den die Kamera fokussieren soll.

Filmsimulation Acros + Rotfilter: Neben der Filmsimulation Schwarzweiß besitzen alle FUJIFILM Kameramodelle ab der zweiten Generation die Filmsimulation Acros. Das ist eine Filmsimulation in Schwarzweiß, allerdings angelehnt an die analogen Schwarzweiß-Filmklassiker von FUJIFILM mit besonders feiner Detailwiedergabe. Zusätzlich lässt sich diese Simulation mit Farbfiltern kombinieren. Diese färbt aber nicht die Bilder farbig ein. Sondern

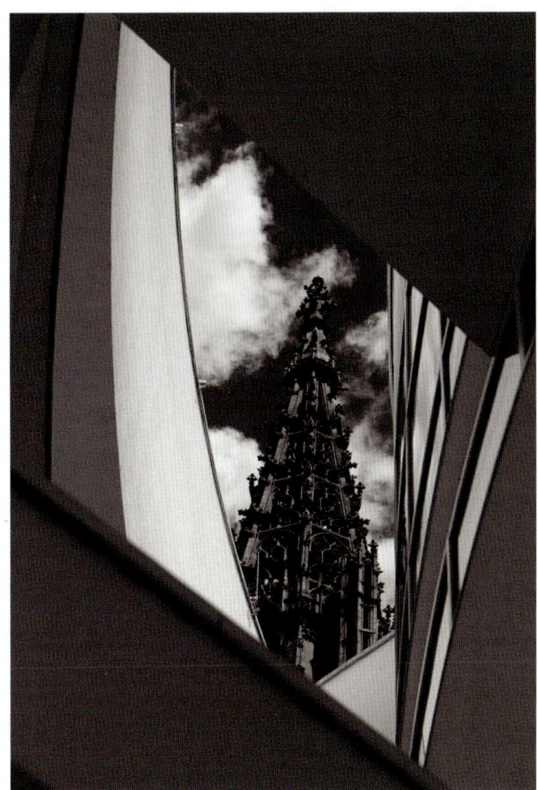

ISO 160 I 1/2.000 Sek. I F/5,6 I FUJIFILM X-Pro3 mit FUJINON XF 56 mm F/1,2 R

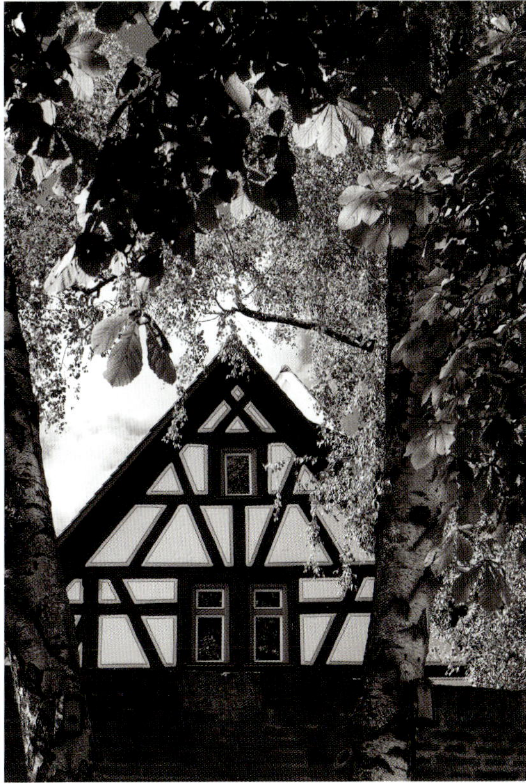

ISO 160 I 1/250 Sek. I F/8 I FUJIFILM X-Pro3 mit FUJINON XF56 mm F/1,2 R

ein Rotfilter lässt Rot durch, das heißt Rot wird auf dem Foto heller. Blau wird dagegen gesperrt und dunkler wiedergegeben, da es die Gegenfarbe von Rot ist. Deshalb wird der blaue Himmel sehr dunkel und bringt einen wunderschön kräftigen Kontrast zu den hellen Wolken am Himmel.

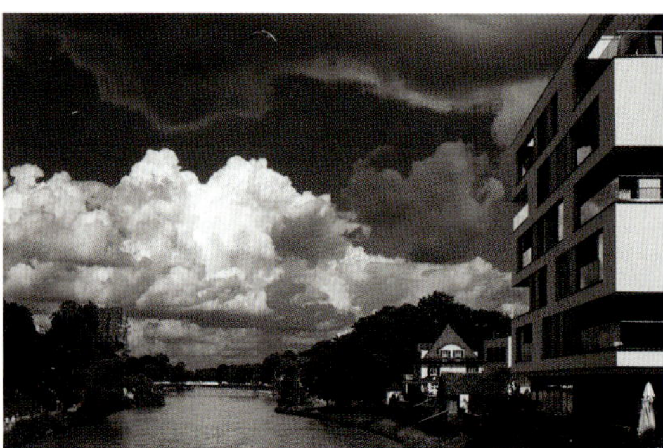

ISO 160 I 1/1.000 Sek. I F/11 I FUJIFILM X-Pro3 mit FUJINON XF 35 mm F/1,4 R

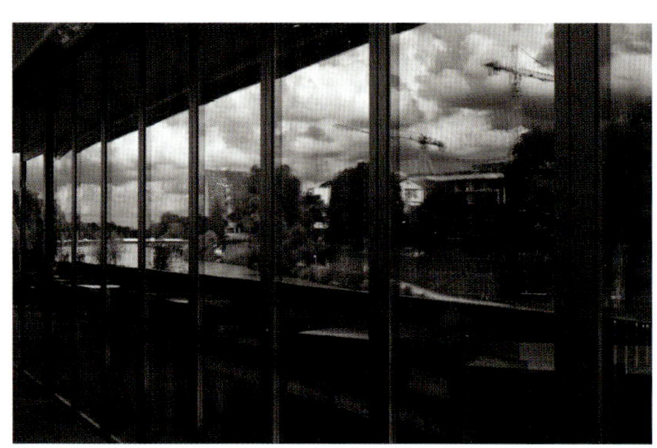

ISO 160 I 1/250 Sek. I F/11 I FUJIFILM X-Pro3 mit FUJINON XF 35 mm F/1,4 R

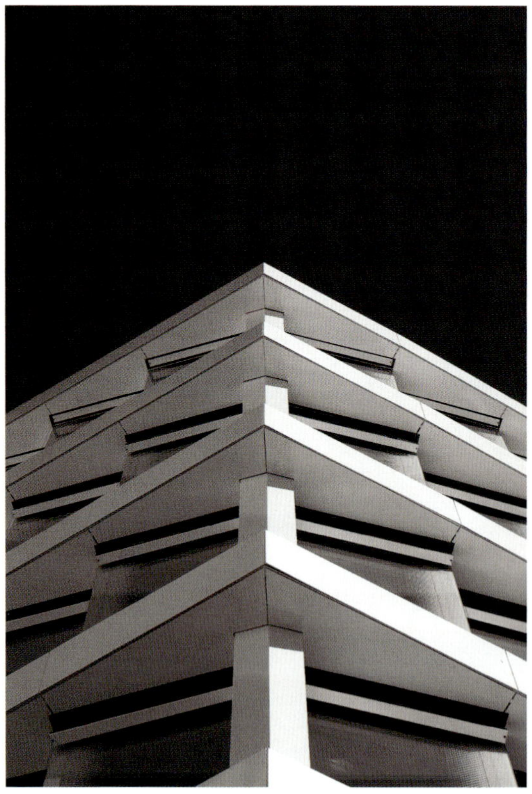

ISO 160 I 1/340 Sek. I F/8 I FUJIFILM X-Pro3 mit FUJINON XF 56 mm F/1,2 R

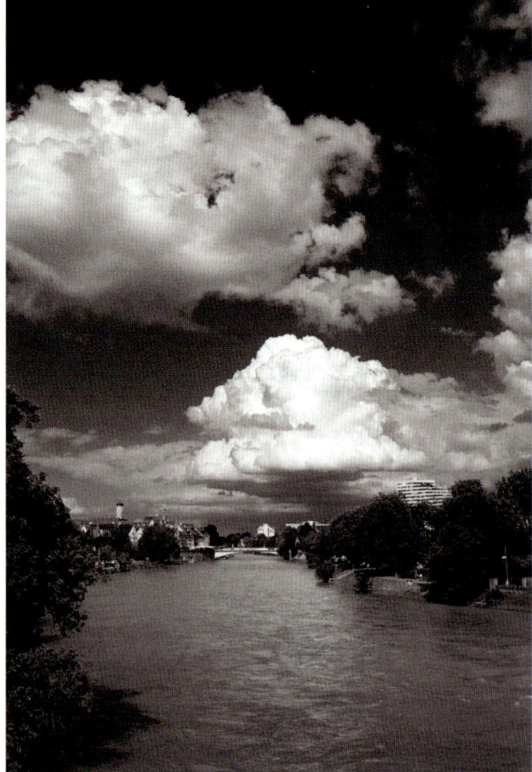

ISO 160 I 1/1.000 Sek. I F/8 I FUJIFILM X-Pro3 mit FUJINON XF 23 mm F/1,4 R

Ton Schatten +4: Der Kontrast wird nochmals stark erhöht, wenn die dunklen Bereiche im Bild nochmals abgedunkelt werden. Der blaue Himmel, der durch den Rotfilter abgedunkelt wurde, erscheint so fast schwarz. Wem das zu extrem ist, der kann auch Ton Schatten auf +3 oder +2 anheben.

16.7 Stephane de Paris

Stephane kommt aus Paris, hat sich aber in Deutschland mit einem Frisörladen selbstständig gemacht. Gerne steht er auch vor der Kamera. Ich habe ihn in seinem Frisörsalon porträtiert.

Schwarzweiß finde ich für Porträts sehr eindrucksvoll. Der Fotograf muss sich auf das Wesentliche des Lichts konzentrieren und kann nicht die mildernde oder auch kaschierende Wirkung der Farben nutzen. Eine echte Herausforderung.

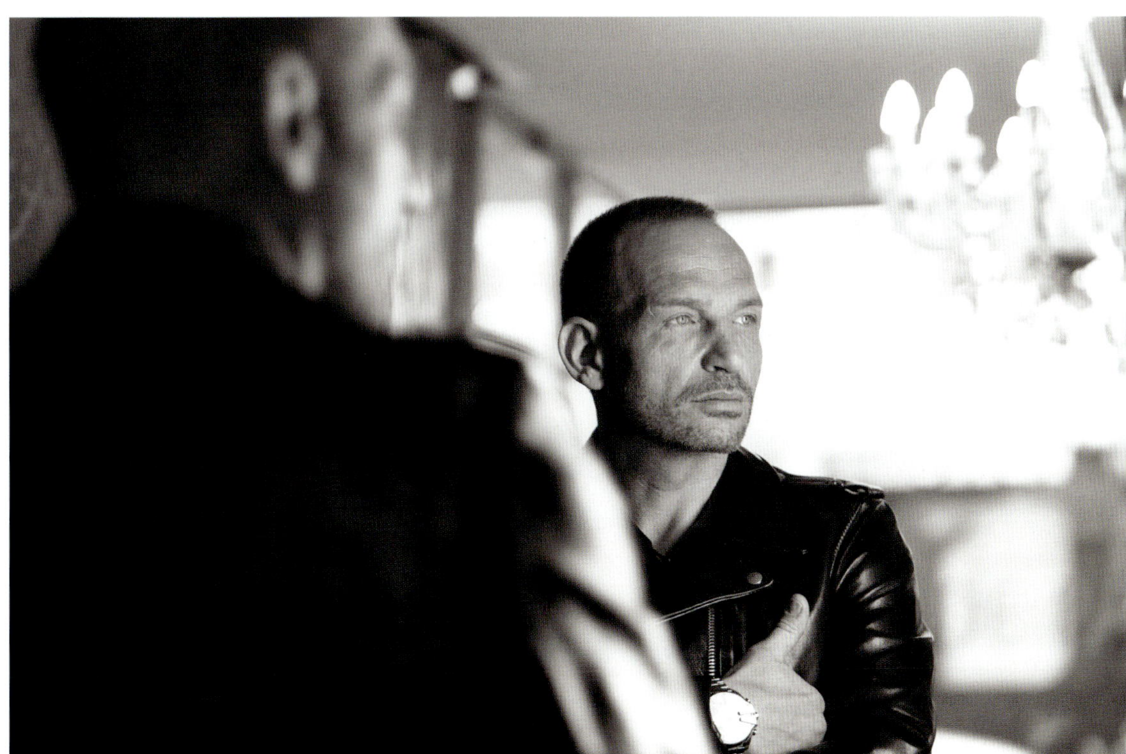

ISO 800 I 1/180 Sek. I F/1,2 I FUJIFILM X-Pro3 mit FUJINON XF 56 mm F/1,2 R

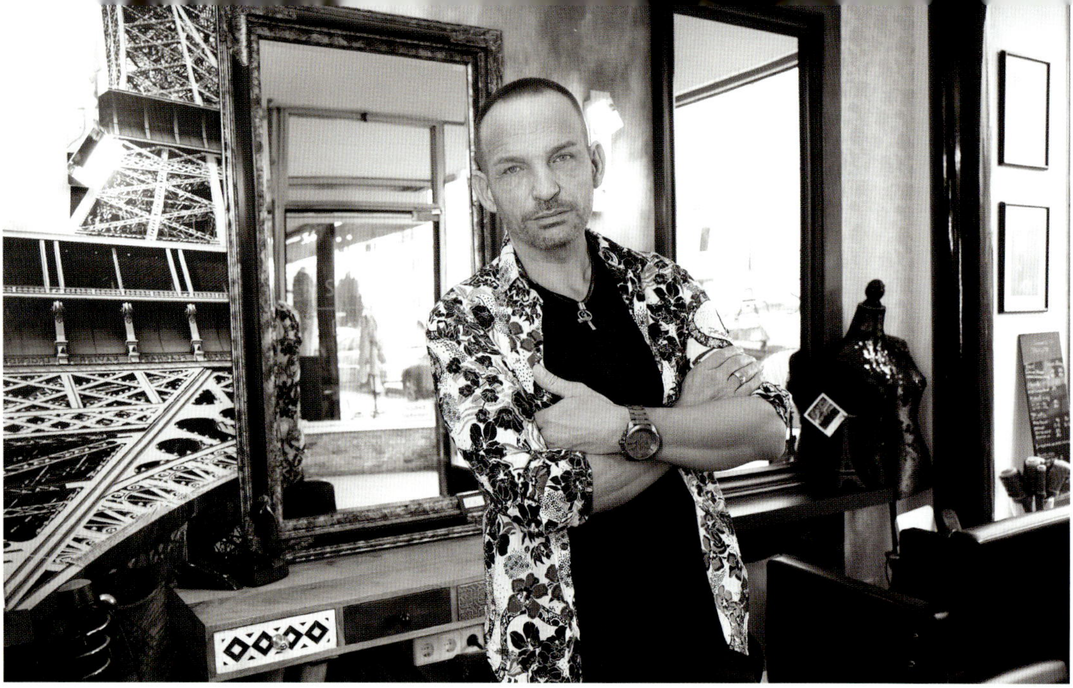

ISO 800 I 1/125 Sek. I F/5,6 I FUJIFILM X-Pro3 mit FUJINON XF 35 mm F/1,4 R

▲ *Das Foto entstand als einziges mit einem 35 mm Objektiv. Diese Brennweite fängt schon deutlich mehr »Umgebung« mit ein.*

Brennweite und Objektive: FUJINON XF 56 mm F/1,2 R: Das FUJINON XF 56 mm F/1,2 R ist ein tolles Porträtobjektiv. Knackige Schärfe kombiniert mit einem schönen Bokeh. Bis auf eine Ausnahme entstanden alle Fotos mit dem 56 mm Porträt-Objektiv.

Blende: Um ein weiches und cremiges Bokeh in die Aufnahmen zu bekommen, wählte ich die offene Blende F/1,2. Manchmal wollte ich ein wenig mehr Schärfentiefe, dann verkleinerte ich den Blendenwert ein wenig, bis auf etwa F/5,6.

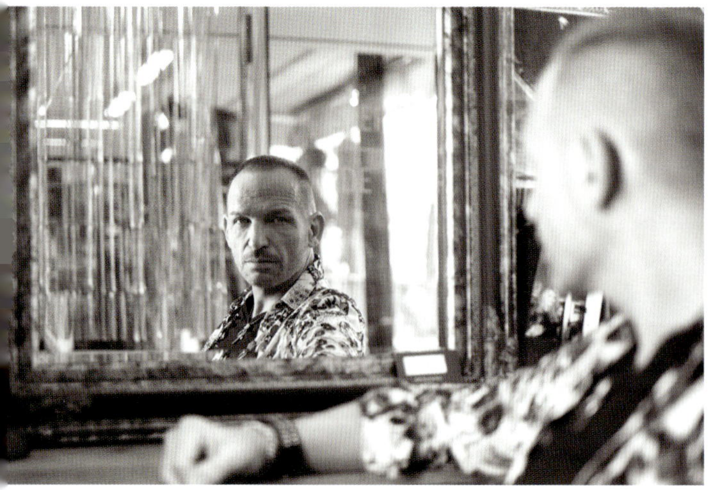

ISO 400 I 1/125 Sek. I F/2 I FUJIFILM X-Pro3 mit FUJINON XF 56 mm F/1,2 R

Belichtungszeit: Die Belichtungszeit passte ich dem Umgebungslicht an. Ich wählte die Belichtungszeiten kurz genug waren, um nicht zu verwackeln. Als Faustformel gilt: die längstmögliche Belichtungszeit um nicht zu verwackeln ist der Kehrwert der Brennweite, multipliziert mit dem Cropfaktor 1,5x. Bei dieser Rechnung komme ich auf 1/84 Sek. – gerundet 1/100 Sek. Zur Sicherheit verkürze ich oft noch etwas auf 1/125 Sek, da es immer mal vorkommt, das sich das Model leicht bewegt.

ISO Wert: Den ISO Wert stellte ich im Innenraum möglichst auf 400 bzw. 800 ein. Im Raum war es nicht sonderlich hell. Zwar hatte ich ein LED-Licht dabei. Das wollte ich aber nur als leichtes Aufhelllicht verwenden und nicht, um alles hell auszuleuchten.

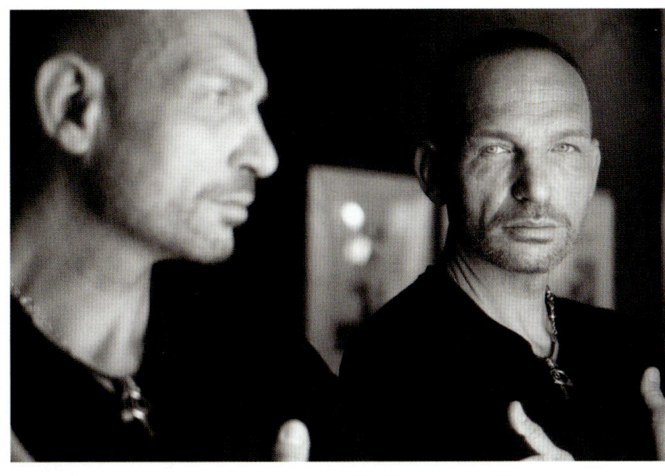

ISO 800 I 1/180 Sek. I F/1,2 I FUJIFILM X-Pro3 mit FUJINON XF 56 mm F/1,2 R

Lieber erhöhe ich den ISO-Wert um die Belichtungszeiten kurz genug zu bekommen um nicht zu verwackeln. Von ISO 160 auf 400 oder 800 ist auf den Fotos kein Qualitätsunterschied sichtbar. Messtechnisch lassen sich zwar Unterschiede feststellen, aber in der Praxis sieht niemand den Unterschied.

Belichtungs-Modus M: Sowohl Blende als auch Belichtungszeit wählte ich manuell. So habe ich die volle Kontrolle über die Belichtung.

Fokussierung: Für statische Porträts verwende ich grundsätzlich den Fokus-Modus AF-S kombiniert mit dem AF-Einzelfeld. Zusätzlich aktivierte ich die automatische Augen-Erkennung. Die funktioniert in den meisten Fällen sehr gut. Wenn der Fokuspunkt mal daneben geht, können Sie manuell eingreifen und den Fokuspunkt manuell auf das Auge setzen.

Licht: In Räumen, in denen das vorhandene Licht nicht ausreicht um ansprechende Porträts zu fotografieren, verwende ich künstliche Lichtquellen. Meist nehme ich einen Blitz mit. Aber manchmal reicht auch ein handliches LED-Licht.

Für die Porträts von Stephane wählte ich ein schmales und langes Licht, ein Striplight. Das hat zwei Abschirmklappen mit denen ich den Lichtwinkel steuern kann. In den Augen-Reflexionen lässt sich auf manchen Fotos sehen dass es ein Striplight war.

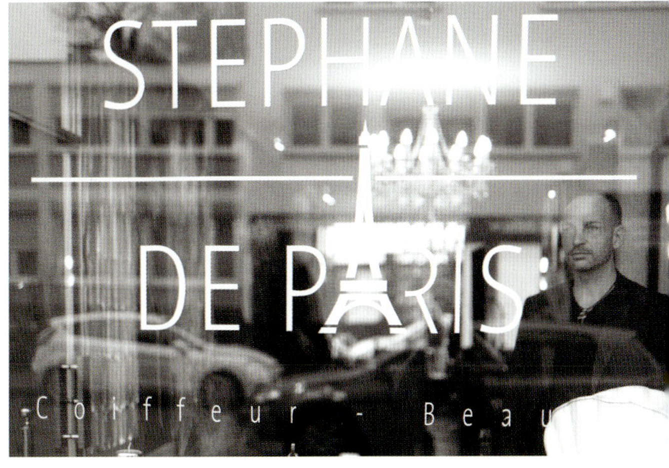

ISO 160 I 1/250 Sek. I F/4 I FUJIFILM X-Pro3 mit FUJINON XF 56 mm F/1,2 R

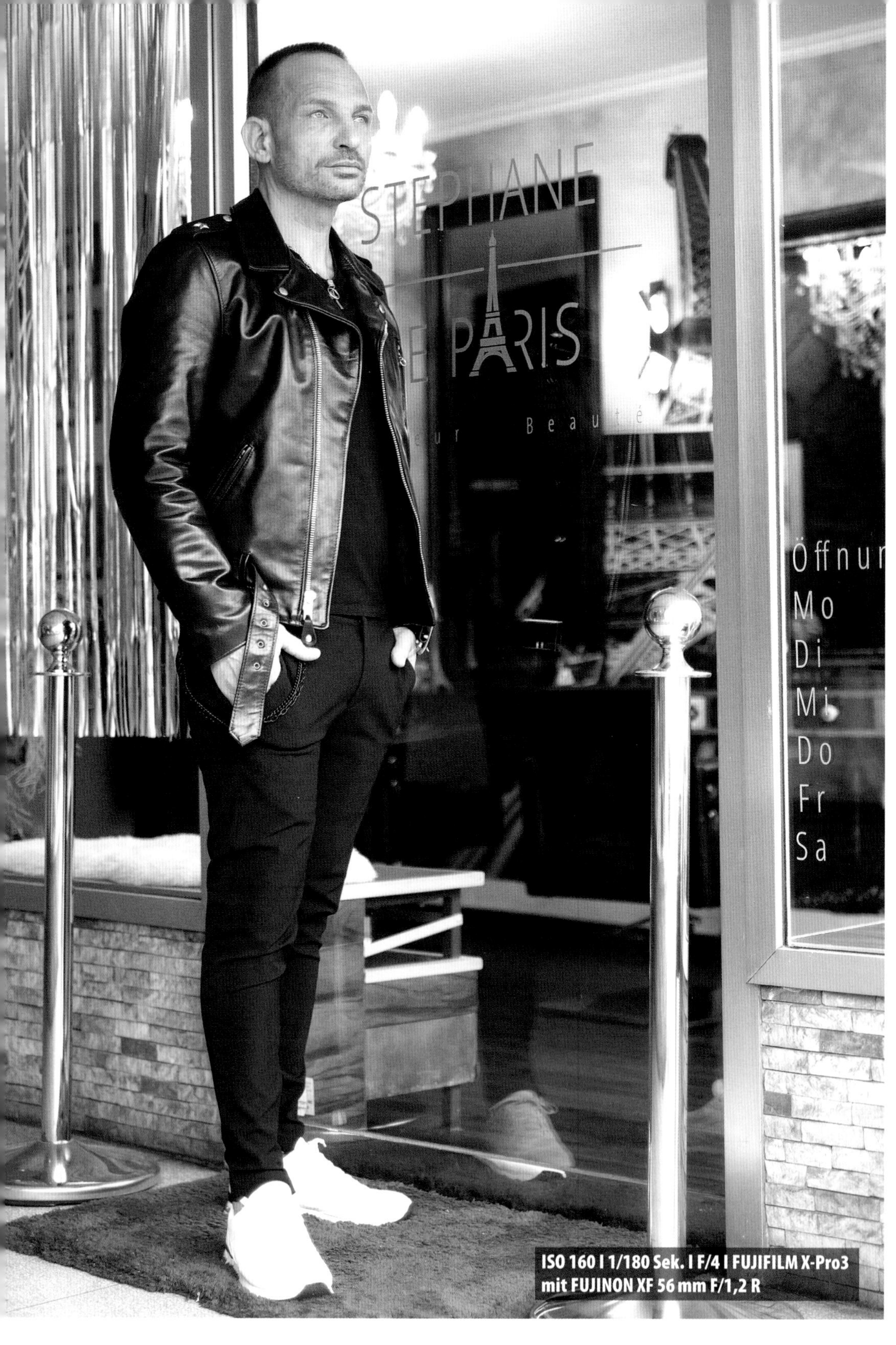

ISO 160 I 1/180 Sek. I F/4 I FUJIFILM X-Pro3 mit FUJINON XF 56 mm F/1,2 R

16.8 Zahnarztpraxis

Die meisten Menschen, die ich kenne, gehen nicht gerne zum Zahnarzt. Um neue Patienten zu finden kommen auch Zahnärzte heute um eine Website nicht herum. Dort können sie ihre Fachkompetenz und ihre Räumlichkeiten den Interessenten vorstellen.

Vom Fotografen wird erwartet, dass er die Räume möglichst attraktiv und sympathisch fotografiert bzw. darstellt. Aber was bedeutet das, ansprechend? Viele Praxen sind recht eng geschnitten, da sie viel Funktion auf engem Raum unterbringen müssen. Auf repräsentativen Fotos sollten die Räume trotzdem eher weit und luftig wirken und nicht eine düstere Enge widerspiegeln. Da zu muss in der Regel ein (Super-)Weitwinkelobjektiv eingesetzt werden. Es ist in den Räumlichkeiten häufig nicht möglich weit zurückzutreten um für größere Abstände zu sorgen. Die Räume sollten natürlich auch optimal ausgeleuchtet werden. Wenn es an der Raumbeleuchtung hapert, die ja letztlich auch nicht für eine Fotosession angeschafft wurde, sollten leistungsfähiges Zusatzlicht eingesetzt werden.

ISO 200 I 1/10 Sek. I F/8 I FUJIFILM X-T2 mit FUJINON XF 10-24 mm F/4 R OIS bei 10 mm

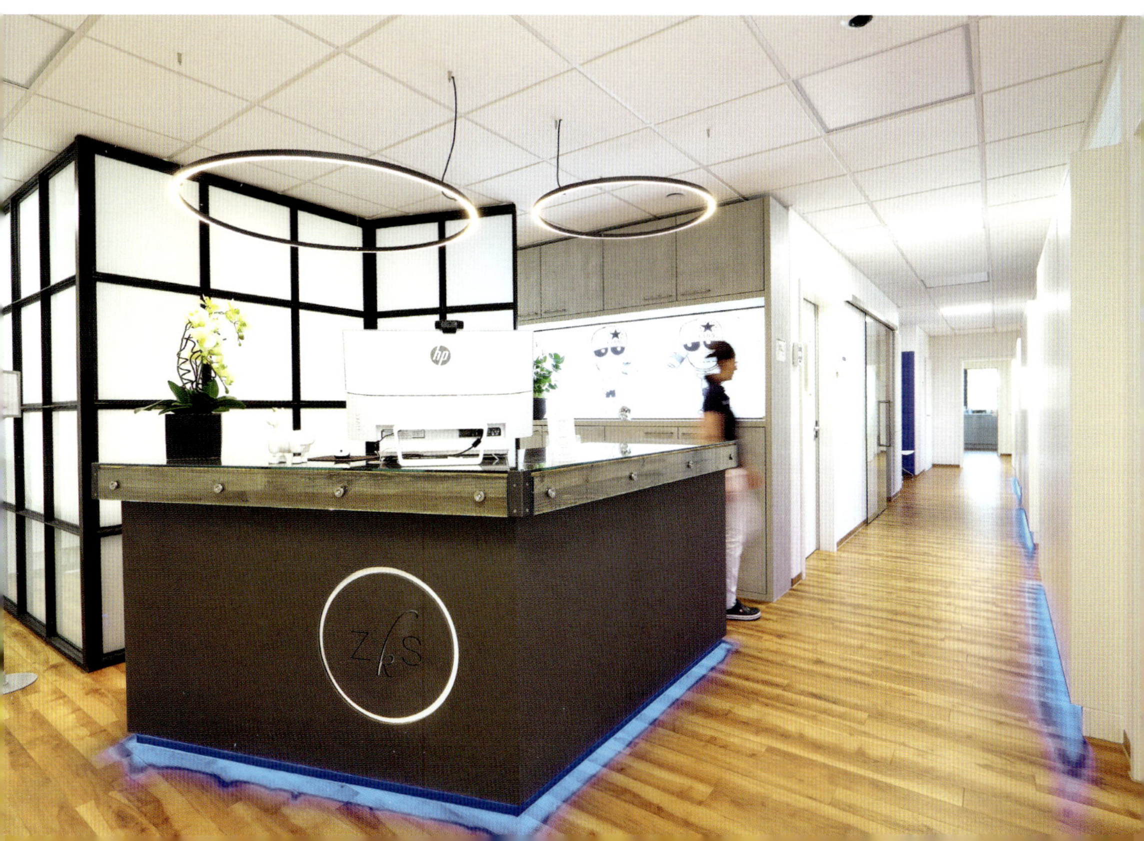

In meinem Beispiel waren alle Räume der Praxis eher eng, deshalb verwendete ich ein Superweitwinkel-Zoomobjektiv und ein Stativ, um die Kamera optimal auszurichten. Außerdem leuchtete ich die Räume mit zwei LED-Leuchten aus.

Brennweite und Objektive: FUJINON XF 10-24 mm F/4 R OIS und FUJINON XF 35 mm F/1,4 R: Für alle Innenräume verwendete ich das Superweitwinkel-Zoomobjektiv FUJINON 10-24 mm F/4 R OIS. Damit lassen sich auch Innenräume, in denen wenig Platz zur Verfügung ist, sehr gut in der Übersicht darstellen. Das Objektiv hat keine sichtbaren Verzeichnungen und ist deshalb besonders gut für Innenräume und Architekturfotos geeignet.

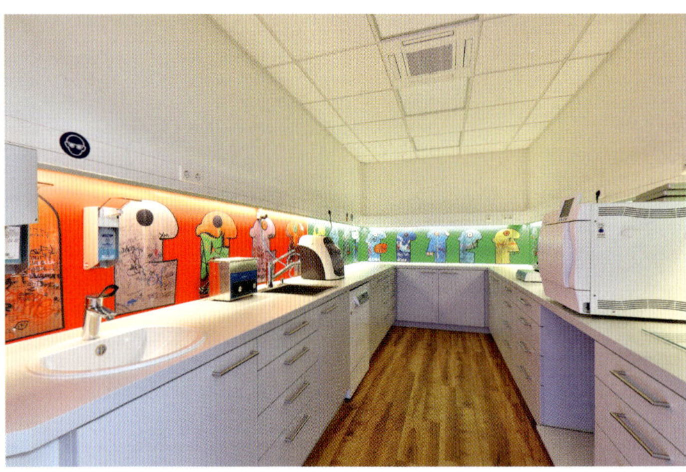

ISO 200 I 1/2 Sek. I F/8 I FUJIFILM X-T2 mit FUJINON XF 10-24 mm F/4 R OIS bei 10 mm

Allerdings muss es genau ausgerichtet werden. Jedes kleine Kippen nach oben oder unten kann schräge Kanten zur Folge haben. Deshalb ist die Verwendung eines stabilen Dreibeinstativs mit ausreichender Arbeitshöhe unbedingt zu empfehlen.

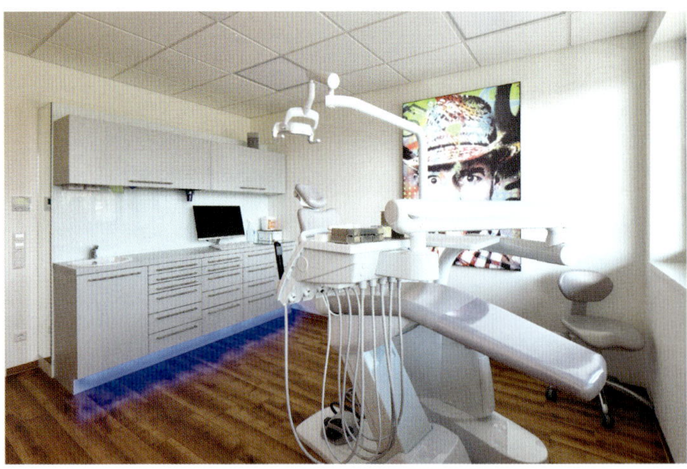

ISO 200 I 1/15 Sek. I F/8 I FUJIFILM X-T2 mit FUJINON XF 10-24 mm F/4 R OIS bei 10 mm

Selten lässt sich die Position der Kamera so präzise aus der Hand halten wie es mit einem Stativ möglich ist. Als zweites Objektiv nutzte ich das FUJINON XF 35 mm F/1,4 R. Damit fotografierte ich vorwiegend Details und Ausschnitte.

Blende: Für eine ausreichende Schärfentiefe wählte ich meistens eine mittlere Blende. Je weitwinkliger ein Objektiv ist, desto größer wird die Schärfentiefe, sodass eine mittlere Blendeneinstellung von beispielsweise F/8 schon ausreicht, um den ganzen Raum komplett scharf abzubilden.

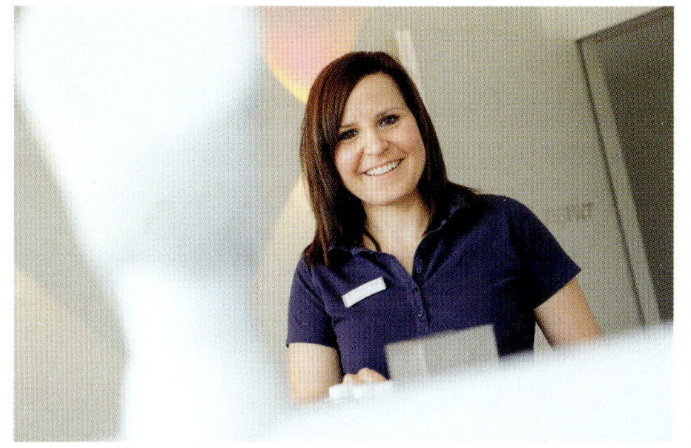

ISO 400 I 1/250 Sek. I F/2,8 I FUJIFILM X-T2 mit FUJINON XF 35 mm F/1,4 R

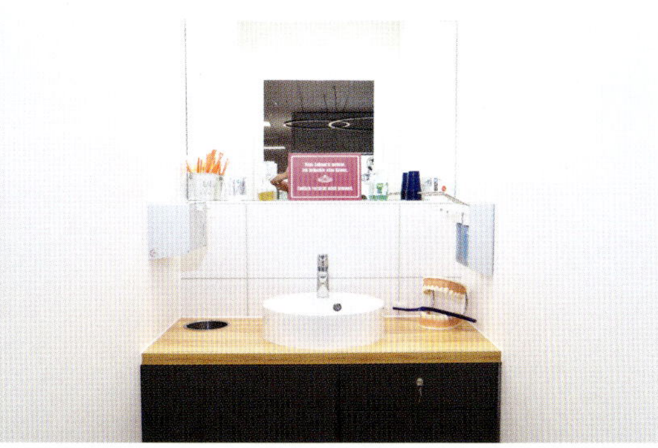

ISO 200 I 1/30 Sek. I F/8 I FUJIFILM X-T2 mit FUJINON XF 10-24 mm F/4 R OIS bei 20 mm

Mit dem 35er konnte ich dagegen durch eine weit geöffnete Blende – je nach Motiv – auch mal etwas mit der Schärfentiefe spielen.

Belichtungszeit: Da ich ein Stativ verwendete spielte die Belichtungszeit keine Rolle. Alle Objekte waren statisch und so wurde auch mit längeren Belichtungszeiten alles scharf. Im ersten Bild ließ ich die Zahnärztin absichtlich durch das Bild laufen um ein wenige Dynamik durch Bewegungsunschärfe im Bild zu erzeugen.

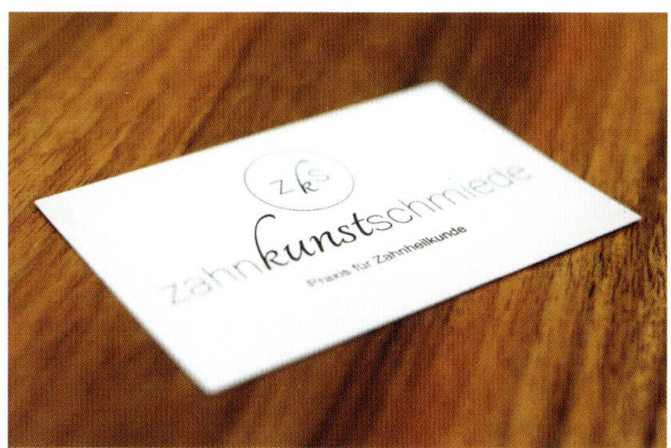

ISO 400 I 1/125 Sek. I F/3,2 I FUJIFILM X-T2 mit FUJINON XF 35 mm F/1,4 R

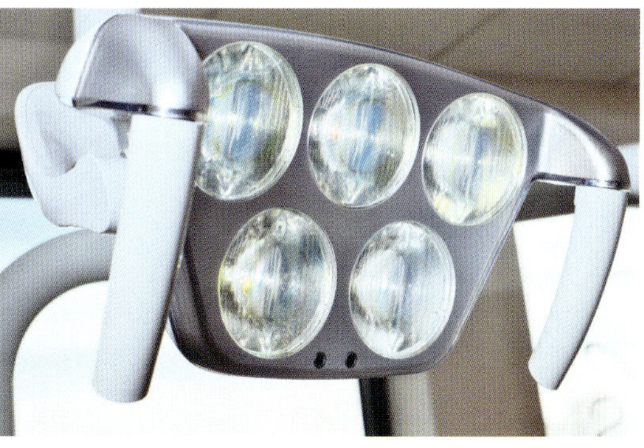

ISO 400 I 1/125 Sek. I F/6,4 I FUJIFILM X-T2 mit FUJINON XF 35 mm F/1,4 R

ISO Wert: Sobald ein Stativ verwendet wird, gibt es keinen Grund den ISO-Wert zu erhöhen. Das ergibt nur einen Sinn wenn die Belichtungszeit einen bestimmten Wert nicht überschreiten darf, beispielsweise um nicht aus der Hand zu verwackeln. Mit Stativ und statischen Motiven darf der ISO Wert immer so niedrig wie möglich sein. Das gewährleistet optimale Bildqualität.

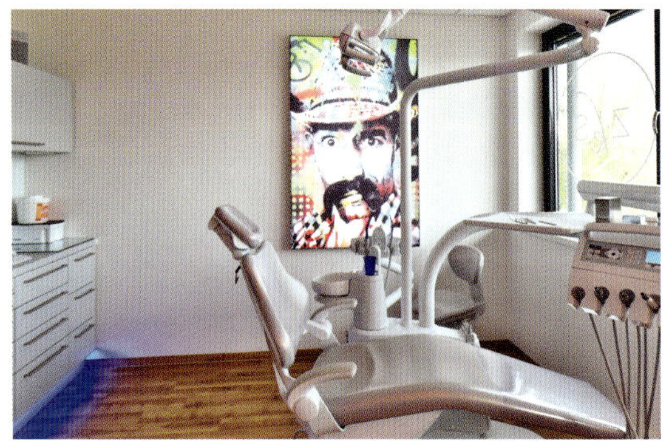

ISO 200 I 1/30 Sek. I F/5,6 I FUJIFILM X-T2 mit FUJINON XF 10-24 mm F/4 R OIS bei 14 mm

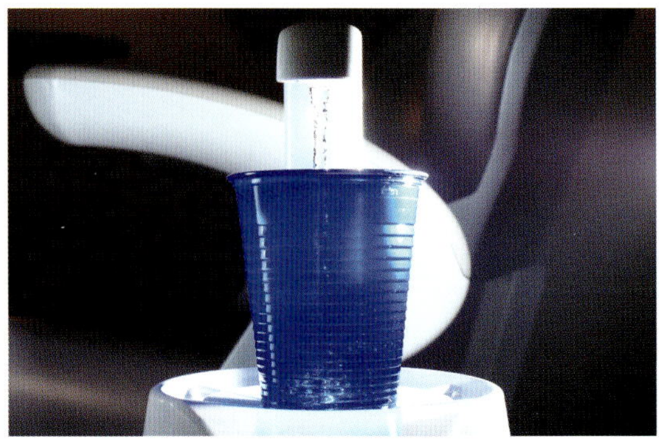

ISO 320 I 1/250 Sek. I F/8 I FUJIFILM X-T2 mit FUJINON XF 35 mm F/1,4 R

Belichtungs-Modus M: Bei statischen Motiven wie Innenräumen kann ich mir Zeit lassen. Hier möchte ich, dass die Belichtung präzise sitzt. So erspare ich mir nachträgliche korrekturarbeiten. Deshalb kommt nur der manuelle Belichtungsmodus infrage. Belichtungszeit, Blende und den ISO-Wert stelle ich manuell ein.

Fokussierung: Für statische Porträts verwende ich grundsätzlich den Fokus-Modus AF-S kombiniert mit dem AF-Einzelfeld. Den Fokuspunkt setze ich dann in die Mitte des Raums, sodass die Schärfentiefe sich von dieser Ebene nach hinten und vorne ausbreiten kann. Als grobe Faustregel gilt: Schärfeausdehnung 1/3 nach vorne und 2/3 nach hinten. Das gilt abner nicht für den Nahbereich, da sind es etwa 50/50.

Licht: Um gleichmäßig helles Licht in die Räume zu bekommen, leuchtete ich die Räume mit zwei leis-

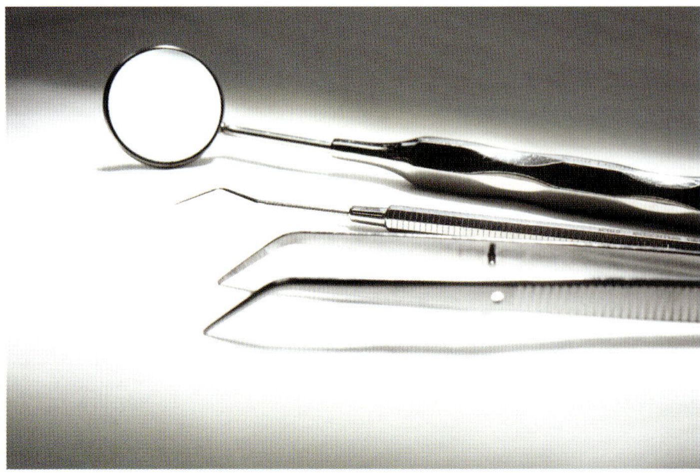

ISO 250 I 1/250 Sek. I F/8 I FUJIFILM X-T2 mit FUJINON XF 35 mm F/1,4 R + Achromatische Makrolinse

tungsstarken LED Leuchten mit Softbox aus. Gelegentlich verwende ich dafür auch Blitzlicht, da es noch heller ist. Aber Dauerlicht lässt sich im Vorfeld besser kontrollieren und ich sehe vorab im Livebild wie das Ergebnis aussehen wird.

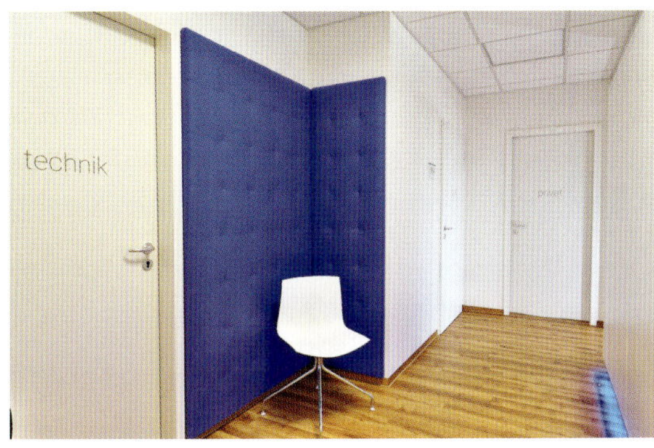

ISO 200 I 1/15 Sek. I F/8 I FUJIFILM X-T2 mit FUJINON XF 10-24 mm F/4 R OIS bei 13 mm

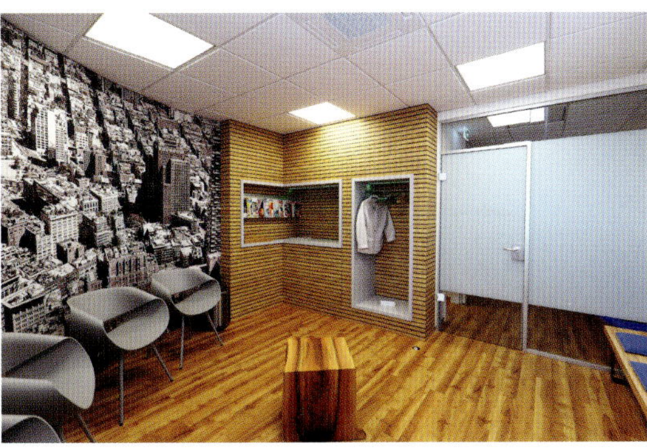

ISO 200 I 1/15 Sek. I F/8 I FUJIFILM X-T2 mit FUJINON XF 10-24 mm F/4 R OIS bei 10 mm

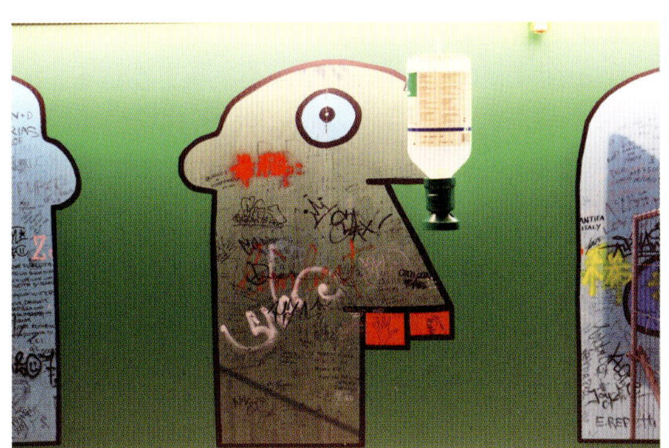

ISO 200 I 1/125 Sek. I F/2 I FUJIFILM X-T2 mit FUJINON XF 35 mm F/1,4 R

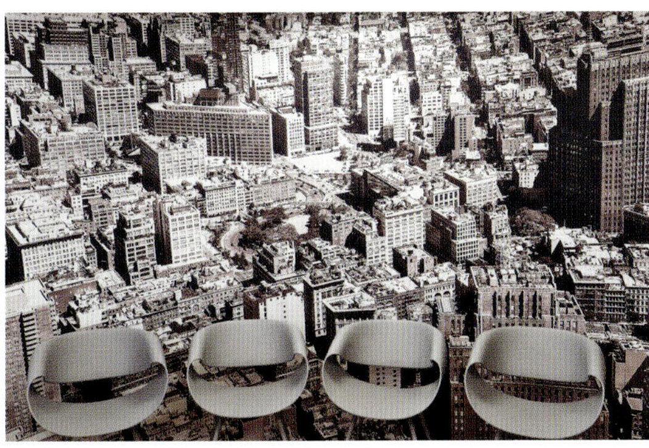

ISO 200 I 1/15 Sek. I F/5,6 I FUJIFILM X-T2 mit FUJINON XF 10-24 mm F/4 R OIS bei 19 mm

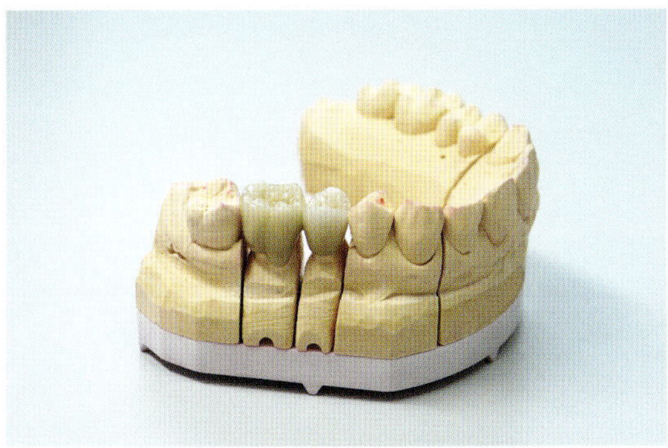

ISO 400 I 1/250 Sek. I F/5,6 I FUJIFILM X-T2 mit FUJINON XF 35 mm F/1,4 R

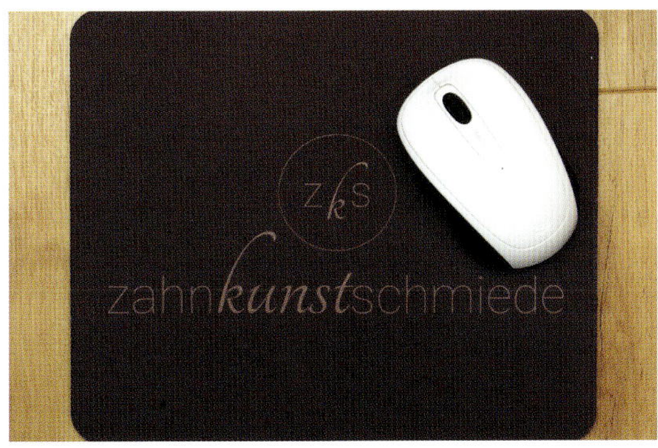

ISO 400 I 1/60 Sek. I F/4 I FUJIFILM X-T2 mit FUJINON XF 35 mm F/1,4 R

16.9 Beim Allgäu SwimRun

Der SwimRun ist eine relativ neue Sportart. Es handelt sich um Laufen und Schwimmen im Wechsel. Der Allgäu SwimRun findet jährlich im Oktober statt. 23,5 km lang ist die Laufstrecke. Geschwommen wird nur 3,5 km. Dabei wird meist im kalten Wasser geschwommen, deshalb im Neopren-Anzug. Im Neopren-Anzug wird dann auch die Laufstrecke zurückgelegt. Ich habe den Allgäu SwimRun fotografisch begleitet – vom Start bis zum Zieleinlauf.

Der ständige Wechsel von weit entfernten Motiven und Motiven, die nah dran sind, ist anspruchsvoll und erfordert volle Konzentration.

Brennweite und Objektive: FUJINON XF 16-55 mm F/2,8 R LM WR und FUJINON XF 50-140 mm F/2,8 R LM OIS WR: Beim SwimRun handelt es sich eigentlich um zwei unterschiedliche Sportarten: Laufen und Schwimmen. Während sich Läufer recht gut aus der Nähre fotografieren lassen, ist das beim Schwimmen nicht mehr möglich. Deshalb hatte ich zwei Zoomobjektive mit und konnte damit insgesamt den Bereich von 16 bis 140 mm Brennweite abdecken.

ISO 200 I 1/250 Sek. I F/5,6 I FUJIFILM X-T2 mit FUJINON XF 50-140 mm F/2,8 R LM OIS WR bei 125mm

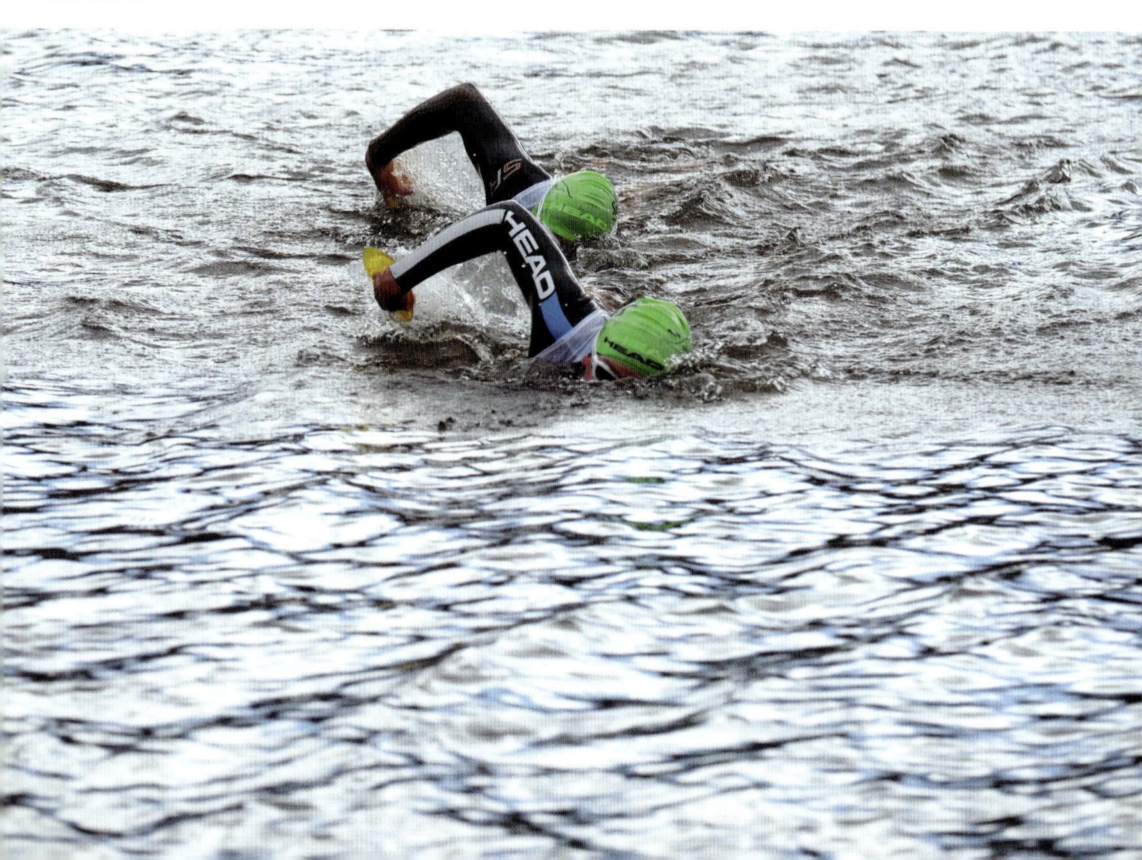

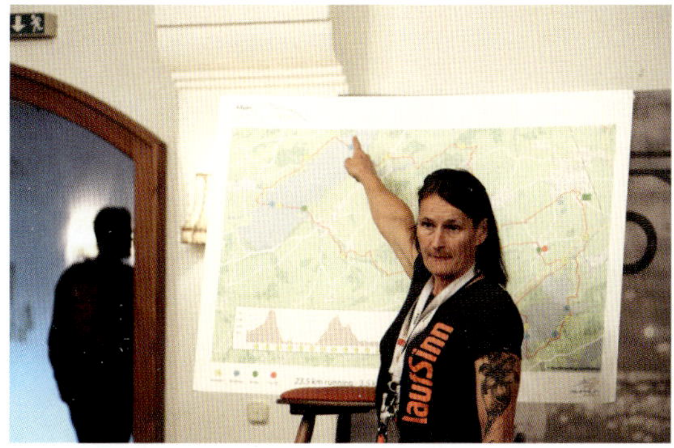

ISO 1.600 I 1/180 Sek. I F/2,8 I FUJIFILM X-T2 mit FUJINON XF 50-140 mm F/2,8 R LM OIS WR bei 80 mm

▲ *Briefing der Sportler vor dem Start durch das Orga-Team*

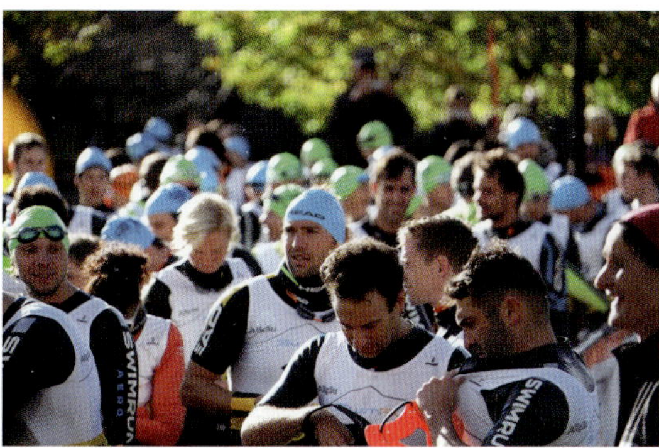

ISO 200 I 1/250 Sek. I F/2,8 I FUJIFILM X-T2 mit FUJINON XF 50-140 mm F/2,8 R LM OIS WR bei 140 mm

▲ *Die Sportler:innen versammeln sich im Startbereich*

Bei solchen Sport-Events wird auch vom Fotografen Schnelligkeit und Flexibilität verlangt. Deshalb eignen sich hierfür Objektive mit Festbrennweite weniger. Mit Zoom-Objektiven können Sie in kürzester Zeit den Bildwinkel verändern und sofort auf sich ändernde Motivsituationen reagieren.

Noch besser ist es, wenn Sie zwei Kameragehäuse zur Verfügung haben. Dann brauchen Sie kein Objektiv mehr zu wechseln.

Blende: Die Wahl der Blende spielt bei solchen Sportaufnahmen eher eine untergeordnete Rolle, da die Schärfentiefe häufig recht hoch gewählt wird. Sollen z. B. zwei Personen abge-

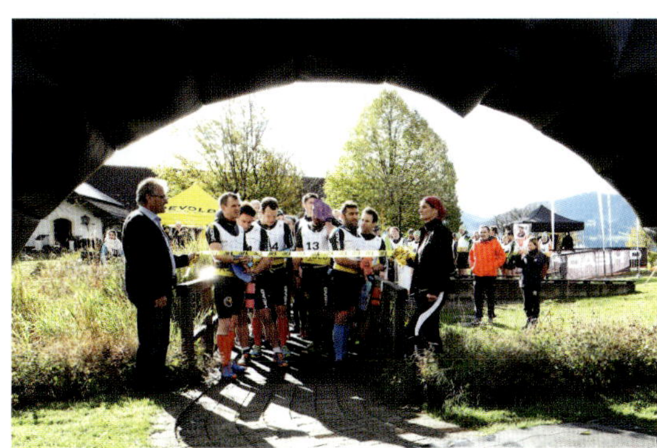

ISO 200 I 1/250 Sek. I F/2,8 I FUJIFILM X-T2 mit FUJINON XF 16-55 mm F/2,8 R LM WR bei 40 mm

▲ *Kurz vor dem Start – die Stimmung steigt*

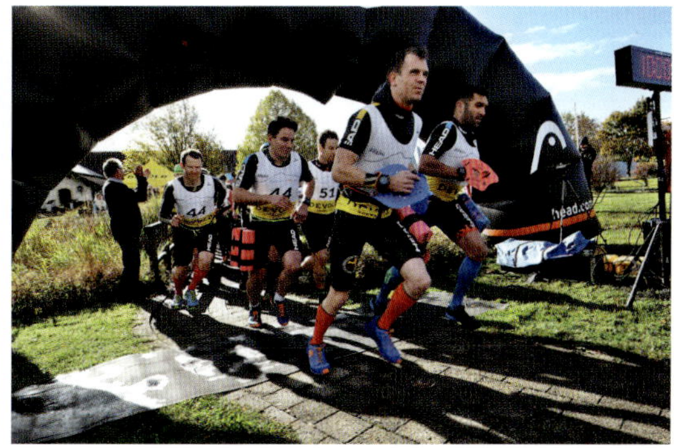

ISO 200 I 1/250 Sek. I F/2,8 I FUJIFILM X-T2 mit FUJINON XF 16-55 mm F/2,8 R LM WR bei 16 mm

▲ *Start – mit 16 mm Brennweite musste ich dicht ran ans Motiv.*

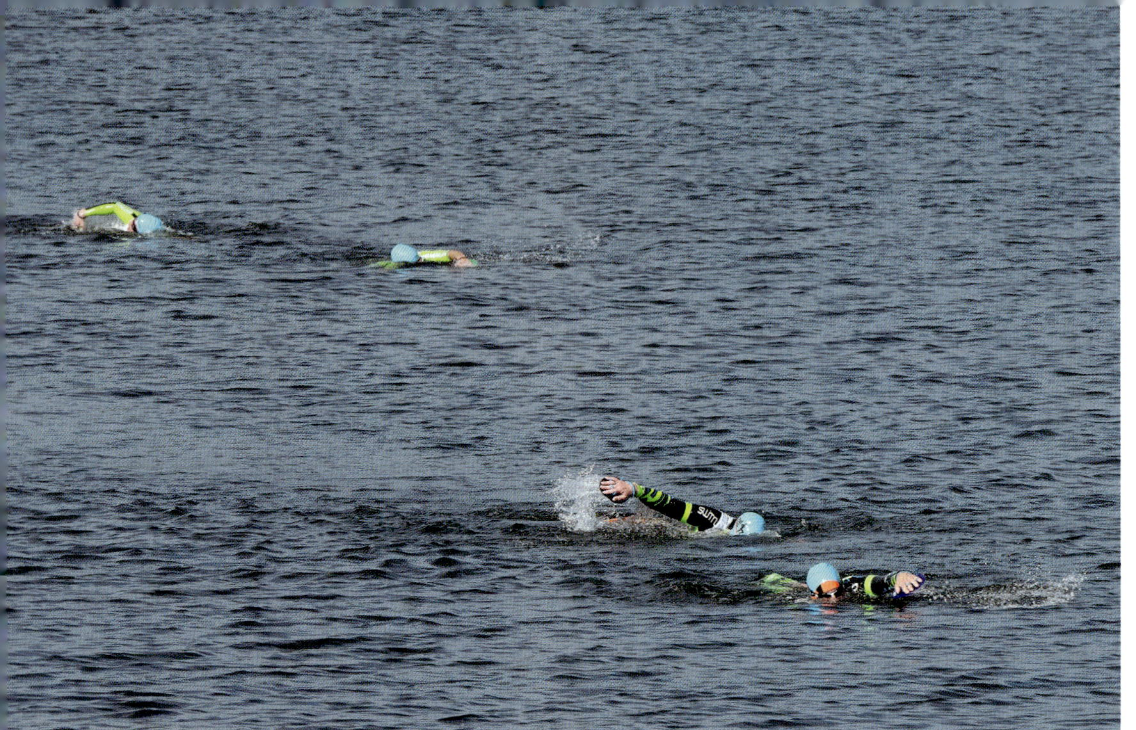

ISO 200 I 1/250 Sek. I F/5,6 I FUJIFILM X-T2 mit FUJINON XF 50-140 mm F/2,8 R LM OIS WR bei 140 mm

▲ *Mit einer längeren Brennweite lässt sich die Szenerie von weitem einfangen*

bildet werden, die sich nicht auf der gleichen Entfernungsebene aufhalten, lässt sich mit dem Schließen der Blende eine entsprechend hohe Schärfentiefe erzeugen. Denken Sie aber daran: Mit zunehmender Brennweite nimmt die Schärfentiefe wieder ab. Das Kontrollieren der Schärfentiefe im Livebild vor der Aufnahme ist deshalb wichtig. So sehen Sie sofort, ob die Schärfentiefe ausreichend ist oder ob Sie die Blende weiter schließen sollten.

Belichtungszeit: Bei Sportaufnahmen und Fotos, auf denen schnelle Bewegungen scharf abgebildet werden sollen, ist die Wahl der Belichtungszeit sehr wichtig. Je schneller die Bewegung ist, desto kürzer muss die Belichtungszeit sein. Meist sind es Erfahrungswerte aber im Laufsport sind Sie mit 1/250 Sek. oder kürzer meist auf der sicheren Seite.

ISO Wert AUTO: Da bei Sportaufnahmen kurze Belichtungszeiten gefragt sind, wird der ISO-wert den Lichtverhältnissen angepasst. Beim SwimRun haben die Lichtverhältnisse und die Standpunkte ständig gewechselt. Sonne, Wolken, freier Himmel, Waldstücke... Deshalb ist es mühsam, ständig manuell den ISO-Wert anzupassen. In so einem Fall wähle ich lieber die ISO-Automatik.

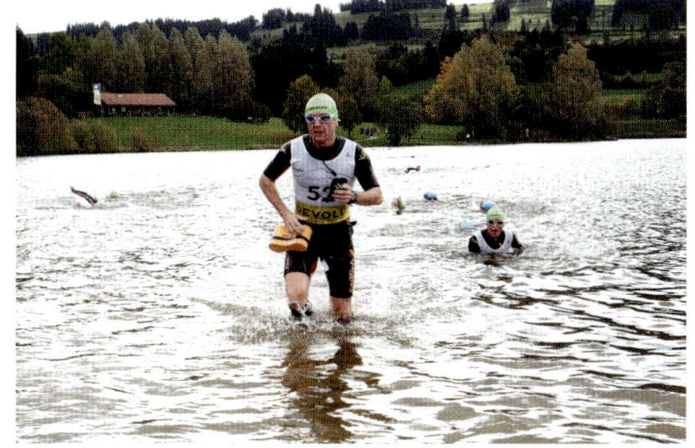

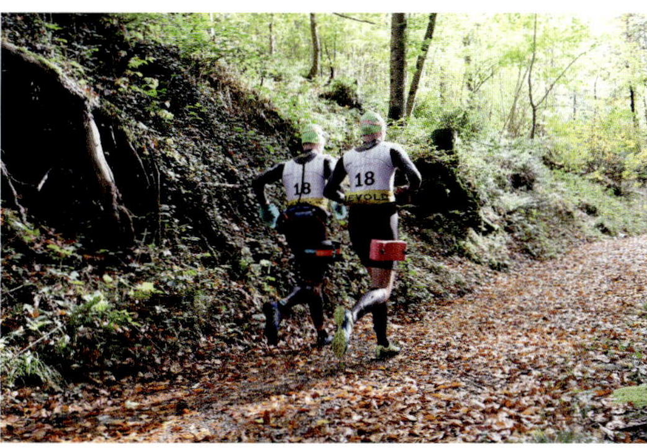

ISO 200 I 1/200 Sek. I F/8 I FUJIFILM X-T2 mit FUJINON XF 16-55 mm F/2,8 R LM WR bei 38 mm

▲ *Mit einem Zoomobjektiv lässt sich der Bildausschnitt schnell den Begebenheiten anpassen.*

ISO 1.600 I 1/250 Sek. I F/4 I FUJIFILM X-T2 mit FUJINON XF 16-55 mm F/2,8 R LM WR bei 55 mm

Wenn die Belichtung dann einmal nicht so wird wie ich sie gern hätte, so sehe ich das durch das Livebild von Sucher bzw. Display und kann mit dem Belichtungs-Korrekturrad sofort gegensteuern.

Belichtungs-Modus M: Auch wenn es beim SwimRun schnell gehen muss. Die Wahl von Belichtungszeit und Blende überlasse ich nicht der Kamera-Automatik. Denn Blende und Belichtungszeit sind nicht nur für die Belichtung zuständig, sondern auch für die Bildgestaltung. Und die lasse ich mir im Zweifelsfall von keiner Automatik abnehmen. So habe ich alles selbst unter Kontrolle.

Fokussierung: Für bewegte Motive ist die kontinuierliche Nachführung des Autofokus im Fokus-

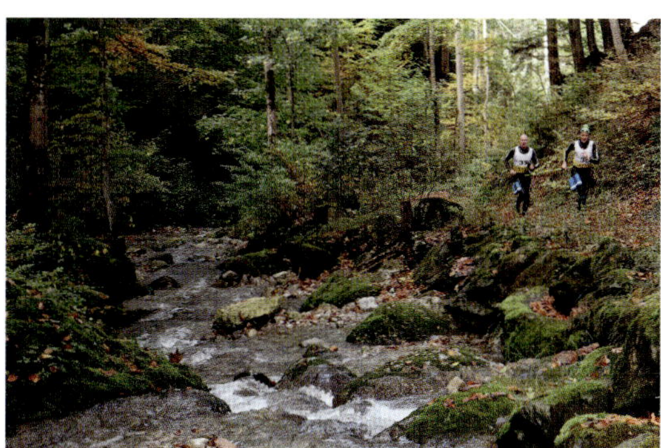

ISO 3.200 I 1/200 Sek. I F/4 I FUJIFILM X-T2 mit FUJINON XF 16-55 mm F/2,8 R LM WR bei 27 mm

▲ *Landschafts- und Sportfotografie in einem Bild. Im Wald war es sehr dunkel. Der ISO-Wert kletterte auf 3.200.*

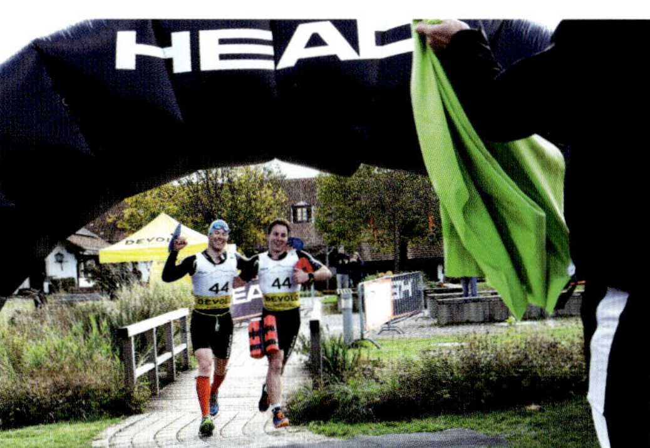

ISO 400 I 1/400 Sek. I F/5,6 I FUJIFILM X-T2 mit FUJINON XF 16-55 mm F/2,8 R LM WR bei 25 mm

▲ *Das Siegerteam läuft durchs Ziel …*

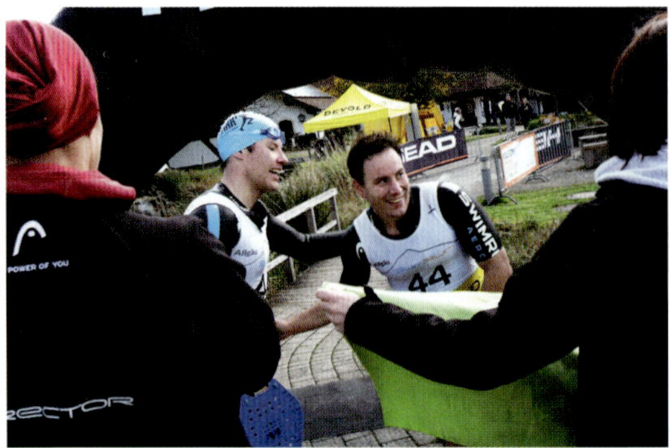

ISO 400 I 1/400 Sek. I F/5,6 I FUJIFILM X-T2 mit FUJINON XF 16-55 mm F/2,8 R LM WR bei 25 mm

▲ *... und wird mit trockenen Handtüchern empfangen.*

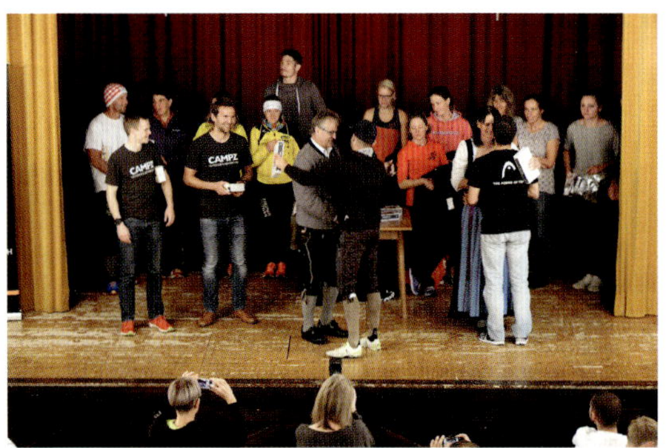

ISO 800 I 1/125 Sek. I F/4 I FUJIFILM X-T2 mit FUJINON XF 50-140 mm F/2,8 bei 80 mm

▲ *... Siegerehrung auf der Bühne*

Modus AF-C notwendig. Ich kombiniere diese Einstellung gerne mit dem AF-Einzelmessfeld. Das setze ich dann auf die Person, die ich scharf abgebildet haben möchte. Sollen Gruppen in der Übersicht scharfgestellt werden, kann auch gut der ZONE-Modus eingesetzt werden.

Licht: Bei Sportveranstaltungen kann sich leider kein Fotograf das Wetter und die Lichtverhältnisse aussuchen. Wenn es möglich ist, so suchen Sie sich eine Stelle aus, bei der den Sportlern nicht die Sonne direkt ins Gesicht fällt. Das sieht immer unschön aus.

Als ich am Ufer stand, wo die Schwimmer aus dem Wasser kamen, verwendete ich einen Aufhellblitz. Das bringt ein wenig mehr Brillanz auf das Hauptmotiv. Die Kunst beim Aufhellblitzen ist, dass auf dem Foto nicht sichtbar sein soll, dass geblitzt wurde. Ansonsten war der Blitz zu stark dosiert und die Szene sieht dann meist etwas künstlich aus.

Serienbilder Bei schnellen Bewegungsabläufen genau im richtigen Moment auf den Auslöser zu drücken ist nicht so einfach. deshalb eignet sich der Serienbild-Modus. 5 oder 8 Aufnahmen pro Sekunde sind völlig ausreichend für Sportarten wie laufen oder schwimmen.

16.10 Auf dem Reiterhof

Ein Fotoshooting auf der Reitsportanlage ist besonders schön, wenn der Reiter in verschiedenen Outfits kommt. So wurde es ein sehr kurzweiliges Fotoshooting. Sportlich ging es über den Parkour in Kavallerie-Uniform. Danach ein paar Porträts im Cowboy-Dress und anschließend noch als Musketier mit Degen. Bis auf die Porträts war ein lichtstarkes Telezoom mein Begleiter.

Brennweite und Objektive: FUJINON XF 56 mm F/1,2 R APD und FUJINON XF 50-140 mm F/2,8 R LM OIS WR: Ein Pferd ist groß, schwer und schnell.

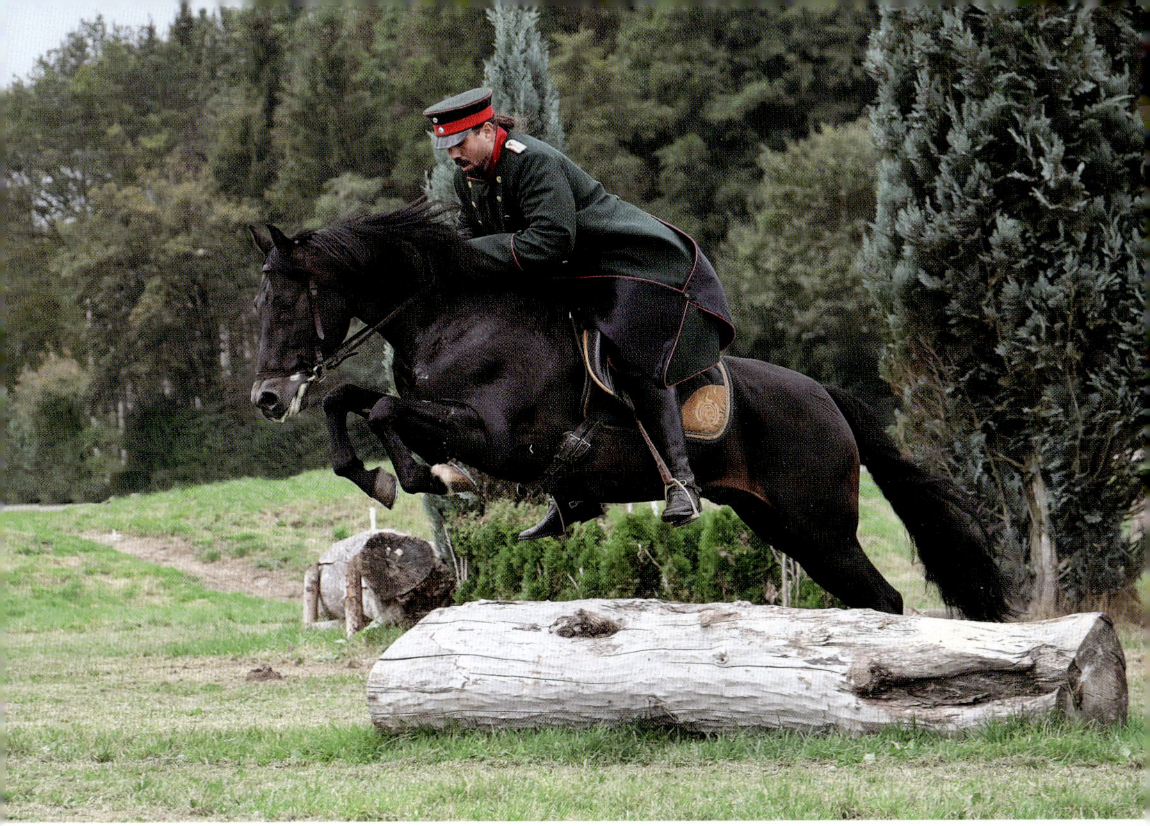

ISO 640 I 1/1.000 Sek. I F/2,8 I FUJIFILM X-T3 mit FUJINON XF 50-140 mm F/2,8 R LM OIS WR bei 66 mm

Ich bin zwar kein ängstlicher Typ, aber so ein galoppierendes Pferd schaue ich mir lieber aus sicherer Distanz an. Deshalb war das FUJINON XF 50-140 mm F/2,8 R LM OIS WR eine gute Wahl für die Reitfotos.

Für ein Telezoom ist 1:2.8 eine sehr gute Lichtstärke. Damit entsteht ein sehr schönes Bokeh (wenn das Motiv nicht zu weit entfernt ist), der Bildwinkel kann flexibel dem Motiv angepasst werden und durch die lange Brennweite kann das Geschehen aus sicherer Distanz verfolgt werden. Durch die hohe Lichtstärke arbeitet auch der Autofokus selbst bei schlechten Lichtverhältnissen noch zuverlässig.

Zwischendurch gab es auch einen kurzen Regenschauer. Aber Objektiv und Kamera haben wet-

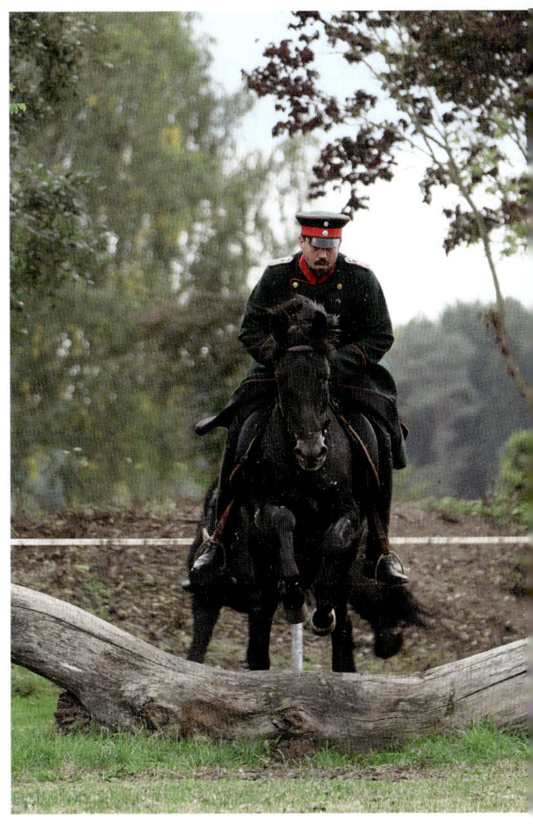

ISO 640 I 1/1.000 Sek. I F/2,8 I FUJIFILM X-T3 mit FUJINON XF 50-140 mm F/2,8 R LM OIS WR bei 66 mm

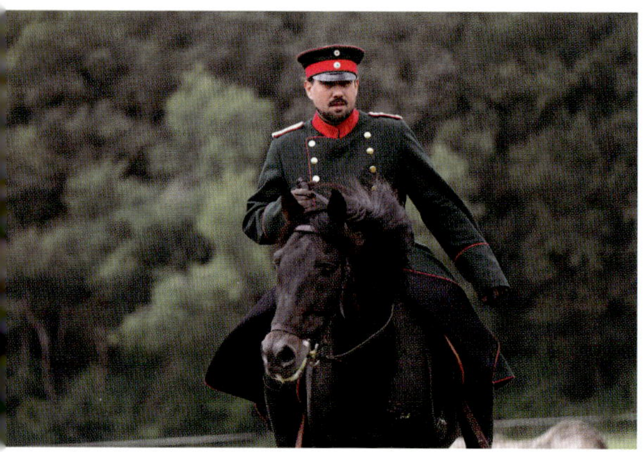

ISO 640 I 1/1.000 Sek. I F/2,8 I FUJIFILM X-T3 mit FUJINON XF 50-140 mm F/2,8 R LM OIS WR bei 140 mm

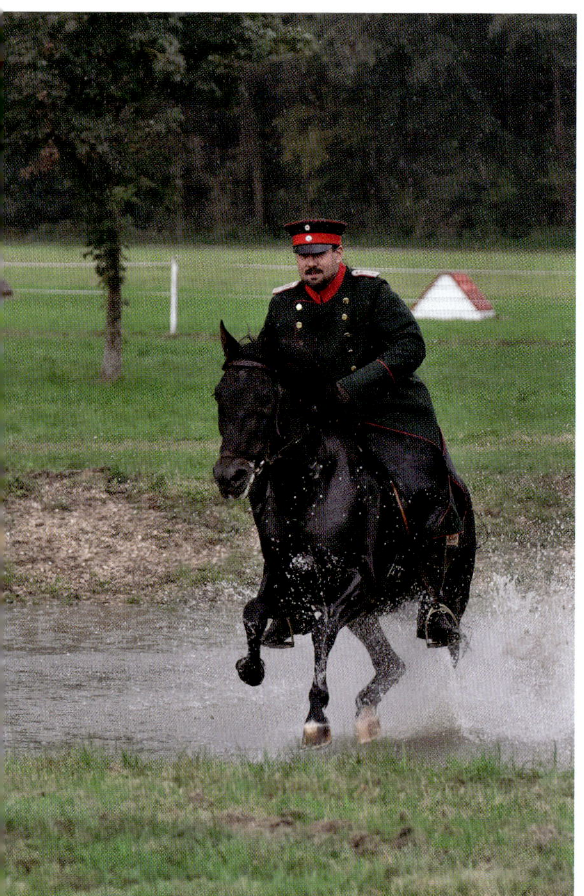

ISO 1.000 I 1/1.000 Sek. I F/2,8 I FUJIFILM X-T3 mit FUJINON XF 50-140 mm F/2,8 R LM OIS WR bei 90 mm

terfeste Gehäuse und sorgen für ein sicheres Gefühl.

Mittlerweile konnte ich schon mehrfach überprüfen, dass den FUJINON-Objektiven mit der Bezeichnung *WR Regen* nichts anhaben kann.

Wenn Sie die Gegenlichtblende verwenden können Sie selbst im Regen fotografieren, ohne dass Tropfen auf der Frontlinse landen.

Wichtig ist nur dass Ihr verwendetes Kameragehäuse auch einen Wetterschutz besitzt.

Blende: Meist fotografierte ich mit relativ offener Blende von F/2,8-F/5,6 bzw. F/1,2-F/2,8 beim Porträt-Objektiv. Nur wenn es erforderlich schien, stellte ich die Blende auf einen größeren Wert um etwas mehr Schärfentiefe zu erhalten.

Belichtungszeit: Beim Pferdesport geht es schnell zu. Mit 1/1.000 Sek. werden aber auch rasante Bewegungen scharf abgebildet und deshalb wählte ich diese Belichtungszeit manuell für die bewegten Motive vor.

Bei den statischen Motiven im Reitstall wählte ich längere Belichtungszeiten da hier keine schnellen Bewegungen auftraten. Außerdem waren die Lichtverhältnisse so schlecht, dass ich nicht ohne Not einen noch höheren ISO-Wert einstellen wollte.

ISO Wert: Im Außenbereich war es nicht sonderlich hell. Der Himmel war zugezogen mit dunklen Regenwolken.

Meine ISO-Einstellungen waren deshalb 640 bis 1.000, damit ich eine kurze Belichtungszeit realisieren konnte.

Da der ISO-Wert keine Auswirkung auf die Bildwirkung hat spielt das aber keine große Rolle. Die Bildqualität hat darunter nicht sichtbar gelitten.

Im Reitstall war es sehr dunkel. Trotz hoher Lichtstärke meines 56er Porträtobjektivs war ein ISO-Wert von 1.600 nötig.

Da ich für Belichtungszeit und Blende meine Vorstellungen hatte, musste ich den ISO-Wert einfach nur auf die vorhandenen Lichtverhältnisse anpassen. Das Livebild zeigt mir immer sofort ob die Belichtung passt.

Belichtungs-Modus M: Bei schnellen Bewegungen ist eine kurze Belichtungszeit notwendig. Auch die Blende möchte ich aus gestalterischen Gründen selbst kontrollieren. Deshalb stellte ich für dieses Fotoshooting alle Werte manuell ein.

Fokussierung: Für bewegte Motive ist die kontinuierliche Nachführung des Autofokus im Fokus-Modus AF-C die richtige Wahl.

Kombiniert mit dem AF-Einzelmessfeld, dass ich auf den Reiter bzw. auf das Pferd setzte, fokussierte das Objektiv immer nach. Unscharfe Fotos sind eine Ausnahme.

Es gibt immer mehrere Möglichkeiten zum Ziel zu kommen. So bieten besonders die neueren FUJIFILM Kameras die Möglichkeit einen ganzen Bereich auszuwählen, in dem das Motiv gefunden wird und es gibt ein Verfolgungs-Modus für das AF-Feld.

Auch mit diesen Einstellungen werden Sie zu scharfen Bildergebnissen kommen. Welche von den Möglichkeiten die bessere ist, das ist Geschmackssache. Ich persönlich verwende fast immer das AF-Einzelmessfeld. Mehr aus Gewohnheit.

Serienbilder es ist sehr schwierig und benötigt viel Erfahrung, bei schnellen Bewegungsabläufen genau im richtigen Moment auf den Auslöser zu drücken. Beim Pferdesport ist es aber wichtig, dass die Beinstellung gut aussieht.

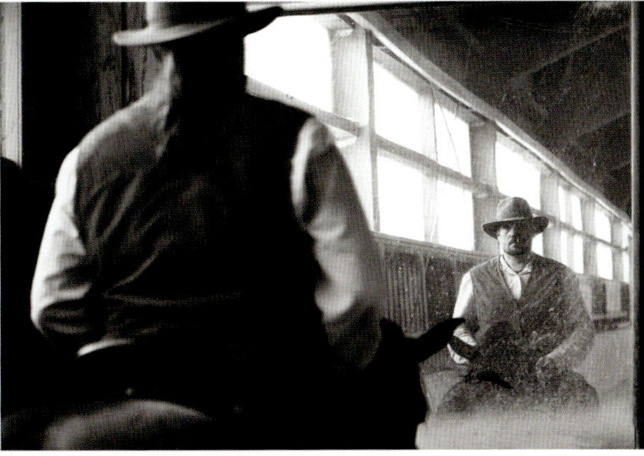

ISO 800 I 1/250 Sek. I F/2 I FUJIFILM X-T2 mit FUJINON XF 56 mm F/1,2 R APD

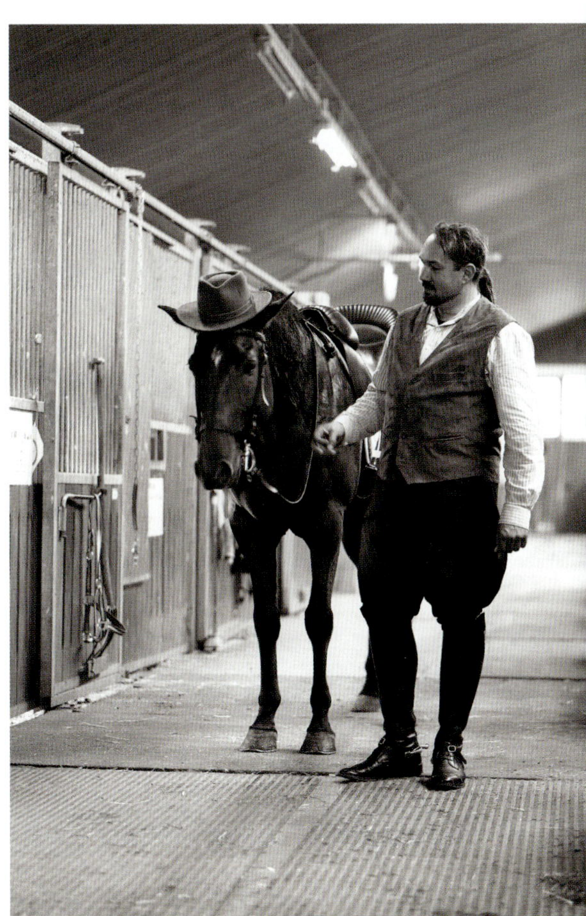

ISO 1.000 I 1/125 Sek. I F/1,2 I FUJIFILM X-T2 mit FUJINON XF 56 mm F/1,2 R APD

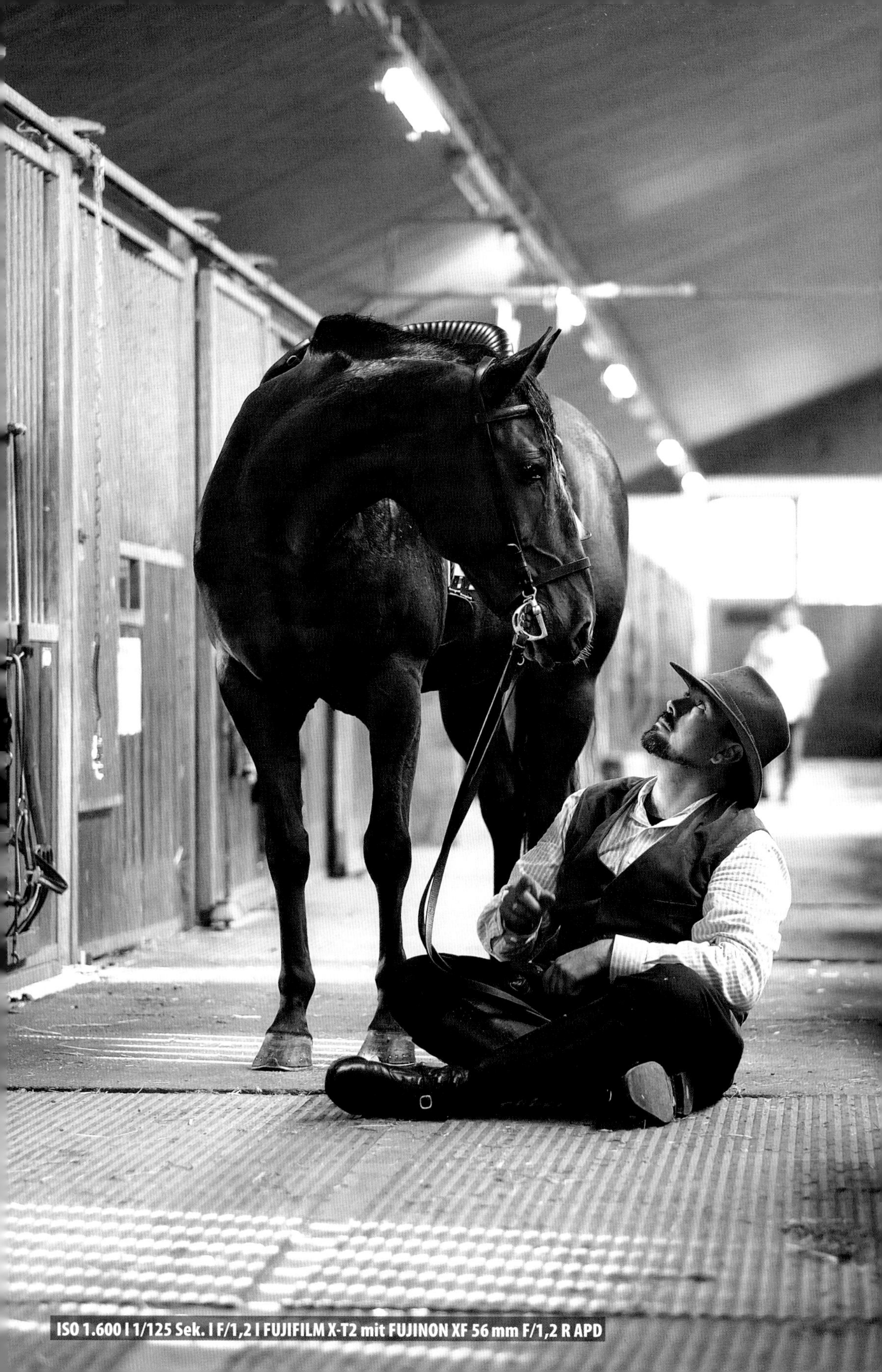

ISO 1.600 I 1/125 Sek. I F/1,2 I FUJIFILM X-T2 mit FUJINON XF 56 mm F/1,2 R APD

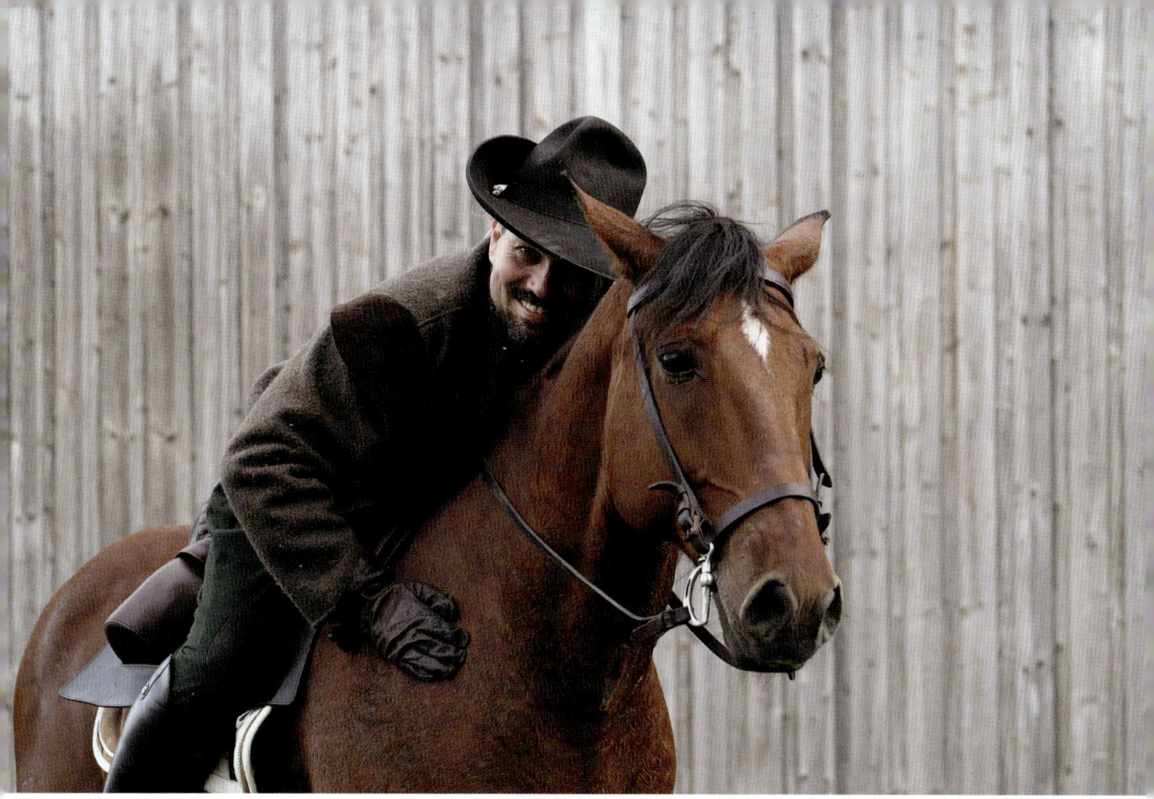

ISO 500 I 1/250 Sek. I F/3,2 I FUJIFILM X-T2 mit FUJINON XF 56 mm F/1,2 R APD

Dafür eignet sich der Serienbild-Modus. Damit können Sie 3, 5 oder 8 Aufnahmen pro Sekunde fotografieren. Mit dem elektronischen Verschluss sind sogar bis zu 30 Aufnahmen pro Sekunde machbar.

Jedoch Vorsicht bei schnellen Bewegungen mit elektronischem Verschluss. Hier können Objekte verzerrt werden (Rolling Shutter). Grund ist das zeilenweise Auslesen des Sensors.

Ein Ball wird dadurch nicht rund, sondern leicht oval abgebildet. Aber 8 Bilder pro Sekunde mit dem mechanischen Verschluss sind in diesem Fall völlig ausreichend.

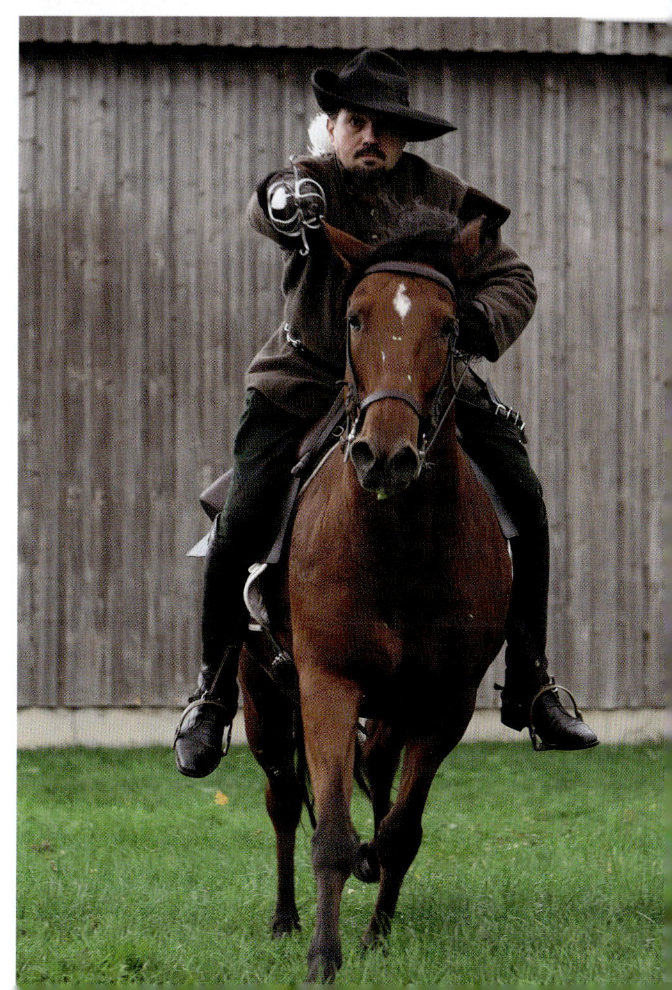

ISO 500 I 1/250 Sek. I F/2,8 I FUJIFILM X-T2 mit FUJINON XF 56 mm F/1,2 R APD

16.11 Auf Ballonfahrt mit 10-400 mm Brennweite

Eine Ballonfahrt ist ein besonderes Erlebnis. Der große Ballon selbst ist ebenso faszinierend wie die Aussicht. Aber welche Objektive mitnehmen? Am häufigsten nutzte ich Brennweiten im Super-Weitwinkelbereich und lange Brennweiten.

Brennweite und Objektive: FUJINON XF 10-24 mm F/4 R OIS, FUJINON XF 50-140 mm F/2,8 R LM OIS WR und FUJINON XF 100-400 mm F/4,5-5,6 R LM OIS WR: Den riesigen Ballon von unten möglichst groß in Bild zu bekommen ist eine Herausforderung. Da sind 10 mm Brennweite genau das Richtige.

Zusätzlich gibt es natürlich eine Menge in der Ferne zu sehen. Dafür ist dann wieder ein großes Teleobjektiv besser geeignet.

Und um den Ballon vom Boden aus zu fotografieren brauchte ich noch einen Gehilfen – mit dem 50-140 mm Objektiv.

Blende: Die Motive, die einen Fotografen bei einer Ballonfahrt erwarten, sind technisch gesehen nicht sehr anspruchsvoll. Licht ist ausreichend vorhanden.

▼ *X-T2 mit FUJINON XF 50-140 mm F/2,8 R LM OIS WR bei 125 mm*

ISO 400 I 1/750 Sek. I F/2,8 I FUJIFILM

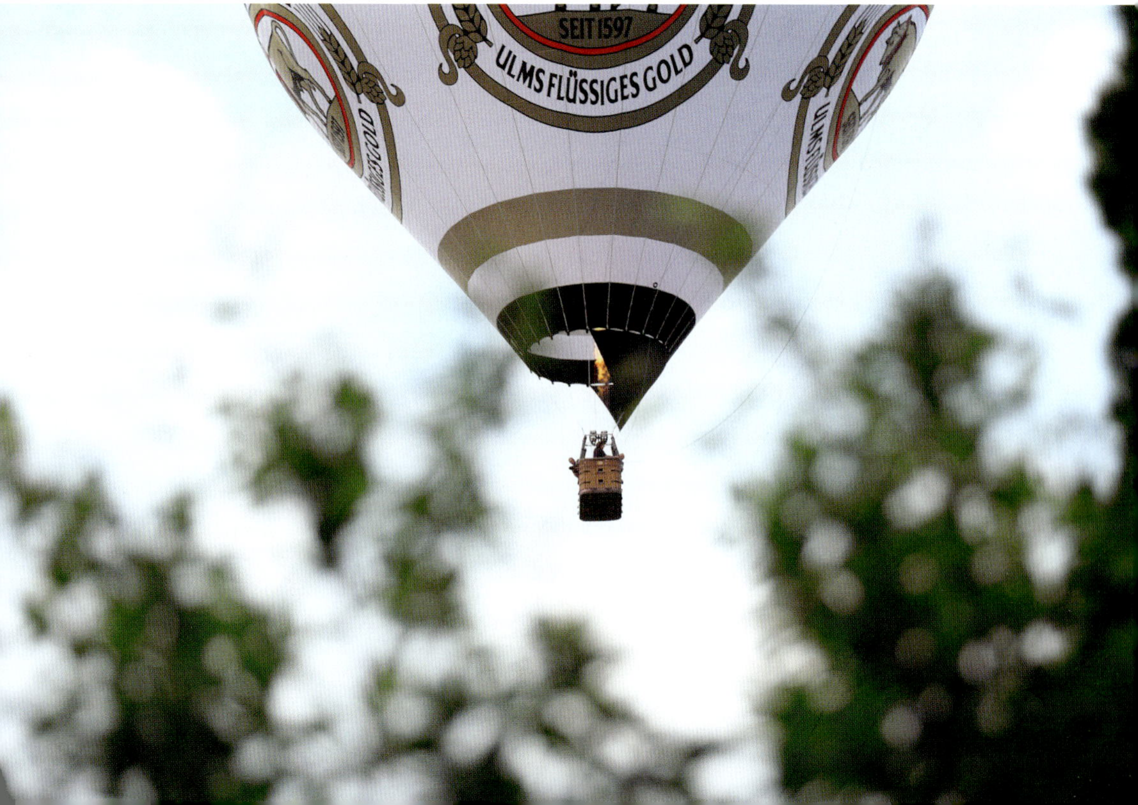

Mit kurzen Brennweiten ist auch schon mit offener Blende genügend Schärfentiefe im Bild. Leichtes Abblenden verstärkt den Schärfenbereich noch weiter.

Im Telebereich fotografierte ich mit offener Blende um genug Spielraum für kurze Belichtungszeiten zu haben.

Das 100-400 mm Telezoom ist mit 1:5.6 bei 400 mm sowieso nicht übermäßig lichtstark. Die Schärfentiefe ist bei großen Entfernungen zum Motiv meist kein Thema.

Belichtungszeit: Auch wenn der Ballon eine erstaunliche Geschwindigkeit entwickeln kann, geht es in der Gondel recht ruhig zu. Nichts wackelt, holpert oder vibriert. Es sind also keine besonders kurzen Belichtungszeiten notwendig.

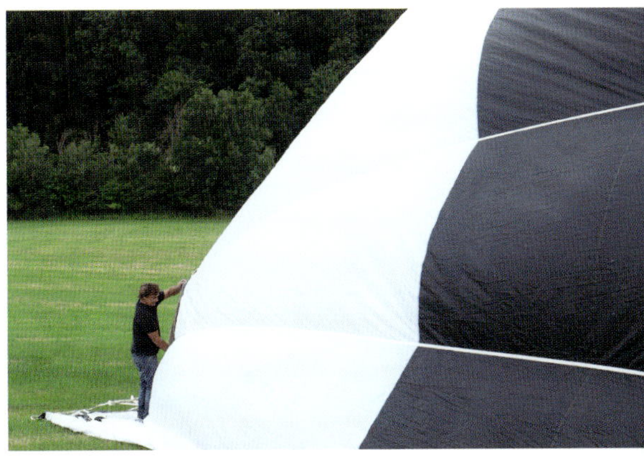

ISO 160 I 1/125 Sek. I F/5,6 I FUJIFILM X-T3 mit FUJINON XF 10-24 mm F/4 R OIS bei 24 mm

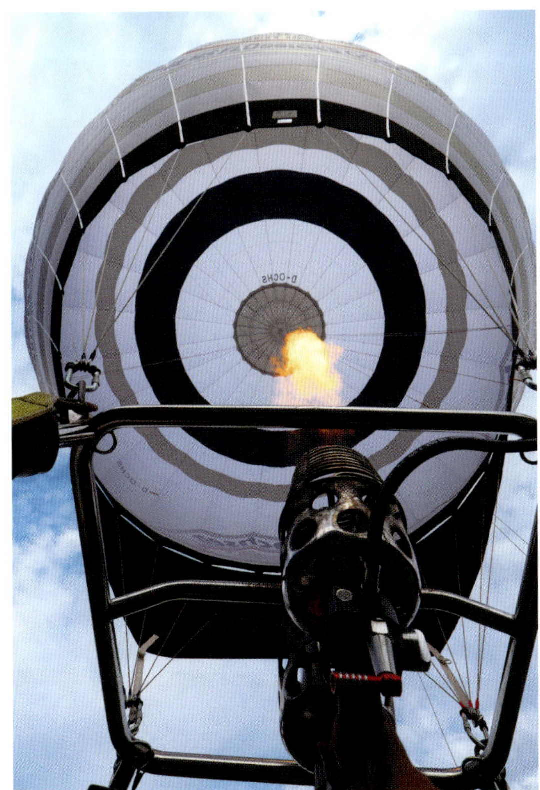

ISO 160 I 1/350 Sek. I F/5,6 I FUJIFILM X-T3 mit FUJINON XF 10-24 mm F/4 R OIS bei 10 mm

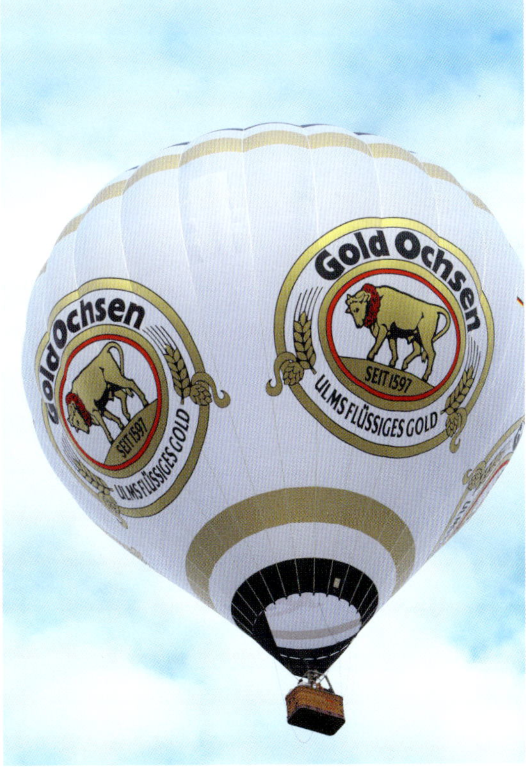

ISO 200 I 1/640 Sek. I F/2,8 I FUJIFILM X-T2 mit FUJINON XF 50-140 mm F/2,8 R LM OIS WR bei 140 mm

Außerdem besitzen alle verwendeten Zoom-Objektive einen optischen Bildstabilisator, die ggf. das Bild auch bei längeren Belichtungszeiten noch ruhig halten. Das gibt immer ein gutes und sicheres Gefühl. Trotzdem versuche ich den Bildstabilisator nicht bis zum Äußersten auszureizen.

ISO Wert: Anfangs konnte ich noch den niedrigsten ISO-Wert verwenden und somit die bestmögliche Bildqualität ohne jegliches Rauschen.

Aber als es Abend wurde musste ich den ISO-Wert auf bis zu 1.250 erhöhen weil die Sonne hinter dem Horizont verschwand.

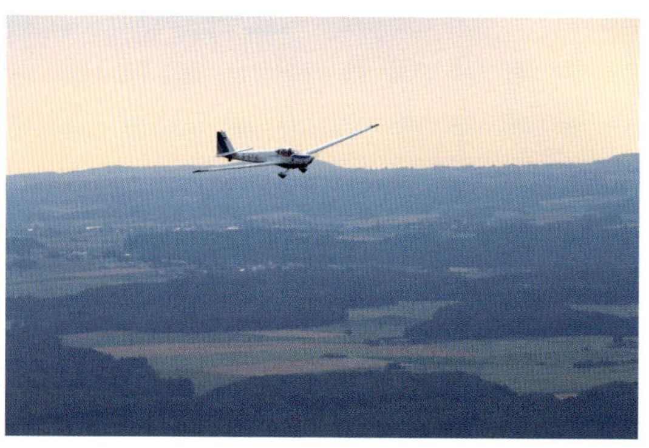

ISO 160 I 1/280 Sek. I F/6,4 I FUJIFILM X-T3 mit FUJINON XF 100-400 mm F/4,5-5,6 R LM OIS WR bei 129 mm

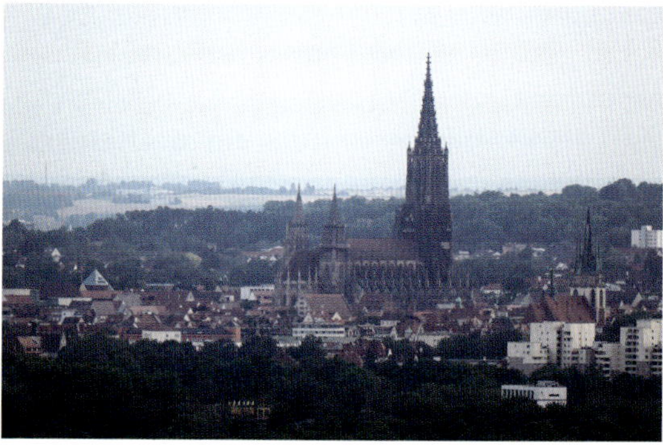

ISO 400 I 1/250 Sek. I F/5,6 I FUJIFILM X-T3 mit FUJINON XF 100-400 mm F/4,5-5,6 R LM OIS WR bei 400 mm

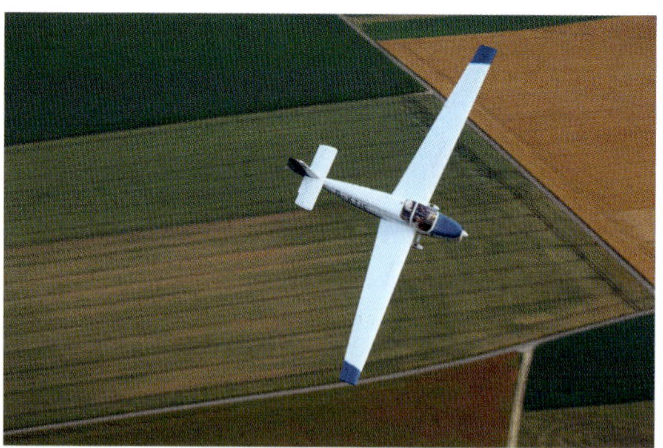

ISO 160 I 1/160 Sek. I F/6,4 I FUJIFILM X-T3 mit FUJINON XF 100-400 mm F/4,5-5,6 R LM OIS WR bei 108 mm

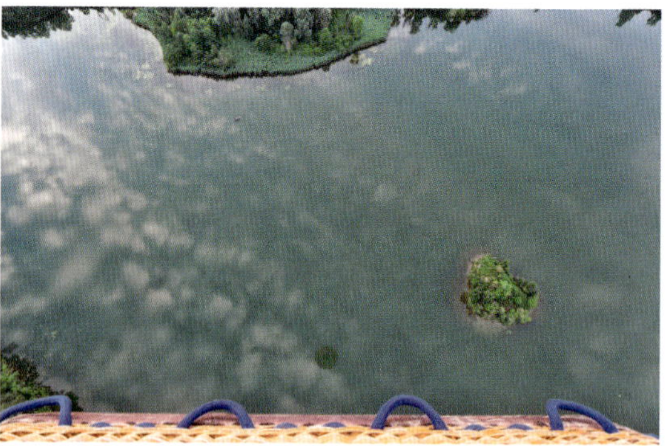

ISO 1.000 I 1/60 Sek. I F/8 I FUJIFILM X-T3 mit FUJINON XF 10-24 mm F/4 R OIS bei 10 mm

Belichtungs-Modus M: Ich hatte genügend Zeit auf der Ballonfahrt. In der Gondel herrschen weder Stress noch Hektik. Deshalb wählte ich alle Belichtungsparameter ganz in Ruhe manuell.

Fokussierung: Da es nur wenige Motive gab, die ihre Entfernung änderten, wählte ich in den meisten Fällen meine Standard-Einstellung: Fokus-Modus AF-S, kombiniert mit dem AF-Einzelmessfeld. Der Verfolgungsautofokus AF-C kam z. B. bei dem abgebildeten Flugzeug zum Einsatz.

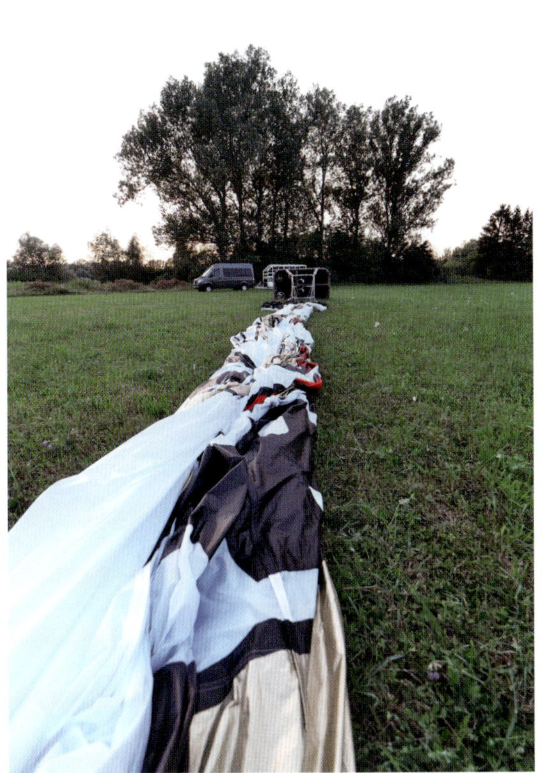

ISO 1.250 I 1/125 Sek. I F/4 I FUJIFILM X-T3 mit FUJINON XF 10-24 mm F/4 R OIS bei 10 mm

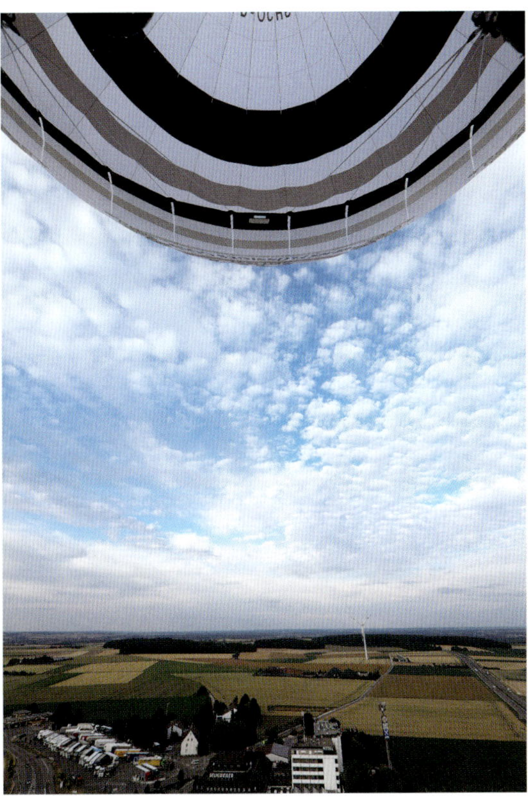

ISO 160 I 1/420 Sek. I F/5,6 I FUJIFILM X-T3 mit FUJINON XF 10-24 mm F/4 R OIS bei 10 mm

Storch

Um Vögel zu fotografieren ist – wie bei anderen Wildtieren – auch eine möglichst lange Brennweite erforderlich. Im Gegensatz zu Waldtieren sind aber andere Einstellungen der Belichtungswerte erforderlich.

Vor wenigen Jahrzehnten waren Störche nur noch selten in Deutschland anzutreffen. Mittlerweile hat sich der Bestand wieder erholt und so können Sie in vielen Städten wieder Storchennester auf den Schornsteinen entdecken.

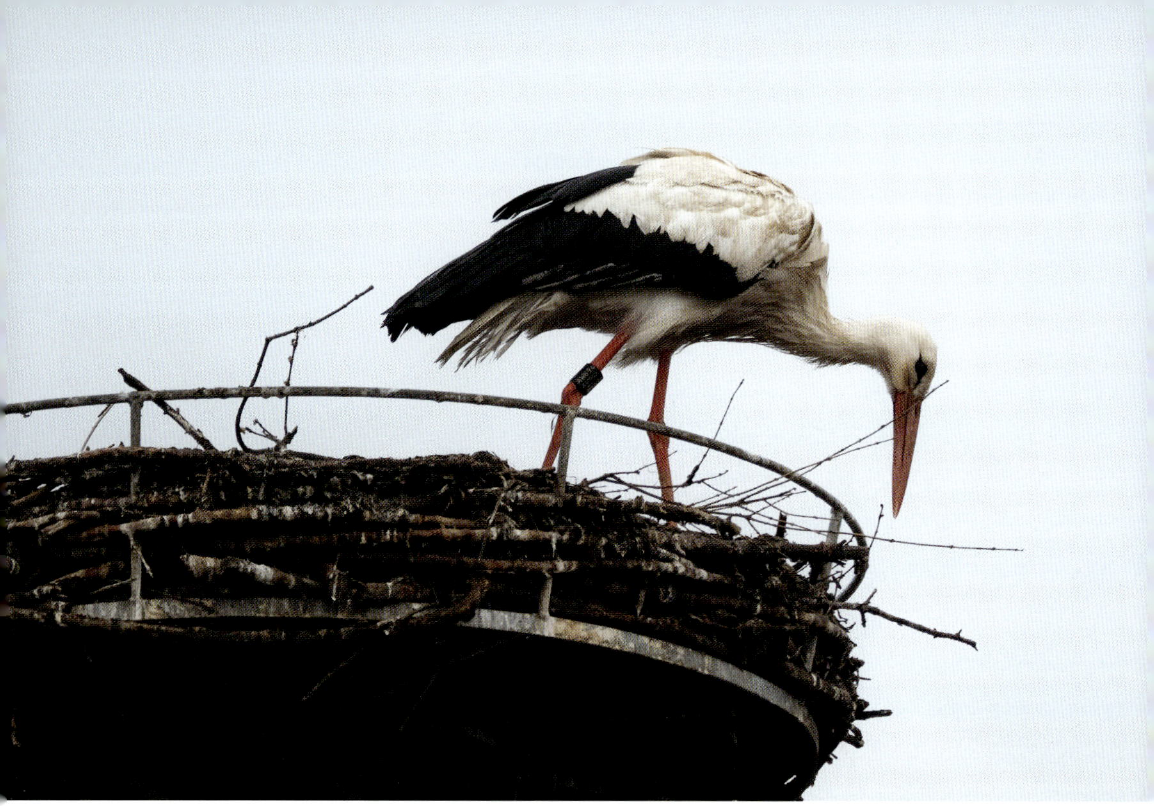

ISO 640 I 1/250 Sek. I F/8 I FUJIFILM X-T3 mit FUJINON XF 100-400 mm F/4,5-5,6 R LM OIS WR bei 400 mm + XF 1,4x Telekonverter WR = 560 mm

Brennweite und Objektive: FUJINON XF 100-400 mm F/4,5-5,6 R LM OIS WR + Telekonverter FUJINON XF 1,4x WR: Da Störche – und Vögel im Allgemeinen – weit oben nisten und sich beim Fliegen auch oben aufhalten, ist es nicht so einfach eine Position zu finden, von der es sich gut fotografieren lässt. Ideal ist es, wenn Sie eine erhöhte Ebene haben, von der aus Sie beobachten und fotografieren können. Ich verwendete das 100-400 mm Telezoom mit 1,4x Konverter. Da ich auf den Abflug des Storchs wartete verringerte ich aber die Brennweite wieder damit ich genug Platz zur Verfügung habe, um den Vogel im Flug mit ausgebreiteten Flügeln im Bild zu haben. Das funktioniert ganz gut und der Bildrand wurde in der Nachbearbeitung wieder etwas beschnitten.

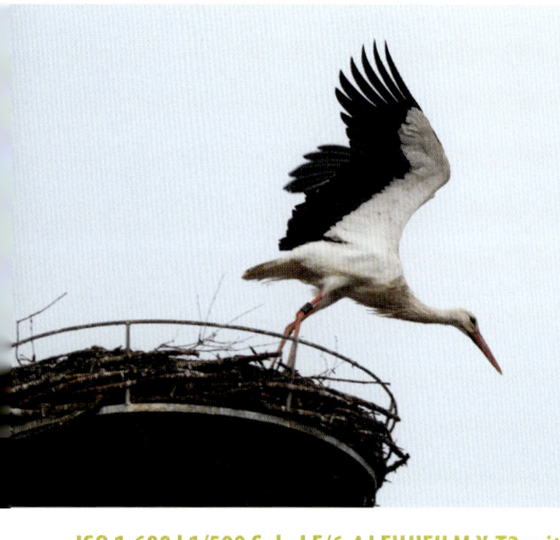

ISO 1.600 I 1/500 Sek. I F/6,4 I FUJIFILM X-T3 mit FUJINON XF 100-400 mm F/4,5-5,6 R LM OIS WR bei 177 mm + XF 1,4x Telekonverter WR = 247 mm

Blende: Mit der offenen Blende ist man beim großen Telezoom und Telekonverter gut bedient. Da die Lichtstärke beschränkt ist bleibt selbst bei offener Blende genügend Schärfentiefe für den

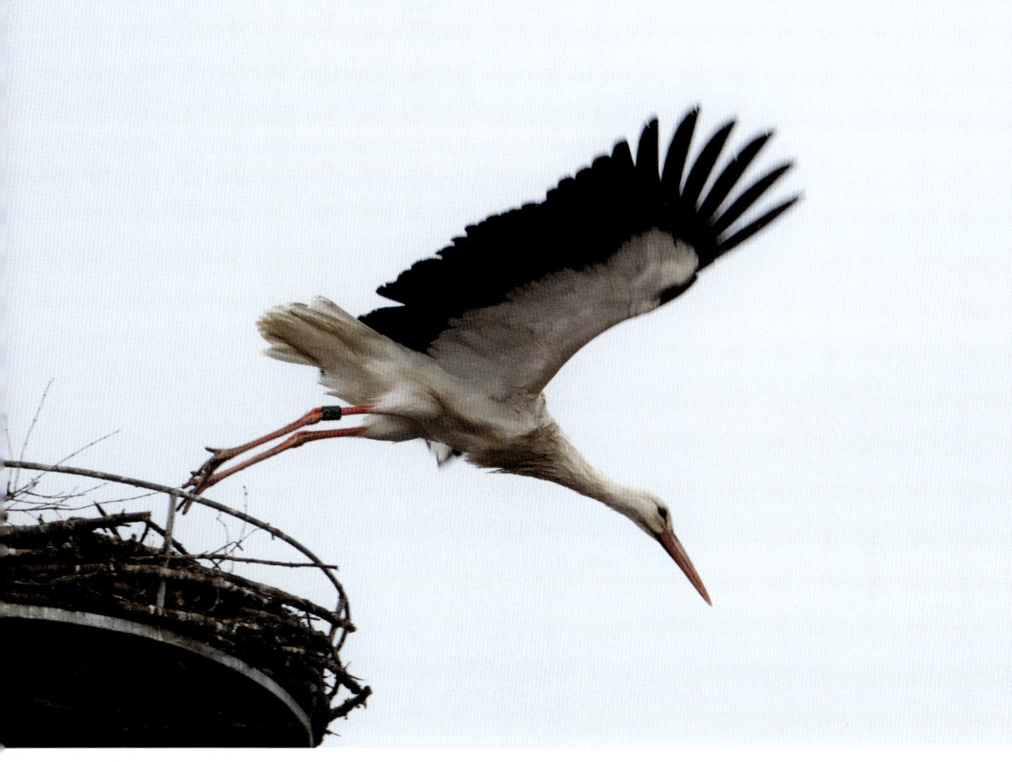

ISO 800 I 1/500 Sek. I F/8 I FUJIFILM X-T3 mit FUJINON XF 100-400 mm F/4,5-5,6 R LM OIS WR bei 190 mm + XF 1,4x Telekonverter WR = 266 mm

Vogel übrig. Der Himmel war bewölkt sodass ich auch das Licht von der offenen Blende brauchte um noch eine kurze Belichtungszeit realisieren zu können.

Belichtungszeit: Um möglichst wenig Bewegungsunschärfe zu bekommen, wählte ich 1/500 Sek. Beim stehenden Vogel hätte auch 1/125 Sek. ausgereicht. Aber sobald der Storch mit den Flügeln schlägt, ist 1/500 Sek. erforderlich. Selbst mit 1/500 Sek. sind die Flügel außen nicht ganz scharf, was aber in dem Fall gewollt ist und nach dynamischer Bewegung aussieht.

ISO Wert AUTO: Damit ich mich um mein Motiv kümmern konnte, wählte ich die automatische ISO-Einstellung. Wegen Gegenlicht musste ich mit dem Belichtungs-Korrekturrad etwas gegensteuern. Aber dank der guten Anordnung lässt sich die Korrektur durchführen, ohne die Kamera vom Auge zu nehmen.

Belichtungs-Modus S oder M: Für Blende und Belichtungszeit hatte ich meine Vorstellungen. Deshalb überlies ich das nicht der Automatik und stellte beide Werte manuell ein. Für weniger Geübte empfiehlt sich die Blendenautomatik S mit Zeitvorwahl. Die Festlegung der Belichtungszeit ist bei der Vogelfotografie fast immer wichtiger als die individuelle Einstellung der Blende. Nur die ISO-Einstellung übergab ich der Automatik, da der ISO-Wert keinen sichtbaren Einfluss auf die Bildgestaltung hat.

Fokussierung: Da ich den fliegenden Storch fotografieren wollte stellte ich den Fokus-Modus von AF-S auf AF-C, damit das AF-Einzelmessfeld auf die sich ändernde Entfernung reagieren kann.

Serienbilder: Den losfliegenden Storch im richtigen Moment zu erwischen, gelang mir nur im Serienbildmodus mit 8 Bildern/Sek. So konnte ich mir die zwei besten Fotos heraussuchen. Bei anderen Bildern sah die Flügelstellung nicht attraktiv aus. Ohne Serienauslösung wird es zum Glücksspiel, im richtigen Augenblick auszulösen.

16.12 Vor der Hochzeit

Bevor ich eine Hochzeit fotografiere, möchte ich das Paar gerne kennenlernen. Das funktioniert am besten mit einem kleinen Vorab-Fotoshooting. So lässt

ISO 160 I 1/4.000 Sek. I F/2 I FUJIFILM X-T3 mit Viltrox 85 mm F/1,8

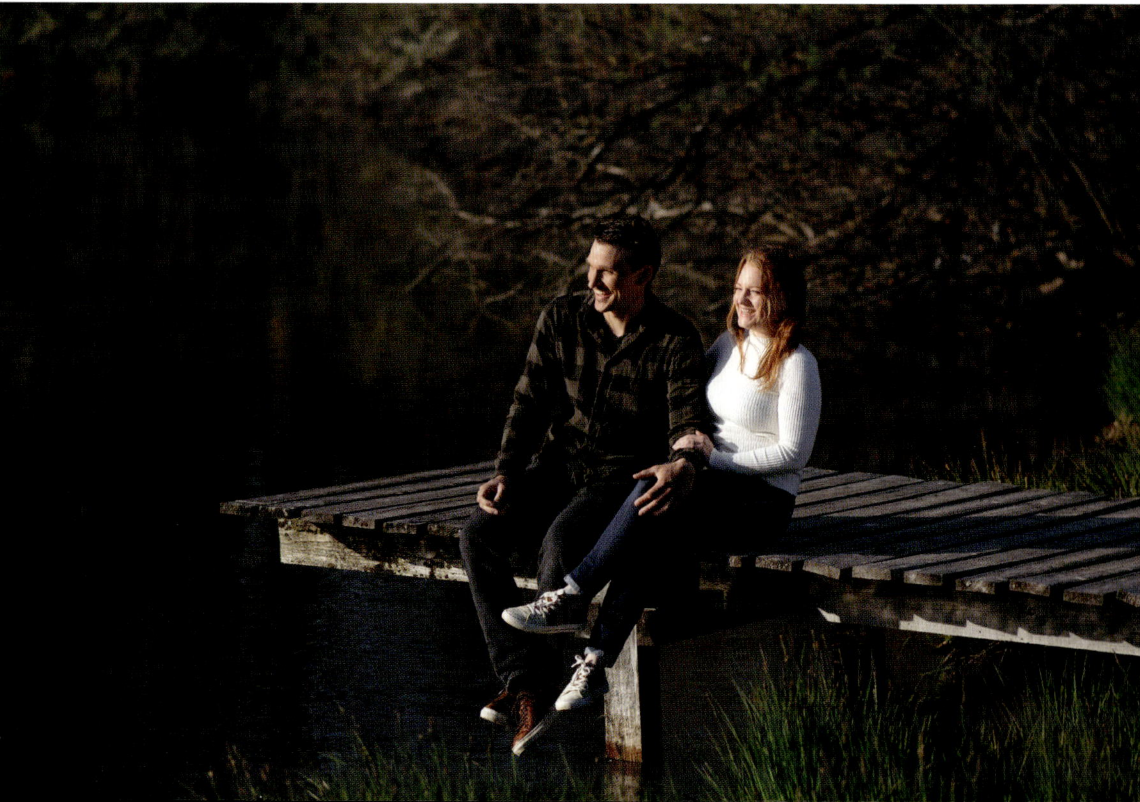

sich leicht herausfinden, wie das Paar »tickt«, welche Vorstellungen die Brautleute haben und wie der Ablauf des Tages geplant ist. So bekommt man schonmal ein Gefühl für das Brautpaar und umgekehrt kann sich das zukünftige Brautpaar schonmal daran gewöhnen, wie es sich anfühlt vor der Kamera zu stehen.

Brennweite und Objektiv: Sigma 16 mm F/1,4 DC DN Contemporary, FUJINON XF 35 mm F/1,4 R und Viltrox 85 mm F/1,8: Drei lichtstarke Objektive sind völlig ausreichend, um ein paar abwechslungsreiche Fotos mit schönem Bokeh im Hintergrund zu erstellen. Die Fotoausrüstung bleibt klar und übersichtlich, so kann man sich in hektischen Situationen kaum verzetteln. Ein von mir eingesetztes 85 mm Objektiv erfordert – vor allem bei Ganzkörperporträts – etwas Abstand zum Motiv. Die Kommunikation mit den zu fotografierenden Personen wird dann etwas schwieriger. Das sollte vor einem Shooting bedacht und besprochen werden. Bei manchen Motiven blendet das Objektiv recht viel vom Hintergrund aus und sorgt für ein sehr schönes Bokeh.

Blende: Ein Paarshooting ist auch Porträtfotografie – nur mit zwei Personen. Deshalb ist es wichtig, dass beide Personen scharf sind, außer eine Person landet bewusst aus gestalterischen Gründen in der Unschärfe. Besonders Zentral ist, dass die Augen beider Personen scharf abgebildet werden. Das

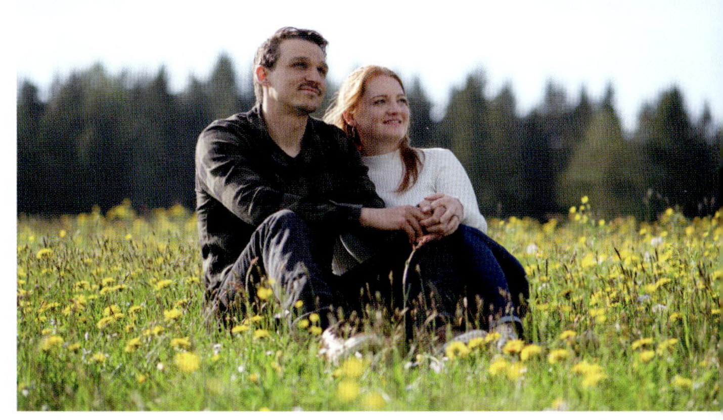

ISO 160 I 1/2.000 Sek. I F/2 I FUJIFILM X-T3 mit Viltrox 85 mm F/1,8

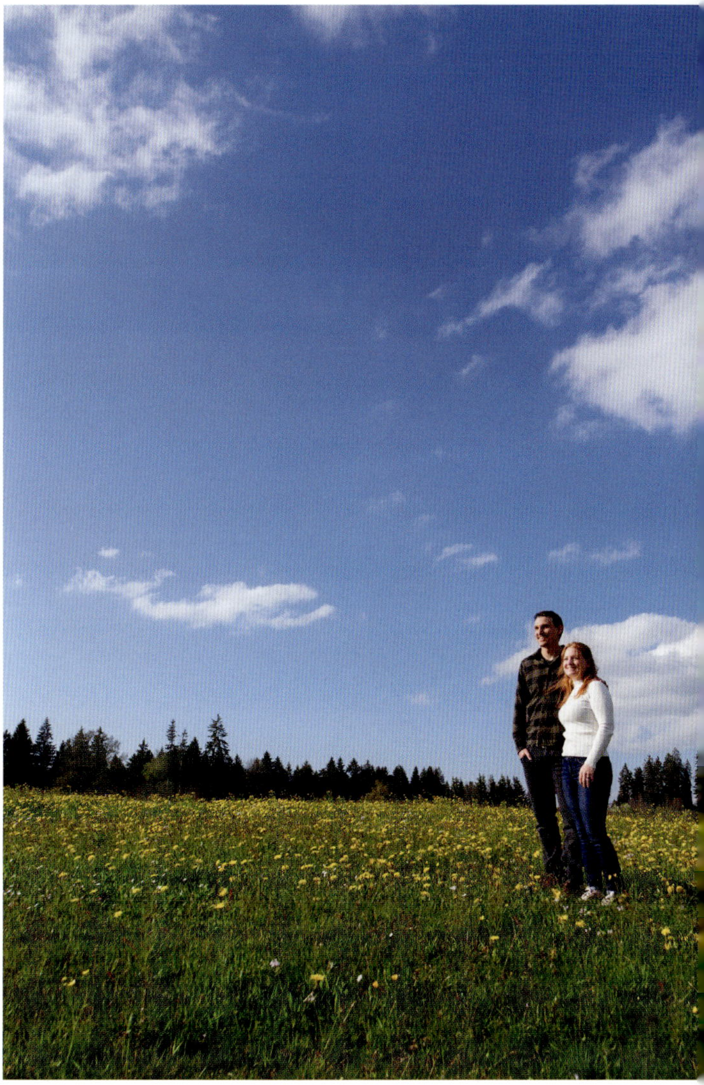

ISO 160 I 1/2.000 Sek. I F/4 I FUJIFILM X-T3 mit Sigma 16 mm F/1,4 DC DN Contemporary

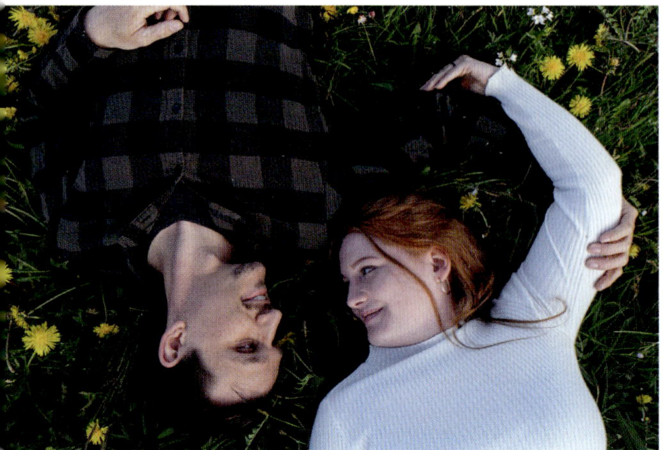

160 I 1/180 Sek. I F/6,4 I FUJIFILM X-T3 mit Sigma 16 mm F/1,4 DC DN ntemporary

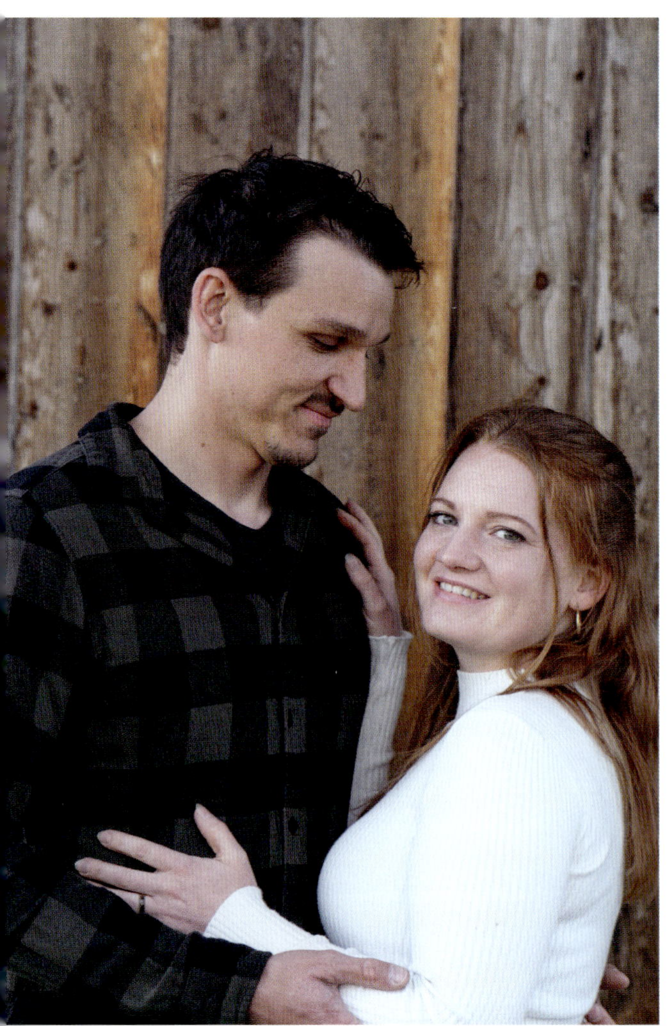

ist bei lichtstarken Festbrennweiten manchmal gar nicht so einfach. Ständig mit offener Blende fotografieren kann schnell dazu führen, dass die Augenpartie einer Person unscharf wird. Deshalb ist es ratsam, die Blende lieber etwas zu schließen. Denn wichtiger als ein absolut perfektes Bokeh im Hintergrund ist, dass das Motiv von der Schärfe passt.

Die Schärfentiefe nimmt allerdings auch zu, indem Sie sich als Fotograf etwas weiter vom Paar entfernen.

Auch die Brennweite hat einen Einfluss auf die Schärfentiefe. Je größer die verwendete Brennweite, desto geringer die Schärfentiefe. Das richtig einzuschätzen, erfordert normalerweise etwas Übung und Erfahrung.

Aber FUJIFILM Kameras simulieren schon vor der Aufnahme im Livebild die Schärfentiefe. Mit der Lupenfunktion können Sie direkt im Livebild die Schärfe von einem gewünschten Bildausschnitt kontrollieren, beispielsweise auf den Augen.

Je nach Kameramodell wird die Lupenfunktion eingestellt über Druck auf den Joystick oder auf das hintere Einstellrad.

Mit dieser Vorabkontrolle kann eigentlich nichts mehr schiefgehen, wenn Sie sich die Zeit nehmen. Also lieber die Blende im Zweifelsfall etwas reduzieren als unscharfe Fotos zu riskieren.

Belichtungszeit: Ich verwende bei Porträts gerne die Zeitautomatik

ISO 160 I 1/250 Sek. I F/2,8 I
FUJIFILM X-T3 mit Viltrox 85 mm F/1,8

mit Blendenvorwahl. Die Belichtungszeit ist bei Porträts eher nebensächlich. Sie darf nicht so groß werden dass Unschärfen durch Verwacklung oder durch Bewegungen im Motiv entstehen. Aber das Licht war ausreichend und als »Joker« lässt sich notfalls auch der ISO-Wert erhöhen.

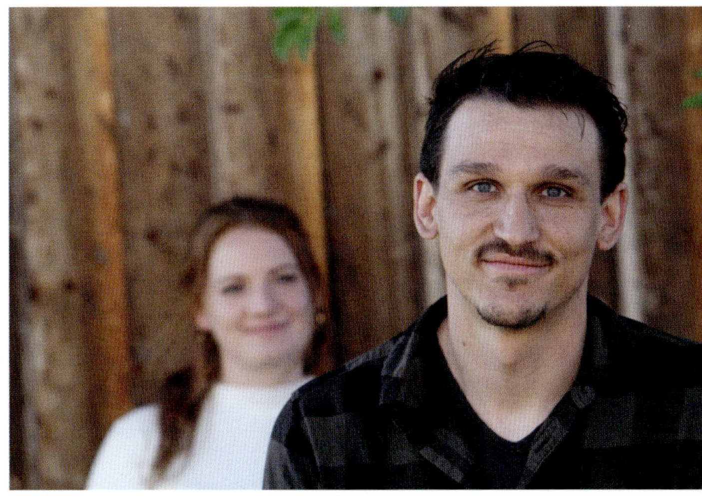

ISO 160 I 1/200 Sek. I F/3,2 I FUJIFILM X-T3 mit Viltrox 85 mm F/1,8

ISO Wert AUTO: Das Schöne am automatischen ISO-Wert ist, dass die ISO-Automatik den niedrigsten ISO-Wert einstellt, wenn genügend Licht vorhanden ist. Erst wenn das Licht nicht mehr für eine ausreichend kurze Belichtungszeit ausreicht, wählt die Automatik einen höheren Wert. Genauso würde ich das auch manuell einstellen. Aber wenn ich auf das Motiv konzentrieren muss freue ich mich, wenn mir die Technik die ein oder andere Aufgabe zuverlässig abnimmt.

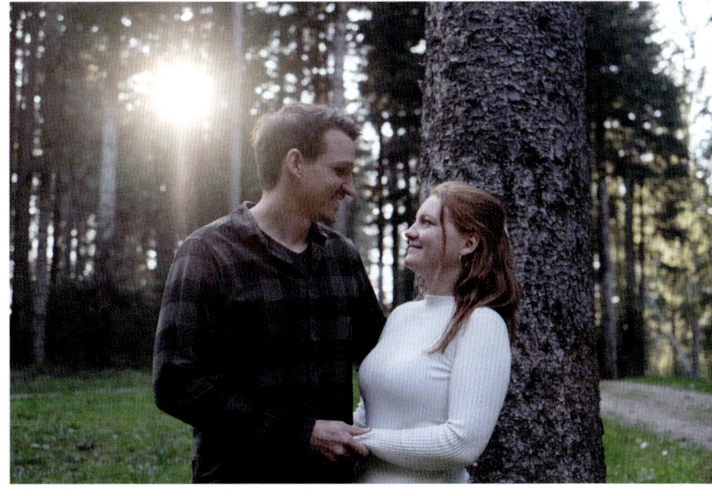

ISO 400 I 1/250 Sek. I F/2,8 I FUJIFILM X-T3 mit FUJINON XF 35 mm F/1,4 R

Belichtungs-Modus A: Wenn ich viel Zeit habe oder auch bei wenig wechselnden Lichtverhältnissen stelle ich gerne alles manuell ein.

Aber bei einem Paarshooting bin ich damit beschäftigt mit dem Paar zu kommunizieren, zu beobachten, zu überlegen wie ich das Licht am besten nutze und evtl. einige Anweisungen gebe etc. Da wähle ich gerne die Zeitautomatik. Die Wahl der Blende lasse ich mir nicht aus der Hand nehmen, denn sie ist entscheidend für die Schärfentiefe.

Fokussierung Für Porträts wähle ich generell den Fokus-Modus AF-S zusammen mit dem AF-Einzelfeld, das ich dann auf einem Auge platziere. Und dann die Schärfentiefe kontrollieren mit der Lupe.

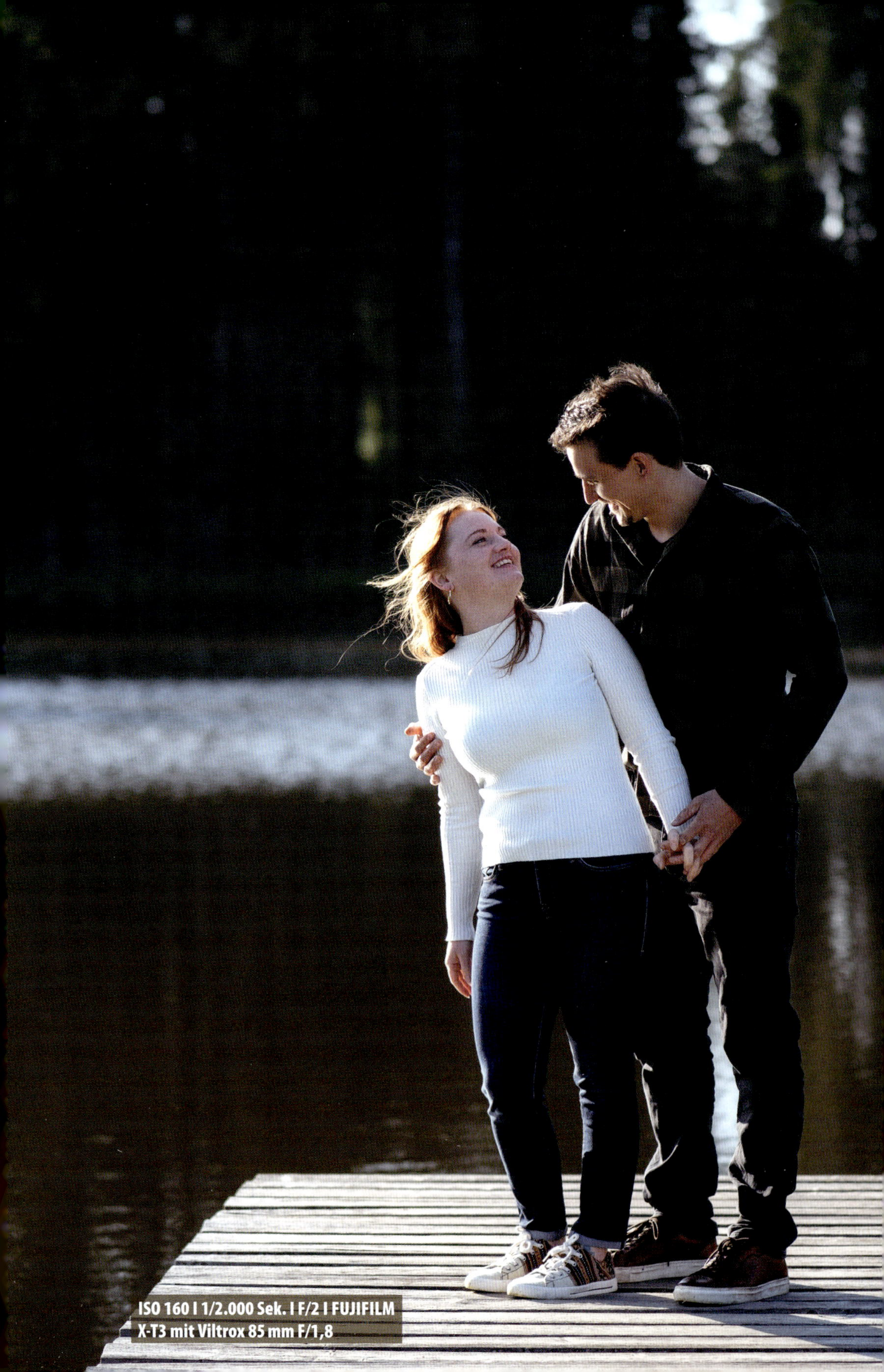

ISO 160 I 1/2.000 Sek. I F/2 I FUJIFILM X-T3 mit Viltrox 85 mm F/1,8

16.13 Nachtaufnahmen ohne Stativ

Manchmal bin ich mit kleinem Gepäck unterwegs. Dann habe ich nur ein kleines Festbrennweiten-Objektiv dabei und kein Stativ. Wenn ich dann ein stimmungsvolles Motiv nach Sonnenuntergang entdecke, lässt sich auch ohne Stativ eine schöne Aufnahme machen.

Brennweite und Objektiv: FUJINON XF 23 mm F/2 R WR: Ich war mit kleinem Gepäck unterwegs. Dafür ist das 23 mm F/2 R WR besonders gut geeignet. Es ist klein, leicht und trotzdem lichtstark. So sind auch unterwegs bei sehr wenig Umgebungslicht noch Aufnahmen ohne Stativ möglich.

Blende: Bei sehr geringem Umgebungslicht bleibt gibt es keine Alternative zur offenen Blende, wenn kein Stativ verfügbar ist. Also Blende F/2 bei 23 mm Brennweite reicht trotzdem aus für eine ausreichende Schärfentiefe, wenn der Fokus nicht im Vordergrund liegt.

Belichtungszeit: Aus der Hand ohne Bildstabilisator auszulösen – da hilft die Faustformel für die längstmögliche Belichtungszeit ohne zu verwackeln: Der Kehrwert der Brennweite x Cropfaktor 1,5x ergibt

ISO 3.200 I 1/30 Sek. I F/2 I FUJIFILM X-Pro1 mit FUJINON XF 23 mm F/2 R WR

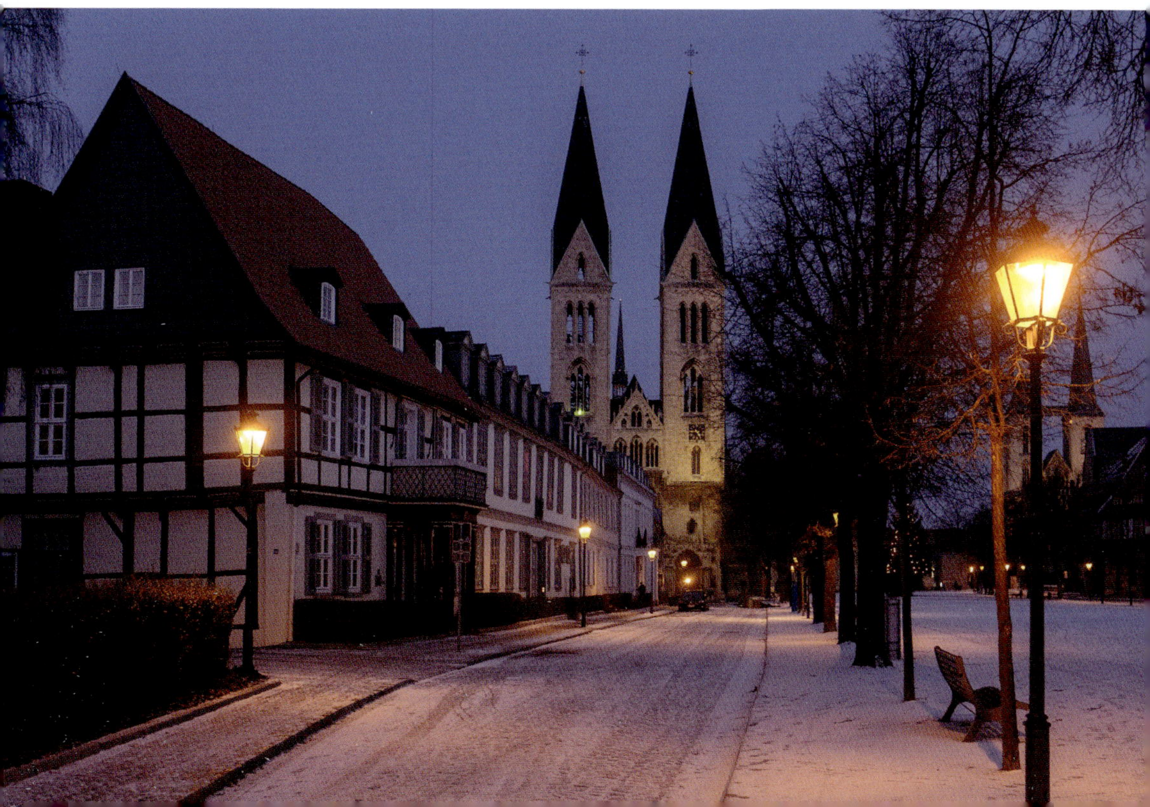

die längstmögliche Belichtungszeit ohne zu verwackeln. Das wäre dann 1/35 Sek. Ich riskierte mit 1/30 Sek. noch eine etwas längere Zeit. Vorher tief einatmen, Luft anhalten, Arme als stabile Stütze an den Körper drücken und auslösen.

ISO Wert 3.200: Wenn die Blende und die Belichtungszeit vorgegeben sind, dann hilft nur noch den ISO-Wert dem Umgebungslicht anzupassen. Ich kam auf ISO 3.200. Selbst die FUJIFILM X-Pro1, die meistens als Ersatzkamera im Fotokoffer liegt, liefert noch eine gute Bildqualität bei solch hohen ISO -Werten. Und alle FUJIFILM Kameras der neueren Generationen sind nochmals deutlich verbessert worden.

Belichtungs-Modus M: Solch ein statisches und stimmungsvolles Nachtmotiv läuft nicht davon. Da ist es kein Problem alles manuell einzustellen.

16.14 Nachtaufnahmen mit Stativ

Bei Nachtaufnahmen mit Stativ ist der Spielraum der möglichen Belichtungs-Einstellungen viel größer. Als bei Nachtaufnahmen aus der Hand. Mit Stativ gibt es auch mehr Möglichkeiten der Bildgestaltung.

Brennweite und Objektiv: FUJINON XF 10-24 mm F/4 R OIS: Für einen möglichst großen Bildwinkel nahm ich das Superweitwinkel-Zoomobjektiv FUJINON XF 10-24 mm F/4 R OIS und wählte die kürzeste Brennweite mit 10 mm Brennweite. Bei 10 mm entsteht selbst bei offener Blende schon eine sehr große Schärfentiefe.

Blende: Ich wollte die Lichtquellen als Blendenstern im Bild haben. Deshalb entschied ich mich für Blende F/22. Außerdem wäre durch eine weiter geöffnete Blende die Belichtungszeit zu kurz für lange Lichtspuren der Autoscheinwerfer geworden.

Belichtungszeit: Bei der Verwendung von einem Stativ ist jede Belichtungszeit möglich, ohne dass Verwacklungsunschärfe entsteht. Um die Lichtspuren von Autoscheinwerfern in ansprechender Länge abzubilden sind 30 Sek. ein guter Wert.

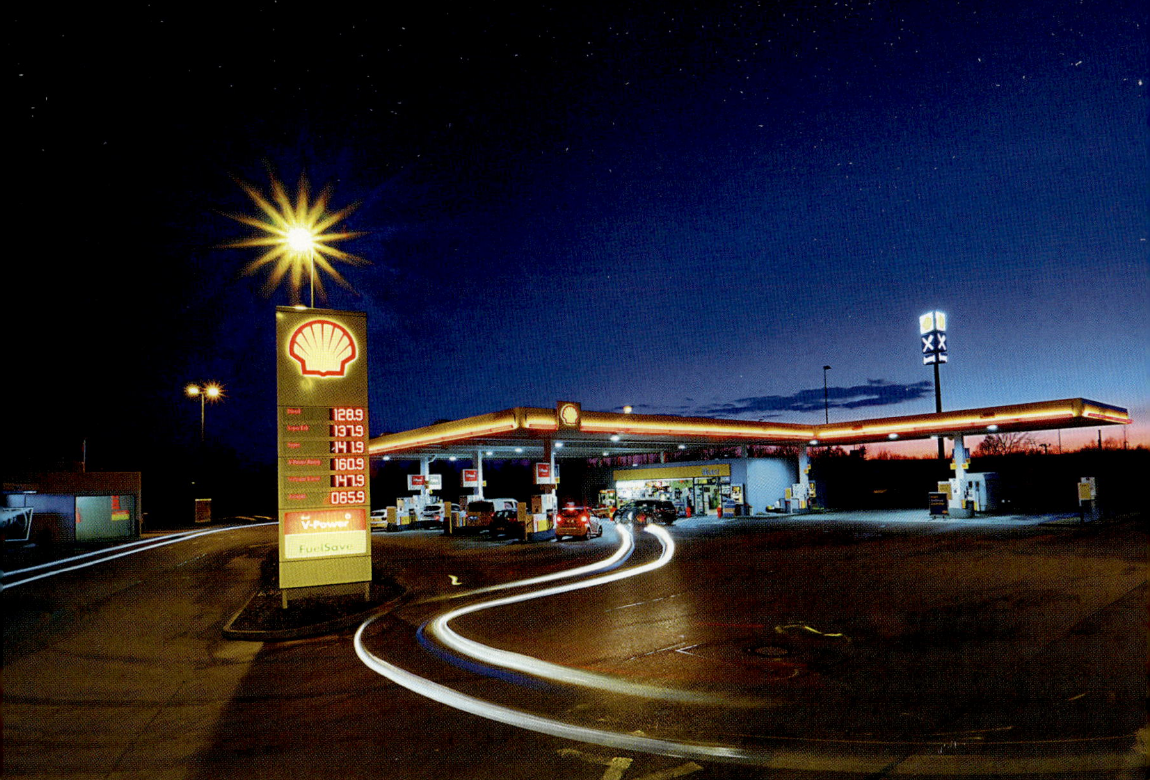

ISO 200 I 30 Sek. I F/22 I FUJIFILM X-T2 mit FUJINON XF 10-24 mm F/4 R OIS bei 10 mm

ISO Wert 200: Bei der Verwendung eines Stativs ist es üblich, für eine bestmögliche Bildqualität den niedrigsten ISO-Wert einzustellen. Die Belichtung wird dann über die Belichtungszeit eingestellt.

Belichtungs-Modus M: Bei Fotos vom Stativ stelle ich grundsätzlich Blende, Belichtungszeit und ISO-Wert manuell ein. Wenn ich ein Stativ verwende, lasse ich mir genügend Zeit, um die Kamera genau auszurichten.

Bei solch statischen Motiven ist dann auch noch genügend Zeit übrig, um alle Werte manuell einzustellen. Außerdem hat jeder Fotograf nur bei komplett manueller Einstellung die volle Kontrolle über die Belichtung.

Stativ: Für Belichtungszeiten von mehreren Sekunden ist ein Stativ eine Voraussetzung. Das Stativ sollte stabil sein. Den optischen Bildstabilisator sollten Sie vorher ausschalten da er zu Unschärfen führen kann. Außerdem reduziert sich bei ausgeschaltetem Bildstabilisator der Energieverbrauch und der Akku hält länger durch.

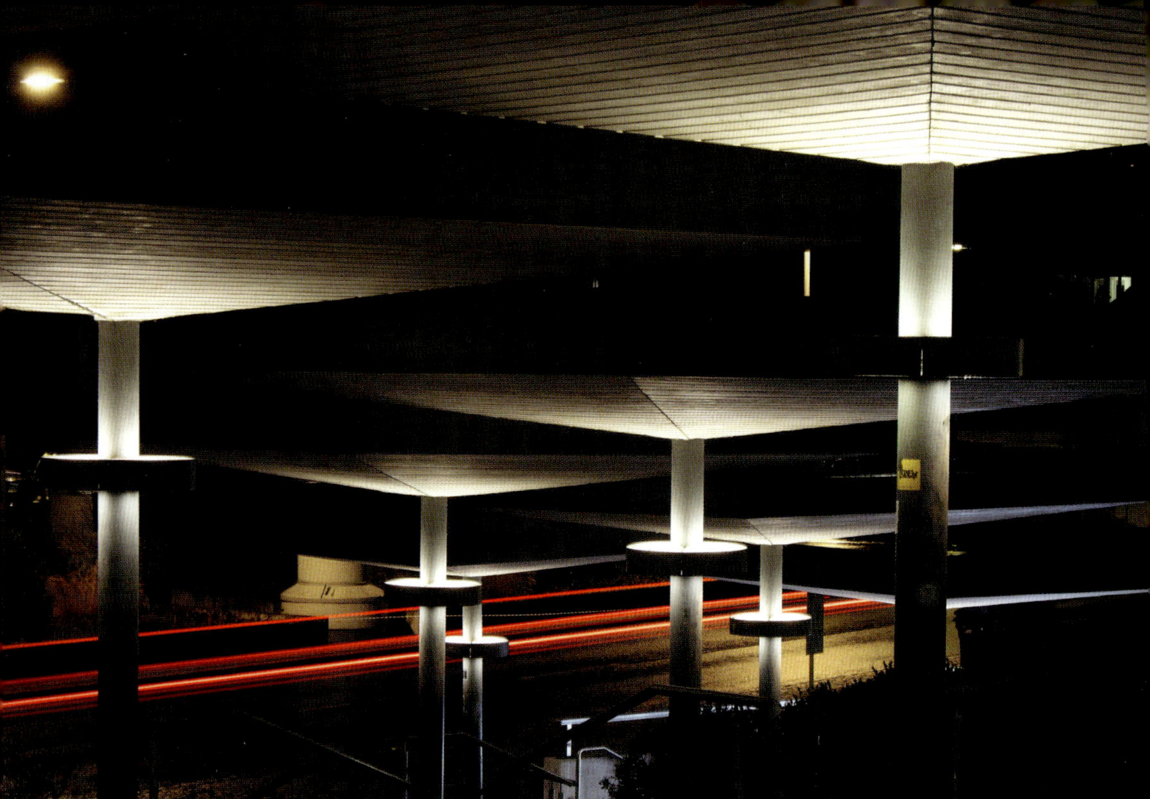

ISO 200 I 20 Sek. I F/16 I FUJIFILM X-T2 mit FUJINON XF 10-24 mm F/4 R OIS bei 24 mm

▲ *Eine weitere Nachaufnahme mit Auto-Lichtspuren*

Die FUJINON-Objektive der neuesten Generation wie das XF 16-80 mm F/4 erkennen automatisch, wenn ein Stativ verwendet wird und deaktivieren dann den OIS. Dort fehlt auch der OIS ON/OFF-Schalter für den Bildstabilisator.

16.15 Fokus-Bracketing

Besonders Makro- und Landschaftsfotografen wissen, dass die Schärfentiefe Grenzen hat. Selbst bei komplett geschlossener Blende wird nicht alles im Bild scharf. Und im Makrobereich gilt: je größer der Abbildungsmaßstab wird, desto geringer wird die Schärfentiefe. Außerdem tritt bei sehr kleinen Blendenöffnungen die Beugungsunschärfe auf.

Die X-H1, X-S10, X-T Serie und X-Pro-Serie ab der 2.Generation sind mit der Fokus Bkt. Funktion ausgestattet. Mit der Funktion Fokus-Bracketing (auch als Focus Stacking bekannt) lässt sich die Schärfentiefe ausweiten – mehr als es mit der Blendeneinstellung möglich ist. Dazu macht die Kamera eine Mehrfachbelichtung mit verschiedenen Entfernungseinstellungen. Für Kameras, die noch nicht mit der Funktion *Fokus-Bkt.* ausgestattet sind gibt es ein externes Gerät dafür, beispielsweise von Novoflex.

Die Einstellungen zum Fokus-Bracketing finden Sie im Menü unter *Aufnahmeeinstellung → Fokus-BKT-Einstellung*.

Wählen Sie zwischen einer Automatik und der manuellen Einstellung.

Bei der *Automatik* wählen Sie mit dem Fokussierring am Objektiv Anfangspunkt A und Endpunkt B. Die Kamera rechnet dann aus wie viele Aufnahmen und welche Fokussierschritte notwendig sind und stellt beide Parameter automatisch ein. Das geht super schnell und einfach und ist meine Empfehlung.

Bei der *manuellen Steuerung* geben Sie alle Einstellungen selbst vor. Anzahl der Fotos, Fokussierschritte (1 = geringster Fokussierschritt, 10 = größter Fokussierschritt zwischen 2 Aufnahmen). Außerdem können Sie noch ein Intervall zwischen den Aufnahmen festlegen. Das kann Verwacklungen durch Vibrationen durch die vorherige Auslösung reduzieren.

Fokussieren Sie auf den nächsten Punkt, der im Bild scharf abgebildet werden soll. Drücken Sie den Auslöser. Die Serie wird nun mit den entsprechenden Änderungen nach jedem Foto mit geänderter Fokuseinstellung durchfotografiert.

Sobald der unendliche Schärfenbereich erreicht wird, hört die Kamera auf zu fotografieren – unabhängig davon wie viele Bilder eingestellt sind. Geben Sie also im Zweifelsfall lie-

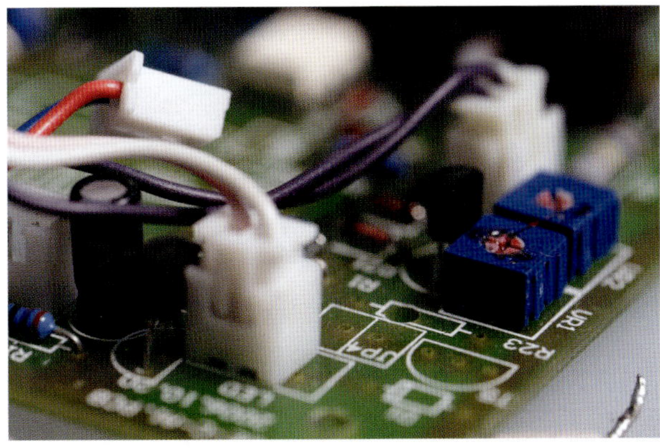

ISO 160 I F/5,6 I 1/40 Sek. I FUJIFILM X-S10 mit FUJINON XF 80 mm F/2,8 R LM OIS WR I Stativ

▲ *Einzelfoto mit geringer Schärfentiefe.*

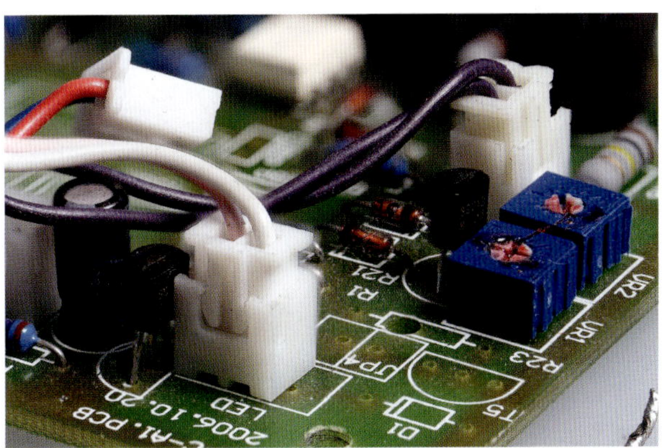

▲ *Fokus Bracketing (Fokus Stacking) – ein Foto mit erweiterter Schärfentiefe aus 151 Einzelfotos mit Focus Projects Professional zusammengesetzt.*

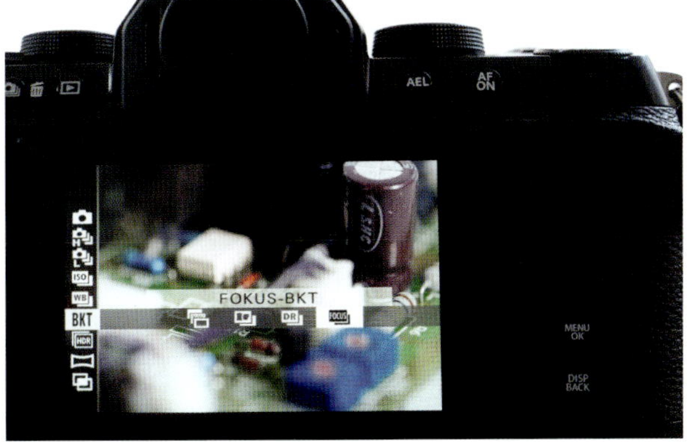

▲ *Fokus-Bracketing über die Drive-Taste einschalten.*

ber eine höhere Aufnahmeanzahl ein, wenn Sie sich unsicher sind.

Sie haben nun eine Bildserie mit gleichmäßig verschobener Entfernungseinstellung.

Um die Bilder zu einer Aufnahme zusammenzufügen (zu stacken), benötigen Sie eine externe Software wie Focus Projects Professional, Adobe Photoshop oder Helicon Focus Pro.

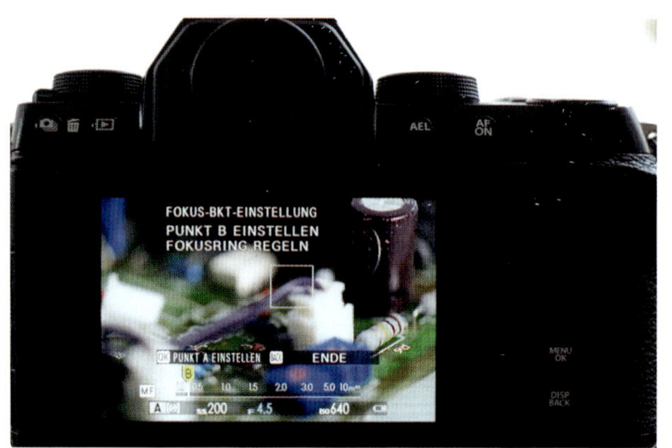

▲ *Fokus-Bracketing Automatik bestimmen Sie Anfangspunkt A und Endpunkt B – den Rest erledigt die Kamera automatisch.*

Brennweite und Objektiv: FUJINON XF 80 mm F/2,8 R LM OIS WR: Grundsätzlich können Sie für die Fokus-Bracketing-Funktion jedes Objektiv verwenden. Da im Makrobereich die Schärfentiefe so gering ist, dass Sie selbst mit geschlossener Blende keine große Schärfentiefe erreichen können, ergibt ein Makro-Objektiv am meisten Sinn. Aber auch Landschaftsaufnahmen mit etwas längerer Brennweite wären eine Möglichkeit, um mit der Funktion *Fokus Bkt.* die Schärfentiefe zu erweitern.

Blende: Jedes Objektiv erreicht seine höchste optische Qualität, wenn um 2-3 Blendenstufen abgeblendet wird. Bei offener Blende ist die Schärfentiefe zu gering und bei weiter geschlossenen Blenden tritt im Nahbereich die Beugung auf. Blende 5,6 ist ein guter Wert um die Funktion *Fokus Bkt.* zu verwenden.

Belichtungszeit: Fokus-Bracketing lässt sich grundsätzlich nur für unbewegte statische Motive verwenden. Da ein Stativ notwendig ist spielt die Belichtungszeit überhaupt keine Rolle.

ISO Wert 160: Die Belichtung wird über die Belichtungszeit eingestellt. Deshalb wird bei der Fokus Bkt Funktion der niedrigste ISO-Wert verwendet. So erhalten Sie die maximal mögliche Bildqualität.

Belichtungs-Modus M: Grundsätzlich kommt nur die manuelle Belichtungseinstellung in Frage da wir konstante Bildergebnisse haben möchten. Dazu machen Sie vorab eine Testaufnahme, um die Belichtung zu beurteilen. Wenn die in Ordnung ist, kann die Bildserie durchgeführt werden.

Stativ Es ist absolut notwendig ein Stativ zu verwenden. Denn die Kamera muss fest auf einen Punkt zeigen, da viele Fotos deckungsgleich übereinander gelagert werden.

16.16 Milchstraße

Unsere Erde gehört zur Galaxie Milchstraße. Wir stecken aber eher am Rand von einem Seitenarm der Milchstraße und das Sternenband, das wir sehen können, ist nur ein Stück von diesem Seitenarm.

Aber selbst das ist im Normalfall kaum zu sehen, denn die Lichtverschmutzung verhindert die Sicht. Lichtverschmutzung – das ist eine Glocke aus Lichtern, die jede Stadt so ausstrahlt. Aber auch der Vollmond verhindert die Sicht auf die Milchstraße.

Wenn wir die Milchstraße sehen und fotografieren möchten, so sollten wir eine Stelle suchen, wo möglichst wenig Lichtverschmutzung herrscht. Wenn Sie keine Gegend kennen, hilft eine Google-Suche im Internet weiter. Für Süddeutschland kann ich Allgäu und Schwäbische Alb nennen.

Da die Erde – je nach Jahreszeit – nicht immer die gleiche Sicht auf die Milchstraße gewährleistet,

ISO 2.000 I 25 Sek. I F/2 I FUJIFILM X-T3 mit Samyang 12 mm F/2 I Stativ

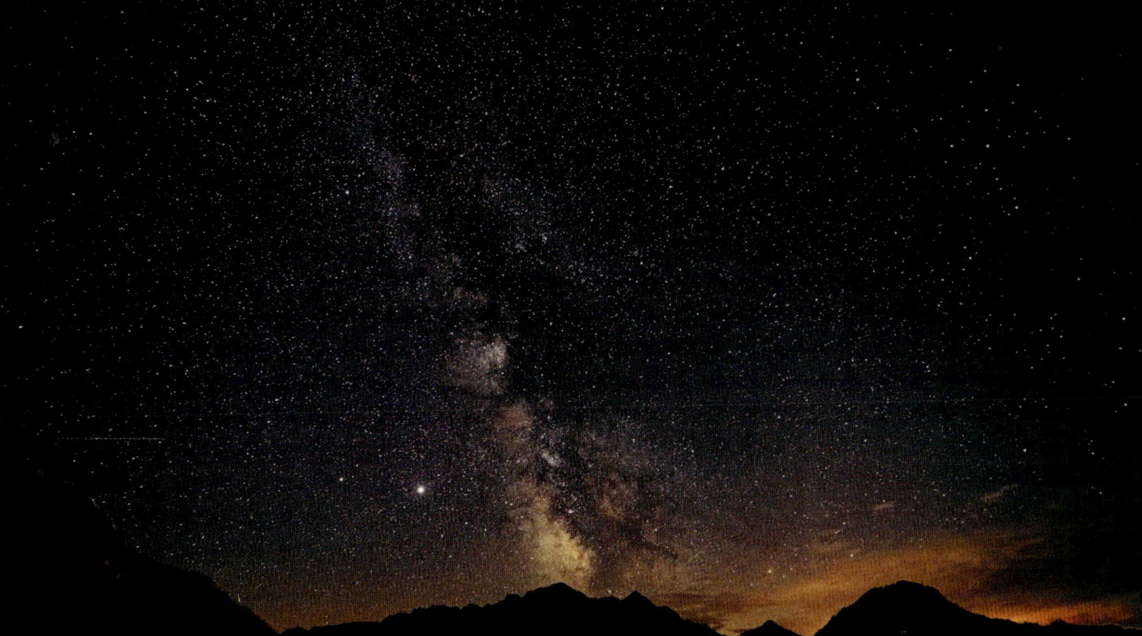

ISO 2.000 I 15 Sek. I F/2 I FUJIFILM X-T3 mit Samyang 12 mm F/2 I Stativ

empfiehlt sich nur in den Monaten zwischen März und September zu fotografieren. Außerdem sollte kein am besten Neumond sein. Meine Aufnahmen sind im August entstanden.

Brennweite und Objektiv: Samyang 12 mm F/2: Wenn Sie die Milchstraße fotografieren möchten sollte der Bildwinkel möglichst groß sein, kombiniert mit einer hohen Lichtstärke. Deshalb verwendete ich das Samyang 12 mm Objektiv. Das FUJINON XF 8-16 mm F/2,8 R LM WR eignet sich auch für solche Aufnahmen, stand mir aber zu dem Zeitpunkt nicht zur Verfügung.

Blende 2: Je lichtstärker, desto besser. Offene Blende ist bei der Milchstraßen-Fotografie Pflicht.

Belichtungszeit 25 Sek.: Normalerweise lässt sich fehlende Lichtstärke mit einer längeren Belichtungszeit ausgleichen. Nicht jedoch, wenn Sie die Sterne oder die Milchstraße fotografieren wollen. Da sich unsere Erde dreht, werden Sterne zu Lichtstreifen. Damit alle Sterne Punkte bleiben sollten Sie nicht länger als 30 Sekunden belichten.

ISO Wert 2.000: Blende und Belichtungszeit sind also vorgegeben. Dann müssen Sie nur noch den ISO-Wert so einstellen, dass die gewünschte Belichtung erreicht wird. In meinem Fall waren es ISO 2.000.

Belichtungs-Modus M: Bei der Astrofotografie kommt grundsätzlich nur die manuelle Belichtungseinstellung in Frage.

Stativ: Für Belichtungszeiten von mehreren Sekunden ist ein Stativ eine Voraussetzung. Das Stativ sollte stabil sein. Den optischen Bildstabilisator sollten Sie vorher ausschalten da er zu Unschärfen führen kann.

16.17 Porträts bei Sonnenuntergang

Sonnenuntergänge sehen immer toll aus. Es ist das beliebteste Motiv der Hobbyfotografen. Da es eine Gegenlichsituation ist, werden Gegenstände oder Personen, die sich im Vordergrund befinden, unterbelichtet.

Eine Möglichkeit wäre nun, die Belichtung so anzupassen, bis das Gesicht richtig belichtet ist. Das führt aber dazu, dass der Hintergrund überbelichtet wird und überstrahlt (siehe Kapitel Porträts im Gegenlicht). Die Lösung: Wir beleuchten das Hauptmotiv zusätzlich von vorne. Womit ist egal: Blitzlicht, LED-Dauerlicht oder Faltreflektor. Für einen Faltreflektor ist aber ein Assistent notwendig.

Brennweite und Objektiv: FUJIFILM XF 90 mm F/2 R LM WR: Für Porträts ist ein Porträt-Objektiv empfehlenswert. Dazu überlege ich, ob und wie ich den Hintergrund ins Bild mit einbinden möchte.

Meine Location befand sich auf einem Dach vom Parkhaus, das aus Sicherheitsgründen mit einem Zaun umrandet war. Also nicht besonders schön fürs Foto. Auch im Hintergrund befanden sich Industriegebäude, die nicht besonders attraktiv aussahen. Dazwischen der Turm vom Ulmer Münster. Also fiel meine Wahl auf das 90er Objektiv.

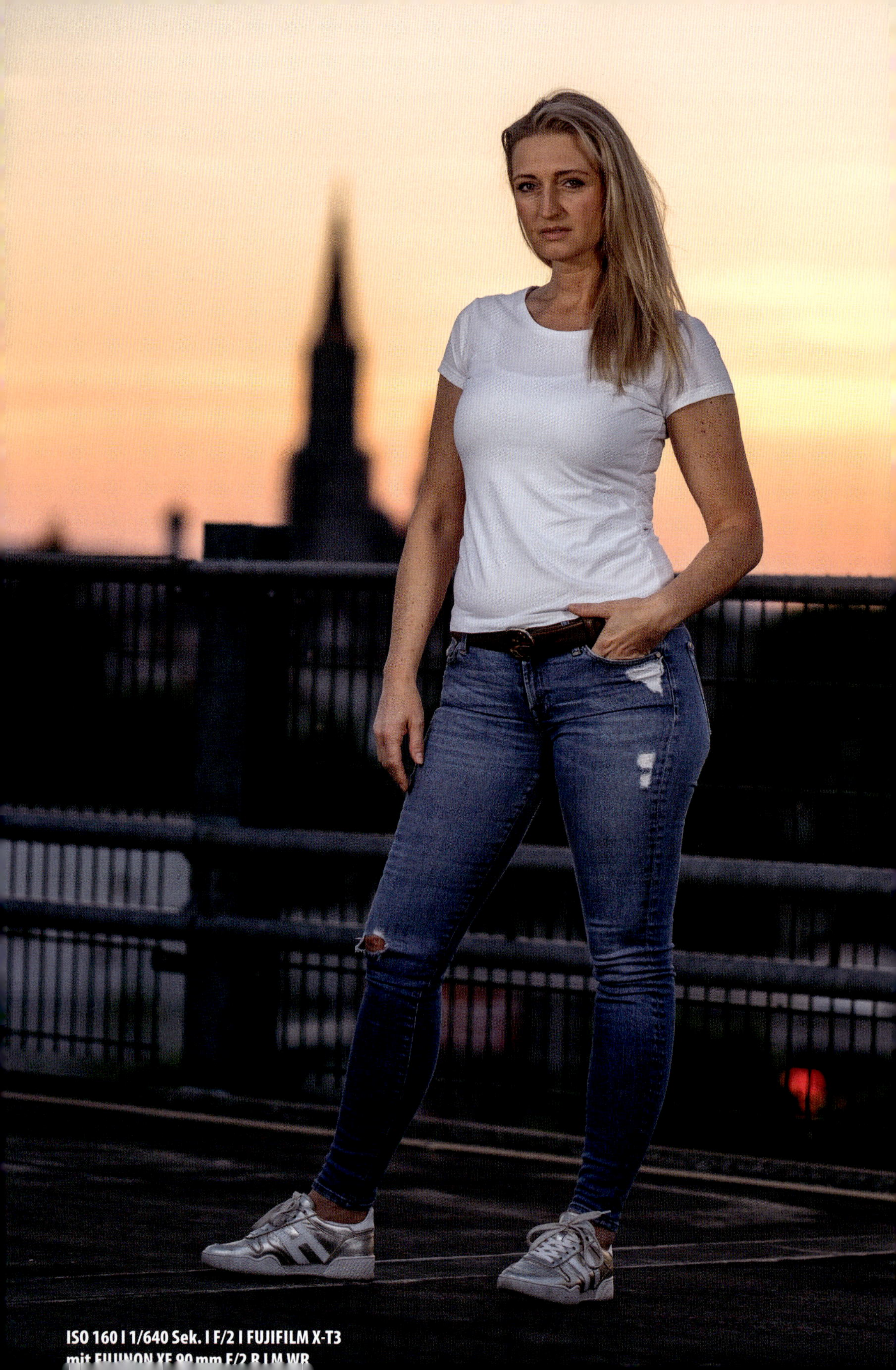

ISO 160 I 1/640 Sek. I F/2 I FUJIFILM X-T3
mit FUJINON XF 90 mm F/2 R LM WR

Es bietet eine hervorragende Abbildungsqualität, ein attraktives Bokeh mit ausreichender Hintegrundunschärfe um Kran und Industriegebäude verschwinden zu lassen.

Der Bildwinkel ist bei diesem Objektiv recht schmal, was von Vorteil war. Einziger Nachteil: der Abstand zum Model wird recht groß. Da ich genügend Platz hatte war das kein Problem, die Kommunikation wird jedoch erschwert – leise reden funktioniert nicht mehr.

Blende 2: Für Porträts, bei denen der Hintergrund in der Unschärfe versinken soll, kommt nur offene Blende in Frage: F/2.

Belichtungszeit: Die Belichtungszeit wählte ich so, dass ich nicht verwackeln konnte. Da weder Kamera noch Objektiv über einen Bildstabilisator verfügten, musste ich da etwas aufpassen und die Belichtungszeit nicht zu lang wählen.

Dazu musste ich berücksichtigen, dass sich das Model auch selbst bewegt. Deshalb wollte ich nicht länger als 1/250 Sek. belichten.

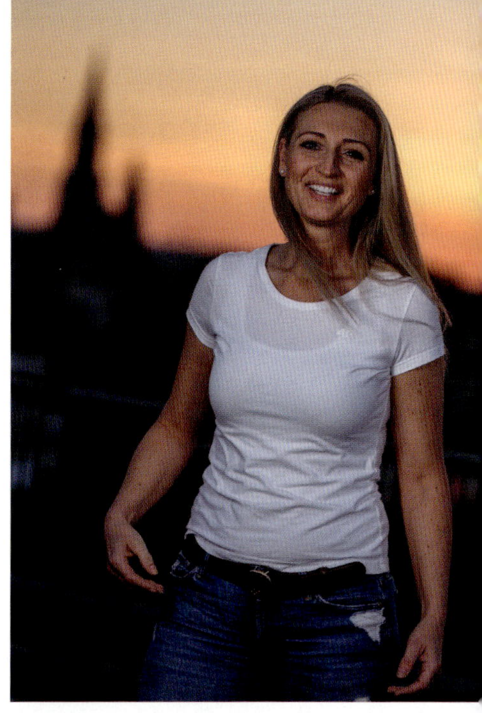

ISO 160 I 1/1.250 Sek. I F/2 I FUJIFILM X-T3 mit FUJINON XF 90 mm F/2 R LM WR

ISO Wert 160-400

Belichtungs-Modus M: Ich stellte alle Werte manuell ein, damit ich die volle Kontrolle über die Belichtung und konstante Ergebnisse hatte.

LED-Licht: Ein LED-Licht hat gegenüber Blitzgerät einige Vorteile – aber auch Nachteile. Die Vorteile sind:

- Auch mit schnellen Serien kann fotografiert werden. Beim Blitz müssen Sie immer erst warten, bis er wieder aufgeladen und bereit für die nächste Aufnahme ist. Ich mache oft bei Porträts kurze Seriensequenzen. Falls mal die Augen zu sind kann ich ein anderes Bild aus der Serie wählen.
- Mit Dauerlicht ist vor der Aufnahme sichtbar, wie das Foto aussehen wird. Wie und wo befinden sich die Schatten? So lässt sich das Licht dann optimal ausrichten.

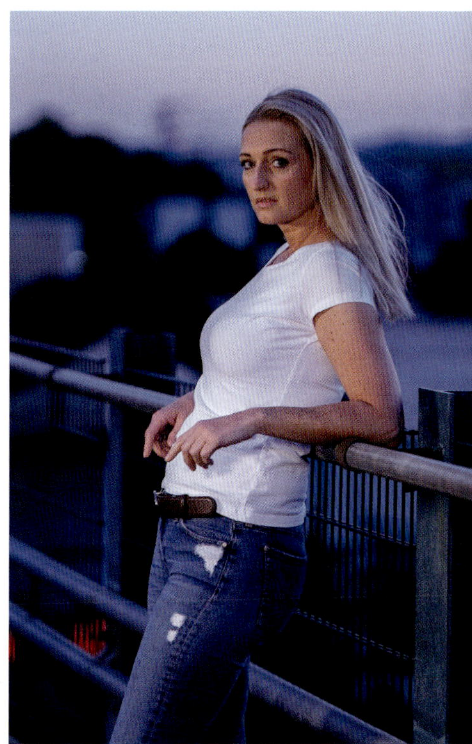

ISO 400 I 1/1.320 Sek. I F/2 I FUJIFILM X-T3 mit FUJINON XF 90 mm F/2 R LM WR I WB 3.200 K (Licht und Kamera)

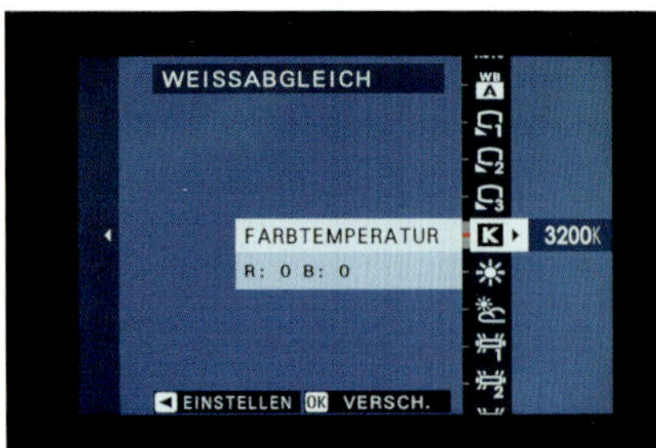

▲ *Um den Hintergrund blau einzufärben, stellen Sie die Farbtemperatur von Licht und Kamera auf 3.200 K.*

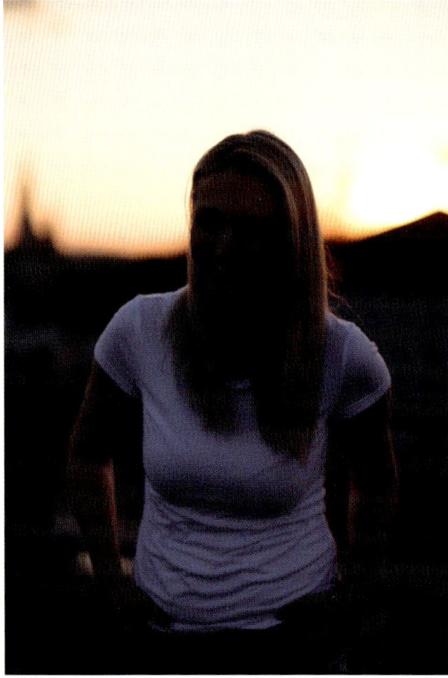

▲ *Hier ein Foto ohne Beleuchtung von vorne*

- Auch Videosequenzen sind mit Dauerlicht machbar.
- Blitzlicht ist oft zu leistungsstark, um mit offener Blende zu fotografieren.

Als Nachteil empfinde ich die fehlende Kompatibilität zu Lichtformern. Aber mittlerweile gibt es auch Geräte mit Softbox auf dem Markt.

Wenn Sie aber bei Tageslicht oder gegen die Sonne tagsüber fotografieren möchten, so kommt nur ein Blitz in Frage. Denn wo die Leistung der LED-Leuchten aufhört, da fangen die Blitzgeräte erst an. Sicher gibt es Ausnahmen – ich schreibe hier vom Normalfall.

Farbtemperatur: Für Porträts verwende ich Tageslicht : 5.500 K. Den Wert stelle ich auch manuell in meiner Kamera im Weißabgleich ein. Die LED-Flächenleuchte DÖRR DLP-100W bietet aber die Möglichkeit, die Farbtemperatur auf bis zu 3.200 K herunterzuregeln.

Um keinen Farbstich im Gesicht des Models zu bekommen, muss der Weißabgleich in Ihrer Kamera angepasst werden. Also auch auf 3.200 K einstellen. Ein interessanter Effekt: Der Vordergrund, also das Model, hat keinen Farbstich weil ich die Farbtemperatur-Einstellung der Kamera der am Licht eingestellten Farbtemperatur angeglichen habe. Jedoch wird der Hintergrund ins bläuliche verfälscht. Damit können Sie tolle Effekte erzeugen, beispielsweise können Sie mystische Fotos im Wald machen.

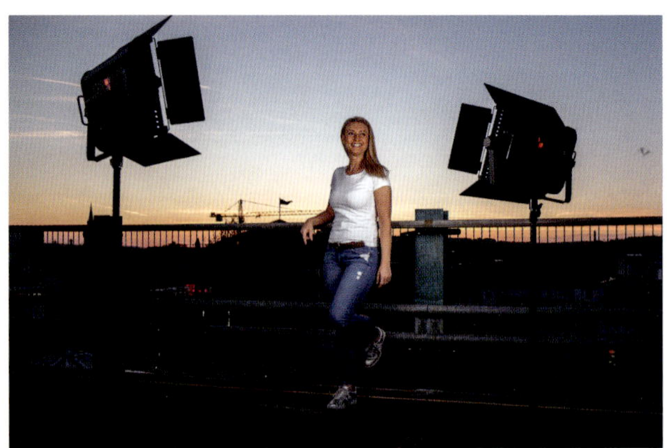

▲ *Making Of*

16.18 Waldspaziergang

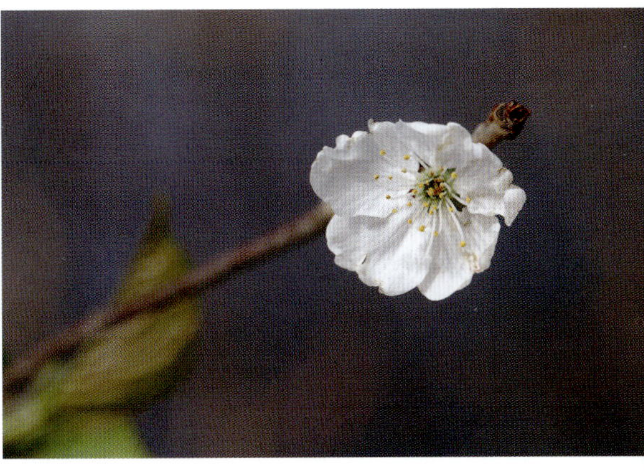

ISO 160 I 1/320 Sek. I F/6,4 I FUJIFILM X-T3 mit FUJINON XF 80 mm F/2,8 R LM OIS WR Macro

Ein Waldspaziergang ist Entspannung pur. Da möchte ich nicht die Fotoausrüstung mitschleppen. Aber welches Objektiv nehmen? Normalerweise entscheide ich mich für das FUJINON 23 mm F/2 R WR. Es ist ein Allrounder, ist klein und leicht. Aber um mal etwas Neues auszuprobieren nahm ich das 80er Makro-Objektiv mit in den Wald.

Brennweite und Objektiv: FUJIFILM XF 80 mm F/2,8 R LM OIS WR: Makro-Objektive werden unterschätzt. Sie sind nicht nur für den Nahbereich geeignet. Ich wollte mal schauen, wie es sich als einziges Objektiv auf dem Waldspaziergang macht. Würde ich überhaupt geeignete Motive außerhalb des Nahbereichs finden? Schließlich besitzt es einen für Landschaftsaufnahmen recht eingeschränkten Bildwinkel. Aber wenn man sich darauf einlässt, sich mal beschränkt und nur mit einer auch mal ungewöhnlichen Brennweite losgeht, wird der Blick geschärft für neue Motive.

Blende: Je nach gewünschter Schärfentiefe wählte ich die Blende aus. Im Nahbereich und für eine größere Schärfentiefe schließe ich die Blende meist auf Werte von 4 bis 11 – wenn es das Umgebungslicht zulässt.

ISO 500 I 1/500 Sek. I F/6,4 I FUJIFILM X-T3 mit FUJINON XF 80 mm F/2,8 R LM OIS WR Macro

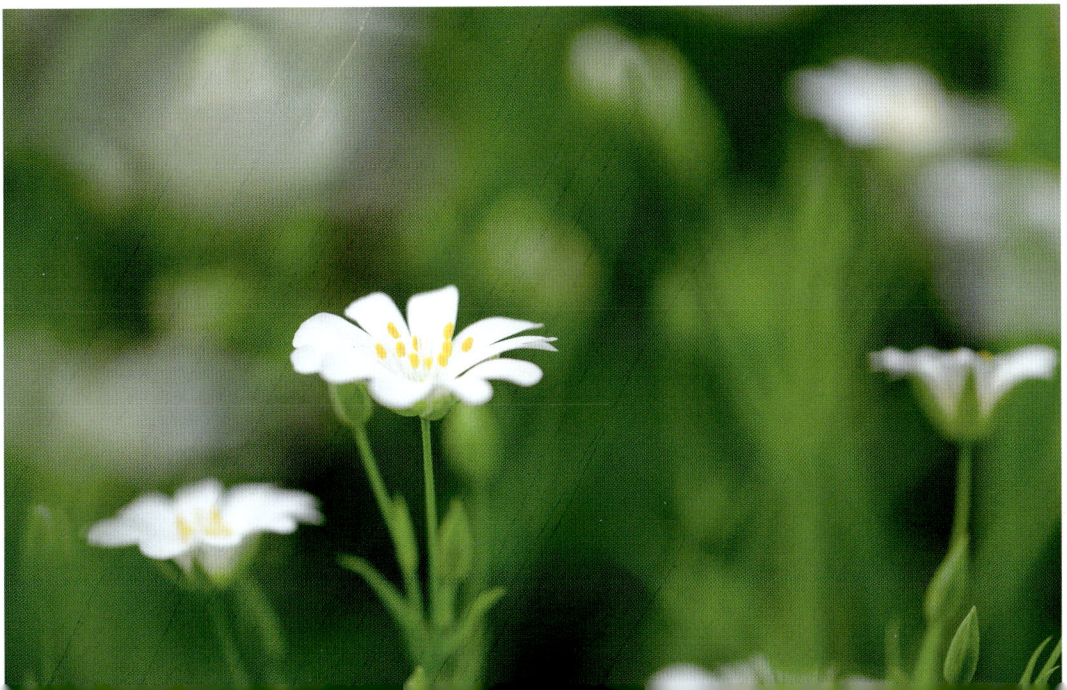

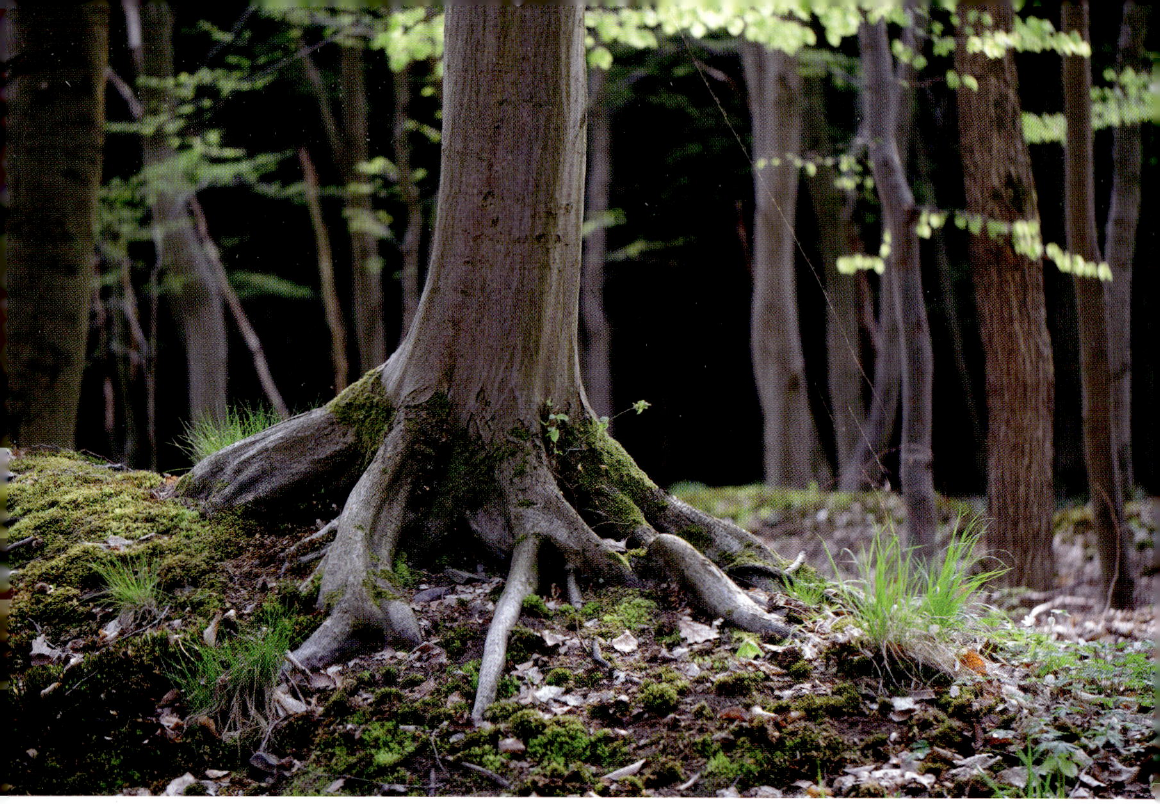

ISO 160 I 1/150 Sek. I F/2,8 I FUJIFILM X-T3 mit FUJINON XF 80 mm F/2,8 R LM OIS WR Macro

Belichtungszeit: Dank optischem Bildstabilisator musste ich mir keine großen Gedanken um eine zu lange Belichtungszeit machen. Trotzdem – es wehte ein leichter Wind und so wählte ich die Belichtungszeit besser nicht zu lang.

ISO Wert AUTO

Belichtungs-Modus M: Ich stellte Blende und Belichtungszeit manuell ein und ließ den ISO-Wert automatisch regeln, da der ISO-Wert keine Auswirkung auf die Bildwirkung hat.

Fokussierung: Für statische Motive kommt für mich nur eine Einstellung infrage: Fokus-Modus AF-S mit AF-Einzel-Messfeld. Nur so habe ich die volle Kontrolle über die Fokussierung.

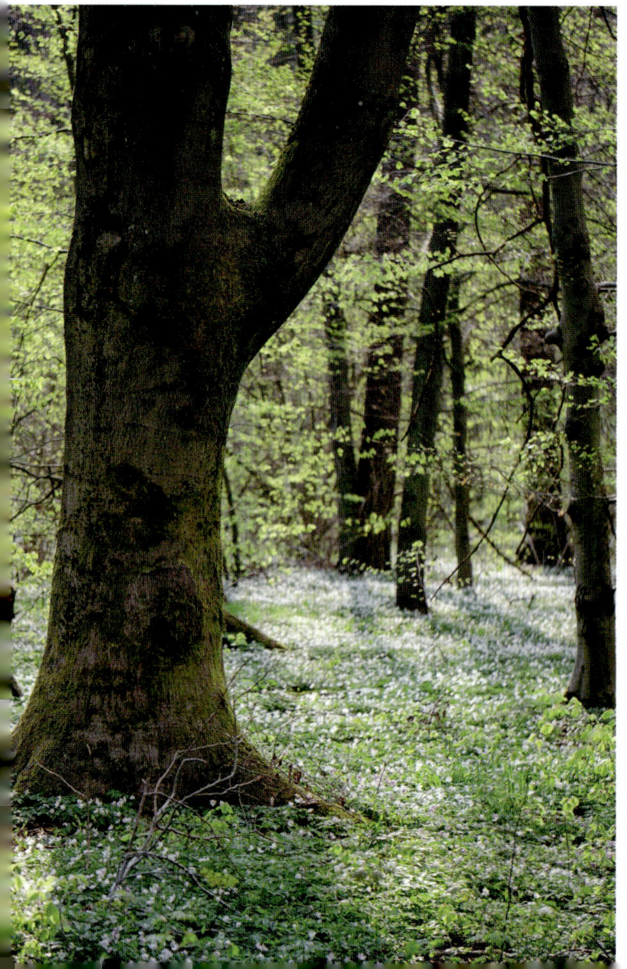

ISO 160 I 1/350 Sek. I F/6,4 I FUJIFILM X-T3 mit FUJINON XF 80 mm F/2,8 R LM OIS WR Macro

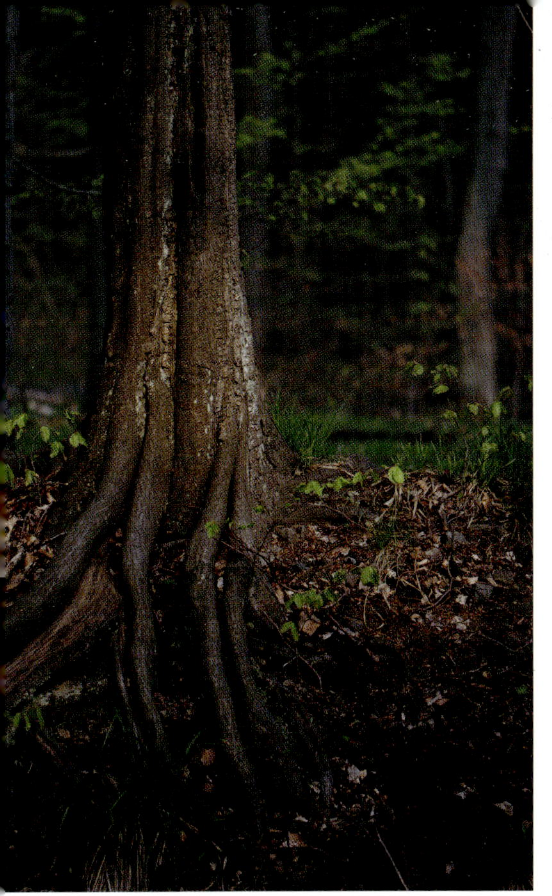

ISO 160 I 1/600 Sek. I F/6,4 I FUJIFILM X-T3 mit FUJINON XF 80 mm Fyy/2,8 R LM OIS WR Macro

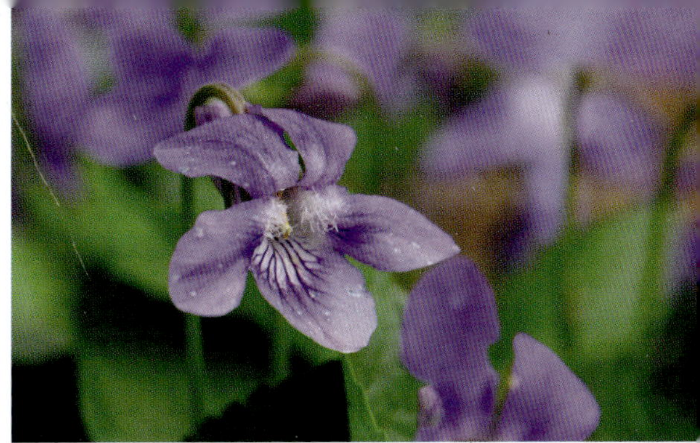

ISO 640 I 1/120 Sek. I F/11 I FUJIFILM X-T3 mit FUJINON XF 80 mm F/2,8 R LM OIS WR Macro

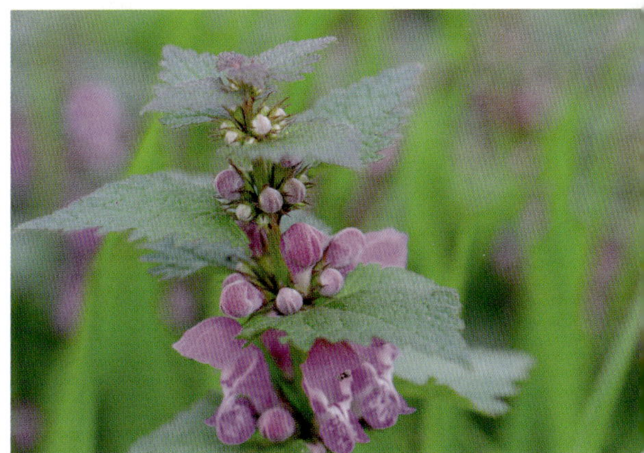

ISO 160 I 1/120 Sek. I F/6,4 I FUJIFILM X-T3 mit FUJINON XF 80 mm F/2,8 R LM OIS WR Maycro

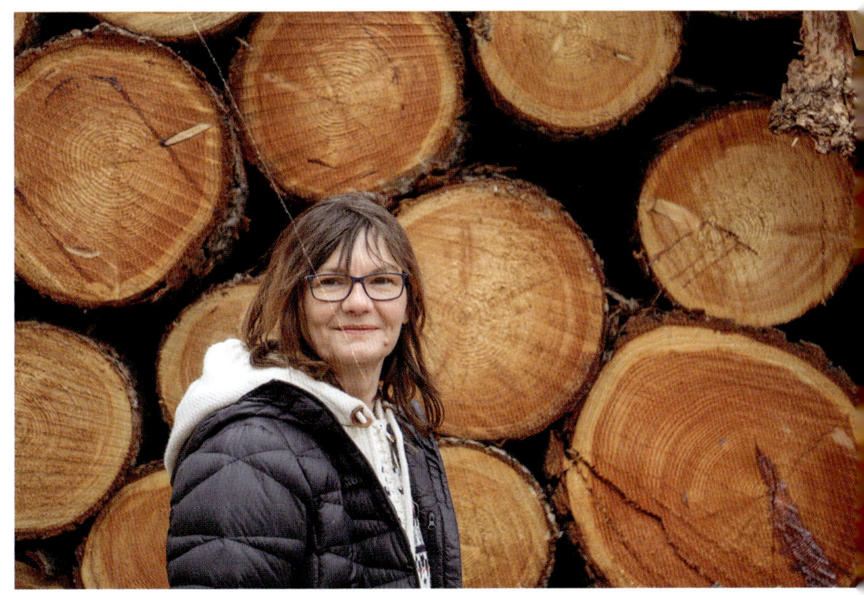

ISO 160 I 1/600 Sek. I F/2,8 I FUJIFILM X-T3 mit FUJINON XF 80 mm F/2,8 R LM OIS WR Macro

16.19 Hintergrund ausblenden

Eine Kamera hat deutlich weniger Kontrastumfang als wir mit unseren Augen sehen können. Das bedeutet, von der hellsten Stelle im Bild bis zur dunkelsten Stelle im Bild hat unsere Kamera deutlich weniger Spielraum.

Das hat Nachteile: So können wir beispielsweise schlecht Aufnahmen bei Sonne machen, denn alles was im Schatten liegt versinkt im Schwarzen ohne Details zu zeigen.

Mit Hilfsmitteln wie Dynamic Range, HDR und Grau-Verlaufsfiltern haben wir Möglichkeiten, den verringerten Dynamikumfang unserer Kameras auszugleichen.

Wir können uns aber auch den Effekt des verringerten Dynamikumfangs zunutze machen. Wir können den Hintergrund, den wir mit unseren Augen noch gut wahrnehmen, komplett ausblenden.

Der Trick: Das Hauptmotiv so stark ausleuchten, dass – im Verhältnis zum Hintergrund – ein sehr starker Helligkeitsunterschied auftritt, den unsere Kamera nicht mehr darstellen kann. Belichtet wird auf das Gesicht.

Der Hintergrund muss nicht schwarz sein, das funktioniert sogar, wenn im Hintergrund eine weiße wand ist. Allerdings sollte es nicht zu hell sein im Raum. Ein Hausflur mit gedämpftem Licht eignet sich beispielsweise ganz gut dafür.

Brennweite und Objektiv: FUJIFILM XF 18-55 mm F/2,8-4 R LM OIS: Für solche Aufnahmen wird keine hohe Lichtstärke benötigt. Im Gegenteil, die Blende wird recht weit geschlossen. Deshalb ist ein Zoomobjektiv sehr gut geeignet.

Das XF 18-55 mm Objektiv ist klein und handlich und bietet eine flexible Brennweiten-Einstellung. Eine gute Wahl für diese Aufnahme.

Blende 13: Die Blende muss so weit geschlossen werden, bis der Hintergrund im Dunkel versinkt.

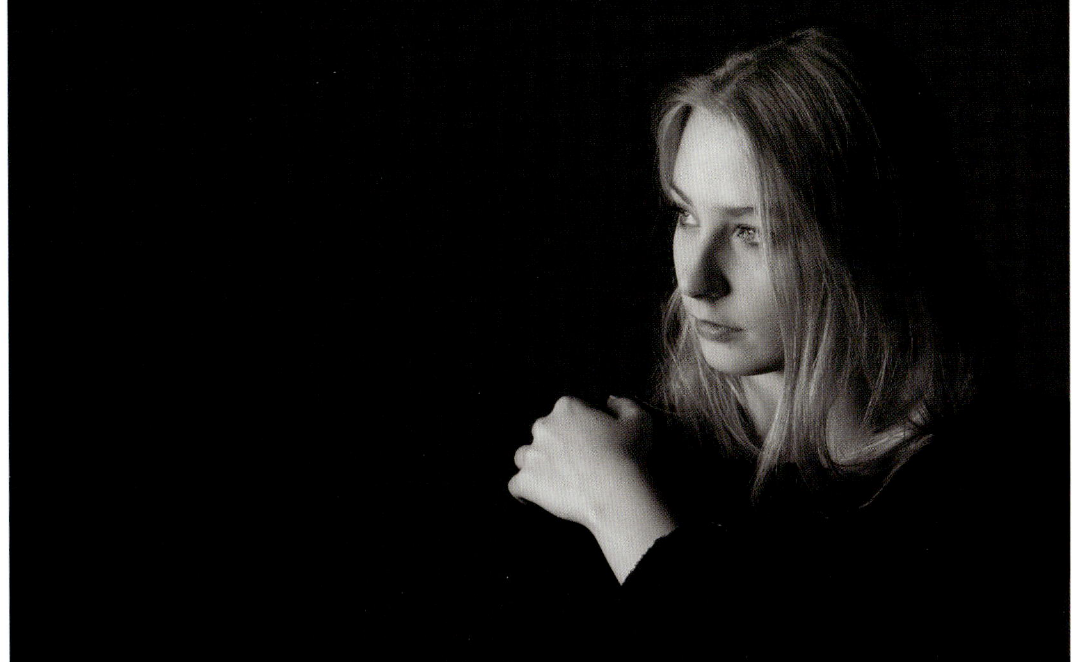

ISO 160 I 1/160 Sek. I F/13 I FUJIFILM X-T3 mit FUJINON XF 18-55 mm F/2,8-4 R LM OIS bei 55 mm

Am besten eine Testaufnahme ohne Vordergrund-Beleuchtung machen. Der Hintergrund sollte so dunkel sein, dass er keine Zeichnung mehr aufweist.

Belichtungszeit Die Belichtungszeit sollte der Blitz-Synchronzeit entsprechen, falls Sie einen Blitz verwenden. Wenn Sie ein Dauerlicht verwenden, dann so anpassen dass die Belichtung des Porträts passt.

ISO Wert 160

Belichtungs-Modus M: Blende, Belichtungszeit und ISO müssen manuell eingestellt werden, da ansonsten die Kamera-Automatik versuchen würde, den Hintergrund aufzuhellen.

Fokussierung: Für Porträts wähle ich den Fokus-Modus AF-S zusammen mit dem AF-Einzel-Messfeld, das ich dann auf einem Auge platziere. Bei diesem Motiv nahm ich mir viel Zeit zum Fotografieren. Deshalb verzichtete ich auf die automatische Augenerkennung.

Filmsimulation Acros: Solch ein Foto mit schwarzem Hintergrund wirkt am besten in Schwarzweiß. Ganz hervorragend geeignet dafür ist die Filmsimulation Acros.

Sie zeigt feinste Details. Wenn nötig können Sie Feinheiten später im Bildbearbeitungsprogramm noch korrigieren. Beispielsweise verstärke ich meist den Kontrast noch etwas.

Licht: Ob Sie Blitzlicht oder Dauerlicht verwenden, ist für das Bildergebnis egal. Es sollte aber nicht zu dunkel sein. Besonders bei LED-Dauerlicht gibt es ein paar Modelle, die recht dunkel sind. Wichtig ist, dass ein großer Helligkeitsunterschied zwischen Vorder- und Hintergrund erzeugt wird. Deshalb ist es auch notwendig, das Licht nah an die Person zu stellen.

Zu beachten ist auch, dass der Hintergrund nicht zu nah am Model ist, damit der Hintergrund kein Licht abbekommt. Das Licht sollte so ausgerichtet sein, dass der Hintergrund kein Licht abbekommt.

Für dieses Foto habe ich einen Studioblitz mit Softbox verwendet. Ich habe aber gleiche Ergebnisse mit Systemblitz und mit LED-Licht bekommen. Eine größere Leuchtfläche sorgt für weicheres Licht. Das ist angenehmer für Porträts. Ideal, aber kein Muss, ist ein Wabenvorsatz. Er richtet das Licht nach vorn. Dadurch kommt noch weniger Licht auf den Hintergrund.

ISO 160 I 1/1700 Sek. I F/2,8 I FUJIFILM X-T3 mit FUJINON XF 50-140 mm F/2,8 R LM OIS WR bei 66 mm I 0,3 EV

16.20 Im Garten mit Telezoom

Wenn im Frühling alles blüht, macht es besonderen Spaß durch den Garten zu gehen. Im Gegenlicht nach Sonnenaufgang fangen die Farben an zu leuchten. Da lohnt es sich, die Kamera mal in die Hand zu nehmen. Wichtig war mir die Farbkombination und die Anordnung der Pflanzen. Da lohnt es sich, die Position und Perspektive so lange zu ändern bis mir das Bild gefällt. Auch störende Elemente im Hintergrund können so ausgeblendet werden.

Brennweite und Objektiv: FUJIFILM XF 50-140 mm F/2,8 R LM OIS WR: Als erstes würde ich an ein Makro-Objektiv denken, um im Garten Fotos zu machen. Das hatte ich aber nicht zur Verfügung und so wählte ich mein lichtstarkes Telezoom-Objektiv. Ich war dann überrascht, wie gut sich das für Aufnahmen im Garten eignet. Allerdings muss auch genügend Abstand zum Motiv vorhanden sein. Das XF 50-140 ist ein sehr vielseitiges Objektiv. Die für Zoom-Objektive hohe Lichtstärke gepaart mit einer langen Brennweite liefert ein sehr harmonisches Bokeh.

Blende 2,8 Um ein schönes Bokeh zu erhalten, fotografierte ich meist mit offener Blende 2,8.

Belichtungszeit: Die Wahl der Belichtungszeit überließ ich der Kamera-Automatik. Da genügend Umgebungslicht vorhanden war konnte ich nicht verwackeln. Außerdem sind alle FUJINON Telezooms mit einem optischen Bildstabilisator ausgestattet, der Verwacklungsunschärfen bei längeren Belichtungszeiten verhindert. Aber Achtung: wenn sich beispielsweise

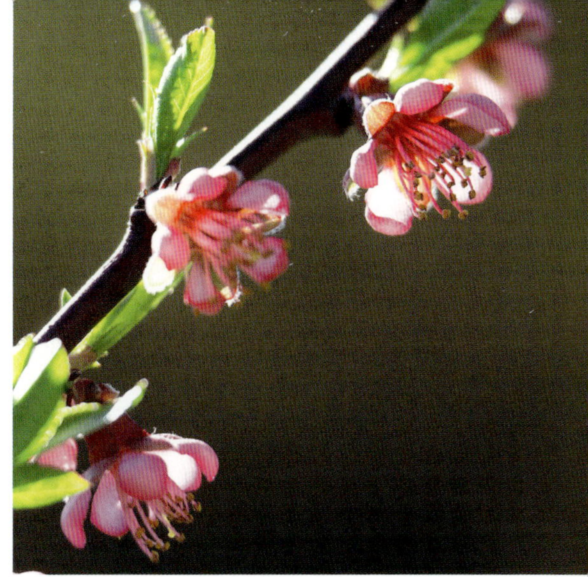

ISO 200 I 1/400 Sek. I F/4 I FUJIFILM X-T2 mit FUJINON XF 50-140 mm F/2,8 R LM OIS WR bei 85 mm I Makro-Zwischenring

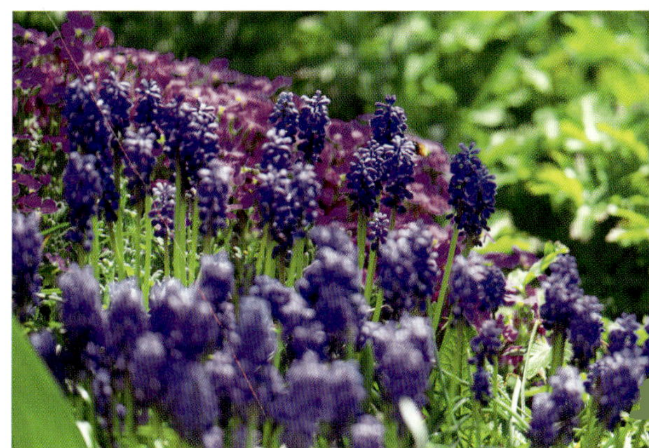

ISO 200 I 1/640 Sek. I F/2,8 I FUJIFILM X-T2 mit FUJINON XF 50-140 mm F/2,8 R LM OIS WR bei 90 mm

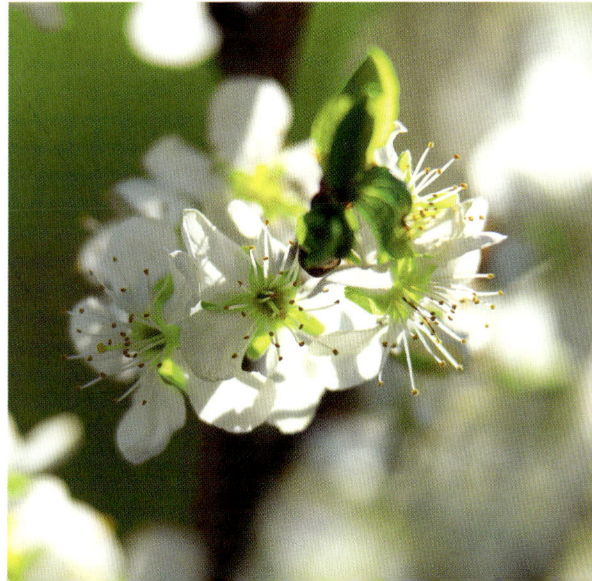

ISO 200 I 1/640 Sek. I F/4 I FUJIFILM X-T2 mit FUJINON XF 50-140 mm F/2,8 R LM OIS WR bei 85 mm I Makro-Zwischenring

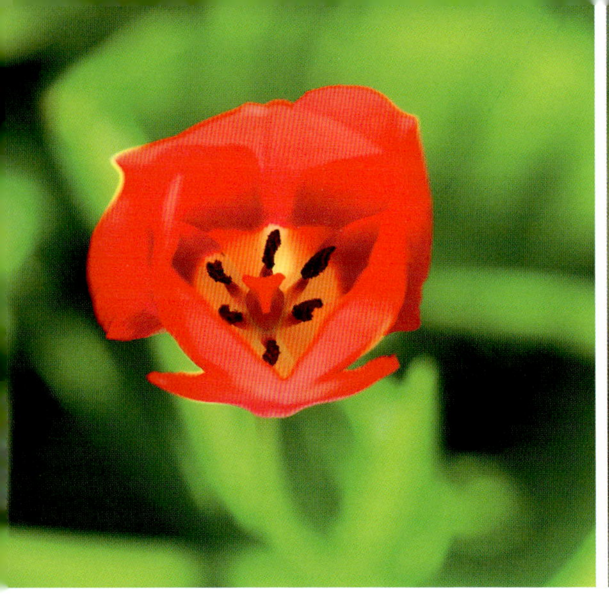

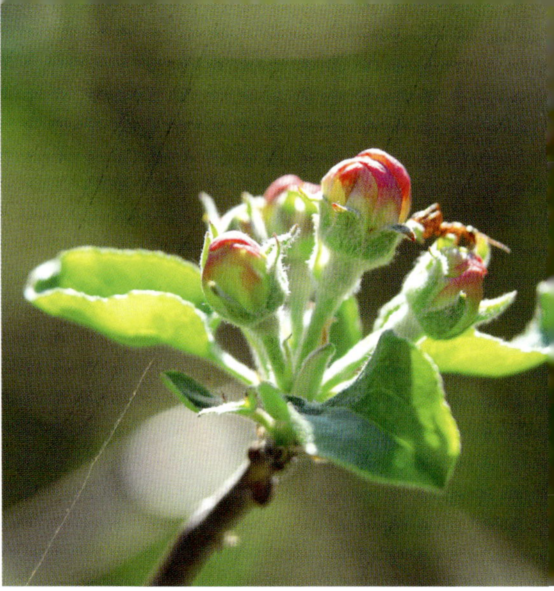

Links: ISO 200 I 1/250 Sek. I F/2,8 I FUJIFILM X-T2 mit FUJINON XF 50-140 mm F/2,8 R LM OIS WR bei 78 mm I Makro-Zwischenring
Rechts: ISO 200 I 1/500 Sek. I F/4,5 I FUJIFILM X-T2 mit FUJINON XF 50-140 mm F/2,8 R LM OIS WR bei 100 mm I Makro-Zwischenring

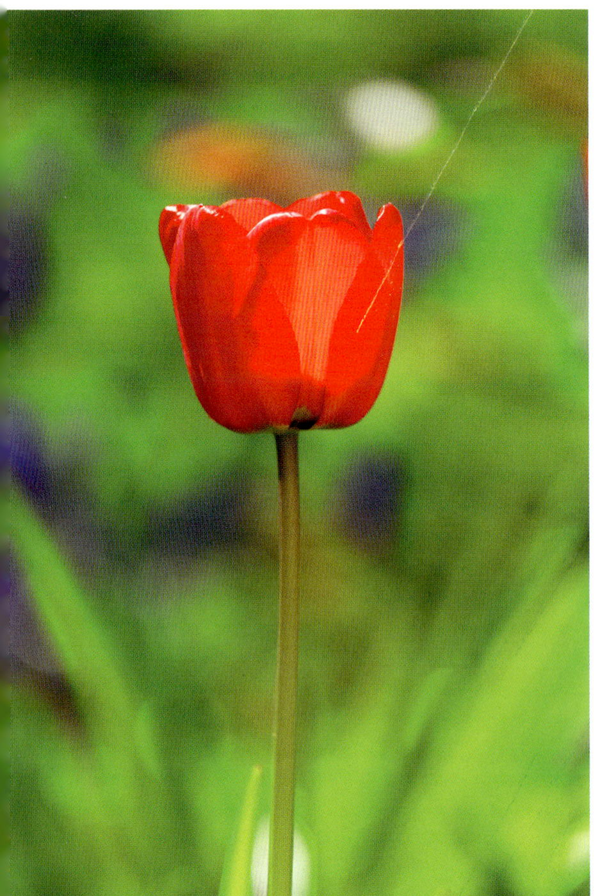

durch Wind die Pflanzen bewegen, nutzt der Bildstabilisator nichts.

Belichtungs-Modus A: Die Schärfentiefe war mir wichtig. Deshalb stellte ich die Blende manuell ein. Die Belichtungszeit überließ ich der Kamera. Ich wählte also Zeitautomatik mit manueller ISO-Einstellung.

Fokussierung: Da es sich um statische Motive handelte, eignete sich meine Standardeinstellung Fokus-Modus AF-S zusammen mit dem AF Einzel-Messfeld. Sobald Sie einen größeren AF-Messbereich auswählen oder das der Automatik überlassen haben Sie nicht mehr selbst die Kontrolle, auf welchen Bereich der Fokus gesetzt wird.

Filmsimulation Velvia: Für Natur- und Landschaftsaufnahmen gefallen mir kräftige Farben am besten. Das bietet die Filmsimulation Velvia.

ISO 200 I 1/500 Sek. I F/2,8 I FUJIFILM X-T2 mit FUJINON XF 50-140 mm F/2,8 R LM OIS WR bei 140 mm

Makro-Zwischenring: Mit einem Telezoom-Objektiv ist die Nahgrenze nicht besonders gut. Wenn Sie mit dem Tele Details im Nahbereich fotografieren möchten, aber nicht nah genug ans Motiv herankommen, so hilft ein Makro-Zwischenring.

Er wird zwischen Kamera und Objektiv gesetzt und verlängert den Auszug – das Objektiv kommt einfach etwas weiter nach vorn und ermöglicht somit das Fotografieren im Nahbereich. Sämtliche Einstellungen und die AF-Funktion bleiben erhalten, denn der Zwischenring ist mit den 10 Objektivkontakten für die Kommunikation zwischen Kamera und Objektiv ausgestattet. Wenn Sie wieder auf Unendlich fokussieren möchten, müssen Sie den Zwischenring wieder entfernen.

16.21 Mit dem 35er im Probenraum

Die Gelegenheit, bei einer Bandprobe zu fotografieren, bekommt man auch nicht alle Tage. Der Raum war sehr klein und dunkel. Das Neonlicht verursachte Farbstiche. Weil ich Reportagen generell gerne in Schwarzweiß fotografiere, musste ich nicht

ISO 2.500 I 1/250 Sek. I F/2,2 I FUJIFILM X-T3 mit FUJINON XF 35 mm F/1,4 R

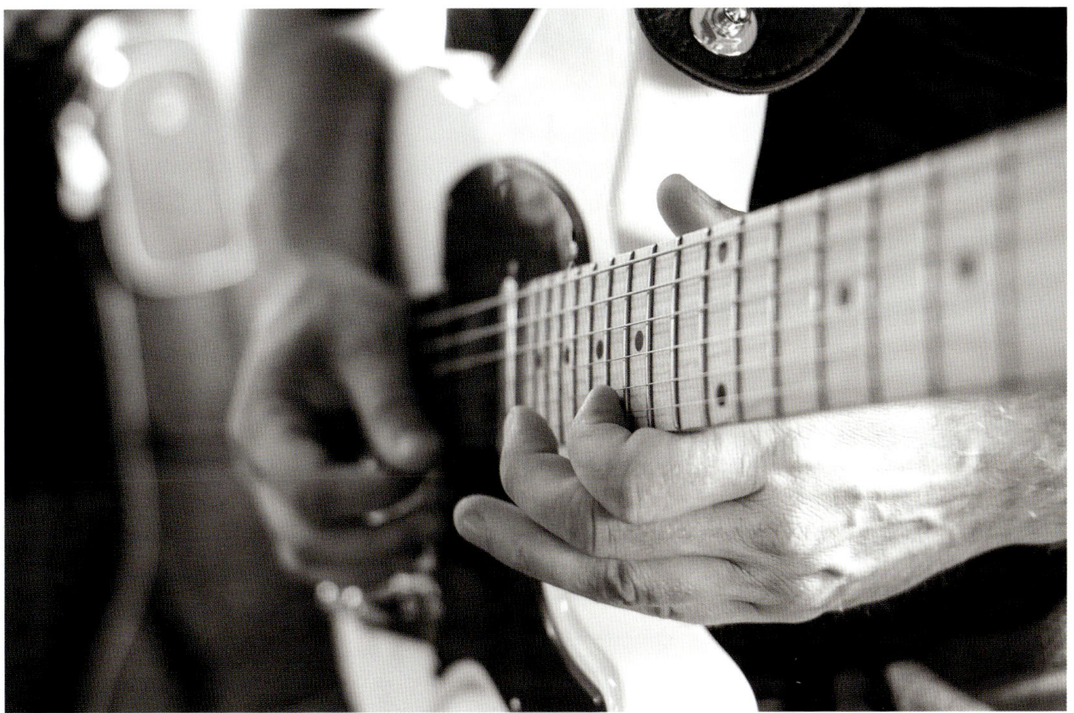

lange überlegen. Trotzdem fotografierte ich im RAW-Format um mir nachträgliche Bearbeitungsoptionen offenzuhalten.

Brennweite und Objektiv: FUJIFILM XF 35 mm F/1,4 R: Das 35er ist klein, unauffällig und lichtstark. Für Details eignet es sich genauso gut wie für Porträts und für Reportagen.

Blende: Aufgrund der Lichtverhältnisse wäre eine offene Blende die beste Wahl gewesen. Aber ich wählte bei jedem Motiv die Blende nach gewünschter Schärfentiefe.

Belichtungszeit 1/100-/250 Sek.: Die Bandmitglieder bewegten sich und um Verwacklungsunschärfen zu vermeiden wählte ich die Zeiten maximal bei 1/100 Sek.

Da weder Kamera noch Objektiv mit einem Bildstabilisator ausgestattet sind wollte ich auch Unschärfen durch eigenes Wackeln ausschließen.

ISO Wert AUTO: Wenn die Blende und die Belichtungszeit vorgegeben ist, bleibt nur ein variabler Wert übrig – der ISO-Wert. Damit ich den nicht ständig manuell anpassen musste wählte ich die ISO-Automatik.

Wichtig ist hier die Begrenzung bei der maximal möglichen ISO-Einstellung ganz nach oben zu setzen. Denn wenn nicht genügend Licht zum Fotografieren vorhanden ist, nützt es nichts die ISO-Grenze auf ISO 800 zu lassen. Dann ist kein Fotografieren mehr möglich.

Mein Motto ist: lieber ein verrauschtes Bild als gar keins. Aber selbst Fotos mit ISO 6.400 sind noch brauchbar, zumal der Einsatzzweck soziale Medien war.

Belichtungs-Modus M: Blende und Belichtungszeit stellte ich manuell ein, nur der ISO-Wert war variabel – die »MISO-Matik«

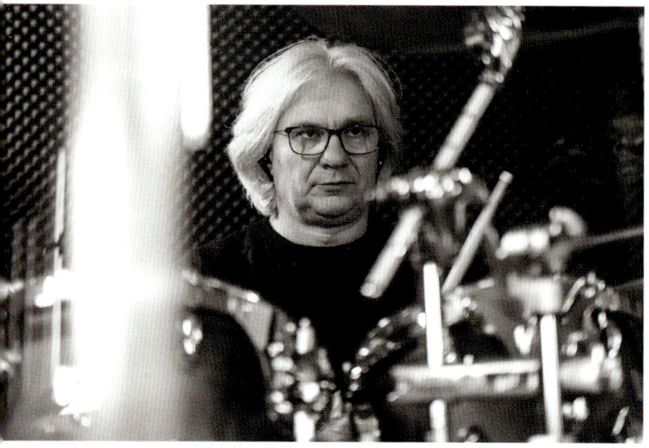

ISO 2.000 | 1/125 Sek. | F/1,4 | FUJIFILM X-T3 mit FUJINON XF 35 mm F/1,4 R

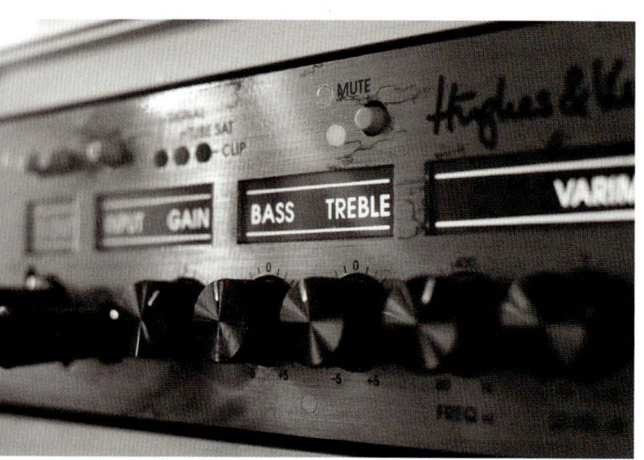

ISO 3.200 | 1/100 Sek. | F/2,8 | FUJIFILM X-T3 mit FUJINON XF 35 mm F/1,4 R

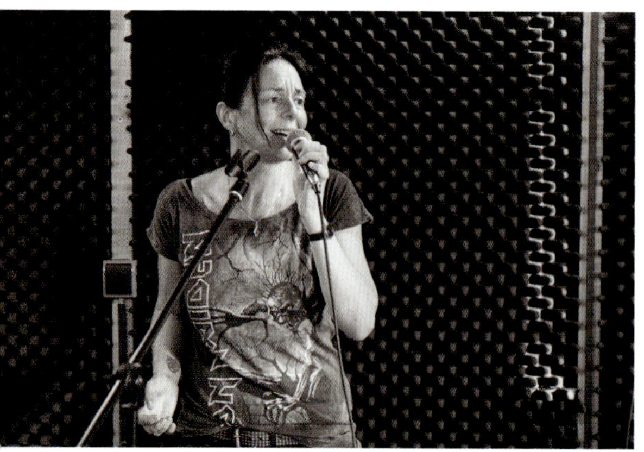

ISO 3.200 | 1/250 Sek. | F/2,8 | FUJIFILM X-T3 mit FUJINON XF 35 mm F/1,4 R

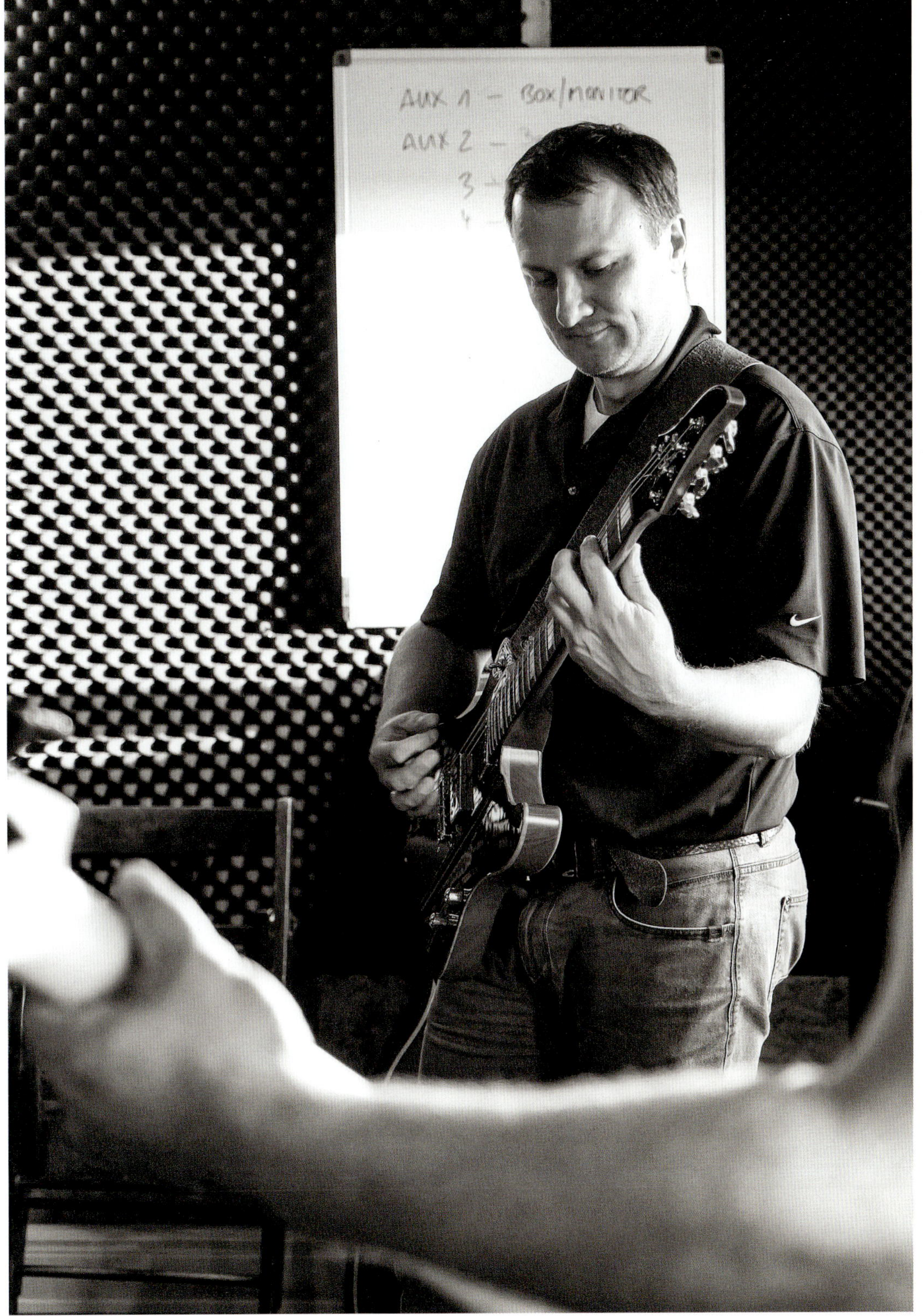

Links: ISO 2.000 I 1/250 Sek. I F/2 I FUJIFILM X-T3 mit FUJINON XF 35 mm F/1,4 R

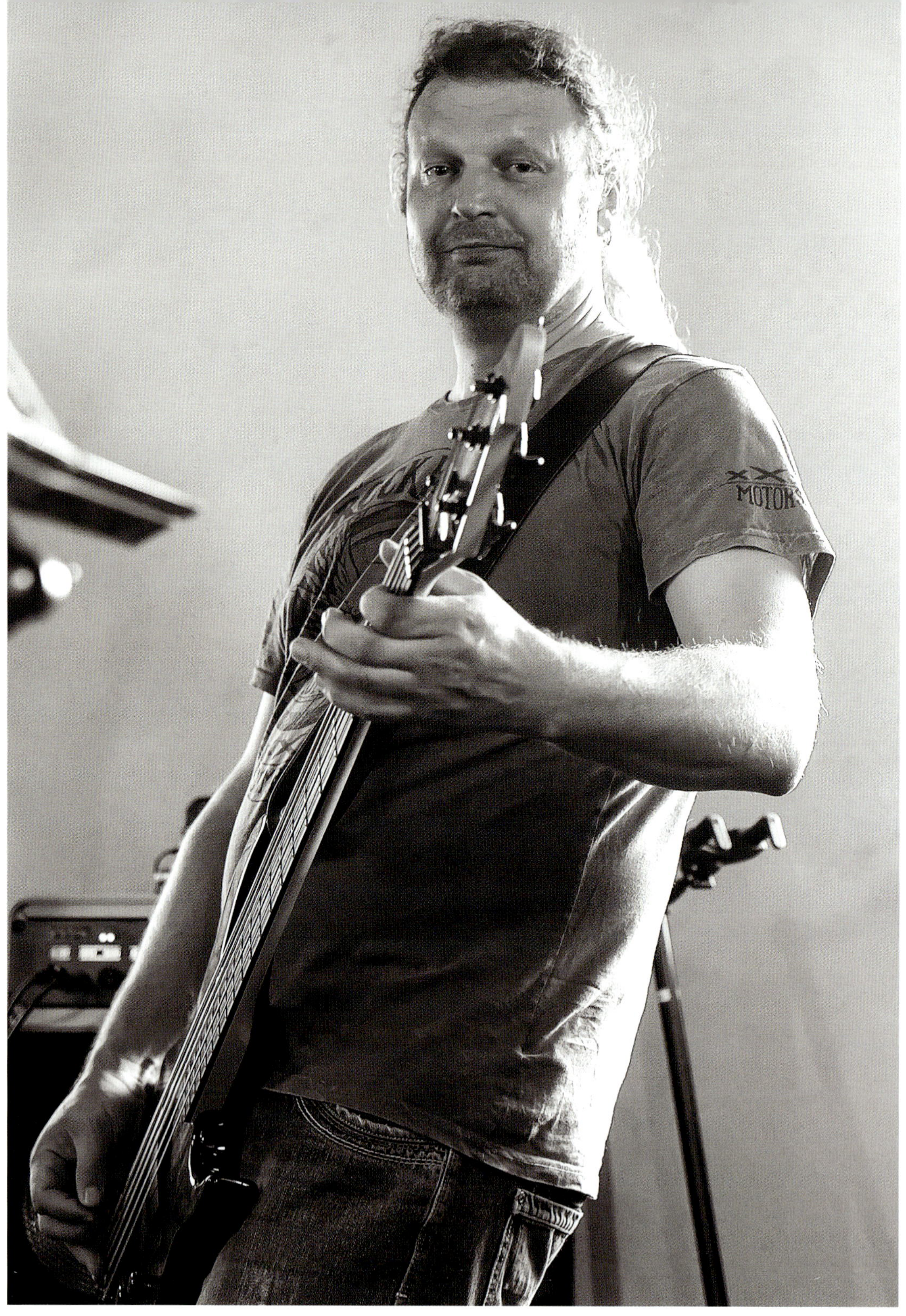

ISO 1.600 I 1/250 Sek. I F/2 I FUJIFILM X-T3 mit FUJINON XF 35 mm F/1,4 R

Fokussierung: Auch für Reportagen verwende ich die Fokus-Modus Einstellung AF-S zusammen mit dem AF-Einzel-Messfeld um die volle Kontrolle beim Fokussieren zu haben.

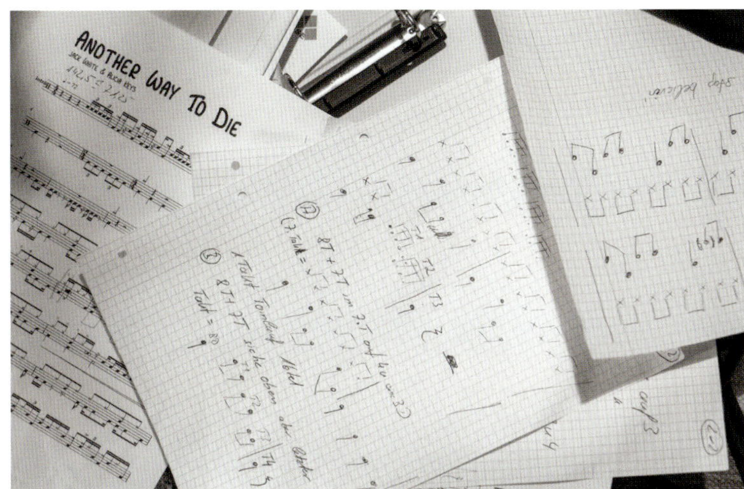

ISO 1.600 I 1/125 Sek. I F/2,8 I FUJIFILM X-T3 mit FUJINON XF 35 mm F/1,4 R

Begrenzung ISO Automatik

FUJIFILM Kameras der X-Serie sind mit einer ISO-Automatik ausgestattet. Diese kann konfiguriert werden. Der Standardwert sollte zugunsten optimaler Bildergebnisse eigentlich immer der niedrigste mögliche Wert sein. Bei den aktuellen Kameras ist das ISO 160.

STANDARDEMPFINDLICHKEIT: Diese sollte zu Gunsten optimaler Ergebnisse so niedrig wie möglich sein, also bei aktuellen Kameras 160.

MAX.EMPFINDLICHKEIT: Stellen Sie ein welchen maximalen ISO Wert die Automatik verwenden soll. Hier empfehle ich einen möglichst hohen Wert zu nehmen. Denn meine Devise ist: lieber ein durch sehr hohe ISO Zahl verrauschtes Bild als ein verwackeltes Bild, weil die Belichtungszeit zu lang war.

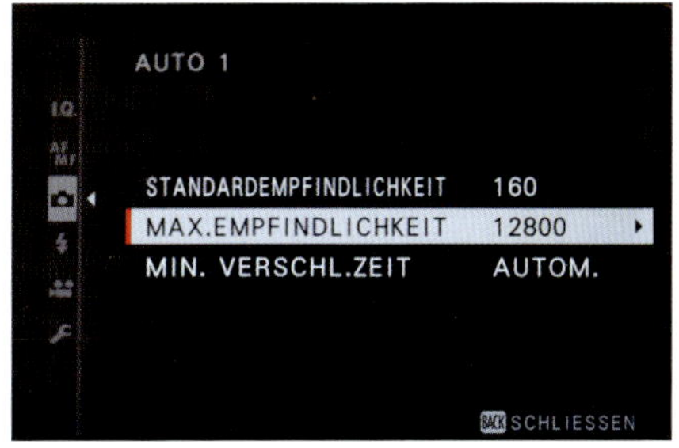

MIN.VERSCHL.ZEIT: Geben Sie hier die Verschlusszeit ein die nicht überschritten werden soll um Verwacklungsunschärfe oder Bewegungsunschärfe zu vermeiden. Meine Empfehlung: Setzen Sie den Wert auf *AUTOMATIK*. So wählt die Kamera die Verschlusszeit unter Berücksichtigung von Brennweite und der anderen Belichtungsparameter aus.

P

R

S

T

U

V

W

X

Z